KB274698

CNB
2002
개혁주의 관점에서 본 일본교회사
교회사의 생명에 대한 신학적 고찰

일본 교회사

오노 시즈오(小野靜雄) 지음

김산덕 옮김

2012년

칼빈아카데미

저 자 | 오노 시즈오(小野靜雄)

- 1947년생
- 1972년 코오베 개혁파신학교 졸업
- 현재 타지미교회(多治見) 담임목사
- 코오베개혁파신학교 이사장
- 시코쿠학원대학(四院大), 킨죠학원대학(金城院大) 강사

역 자 | 김산덕(Th.M., Ph.D.)

- 일본 그리스도교회 신학교
- Scotland Highland Theological Institute
- Scotland Aberdeen University(신학석사, 철학박사)
- 일본 후쿠로이키타 교회 목사
- 브니엘신학원 조직신학 교수
- 개신대학원대학교 역사신학 교수

〈논문〉
- Time and Eternity: A Study in Samuel Rutherford's Theology, with Reference to his Use of Scholastic Method (Aberdeen University, 2002)
- Rutherford's Context and Method (金山德「敎會의 神學」〈日本그리스도敎會神學校〉第11号 2004年)
- Rutherford's Covenant Theology (金山德「敎會의 神學」〈日本그리스도敎會神學校〉第12号 2005年)
- 『주님의 백성인가, 나라의 백성인가』(동경: 이노치노 말씀사, 2006)
- 『언약신학의 조건성과 학문적 동향』(부산: 도서출판 브니엘, 2009)
〈저술〉
- 『프로테스탄트 스콜라신학 재 고찰』(동경: 신교출판사, 2008)
〈번역서〉
- 『칼빈의 교회론』(와타나베 노부오, 도서출판 칼빈아카데미, 2010)

일본 교회사

CNB 2002

일본 교회사

The History of the Protestant Church in Japan

Copyright ⓒ 2012 by Ono Shizuo

Published by Calvinacademy Publishing House

초판 인쇄 | 2012년 2월 10일
초판 발행 | 2012년 2월 19일

발행처 | 칼빈아카데미
주소 | 서울시 구로구 구로5동 26번지 신도림 포스빌 1702호
전화 | 02-865-9120
등록번호 | 제12-614호
등록일자 | 2008년 12월 17일

발행인 | 장수민
지은이 | 오노 시즈오
옮긴이 | 김산덕
편집주간 | 송영찬
편집 | 신명기
디자인 | 조혜진

총판 | (주) 비전북출판유통
주소 | 경기도 고양시 일산구 장항동 568-17호 (우) 411-834)
전화 | 031-907-3927(대) 팩스 031-905-3927

저작권자 ⓒ 2012 Ono Shizuo

이 책의 저작권은 저자에게 있습니다.
내용의 일부를 발췌 및 배포할 경우
서면에 의한 저자와 출판사의 허락을 받으십시오.

값은 표지에 있습니다.
파손된 책은 구입처나 출판사에서 교환해 드립니다.
ISBN 89-91650-56-5 93230

Printed in Korea

일본 교회사

오노 시즈오(小野靜雄) 지음

김산덕 옮김

칼빈아카데미

CNB 시리즈
서 문

CNB The Church and The Bible 시리즈는 개혁신앙의 교회관과 성경신학적 구속사 해석에 근거한 신·구약 성경 연구 시리즈이다.

이 시리즈는 보다 정확한 성경 본문 해석을 바탕으로 역사적 개혁 교회의 면모를 조명하고 우리 시대의 교회가 마땅히 추구해야 할 방향을 제시함으로써 교회의 삶과 문화를 창달하는 것을 그 목적으로 하고 있다.

따라서 이 시리즈는 진지하게 성경을 연구하며 본문이 제시하는 메시지에 충실하고 있다. 그렇다고 이 시리즈가 다분히 학문적이거나 또는 적용이라는 의미에 국한되지 않는다. 학구적인 자세는 변함 없지만 궁극적으로 하나님의 나라를 지향함에 있어 개혁주의 교회관을 분명히 하기 위해 보다 더 관심을 가진다는 의미이다.

본 시리즈의 집필자들은 이미 신·구약 계시로써 말씀하셨던 하나님께서 지금도 말씀하고 계시며, 몸된 교회의 머리이자 영원한 왕이신 그리스도께서 지금도 통치하시며, 태초부터 모든 성도들을 부르시어 복음으로 성장하게 하시는 성령께서 지금도 구원 사역을 성취하심으로써 창세로부터 종말에 이르기까지 거룩한 나라로서 교회가 여전히 존재하고 있음을 그 무엇보다도 중요하게 여기고 있다.

아무쪼록 이 시리즈를 통해 계시에 근거한 바른 교회관과 성경관을 가지고 이 땅에 진정한 그리스도인의 삶과 문화가 확장되기를 바라는 바이다.

시리즈 편집인

김영철 목사, 미문(美聞)교회 목사, Th.M.
송영찬 목사, 기독교개혁신보 편집국장, M.Div.
오광만 목사, 대한신학대학원대학교 교수, Ph.D.
이광호 목사, 실로암교회 목사, Ph.D.

추천의 말

이번에 오노 시즈오 목사님의 일본 교회사에 관한 글들이 한 권의 통사로 통합해서 출판된다고 하는 소식을 듣고 저절로 함성을 지른 것은 나 한 사람이 아닐 것입니다. 목사님이야말로 우리 시코쿠(四國) 노회에 속한 동역자일 뿐 아니라, 지금까지 발표된 강연이나 글을 읽었던 사람들이라면 교역자들을 비롯해 많은 분들이 젊은 유망주로서 미덥게 생각하고 기대하고 있었을 것이라고 생각합니다.

무엇보다도 목사님께서 일본 교회사 분야에서 많은 주목을 받고 있다는 점은 높이 평가되어야 할 것입니다. 나는 역사 연구에 서투르긴 하지만 사실은 젊은 무렵부터 역사서를 읽는 것을 다른 문학의 어떤 분야보다도 좋아했었습니다.

분량으로 그렇게 많지 않을 것으로 보이는 일본 교회사 및 그것에 포함되는 개인 사상가들에 관한 연구는 오늘날 아주 필요한 연구 과제입니다. 많은 저자들이 자신들의 입장과 생각에 근거하여 일본 교회사 또는 일본 기독교 사상사를 저술하였지만, 일본 개혁파 교회의 입장에서 정리되어 저술된 것은 이번이 처음이라 할 것입니다.

복음주의 및 보수파로서는 케안쥬의 저서 『기독교 전사(全史)』 권말에 있는 야나기다 토모노부(柳田友信)의 것과, 하레이의 『성서 핸드북』1의 부록에 있는 오야마레이지(尾山令仁師) 선생의 글(개정판) 이외에 내가 알고 있는 바가 없습니다.

동지사(同志社)의 도히 아키오(土肥昭夫) 교수의 『일본 개신 교회사』(1980년)는 가장 최근의 것으로 공평한 것같이 보이지만, 결국 동지사의 성격이 현저하게 나타나고 있습니다. 이러한 상황에서 오노 목사님의 글이 책으로 출판된다는 것은 정말로 의미 깊은 것이며, 감사의 마음을 갖고 진정으로 환영하는 바입니다.

'오노 목사님은 나 같은 사람의 소개장을 필요로 하지 않을 것' 이라고 생각이 들었지만, 목사님으로부터 부탁을 받았기에 본서에 대한 내 개인의 생각을 적어보았습니다.

부디 독자 여러분도 본서에서 직접 그 명쾌함과 깊은 맛 그리고 풍부한 내용을 느끼길 바라는 바입니다.

1984년 3월 26일
코오베 개혁파 신학교 명예교수
오카다 미노루(岡田稔)

1　역자 설명: 일본에서는 성경이라는 단어를 사용하지 않는다. 신앙적 또는 신학적 논쟁이 될 수 있는 문제이기 때문에 여러 가지 오해를 종식시키기 위해서 원문 한자를 그대로 번역하여 성서로 표기하고자 한다. 원서에는 각주처리가 되어 있지 않고 본문 중에 인용 출처가 기입되어 있다. 그러나 번역본에서는 가능한 각주로 처리하고자 하였다. 따라서 이 책의 각주는 모두가 번역자에 의한 것임을 알려둔다.

머리말

기독교가 일본에 선교된 지 이미 120여 년이 지났다. 그 사이에 일본은 메이지 유신(일반적으로 1867-1889년)을 비롯하여 수많은 대외 전쟁을 경험했고, 특히 제2차 세계대전 참전과 패배에 의하여 역사의 발걸음이 크게 변화되었으며, 국가와 사회도 현저하게 그 모습이 바뀌어졌다. 이러한 일본의 근대적 활보 가운데 기독교가 일본에 이식시킨 것은 일본 사회와 기독교가 서로 영향을 주고받는다는 것이었다.

기독교의 신앙 내용을 '복음' 이라 부른다. 또 그 '복음' 을 전하는 것을 흔히 씨뿌림의 행위로 비유한다. 씨가 싹트고 성장하는 것을 결정하는 것은 바로 그것을 받아들이는 토양이다.

예수님의 비유에 '씨 뿌리는 비유' 가 있다. 농부가 뿌리는 씨 중에서 어느 씨는 길가에, 또 어느 씨는 돌이 많은 땅에, 또 어느 씨는 가시나무의 땅에 떨어졌다. 그 씨들을 기다리고 있던 것은 장애와 곤란이며 그 결과는 불모에 끝났다. 하지만 다른 씨는 좋은 땅에 떨어졌기 때문에 풍부한 열매를 맺을 수 있었다. 그렇다면 일본에 있어서 선교의 토양은 어떤 성질을 가지고 있었는가?

초창기 일본에 상륙하여 일본 최초의 교회 설립에 공헌한 브라운 선교사는 다음과 같이 기록한다. 전도의 땅으로서 일본은 '사람이 가서 씨를 뿌리기만 한다고 해서 좋은 밭이 될 수 있는 토지는 아닙니다. 일본의 땅에 씨를 뿌릴 때에는 돌밭에서 간신히 찾아낼 수 있는 갈라진 틈이라고 할지라도 기회 있을 때마다 몰래 거기에 떨어뜨려 두어야 합니다'(『S. R. 브라운 서간집』, 161). 브라운에 의하면, '일본은 돌밭'으로 명확하게 규정되고 있다.

근대의 해외 선교는 그 대부분이 아시아, 아프리카 등 아직도 독자적으로 근대적 발전과 국가를 형성하지 못한 '후진' 지역에 실시되었다. 일본과 같이 어느 정도의 수준과 통합된 문화권을 형성함으로써 한 국가로서 독립을 유지하고, 게다가 전통적인 종교가 민족생활과 사회의식에 안정적인 기반을 차지하고 있었던 선교 지역은 극히 드물었다.

한편 메이지 유신 이전의 약 300년 동안, 일본은 철저히 쇄국정책을 펼침으로써 제한된 통로를 제외하고는 서양 문물에 대한 모든 교류가 사실상 거절되어 왔었다. 따라서 기독교는 일본 사회에서 완전히 배제되었고 '사교'(邪敎)로 여겨져 박해의 대상이 되었다.

그리고 에도 시대 후기가 되면서 이러한 서양 문명 배제가 비교적 해이해지고, 여러 방면에서 서양 기독교 세계의 존재와 그 문명상의 진보가 전해졌다고 하지만, "일반 국민에게 있어 기독교는 사교(邪敎)다"라는 관념은 전혀 완화될 기미가 보이지 않았다. 이러한 이질적인 문화와 사회 가운데 복음의 씨가 뿌려졌던 것이다.

일본 개신교 역사의 서술은 그 현실을 올바로 밝히는 것을 회피하면 안 된다. 복음 전도가 ① 교회라는 공동체의 형성을 결실해 가는 영역, ② 복음이 일본의 문화적 전통과의 접촉을 통해 새로운 문화를 형성하려는 활력으로서의 영역, ③ 더 나아가 국가 권력이나 사회 정세 및 그 사이에 날카로운 긴장을 빚어내는 영역 등 어디에서든 복음 전도가 일본에서 형성하였던 궤도는 일본 고유의 특색을 가지고 있었던 것임에 틀림이 없다.

그리고 일본 사회 가운데 놓였던 교회와 기독교인들의 상황은 브라운 선교사가 통찰했던 것처럼 돌밭의 갈라진 틈에 뿌린 '씨'로서 고난을 피할 수 없었다. 역사에 나타난 은혜와 투쟁의 자국을 겸허하게 또는 냉정하게 배우는 것이야말로 현재와 미래를 살아가야 할 기독교와 교회가 착실하게 발붙일 곳과 희망을 제공하는 길이라 할 것이다.

1. 일본 교회사 방법

영국의 저명한 역사가 R. 베인톤은 역사의 의미를 풀어 밝히는 지표로서 '성공에 의한 실패'와 '실패에 의한 성공'이라는 2개의 명제를 들고 있다.[2] 외관적인 목표 달성이 기독교 본래의 도달점에서 멀어지게 하는 경우와, 표면상의 실패나 좌절이 기독교 역사의 실질적인 목표를 이끌어내는 계기가 되는 경우 등이 이에 해당된다 할 것이다.

숫자와 세력이라는 점에서 일본에서의 기독교는 아직도 전 인구의 1%에 지나지 않은 소수파이다. 때문에 일본에서의 복음 전도 실적을 선교 개시 이래의 통계상으로 말한다면 결코 성공이라고 말할 수 없다. 그러나 역사의 실패와 성공은 반드시 숫자만으로 판가름될 성질의 것은 아니다.

베인톤의 논리에 따르면 일본 교회의 부진 역시 역사의 본질적인 빛 아래에서 다른 양상을 나타내 보일지도 모른다. 실제로 일본의 기독교 역사 가운데 일반적으로 그 호조 때보다는 부진과 좌절의 시기에 언급해야 할 내용이 더 많은 것을 볼 수 있다.

기독교 역사는 하나님의 구원 의지의 실현 과정을 따라간다. 하나님의 의지가 역사 안에 정착하기 위해서 그 수단과 매개가 될 수 있는 것을 교회, 또는 한 사람 한 사람의 기독교인이라 부를 수 있을 것이다.

---

2 베인톤, 『기독교 역사관 입문』, 49-55.

특히 '그리스도의 교회'는 하나님이 인간을 구원하기 위해 세운 지상적 기관이며, 세계사 가운데서 구원의 역사를 구현하기 위한 가견적(可見的) 장소로 그 의의를 가지고 있다. 이러한 의미로 기독교 역사는 그 본질적인 생명으로서 '교회사'를 포함하고 있어야 한다.

그것을 구체적인 글로써 일본 교회에 가르친 사람이 이시하라 켄(石原謙) 박사이다. 그에 의하면 기독교 역사는 '교회사가 되면서부터 처음으로 일반 세계사로부터 구별되어 신학적으로 고찰되고 고유의 내용을 배양함으로써 신적 구원사의 시각으로부터 인간의 정신사, 더 나아가 세계사까지도 이해하고 비판하기가 가능하게 된다.'3

이렇게 신학적인 방법에 의해서 역사 속에 움직이는 기독교의 생명과 원리를 그려내는 것이 기독교 역사인 '교회사'라고 한다면, 일본 교회사의 서술은 어떻게 하여야 가능한가. '일본' 기독교 역사이기에 어려운 점이 있다면 그것은 무엇인가. 이에 대해 몇 가지 문제를 들 수 있다.

첫째, 일본 교회는 여전히 피선교지로서 성격을 벗어나지 못하고 있으며, 인구의 1%에 지나지 않은 소수의 집단이며, 교회의 존재가 별로 큰 역사성을 가진 적이 없다는 것이다. 따라서 이 집단 자체로서는 스스로의 자기 인식 방법과 시야를 확립하는 것이 쉽지 않다. 이런 점에서 연구가의 관심은 자연스럽게 교회가 대외적인 세계와 문화에 '전도'라는 접점을 통하여 부딪히게 되는 여러 가지의 마찰이나 알력에 집중하기가 쉽다.

사실 그동안 일본의 개신교는 기독교와 사회, 진화와 성서, 마르크스주의와 기독교, 민주주의와 교회, 신앙과 노동, 문학과 신앙 등의 시대와 환경이 요청하는 과제들에 대응하는 일에 급급했었다. 쿠마노 요시타카(熊野義孝)가 '일본에서는 신학사상(史)은 있지만, 신학(史)이 없다'는 테제(These)

---

3 이시하라 켄, 『기독교의 源流』 저작집 8, 27.

를 주장하게 된 직 · 간접적인 원인이 바로 그것이다.

이러한 이유에서 순수한 교회적 · 신학적 관심을 배양하고 신학 학설사를 형성하는 방향으로 나아가기보다는, 주제별로 교회 사상을 수립하는 경향이 앞서게 된다. 이와 같은 교회의 상황을 반영하여 일본 교회사의 대부분이 '교회사'로서 신학적 검토를 추구하기보다는 오히려 사회 · 과학적, 사상사적 그리고 문화사적 관점에 의한 접근(approach)에 더욱 익숙해진 것은 당연한 결과일 것이다.

둘째, 일본 교회는 조직 제도면의 형성에 뒤떨어지면서 역으로 훌륭한 지도자의 개인적 영향이 두드러지게 나타나는 경향이 있었다. 더욱이 일본 기독교가 오늘날에 이르기까지 '대중적 기독교인'이라 할 만큼의 종합적인 역량을 발휘할 주체를 형성하지 못했던 정황과 함께 기독교 연구 그 자체에 '개인사(史)'가 차지하는 비중이 높았다는 점이다.

물론 교파적 특색의 성쇠(盛衰)를 기록한 '교파사'(教派史)라는 역사 기록 분야 및 '운동사'라는 형식의 역사 기술도 그 나름대로 성과를 가져 왔다.

교파 형성으로 주제를 제한하는 것은 관점의 설정을 용이하게 하고, 더욱이 방법의 독자성을 관철시킬 수 있는 등의 여러 이점이 있다. 하지만 '교파사'가 교회사로서의 조건을 갖추기 위해서는 각각의 교파(教派) 형성의 실질에 맞는 의미의 검토가 요청되어야 할 것이다. 구체적으로 말하면 "제(諸) 교파가 보편적 교회의 지체로서 마땅히 가져야 할 태도를 원리와 실천이라는 양면에서 어떻게 추구하고 있는가?" 하는 것이 역사 서술에 심도 있게 반영되어야 하는 것이다.

또한 '운동사'의 경우 역시 운동체 고유의 강령이나 규약에 의해 그 운동의 목표가 설정됨으로써 그 운동체에서 활동하는 기독교인 한 개인이 짊어지는 기독교적 가치의 총체가 운동체의 원리와 긴장을 내포하면서 나타난다. 이러한 것을 통한 기독교 신앙의 운동량을 측정하는 것이 이 분야에서는 주요 관점이 될 것이다.

셋째, 구원사가 제시되는 교회사를 서술하기 위해서는 단지 수량적인 의미가 아닌 교회가 유기적으로 일반사 가운데 편성되는 것이 필요하다. 일반사로부터 고립된 교회는 자신의 역사상(像)을 신학적으로 연결하는 것에 곤란하지 않을 수 없을 것이다.

이상에서 보는 것처럼 일본의 기독교가 교회와 사회라는 어쩔 수 없는 이원적인 대립 안에 놓여 있었고, 그로 인하여 어쩔 수 없는 자기 폐쇄적인 체질을 굳히면서 자기 방어의 자세를 취하는 걸 강요해왔던 현실은 어찌했든 교회사라는 역사적 모습을 형성하는 것에 적지 않은 장애가 되었을 것이다.

2. 토착과 정통성

상술한 것에 관하여 참조할 수 있는 자료로서 이시하라 박사가 1962년에 발표한 '일본 신학의 과제' 라는 논문을 들 수 있다.4 그에 의하면 기독교 신학이라는 학문은 두드러지게 폐쇄적 · 고립적이며 일본의 사상계 · 학술계에서 합당한 자리를 잡지 못하고 있다고 할 것이다.

유럽 대학에서 신학이 차지하는 위치는 중세 스콜라 신학이래 다른 학술의 기초 또는 그 완성이었고, 제(諸) 학문의 성립에 빠뜨릴 수 없는 제(諸) 조건이기도 했다. 하지만 그것은 일본에서 기대할 수 없었던 것이었기에 당초부터 신학은 학계의 이단아처럼 소외당해 왔었다.

스콜라 신학은 오늘날의 이야기가 아니지만, 다른 학문과의 내적 관련 없이 과연 학문으로서의 신학이 성립될 수 있을까? 그러한 이시하라 박사

---

4 이시하라 켄, 『일본 교회사론(敎史論)』 수록.

의 생각은 요컨대 이 100년의 선교 과정을 거친 '일본 기독교 교회의 독자성'은 무엇인가로 집약된다. 그것은 '일본 교회의 존재 방식'에 귀착한다.

일본에 기독교가 선해신 시 백년이라 하지만, 그리고 지금 그 백년긴의 업적이 추궁되고 있지만 문제는 몇 명의 성도를 획득하고 몇 개의 교회를 세워서 어느 정도의 사업을 달성했다고 하는 통계적·숫자적의 문제가 아니라 기독교가 과연 일본이라는 곳에, 일본 사람들의 마음속에 그 뿌리를 내려 "일본의 풍토에서 자라고 장래의 발전적 기초를 다지는 것이 가능했는지"라는 점에 있는 것이 아닐까.

기독교는 지금도 이질적인 외교(外教)로 존재하고, 일본 사회로부터 유리(遊離)된다고 앞서 말했지만 그 이유, 그 근원은 어디에 있을까. 이와 같은 현상을 눈앞에서 보고 그것을 밝히며 그 사실을 설명하지 않는다면 장래의 문제를 생각할 실마리는 얻을 수 없을 것이다.

즉, 기독교가 역사 가운데서 확고하며 고유한 존재를 수립하고 '토착'된 자기 형성을 할 수 있는가 하는 문제이다. 일본의 학술계에서 신학의 위치와 본질적으로 공동되는 과제가 여기에 제시되어 있다. 교회가 그 역사상(歷史像)을 확실히 그리기 위해서 제일 먼저 요구되는 것은 기독교 자신의 일본 사회에의 '토착'이라 해도 무방할 것이다. 여기서 이시하라 박사에게서 또 하나의 관점을 배우고자 한다.

1936년에 저술한 '기독교 역사학의 성립'이라는 논문이 있다.5 기독교 역사학의 발생을 사도 및 사도교부, 변증가의 역사의식으로부터 얻고자 하는 것으로, 결론적으로 말하면 '기독교의 역사 의식은 교회의 제도화와 신앙의 정통성 주장이라는 모체로부터 발생한다'는 것이다. 무엇보다도 교회가 현실적 세계에 본격적인 행보를 시작하고, 세속사(世俗史) 가운데서

---

5 이시하라 켄, 『이시하라 켄 저작집』 3권 수록.

복음을 견지하면서 확고한 자기 존재를 확립해 가는 것이 역사 의식과 역사 인식의 전제가 된다는 점이다.

그것은 이시하라 박사의 의도에 따르자면 '헬라화'라고 말해도 좋을 것이다. '이와 같은 사태를 개척함으로써 교회는 원시시대의 종말론적(아포칼립시스적) 세계관에서 이탈하고, 역사적 현실 세계에 침전할 수 있는 시점에 도달한 것을 의식함으로써 마침내 이 세상에서 교회도 역사적 기술의 학문을 성립할 수 있는 조건이 마련되는 것이다.'6

이렇게 보자면 교회가 자기 존재를 역사 의식으로 정착시키기 위해서는 토착(세속화)과 자기 신앙 정통성의 확신이라는 두 가지의 계기가 필요하다. 따라서 교회의 역사 의식의 심도는 토착과 정통성이라는 좌표축으로 측정이 가능하다고 할 수 있다. 더욱이 그것은 기독교 역사의 서술에서도 끊임없는 기본적인 축으로써 복음의 토착화와 정통성이라는 시좌(視座 : 자기의 입장에서 사물을 보는 시점)를 설정할 것을 요구하고 있다.

1) 토착이란 무엇인가? 이것은 일본 교회사를 가로지르는 어려운 과제이며 쉽게 답할 수 있는 문제가 아니다. 그러나 먼저 '토착이란 어떤 것이 아니다'라는 것은 명료하다. 즉, 그것은 일본적인 전통 관습으로 복음을 동화同化시키는 것을 의미하지 않는다는 것이다.

복음이 일본 문화나 전통과 바르게 만나고 절충될 때 그리스도는 '문화의 개조자(改造者)'(H. R. 니버)로 제시된다. 그러나 기독교를 '일본적'인 것으로 개조함으로써 복음의 독자성, 정통성을 포기했던 사례가 일본 교회사에 너무 많아서 일일이 셀 수 없을 정도이다. 이런 점에서 '복음에 합당한' 것을 희생하는 그 어떤 토착론도 성립되지 않음을 명심해야 할 것이다. 그렇다면, 토착이란 무엇인가?

---

6 이시하라 켄, 『이시하라 켄 저작집』 3권, 224.

첫째, 기독교의 복음 전도 차원에서 보자면 일본인의 마음과 깊은 영혼에 이르게 할 수 있도록 복음을 선포하는 것이다.

복음이 일본인의 마음에 충분한 이해와 만족을 통해서 수용되고, 창조주 되시며 속죄주가 되신 삼위일체 하나님을 진심으로 믿는 영혼을 만들어 내는 것이다. 즉, 복음 전도와 교회 형성에 있어서의 토착이다. 이를 위해서 수준 높은 일본어에 의한 복음 전도와 교화에 의해서 추진되어야 할 것은 말할 필요도 없다.

이러한 면에서 성서 번역과 찬송가가 일본인의 마음에 건네는 경건과 양질의 표현과 용어가 될 수 있는가 하는 것이 토착의 표준으로 제시될 수 있을 것이다. 또 예배에서 선포되는 설교의 일본어가 일본인의 영혼을 복음으로 요동치게 하며, 더욱이 신학과 신앙고백을 일본인 자신들의 언어로 고백하는 노력을 요구하게 될 것이다. 뿐만 아니라 신앙 표현의 일부분으로써 일본인으로서 신앙생활의 표현(하나님의 집에서 어떻게 생활할까, 딤전 3:15) 형태가 추구하는 것까지 포함해도 좋을 것이다.

둘째, 일본 사회에 이식된 교회와 신자들은 일본 사회가 직면하는 모든 문제에 관여하고 있다는 측면이다.

이 사회와 세상에 존재하는 교회로서 국가와 사회의 문제를 연대적으로 짊어지는 임무를 기독교인은 알고 있다. 기독교인과 교회가 고유하게 짊어지는 복음의 진수는 이 세상의 여러 사상, 여러 단체, 여러 기관과 함께 공유할 수 없는 가치이다. 그러나 복음이 여러 문화적 가치와 만나는 부분에 있어서는 공유할 수밖에 없는 영역을 가진다.

이와 같은 영역에 대하여 '불신자와 멍에를 같이 하지 말라'고 주장하여 세상의 그 어떠한 것과도 공유할 수 없다는 자폐적 문화관의 확립은 그것이 신학적으로 아무리 견고하게 치장된다 할지라도 그것은 예수 그리스도 이상으로 기독교인이 되려고 하는 의도라고 말해야 할 것이다.

이와 관련해 단지 언제 어떤 시점에서 기독교가 이 분야에서 토착의 발판을 얻게 될지는 역시 쉽게 답할 수 없다. 본서도 이 점에 대하여 어떤 전망을 제시하게 되기를 기대하지만, 더 많은 검토를 요구하는 문제이다.

2) 그렇다면 '정통성' 이란 무엇인가? 그것은 기독교의 일정한 진리의 '교훈' 과 관계한다.

기독교는 믿는 사람의 태도 이상으로 믿을 수 있는 가르침에 깊은 주의를 가진다. '전하여 준 바 교훈' 에 순종하는 것이 복음 전도와 교회 형성의 목표이다(롬 6:17). 기독교 역사에는 '진보와 성공' 이 있으며 또한 '정체와 좌절' 이 있다고 한다면 그 척도의 하나는 분명히 '가르침의 교훈' 이 제시하는 '정통성' 이 역사의 여러 국면에서 얼마나 성숙해 왔던가를 통하여 나타날 것이다.

기독교의 인적 · 경제적, 즉 통계적 측면을 경시하는 것은 사실상 불가능하더라도 기독교 역사의 내적 생명을 그려내는 작업은 어디까지 신학적인 작업이라는 사실을 스스로 의무화해야 한다.

3. 일본 기독교 역사의 대상

상술한 기본적인 시좌(視座)를 가지고 일본 기독교 역사를 그린다고 한다면 그 대상 및 범위를 어떤 식으로 설정해야 옳은가? 본서는 기술의 대상을 '교회' 로 하고, 그곳에서 복음 전도의 국면을 기술할 것을 최대의 안목으로 한다.

① 교회는 복음과 그 선포를 직접 담당한 주체일 뿐만 아니라 복음 전도의 열매를 직접 얻게 되는 주요한 목표이기도 하다.

하나님의 구원 의지가 역사 가운데서 그 생명과 본질을 가장 현저하게 나타내는 장소가 교회이다. 그 교회가 그 복음을 어떻게 이해하고, 믿고, 전했으며, 또 그 신앙 내용을 어떤 신앙고백으로 표현했는가? 또한 이를 통해 제 교회의 제도·조직·훈련의 실제가 어떻게 형성되는지를 묻게 되고, '거룩한 공회를 믿사오며'라는 고백과 현실 교회의 걸음이 어떤 본질적인 관계를 유지해 왔는가를 묻게 된다. 이는 또한 제(諸) 교파의 합동과 분리의 형세에 관한 관찰까지 포함하게 된다.

② 다음으로는 교회와 국가와의 관계이다.

기독교가 발전되어 온 환경은 서구에 있어서는 근대국가의 형성기에 해당한다. 일본에서도 그 사정은 동일하지만, 앞서 말한 것처럼 토쿠가와 막부(德川幕府)는 기독교에 대한 철저한 억압 정책을 취하여 국민 사상까지도 반기독교적 경향을 아주 철저하게 양성시켜 왔다.

또한 메이지 정부 역시 종교 정책에 수미일관된 입장을 취하지 않았기 때문에 기독교는 불안정한 형태로 남아 있을 수밖에 없었다. 그 때문에 근대 일본 기독교는 국가와의 절충에 많은 정력을 쏟아 부었고, 결국 그러한 흐름 속에 알력과 좌절과 변용이 생겨났다.

메이지(明治)·타이쇼(大正)·쇼와(昭和)의 각 시대를 통해서 기독교가 국가와의 관계 가운데 형성한 사상이나 행동은 다양했으며, 여러 다양한 국면에서 취하게 된 모습을 검토하는 것은 일본 기독교 역사의 의미와 현재의 위치를 파악함에 있어서 불가결한 것이다.

③ 마지막으로 근대 일본의 문화적 영역에서 기독교가 담당했던 발자취를 따라가는 것이다.

교육, 의료, 사회 개선, 복지 등 사회적인 분야를 중심으로 근대적 인간상의 육성에 기독교가 기여한 역할은 경시될 수 없다. 기독교와 사회의 만남은 다각적이며 거기에서 복음 그 자체도 하나의 상대적인 가치로 평가

받아야 될 것이다. 또, 성서 번역이나 찬송가의 번역·편집 등은 직접적으로는 종교적 영역으로써 선교와 교회 현상의 문제이지만, 그것들이 근대 일본의 문화 사상에 남긴 의미도 교회사의 분야에서 평가받아야 할 것이다.

본서는 상술한 3개의 영역에 반드시 균형을 유지하면서 서술하지는 않을 것이다. 특히 ③ 영역에 있어서는 극히 제한된 문제를 주제적으로 취급할 수 있을 뿐이다.

교회의 형성 과정에 관하여도 전체에 시각을 맞추는 것은 불가능하기 때문에 일정한 계보로 그 대상을 제한할 것이다. 구체적으로 말하면 본서는 '일본기독공회'(日本基督公會) → '일본기독일치교회'(日本基督一致教會) → '일본기독교회'(日本基督教會) → '일본기독교단'(日本基督教團)에 이르는 일본 교회사의 주요한 계보를 연구의 직접적 대상으로 삼는다. 그 외의 여러 교파에 대하여는 주제의 해명을 위해서 필요하다고 생각되는 범위에서만 언급할 것이다.

서술의 형식은 사실의 평범한 나열보다는 사적 관점과 평가에 중점을 두었지만, 특히 메이지 전반기(1868년 이후)는 도입부적인 의미를 내포하기에 쉬운 이야기 형식으로 서술했다. 그러나 메이지 후반(1912년 이전) 이후에 대해서는 역사 이해의 시점을 명료하게 하고 교회사의 내적 생명을 신학적으로 그려내는 것에 힘쓰고자 했다. 개신교 역사의 유아기로터 성숙기로의 과정을 따라가는 것에 있어서도 좋은 기회라고 생각되었기 때문이다. 물론 다소의 예외도 있다. 특히 '일본기독공회'에 있어서는 일의 성격상 초기의 역사임에도 불구하고 세부에 걸치는 전문적인 검토를 피할 수 없었다.

2012년 1월 26일

목 차

● 제1부 ●

메이지 · 타이쇼 (1868-1912, 1912-1926) 편

●제2부●

쇼와(昭和) 편

제1부

메이지(明治 1868-1912년)와 타이쇼(大正 1912-1926년) 篇

제1장
개신교 개교(開敎)와 최초의 교회

쇄국 상태로 계속남아 있었던 일본은 근대 개신교 선교에 있어서 최후의 유력한 대상의 하나였다. 19세기 초두부터 구미제국의 개신교 각 교파는 일본 선교에 강한 관심을 기울였다.

1837년(天保 8년)[7]에 미국의 무역상사 오리판토 회사의 상선 모리선 호가 우라가(浦賀)에 내항했다. 중국에서 일본 선교를 준비해 왔던 K. 퀴츨라프(Gützlaff)와 S. W. 윌리엄 등이 표류하고 있던 일본인 선원 7명을 구출하여 그들을 일본에 인도하려고 접근했던 것이다. 그러나 '외국선 타불령'(外國船打拂令) 때문에 모리선 호는 포격을 받고 어쩔 수 없이 돌아갈 수밖에 없었다.

이처럼 일본은 의연히 문호를 닫고 있었기 때문에 선교단들은 류큐(琉球, 현재의 오키나와〈沖繩錦錦〉)에 입국할 수 있는 기회를 기다리고 있었다. 당시 류큐는 일본과 청나라(淸國, 현 중국)에 속하였고, 시마즈항(島津藩)의 보호령이었다.[8]

---

7 역자 설명: 일본에서는 연호(年號)를 사용한다. 일본에서는 원호(元號)라고 하기도 한다. 일본 왕이 바뀔 때마다 바뀐다. 본서에서는 참고로 가능한 원문대로 기입하고자 한다.

8 역자 설명: 에도막부 시대에는 대명(大名 : 사유지를 가진 지방 영주, 또는 호족을 말함)들에게 '항'을 주어서 통치했다. 따라서 '항'(藩)이란 대명이 지배하고 있는 영지, 인민, 통치기구를 총칭한다.

류큐 선교는 프랑스의 카톨릭 선교단체(파리선교회) 소속의 T. A. 호르카드(Forcade)에 의해서 단서가 마련되었다. 그는 프랑스의 공적 권리를 배경으로 억지로 상륙했지만(1884년), 포교의 직접적인 성과를 얻기는 힘들었다.9

그후 개신교의 류큐 전도는 1846년 '영국해군 류큐선교회'에서 파견된 B. J. 뱃텔하임(Bettelheim)에 의해서 수행되었다. 그렇지만 복음을 공적으로 선포하는 것이 허용되지 않았던 가운데 류큐어역의 전도용 책자를 심야에 호별로 배포하는 등 그들의 선교 활동은 결코 쉽지 않았다.

어학에 뛰어난 뱃텔하임은 성서의 류큐어 번역에 힘써서 4복음서를 완성했다. 체재 8년 동안에 여러 명의 구도자와 3명의 세례자를 얻었지만 그가 페리(Perry)의 함대로 류큐를 떠난 후에 박해로 인하여 그의 첫 열매는 신앙을 잃어버렸다고 전해진다.

1. 선교와 신앙의 나그네 헤본(James Curtis Hepburn)

쿠로후네(黑船)를 통솔한 페리의 내항(1853년)은 서양 문명의 압도적인 힘을 과시하며 일본에 개국을 강요했다. 그리하여 일미친화조약(1854년)에 이어서 일미수호통상조약(1858년)이 체결되면서 일본은 기나긴 쇄국의 줄을 풀었다. 선교단들의 일본 입항은 이러한 사건들의 전후에 개시되었다.

미국 성공회가 조약 발효에 앞선 두 달 전인 1859년(安政 6년) 5월에 J. 리긴즈(J. Riggins)를, 그리고 6월 하순에는 C. M. 윌리엄을 나가사키(長崎)에 파견했다. 그들은 나가사키에 체류하는 외국인을 위해서 주일에 예배를 드리기 시작하고 1863년(文久 3년) 소규모의 예배당도 건설하였다. 물론 이것

---

9 호르카도의 류큐 포교의 시도에 관한 자료는 거의 존재하지 않는다. 에비사와 아리미치(海老澤有道),『유신 변혁기와 기독교』제2, 3장에서 잔존 자료를 검토하고 있다.

은 일본인 교회가 아니었지만 개신교 기독교회로서는 최초의 예배당이 여기에 영위되었던 것이다.

그들에 이어서 1859년 가을에는 미국장로교회의 J. C. 헤본 부부, 11일에는 미국과 네덜란드 개혁파교회의 S. R. 브라운과 D. B. 시몬즈(Danne B. Simmons)가 카나가와(神奈川)에, 또 같은 개혁파의 G. F. 벨벡크(Guido F. Verbeck)가 나가사키에 상륙했다. 같은 개혁파의 J. H. 바라(James Hamilton Ballagh) 역시 1861년 11월 폭풍을 겪으면서 카나가와에 도착했다.

침례교에서는 J. 스코비(Jonathan Scobie, 또는 J. Goble로 불림)가 1860년(万延元)에 들어왔다. '미국외국전도회사'(아메리칸 보도〈회중교회 선교부〉)는 조금 늦은 1869년(明治 2)에 그린(Daniel Crosby Greene)을 파견하여 한신(阪神) 지방에서 전도를 개시했다.

그렇게 성공회, 장로교, 개혁파, 침례회, 회중교회 등 주요 교파가 기독교 선교를 금지하는 가운데 일본에 선교의 첫발을 내디뎠다. 감리교회의 선교사 파견은 1873년(明治 6) '기독교인 금지 패'(切支丹禁制高札〈키리시탄 킨세 이타까레이〉)가 철거된 직후였다.[10]

많은 선교단체들의 사적(事績)을 일일이 언급하는 것은 다음으로 미루기로 하고, 헤본의 사역을 통하여 금교(禁敎) 시대에 있었던 선교단체들의 활동을 약술하고자 한다.

J. C. 헤본은 1815년 펜실베이니아에서 태어났고, 대학에서 화학과 안과학 등을 수학하여 학위를 받았다. 그 학문과 전문기술을 의료선교에 사용

---

10 역자 설명: 다카레이(高礼)란 법령을 판자에 먹으로 기록하여 지배 영주민들에게 게시하도록 하여 주지하게 할 목적으로 집에다 걸어놓는 것을 말한다. 일본에는 5개의 다카레이가 있었다. 1. 切支丹禁制の高礼(元和 2年:1616) 2. 御鷹場의 高礼(享保 6年:1721) 3. 切支丹禁制의 高礼(明治 2年:1869) 4. 勸善의 高礼(慶応 4年:1868) 5. 徒錦의 高礼(慶応 4年:1868).

하고 싶다는 강한 소망과 소명감을 가지고 26살 때 중국 선교사가 되어 싱가포르와 아모이에 체재했다. 그러나 부인의 건강이 좋지 않았고, 사랑하는 자식을 잃는 등으로 부부는 귀국할 수밖에 없었다.

그후 뉴욕에서 의료를 개업하여 성공했지만 일본 개항의 소식을 듣자마자 병원을 남에게 물려주고 자비로 일본 선교에 헌신하기 위해 장로교회의 '외국전도국'에 신청했다. 그때의 마음을 남동생 앞으로 보낸 편지의 일설에 이렇게 적고 있다.

> 선교국(局)이 일본 어디로 우리를 파견할지는 모르겠다. 그러나 하나님의 뜻이라면 나는 기꺼이 갈 것이다. 그곳에 가서 이와 같은 암흑에 사는 사람들의 무지몽매를 깨우쳐, 그 제국(日本)에 그리스도의 거룩한 나라를 세울 도량이 되는 것 외에 내 마음을 행복하게 할 것은 아무것도 없다. 만약 하나님이 나를 파견해 주시고, 나와 함께 계신다면 그것으로 만족할 따름이다.[11]

일본에 온 헤본을 놀라게 한 것은 일본인 주거의 빈약함, 천연두, 눈병, 결핵 등의 환자가 너무나 많았다는 것이었다. 하지만 문화적인 큰 차이에 당황한 것은 잠깐일 뿐, 곧 일본 사회와 역사의 현상에 대해서 우수한 관찰을 시작하였다. 때는 '존왕양이'(尊王攘夷)의 심한 동란기였고, 막부(幕府)의 권위가 실추되고 있었으며, 사회의 새로운 안정과 질서를 만들어 낼 세력은 여전히 확립되지 않은 상태였다. 일본인조차 자기 나라의 미래를 꿰뚫을 수 없는 참담한 시대에 한 외국인 나그네의 눈은 정확히 미래를 예측하고 있었다.

> 복음이 자유스럽게 이 국민에게 전해지기 전에 먼저 막부의 전 조직이 붕괴할 것입니다.[12]

---

11 『헤본 서간집』, 32.
12 『헤본 서간집』, 128.

기독교가 금지당하고 압제되었기 때문에 일본에 온 선교사들은 대외적으로 전도할 수 없었다. 치안상태도 아주 불안하여 항상 위험에 노출되어 있었고, 실제로 헤본 부인도 폭력을 당한 바 있었다. 그들은 이러한 대기기간 중에 일본어 습득에 힘쓰며, 다른 힌편으로는 일본인 청년들을 교육했다. '헤본사설하원'도 그 하나로 당시로서는 예가 없는 남녀공학이었다. 그 학원에서 후에 정치 · 사회의 중축으로 성장한 사람도 있었다. 바라 선교사, 브라운 선교사들도 자신들의 집에 사설학교를 운영하면서 청년교육에 힘썼다.

그중에서도 브라운 선교사의 문하에서는 시마다 사부로(島田三郎), 우에무라 마사히사(植村正久), 오시가와 마사요시(押川方義), 이부카 카지노스케(井深梶之助), 혼다 요이치(本多庸一), 쿠마노 유시치(熊野雄七), 야마모토 히데테루(山本秀煌), 오쿠노 마사츠나(奧野昌綱) 등 일본 교회의 다방면에 중요한 인물이 배출되었다.

헤본은 그의 우수한 의료기술로 열악한 위생 환경 속에 방치되었던 병자들을 치료했다. 귀천을 가리지 않고 가난한 사람에게서는 치료비를 받지 않고 눈병, 손발의 절단수술, 탄환적출, 언청이 아이의 수술, 백내장, 치질, 맹장, 충치 치료까지 거의 모든 질환과 고통을 치료하는 데 헌신적인 노력을 다했다. '헤본 선생님이든, 쿠사츠(草津)의 온천이든'이라는 속요(俗謠)가 나돌 정도로 그 명성이 대단했다.

한편, 헤본은 우수한 어학을 구사함으로써 일본어를 체계적으로 수집하여 그것을 로마자로 표기하고 영어와 대조시키는 작업을 거의 혼자 힘으로 완수해 『일영어림집성』(和英語林集成)이라는 최초의 본격적인 일영사전을 완성했다. 그것은 1867년(慶応 3)에 출판되었지만, 그후로도 판을 거듭해 일본에 있어서 초창기의 영어연구에 헤아릴 수 없는 편익을 주었다.

헤본의 어학 연구의 목적은 말할 필요도 없이 성서의 일본어 번역이었다. 이전에 수행되었던 개척적인 일본어 번역과 류큐어 번역을 헤본도 잘 알고 있었지만 그것만으로는 만족할 수 없었다. 때문에 그는 벳태르하임의 류큐어 번역을 미국성서협회가 채용하는 것에 반대했다.13 헤본, 브라운, 그린에 의해 주도된 성서의 일본어 번역에 대해서는 나중에 다시 언급할 것이다.

외국 선교사들에게 있어서 자녀들의 양육은 가장 마음을 괴롭히는 것 중 하나일 것이다. 헤본 부부도 아들 사무엘을 미국 학교에 남기고 왔지만 사무엘의 학업 부진이나, 신앙고백이 늦은 것으로 인하여 마음의 고통을 맛보았다. 자식에 대한 애정과 하나님께 대한 봉사가 이 위대한 선교사의 마음을 때로는 흔들고 괴롭히고, 아니면 찢고 있었던 것이 분명했다. 이런 이들에 의해서 전해진 복음 전도의 댓가는 참으로 귀중한 것이라 감사하지 않을 수 없다.

일본 국민처럼, 몇 세기에 걸쳐서 어둠 속에 놓여 죽음의 그늘에 앉아 있던 백성들에게 복음을 전하고 아침빛이 그 위에 비쳐 물들일 광경을 눈앞에 보게 되었습니다. 이와 같은 복음 전도의 사명에 선택받은 것이 얼마나 영광스러운 일인가요.

일찌기 제가 이 미지(未知)의 나라를 향하려고 뉴욕에서 재산과 즐거움과 영광이라는 모든 소망을 버렸을 때에 많은 사람들은 저를 어리석다고 비웃었습니다. 그렇지만 저는 한시도 그것을 후회한 적이 없습니다. 그것에 대해서 우리 주님의 약속은, 제 경우에는 차고도 남음이 있습니다.

주님은 정말로 저에 대하여 은혜가 깊으시고 친절하시며 깊은 자비하심을 보여주셨습니다. 따라서 저는 주님의 도우심으로 죽기까지 주님께 봉사하여 왔습니다. 이와 같은 봉사를 하면서 늙게 된 것은 참으로 기쁜 일이 아닐 수 없습니다.14

---

13 『헤본 서간집』, 146.
14 『헤본 서간집』, 318-319.

드디어 일본을 떠나는 송별의 자리에서(1892년 10월 15일, 요코하마제일장로교회), 이별의 인사를 다음처럼 맺었다.

본국에 돌아가도 오랫동안 거주할 수 없습니다. … 저는 유랑인, 기류의 인생, 당신들도 모두 나그네입니다. 이 세상에 오랫동안 살 수가 없습니다. 틀림없이 끝이 올 것입니다. … 하나님께 의지하는 나그네 … 하나님은 나의 아버지, 아버지에 의한 나그네 … 참으로 재미있는 말입니다. … 그리하여 옛날 이스라엘 백성이 애굽을 떠나고 가나안 땅을 향하여 여행을 했던 것처럼 우리들도 그대로 여행을 할 것입니다. 그 여정이 어느 때는 짧게, 또 어느 때는 길어집니다. 저의 여정 또한 조금 길었습니다. 78년 동안, 우리 아버지의 나라를 향하여 여행을 한 것입니다.15

이 나그네 의식은 그 자신이 살았던 인생의 본질을 말하고 있다.

2. 선교사들의 신앙 배경

일본의 초대 선교사들이 주로 미국의 여러 교파에서 파견되었다는 사실은 이미 지적했다. 그들이 어떤 신앙을 갖고 도래했는지, 또 그들을 배출한 미국의 종교적 정황은 어떠했는지를 연구하는 것은 그들에 의해 일본에 이식된 신앙을 본질적으로 규정할 기본적인 조건이다.

키리시탄(기독교) 시대의 카톨릭 선교 사업은 과감한 순교정신을 가지지만 한편으로는 여러 카톨릭 국가의 세계 지배적 의도와 반드시 분리되지 않았던 것도 사실이었다. 또한 그 당시 선교사 자신들은 여러 가지 영리사업을 시행함으로써 선교단체의 자산 증대에 공헌하였다는 것이 최근의 연

---

15 『헤본 서간집』, 234

구로 밝혀졌다.16 개신교의 선교 역시 어떤 경우에서는 국가의 대외적인 확장 의도와 깊은 관계 속에 존재했던 예가 없었던 것은 아니다(예를 들면 네덜란드에 의한 인도네시아의 통일과 선교).

그러나 일반적으로 근대 선교는 국가의 직접적인 원조나 계획과는 관계 없이 독립적으로 선교단체의 순수한 종교적 동기에 의해 수행되었다고 할 수 있다. 물론 해외 선교의 동기 형성이 가지는 여러 가지 요소들 가운데는 단순히 개인적인 영혼 구원의 열정만으로는 설명할 수 없는 것도 존재하리라는 것을 의심하지 않을 수 없다. 그렇다면 미국 교회가 19세기에 대규모 해외 선교를 하게 한 정신은 무엇이었을까?

미국은 퓨리턴(청교도)에 의해서 건국의 초석을 두게 되었다. 뉴잉글랜드를 중심으로 한 퓨리터니즘(청교도 정신)은 신앙에 의한 새로운 사회 건설의 에너지를 미국의 건국 정신에 주입했다. 하지만 머지않아 그 정신은 미국 사회의 공간적 확대(서부 개척)에 의해서 다양화와 더불어 쇠퇴의 길을 걷고 말았다.

19세기의 미국은 그와 같은 건국 정신의 위기를 맞이한 시대이며, 또한 그 위기를 극복하기 위한 투쟁이 시도된 때였다. 사상적으로는 계몽사상이 기독교의 대항 사상으로 나타났으며, 그 알력을 극복하기 위해 해외 선교에 대한 의욕이 불타올랐다고 한다.17 해외 선교의 신학적 배경이 된 것은 칼빈주의이며, 퍼져가는 반윤리적 · 세속적인 사회를 다시 하나님 중심의 세계로 돌려놓고자 하는 엄격한 윤리적 요구가 해외로의 정열적인 복음 전도 형태로 열매를 맺은 것이다.

---

16 타카세 코이치로(高瀬弘一郎), 『키리시탄 시대의 연구』는 당시 주로 예수회 선교단의 상업 활동과 자산에 대한 극명한 연구이다.

17 이몬 후지오(井門富二夫), 『세속 사회의 종교』, 255-291 참조. 동시대 미국인의 종교 의식을 해명하여 세계 선교와 연결을 시도한 야나기 조무(柳生望), 『아메리카 퓨리턴 연구』 제7부가 있다.

이러한 종교적·사회적 배경을 가진 선교사들의 신앙은 스스로 일정한 특색과 경향을 갖고 있었다. John F. 하우즈(Howes)는 네 가지를 지적한다. ① 개인적인 회심(回心)의 강조 ② 성서에 대한 절대적인 신앙 ③ 도덕적인 엄격 ④ 전도 강조('일본 기독교인과 미국인 선교사', 『일본에 있어서 근대화의 문제』 수록).

하우즈가 초대 선교사들이 뉴잉글랜드 정신의 부흥을 열망하고 있었다고 말한 것처럼, 이러한 특징은 당시 미국의 교회들로 하여금 해외 선교에 몰입하게 된 열정을 충실히 반영하고 있다고 할 수 있다. 그리고 이와 같은 선교사들의 신앙 태도는 초기 기독교에 입교한 일본 청년들이 성장한 환경이나 심정과 매우 잘 적합했던 것이다.

3. 최초의 회심자들

선교사들은 일본어 학습, 성서 번역의 시도, 의료, 교육 등에 종사하는 한편 기회가 있을 때마다 일본인들에게 복음을 전했다. 그러한 가운데 일본 선교의 첫 열매라 할 수 있는 세례자가 주어졌다.

개혁파의 J. H. 바라 선교사에게 일본어를 가르치고 있던 침술 의사 야노 모토타카(矢野元隆)는 바라에게 부탁해 병상에서 세례를 받았다. 그 해를 1864년(元治元)이라 하기도 하고, 또는 1865년(慶応元)이라고도 한다. 세례식에 헤본도 같이 있었다. 부인은 본국으로 보내는 서간(1865년 11월 18일 날짜)에서 이 기념비적인 사건에 대해 다음과 같이 말한다.

> 예수의 이름과 기독교에 반감을 갖고 있는 이 나라에서 세례를 받는 것은 간단한 일이 아닙니다. 만약 이 나라의 지배자에게 야노씨가 한 일이 알려지게 된다면 병상으로부터 끌려 내려와 사형을 당하고 그 가족들도 같은 형을 당할 것은 의심의 여지가 없습니다.18

---

18 『헤본 서간집』, 168.

이러한 표현이 과장된 말이 아니라는 사실은 막부 말기에 선교사가 재도래(再渡來)하는 것과 더불어 키리시탄(기독교) 신앙을 공표한 나가사키의 우라카미(浦上) 신자들이 1867년(慶応 3) 이래 몇 년에 걸쳐 가혹한 탄압을 받고 600명이 넘는 순교자들을 낸 것을 보아도 분명하다. 이른바 '우라카미 욘방 쿠즈레'(浦上四番崩)이다.[19]

사가 지방의 '사가항시'(佐賀藩士)의 무라타 와카사노모리 마사노리(村田若狹守政矩)라고 불리는 무라타 마사노리(村田政矩)[20]와 그의 동생 아야베 산쟈에몬(綾部三左衛門)은 기적적인 섭리에 의해 기독교 서적을 손에 넣어 읽는 가운데 뜨거운 구도심이 일어나 당시 나가사키에 있던 후르벡크(Guido Herman Friedlin Verbeck)에게 가르침을 요청했다.

그들은 나가사키 체재의 임기 후에도 고향에서 계속해서 성서를 연구하고, 알지 못하는 점들을 나가사키에 가서 후르벡크에게 묻기를 4년 동안이나 거듭했다. 그리고 1866년(慶応 2)에 마침내 두 사람은 후르벡크로부터 세례를 받았다.

후르벡크는 그들의 회심이 진실하다는 것의 증거로 '앞으로 두 사람의 무사가 그 비극적인 과거 생활의 암흑과 죄의 상태에 대해서 고백한 것, 또 구세주를 믿어서 얻은 평화, 구세주를 사랑하고 그 구세주의 속죄의 사랑을 받은 사람으로서 느끼는 환희에 대해서 그들이 고백한 것'을 기록하고 있다.[21]

---

19 카타오카 야키치(片岡弥吉), 『일본 키리스탄 순교사』 및 그외 참조. 우라카미 욘방 쿠즈레는 현재의 나가사키섬에서 발생한 잠복 기독교 검거 사건이다. 1790의 첫 쿠즈레에서, 1867년 네 번째 쿠즈레까지 총 네 번에 걸쳐 발생했다.

20 그는(1815-1874) 와카사노모리(若狹守)라는 관직에 있었기 때문에, 무라타 와카사노모리 마사노리(村田若狹守政矩)라고 부르기도 한다. 무라타는 일본인으로는 두 번째로 개신교 세례를 받았다.

21 『후르벡크 서간집』, 102.

금교(禁敎)하에 이렇게까지 한결같은 구도의 길을 걷고 그것을 위해 노고를 싫어하지 않으며 신앙의 확신에까지 이르렀던 그들의 행적은 경탄하지 않을 수 없다.

4. 선교사 도래(渡來)의 문화사적 의의

본격적인 복음 전도의 개시를 기다리면서 선교사들의 대부분 활동은 문화 분야였고, 그러한 영역에서 개항 초기의 일본 사회에 큰 유익을 가져다 주었다. 앞서 말했던 의료와 교육 외에도 여러 종류의 기독교 관계 도서들을 출판하고, 또 종교 이외의 일반과학에 관한 서적이 선교사들의 손에 의해서 중국에서 다수 유입되어 판매되기도 했다.

상술한 리긴스(John Liggins) 선교사 등은 '지금 나는 일본어 학습과 다른 한편으로는 서적 판매와 취급 등으로 시간을 보내고 있다' 고 하면서 그 목록으로 역사, 지리, 의학, 식물학 등을 언급한다.[22] 그렇다면 개신교 선교사가 어떻게 그와 같이 광범위한 문화적 의미를 가지는 활동을 할 수 있었던가.

첫째, 그들은 모두 영어권에서 온 선교사들로서, 일본 사회에 '양학' 으로의 지향을 가장 적절히 채워 줄 수 있었다는 것이다. 그러나 카톨릭측에서는 메이지 말기(1912년)까지 프랑스의 '파리외국선교회' 가 일본 전도를 독점하였기 때문에 영어에 의한 일본인과의 접촉이 늦어질 수밖에 없었다. 그 때문에 문화사적인 입장에서 볼 때 카톨릭이 일본근대선교에 미친 영향은 비교적 미미하다고 할 것이다.

둘째, 선교사의 복음 전도 열심의 배경에는 일반 신자들의 활력과 헌신

---

22 에비사와 아리미치(海老澤 有道),『유신 변혁기와 기독교』, 278.

이 있었다는 것도 잊어선 안 될 것이다. '아메리칸 보드'(American Board of Commissioners for Foreign Missions, 회중교회선교부)를 일본 선교에 몰입시키게 한 것이 미국의 한 시민 실업가의 가정 집회였다는 사실은 유명하다.23

후술하게 될 '삿포로농업학교'의 클라크(William Smith Clark)나 '쿠마모토(熊本) 서양학교'의 젠스(Leroy L. Janes) 등 일본의 근대 문화 발전에 있어서 지우기 어려운 자취를 남긴 사람들은 임직되지 않은 신자들 중 하나였으며, 의사 헤본(James Curtis Hepburn) 역시 개업의사로서 자비량으로 일본 선교에 뜻을 두고 있었다.

셋째, 선교사들의 다수가 일반 학술에도 우수한 사람들이며, 선진 문명지의 시민답게 자유스러운 기풍과 정신을 갖추고 있었다는 사실이다. 그들이 갖고 있었던 모국의 문화, 사상, 이념, 학술의 다수가 일본의 새로운 지도적 정신과 목표가 될 수 있었다. 그것을 받아들인 일본인들이 서양 문명의 깊은 정신적 근거에 이르기까지 명확하게 관심을 가졌던 것은 드문 일이었지만 '선교사는 곧 문명 세계'라는 인상을 줄 수 있다는 점에서 개화기의 일본 문화에 크게 기여할 기회를 가질 수 있었다.

5. 일본 최초의 개신교 교회

요코하마에 거주하던 외국인들은 1871년(明治 4) 말부터 다음해 1월 첫 주에 걸쳐서 기도회를 가졌다. 그것은 '만국복음동맹회'에 의한 세계적인 기도 운동의 일환으로 실시되었다. 그들의 기도하는 모습에 감동한 바라(James Hamilton Ballagh) 학원의 생도들은 바라에게 자신들도 기도회에 참가하기를 원한다고 말했다.

바라는 열심을 다해서 사도행전을 강의했고, 초대교회에서 나타났던 성

---

23 『우에무라 마사히사와 그 시대』 1권, 206-208.

령의 활동이 재현하는 듯 한 활기가 교회에 넘쳤다고 전해진다. 최연소 참가자 중 한 사람인 우에무라 마사히사(植村正久)는 당시를 회상하면서 다음과 같이 말하고 있다.

> 이러한 사람들의 숫자는 많을 때는 30, 40명이었고, 적어도 20명을 내려가지 않고 매일 모여서 사도행전의 강해를 들으면서 기도했다. 그들 중에 이미 세례를 받은 사람은 오가와(小川)씨 뿐이었지만 모두 열심히 기도했다. 눈물을 흘리는 사람도 자주 있었다. 그들의 말은 처음 듣는 사람에게 아주 이상한 느낌을 주었다. 그러나 그 어느 누구도 그 열심에 감동을 받을 수밖에 없었다.24

그러나 정하여진 기간이 지나도 기도회는 끝이 나지 않았고, 그 가운데서 9명의 세례 지원자가 나타날 정도까지 되었다.

이어 1872년 3월 10일(일요일) 최초의 개신교 교회가 요코하마에 설립되었다. 당일, 오시가와 마사요시(押川方義), 시노사키 카쥬라노수케(篠崎桂之助) 등 9명이 바라 선교사에게서 세례를 받았다.

특히 9명 가운데 한 사람이었던 안도 류타로(安藤劉太郎)는 다죠칸부(太政官府)25가 심어 놓은 첩자(諜者)로서 본래 '히가시혼간지'(東本願寺)라는 절의 스님이었다. 안도는 훗날에 세키 신조우(關信三)로 개명하여 메이지 시대의 유치원 교육의 창시자로서 정부가 설립한 최초의 유치원(東京女子師範學校附屬幼稚園)의 초대원장에 취임했다.26

세례식은 아침 예배를 마친 후, 오후 3시에 다시 모여서 바라의 마태복음강의를 듣고 난 후에 집행된 것 같다. 이러한 모임에는 안도 이외에도

---

24 『우에무라 마사히사 저작집』 6권, 90.
25 명치유신 정부의 최고 관청.
26 문부성 편, 『유치원교육백년사』, 36, 53, 458.

첩자들이 잠입해 있었으며, 그들이 기록한 보고서는 아주 상세하였다. 공적 예배에서 최초로 세례를 받는 당사자들의 긴장과 마음의 흥분까지 전달하고 있을 정도이다.

먼저 바라와 브라운이 시문(試問)한 것에 대해 세례 지원자들은 '오늘 선생님이 묻는 것에 대하여 몸과 생명을 던지기까지 견실히 지키겠습니다' 고 대답했다. 그 다음에 바라가 기도하고, 삼위일체의 이름으로 세례를 베풀었다. 바라는 자신이 일본에 온 이래 첫 열매이었기에 기쁨의 눈물을 흘렸다고 전해진다.27 그후 세례 지원자들이 참여한 성찬식이 거행되었다. 이러한 가운데 오가와 요시야스(小川義綏)가 장로로 선출되고, 바라가 임시 당회장으로 임명되어 명실상부한 그리스도의 '교회' 로서 그 모습을 갖추었다.

당초 11명의 등록교인(일본인)으로 출발한 교회는 점차 숫자가 증가해 여름 당시는 회원 20여 명, 예배 출석자도 30명에서 50명으로 성장했다. 그 다음 해 연말에는 어른 회원 62명, 어린이 13명이라 전해진다.28 이 교회를 언제부터 '일본기독공회' (日本基督公會)라고 불렀는지 정확하게 알 수 없다.

메이지 초년(1868년)에 각지에 세워진 많은 교회들은 스스로 '공회' (公會)라 칭하였다. 그 이유는 일본의 교회가 외국에 있는 제 교파와 같지 않고, 어느 교파에도 속하지 않는 일본 독립 자치단체로 설립되었기 때문이라고 한다.29

6. '일본기독공회' 의 정치

공회(즉 교회)는 그 운영을 위해 교사, 장로, 집사의 삼직을 세워서 회의제

---

27 오자와 사부로(小澤三郎), 『일본 개신교사 연구』, 90-91.
28 야마모토 히데테루(山本秀煌), 『일본기독교회사』, 32.
29 『일본기독교회사』, 24.

형태를 취했다. 이 제도를 '장로주의' 라고 불러야 하는가에 대하여는 많은 의견이 있다. 공회에 잠입한 첩자의 보고서에 의하면 설립 당일, 선교사 바라는 다음과 같이 일본인 성도들에게 설명했다.

신앙이 확대되기 위해서는 '공회' 를 세워야 하는데, 그 세우는 방법에는 여러 가지가 있다. 그렇지만 우리들의 '교의' 는 미국의 정치에 따라서 '장로직' 을 세워서 회의를 운영 관리하게 한다. 그래서 선거 및 투표에 의하여 장로를 선출하고, 그 다음에 논의하여 '규칙' 을 만드는 것이 좋을 것이다. 단지 우리의 생각은 이러하지만, 어떤 것을 취할 것인가 하는 취사선택은 회의에서 결정하기를 바란다.

물론, 이러한 바라의 발언에 대해서 공회에 참가한 일본인이 주체성을 거의 가지지 않고 바라의 설명을 그대로 받아들였다는 비판적 평가가 있다.30 이에 대하여 오가와 케이지(小川圭治)는 바라가 영어 사용을 피하고 일본어로 의사 소통을 진행했던 것과 '미국의 정치' 라는 것은 광의적 의미에서 민주화를 가리키는 표현이라고 주장하여 성도의 자주성을 옹호하고 있다.31 어찌했든 기독교 선교 개척지에서 교회 운영 문제에 관한 바라의 입장은 그렇게 엄격한 것이 아니었다.

공회의 조직과 그 신앙적 기초가 제시된 것은 『공회정규』(公會定規), 『공회규칙』(公會規則), 『일본기독공회조례』(日本基督公會條例) 등 3개이다.

『공회정규』는 '요코하마(橫浜)공회' 성립 직후에 한문 초안으로 검토된 것이며, 첩자의 보고서에 의해 밝혀졌다.32 『공회규칙』은 1872년 가을 교

---

30 사치히데오(幸日出男), '日本基督公會에 대하여', 『일본 근대화와 기독교』에 수록. 도히 아키오(土肥昭夫), 『일본 개신교 교회의 성립과 전개』, 26.
31 오가와, '공회주의―그 이념과 운명〈1〉', 『東京女子大學比較文化研究所紀要』 38호 수록.
32 오자와 사부로(小澤三郎), 『幕末明治耶蘇敎史硏究』, 319 이하.

회총회에서 가결된 것으로 추측되는데, 여전히 과도기적인 것이지만 일단 확정된 '요코하마공회'의 헌법이다. 『일본기독공회조례』는 1874년 봄 동경공회와 요코하마공회의 춘계 대의원회에서 결정된 것으로 보인다.

거의 같은 시기 '아메리칸 보드'(회중교회 선교부)에 의한 전도의 첫 열매로 한신(阪神) 지구에 두 개의 '공회'가 탄생하는데, 『일본기독공회조례』는 칸사이(關西) 교회와 협동이 가능하도록 배려된 것이었다(제일, 제삼의 전문은 야마모토, 『일본기독교회사』 부록 1호, 2호 수록).

『정규』가 『규칙』으로 정비 개정되어 가는 동안의 상황에 대하여는 명확하지 않다. 양자를 비교 검토해서 그것의 특정한 방향성을 연구한 것이 전술한 사치 히데오(幸日出男)의 논문이다. 즉 『정규』의 편에서는 부분적으로 '극히 회중제적인 규칙'을 포함하지만, 『규칙』에서는 장로제가 강하게 대두되었다고 지적한다.

물론 요코하마공회의 정치 형태가 장로제에 준거해 있다는 것은 선교사도 인정하고 있다.33 하지만 솔직히 말하자면 『정규』에서 『규칙』으로 개정하는 가운데 장로주의가 강화되면서 일본 성도들의 자주성이 후퇴하여 갔다는 사실을 발견하기란 쉬운 일이 아니다. 오히려 그 개정의 실질적인 원인은 공회의 사정이 여러 면에서 변화되었고, 그러한 변화를 반영시키고자 한 것으로 보인다.

예를 들어 『정규』 가운데는 '교사'에 대한 규칙이 거의 보이지 않고, 또 장로가 집사를 겸무하는 것으로 되어 있다. 더욱이 『규칙』에는('內規條' 제12항) 『정규』에 없었던 전입규칙(轉入規則)이 삽입되어 있다.

다시 말해서, 교사와 집사에 관한 조항이 없었던 당초의 미흡한 상태에서 집사에 관한 조항이 만들어졌고, 가까운 미래에는 일본인 교사를 세울

---

33 『헤본 서간집』, 252-253.

수 있다고 바라볼 수 있을 정도로 인재 개발에 충실하였다는 것, 그리고 동경 등으로 이주하는 신자들이 증가함으로써 동경에 지회를 설립하자는 주장이 대두되는 등 교세 확장의 실정이 규칙 변경의 주요한 요인이 된 것으로 보여진다.

공회를 둘러싼 내외의 정세를 보아도 장로주의의 이념을 강화해 나갈 조건이나 필연성을 발견할 수 없다. 『정규』에서 『규칙』으로 개정되는 동안에 생긴 변화로 가장 주목되는 것은 1872년 9월의 제1회 선교사 회의이다. 이 회의에서 '차후에 세우게 될 공회도 한 명이 한 회(會)' 라는 교파 간의 협조 노선이 합의된 것은 장로주의를 강화하는 촉진 재료라고 할 수 없다.

바라가 '한 명이 한 회' 를 주창하였다고 오가와는 주장하지만(모든 교회가 같은 명칭으로 공동교회 형성을 이루는 것)34 그러나 이 주장을 따르게 된다면 요코하마공회가 스스로 장로주의의 색채를 강하게 주장하는 것은 모순이라고 해야 할 것이다. 따라서 '공회' 의 정치이념 그 자체는 큰 변화 없이 일정했던 것으로 보인다.

요코하마공회의 '정치' 는 장로주의의 매우 간단한 운용이다. 단 장로제의 특징인 보다 넓은 치리회(즉 노회나 총회)에 대한 규정이 거의 보이지 않는 것은 당시의 정세로 보면 당연한 것이지만, 공회 내부의 회의 권능에 대한 성격이 객관적인 법 규칙으로 표현되어 있지 않은 것은 주목할 만하다. 그 대신에 '동심유낙(同心唯諾)해야 한다', 또는 '겉으로는 따라가지만 속으로는 다른 생각을 하지 않는' 등 주관적 동의에 결의의 효력이 의존하도록 되어 있었다.

또 치리에 관한 조항에서는 신자들의 치리는 '공회의 의사에 의해서 교

---

34 오가와, '공회주의—그 이념과 운명' 〈1〉.

사, 장로가 그것을 판단할 것' 이라는 애매함을 나타낸다. 또한 교회 직분자의 직무가 신앙 규준과 관련되어서 서술되지 않고 있으며, 치리조항과 신앙 기준의 유기적 관련도 의식되지 않고 있다. 이렇게 공회의 정치는 장로주의라고 하면서도 장로주의의 기본적인 특질을 갖추지 않고 극히 불충분한 것이었다.

7. '일본기독공회' 의 신앙

공회의 신앙 기준은 당초『정규』에서는 '사도신조' 의 한역문이 사용되었다. 그러나『규칙』에서는 '사도신조' 로부터 멀어지면서 그 배열에 신학적인 논리성을 가미하고 있다.

'성서는 신령한 묵시' 로서 신앙과 생활의 기준이며, 2항에서 5항까지는 전능하신 아버지, 독생자 하나님, 성령, 공회를 삼위일체론 순서로 고백하고 있다. 6항에서 9항까지는 아담의 죄, 그리스도의 속죄, 영혼과 불사, 심판과 영생의 순으로 고백하면서 구원사적 배열을 유지하고 있다. 단문이면서도 고심한 흔적이 보이고, 사도신조뿐 아니라 니케아 신조, 칼케돈 신조로부터의 인용도 보이고 있다.

그러나 제삼 단계의 규칙인『조례』에서는 '만국복음동맹회' 의 9항목으로 된 교리 기초(The Doctrinal Bases of the Evangelical Alliance)가 그대로 채용되고 있다(Schaff,『신조학』vol. III. 827-828). 위에서 말한『규칙』에서 신앙 내용을 9항목으로 통합한 것도 이 교리 기초에 따른 것으로 볼 수 있기 때문에, 공회의 신앙 기준은『조례』본문으로 대표된다고 보아도 틀림없을 것이다.

'만국복음동맹회' 의 교리 기초가 종교개혁 이후의 복음주의 제(諸) 교회의 신조에 의거해 있다는 것은 의심할 수 없다. 조금 구체적으로 말하자면 비교적 개혁주의적인 신조를 참조한 것도 분명하다.

① 성서의 영감, 권위, 충분성 ② 성서해석의 원칙 ③ 하나님의 삼위일체와 유일성 ④ 시조의 원죄와 인류의 타락 ⑤ 하나님 아들의 성육, 속죄, 중보, 교회통치 ⑥ 이신칭의 ⑦ 성령에 의한 중생, 성화 ⑧ 영혼의 불사, 부활, 심판, 영원한 복과 멸망 ⑨ 교회제도의 신적 기원과 두 성례전의 제정.

본래 이 교리 기초에는 9항목보다 더욱 자세한 머리말과 맺음말이 함께 있었다. 머리말에 의하면 이 교리 기초는 새로운 교파나 분파를 결집할 의도도 없으며, 제(諸) 교회를 통합시킬 의도도 없다고 한다. 또한 새로운 신조를 발표하는 것도 아니다.

이 교리 기초는 개개인의 성도들에게 친밀한 교제의 공통기반을 제공하는 것이며, 그것을 위해 복음적이며 보편적인 기초에 의거하여 교리상의 동의를 만들어 내고자 하는 것이다. 또한 이 교리적 합의점과 동맹자들과의 관계는 그들 각자의 신앙 내용이 이 본문에 구속당하지 않고, 단지 가맹자들의 신앙 표시에 불과하다. 또한 심혈을 기울여 만든 9항목이지만 배타적으로 중요한 것이라고 주장하지는 않는다. 다시 말하자면 주제의 선택도 임의로 하고, 바꾸기에도 자유로웠다는 것이다.

관점을 바꾸어 보면 9항목에서는 신조와 교회의 긴장 관계가 의식되지 않고, 교파도 분파도 아니며, 교회 합동도 아닌 교회 자체에 무관심한 것이 지배적이었다고 말할 수 있다. 사실 교리 기초 9항목이 교회의 사역과 성례의 항상성을 언급하고 있는 것과는 아주 모순된 것이다. 하지만 이런 것들은 복음동맹회의 성격으로 보면 그리 문제시 될 것이 아니다. 그럼에도 불구하고 공회가 그것을 채용한 것은 어디까지나 교회의 신앙고백으로서의 필요였다.

머리말과 맺음말을 삭제한 결과 이 9항목은 상황을 사상(捨象 : 역자 설명,

유의할 필요가 있는 현상의 특징 이외의 다른 성질을 버리는 일. 추상 작용에 필연적으로 수반되는 부정적 측면)한 교리적 작문으로 공회에 채용되었지만, 신앙 표현이 선언적일 뿐이며 규범성을 가지지 않는다는 당초의 성격은 강조되어질 뿐 약해지지는 않았다.

일본 기독교 신앙의 최초의 표현으로 이 9항목은 잘 정돈되고 균형이 잡힌 것이라고 할 수 있지만, 신앙적으로 미숙한 일본인에게 있어서는 그것마저 알맹이 없는 공문(空文)에 지나지 않았다는 비판도 있다. 분명 이와 같은 요소는 부정할 수 없지만, 신앙고백의 규범성과 구속성이 그 나름대로 의미와 무게를 가지면서 초기의 성도들에게 제시되지 않았던 사실은 그 이후 일본 교회사에 여러 가지 과제를 안겨주는 하나의 원인이 되었다.

8. 합동과 교파주의의 사이

공회 설립 후 여섯 달이 경과될 때 요코하마에서 제1회 선교사 회의가 열렸다. 그것은 당시 일본에 와있던 선교사들이 일본 선교의 정책을 다듬고 교파간의 우호 협력을 다지기 위해 개최된 것으로 장로교, 개혁파, 조합파, 성공회, 유니온 교회, 미션 홈, 요코하마공회 등의 선교사나 대의원이 모였다.

의제는 ① 성서 번역, ② 복음 전도 정책 및 정부의 금교(禁敎) 정책에 대한 대책, ③ 일본인 교회의 설립 목적 등을 연구하는 것이었다. 그 가운데서도 ③은 각 교파 선교사들의 주장이 첨예하게 대립되면서 수습하기 어려웠다.

첩자 토요타 도지(豊田道二)의 보고에 의하면, '네 교파의 교사(목사)들이 견해를 서로 달리함으로써 7시부터 시작된 논의가 12시에 이르렀고, 마침내 서로가 끝내자고 결정하여 산회했다.' 다음 날 '지난밤의 논의가 다시 계속되었지만 서로의 견해를 좁히지 못하는 격론이 되어 결론에 이르지 못하였다.' 이들의 논의 가운데서도 '앞으로 세우게 될 공회(교회)도 한 명 한 회'라는 주장이 나왔다.

논의가 그도록 분규했던 원인의 하나는 이미 설립된 요코하마공회의 소속이 불명확한 데 있었다. 요코하마공회는 장로교의 톰슨(David Thompson)과 헤본, 그리고 개혁파의 바라와 브라운 등의 우호적인 협력 관계에 의해 유지되어 왔지만, 그 교회의 법적인 귀속 관계는 여전히 미정이었다.

이후에 제 교파의 선교부에 의하여 설립이 예상되는 교회는 각 교파의 책임과 권한에 전면적으로 의존하든가, 아니면 각 교파가 협력하여 동일한 모체를 가지는 합동 교회를 만드는가에 대한 문제였다. 이 회의는 최종적으로는 브라운이 제시한 타협안을 만장일치로 채택하고 분열의 위기를 회피했다.

그리스도의 '교회'는 그분 안에서 하나이다. 이렇게 개신교 사이에 교파가 분립하는 것은 가령 그것이 신도들 생활의 통일에 영향이 없다고 할지라도, 기독교 국가에서도 교회가 하나인 것을 애매하게 하는 의외의 일이다. 하물며 그 분리의 역사를 이해하지 못하는 이교국에서는 더할 것이다.

우리들은 개신교 교회의 선교사로 서로 구별함으로써 발생하는 폐해를 가능하다면 피할 수 있도록 우리의 복음 전도의 수단과 방법을 통일해야 할 것이다. 그러므로 우리들은 이 회의에서 금후의 우리의 도움을 구할 수 있는 일본인의 교회를 조직할 때에는 그 명칭이나 조직도 가능한 한 동일한 것이 되도록 우리들의 감화력을 사용할 것에 동의해야 하는 것을 제의할 수 있는 최초의 기회이다. 그 교회의 명칭은 기독공회라는 공동적인 것으로 하며, 그 조직은 각 교회가 목사 및 장로가 회원의 동의를 얻는 형태로 다스려져야 한다.35

---

35 영어 원문은 『우에무라 마사히사와 그 시대』 3권, 659.

일반적으로 브라운의 이 제안이 높게 평가되어 야마모토 히데테루도 '여기에는 무교파주의의 전도 탄탄대로' 라고 매우 낙관적인 전망을 말하고 있지만, 이 문장이 제 교파의 복음 전도 방침에 끼친 실질적인 영향을 과대 평가하는 것은 금물이다.

브라운의 제안에 따르면 개신교의 제 교파 분립이란 우연한 것으로, 이교국 일본에서는 교파별로 현저히 활동하는 것은 도움이 되지 않는 것으로 단정하여 제 교회가 명칭과 조직을 동일화하는 상호의 노력을 의무화시키고 있다.

그러나 그것이 교파적 성격을 부정하는 무교파적 합동노선을 선언한 것이라는 비판에 대해서는 사치(幸)씨나, 도히 아키오(土肥)로부터 설득력 있는 의의(疑義)가 제기되었다. 오히려 그것은 '제 교파의 공존을 겸허히 인지하며' 36 '회의에 참가하는 제 교파가 서로 합의할 수 있는 최소한도를 정한' 37 것이다.

선교사 브라운의 개인적인 경력이 그 결의를 낳은 추진력이었다고 이시하라는 이미 지적했다.38 브라운은 중국 선교의 경험과 실습으로 교파 이식을 목적으로 하지 않는 순전한 해외 선교의 정신을 몸에 익히고 있었으며, 적어도 그것이 초기 네덜란드 개혁파 교회의 선교 이념이 된 것은 의심할 필요가 없는 것으로 보인다.

'공회주의' 로 결부되는 공적인 표명으로써는 이 제안이 최초의 것이며, 특히 일본인 성도들에게 미친 시사와 자극은 주목할 만하다. 이것으로 말미암아 적어도 요코하마공회의 일본인 성도들은 교파 분립에 대한 우려와, 역사적인 교파 관계를 청산하는 것이 바람직한 것이라고 믿게 되었다.

---

36 도히 아키오, 『일본 개신교 교회의 성립과 전개』, 30.
37 사치 히데오(幸日出男), '日本基督公會에 대하여' , 40.
38 이시하라 켄, 『일본 교회사론』, 131.

하지만 이 제안은 앞부분에서 초교파주의적 이상을 높이 평가하면서도, 교회 형성의 구체적인 계획을 기술하는 말미 부분에 가서는 극히 애매한 입장을 취한다. 제 교파의 선교사들에게 그들이 소속하는 교파와의 관계에 대하여 구제석 소정을 세안하는 것도 아니고, 또 교파적 특성을 단념히라고 제안히지도 않는다.

다시 말해서 이것은 어디까지나 감독교회에서 회중교회에 이르기까지 제(諸) 선교 단체가 각각 자신들의 교파적 이념을 전제로 하면서도, 미개척지에서 선교에 효과적인 수확을 얻도록 했던 교파간의 협조를 간구하는 선언문의 일종이다. 물론 선교사 회의의 결정은 그런 대로 효과를 나타낸다. 예를 들면 칸사이(關西) 지방에 '아메리칸 보드'에 의하여 교회가 설립되었지만 그 교회 역시 '공회'라는 이름을 가진다.

1872년 2월 24일 '키리시탄 킨세이의 타카레이'(禁制高札)가 철폐되면서 기독교 선교가 허용되는 시대로 돌입하게 된다. 신앙이 포박, 구금으로 바로 직결되던 시대가 끝나면서 이제 구도자들의 수도 늘어갔다.

2월 21일의 '공회일지'는 '2일전 토쿄 신문에 예수교의 금지령(國禁)이 해제되었다는 것이 포고되었던 것으로 보아 그것은 역시 참된 하나님의 인도하심으로, 우리들은 기쁨을 금할 수 없다'라고 기록하며, 10일 후에는 신교를 묵인하는 것인지 '오늘의 집회는 공회의 설립이후 첫 성회(盛會)로, 모인 인수는 대략 103인'이라고 보고되어 있다.

동년 9월에는 토쿄에 요코하마공회의 지회가 탄생했다. 그것은 장로교의 톰슨이 발의하여 토쿄에 거하는 공회 신도들을 위해 설립된 것이다. 설립하기 전에 먼저 요코하마공회의 회원 총회는 만장일치로 이것을 결의하고 토쿄 지회(支會) 소속 8명이 서명하여 설립허가 '청원서'를 제출하고, 그것에 대하여 요코하마 본회의 장로 오쿠노(奧野)와 교사(바라)가 천서(薦書)를

주는 형식으로, 참으로 주도면밀한 절차로 집행되었다.39

토쿄공회(公會)는 요코하마의 본회(本會)에 대해서 지회(支會)라 칭함으로써 지체적 의미를 표명하였으며 실제적 활동에 있어서도 공동 보조를 취하였다. 그 예로써 요코하마의 오쿠노 장로, 토쿄의 오가와 장로가 일본인으로서는 처음으로 전도 여행을 가즈사(上總), 부슈하치오지(武州八王子) 및 그 외의 지역으로 행하였다.40

이처럼 공회라는 조직체계가 게이힌(京浜) 지방에서 건실히 세워져 나가는 듯이 보였지만, 같은 해 말에는 좌절의 위기에 직면했다. 그것은 장로교 선교회의 내부 분열이었다. 이것에는 두 가지 원인을 읽어 볼 수 있다.

먼저 일반적 원인으로서 '타카레이'의 철폐로 말미암아 일본에서 복음 전도가 자유롭게 되자 다수의 선교사들이 일본에 들어와 교파색을 띤 전도 경합의 가능성이 생겨났다는 것이다. 전술했던 선교사 회의에 나타났던 합의 정신은 이제 새로운 제(諸) 교파 선교사들에게는 이해될 수 없었다.

뚜렷한 원인의 하나는 토쿄 지회 설립의 경위가 보여주듯이, 요코하마 공회가 새로운 개척 교회를 세우면서 자신들에게 종속되는 지회로 이해하였다는 것이다. 다시 말하자면 토쿄 지회의 설립 절차가 앞으로의 전례가 되어 버린다면, 각지의 공회가 교회를 세우는 데 있어 자신들의 선교 본부와 관계를 조정하는 것이 매우 곤란하게 된다는 것이다. 바라와 톰슨의 호의와 합의로 운영되어온 공회는 여기서 본국과 피전도국과의 귀속 관계 문제를 조정해야 하는 난제를 안게 된 것이다.

개혁파는 본국 선교의 의향으로 일본에 있는 개혁파 소속의 공회가 '교

---

39 『우에무라 마사히사와 그 시대』 2권, 134-137.
40 야마모토, 『일본기독교회사』, 36-37; 『우에무라 마사히사와 그 시대』 2권, 137.

파를 구분하지 않고 하나의 공회임을 허락' 하는 취지 통지서를 가지고 있었다.41 그러나 장로교는 톰슨과 밀러(Edward Rothesay Miller)를 제외하고 캐러틀스(Christopher Carrothers)와 헤본 등이 선교사 회의의 합동 노선에 강한 불만을 표녕하여 장로교 내부에서 의견의 어긋남이 생김으로 인해 선교 본부에 판단을 요청했다.

이 요청에 대하여 본국에서는 '일본 장로회' (프레스비테리)를 조직하고 중국의 장로회 총회(시노드)에 소속하도록 지도하였다. 그 회답에 대하여 헤본은 다음과 같이 전면적인 찬의를 보였다.

> 지시로 말미암아 우리들은 이달 23일(1873년 12월. 단 야마모토, 전개서 및 오가와 케이지〈小川圭治〉 '公會關係年表' 는 12월 30일로 되어 있다), 지난 화요일, 에도(江戶, 지금의 동경)에 모여서 톰슨과 밀러 두 사람의 선교사의 반대가 있었지만 큰 이견 없이 일본 그리스도 장로회를 조직한 것입니다. 또한 이 회의에 있어서 이른바 합동안(合同案)에 아무런 상관없이, 앞으로 우리들의 교회가 익히 잘 알고 있는 이전의 방법으로 조직하는 것으로 결의했습니다. 〈중략〉
>
> 전번에 지시해 주신 충고는 바르다고 생각합니다. 또한 우리가 이 합동안에 찬성한 것은 처음부터 큰 오류였다고 생각합니다. 그리고 그 잘못을 고치기에 지금 만큼 좋은 기회가 없다고 생각합니다. 저는 최초 이 합동 운동에 가능한 반대했습니다. 감독 교회조차 그 조직에 합류할 정도로 그 합동안의 기초가 극히 폭 넓은 것으로 결국 실패할 것으로 내다보았지만, 그러나 제일 먼저 그것에 찬성을 투표하였습니다.42

이상과 같은 장로교 선교회의 의향에 당혹한 케이힌(京浜) 제2공회의 일본인 성도들은 토쿄와 요코하마에 있는 선교사들에게 서간을 보내고 사람을 파견하는 등 앞의 선교사들의 정신을 존중해서 '공회주의' 를 지원하고

---

41 『우에무라 마사히사와 그 시대』 2권, 138.
42 『헤본 서간집』, 253-254.

촉진하도록 간청했다.[43] 일본 성도들의 정력적인 활동의 배경에는 선교사들의 부인들의 지혜가 있었다고 헤본은 지적하지만, 그들이 제기한 문제의 본질을 저해할 만한 것은 아니라고 본다.

'우리의 첫 열매인 공회의 미숙을 불쌍히 여기고, 종파(교파)에 얽매임 없이 성서의 순전한 진리를 교훈하는 이는 누구든지 우리들의 교사가 된다. 〈중략〉 일치 화합하여 우리의 미미한 공회를 불쌍히 여기고, 그 부족함을 도와 속히 우리 전국의 인민을 예수 구속의 은혜 아래로 받아들이도록 힘을 다할 것을' 이라고 구구절절이 간청하는 것에는 그 어떤 과장도 책략도 없었을 것이다.

이 절실한 요청에 대하여 헤본은 '이 의도는 선하고, 기쁜 생각이지만 우리는 불쌍하고 연약한 인간이기 때문에 이것은 그리스도의 재림 때까지 완전히 망상적인 생각입니다' 라는 아주 냉담한 비평을 내릴 뿐이었다.[44]

공회주의가 이와 같이 합동과 교파주의 사이에서 흔들리게 된 것은 외부적인 여러 조건에 의해 강요된 것이기도 하다. 그러나 여기에는 일본 선교의 기본적인 목표를 초교파적인 합동 교회의 달성이라는 '이상적인 꿈' (오가와 케이지)에 둘 것인가? 아니면 그것을 '완전히 망상적' (헤본)인 것으로 간주할 것인가에 대하여 어느 정도 원리적 검토가 필요할 것이다.

본래 교회는 '성도의 교제' 를 본질로 하면서 그것을 역사적으로 구현해 나가기 위한 매개로 신앙고백, 교회정치, 성례전, 성도의 교육 훈련을 가진다. 그러나 이러한 제 요소들은 역사적인 개념이기 때문에 교회가 주어진 환경의 변화에 따라서 다양한 형태를 취하게 된다.

---

43 1874년 1월. 야마모토, 『일본기독교회사』, 41-42; 『우에무라 마사히사와 그 시대』 2권, 209 이하.
44 『헤본 서간집』, 262-263.

　이러한 다양한 요소들을 자신들의 고유한 결합 원리로 취사 선택하는 동시에 그 결합을 어떠한 방식으로든 국가 권위나 지연적 공동체로부터 독립시켜 이루어 나갈 때, 이것을 근대의 교회사 개념에서 '교파'로 정의할 수 있나.

　즉 교파의 성립은 ① 교회의 표식으로 간주할 수 있는 여러 속성을 신앙적 결단으로써 선택하는 것과, ② 교회가 처한 국가나 공동체의 결합 원리에 의존하지 않는 자율성을 보유함으로써 가능해진다.

　일본의 개신교 전도는 이러한 성격을 가진 근대적인 정교 분리 형태의 교회에 의해서 주로 수행되어 왔기 때문에, 그러한 복음 전도의 배경에는 자각적으로 건전한 교파 정신이 존재한다. 이런 것에 반하여 당시 일본 성도들은 교파에 대한 이해가 부족하였고, 당초부터 선교사의 교파 정신과의 사이에 일종의 확집(確執: 자기의 의견을 굳이 고집하여 양보하지 아니함)을 빚어내는 요인을 가지고 있었다.

　그럼에도 불구하고 이 양자의 대결을 고정적인 것으로 간주하여 일본에서의 선교와 교회 형성을 '자주독립 = 무교회주의'라고 일방적으로 규정하는 것에는 문제가 있다. 더욱이 교파적 정신을 전제로 하는 선교를 '프로파간다형 선교'라고 하여 '선교형 선교'와 구별하는 것은 도저히 납득하기 어려운 것이다.[45]

　쿠마노 요시타카(熊野義孝)에 의하면 일본의 교회는 교파 이식과 합동이라는 두 성격의 양극단을 생성하는데, 더욱이 그 양극은 역사적으로 또 다시 각각 두 개의 방향으로 분리한다.[46] 쿠마노의 주장을 요약하면 다음과 같을 것이다.

45　오가와 케이지, '공회주의 - 그 이념과 운명'(2).
46　쿠마노 요시타카, 『일본 기독교 신학사상사』 제1장 참조.

A 교파이식 (教派移植)	a	외화의존, 선교사 주도형의 내외협력 (교조주의, fundamentalims)
	b	자립자영, 역사적 교파 노선 (충분한 의미에서 '신학' 발생)
B 공회주의교회, 초교파	c	선교에 좌우되는 합동, 초교파 (사업주의적 전도)
	d	국민적 교회 무교파 공회주의 ('신학사상' 의 산출, 네셔널리즘의 영향 받기 쉬움)

a로부터 d에 이르기까지 2차적 분리가 현실적 교회사에 나타나는 것은 조금 이후이지만 교파인가, 공회주의교회(무교파)인가? 하는 문제를 생각함에 있어 위의 그림과 같이 네 개의 선택 옵션을 고려하는 것은 중요하다.

자주적인 교회 형성을 목표로 하면서 역사적 교파의 전통을 존중하는 노선(A-b)이나, 초교파로 하면서 외국 선교의 동향에 전면적으로 의존하는 방식(B-c)이 중간적인 형태로 존재하는 것이다. 쿠마노(熊野)에 의하면 B-d는 '전망은 있지만, 역사가 없다' 라는 비판을 받지 않을 수 없다. 그것은 A-a가 '역사는 있으면서도 전망은 없다' 는 뜻이기도 하다.

일본의 교회사를 이처럼 역사와 전망이 결핍된 파행(跛行)적인 양극의 양자선택 가운데서만 검토하는 것은 현실적인 역사 이해라고는 할 수 없다. 일본인의 주체적인 신앙이 언제나 무교파 공회주의적 합동 노선에 반드시 직면하는 것으로 보는 것은 사실에서도 어긋난다. 오히려 자발적인 결단을 포함하는 교파 신학의 학습이나, 교파적 조직 제도에 대한 주체적인 참가도 충분히 가능한 것이다.

따라서 공회가 무교파 합동을 이상형으로 추구한 것을 가지고 그것을 일본의 기독교가 추구해야 할 규범으로 간주한다든지, 또는 공회 이후의 역사를 교회의 타락으로 간주하는 단순한 역사 이해는 극복되어야 할 것이다.

9. 공회주의의 과제

1874년부터 75년에 걸쳐서 케이힌(京浜) 제2공회와 한신(阪神) 제2공회 사이에 합동하려는 논의가 일어났다. 1874년 10월, 양 대표는 요코히미에 모여서 합동 방침을 협의했다. 양자는 일치 합동을 약속하고 그 기초로서 이미 준비된 『일본기독공회조례』(日本基督公會條例)를 수용하여 각 교회가 검토하여 비준한 후, 공동 『조례』로 할 것을 예정했다.

그런데 코우베(神戶)에서 회합하기 바로 직전(1875년 3월)에, 코우베공회가 케이항(京阪) 제2공회에 서간을 보내어 '본 공회가 바라는 것은 공회 일치의 신앙조항을 통하여 각 공회가 서로 매년 회합하여 함께 하나님을 경배하고, 서로 친목 교제를 두텁게 하는 것이다. 따라서 각 공회의 권위를 이 집회로 귀속하지 않는' 취지를 보냈다. 요컨대 한신 측의 생각은 법적인 구속력을 포함하거나, 또는 각각의 신앙이나 전통의 균일화를 바라는 것은 아니었다. 단지 신앙인들의 상호 친목과 교제의 장으로 생각한 것이다.

그러나 한신 제2공회가 이미 조인한 조례의 비준을 거부한 사실은 변명의 여지가 없는 위약 행위라고 말해야 할 것이다. 야마모토(山本秀煌)는 이 한신 측의 태도를 '급변'이라고 비난했다.47 이러한 비난은 우에무라를 비롯하여 '일본기독교회'(日本基督敎會) 안에서 일찍부터 나타났던 것이다.

그러나 회중교회의 입장에서 보자면 『조례』에 나타나는 교회관에 대하여 여러 의문이 생겨난 것은 당연한 것이기도 할 것이다. 여기에는 장로제로 귀결되는 상급회의에 관한 규정(제5조례 제1칙), 또는 비록 간략한 것이라 할지라도 노회의 운영에 상당하는 조항(제6조례 제2칙) 등이 기재되어 있었다.

이 합동 실패의 원인을 살펴보면 당시 한신의 두 공회가 교회 형성의 여

---

47 전개서, 128.

러 조건에 대하여 인식이 부족했으며, 또한 실질적 역량 역시 부족했다고 말해야 할 것이다. 도히 아키오(土肥)는 이 점에 관하여 엄격한 비판을 공회의 현실에 맞추고 있다. 그에 의하면 교회 성립의 역사적 조건은 ① 재정 및 조직 운영상의 자주 독립과 ② 교파 문제에 대한 검토이다. 그러나 공회에 속해 있던 일본인 성도들은 이러한 두 문제에 관한 이해가 아주 미숙했던 것으로 전해진다. 실제 사정은 어떠했는가?

①에 대하여 말하자면, 분명히 당시의 공회는 예외 없이 외국 선교부의 지원과 지도를 받고 있었다. 재정적인 면에서도 선교사에 의존하고 있다는 사실이 요코하마공회를 보면 아주 분명하게 알 수 있다. 최초의 공회 회당 건축비는 그 전액을 선교사 바라가 지출했다. 1874년 7월에 세운 본 건축은 총액 8,000달러였다. 하와이 교회로부터 기부가 1천 달러, 초대공사 하리스(Townsend Harris)로부터 1천 달러, 2대 공사 프루인(Robert H. Pruyn)으로부터 5백 달러 등 일본인으로부터의 거출액은 얼마 되지 않았다.[48]

전도비의 조달은 어떠했는가? 상술했던 오쿠노와 오카와 두 사람의 전도 여행의 경우 『공회일지』에 의하면 선교사 밀러(Miller)가 20양을 지출한 것으로 되어 있다. 공회 설립 당초부터 성도들은 십일조 헌금을 원칙으로 하지만, 즉각적인 실행을 요구한 것은 아니었다(내칙 제11조). 그후 『조례』에서 십일조에 관한 조항이 삭제되고 '각각의 분량에 상응하는 재물' 이라는 추상적인 표현으로 개정된다(제7조례 제3칙).

교회의 조직 운영에 관하여 말하자면 그 당시 일본인 성도들은 그 법적 정신이 빈약하고, 교회를 건설하기 위한 규율이나 회의에도 익숙하지 않았다(도히 아키오). 그러한 비판들이 전혀 잘못된 것은 아니다. 그러나 공회 시대의 일본인 성도들이 교회 운영에서 그 어떤 주체성도 소유하지 못하

---

48 모리오카 쿄오미(森岡淸美), 『일본 近代社會와 기독교』, 75.

고, 선교사들이 말하는 대로 행하였다고는 생각할 수 없다.

예를 들자면 1873년 요코하마공회의 춘기회원총회가 공회 규칙을 개정하는 토의석상에서 일본인들로부터 활발한 의견이 나왔다(『公會日誌』). 먼저 『규칙』은 ‘공회 규칙’ 과 ‘내규 조항’ 으로 이분화 하면서, 모든 신앙 내용과 생활 실천을 ‘공회 규칙’ 으로 취급하고 있었다.

그러나 회의에서 그것을 ‘믿어야 할 조항’ 으로 개정하여 ‘공회 규칙’ 과 구별하고, 또한 규칙 앞에 신앙 조항을 두어 ‘규칙에 의하여 발생하는 것의 원인’ 을 나타내는 것으로 하였다. 또한 신앙 내용과 내규가 혼동되어 있던 사실도 지적되어 내용상의 정리가 요구되었다.

이러한 것은 일본인 성도들에게 있어 신앙조항과 정치규정의 구별과 관계가 차츰 바르게 파악되어 가는 증거였다. 동시에 이러한 조항을 단순히 유유낙낙 수용한 것이 아니라 그 운용과 이해에 의하여 숙지되어 왔다는 사실을 나타낸다.

②에 대하여 도히 아키오(土肥)는 『조례』에서 표현된 ‘공회 기초’ 라는 공회의 기본 이념을 비판하고 있다.

우리들의 공회는 교파에 속하지 않고 유일하신 주 예수 그리스도의 이름에 의거하여 건설되는 곳이라면 단순히 성서를 표준으로 하여 그것을 믿고, 그것을 배우는 자는 모두가 그리스도의 종, 우리의 형제가 된다면 모임 가운데의 각 회원과 전 세계의 성도들을 동일시하여 한 가족의 친애를 다하여야 한다. 이런 까닭에 이 회는 기독공회라 칭한다.[49]

도히 아키오는 말하기를, 위와 같은 공회주의 주장은 교파 문제의 신학적 검토가 부재함으로써 안일하게 행하여진 행위라고 비판한다. 다시 말

---

[49] 제1조례 ‘공회기초’.

해서 그곳에는 일본 교회의 전통적인 체질인 '현실 용인과 추수(追隨)의 자세' 또는 '무원칙적인 포용 원리'가 나타난다는 것이다.

단순히 '성서를 표준으로 하는' 이들을 '우리의 형제'라 부르고, 이렇게 하여 전 세계의 신자를 동일시하여 '일가친애'(一家親愛)로 여기는 정서적, 가족주의적인 윤리 문제를 지적한다. 그곳에는 교회조직이나 법 문제는 후퇴되어 부차적인 것이 되고, 교회는 규율보다도 무원칙적인 포용에 의해서 운영되는 것이 된다. 이러한 공회는 일본 기독교회의 문제성을 집약적으로 선취한 것이라 할 수 있다. 이렇게 하여 도히 아키오는 공회주의를 그 이념이나 현실을 모두 포함해서 하나의 붕괴 과정으로 밖에 보지 않는다.[50]

이러한 지적은 대게 타당한 것으로 보이지만, 조금 무리한 점도 존재하기에 반증을 들고자 한다.

① '단순히 성서를 표준하여'라는 어구에 대하여는 성서에 대한 신앙적 응답이라는 개인적 양심을 중시한 제1조례 제2칙과의 관련성에 착목해야 한다. 그것은 충분하다고 말할 수는 없지만 기독교의 일반 원칙으로써 성서 원리를 표명한 것이다.

② 도히 아키오는 공회가 복음동맹회의 신앙조항을 왜 채용했는지 모른다고 말하면서, 신앙적 실질이 수반되지 않는 것을 신조로 채용한 것은 선교사에 의존한 탓이라고 결론짓는다.[51] 그러나 당시 성도들의 신앙적 내용을 그렇게 명확하게 단정할 수 있을까?

오히려 우리는 첩자 안도(安藤)의 아주 면밀한 보고서로부터 그들이 아주

---

50 '(좌담회)우에무라 마사히사와 일본의 교회(2)'
51 '우에무라 마사히사와 일본의 敎會(5)', 『福音과 世界』 1976년 4월.

수준 높은 신앙을 암시하는 기도문이 있다는 사실을 지적하고자 한다.[52] 그것에 의하면 '우리는 지금까지 굶주림과 추위의 재앙 없이, 또는 화재의 환난 없이 육신의 안전을 가질 수 있었던 것은 유일하신 천부 하나님의 넘치는 은혜' 라는 섭리적 믿음, 우상불배, 사탄에 대한 경계와 성령에 대한 기대, 박해에 대한 마음의 준비로부터 종말적 구원의 희망, 그리고 삼위일체 하나님의 전지전능에 대한 확신 등이 솔직하게 피력되어 있다.

첩자 안도(安藤)도 경탄할 정도로 초기의 성도들은 기도 생활에 아주 훈련이 잘 되어 있었고, 영혼의 깊은 내부에서 신앙을 소화하고 있었다는 사실을 알 수 있다.

③ 선교사의 지도를 받았다는 것은 교회의 자주성과 자율성을 저해하는 것이라고 말하지만 그러한 주장에 전면적으로 동의할 수 없다. 일본인 자신이 자주적으로 교회를 형성하고자 노력하는 것은 당연한 것이지만, 선교사의 지도 그 자체를 교회의 '타자(他者) 의존성' 이라고 단정하는 것은 과연 정당한 것인가?

교회의 자율성 문제는 어디까지나 국가에 대한 것으로, 교회 형성에 대한 자주성의 문제도 무엇보다도 이 측면에서 해명되어야 할 것이다. 선교사의 중재가 일본에서의 교회 형성의 질적인 측면을 왜곡시키고, 일본 교회의 성장을 저해하는 경우도 분명 나타난다. 그러나 그러한 현상 자체를 교회의 자율성 원리에 혼입시키는 것은 피해야 할 것이다.

어찌했든 공회 성도들 가운데에 교파에 대하여 역사적 의의를 추구한 이들이 있었다고 보기는 힘들다. 따라서 교파에 대한 소극적 부정을 '공회주의' 로 표현하고자 한다면 교회를 성립시키는 역사적 제(諸) 조건이 추상화될 것이다. 또한 그러한 것으로부터 교회의 불가시적 일체성과 지상의

---

52 오자와 사부로,『幕末明治耶蘇教史研究』, 316-317.

가시적 교회의 일체성을 혼동하는 기본적인 오류가 생겨난다.

무교파주의를 하나의 방향으로 간주한다고 하더라도 당시의 일본인 성도들에게 '그리스도의 재림 때까지, 이것은 완전히 망상적인 생각' 이라는 헤본의 판단을 되돌려 놓을 만한 실력도, 방책도 없었던 것은 사실이다. 공회주의 시도는 일본인 성도들의 인재 부족이나, 교회 이해의 미숙과 무관심, 그 실천이 요구하는 시간의 분량에 있어서 미흡함 등에 방해되어 급속도로 그 실질을 상실한 것이다.

공회는 그것이 추구한 이념에서도, 실질적인 면에서도 일본에서 교회 역사의 중요한 원류였다. 그럼에도 불구하고 그 영위는 일본 교회사의 동요기에 태어난 시행착오의 과정이기도 했다. 따라서 이 교회를 일본의 예루살렘 교회로 간주하거나, 또는 여기에서 사도적 교회의 이상형을 찾으려고 하는 것은 무의미하다.

오히려 공회가 남겨준 것은 어떤 전통이나 이념의 바람직한 원형이라기보다는 일본 교회가 극복하고 추구하고 기도해야 할 과제의 원형이라고 생각하고 싶다. 그 과제란 상술한 서술을 토대로 말하자면 ① 교파성의 철저, ② 교파성의 성숙일 것이다.

제2장
메이지 초기의 교회와 신앙

1. 성도수의 증가

메이지 시대(1868-1912년)의 기독교를 교세 추이라는 관점에서 바라보자면 상당히 명료하게 전체를 네 개의 시기로 구분할 수 있을 것이다.

〈제1기〉 메이지 초년(1868년)부터 15년까지 : 이것은 성장에 대한 준비기 또는 도움닫기기(助走期).

〈제2기〉 메이지 15년(1882년)부터 24년까지 : 서구화주의와 부흥을 배경으로 한 비약적으로 중대한 급증기.

〈제3기〉 메이지 24년(1891년)부터 34년까지 : 국가 권력의 확립과 사회 반동에 의한 거의 진전이 없었던 혼미기.

〈제4기〉 34년(1901년) 이후 : 각 교파가 특히 대도시에서 탈회하여 들어서게 된 안정기.

이와 같이 제1기와 제2기는 기독교가 호조였던 시기로 전도 활동의 활기가 왕성하였다. 각지에서 새롭게 태어나는 교회도 거의 일률적으로 성장하였고, 일본 전체를 교화하는 것이 꿈이 아니라고 하는 기대를 가지게 할 정도였다.

개혁파와 장로교 관계는 요코하마공회, 동경의 제2공회에 이어서, 요코하마제일장로교회(住吉町敎會, 後에 指路敎會), 동경제일장로교회(芝露月町敎會), 호우텐장로교회(法典長老敎會, 後에 法典敎會), 우에다기독교회(上田基督敎會, 後에 上田敎會), 나가사키일본기독교회(長崎日本基督敎會, 後에 長崎敎會), 시나카와장로교회(品川長老敎會, 後에 品川敎會), 오오모리장로교회(大森長老敎會, 後에 大森敎會) 등이 1877년에 이르기까지 설립되었다.

또한 아오모리켄(靑森縣) 히로사키(弘前)에도 '일본기독공회'라 칭하는 교회가 1875년에 설립되어 요코하마에서 귀향한 혼다 요우이치(本田庸一)가 최초의 장로가 되었다. 후에 이 지역이 감리교 선교사와 깊은 관계를 맺게 됨으로써 소속을 감리교로 옮겼다.[53]

그외, 침례회는 브라운(Samuel Robbins Brown), 고블(Jonathan Goble) 등에 의해서 1873년 요코하마제일침례교회를 설립하였다. 캐나다 감리교는 그 다음해 시즈오카감리교교회(靜岡)를 설립했다.

칸사이에서는 아메리칸 보드의 전도 결과로 이미 언급한 코우베공회, 오오사카 제2공회에 이어서, 1875년 셋쯔(攝津)에 제3공회로 산다(山田)공회가 설립된다. 아메리칸 보드가 1877년 말까지 설립한 교회는 코우베, 오오사카, 산다, 타몬(多聞), 쿄토 제1, 제2, 제3, 효고(兵庫), 나미하나(浪花)의 아홉 교회로 이러한 교회들은 상호 밀접한 협력을 주고받았으며, 1878년 1월에 '일본전도회사'(日本傳道會社)를 설립하여 조직적인 전도 활동에 돌입했다. 이것은 일본인 성도들이 자발적으로 조직한 일본 최초의 전도 기관으로서 설립 때부터 선교의 원조를 전혀 받지 않는 자급 자치 단체였다.

---

53 이상의 제(諸) 교회 설립의 상세한 서술에 대하여는 야마모토, 『일본基督敎史』, 50-66을 참조하라.

이렇게 하여 '공회' 이외에도 독자 노선을 걷는 주요 교파와 단체가 활발하게 전도를 전개하면서 교세를 확대하여 갔다.

2. 전도 활동의 실정

당시의 전도 활동 모습은 자세하게 전해지지 않지만 그 중요한 담당자들은 아마도 회심한 지 얼마 되지 않은 성도들이었을 것으로 추정된다. 그 가운데서도 성서를 시작으로 기독교 서적을 판매하는 '성서매판인'의 활동은 눈부신 것이었다. 그들은 선교사의 지도 아래에서 기독교의 큰 틀을 따라 전국을 돌면서 행상을 했다.

특히 1879년에는 신약성서 전권이 일본어역으로 완성된 후로는 이 사업에 전무하는 자들이 급증했다. 그들은 당시의 성서교사 부족을 매우고 전도자로서 각지의 교회나 신도들과의 관계를 강화함으로써 전도의 최전선을 짊어지고 있었던 사람들이다.

또한 그들의 활동은 교회라는 특정한 장소에 제한받지 않았기 때문에 기독교에 반대하는 사람들(승려나 신관〈神官, 일본 신사에서 일하는 자〉 등)이나 기독교는 사특한 종교라는 선입관을 가지고 있었던 일반 서민들 사이에 격한 반목을 불러일으키는 경우도 종종 있었다.

세례 받은 이래로, 이 하나님의 존재를 알지 못하고 태연하게 이 세상을 건너가는 자들을 보면 화가 나고 그 가엾음에 참을 수가 없다. '아, 어찌된 맹목자들인가! 어찌된 배은망덕한 자들인가! 천지만물은 그 어떤 것 하나도 자신의 것이 아니며, 하나도 빠짐없이 하나님으로부터 주어진 것임에도 불구하고, 이것에 대하여 추호의 감사함이 없고 오히려 망각하고 이 하나님께 배반하는 생활을 하고 있는 것은 참으로 참으로 무례하기 그지없는 놈이다'라고, 누구에게든지 그러한 좋지 못한 마음가짐을 알려주고 싶어졌다. 〈중략〉

이 하나님을 알지 못하고 자신의 정욕을 위해서 거듭해서 죄악을 쌓아가는 자, 그의 미래를 알지 못하고 인생무상에 무한한 비애를 느끼고 있는 자가 도도한 세상의 모든 것이 이것이라고 생각될 때에는 가만히 있을 수 없게 되어, 광기처럼 되어 전도의 길에 올라서 이 세상 사람을 구원하기 위해 자기 몸을 죽이는 것 또한 아깝지 않다고 생각할 만큼 열심자가 된 것이다.[54]

당시는 교회 설립에 이르기까지 '기독교 강의소' 라는 간판을 내거는 곳이 많았고, 전도 집회는 일종의 연설회 양상을 띠고 있었다. 자유민권운동이 확대되면서 각지에서 정치 연설이 성황리에 거행되는 풍조와 함께 어우러져 기독교 강연회는 아주 성황을 이루었다. 회중교회에 의한 니이가타(新潟) 전도 집회의 경우, 초기의 부진을 돌파하는 동기가 기독교 연설회의 시도였으며 청중이 600명에 달하는 경우도 보고되고 있다.[55]

전도용 소책자는 처음부터 사용되었다. 신약성서 일본어역이 완성되기 이전에는 문서 전도의 주역은 이러한 전도지 종류였다. 일본에서의 최초의 전도지는 헤본이 작성한 '십자가 이야기' 라고 전해지는데 지금은 그 내용을 알 수 없다.

전문이 전해져 내려오는 것으로는 데비스(J. D. Davis) 선교사가 작성하여 1874년에 출판된 '참 하나님을 아는 빠른 길' 이다(『우에무라 마사히사와 그 시대』 제1권, 221-225). 이 전도지는 기독교 교리의 전반을 알기 쉽게 설명하고자 노력한 것으로 천지창조, 인간의 창조와 타락, 예수 그리스도의 성육, 생애, 죽음, 인간 전체의 죄와 그리스도의 속죄, 믿음으로 말미암은 구원과 천국의 복까지 구어체로 되어 있다.

---

54 오오하마 테츠야(大濱徹也),『明治 기독교 敎會史 硏究』, 52.
55 모토이 야수히로(本井康博), '아메리칸 보드 北일본 선교와 사와야마 포우로(澤山保羅) - 니이가타 전도 개척에서 교회설립까지 - 梅花學園,『사와야마 포우로 硏究』 6권에 수록.

참 하나님께서 귀하신 독생자를 보내어 주셔서 억만보다 더한 헤아릴 수 없는 사람들의 죄를 갚으셨기 때문에, 어떤 나라 어떤 곳에서도 예수를 믿고 자신의 죄를 회개하고 단 번에 참된 길에 순종한다면 앞에서 말한 것과 같이 이 세상에서 어떤 고난을 받아도 예수께서 은혜를 베풀어주시고, 어떤 슬픔을 당해도 예수님이 위로하여 주시고, 사람이 죽을 때까지 마음의 평온한 삶을 살 수 있습니다. 또한 내세에는 천국이라는 좋은 곳으로 올라가 하나님과 함께 언제까지나 같이 있을 수 있다는 것은 참으로 기쁘고 즐거운 일이 아닙니까?

이와 같이 복음의 개략을 나타냄으로써 영혼의 위로와 회심을 지향하는 순수한 종교적인 메시지로 되어 있다. 단지 흥미 있는 사실은 필자가 마지막에는 아주 당돌하게 기독교와 서양 문명의 결부를 언급하여 복음의 배후에 있는 기독교 세계의 위용을 나타냄으로써 회심에 대한 어필을 보다 효과적으로 하려는 의도를 보게 된다는 것이다. 이것은 개화기의 선교적 특이성을 알게 하여 준다.

일본에서 침례교 전도의 첫 열매는 우찌다 하마꼬(內田はま子)라는 부인이다. 1875년 동경의 칸다(神田) 강에서 세례식이 거행되었다. 그녀는 1847년에 태어났으며 당시 28세였다. 전년도에 남편을 잃고 실의에 빠진 가운데 구도의 길을 걸어 회심했다. 침례교의 안솔 선교사에 의해서 인도받아, 적어도 동경에서 최초의 세례자가 되었다. 칸다 강은 스루가다이(駿河台)와 홍고우(本郷) 사이를 흐르는 강으로, 많은 사람들이 모토 다리에 모여서 이 기이한 광경을 보았다고 전한다.56

회중들이 보는 앞에서 젊은 부인이 선교사로부터 전신을 물에 담그는 침례를 받는 것은 보통 결의가 아닐 것이다. 금교(禁敎)하에 회심자가 문자

---

56 '미스 키다(Mary Eddy Kidder)에 대한 회상', 梅花學園, 『사와야마 포우로 硏究』 1권, 381-384.

대로 목숨을 아낌없이 바칠 각오로 세례를 받고자 결심했던 것에 필적하는 용기이다. 물에서 침례를 받는 부인을 보던 사람들은 서양인과 일본인 부인과의 정사, 또는 서양인으로부터 벌을 받는 것은 아닌가 등등의 억측을 했다고 한다. 우찌다하마꼬가 침례 받은 후에 그 가족, 친족으로부터 42명의 침례자가 나왔다고 한다.

3. 교회 형성의 제(諸) 조건

교회의 입지 조건은 대도시, 지방중소도시, 농촌으로 크게 세 부류로 분류할 수 있다. 메이지 시대 전반기의 교회 역시 이러한 세 조건으로 생각할 수 있을 것이다.

(1) 요코하마기독공회(후에 카이강〈海岸〉교회)는 통상조약에 의해서 개항된 도시라는 유리한 입지 조건을 가졌다. 그 때문에 교회의 발전도 순조롭고 창립후 15년간의 통계를 보면 매년 수세자의 수가 평균 40명 정도였다고 한다. 1886년의 회원 수는 441명으로 남자가 225명, 여자가 195명, 소아가 22명으로 나타난다.[57]

이 교회가 직접 산고한 교회가 동경의 신에이(新榮), 코우지마치(麴町), 시다야(下谷)의 여러 교회를 비롯해 나고야(名古屋), 미시마(三島), 와도(和戸), 요코스카(橫須賀)까지 합하여 일곱 교회였다. 목사로 헌신한 사람이 15명, 전도자가 9명 배출되었다.

이와 같이 거의 막힘이 없는 전진을 보인 원인은 선교사의 인적, 물질적 배경과 유능한 일본인 교사와 성도들의 조직적 전도를 들 수 있지만, 요코하마라는 도시가 그 시대의 기운 가운데 차지하고 있었던 특이한 위치를 빼고는 생각할 수 없을 것이다.

---

57 『우에무라 마사히사와 그 시대』 2권, 200.

(2) 지방의 중소도시, 예를 들면 죠슈안나카(上州安中), 신슈우에다(信州上田) 등의 사정은 매우 달랐다. 안나카교회는 니이지마 죠(新島襄)의 출신지로서, 동지사의 에비나 단죠(海老名彈正)가 재학 때부터 하기전도 봉사로 도왔던 곳이며, 솔업 후에 목사로서 부임한 곳으로 활발한 진도의 징소였다.

중소도시가 전도의 진전을 보인 것은 사실이지만, 반드시 순탄한 것은 아니었다. 안나카교회의 사회적 기초나 성도 구성을 조사한 연구가들이 이구동성으로 지적하는 것은, 안나카교회의 발전 이유는 초기의 토족 중심의 교회에서 호농이나 대상인 중심의 교회로 변천한 것이라고 한다.58

이처럼 토족의 입교자가 많았던 것이 메이지 전기의 특징이었다. 그러나 토족이 교회에서 중심을 차지한 것은 교회의 지적 수준을 높이고, 자주 독립의 정신을 왕성하게 하는 등 여러 장점을 가져온 반면 ① 토족의 엘리트 의식은 교회의 시야를 좁게 하고, ② 교회의 교제 속으로 평민층이 들어가기 어렵게 만들었고, 전도권(傳道圈)을 협소하게 만들었다. 더욱이 ③ 토족은 토지와의 연결이 약했기 때문에 직업이나 학업을 목적으로 지방도시를 떠나 도회지로 이동하는 등, 교회 성장의 저해요인을 만들기도 했다.

위의 ③의 요인으로 교세의 정체를 불러일으킨 예가 '신슈우에다공회'의 경우이다. 1876년부터 1885년에 이르기까지 10년간 입교자 수가 101명인데 반하여 전출 20명, 다른 곳으로 이주한 자 19명 등을 포함해서 감소한 인원 수가 73명에 이른다. 남은 자는 28명으로 잔존율 27.7%였다.59 이 교회의 기록 가운데 '산처의 수'(散處의 愁)라는 말이 나타나는데, 이것은 지방 교회가 근대 일본사에서 일방적으로 짊어져야 했던 고난이며 비애였다.

---

58 모리오카 쿄오미, 『일본 近代社會와 기독교』, 98; 오오하마 테츠야, 『明治 기독교 敎會史 研究』, 136.
59 에비사와 아리미치, 『유신 변혁기와 기독교』, 346.

(3) 순수한 농촌 교회의 경우 사태는 더욱 심각했다. 메이지 10년대(1878년대)에 다수의 교회와 강의소가 농촌에 세워졌지만 그러한 것은 메이지 중기(1888년) 이후의 반동기(천황 중심의 국가 체제 확립, 국수주의 등에 의한 반 기독교 세력의 반동의 시기)를 지나면서 대부분이 쇠퇴되었고, 남아있던 것은 거의가 붕괴되었다고 전해진다.[60]

치바켄(千葉縣)의 호우텐(法典)교회는 이러한 농촌 교회의 전형적인 추이를 보여주는데 설립 당시 30명을 넘는 성도가 있었지만, 1877년(메이지 10년) 중반에는 현저하게 쇠퇴하였다. 만회하려고 노력했지만 결국 『일본기독교회사』(日本基督教會史)에 의하면, 제19회 총회(1906년)를 통해서 자립교회에서 미자립교회로 되어버렸다(338). 치바켄에 형성된 메이지 초기의 교회는 한 교회를 제외하고 지금까지 남아 있는 곳이 없다.[61]

농촌교회의 쇠퇴 원인은 1877년부터 시작되는 농촌의 빈곤화에 있었다. 기독교에 입교하는 많은 사람이 중규모의 자영업자(중농)였지만, 경제의 변동이 진행되면서 차츰 몰락하고 이농 현상도 일어났다.

그 이전에는 농촌에도 자유민권운동의 활기가 전개되었지만, 농촌불황과 기독교에 대한 반동기를 맞이하면서 지주층에 의한 농촌 지배가 강화되고, 농촌은 다시 보수적으로 봉건적이며 폐쇄적인 사회로 되돌아갔다. 그러한 가운데 기독교라는 외래 신앙을 유지할 수 있는 에너지도 고갈되고, 교회의 활력마저 소실된 것은 당연한 결과일지도 모른다. 여기에 근대 기독교 역사가 지금도 넘어서지 못하는 큰 장벽이 존재한다고 말해야 할 것이다.

---

60 스미다니(隅谷三喜男), 『近代 일본 形成과 기독교』, 129.
61 농촌의 기독교에 대하여는 쿠도 에이이치(工藤英一), 『기독교 社會経濟史 研究』 제2부를 보라.

4. 메이지 전기의 종교 사정

기독교에 의한 전도와 교회 형성을 둘러싼 당시의 종교 사정을 보고자
한다.

메이지 유신은 또한 왕정복고이기도 하였다. 메이지 정부가 성립된 후
이 정부는 곧 바로 '진기칸'(神祇官 : 메이지 초기에 제정〈祭政〉일치를 목적으로 설치
한 관청. 이것은 지방의 신사를 통할하는 중앙관청이기도 하다)을 재설립하고, 신불(神
佛, 신도와 불교) 분리, 신도에 의한 국민교화운동을 전개하는 등 행정과 교육
양면에서 새로운 국가를 정신적으로 통합하는 일에 착수했다.
일본 국왕 중심의 '칸나가라'(惟神 : 신〈日本 국왕〉의 뜻대로)의 길을 새로운
국가의 정신으로 확립하여 이것이 마쯔리(祝祭 : 축제)의 본질이라고 규정하
여 '제정일치'(祭政一致)의 사상을 실현하고자 했다.

그러나 이러한 성급한 복고주의는 메이지 정부의 또 하나의 요청이었던
서양제국의 문명적 진보를 수단으로 스스로 부국강병의 길을 택하지 않으
면 신국가의 안정과 독립의 가망성이 없다고 하는 '백사일신'(百事一新 : 모든
것을 새롭게 함)이라는 지상명령과 완전히 모순된 것이다. 또한 외교정책적
인 면에서도 노골적인 복고주의에 의한 기독교 탄압 등이 일어나서는 안
될 사정이었다.
특히 개국에 의한 제(諸) 조약이 일본에게 불이익 및 불평등의 내용이었
기 때문에 그러한 조약을 개정하기 위해서라도 서양 기독교 국가의 납득
을 얻기 위해 종교 정책의 전환이 필요했다. 재류하는 선교사들도 본국의
선교 본부에 대하여 일본 종교 정책의 변경을 요구하고자 끊임없이 요청
했다.62

---

62 『브라운 서간집』, 174-175.

조약개정교섭의 준비를 위해 서구를 방문한 이와쿠라(岩倉) 대사 일행의 서구 사절단(1871-73년)은 모든 곳으로부터 일본 정부의 기독교 정책의 잘못과 야만성을 규탄 받고 본국에서 이 문제에 선처를 요구하는 보고서를 작성하지 않을 수 없었다.

이런 상황하에서 정부는 '진기칸' 을 '진기쇼' (神祇省)로 격하시키고, 더 나아가 1872년에는 폐지하여 제정분리(祭政分離)의 방향으로 나아갔다. 물론 이러한 것은 신도에 의한 국민 사상의 통합을 단념한 것은 아니지만, 정치가 종교와 직접적으로 결탁한다는 인상을 피하고 근대국가의 겉치레를 띠기 위한 고육지책이었다.

따라서 신도를 일반 종교와 구별하여 국가가 관리하는 제사이며, 종교가 아니라는 '신도비종교화정책' 을 취했다. 제사는 종교성을 가지지 않는 것으로(예를 들어 '신칸' 〈神官〉이 장례를 집행하는 것을 금했다), 제사의 모든 권한을 일본 국왕에게 귀속시켰다. 여기서 구체적으로 국가 신도가 성립되어 일본 국왕은 그 정점에 선 최고의 권위가 되었다.63

메이지 유신이라는 대변혁 그 자체가 단순히 위로부터의 개혁이 아니었다. 하급 무사나 농민이라는 아래로부터의 변혁 요구가 시대를 크게 변화시킨 저력이 되었다는 것은 말할 필요도 없다. 개혁도 보수 반동도 밑에서부터 일어나는 에너지를 교묘하게 흡수하여 정책에 반영하는 것이 일본형 통치의 지혜였다고 할 수 있다.

키리시탄(기독교) 금령(禁令)의 타카레이(高礼)가 철폐된 후 정치 권력으로부터의 직접적인 압박은 일단 없어졌다. 그러나 반 기독교적 국민 감정은 긴 쇄국정책 아래서 배양된 만큼 쉽게 사라지지 않았다. 오히려 일반 서민

---

63 무라카미 시게요시(村上重良), '國家神道' , 『근대 일본 종교』. 토무라 마사히로(戶村政博), 『神社問題와 기독교』 등을 참조하라.

들 가운데에 떠도는 '예수 배척'은 과거 백년에 걸쳐서 지금도 그 명맥을 유지하고 있다 해도 과언이 아니다. 그것이 종종 외적 조건에 자극을 받아서 살아나는 사실을 앞으로 재삼 관찰하게 될 것이다.

반 기독교 삼정은 신슈(眞宗 : 정토종 분파의 일종) 등 불교 세력이 강한 지역일수록 심했으며, 도호쿠(東北)와 호쿠리쿠(北陸) 등에서는 살상사건으로 발전한 예가 있었고, 교회당 파괴 등 적지 않은 사건들이 있었다. 신슈 불교가 강한 지역에는 집단적으로 기독교를 배격하는 현상이 많이 나타났고, '무라하치분'(村八分 : 마을 사람들로부터 따돌림을 당함)뿐 아니라, 마을 사람들과 일체의 교류가 단절되어 촌락사회의 공동체 생활이 불가능하도록 하는 제재가 가해졌다.

신사불사(신도의 것과 불교의 것)에 관계하는 모든 마츠리(축제)는 물론 도난, 화제 등의 비상시라 할지언정 그 집(기독교인의 집)에는 "출입을 해서는 안 된다"(出入申敷候)라는 철저한 배척을 보였던 것이다.[64]

'야소(예수, 또는 그를 믿는 자들) 퇴치의 바보 신뉴(しんにゅう)'[65]
  • 신궁을 멸시하고 예수를 고집하는 놈(西大關)
  • 세상에 신이 하나밖에 없다고 하여, 토착신을 섬기지 않는 놈(東大關)
  • 예수를 믿음으로써 조상의 죽음을 애도하지 않는 놈(西前頭三枚目)
  • 예수의 초롱을 걸어놓고 신자들을 끌어들이는 놈(東前頭六枚目)
  • 십자가를 밖으로 세우는 놈(東前頭十五枚目)
  • 예수의 서적을 차에 싣고 시내로 팔러 다니는 놈(西小結)
  • 예수교를 먹지도 않고 들으러 다니는 놈(東前頭十枚目)
  • 예수 신도로서 일요일은 안식일이라 하여 돈을 쓰지 않는 놈(東前頭二枚目)
  • 안식일이라 하여 죽은 것처럼 지내는 놈(西前頭十三枚目)
  • 예수를 믿는다고 차도 마시지 않고 맹물만을 마시는 놈(東前頭十九枚目)
  • 예수 믿는다고 친구와 교제를 끊는 놈(東前頭四枚目)

---

64 오오하마 테츠야, 『明治 기독교 敎會史 硏究』, 84.
65 오오하마 테츠야, 『明治 기독교 敎會史 硏究』, 341-345.

- 예수의 말을 변소에서 읽고 배우는 놈(西前頭十九枚目)
- 예수의 책을 상위에 싸 올려놓은 놈(東前頭八枚目)

'예수퇴치 바보 신뉴'(しんにゅう : 도를 넘어선, 한층 더한다는 등의 의미. 즉 예수에 미친놈들)는 1881년 오오사카에서 판매되었던 '반즈께효'(番付表 : 일종의 일람표, 순위표의 일종)였다. 민중의 반 기독교 감정이 노골적으로 드러난 것이지만, 그 가운데는 관심을 가지게 하는 것도 적지 않다.

첫째, 서민에게 있어 기독교란 도대체 어떤 종교인가? 하는 서민들의 솔직한 감정에 나타난 기독교의 모습을 명시하고 있다는 점이다. 몇 가지 근거 없는 이야기도 있으며(창기에게 야소 이야기를 하여 거절당한 놈 등), 대부분이 '남만도래'(南蛮渡來 : 남방의 야만인들에게서 건너온)의 외국 종교에 관한 서민들의 솔직하고 소박한 관찰이라고 할 수 있다.

기독교가 도를 넘어선 바보로 인상을 받게 된 것은 기독교가 가진 비관용적인 일신교로부터 시작하여 전도에 혈도를 다하는 삶의 방식에 대한 반발, 공동체의 결정 사항까지도 부정하는 독선, 안식일 준수에 미친 것, 생활 전반의 금욕적 경향, 지적 수준을 요구하는 등의 모든 분야에 대한 '이질적' 감정에 의한 것으로 보인다.

둘째, 앞의 서민 감정에 나타난 위화감을 바꾸어 생각하면 당시의 기독교인이 왕성한 열기로 사회의 구습에 도전하여 고립되거나 침체된 것이 아니라, 진정한 신앙과 생활을 추구한 건투가 보인다는 것이다. 안디옥에서 처음으로 신자들을 기독교인으로 불렀던 것과 같이 메이지 시대의 기독교인들이 철저한 정신과 생활을 표현함으로써 불신자들와 그 사회를 흔들었을 때 그들은 '야소'(예수)라는 야유와 반발을 섞은 영광스런 별명을 가지게 된 것으로 생각된다.

5. 기독교 이해의 세 가지 형태

일본의 메이지 기독교는 세 개의 원류를 가지고 있다고 일컬어진다. ① 요코하마에 내어난 최초의 교회와 그것을 형성한 청년들, ② 구마모토(熊本)의 양(洋)학교 학생들의 회심, 그리고 ③ 삿포로 학교의 클라크 지도에 의해 성립된 '청년신도단'(靑年信徒団)이 그것이다. 이러한 것을 흔히 '3밴드'(Band)라고 통칭하여 '요코하마 밴드', '구마모토 밴드' 그리고 '삿포로 밴드'라고 한다.

역사가들 가운데는 여기에 시즈오카 지방의 감리교파 전도의 성과를 헤아려 '4밴드'를 주장하는 이들도 있지만, 일본의 기독교 역사에 미친 영향을 질과 양으로 고려할 때 역시 무리가 있는 것으로 보인다. 무엇보다도 '3밴드'가 일본 기독교 이해를 대표하는 특성을 가진 것으로 주목하기에 합당할 것으로 보인다.

구마모토 학교는 1871년에 설립되어 능력 있는 청년들에게 서양학을 교육하는 데 힘을 쏟았다. 특히 선교사 L. L. 젠스(Janes)의 신앙과 열의에 청년들의 마음이 동하여 회심자가 늘어났다. 보수적인 사회 가운데서 다수의 회심자가 나타났다는 것이 큰 문제가 되어 학생들을 협박이나 애원으로 설득시키기도 했다고 전해진다.[66]

젠스의 교육 방침은 도의적 국가의 확립과 하나님에 대한 신앙으로 살아가는 자주적 인간을 형성하는 것이었다.[67] 이러한 교육관은 토족의 '항'(藩)[68] 제도가 해체됨으로써 그들의 충성의 대상이 없어진 토족 청년들

---

[66] 상세하게는 『우에무라 마사히사와 그 시대』 1권, 491-527. 츠지하시 사부로우(辻橋三郎), '奉敎趣意書의 成立과 그 後 - 쿠마모토 밴드의 精神', 『쿠마모토 밴드 硏究』 등을 참조.

[67] 츠지하시 사부로우(辻橋三郎), '奉敎趣意書의 成立과 그 後 - 쿠마모토 밴드의 精神', 『쿠마모토 밴드 硏究』.

[68] 번(藩-일본어로 항이라 읽음)제도는, 일본의 막부시대에 대명(大名)들에게 영지를 주어 항을 구성시켜 통제하게 한 것을 말한다. 대명이 지배한 영지 인민 통치 등의 총칭을 말한다.

에게 새로운 삶의 의욕과 목표를 가져다 준 것이었다. 양학교 생도 35명은 1874년 구마모토 성 외곽의 하나오카(花岡)산에 모여서 '호우쿄우슈이쇼'(奉敎趣意書)에 서약했다. 이러한 계약으로 맺어진 자들을 '밴드'라고 불렀던 것이다.

'호우쿄우슈이쇼'에 나타난 사상은 한마디로 말하자면 일본을 '하나님 나라' 화(化)하는 것이며, 하나님 나라의 지상적 실현의 일꾼으로 일본 민족을 기독교화 한다는 것으로 전해진다.[69] 청년들의 관심이 무엇보다도 국가 사회에 있었다는 점에서 그들은 '정치 청년'이었다. 이러한 경향은 메이지 초기의 토족 청년들에게 공통적으로 나타난 현상으로서, 다른 두 밴드 역시 그러했지만 구마모토의 경우에 이러한 성격이 더욱 강했다.

양학교는 하나오카야마(花岡山) 계약이 맺어진 그 해에 폐교되었지만 카나모리(金森通論), 요코이 토키오(橫井時雄), 오자키 히로미찌(小崎弘道), 에비나 단죠(海老名彈正), 토쿠토미 이이치로(德富猪一郎) 등 많은 청년들은 설립된 지 얼마 되지 않은 동지사영학교(同志社英學校)로 옮겨 동지사의 진용과 방향에 결정적인 위치를 차지하게 되었다.

삿포로 농업학교에 초빙된 클라크 역시 젠스와 동일하게 임직을 받은 선교사가 아니라 관립학교의 교사였다. 그는 일본 체재 8개월이라는 짧은 기간에 농업학교 제1기생들에게 큰 감화를 주어 임기말에 '예수를 믿는 자들의 서약'을 작성하여 생도들의 서명을 요청했다.

하나오카야마의 '호우쿄우슈이쇼'가 '기독교가 황국에 선교되어 마침내 많은 인민의 몽매함을 깨우칠 것'이라는 국가 의식을 농후하게 나타낸 것에 반하여, '서약'은 기독교도의 신앙과 생활의 내용에 초점을 맞추고

---

69 츠지하시 사부로우, '奉敎趣意書의 成立과 그 後 - 쿠마모토 밴드의 精神', 『쿠마모토 밴드 研究』.

있다. 이것은 교사 자신이 기초한 문장이기에 당연한 것이었지만, 삿포로의 청년들이 기독교를 이해하는 것에 선명한 특성을 주었음에 틀림없다.

'서약' 은 그리스도의 고백, 십자가의 그리스도에 대한 감사, 그 표현으로써 '진리의 기독교인으로서 의무' 를 요구함과 동시에, 신앙 기준으로서의 성서를 '하나님께서 사람에게 언어를 가지고 나타내시는 유일하고 직접적인 천계(天啓)' 로 믿을 것을 요구한다.

특히 주목해야 할 것은 적당한 기회가 오면 신앙을 점검하여 세례를 받고, '어떠한 복음주의 교회에 가입할 것' 을 서약한 점이다.70 이 서약자들 가운데는 니토베 이나죠(新渡戸稲造), 우찌무라 칸죠(内村鑑三), 미야베 킨고(宮部金吾) 등이 있었다. 그들이 후에 문화인, 전도자, 또는 학자로서 활동하였던 것은 주지하는 바이다.

6. 3밴드의 비교

요코하마의 청년들은 바라 및 브라운 선교사들에게 직접 지도를 받아 세례를 받은 후에 곧 전도자로서 교육을 받았던 것으로 '회심은 곧 교회형성' 이라는 형식으로 표현된다. 또한 그들의 성장은 메이지 유신에 의해서 입신출세의 길이 막혀버린 사바쿠하(佐幕派, 즉 幕府側를 말함)이거나, 아니면 하타모토(旗本; 에도시대의 장군석에 나란히 앉을 수 있는 고관을 총칭) 출신의 토족으로 본래부터 정치 의식이 강했던 측면은 구마모토 청년들과 비슷하다. 하지만 그들은 그러한 정치의식을 직접 표현하는 방식을 취하지 않고 그 정력을 전도와 교회 형성에 부었다.

이에 반하여 구마모토와 삿포로의 경우 한 교사의 '교육' 과정이 열매를 맺은 사건으로, 그 자체가 교육적 효과를 가짐으로써 교회 형성으로 곧

70　서약 전문은 『우에무라 마사히사와 그 시대』 1권, 541-543. 영어판은 550-552를 보라.

바로 연결되는 성질의 것은 아니었다. 젠스는 일반 신자였으며 나가사키 주재의 선교사와 상담한 후에 세례 예식을 집행한 것으로 보이지만, 클라크는 그렇지 않았다.

교회에 관한 이해가 충분하지 못한 자가 성숙하게 되는 것은 참으로 곤란하였다. 그러나 요코하마에서는 회심이 곧 성찬수령과 교회회의의 참가, 교회조직 검토, 전도의 실태 등으로 연결됨으로써 불충분하지만 교회의 의의와 역할을 처음부터 자각하기 쉬운 환경이었다고 볼 수 있다.

삿포로의 청년들은 1878년 감리교 교회의 선교사 하리스(M. C. Harris)로부터 세례를 받았다. 4년 후에 '삿포로독립기독교회'(札幌獨立基督教會)를 창설하여 그 교회원이 되었다. 그러나 그후 선교사와의 관계가 잘못되어 감리교와의 관계를 단절하고 말 그대로 '독립' 교회를 영위하게 되었다. 그 원인에는 기독교가 전통적으로 가진 교파에 대한 불만족과, 전통에 얽매이지 않는 자유로운 정신에 의해서 기독교를 깊게 수용하려고 하는 일종의 개인주의적인 신앙 태도가 싹트고 있었던 것에서 찾아 볼 수 있다.

니토베 이나죠(新渡戶稻造)는 그후에 퀘이커교 신자가 되었는데, 그는 개인의 내적 빛을 중시하여 교직자에 의한 교회 지도를 인정하지 않았다. 그리고 우찌무라는 후술하겠지만 '무교회주의' 의 창시자로서 교회적 기독교에 대한 비판자가 되었다. 이러한 싹이 처음부터 인정되고 자라났던 것이다. 구마모토의 경우는 회심이 교회에 대한 이해로 연결되는 것은 나중에 일어나며, 또한 개인적 사상의 넓이도 존재하였기 때문에 일률적으로 말하기가 곤란하다.

대략적으로 말하자면 요코하마의 경우는 '세상의 빛' 으로서의 교회, 구마모토는 '세상의 소금' 으로서의 교회라고 표현해도 무방할 것이다. 전자의 경우 세상과 교회와의 사이에 명확한 구별을 짓는 것에 의의를 두며, 후자의 경우에는 교회가 세상에 침투하여 어떤 경우에는 교회 독자의 경계선을 타파하고 세상과 동질화를 요구하는 방향을 만들어내는 결과가 되었다.

7. 메이지 전기 기독교의 특질

전술한 것처럼 메이지 시대의 기독교는 몇 개의 기본적인 성격을 띠고 있으며, 이러한 것이 또한 여러 조건과 서로 얽히면서 복잡한 양상을 띠게 된다. 그러나 메이지 전기의 기독교를 전체적으로 볼 때 그곳에 '윤리적' 성격이 존재했다는 사실을 부정할 수 없다. 신앙은 무엇보다도 새로운 삶의 방식 문제이기 때문이다.

예를 들자면 조합교회의 오자키 히로미찌(小崎弘道)는 『정교신론』(政教新論, 1886년) 가운데서 종래의 유교사상에 의한 윤리를 심하게 비판하면서, 참된 '도덕 종교' 확립의 필요를 역설했다. '그 도덕 종교는 국가의 원기가 되고, 생명이 된다.' [71] 따라서 기독교야말로 도덕 종교의 이름에 걸맞은 종교이다. 구체적으로는 그것은 '한 개인을 존중하는 정신'이며, '부인의 지위를 고상하게 하여 일부일부(一婦一夫)의 제도를 엄중히 지켜 가족 청결을 보유하는' 힘이라고 한다. [72]

기독교를 '국가의 원기(元氣)'로 간주하는 견해는 오자키에게만 보이는 것이 아니었다. 초기의 많은 회심자들이 기독교를 국가의 기초, 새로운 개인, 가정, 사회의 개혁 지표로 삼은 것은 사실이다. 또한 그것이 근대 일본의 여명기에 훌륭한 감화와 계몽 역할을 행사한 것은 높이 평가해야 할 것이다. 그러나 기독교 선교의 진가를 그러한 윤리적 활력만으로 이해하려

---

71 『近代일본思想大系』 30권, 332.
72 『近代일본思想大系』 30권, 347.

는 것은 불충분한 것이다. 환언하자면, 속죄와 회개의 종교로서 기독교의 본래 모습이 어느 정도 확립되었는가 하는 문제이다.

1883년에서 그 다음해까지 이른바 부흥(리바이벌)이 일어났다. 이 발단은 요코하마카이강교회(橫浜海岸敎會)의 주초 기도회에서 바라 선교사가 자신이 본 꿈을 고백한 것이라고 한다.[73]

어떤 단애절벽 끝에 양떼가 있었다. 그것은 보고 있자니 위험천만으로, 한 발짝 잘못 내딛는다면 천추의 계곡으로 넘어져 떨어질 것 같다. 그런데도 양들은 즐겁게 떼를 지어 있었고, 한 마리도 떨어지지 않았다. 한없이 이상한 것을 보고 있자니, 하늘 한편에서 아주 작열한 광명이 방사되어 그 양떼 위에 두루 비추고 있었다. 그렇지만 목자는 어디에서 무엇을 하고 있는지 보니, 양떼로부터 한참 멀리 떨어진 저편에서 지팡이를 내던지고 기분 좋게 낮잠을 즐기며 숙면을 취하고 있었다.

이 꿈을 꾼 바라가 "아, 잠자는 목자! 그것은 마치 우리가 아니고 무엇인가?"라고 선교사로서 책임감을 느껴 꿈의 모든 것과 함께 자기 스스로 회개를 고백했다. 이것이 부흥의 기폭제가 되어 같은 지역의 신학교와 여러 교회로 파급되었다.

동년 5월, 동경 신에이(新榮)교회에서 제3회 일본기독신도대친목회가 열려 이것을 계기로 부흥운동이 전국 교회로 번져나갔다. 연설자의 한 사람은 '십 년이 채 되기도 전에 우리나라는 기독교 나라가 될 것'이라고 말했다.[74] 오시가와 마사요시(押川方義)는 센다이에 전보를 보내어 '긴급한 때가 왔다. 모여서 기도하라'고 교인들에게 부탁했다.

부흥은 신앙적 열광과 함께 때로는 심신상실이나 착란상태까지 일어났

---

73 『우에무라 마사히사와 그 시대』 2권, 548-549.
74 『우에무라 마사히사와 그 시대』 2권, 565.

다. 그러나 이것으로 기독교 이해의 질적 심화가 일어났다는 것도 잊어버려서는 안 된다. 케리는 다음과 같이 말한다.

> 종래는 진리의 지적인 인식에 멈추어 있었지만, 이제야 죄에 대한 개인적 자각이 일어나 그리스도를 개인적인 구원의 주로 받아들이고, 다른 사람들을 위해서 영적인 복을 위해 열심히 기도하게 되었다.[75]

부흥이 가져온 적극적인 의의를 말하자면 ① 죄에 대한 자각이 선명하게 되고 회심의 사실이 내면화 및 개인화 되었다. ② 기독교를 속죄신앙으로 받아들이는 작업이 한 사람 한 사람에게 촉진되었다. ③ 성도에 의한 전도 활동이 활발하게 되고, 교역자 중심의 활동에 새로운 힘을 불어넣었다. ④ 교세의 비약적인 증가를 가져왔다.

교세적으로 말하자면 부흥 전년 1882년에 총 신도수가 4,367명이었지만, 부흥 그 다음해 1885년(메이지 18년)에는 10,775가 되었다는 것을 보아도 전도의 결실이 얼마나 풍성했는지를 알 수 있다.

8. 우에무라 마사히사의 『진리일반(眞理一斑)』

1884년에 출판된 『진리일반(眞理一斑)』은 메이지 전반기(1868년에서 약 10년간) 기독교가 가졌던 사상과 신앙의 수준을 보여주는 저작이다. 이 저작의 의의에 대하여 철학자 코우사카 마사아키(高坂正顯)는 다음과 같이 세 가지를 언급한다.

첫째, 이 책은 그 당시에 가장 고도의 철학적 사색을 포함한다. 둘째, 현세의 허무함과 비참함에 대하여 풍부한 감정적 묘사를 시도하고 있고 대단한 예술미가 넘친다. 셋째, 파스칼과 아우구스티누스 외에 바이런, 실러

---

[75] Otis Cary, *A History of Christianity in Japan.*

(Friedrich von Schiller), 코올리지(Samuel Taylor Coleridge), 그리고 칼라일 등의 소설을 언급하고, 더욱이 밀러와 콩트 등을 비판의 대상으로 삼고 있다.

본서는 일본 기독교에서 출판된 최초의 본격적인 종교론이었다. 계몽적으로 기독교를 변증하고 이것이 진리임을 옹호한 것으로, 단순한 계몽적 기독교 안내서로 그치지 않고 있다. 종교적 진리가 어떤 도리에 의해서 믿음의 대상이 되는가를 지성과 정열을 쏟아서 기술하고 있다. 기독교를 학술적으로 제시하는 최초의 훌륭한 작품이라고 할 수 있다.

> 이와 같이 상제(上帝)의 아들들이기에 그 존재를 인식하고, 또한 그 특질을 헤아려, 이것을 가지기 위하여 어떠한 의무를 가지고 섬겨야 하는지 알아야 한다. 일반적으로 사람의 심성은 하나님을 상념하여 믿고 인식하는 씨앗이 된다.[76]

인간의 의무가 이와 같이 하나님 앞에서 근본적으로 정해진다면 하나님을 섬기는 것은 '인류의 본분' 일 뿐만 아니라 '안위행복' 의 길이기도 하다.[77] 이러한 종교 이해 가운데는 후년에 점차적으로 성숙해 가는 우에무라의 기본적 종교 이해의 골격이 나타난다고 할 수 있다.

그는 기도의 의미를 설명하면서 그 제1의 의미는 '하나님의 덕을 사모하여 친밀하게 생각하며, 사랑의 마음이 통하는 것에 있다' 고 말한다.[78] 이처럼 우에무라의 종교론이 단순한 지성의 산물이 아니라 깊은 종교적 '실험' 에 의거한 '경건의 학문' 으로 영위되었다는 것을 엿볼 수 있다. 다시 말하자면 교회의 신앙과 이성의 학으로서의 '신학' 이 진행된 것이 이 저작이다.

---

76 『우에무라 마사히사 저작집』 4권, 112.
77 『우에무라 마사히사 저작집』 4권, 119.
78 『우에무라 마사히사 저작집』 4권, 116.

9. 윤리에서 신앙으로

본 장의 결말 부분으로, 메이지 시대의 기독교 이해가 윤리에서 신앙으로 나아가는 과정을 추석하면서 몇 가지의 형태로 분류하여 고찰하고자 한다.[79]

첫째 형태는, 종교를 일종의 수양으로 생각하는 것이다.

예를 들자면 요코이 지오(横井時雄, 조합교회 목사, 동지사 교장, 후에 정계로 나감)는 '사심을 버리고, 인애의 길을 가며, 유구한 생명을 하늘에 맡기는 것이 기독교 최고의 의의' 라고 말한다. 이 경우 기독교는 '인애의 길' 로 해소되어 버린다. 마쯔무라 카이세키(松村介石) 역시 후에 일본적 기독교 또는 유교 도덕에 몰입하는데, 그에 의하면 '도' (道)라는 보편적 덕의 실행을 종교라고 했다. 요코이와 마쯔무라에게는 종교 본래의 초월자와의 대화라는 의의가 부재했고, 초월자의 실재 그 자체가 애매하였기 때문에 쉽게 국가주의 또는 유교 도덕주의로 빠져버리면서 비기독교적인 것에 유착되어 버리는 결과를 피하지 못했다.

둘째 형태는, '신명(神命)으로서의 윤리(倫理)' 라는 이름의 형태이다.

혼다 요이치(本多庸一)의 신앙은 하나님을 '위대하신 군주' 로 받아들이고, 그 군주에 대한 복종으로 이해한다. 유교적인 충·효가 그대로 '위대하신 군주(神)' 에게로 향한다. '하늘에 계신 하나님을 부모로서 효를 다하고, 십자가에 못박히신 구주를 자신의 주군으로서, 주인으로서 충의를 다한다고 한다면 누구든지 곧 바로 납득하게 되고, 충·효의 두 단어에 익숙해져 감사하는 마음도 일어나는 것을, 하물며 뼈를 깎는 수고를 하지 않을 수 없다.'

---

[79] 이 항목은 스즈키 노리히사(鈴木範久), 『明治宗教思潮연구』 제2장을 요약 소개함.

미야가와 쯔네테루(宮川経輝, 조합교회 목사)의 '위대하신 아버지' 라는 하나님에 포함된 문제도 동일한 것이다. 그들의 경우 군주로서의 아버지라는 초월자를 믿고는 있다. 그러나 그 초월자에 대한 '효'와 '충' 이라는 유교적인 가르침을 그대로 적용하는 것에 그 한계가 나타난다.

혼다가 십자가의 속죄적 의의를 설파하지 않고 '군주'에 대한 충 · 효라는 '합일점'을 택한 것은 십자가라는 걸림돌을 치우고 신앙의 문을 넓히는 점에서 도움이 되었을지 모르지만 그것이 기독교 이해의 심화를 저해했다는 사실은 부정하기 어렵다.

셋째 형태는, 종교에 의하여 윤리를 재해석하는 형태로 여기에는 카시와기 기엔(柏木義円, 조합교회 목사), 우찌무라, 우에무라 등이 포함된다.

카시와기에게 있어 종교는 생명 있는 실존자로서의 실재적 관계이다. 이 단계에서 처음으로 종교가 윤리 도덕과는 이질적이며 독립의 세계를 가지는 것으로 확립된다. 따라서 카시와기는 군신 관계와 부자 관계를 다시 한번 하나님 앞에서 재인식하고 '재해석' 하는 것을 요구한다. 군주나 부모 그 자체까지도 상대화시켜 무릎 꿇게 하는 분을 신앙한다는 이해이다. 종교가 국가나 사회의 목적을 위한 수단화되는 것을 거부한다.

우찌무라와 우에무라에 대하여는 나중에 언급하겠지만, 우찌무라의 종교관에는 현세와 질적으로 다른 영계가 체험적으로 파악된다. 그것은 이 세상에 대하여 일단 죽고 새로운 빛 가운데 재해석되어지는 길을 열었다. 유교적인 상하 윤리가 독립된 인격에 의한 대등한 상대 윤리로 근본적으로 재조직되어 갈 것이 요구되었다.

이를 통하여 복음이 복음 그 자체로 받아들여지기 위하여서는 많은 시행착오가 존재했다는 것을 알 수 있다. 그리고 우찌무라를 통하여 알 수 있듯이, 윤리적 종교의 측면이 극복된 경우조차도 일본 기독교의 어려움은 여전히 존재한다고 볼 수 있다.

제3장
기독교 교육의 전개
-메이지 학원과 동지사(同志社)를 중심으로-

앞장에서 복음의 이해가 내면적으로 신앙의 본질을 이해하여 가는 방향을 개관했지만, 이제 그 복음이 문화적인 힘의 원천으로서 일본 사회 가운데서 전개되어가는 양상을 주로 기독교 교육의 실천 가운데서 살펴보고자 한다.

근대 일본 선교는 이미 언급한 바대로 다른 아시아의 여러 나라와 그 사정이 매우 달랐다. 첫째, 선교 사업이 서구 제(諸) 국의 식민지 경영과 직접적으로든 간접적으로든 서로 연결되어 있지 않았다. 둘째, 유교적 교양이 사회 전반에서 독보적인 수준을 가지고 문화를 형성하고 있었던 선교지였다는 점이다. 셋째, 초기 회심자들의 많은 사람들이 토족 출신의 청년으로 독립정신이 강했다는 것이다.

이러한 점들로부터 기독교 교육이 가지는 성격도 그 자체로써 결정되는 것으로 보였다. 즉 빈민 구제 및 자선 사업적인 교육 방향보다도 높은 교양을 겸비한 인격 육성이라는 측면이 요청되었던 것이다. 또한 미션스쿨이 전도자 양성 기관을 겸하는 경우가 많았다는 점은 기독교가 단순히 문화적 가치로서만 육성된 것이 아니라는 것이다.

일반적으로 기독교 교육은 '기독교에 의한 교육' 과 '기독교로 향하게 하는 교육' 이라는 두 가지 측면을 가진다고 볼 수 있다. 일본의 기독교 학교 교육은 이 두 가지 측면에서 여러 가지 투쟁을 경험하지 않으면 안 되었다.

메이지 전기에 설립된 여러 학교의 일람과 그 이행과 통합에 대하여는 도히 아키오(土肥昭夫)의 『일본 개신 교회사』(77-80)에 잘 정리되어 있다. 여기서는 선교 경영에 의한 메이지 학원 설립과, 일본인의 손에 의한 학교 설립의 예로써 동지사를 다루면서, 기독교 교육의 이념과 실천의 과정을 살펴보고자 한다.

1. 신학 교육의 통합

요코하마에 최초의 교회(공회)가 설립되는 것에 관여한 것은 개혁파와 장로교 선교회들이었다. 그들은 먼저 자신들의 사설 학원을 중심으로 교육에 힘썼다. 헤본 학원이 그 선구적 역할을 하지만, 나중에 헤본은 학원생들 가운데 한 여학생을 미스 키더(후에, 밀러 선교사 부인)에게 맡긴다. 이 '미스 키더 학교' 가 페리스 여학원의 전신이다. 헤본 학원은 그후에 바라의 동생인 죤 바라에게 관리를 위임하여 '쯔키지(築地) 대학교' 가 된다.

이러한 선교사들의 개인적인 활동으로 이루어지던 교육을 통합하려고 한 것은 1877년의 '일본기독일치교회' (日本基督一致教會)의 설립이다. 이것은 앞서 언급한 미국 장로교회(PU), 미국 네덜란드 개혁파 교회(RCA), 그리고 1874년에 일본에 온 스코틀랜드 일치장로교회(UPCS)라는 세 선교회의 합동에 의한 것이다.

일본 전도를 위해서는 일본인 교역자를 양성하는 것이 불가결하다. 선교사들도 그 필요를 깊이 자각하고 있었다. 브라운은 '일본 국민을 선교하기 위해서는 한 사람의 일본인이 같은 전도 분야에 사역하는 많은 외국인 선교사의 힘보다 훨씬 감화력을 가지고 있다' 고 솔직하게 고백한다.[80] 헤본은 '이제 25년이 지나면, 이 나라에도 신학교 교사 이외에는 외국인 신교사의 필요가 없어질 것이다' 라고 말했다(헤본, 『서간집』, 289).

그러나 전도자 양성은 각 선교회에게 있어 엄청난 경제적 부담을 초래했다. 선교회의 재정은 개혁파나, 장로교나, 아메리칸 보드 등 동일하게 반드시 풍부한 것은 아니었다. 이러한 이유도 있고 하여 일치교회로의 합동은 신학 교육의 통합이라는 중요한 과제도 짊어지게 된 것이다. 그러나 신학교의 합동은 경제적 이유만이 아니었다. 전국으로 확대되는 교회와 전도자들의 신학적 수준을 향상시킨다는 아주 중요한 목적이 있었다.

2. '일치신학교' 의 교육

이 학교가 입학 자격의 첫째 조건으로 '복음 전도에 헌신의 뜻이 있는' 것을 말하는 것처럼 전문적인 전도자 양성을 제일 목적으로 하고 있다. 따라서 수업 내용은 조직신학, 교회사, 신약석의, 구약석의, 그리스도전(傳), 구약 역사 및 지리, 설교학 등 성서와 신학 강의가 주었다.

당초 학생들의 연령과 학력에 많은 차이를 보이고, 특히 브라운 학원에서 상당히 수준 높은 영어 실력과 성서지식을 습득한 학생들은 적어도 불만을 가지고 있었다. 우에무라 등은 거의 수업에 나오지 않고 전도에 전념하였다고 전해진다.[81]

이러한 상황에서 교사였던 선교사들도 불만이었고 그들 가운데는 '일본의 신학생들에게는 영어를 가르칠 필요가 없다' 는 괴담도 흘러나올 정

---

80 『R. 브라운 서간집』, 356.
81 『우에무라 마사히사와 그 시대』 3권, 470.

도였다고 한다.82 영어를 사용하게 되면 오히려 무례하게 된다는 의미이다. 이 때문에 충분하지 않은 일본어나 로마자를 사용한 강의도 진행되었다고 한다. 처음에는 수업 연수도 정해져 있지 않았었다. 그러다가 해를 거듭하면서 내용과 제도가 충실해져 가고, 창립 6년 때에는 다음과 같은 학제와 커리큘럼을 볼 수 있다.83

> 제1학년 / 구약사 또는 성서(성서)입문, 기독행록 주해(사복음서 가운데 하나), 하이델베르크 요리문답강의, 신약성서신학, 설교학.
> 제2학년 / 구약사 또는 성서입문, 기독언행록(속) 주해(사복음서 가운데 하나), 하이델베르크 요리문답강의(속), 신약성서신학(속), 설교학.
> 제3학년 / 성서고사 및 성서교전, 기독교징증론(基督敎徵證論, 변증론을 말함), 사도행전 주해, 조직신학(자연과 묵시), 목회신학, 설교학.
> 제4학년 / 성서고사 및 성서교전, 기독교징증론(속), 주해(서신 가운데 하나), 조직신학(속), 교회역사, 목회신학, 설교학.

학사일정은 10월부터 그 다음해 6월까지였고, 7-9월의 하계휴가에는 모든 신학생들이 각지로 파견되어 전도 실천에 임했다.

입학시험 과목은 일본어과 학생에게는 한자, 작문, 대수, 만국지리, 만국역사, 물리학 대의, 화학개요, 생리학개요, 성서개요였으며, 영어과 지망생은 한자와 작문 이외에 영어로 동일한 시험을 치렀다.

'일치신학교'는 전도자 양성을 주목적으로 창립된 학교이므로 강의 내용은 학문적인 신학연구가 아니라 일본 전도에 도움이 되는 인재 육성에 중점을 두었는데 이것은 아주 당연한 일이다. 전술의 커리큘럼에도 실천

---

82 『일본기독교회사』, 75.
83 『明治學院百年史』, 70-73.

적인 면에 힘을 쏟고 있음을 볼 수 있다.

학교가 학생들에게 과한 논문 테마는 '가장 평이하게 기독교를 불신자에게 권고하는 글' 이었고, 또는 '참 종교의 진리와 그 이력' 이었다. 다시 말해 전도용 선노시를 만들 수 있는 학생, 일본의 이교적 종교 대도에 충분히 대용할 수 있는 전도자가 요청된 것이었다.

선교사들은 청년들의 열심과 그 숙달에 만족했다는 것으로 보인다. 일치교회의 제4회 노회(1878년)에서는 재학중인 13명의 학생이 강도사 시험에 전원 합격했다. 그 고시 면접(일본에서는 試問會)의 광경을 보고한 브라운 선교의 필치는 아주 큰 기쁨에 사로잡혀 있었다.

> 선교사들에게 있어 그러한 광경은 이 나라에서 이전에 보지 못했던 것으로 칭찬과 감사의 속삭임을 말하지 않고는 견딜 수가 없었던 것 같았습니다. 캐나다의 웨슬레안 교회로부터 파견되어온 아주 경애하는 선교사가 시험을 주관하는 가운데, 저에게 "이것은 훌륭한 광경이다"고 말을 건넸습니다 …
>
> 13명의 학생들 역시 보통 이상으로 교육받은 경건한 청년들로 몸을 바쳐 공적으로 복음 전도의 지원자가 되어, 이 국민에게 기독교를 설파하기 위해 하나님께서 그들에게 명하신 곳이라면 어디든지 가고자 하고 있습니다.
>
> 이 광경을 본 순간, 나의 마음에 넘치는 경외함과 감사를 표현할 말이 없습니다. 그것은 하나님께서 이 은혜로 말미암아 선교의 시작부터 지금에 이르기까지, 그분의 힘으로 여기에 만들어 낸 큰 변화를 나는 관찰하여 왔기 때문입니다.84

3. 메이지 학원의 창립과 신학부

'일치신학교' 의 창립 직후부터 신학과의 완비되지 못한 체제를 지적하

---

84 『S. R. 브라운 서간집』, 345-346.

는 일들이 있었다. 브라운은 처음부터 이 학교에 '예과'가 설치되어 졸업생들의 빈자리를 확보하는 것이 시급하다고 말했다.85 메이지 학원은 일치신학교(PU, RCA, UPCS), 동경일치영화학교(東京一致英和學校 / PU, RCA) 및 동경영화예비교(東京英和豫備校 / RCA)를 통합하여 '일반교육학과'와 '신학과'를 병설한 것이었다.

메이지 학원의 창립안(創立案)은 이 학교의 목적을 '청년에게 건전한 기독교 교육을 실시하고, 특히 교회의 선교에 임하도록 훈련하는 것에 있다'고 규정한다.86 기독교 교육과 전도자 양성이 병행하는 것과 함께 그 중점이 후자에 놓인 것으로 이해될 수도 있는 애매한 표현이다.

그것을 뒷받침하듯이 창립 후 얼마동안 신학부의 위치가 유동적이었다.87 이 사실은 원리상의 문제로 보자면 미션스쿨에서 신학 교육의 위치를 정한다는 것의 어려운 점을 의미하며, 실질상의 문제로는 사립학교로서 인가를 얻기 위해 학교 교육의 참된 목적을 어디까지 정면으로 주장할 수 있는가 하는 전술적 어려움을 나타내는 것으로 보이기도 한다. 동일한 문제는 후술하는 동지사의 경우에도 나타난다.

메이지 학원 신학부는 '일본기독일치교회'의 유일한 교직자 양성기관으로 교회의 필요성에 곧 응할 수 있는 교육이 실시되었다. 1887년 6월 졸업생 8명의 임지는 거의가 지방 도시와 농촌이었다. 그들은 보수적인 지역 사회에 어려움을 두려워하지 않고 파견되어, 그곳에 복음의 씨앗을 뿌렸다.

특히 일치교회가 1884년부터 시작했던 코우치(高知) 지방 전도는 차츰 결실을 맺음으로써 학원 생도들 및 졸업생들이 그 지방의 각지에 응원전도,

---

85 『S. R.브라운 서간집』, 331, 339.
86 『明治學院百年史』, 128-130의 '創立案' 全文.
87 『明治學院百年史』, 138.

정착전도를 수행하였으며 산간벽지에 힘든 개척 사역을 했다. 훗날 '일본 기독교회'(日本基督敎會)의 중심 인물 중의 한 사람인 코우치 교회 목사 타다 시로시(多田素) 역시 학원 초기 졸업생 중 한 사람이었다.

메이지 학원의 학생 생활은 문학의 제재(題材)로서도 널리 알려졌다. 1887년대(메이지 20년대) 시마자키 토우손(島村藤村)의 『사꾸라 열매가 익을 때』를 통하여 로맨틱한 감정으로 그려졌고, 1897년대에는 카가와 토요히코(賀川豊彦)의 『사선을 넘어서』 제1부에서는 심각한 철학 청년의 눈을 통하여 묘사되기도 하였다.

또한 타이쇼우 초기(1912년대를 말함, 大正의 기간은 1912.7.30-1926.12.25)의 학원을 신학자의 관찰로 기록된 추억의 문장으로는 쿠와타 히데노부(桑田秀延)의 『신학과 함께 50년』(그의 『전집』 5권에 수록)이 있다.

4. 니이지마 죠(新島襄)의 신앙과 사상

니이지마 죠는 1843년 죠슈안나카(上州安中) 항(藩)의 하급무사의 아들로 태어났다. 에도막부가 멸망해 가는 동란기에 청년시절을 보내고, 새로운 지식에 대한 주체할 수 없는 소망에 이끌려 하꼬다테(函館)에서 미국 범선에 몸을 싣고 일본을 탈출했다.

보스톤에 상륙한 그는 생애의 지원자이며 자기를 알아주는 하디(Alpheus Hardy) 부부를 만나서 학교 교육을 받게 되었다. 니이지마가 기독교와 접촉한 것은 이미 일본에서 한역 성서를 읽기 시작한 때부터 깊어졌던 것으로, 1866년 12월 앤도버 신학교(Andover Theological Seminary) 부속 예배당에서 세례를 받았다. 세례 결심에 대해 하디 부부에게 전하는 편지의 한 절에 다음과 같이 말한다.

이제 저는 예수 그리스도가 나의 죄를 위하여 죽으신 하나님의 아들이며, 우리는 그분에 의해서 구원받는 것을 믿습니다. 저는 어떠한 다른 것보다도 예수를 사랑합니다. 저는 그분에게 온 몸을 던지며, 그분이 보고 계시는 곳에서 바른 것을 행하고자 노력할 것입니다. 이것이 나의 맹세입니다. … 나의 몸은 나의 정신보다 약하며, 따라서 교회에 붙임 바 되어 그리스도와 일체가 되기를 원합니다. 보다 더 그리스도처럼 되기 위해서, 하나님의 이름으로 나의 나라에 좋은 일을 하고자 합니다.[88]

니이지마의 회심이 '예수 그리스도' 에 대한 깊은 인격적인 사랑에 근거하고 있다는 것과 '교회' 와 '국가' 에 대한 관심이 결부되어 있다는 것을 알 수 있다. 그후에 니이지마는 암스트 대학(Amherst College)과 앤도버 신학교에서 배우면서 그의 신앙과 사업의 골격이 되는 정신을 배양하였다.

니이지마가 수학했던 앤도버 신학교는 '뉴잉글랜드 신학' 을 기초로 하는 곳이다. 그것은 칼빈주의를 근거로 하면서 인간의 윤리적 책임, 자유 등을 강조하였으며 교회제도는 장로주의가 아니라 회중제도를 취한다. 이 학파의 융성기는 남북전쟁 때로 니이지마가 입학한 앤도버에는 E. A. 파크(Park) 교수가 그 학풍을 견지하고 있었다고 한다.[89]

니이지마의 신앙과 인격을 형성시킨 중요한 요소로서 민주주의, 청교도, 회중주의를 들 수 있을 것이다. 이 세 가지는 동지사의 설립과 경영의 지도이념으로 관철되어 갔다.

5. 기독교 정신 대학의 설립

신학교를 졸업함에 있어 니이지마는 아메리카 보드(회중교회 선교부)로부터 일본에서의 선교에 종사할 뜻의 유무를 제의 받았다. 그는 즉석에서 그

---

[88] 『同志社百年史』 通史編(1), 42-43.
[89] 『同志社百年史』 通史編(1), 53.

것을 수락했다. 선교사 지원 시험에 합격한 그는 1874년 9월 보스턴에서 교사로 임직을 받았다.90 선교사로서 니이지마의 지위는 '일본전도통신원'(日本傳道通信員, Corresponding member of the Japanese Mission)이었다.

니이지마는 조국에 기독교 교육의 학교를 설립하려는 꿈을 키워갔다. 9년간의 뉴잉글랜드를 중심으로 한 학업 생활이 그에게 사회와 인류의 기초로써 기독교 정신 고등교육의 필요성을 통감하게 했던 것이다. 그의 통찰은 '합중국의 문명은 천천히 그러면서도 끊임없이 발전하고 있는데 실은 하나의 큰 근원, 즉 교육이라는 것으로부터 태어난다' 는 것이다.

'아메리카 보드' 제65회 총회 석상에서 니이지마는 그러한 교육기관 설립의 필요성을 참가자들에게 전달했다. 당시 니이지마는 단상에서 흥분하여 머리와 무릎이 떨려서 준비한 연설을 한마디도 하지 못했다. 그러나 흥분이 가라앉고 새로운 정신으로 준비한 내용과는 완전히 다른, 즉 '조국이 어떤 흑암 속에 있는가? 그것을 구원하기 위해서 기독교 정신 학교를 설립하는 것이 반드시 필요하다는 희망을 눈물을 흘리며 호소했다.

니이지마는 '나는 기독교 정신 대학을 설립하기 위해서 기금을 얻지 못하고는 일본으로 돌아갈 수 없습니다. 나는 그 기금을 얻기까지는 이 단상 앞에 서있겠습니다' 라고 결론을 맺었다. 곧 버몬트(Vermont) 주지사가 일어나 '천 달러를 내겠습니다' 라고 말했다. 그후 다른 사람들도 일어나 모금에 협조하여 오천 달러가 모였다. 선교사 데비스는 '그 총회에 출석했던 많은 친구들로부터 그것이 생전 잊을 수 없는 광경이었다고 듣게 되었다' 고 술회한다.91

---

90 와다 요우이치(和田洋一), 『니이지마 죠』, 152.
91 Jorome Dean Davis, 『니이지마 죠의 生涯』, 47.

6. 동지사의 발족

귀국한 니이지마는 학교 설립을 위해서 분주했다. 불교사원이 많은 쿄토의 땅에 기독교 정신의 학교를 설립하는 것 자체가 곤란한 문제였지만, 보다 본질적인 문제는 새롭게 설립할 학교에 외국 선교사를 고용하는 것이 가능한가? 둘째로 학교 내에서 기독교 사상을 가르칠 수 있는가? 하는 문제였다.

불교측의 반대가 격심했고, 니이지마도 개교를 위해서는 당장 타협하지 않을 수가 없다고 판단했다. 즉 개인의 집에서는 성서를 가르쳐도 좋지만, 학교 내에서는 성서 강의를 하지 말라는 쿄토부의 타협안을 수용하여 마침내 개교하게 되었다. 1875년 11월 29일이었다.

'그 아침 개교에 앞서 니이지마가 자택에서 드린 온화하며 눈물 가득한 참된 기도를 나는 절대로 잊을 수가 없다' 라고 데비스는 기록하고 있다.[92] 발족 당시의 교육 내용은 1875년의 '동지사가규칙'(同志社仮規則)에서 볼 수 있다.[93]

학교 생활의 규율은 '가규칙' 에서 다음과 같이 말한다. '생도 가운데 금은의 대차, 음주, 유녀를 취하는 것, 싸움 등을 엄하게 금지하고 더욱이 기숙사 내에서 흡연을 허락지 않음' 등에서 나타나는 바와 같이 엄격한 것이었다. 청교도적인 윤리가 요구된 것이라고 할 수 있다.

교과는 영어를 중심으로 어학, 중국 역사, 인문, 사회, 자연 등의 여러 과목에 이르지만 성서 과목이 없다는 것은 전술한 그대로이며 대신으로 '수신학'(修身學)이라는 것이 보인다. 이것은 본래 성서교육에 해당하는 것으로 쿄토부의 요구에 의해서 변경된 것이다.

---

92 Jorome Dean Davis, 『니이지마 죠의 生涯』, 62.
93 전문은 에비나, 『유신 변혁기와 기독교』, 412-414.

동지사의 교육 내용은 개교 후에도 관청의 감찰을 받았는데 그 보고서에 의하면 다음과 같다. '정과목 시간 내에는 일반 과목을 가르치고 방과 후에 성서 강의가 진행되는 것으로 보인다.' 다시 말해서 겉으로는 '보통교육'(尋常教育)의 형태를 취하면서, 안으로는 종교교육에 주안점을 두고 있는 경계의 대상이었다.[94]

개교 당시 생도들의 연령과 학력에 차이가 있었다는 것은 이미 언급한 메이지 학원과 비슷했다. 그러다가 1876년 7월 이후에 구마모토 양학교의 생도들이 대거 몰려와 동지사에 입학함으로써 학내는 활기가 넘치게 되었다. 그들 가운데 어떤 이는 입학 당초부터 학력이라는 점에서는 교장 니이지마 이상으로 자신감을 가진 자들도 있었고, 또 사실 그러했다고 한다. 그러나 니이지마의 인격과 정신의 기고함에 깊은 감명을 받았다고 한다.

7. 동지사의 교육 이념

니이지마는 건학 초기부터 기독교 정신에 의거한 대학, 더욱이 종합대학의 설립을 목표로 하고 있었다. 이 점에서 데비스를 비롯한 선교사들과 그 의향에 있어 차이점을 보임으로써 처음부터 문제가 되었다. 선교사나 선교 본부가 생각한 것은 어디까지나 전도자 양성 학교이며 그 이상도 그 이하도 아니었다. 니이지마에게는 외부로는 쿄토부, 내부로는 동료와 선교사라는 이중의 반대자가 있었던 것이다.

그러나 동지사는 어디까지나 니이지마가 마음에 품은 교육적 이상과 정열에 의해서 그 노선을 펴나갔다. 그리고 선교사들도 처음에는 여러 가지 불안과 불만을 가졌지만 니이지마의 의견과 실력에 대하여 그 탁월성을

---

94 『同志社百年史』通史編(1), 105.

하나둘씩 인정하면서 동지사와의 관계를 지속시켜 나갔다.

동지사는 기독교에 의한 인간 교육을 근본으로 하고, 넓게는 근대적 제(諸) 과학을 가르치는 것을 학교의 목표로 삼았다. 즉 전도자 양성인가? 또는 기독교적 일반 교육인가? 하는 양자택일이 아니라, 기독교 정신 대학가운데 신학 교육의 위치를 바라본 것이다. '기독교에 의한 교육' 과 '기독교에로의 교육' 의 종합이라 할 수 있다.

토구토미 쇼호우(德富蘇峰)는 니이지마가 목표로 하는 교육 사상을 후쿠자와 유키치(福澤諭吉)의 그것과 비교하여 니이지마는 '물질적 지식의 교육' 이 아니라 '정신적 도덕의 교육' 을 추구했다고 지적한다. 더욱이 후쿠자와의 교육 사상이 '상식'(common sense)에 그 본질을 두고 있는 반면, '고상한 생활 세계' 를 제시하는 교육에 니이지마의 진가가 있다고 주장한다.

확실히 메이지의 사립학교 가운데 후쿠자와가 설립한 케이오기쥬크(慶応義塾)는 합리주의를 근본사상으로 하여 실험적, 실증적인 학문을 교육하고 보급했다. 그것을 양질의 '상식'(common sense)으로 간주할 수 있다면, 니이지마는 그 이상으로 인간의 높은 이상인 '이데아' 를 보고 있었던 것이다.

'동지사대학 설립의 지의(旨意)' 의 유명한 문언(文言)인 '양심을 수완으로 운용하는 인물' 을 빌려서 말하면 '양심'(conscience)이라 해도 무리가 없을 것이다. 이것은 컨먼센스(상식)와 컨슨서(양심)와의 차이점이며, 환언하자면 양자가 품고 있었던 '인간관' 의 차이에 유래할 것이다.

니이지마가 바라본 것은 그리스도에게 있는 진리를 사랑하는 인간이며, 그러한 종교적 인격 가운데 자리잡고 있는 품성만이 국가를 세우고, 한 가정을 다스리며, 사회를 견실히 진보시킬 수 있는 원천이라고 믿어 의심하지 않았다.

8. 여성 교육의 발전

봉건주의 아래에서 여성은 일반 교육의 대상이 될 수 없었다. 그러나 기독교가 가져온 인산관은 종래의 여성판에 근본적인 변화를 도진하는 혁명적인 의미를 가지고 있었디. 사실 미국으로부터 파견된 많은 선교사들이 대부분 여성이었으며, 본국에서 여성의 지위 향상에 의해 선교사 부인들이 대규모로 파견된 사실을 무시할 수 없다.

많은 교파가 본국의 교회에서 여성 목사나 장로를 인정하지 않는 현실과는 달리 아시아 등의 선교지에서는 여성의 활동 영역이 넓게 열려져 있었다. 이렇게 하여 파견된 많은 여성 해외 선교사들에 의해서 아메리카 여성사(史) 그 자체가 새로운 페이지를 장식했다고 지적된다.95

여성 교육의 선구는 헤본 학원의 여자 생도를 이어받은 '미스 키다(Mary E. Kidder) 학교' 이다. 키다는 본국에서 교사로 있다가 일시 귀국한 S. R. 브라운의 권유에 따라 독신의 여성 선교사로서는 처음으로 일본에 파견되었다.96 1870년에 요코하마에서 교육활동을 개시하여 영어, 찬송가를 비롯하여 역사, 지리, 산수를 가르쳤는데 무엇보다도 성서를 읽고 그것을 해설하는 데 힘을 썼다.97 성서 교육은 일본어로 진행되었다.

키다 학교는 해를 거듭하면서 학생수가 증가하면서 착실히 발전했다. 이것이 후에 페리스 여학원이 된 것은 이미 언급했다.

장로교의 C. 캐러틀스 선교사 부인 줄리아(Julia D. Carrothers)는 '로크방 여학교'(六番女學校)를 열었다(1870년). 이후 1876년 '신에이 여학교'(新榮女學

---

95 페이지 스미스, 『아메리카歷史 속의 女性』 12장과 13장.
96 『키다 서간집』, 25.
97 Ibid., 60.

敎)로 개칭하였고 나아가 '사쿠라이 여학교' (櫻井女學敎)와 합병하여 '죠시가쿠엔 여자학원' 이 되었다(1889년).

칸사이에서는 사와야마 포우로(澤山保羅) 등에 의한 '바이까 여학교' (梅花女學校)가 1878년에 설립되었다. 이 학교는 엄밀히 말해서 순수 일본인들의 손에 의한 자립자급의 경영을 이루었다는 점에서 특히 의미 있는 출발을 했다. 여기에서는 후술하겠지만 사와야마 포우로의 자급론이 엄격한 윤리적 요구까지 생각하게 하는 형태로 관철되어 갔다.98

'바이까 여학교' 의 창설자 사와야마가 부녀자들에게 기대한 것은 한마디로 말하자면 그리스도로 이어지는 인격을 기초로 하여, 견실하며 유용한 생활자가 되는 것이라고 생각되어진다.

사와야마의 유고(遺稿)가운데 '주를 위해서 다해야 할 여성의 직분' 이라는 문장이 있다. 그것은 '로마서 16장 1-6절' 을 인용하여 하나님께서 모든 사람들에게 '적당한 직분' 을 주셔서 '일평생 하나님의 영광을 위해서 세상을 살아가도록 하셨다' 고 가르친다.

자기 한 사람정도 열심히 일하지 않아도 하나님 나라에 별로 지장이 없다는 안일한 삶의 방식을 버려야만 한다. 왜냐하면 몸에는 손, 발, 입, 코 등 어느 것 하나라도 활동을 그치게 되면 몸 전체가 지장을 받게 된다. 마찬가지로 모든 사람은 그리스도의 지체이기 때문에 하나님께서 주시는 고유한 직분을 가지지 않는 사람은 한 사람도 없다고 가르친다.

여성도 교회에서는 그리스도의 지체로서 적당한 직분을 가진다는 여성관은 단순히 여성을 '유용' 한 대상으로 보는 것 이상으로 여성의 존재를 그리스도 안에서의 택하심에 기초하여 하나님의 영광이라는 인생의 숭고

---

98 사노 야스히토(佐野安仁), '사와야마 포우로와 創設期의 梅花女學校' ,『사와야마 포우로研究』제1권 수록.

한 목적에 대한 봉사로 그 위치를 자리매김하는 것으로, 그 여성관의 높은 수준에 적지 않은 놀라움을 가지게 된다. 메이지 초기의 사회에 이러한 철저한 여성관을 가진 교육이 시행되었다는 것은 근대 일본 기독교가 행하였던 '세상의 소금'으로서 훌륭한 산증이 된나.

이처럼 기독교 교육의 활동은 1878년대의 '서구화주의'의 파도를 타고 거의 순조롭게 진행되어 왔다. 그러나 서구화주의의 반동이 이내 찾아오면서 1890년을 경계로 하는 학교 교육에 대한 시련과 고난의 시대가 도래하게 된다.

제4장
교파의 노선 / '일치교회'의 성립과 형성

지금까지 메이지 전반기의 기독교가 내적으로는 신앙 내용의 정비 충실에 이어 외적으로는 사회적, 문화적인 표층을 확대해 나가는 모양새를 제한된 범위 안에서 기술하여 왔다. 지금부터는 기독교가 전체적으로 거의 순조롭다고 표현해도 과언이 아닐 정도의 성장을 통하여 교회가 어떻게 형성되었는가를 보고자 한다.

1878년(메이지 10년)대는 각 선교회가 독자적 노선으로 활동을 전개하면서 이른바 '교파' 형성이 진행되기 시작한 시기이기도 하다. 여기서 지금까지 엄밀한 검토와 연구가 실시되지 않았던 '일본기독일치교회'에 초점을 맞추어, 교파로서의 교회 형성이 어떻게 이루어졌으며 또한 그곳에서 일어났던 문제가 무엇이었는가를 고찰하게 될 것이다.

1. 세 선교회의 합동 움직임

제1장에서 '일본기독공회'의 정신이 여러 가지의 조건에 제약을 받아 암초에 부딪혔다는 것을 언급했다. 선교사들은 각각 자신들의 교파적 배경을 가지고 일본에 왔기 때문에 영적으로나 경제적으로 본국의 선교 본

부의 지원 없이 일본에서 활동을 지속하기란 불가능에 가까웠다.

개혁파 교회와 장로교 교회는 일본 선교를 여러 관점에서 분립하여 선교하는 것은 상책이 아니라는 것을 느끼고 있었다. 전도자 양성을 위해서 신실한 신학교 운영의 요청, 또한 많은 일본인 신도들 가운데 교파적인 노선에 대한 뿌리깊은 회의나 반발이 있다는 것, 무엇보다도 양 교회가 신앙 내용과 교회 정치상 서로 비슷하다는 것, 선교지에 이어 여러 편의나 이점 등을 고려해 볼 때 충분히 서로 다가갈 수 있는 가능성이 있다고 보았다.

1876년 4월 개혁파 선교회 측은 장로교에 대하여 교육 사업에 대하여 제휴를 제안했다. 이에 대하여 장로교는 그 해 5월에 '우리 양 선교회는 교파로서 외국 신도단체와 연합하는 것이 아니라 같은 장로제에 의한 동역자로서 더욱이 우리들이 대표하는 양 교파의 열의 있는 동의를 얻을 수 있는 계획을 세우고자 하며, 이것은 우리가 오랫동안 염원해오던 것이었다'고 화답하여, 합동에 관한 토의가 개시되었다.

그리하여 5월 16일, 제1회 협의회를 페리스 여학원에서 개최했다.[99] 이러한 즉각적인 대응의 실천을 보더라도 합동에 대한 양측의 의욕을 엿볼 수 있다. 이렇게 하여 교회정치와 신앙조항의 준비에 착수하기 위해 각 2명씩에 의한 위원회를 구성했다. 더욱이 스코틀랜드 일치교회 선교부에도 합동 참가를 호소했다.

선출된 위원들은 먼저 '일본기독공회'(日本基督公會)의 헌법 개정안을 검토했다고 전해지지만 그것은 이미 언급한 '일본기독공회조례'(日本基督公會條例, 1874년)를 말하는 것으로 보인다. 이것이 위원들에게 문제가 되었기에 결국 미국 장로교회의 헌법규칙을 참고로 하여 그것을 취사선택하여 편집하게 되었다. 그리고 그것을 번역하여 일본인 교회에 제시하여 가결을 물

---

99 『일본기독교회사』, 67.

었다.

이에 대하여 '기독공회' 및 '장로공회' 의 일본인 성도들로부터 일부 강한 반대를 불러 일으켰다. 그것은 헌법규칙이 엄밀히 장로제를 지향하고 있으며 형식상으로는 합동이지만 실질적으로는 좁은 교파적 교회가 되어 버린다는 것에 대한 불만이었다. 그 때문에 이 규칙(정치규준)의 채택은 용이하지 않았다. 1877년 4월에 개최된 '공회' (公會)의 회의록에 의하면, 최종적인 채택이 난행된 것으로 기록되어 있다.100

2. 합동의 장애

『일본기독교회사』(日本基督敎會史)에 의하면 합동에 대한 협의가 길어진 이유는 첫째로 새로운 교회의 명칭, 둘째로 선교사의 소속, 셋째로 신조제정으로 나타난다.101

(1) 첫째에 대하여는 '일본기독공회' (日本基督公會)의 신도들이 지금까지 친숙해왔던 명칭의 존속을 탄원한 것이다. 그들은 서구의 교파적 교회와는 다르게 순정적이며 보편적인 국민적 교회를 바라는 의식을 강하게 소유하고 있었으며, '일본기독공회' 야말로 그들의 이상을 표현하는 명칭이라고 생각한 것이다.

그러나 객관적으로 볼 때 이미 타교파의 교회 형성이 궤도에 오르고 있었고, 합동과 초교파의 노선 자체가 여러 가지 다양한 가능성 가운데 하나가 되어 이러한 의미에서 '공회' 역시 한 교파의 입장이 될 수밖에 없는 처지였다. 게다가 당초의 그 의도가 어찌되었던 '공회' 라는 말 그 자체도 '장로공회' 라고 사용하고 있는 현재로서 그 자체는 초교파나 합동의 깃발

---

100 『이부카 카지노스케와 그 時代』 1권, 410-413.
101 『일본기독교회사』, 68-71.

이 아니었다.

또한 '일본기독공회' 의 성도들의 입장에서 보아도 책임을 가지고 교회를 짊어질 만한 역량이 충분하지 않으며, 신학적으로나 신앙적으로나 경세적으로나 인적으로나 모든 면에서 부족하니, 사기주장을 판결할 만한 그러한 단계가 아니었다는 사실도 말할 수 있다.

어찌했든 최종적으로 '일본기독일치교회' 라는 명칭으로 결정되었다. 영어로는 "Union Church of Christ in Japan" 이었는데 후에 바라의 의견을 수렴하여 Union을 United로 바꾸었다.

(2) 두 번째 문제는 선교사의 소속에 대한 것으로 노회와의 관계였다. 선교사가 본국의 노회와의 관계를 단절하고 일치교회에 가입하게 된다면 문제가 되지 않지만, 개혁파 교회가 이 점에 대한 제도상의 곤란함을 주장함으로써 본국 교회의 교사직을 가진 상태에서 일본 노회에도 정회원의 자격을 가지게 되었다. 말하자면 선교사가 이중 교적(敎籍)을 가진 것이 된다. 일시적인 편법이기도 하며 석연치 않은 조치이기도 하다. 또한 선교사는 일치교회의 치리를 받지 않는다는 이해도 존재했기 때문에 '치외법권' 이라는 인상을 남기는 결과가 되었다.

(3) 세 번째 문제는 신앙 조항으로써 다음과 같은 네 개의 신앙고백을 제시한다. 도르트뤠히트 신조, 웨스트민스터 신앙고백, 웨스트민스터 소요리문답, 하이델베르크 요리문답이다. 논의가 가장 들끓었던 것은 이 신앙 조항 문제였다. 오시가와 마사요시(押川方義)는 이 신조 채용에 대하여 이의를 제기하고, 교회를 이탈하여 독자의 노선으로 갔다.

'복음동맹회' 의 9개조의 신앙으로 양육되어온 성도들에게 있어 도르트뤠히트 신조, 웨스트민스터 신앙고백 등 고도한 신학적 체계와 교파적 주장을 가진 신조를 즉시 적응한다는 것은 무리가 있었다고 볼 수도 있다.

그리고 당시 네 개 가운데 '소요리문답' 만이 번역되어 있었고, 그러한 신조 채용이 일본인 신도들에게 선교회의 독주로 보였다는 것은 어찌할 수 없었던 일일 것이다.

요컨대 이 합동일치교회의 성립은 여러 선교사가 주인이 되어 모든 식단을 짜고 일본인은 객인이 되어 그 향응에 참여하는 것과 같이 그 서양식 요리의 교의나 규칙을 통째로 삼키어 소화할 수 없는 아주 부자연스러운 것이 되었다.102 우에무라 역시 동일한 불만을 토로한다.

1877년(메이지 10년) '일본기독일치교회' 조직은 외국 선교사들에 의해서 일방적으로 성립되었기 때문에 웨스트민스터 신앙고백, 기독교 간략 문답, 하이델베르크 요리문답, 도르트뤠히트 신조 등 네 개를 채용함에 있어 세심한 고려조차 생각할 겨를도 없었던 시기였다. 메이지 23년에 가서야 일본 기독교의 실력이 가까스로 발달하여 이 네 개의 쇠사슬을 중지하고, 지금과 같은 간명한 신조를 자유롭게 제정할 수 있게 되었다.103

이와 같이 일치교회의 제도나 신조는 번잡한 무거운 부담으로 일본인 신도들의 대다수에게는 불평이었다. 이러한 계통의 교회사 연구가들로부터도 자칫하면 소극적인 평가로 끝나기 쉬운 일치교회 형성에 대하여 어디에 문제가 있었는가, 그리고 그곳으로부터 배워야 할 것이 무엇인가를 몇 가지의 측면에서 살펴보고자 한다.

3. 교회 창립과 그후의 진전

'일본기독일치교회' 는 1877년 10월 3일 요코하마 카이강 교회에서 개최된 제1회 노회에서 창립되었다. 9개 교회, 교회원 총수 623명, 목사후보

---

102 『일본기독교회사』, 71.
103 『우에무라 전집』 4권, 464.

자 25명이었다. 각 교회로부터 선출된 대의원(장로 1명)은 8명(나가사키 교회 장로는 증기선 관계로 시간에 맞추질 못했다), 선교 선교사 12명을 포함해서 총대의원 수는 20명이었다.

이 노회에서 ‘일본국 기독교 일치교회 징지규칙’ 이 채용되는데 여기에서 주목해야 할 것은 이 회의에서 일본인으로서는 처음으로 훈련과 교유을 받은 교사(목사)가 배출되었다는 것이다. 오가와 요시야스(小川義綏), 오쿠노 마사츠나(奧野昌綱), 토다 타다아쯔(戶田忠厚) 등 3명으로 모두 인격과 견식에서 인정받는 자들이었으며 무엇보다도 전도에서 그 실적이 이미 인정받고 있는 자들이다.

설립 당시의 9개 교회는 요코하마카이강(横浜海岸), 토쿄신에이바시(東京新榮橋), 신슈우에다(信州上田), 히젠나가사키(肥前長崎, 이상 ‘일본基督公會’ 소속), 요코하마제일장로교회(後에 指路敎會), 토쿄시바게츠쵸(東京芝露月町), 시모우사호텐(下總法典), 토교시나가와(東京品川), 치바오오모리(千葉大森)였다.

4년 후의 통계를 보면 교회는 새롭게 16개가 증가하여 총 25교회, 교회원 총수는 1,642명이었다(남 800, 여자 618, 소아 22). 그리고 ‘설교소’ (所)라는 곳을 세워서 정기적으로 집회를 열어가는 미자립 교회가 57곳이었다는 사실은 교세 진전의 움직임을 보여준다. 전도 구역은 동경(東京), 요코하마(横浜), 나가사키(長崎)를 비롯하여 서편으로는 시즈오카(靜岡), 히로시마(廣島), 야마쿠치(山口), 카고시마(鹿兒島)였으며 북쪽으로는 카나자와(金澤), 니이가타(新潟)로 확대되었다.

이와 같이 전국 각지에서 교회의 설립이 나타남으로써 전국에 하나의 노회로서는 교류에나 활동에도 불편함이 생겨났다. 따라서 1881년 봄 노회 때 전국 교회를 세 개의 노회로 분할하였다.

동경 니혼바시(日本橋) 북쪽을 북부노회, 니혼바시에서 요코하마까지를 동부노회, 츄코쿠(中國)와 큐슈(九州)를 서부노회로 하였다(카나자와는 서부노회에 소속되었다; 일본에서는 노회를 중회〈中會〉라고 함). 이것으로 일치교회는 처음으로 '헌법'이 말하는 '총회'를 조직한 교단이 되었고, 장로주의를 중심으로 기능하는 노회를 명실상부하게 가지고 활동을 개시한다.

1877년대 후반부터 1900년대까지 교회의 경황은 진전에 진전을 거듭하는 시기였고, 일치교회도 그 가운데서 현황에 알맞은 조직의 개편으로 분주했다. 1885년 제3회 총회에서는 전술의 세 노회에 덧붙여 센다이(仙台) 노회의 조직이 건의되고, 더욱이 '서부노회'로부터 '중부노회'를 분리시키는 원안이 취급되었다. 최종적으로는 다음과 같이 개편되었다.

> 서부노회 → 친제노회(鎭西)
> 중부노회 → 나니와노회(浪花)
> 센다이 노회 → 미야기(宮城)노회
> 동부노회 → 제1동경노회
> 북부노회 → 제2동경노회

4. '일치교회'의 정치

교회의 조직, 제도, 운영의 규준이 되는 것은 '교회규칙'이다. 일치교회의 경우 여기에 '정치규칙', '징계조례' 그리고 '예배규범'이라는 세 항목이 포함되어 있다. 이러한 것들이 미국장로교회의 교회규칙으로부터 취사선택된 사항이라는 사실은 이미 언급했다.

여기에 규범화된 장로교 규칙은 구미의 교회사 가운데 가장 잘 완비된 것임에 틀림없지만, 그 사항들의 운용이 일본의 미성숙한 교회에 바르게 적용되었는가? 하는 문제는 별개였다. 그럼에도 불구하고 이것을 사용하고자 결심한 선교사들의 심정을 다음에서 볼 수 있다.

> 우리들이 봉사하고 있는 일본인 교회는 훌륭한 규칙과 온건한 신조에 의
> 해서 지도되어 법의 가치를 알고, 그것에 순응하도록 훈련받지 않으면 안 된
> 다. 일본인들을 위해서 선교사들이 할 수 있는 모든 일은 이 시대에 완수해
> 야만 하기 때문이나.104

교회가 자칫 잘못하면 정서적인 공동체 의식, 즉 가족이나 동포들의 자
연적 연결에 의존하기 쉬운 체질을 일본 교회나 성도들이 가지고 있다고
지적되어 왔다. 이러한 것에 대하여 선교사들은 교회가 법과 규율에 의해
서 운영되는 질서 있는 단체라는 것을 일본인 성도들에게 가르쳐 주고자
하는 요망을 가졌던 것이다. 이러한 의미에서 '선교사가 주인이 되어'라
는 반발은 선교사들의 마음을 이해하지 못한 것에서 나온 것으로 볼 수
있다.

일치교회는 목사, 치리 장로, 집사 세 직분을 가진 각 개교회로부터 노
회, 총회를 구성한다. 각 개교회의 당회(목사와 복수의 치리 장로로 구성; 일본 개
혁 장로교회에서 당회를 소회〈小會〉라고 함)는 '회중의 영혼에 관계하는 정치를 보
호한다'는 중대한 임무를 가진다. 이 때문에 회원들의 신앙 이해와 그 행
위를 조사한다. 또한 죄를 범한 자를 훈계하고, 모든 '회중의 영혼에 유익
한 것을 계획 실행하는 것'이다.105
　노회의 설립 목적에 대해서는 네 가지로 기술하고 있다('政治規則', 제9장 1
항). ① 신앙 내용의 순결을 견지하는 것, ② 치리를 공평하게 행하도록 하
는 것, ③ 전도의 확장, ④ 신앙과 행위에서의 오류를 방지하는 것이다. 이
런 소이로 '노회와 총회는 아주 유익하며 중요한 것이다'라고 강조한다.

---

104 『헤본 서간집』, 284.
105 　'政治規則', 『일본基督敎會歷史資料集』, 3.

노회의 정회원으로 선교사가 포함되는 것에는 여러 문제점이 내포되어 있지만, '이 교회의 신앙조항과 그 정치규칙을 승낙한 선교사는 그 직무에 의해서 이 회(노회)에 참여한다' 는 것으로 되어 있다. 그런데 영어 원문에는 'shall belong' 으로 '참여' 가 아니라 '소속하는 것으로' 되어 있다. 다시 말해서 일본어 본문은 원의를 약하게 하고 있다.

그러나 실제로 선교사의 위치가 중요하며, 현실적으로 '일치교회' 의 13년여의 역사 가운데 8회의 노회(1881년까지)와 6회의 총회가 열렸는데 그 가운데 6회까지 노회 의장을 선교사로 선출하고 있다.106 이 '참여한다' 를 '회의장에 객원으로 참여' 하는 것으로 개정하려는 움직임이 친제이(鎭西) 노회에서 있었지만, 그 결과는 분명하지 않다.107

정치규칙은 분량면에서 보자면 장로교회의 원본을 상당히 삭제하여 일본의 현장에 맞추려고 노력한 사실이 엿보인다. 그러나 '징계조례' 를 보자면 일본개혁파 교회가 현재 소유한 훈련규정과 비교하여 보아도 분량, 항목, 내용에서 아주 근접한 것으로 원문을 그대로 번역한 것으로 보인다. 반면에 그러한 정치규칙이 법적 정신이 빈약한 일본인 성도에게 무거운 짐이 될 뿐이며, 선교사들조차도 규칙의 기본적인 원칙을 어기는 경우가 있었다.

예를 들자면 친제이(鎭西)노회의 스타우트(Henry Stout) 선교사는 노회 개최를 년 2회에서 1회로 변경하고자 제안을 준비했지만, 정치규칙(제9장 10항)을 개정하는 권한이 노회에 없다는 사실을 알고 철회했다(『친제이 노회 기록』 7, 9). 이러한 것도 규칙이 실정에 적합하지 않다는 사실을 역으로 보여주는 것이기도 하다. 친제이(鎭西)노회의 상황은 년 2회의 노회 개최가 불필요하다는 것이다. 그러나 각 노회가 정치규칙의 준수를 위해서 가능한 범

---

106 『일본기독교회사』, 101-103; 영어 원문은 『資料集』 2를 보라.
107 일본基督教會柳川教會 編, 『일본기독교회 친제이 노회 기록』, 12.

위 내에서 노력했다는 것도 알 수 있다.

전체적으로 일치교회의 정치적 특징을 보면 다음과 같다.

첫째, 노회의 권한이 강력했다.

각 개교회의 교세에 대하여도 노회가 적극적인 조사를 행하고, 그것에 근거하여 개별적으로 교회를 독려한 예가 보인다.108 더욱이 개교회가 치리를 집행하는 권위가 말씀 사역자 이외의 모든 회원들에게 이른다는 것이 일치교회의 '징계조례'의 입장이다.

그러나 이 징계가운데 가장 엄했던 제명에 대하여는 이 조치 이외에 어떻게 할 수 없다고 판단된 단계에서 '노회의 판결을 요망함'이라고 되어있다('징계조례', 제5조 3절). 그 때문에 일치교회 관계의 '교회정화자료'에는 이러한 노회에 대한 '조회'(照會)나 '사찰'(伺察)이 빈번하게 있었다.109 이것이 각 개교회의 교적 관리에 매우 무거운 짐이 된 것은 어렵지 않은 상상이다.

둘째, 일치교회는 열심히 징계를 행사한 교회였다.

그 징계는 물론, 아주 신중했다. 회원의 제명에 대하여는 조회나 사찰이 결코 형식적인 것이 아니었다는 사실을 증명하는 사례가 있다. 카나자와 교회의 한 교인이 제명에 처하여졌지만 동교회가 본인을 당회에 소환하지 않고 노회에서도 조회하지 않았다는 이유로 서부노회는 이 징계의 집행을 보류하고 재차 규칙에 따라서 처리할 것을 결의했다.110

1877년대(메이지 10년대)의 통계에 의하면 1880년 전기의 경우 회원 총수 1,425명에 대하여 제명 29명이었다. 같은 해 수세자 106명에 대하여 1/4정

---

108 『친제이 노회 기록』, 14.
109 오자와 사부로, '메이지 시대의 교회 정화관계 자료', 『일본프로테스탄트史硏究』 수록.
110 『친제이 노회 기록』, 13.

도가 그에 해당한다. 동부노회의 1881년 전기를 보자면 회원 총수 809명에 대하여 제명이 33명이었다. 수세자가 66명이었으므로 증가된 숫자의 반이 제명에 해당되었다. 구도의 길을 걷고자 많은 사람들이 몰려왔지만 동시에 교회를 떠나는 사람들도 많았다고 할 수 있다.111

5. '일치교회'의 신앙

일치교회는 '신조교회'였다. 교파적인 성격이 농후한 신앙규준에 의해서 교회의 선교 내용을 정비하고, 교회 생활을 그 신조의 규범에 종속시키고자 했다. 일치교회의 교직자는 앞서 언급한 네 개의 신조서에 나타난 교리에 위배되는 주장이 금지되었다('정치교칙'의 서두에 네 개의 신앙조항을 '규준'이라 부르고, 그것에 위반됨을 금했다).

그러나 이러한 신앙 기준을 어디까지 엄정하게 적용했는가는 의문이다. '정치규칙' 제15장에 설교 면허의 시험에서 교리 이해는 성서와 '예수교 약문답(略問答)'(소요리문답) 및 '하이델베르크 요리문답'에 나타나는 신학에 대하여 시험하는 것으로 규정하고 있다.

이처럼 네 개의 신조서 가운데 특히 두 개의 문답서 가운데서 그 '규준'을 이해하려고 한 것이 엿보인다. 그것은 일치교회의 신학적 지도에 공헌한 윌리엄 임브리(W. Imbrie)의 다음 문장에서 확인된다.

앞의 두 개의 신앙문답은 널리 알려져 가르쳐왔고, 그 가운데 한 주해서가 일반적으로 사용되었다. 그러나 웨스트민스터 신앙고백은 지지를 받지 못하였고, 도르트뤠히트 신앙 기준은 이름조차 거의 알지 못했다.112 더욱이 교역자의 임직 때, 서약사항에는 구체적으로 신조서의 이름이 거론되지 않고, '당신은 이 교회의 교도('敎道'는 영어 원문에는 principle로 되어 있음)

---

111 통계는 『이부카 카지노스케와 그 時代』 1권, 456-465.
112 『일본 전도의 시작 -일본 기독교會史話』, 95.

와 정치를 알고 그것을 바르다고 인정하는가?'로 되어 있다.113

우에무라에 의하면 이러한 '규준'이나 '교도'에 대하여 일본인 교역자들이 주로 가진 의문은 원죄설, 속죄론 그리고 유아세례였다고 한다. 다시 말하자면 죄의 문제와 언약 사상의 문제이다. 물론 일본인 성도나 교역자들의 의문이나 반론이라 하지만 그 당시는 여전히 정통주의 신학적 방법에 입각하여 반대론이나 비판이 일어날 가능성은 없었다.

그러나 원죄론과 언약 사상이 이해되지 않는 신학적 미숙의 문제는 그 후에도 아주 오랫동안 일본의 기독교 신앙에 큰 제약을 가져다 준 것은 부정할 수 없을 것이다. 후자와 관련하여 나중에 일치교회의 헌법 개정론이 일어났을 때, 우에무라는 유아세례의 실시에 대하여 완만하며 자유롭고 넓게 폭을 가질 수 있도록 제안하고 있다.

죄의 문제에 대하여는 개혁파 선교사 톰슨이 37년간의 선교사역을 마치면서 언급한 다음의 감정이 아주 중요한 의미를 가진다고 볼 수 있다.

> 일본인은 경솔한 백성이다. 재난 등을 만나도 오랫동안 그것에 대한 두려움을 기억하지 않는다. 마찬가지로 종교도 정직하게 믿는다. 그러나 지금까지 경험한 것을 말하자면 죄악에 아주 슬퍼하는 것을 보지 못했다. … 경외해야 할 여호와 하나님을 믿는 유대인도 지장보살(地藏菩薩)에 의뢰하는 일본인과는 그 종교심 자체부터 다르며, 그 신념의 경향의 다름은 어찌할 수 없는 것이다.114

6. '일치교회'의 생활

당시의 교회 생활을 서술할 수 있는 충분한 자료는 없지만 단편적으로

---

113 『일본基督敎會歷史資料集』 5권, '基督敎禮拜式', 182, 201, 214.
114 『우에무라 마사히사와 그 시대』 1권, 365.

1877년대(메이지 10년)의 교회 생활을 보자면, 일치교회의 당시 예배 식문은 '성서일과' 를 먼저 기록하여 대강절부터 시작하는 1년간 신약 전체와 구약의 대략을 완독할 수 있도록 되어 있다(단지, 구약 전체의 일본어 완역은 1887년이기에, 일과표가 실제로 사용되었는지는 잘 모른다. 또한 현대식문의 작성 년대도 정확하지 않다).

기도문은 리터니(litany: 連禱, 보통 인도자가 읊는 기원을 회중이 간단하게 응답하는 형식으로 이루어진 기도문)라는 전례적 요소를 비롯하여 설교전-후의 기도, 아침/저녁 기도, 평화를 기원하는 기도, 여행 중의 형제자매들을 위한 기도, 그밖에도 외국으로 가는 사람을 위한 기도까지 있었다.

이상한 것은 '천황폐하 및 황족대신 이하 제(諸) 관인을 위한 기도' 이다.115 그러나 일본 국왕이나 황실을 위한 기도는 그 당시 일반적으로 행하여졌던 것으로, 일치교회의 제1회 총회가 '텐우세쯔' (天長節, 일본 왕이 태어난 날을 축하하는 날)와 겹쳤기 때문에 특별 기도를 드렸다고 한다.116

또한 기도문 가운데는 '수확감사기도', '가뭄해소를 위한 기도', '악성 유행병에 대한 기도', '좋은 날을 기리는 기도' 등이 섞여 있는 것은 선교사들의 본국 예식문을 번역했기 때문이다.

'제명' 에 대한 엄격한 절차에 대하여 이미 언급했지만, 예식문 가운데서도 제명에 대하여 공적으로 제시하기 위하여 장문의 선언문을 기술하고 있다.117

실제 예배를 드리는 태도가 철저하게 훈련되기 위해서는 많은 시간과 훈련과 인내가 필요했다. 노회의 여러 교회의 현황 보고를 보면 '근래 설교 때에 조용히 듣는 자가 늘어났다' , 또는 '일반적으로 근청(謹聽)한다' 라

---

115 '基督教禮拜式' , 47-48.
116 『일본기독교회사』, 86, 87.
117 '基督教禮拜式' , 155-162.

는 문자가 보인다.[118] 기도회에도 열심히 참석하고, 남자 기도회와 부인 기도회를 요일을 바꾸어 실시하는 교회도 많았다.

안식일 예배에 참석하는 것은 안식일의 성별이 엄중히 요구되었기 때문이다. '웨스트민스터 신앙고백' 제21장 7, 8절 등의 규정에 의거하여 보면 아주 당연한 것이다. 그러나 성도들에게는 힘든 요구였고, 그것을 위반함으로써 징계를 받는 자가 속출했다고 전한다.

'예배지침' 에도 '안식일의 성별' 이 초두에 기술되어 일상의 근로로부터 떠나는 것, 종일 거룩하게 보내는 것, 예배를 위해서 명상을 아침부터 행하는 것 등을 규정하고 있다.[119]

『일본기독교회사』는 '안식일은 신자의 짊어지기 힘든 짐이 되어' 라고 부정적인 평가를 내리고 있다.[120] 그러나 '성일엄수' 의 전통이 이 일치교회의 '예배지침' 을 통하여 그후 일본기독교회에 계승되어 갔다는 것은 극히 중요한 의미이다.

7. '일치교회' 의 평가

상세한 정치규칙, 고도한 교리체계를 가진 신조서가 '강요' 로 느껴지면서 '교회에 자유가 없다' 라는 일본인들의 불만이 나오게 된 것은 어떤 의미에서 당연한 것이기도 하다. 처음부터 '공회' 에 참가하는 사람들은 자유에 대하여 아주 강한 욕구를 가진 사람들이었으며 또한 그리스도가 자유, 자주, 자립이라는 인격상의 가치에 참된 기초를 두고 있다고 확신하여 교회에 가입하는 자들이었다. 따라서 선교사들도 그러한 일본인들의 소망을 고려하였고, 그들의 기질이나 요청을 무시하지는 않았다.

---

118 『친제이 노회 기록』, 20.
119 『일본基督教會歷史資料集』 2권, '一致教會憲法英文原文.'
120 『일본기독교회사』, 160.

일치교회의 체제는 한편으로는 '강요'에 반발하면서, 다른 한편으로는 그 나름대로 자유의 범위를 확보하여 신학과 전도에 정력을 쏟은 것이라고 생각되어진다. 우에무라는 '세인은 일치교회를 심히 완고하며 부자유한 교회인 것처럼 잘못 생각하는 것 같다. 그러나 실제로는 그 신앙상의 자유와 관대함은 복음주의가 허용할 수 있는 것 외에는 교회가 양보하는 것이 당연하지 않다'고 말하고 있다.121

'일치교회'는 1890년(메이지 23년)에 '일본기독교회'라는 명실상부한 일본인의 손에 의한 유력한 교회로 이행되어 가지만, 그때까지의 13여 년이라는 경험은 여러 형태로 일본의 기독교회사 안에서 계승되어 갔다. 이 교회가 후일 역사에 전하고자 했던 것은 무엇인가? 지금까지 기술해 온 것을 토대로 정리하자면 다음과 같다.

첫째, 교회가 단순히 가족적인 공동체의 교제가 아니라 법의 존중에 의한 질서와 규율을 가진 단체임을 배웠다. 그 질서 있는 교회 형성이야말로 그리스도의 살아 있는 몸(교회)을 지상에서 보다 잘 보이도록 산 위에 세운 성은 숨겨지지 않는다는 진리를 간증하는 조건이다.

둘째, 교회가 신앙고백에 의해 지도되어지는 공동체임을 깨닫게 했다. 신앙고백은 종교개혁 이래로 개혁파와 장로교의 제(諸) 교회에 있어 끊임없이 생산되어 왔다. 그것에 의해 교회는 하나님의 계시의 책인 성서와 자기와의 관계를 분명하게 밝혀왔다.

'성서를 믿는다'는 것으로 복음적 신앙의 지표가 된다는 생각이 일본 교회에 압도적인 지지를 가지고 있는 현상은 지금도 변함이 없다. 그러한 의미에서 종교개혁이 제시한 복음주의의 내실을 상당히 심도 있게 구체화

---

121 『우에무라 마사히사 전집』 5권, 187.

시켰다는 의의는 오늘날에도 잃지 않고 있다.

셋째, 신도 생활의 일상적인 형태를 교회정치 원리와 결합시켰다는 점이다. 즉 기독교인의 생활은 교회를 순수하고 마르게 건설히는 것으로 직결된다는 원칙(principle)을 신도가 몸 전체로 깨닫는 기회가 주어진 것이다. 물론 그것이 얼마나 참된 교회 이해를 육성시켰는가에 대하여는 분명하지 않다. 그러나 신앙 생활을 단순히 '개인적', '윤리적'인 것으로 끝내지 않고자 하는 자세야말로 기독교 신앙의 공동체적 성격을 명시하는 것이며, 그것을 철저하게 하기 위한 필수불가결한 것이 아니겠는가.

교회의 징계가 거의 윤리적인 죄과를 대상으로 한 것은 '정화관계자료'(淨化關係資料)에도 여실히 나타나지만, '일치교회'는 그것을 단순한 윤리 문제로 끝내지 않았다. 어디까지나 '교회'를 무대로, '교회'를 하나님 앞에서 형성하여 가는 사역으로 그것들을 이해한 것이다.

넷째, '보수적 신앙'이 가지는 의미를 교회에 체험시켰다는 점이다. 메이지 전반기의 회심자가 기독교를 '진보주의'의 기치로 이해한 것은 일본의 교회에 활기를 주었다. 그러나 그 '진보'가 교회성장의 여러 단계와 완전히 무관하게 단순히 사회의 진보적 세력의 일부분이 되어버리는 위험성도 없지 않았다. '일치교회'는 교회의 '진보'가 어디까지나 교회 독립의 원리와 방침에 입각한 '진보'여야만 한다는 사실을 일본 기독교 성도들에게 가르치는 기회를 제공했다.

다음 세대의 대표적 지도자가 되는 우에무라 마사히사(植村正久)와 같은 이는 분명하게 그러한 의미에서 일치교회의 '보수주의'로부터 착실히 배웠던 것이다. 말하자면 교회의 전통에 결부되는 의미를 그것이 가지는 짐이나 고난까지도 배웠다는 점에서 일치교회의 10년여 세월의 경험은 귀중한 것이었다.

제5장
성서 번역과 찬송가

성서를 각 나라말로 번역하여 그 나라 국민들에게 제공하는 것은 개신교 선교의 방침 중 하나였다. 일본에 전도하러 온 선교사들도 이 확신을 공유했다.

1. 금교하(禁敎下)의 성서 번역

공적으로 선교가 허락되지 않아 '대기' 하고 있을 때에 선교사들은 일본어 학습, 영어교육, 의료사업, 더 나아가 성서 번역의 준비를 시작했다. 귀츨라프(Karl Friedrich August Gützlaff)는 마카오에서 요한복음을 일본어로 번역하여 간행했다. 1837년 봄으로 추정된다. 그 1장 1-2절은 다음과 같다.

처음에 현명한 자가 있었다. 이 현명한 자는 극락과 함께 있었다. 이 현자는 극락이다. 처음에 이 현자가 극락과 함께 있었다.[122]

고심한 흔적이 보이는 이 작품은 선구적인 업적으로 잊을 수 없다. 위의 번역은 1872년 헤본과 브라운의 공동번역에서 다음과 같이 개정된다.

---

122 『近代 일본 기독교 文學전집』 14권 『聖書集』.

원시에 언영(言靈 : 말씀의 영)이 있고, 말씀의 영은 하나님과 함께 있고, 말씀의 영은 하나님이며, 이 말씀의 영은 처음에 하나님과 함께 있고, 모든 것이 이것으로 되었고, 된 것은 이것으로 되지 않은 것이 없다.

류큐(琉球: 이전에는 오키나와가 류큐 왕국이었다) 전도를 단념한 후에, 벧텔하임(Bernard Jean Bettelheim)이 번역하여 그가 죽은 후에 간행된 '빈(Wien)판' (版)에서도 비슷하게 나타난다.

이처럼 시행착오의 단계가 비교적 길어진 이유는 일본어의 특수성에 의한 것이다. 브라운은 성서의 일본어 번역에 있어 기술상의 어려움을 세 가지로 들고 있다.

첫째, 한자와 카타까나가 섞인 문장이 일본어 본래의 순수한 발달을 저해하고 있다는 점.

둘째, 그들이 제공하고자 하는 평이한 구어체가 일본에서는 회화체로써 학습자들에게 경시되고 있다는 점과 또한 구어체의 본보기가 될 만한 문체가 확립되어 있지 않다는 점.

셋째, 일본어 전체가 유동적으로 한문체와 구어체라는 두 흐름을 혼용하고 있기 때문에 어디에 일본어 본래의 문장이 귀착되는지 외국인으로서는 알 수 없다는 점 등이다.[123]

이러한 문제점은 메이지 유신 직후 일본어 현실을 잘 파악한 관찰로 보인다.

고투하는 번역 작업을 도운 것은 선교사의 일본어 교사였다. 후일에 일본 최초의 개신교 목사가 된 오쿠노(奧野昌綱)는 헤본과 브라운이 교회사를 일본어로 번역하는 조수로 봉사했다. 오쿠노가 처음에는 신앙에 관심을

---

123 『브라운 서간집』, 324-325.

가지지 않았었지만 브라운을 위해서 한문성서를 읽어가는 가운데 갑자기 구도심(求道心)이 생겨나 1872년 7월에 브라운으로부터 세례를 받았다.

같은 무렵 헤본과 브라운의 공동 번역 마가복음이 목판 인쇄로 출판되었다. 그러나 금교(禁敎)하에 인쇄소를 구하기란 쉬운 일이 아니었다. 하지만 요코하마에 있는 목판인쇄업자 이나가키(稻垣儀平)가 승낙을 한 것이다. 그는 처음에 금지된 책자를 인쇄한다는 공포 때문에 주저했지만 모든 책임을 지겠다는 오쿠노의 설득에 승낙하였다.

그러나 목판에 성서말씀을 새겨나가는 가운데 아나가키 역시 구도의 마음을 얻게 되어 마침내 장로교의 스미요시쵸(住吉町)교회의 회원 총대의 책임을 지게 되는 사람이 되었다.124 하나님의 말씀 그 자체가 스스로 생명을 가지고 사람의 마음을 비추어 그리스도의 구원을 확신시킨다는 사실을 알게 된 것이다.

2. 신약성서의 번역 완성

키리시탄 금령의 타카레이(高札)가 철폐되고 기독교가 묵인되면서, 지금까지 '시역'(試譯) 단계였던 번역 사업도 본격적으로 성서 전서의 출판을 향하여 움직이기 시작했다. 이러한 사업을 진전시킨 것은 제(諸) 교파의 선교사로 구성된 '번역위원모임' 이었다. 이미 1872년 제1회 선교사회의 때에 공동번역의 추진을 결의하고 헤본, 브라운, 그린(회중교회) 세 사람을 위원으로 선출했다.

그후에 내일한 교파로부터는 감리교회의 마크레이(Robert S. Maclay), 침례교회의 N. 브라운, 성공회의 J. 파이퍼(J. Piper)와 W. B. 라이트(Wright)가 가담하여 7인의 위원회가 구성되었다. 이 위원회에도 일본인 협력자 수명이 활동했지만 위원회의 정식 위원이 아니라 보조자로서 협력을 의뢰받는 것

124　에비사와 아리미치, 『일본의 聖書』, 176.

이었다.

위원회가 채택한 번역 원칙은 첫째로 영국 흠정역을 참고하고, 그 영역의 전거가 되는 헬라어 원문을 원본으로 한다는 것이었다. 즉 원전에 충실하면서 결정하기 어려운 부분에서는 흠정역을 기준으로 하는 것이었다. 둘째로는 문체에 대하여 한자를 섞으면서도 평이함을 기본으로 했다. 특히 S. R. 브라운은 일본인 협력자가 한문체의 딱딱한 일본어로 치우치는 경향에 대하여 항상 주의를 기울였다고 전해진다.125

번역 도중에 번역어에 관한 두 가지 문제점이 발생했다. 하나는 '밥프테스마' 에 대한 번역어였다. 이것에 대하여 헤본은 '세례' 로, 침례교파의 브라운은 '침례' 로 번역해야 한다고 주장했다. 결국 어원의 발음에 따라 밥테스마로 하자는 절충안이 나와 선교사들의 투표에 의해서 결정되었다.

그러나 N. 브라운은 '담그다' 라는 것을 주장하여 타협하지 않고 위원회를 탈퇴하여 독자적으로 침례교회의 번역을 수행하여, 위원회보다 앞서 1879년에 『신야쿠세이쇼』(志無也久世無志与, 신약전서)를 간행했다. 일본에서 처음으로 신약성서완역이 출판된 것이다.126

또 하나의 문제는 '야소' 인가 '예수' 인가 하는 구주의 호칭 문제이다. 이 문제에 대하여는 장로교의 가라조르스가 완강하게 야소를 주장하여 결국은 장로교 선교회를 사임했다(1876년). 헤본은 '야소' 에 대하여 강하게 반대하였는데 그것은 언어학적인 근거에 의한 것이다.127 이 문제는 직접적인 성서 번역의 문제로 발생한 것이 아니었다. 그러나 지금까지의 헤본과 브라운의 공동 번역에서는 '야소' 라는 한자만을 사용했지만, 완성한 위원회 번역은 '야소' 위에 '예수' 라고 소리음을 덧붙여 음의 통일을 기

---

125 『우에무라 마사히사와 그 시대』 4권, 182.
126 에비사와 아리미치, 전개서 288-289; 밥티죠 일본어 번역 문제와 N. 브라운의 번역 사역에 대하여는, 오자와 사부로, 『幕明治耶蘇教研究』 1장과 2장을 보라.
127 『헤본 서간집』, 275-279.

하였다.

성서번역 원칙에 있어 평이함과 품위에 덧붙여 세 번째로 문의를 논리적으로 순서 바르게 전달하고자 하는 명석함도 그 특징으로 헤아릴 수 있다. 즉 정서적, 감각적인 우아한 문체가 아니라 복음의 논리성을 추구하는 번역문이라고 할 수 있다. D. C. 그린(Greene)은 브라운의 번역 작업에 대하여 다음과 같이 말한다.

성서 번역에 종사하면서 매우 고심한 결과 귀 박사 자신의 만족할 만한 영광이 된 것은 기독 강탄의 때에 하늘의 천사가 노래한 송영의 번역이다. 즉 '천상에서는 영광 하나님께 있어라. 땅에는 평안, 사람에게는 은혜 있어라'는 한 구절이다. 이 한 구절의 번역을 위해서 실로 많은 시일이 사용되었다는 것을 기억한다. … 아마 브라운 박사는 금후 이 한 구절이 일본 문헌에서 이 영문이 영문학에 차지하는 것과 동일한 위치를 가질 것이라는 것 이상의 것을 원하지 않았을 것이다.[128]

문학자 우에다(上田敏)가 '메이지의 가장 큰 번역 작업은 의심 없이 경건한 성도들이 각고 끝에 대성한 구신약전집이다'고 기술한 것은 유명하다. 문학으로 감상하기에도 충분한 번역문으로 하나님의 말씀이 전달되었다는 그 의의는 아무리 강조해도 과하지 않을 것이다. 일본인의 마음 깊숙한 곳에 복음을 전달하기 위한 지울 수 없는 발자국이 여기에 쌓여 있기 때문이다. 신약전권이 완성 출판된 해는 1880년이었다.

3. 구약성서의 번역 완성

위원회의 번역 성과는 훌륭한 것이었지만 이 작업이 선교사 중심으로

---

128 『우에무라 마사히사와 그 시대』 4권, 183.

수행되었던 것에서 유쾌하게 생각하지 않은 사람들도 있었다. 우에무라 마사히사는 신약의 번역문에 대하여 구체적인 비판을 가지고 있었고, 구·신약 번역 완료 후에 수년 간 개정(개역)의 필요를 주장했다.129

예를 들사면 산상실교의 번역 등을 비난의 공격으로 삼아 '지금의 성서에는 김빠진 소주와 다를 바 없다. 때로는 밑 빠진 옥배와 같은 느낌이 든다'고 비판했다.130 이러한 비판에 대하여 '번역위원모임'은 발전적으로 이해하고, '동경번역위원회'로 재편 확충하여 구약번역에 착수했다. 창세기 11장까지 분책이 시험으로 출판된 것은 1878년이다.

우에무라는 이 무렵에 『육호잡지』(六號雜誌)에 기고하여 공식적인 비판을 게재했다. 앞의 신약에 비교하여 극히 미숙한 일본어라는 것이 불만의 이유였다. 그리고 일본어를 이해하지 못하는 선교사와 능력 없는 '미숙한 서생'들의 손에 성서가 이렇게 번역되어 가는 것은 '귀찮기 짝이 없다'고 비판한다.131

위원회는 이러한 일본인의 의향을 무시하기보다는 우에무라를 포함한 세 명의 일본인(다른 두 사람은 이부카 카지노스케와 마츠야마 타카요시(松山高吉))을 위원회에 '위원' 자격으로 포함시켰다(1884년). 그러나 일본인 위원들은 구약의 일부분에만 참가하는 것으로 2년 후에 해산되었다. 그것은 당시 일본의 제(諸) 교회가 자급 독립을 향하여 노력하는 중이었기에 위원회를 지탱할 만한 재정이 마련되지 못한 것이 첫 번째 이유였다. 더욱이 우에무라 역시 방쵸교회(番町敎會, 나중에 富士見敎會)가 형성되어 가는 중이었기에 위원회에 쉽게 출석하지 못했다.132

---

129 『福音新報』1890, 4, 4.
130 『福音新報』1894, 4, 17. 『우에무라 마사히사 저작집』 2권에 수록.
131 『우에무라 마사히사와 그 시대』 4권, 215-216.
132 『우에무라 마사히사와 그 시대』 4권, 187-201에 수록된 일본인 측의 '飜譯事務委員會記錄'을 참조하라.

결국은 선교사들의 노력을 기다릴 수밖에 없었다. 구약도 분책을 거듭 발행하여 가는 형식을 취하여 1887년 전권을 완역하여 출판했다.

그 다음해 2월 3일, 동경신에이바시교회(東京新榮橋敎會)에서 완역축하회가 열려 그 석상에서 헤본은 "우리들에게 남은 것은 이제 한가지 밖에 없다. 그것은 구약성서와 신약성서를 한 권으로 하여 그것을 일본 국민에게 친애를 나타내는 선물이 되게 하는 것이다"라고 말하면서 왼손과 오른손에 가진 구약과 신약의 두 권을 아주 정중하게 한 권으로 겹쳐서 한 권의 바이블로 제시하였다. 사람들은 이 노년에 이른 박사의 15년에 이르는 노고가 이 단순한 감동적 표현으로 보답되는 것을 보고 감격했다고 전한다. 헤본 자신은 다음과 같이 말했다.

이렇게 하여 신구약 전서의 번역 사업이 완성되어, 성서는 이제야 일본어로 일본인 손에 전해지게 되었습니다. 타국의 성경과 비교하여 손색이 없는 훌륭하고 충실한 번역이라고 나는 믿습니다. 많은 한자가 섞여있지 않고, 국어를 사랑하는 일본인의 학자들로부터 문학적 작품으로 칭찬받고 있음을 알고 있습니다. 용이하게 민중에게 읽혀지고, 이해되길 바랍니다.[133]

4. 최초의 찬미가

성서가 하나님의 계시 책이라고 한다면 찬송가는 신앙에 의한 하나님에 대한 응답으로, 양자는 그 의미와 성격도 다르다. 그러나 찬미에 의한 신앙고백은 예배 가운데 불가결한 요소이다. 일본인에 의해서 구성된 최초의 교회가 요코하마에 탄생한 시기에, 일본인을 위한 찬미가 작성이 개시된 것은 그 의미에 있어 극히 지당한 것이다.

개신교에서 최초로 일본어 찬미가가 된 것은 1872년 제1회 선교사회의

---

133 『헤본 서간집』, 338.

에서 발표된 다음의 노래이다.

> 예수 우리를 사랑하십니다. 그렇게 성서에 쓰여 있습니다. 그분을 어린이
> 처럼 믿는다면 그분에게 속합니다. 예, 예수님 사랑, 예, 예수님 사랑, 성서
> 에 쓰여 있습니다.134

요코하마공회에 잠입한 첩자 마사키 죠(正木讓)의 보고서에 기록된 것이
다. 전자는 지금도 여전히 부르고 있다(한글로는 '예수 사랑하심은' 이다). 후자
는 "There is a happy land, Far, far away"로 시작하는 찬송가로 침례교 교
회의 고블(Jonathan Goble) 선교사의 번역에 의한 것이다.135 찬송가로서 그
가치는 의문시되지만 초창기의 고심을 엿볼 수 있다.

5. 교파별 찬미가 시대

각 교파의 전도가 본격적으로 시작되고, 1874년에는 한꺼번에 일곱 종
류의 찬미집 소책자가 간행되었다. 이로써 공적으로 하나님을 찬양할 수
있는 시대가 온 것이다. 이후 1882년부터 1892년 무렵에 이르기까지 각 교
파가 독자적으로 찬미가를 질적으로 양적으로 거의 완성적 형태에 가까운
모양새를 가지게 되었다. 각 교파의 특징을 정리하여 보면 다음과 같다.

> ① 장로교와 개혁파 및 조합파의 계통은 신학적으로 칼빈주의를 기반으
> 로 하며 그 신앙 표현에서도 견실한 객관성이 인상에 남는다. 다시 말
> 해 가사가 말하는 내용 전달에 무게를 두는 경향이라고 말할 수 있다.
> ② 이것과 대조적으로 감리교 및 감독교회의 것은 서정성이 높고 대중의
> 감정에 호소하는 경향이 강한 것으로 지적될 수 있다.

---

134 『近代일본개신교敎文學전집』 15권 『讚美歌集』.
135 原惠, 『일본개신교讚美歌史』, 3. 『禮拜와 音樂』 1981년 여름호.

③ 성공회 계열의 경우 전례를 중시하는 의식적 경향이 가해진다.

④ 침례회 교회는 전도적인 요소가 강하고, 번역문도 구어체적인 경향을 띤다.

⑤ 그후에 나타나는 타나까 쥬지(田中重治)의 전도 활동으로 인하여 복음 성가와, 부흥적이며 전도적이며 서정적인 경향이 강한 노래를 교회에 보급한 것도 요약적으로 언급해 놓고자 한다.

위의 ①에서 ③의 계통은 1903년에 각 교파의 공동 찬미가를 만들게 된다. 다시 말해서 찬미가는 각 교파적인 것에서 공동적인 것, 보편적인 것으로 이행하였던 것이다. 그러나 이 1903년(메이지 36년)판은 감리교 교회가 편집 중심이 되었기 때문에 ②의 경향이 농후하고, 미문조(아름다운 글귀를 써서 꾸민 문체)로 정서적인 가사가 된 것에 대한 우에무라 등의 호된 비판을 사게 된다.136

6. 메이지의 시가(詩歌)에 미친 영향

1888년, 일치교회가 간행한 『신선(新選) 찬미가』는 찬미가 역사 가운데 하나의 금자탑을 이루었다고 말하여진다. 주로 우에무라와 오쿠노가 편집하였고, 그들의 작사와 번역곡이 다수 실렸다. 이것은 일본 근대시(近代詩)의 여명기에 큰 영향을 미쳤다.

예를 들면 현행의 319장은 본디 S. R. 브라운 선교사 모친이 작성하여 우에무라가 번역한 것으로 유명하다. 더욱이 이 가사는 시마자키(島崎藤村)가 시집 『와카나슈』(若菜集) 가운데에 이 가사를 차용하여 근대 문학사에 기억되고 있다.

시(詩)라고 하면 한시, 일본어 가요, 속요 등이 주류를 이루는 시대에 근

---

136 『우에무라 전집』 5권, 473-476.

대적인 일본어 표현을 가지면서 더욱이 국민 정서에 다가갈 뿐만 아니라 새로운 정감까지도 느끼게 하는 표현이 나타난 것이다. 또한 찬미가에 많이 사용된 8 / 6조 또는 8 / 8 / 8조로 나아가는 형태 등, 종래의 7 / 5조를 대신하는 새로운 표현 양식을 개척한 공저도 잇을 수 없다.

초창기의 찬미가가 서투른 일본어에 가까웠다는 사실은 신앙 내용 그 자체가 숙고되고 음미되기보다는 여전히 차용된 상태로 남아있었다는 것을 의미할지도 모른다. 그러나 10년 후에는 빠르게도 훌륭한 문학성을 갖춘 찬미집이 나오게 된 것은 경탄할 진전이다. 그러한 진전은 복음에 대한 수용의 진실성이 깊어졌다는 것과 함께, 복음이 일본의 전통적 문화와 격렬한 투쟁 끝에 마침내 일본 문화 속에 그 위치를 착실하게 확보했다는 것이다. 다시 말해서 '토착'의 최초 단계에 도달한 것을 확인할 수 있다.

제6장
천황제와 기독교

메이지 전기의 기독교는 메이지 10년대의 서구화 물결과 함께 순조롭게 발전을 이루어갔다. 한편으로 제 교파가 각자의 노선으로 전도와 교회 형성에 힘을 쏟고, 다른 한편으로는 제 교파의 협력에 의해 사역이 폭넓게 열매를 맺게 되었다. 앞장에서 보아온 성서 번역과 찬미가 편집 외에도 1885년에 성립된 YMCA의 활동은 교회와 관계를 가지면서도 교회와는 별개의 성격을 가지고 기독교 정신에 뿌리내린 폭넓은 활동을 펼쳤다.[137]

이러한 진전을 이루어가는 기독교에 대하여 국가에 의한 아주 심각한 장벽을 통감하게 하는 사건이 메이지 20년대(1887년)에 속출하였다. 메이지 정부는 1889년에 '대일본제국헌법'을 발표하여 일본 국왕의 권위를 절대적 정점으로 하는 관료에 의한 국가 장악, 자본 육성, 군비 강화 등 중앙집권적 국가 완성을 서둘렀다.

이어서 그 다음해인 1890년에는 '쿄이쿠쵸쿠고'(教育勅語)를 발표하여 국가의 정신적 기초가 유교적으로 착색된 황국사상에 있다고 선언하였다. 이것은 기독교의 인간관과는 근본적으로 서로 맞지 않는 요소를 가지고 있기 때문에 양자 사이에 마찰이 발생하는 것은 어찌할 수 없는 일이었다.

---

137 YMCA의 상세한 역사에 대하여는 나라 쯔네고로(奈良常五郎), 『일본 YMCA史』를 보라.

1. 우찌무라 칸죠(內村鑑三)의 '불경' (不敬) 사건

1891년(메이지 24년) 1월 9일, 제일고등학교에서 '쿄이쿠쵸쿠고'(敎育勅語)의 '호우타이시키' (奉戴式, 황송하게 받는 의식)가 있었는데 학교장, 교직원, 생도들 모두가 일본 국왕의 서명이 들어있는 치어(勅語)에 황송한 마음으로 경례를 하였다. 그때 위촉교원이었던 우찌무라는 경례로 보기는 힘들 정도로 머리를 조금 숙였다. 이것을 일부 생도들이 '불경' 하다고 하여 문제시 한 것이다. 얼마 후 우찌무라는 대리인을 세워서 경례를 다시 하였지만 반대자들의 시위가 진정되지 않아 결국 그는 직원 사직, 즉 면직을 당한 것이다.

이것을 계기로 기독교계의 융성을 나쁘게 생각하고 있었던 자들이 전면전으로 기독교를 공격하기 시작하여, 전국의 신문 잡지 등에 반 기독교 선전이 넘쳐날 정도였다. 우찌무라는 이로 인하여 직업과 부인을 잃고, 기거할 곳이 없이 수년을 보내지 않으면 안 되었다. 그 고뇌가운데 신앙은 깊어졌고, 『기독신도(基督信徒)의 위로(慰勞)』라는 불굴의 명저를 저술했다.

당시 여론은 집단적 광기(히스테리) 현상이었다. 그 가운데 기독교는 '일본국의 이단' 이라는 생각이 점차적으로 현실화되어 갔고 그러한 외침은 팽배했다. 다시 말해서 이 사건은 근대 일본의 사상이나 정신가운데 '정통과 이단' 이라는 도식을 대대적으로 끼워 맞추는 결과가 되었고, 기독교가 비난과 공격의 대상이 된 것이다.

어떤 잡지는 "기독교도는 외형상 인간이지만 그 감정과 사상은 개나 고양이와 같다. 왜냐하면 '천만인이면 천만인, 만인이면 만인, 때리면 그 울려퍼짐의 충의심(忠義心)' 을 가지지 않기 때문" 이라고 논한다.138 '천만인

---

138 오자와 사부로,『우찌무라 칸죠 不敬事件』, 149.

이면 천만인, 만인이면 만인' 모두가 동일한 충의심과 애국봉공의 마음을 가지는 것, 이것이 바로 '쿄이쿠쵸쿠고'(教育勅語)가 목표로 하는 국민교육의 목표였다.

이것에 대항하여 기독교 교회측은 어떤 응전을 펼쳤는가? 대략적으로 세 부류로 나눌 수 있다.

① 첫 부류는 조합교회의 키나모리(金森通論)와 요코이(橫井時雄)의 입장으로, 그들은 일본 국왕의 서명이 적혀있는 '칙어'에 경례하는 것은 외적 형식에 지나지 않으며 기독교의 신앙주의에 그 어떤 지장도 초래하지 않는다고 이해하였다. 그들에 의하면 이 보편 일반적인 경례와 종교적 예배 및 기도를 혼동하는 것이 문제였다. 이러한 혼동들이 많은 신앙인의 양심에 상처를 입히고, 다른 한편으로 일본인들 앞에 복음의 문호를 닫아버리는 결과를 초래한다고 주장한다.

여기서 그들이 말하는 신자의 '양심'과 복음의 '문호'라는 두 개를 고려한 것은 아주 상징적이라고 할 수 있다. 이 이후에도 교회는 국가와의 절충을 의식하여 마찰, 대립, 타협, 영합 등 여러 태도를 취할 때 언제나 문제가 되었던 것은 이 두 가지였기 때문이다. 조합교회의 지도자들은 외적 의례와 종교적 예배를 분리함으로써 성도의 양심과 복음의 문호를 넓게 해방시키고자 시도한 것이다.

② 두 번째 입장은 오시가와(押川方義), 우에무라(植村正久), 이와모토(嚴本善治), 그 외의 '보급복음주의'(독일계의 자유주의 신학을 주장하는 교회)의 미나미하지메(三並良)와 마루야마(丸山)로 구성된 5명이 발표한 '공동성명'에 나타난 입장이다.

이 '성명'은 이 문제가 신앙의 양심에 관계되는 것으로 언급한 다음, 만약 칙어에 대한 경례가 종교적 의미를 가지고 일본 국왕이 신(神)이기 때문에 이를 예배하라고 요구한다면 기독교인은 죽음을 각오하고 저항하지 않을 수 없다고 말한다. 또한 이 성명은 칙어에 대한 경례나, 야스쿠니 신사에 대한 참배가 종교적 예배를 의미하는가? 하지 않는가? 명료한 규준을 제시하도록 당국자에 요청했다. 이것은 사태의 본질을 스스로 판단하기를 회피하려는 것이기도 하며, 상대에게 문제의 핵심을 떠넘기는 비단벌레 태도라고 말하지 않을 수 없다.

③ 세 번째로는, 우에무라 마사히사 개인의 입장이다. 그는 개인적으로 공동성명보다 훨씬 철저한 입장을 가졌다고 한다. 그는 말하기를 기독교인은 그리스도 초상에조차도 경배하는 것을 싫어하는데, 어떻게 인류의 영상인 일본 국왕의 사진에 예배를 드리는 도리가 있을 수 있는가? 뿐만 아니라 신자들은 하나님의 말씀인 성서에 대하여조차도 예배하지 않는다. 하물며 일본 국왕의 칙어에 예배하는 이유가 어디에 있는가?[139] 하며 반대했다.

2. 교육과 종교의 충돌

불경 사건을 계기로 불교인들과 국가주의자들에 의한 기독교 공격이 아주 격렬하게 전개되었다. 특히 이노우에 테츠지로(井上哲次郎)가 『교육과 종교의 충돌』이라는 책자를 1893년에 출간하여 기독교를 비판함으로써 메이지 사상사를 대표하는 '교육과 종교의 충돌 논쟁' 으로 전개되어 갔다.

독일에서 귀국한 동경제국대학교수였던 이노우에의 기독교 비판을 다음과 같이 요약할 수 있다.

---

139 『우에무라 마사히사 저작집』 1권, 289.

① 기독교는 비국가주의이며, 교육칙어는 국가주의이기에 양자는 대립한다. '칙어'(勅語)는 일본 고래의 윤리를 기술한 것으로 한 가족의 효제(孝悌)에서 출발하여 한 마을, 한 지방으로 확대되어 최종적으로 애국에 이른다. 즉, 모든 윤리가 지향하는 것은 국가이다. 기독교에는 그러한 국가주의가 결여되어 있을 뿐만 아니라 반국가적인 성격을 가진다.

② 기독교는 충효를 중시하지 않는 평등주의이다. 동양 고래로 내려오는 도덕은 절대적 권위로서의 가장에 대한 순종이며, 더 나아가 전국 국민이 한 가족으로 일본 국왕에 대한 공손에 이르게 된다. 그러나 기독교는 모든 인간을 평등시하여 상하의 서열을 인정하지 않는다.

③ 기독교는 미래를 중시하지만 현재를 경시하는 현세를 초월한 종교이다. 그것은 일본의 당면 목표인 현실적 진보와 개량에 장애가 된다.

④ 기독교는 무차별적인 박애주의로서 자국, 자민족에 대한 사랑(忠君愛國)에 반대한다.

이러한 공격에 대하여 기독교측이 일치된 반응을 보이지는 않았지만 정리해 보면 다음과 같다.

① 기독교인도 충군애국이라는 점에서 다를 바 없다. 국가가 요구하는 신민교육을 기독교도 행할 수 있는 용의가 있으며, 그것에 모순되는 것이 있다면 기독교 스스로 개선하여 일본 국가 정서에 맞게 개선해 나가지 않으면 안 된다는 생각이 있다.

② 기독교는 충효라는 군신(君臣) 도덕에 모순되지 않으며, 오리혀 이것을 완성한다는 이해도 있다. 예를 들자면, 동지사(同志社) 예비교의 교사였고 후에 안나카(安中) 교회의 목사였던 카시와기 기엔(柏木義円)은 이노우에와 논쟁하면서 칙어를 보수반동의 깃발로 들고 다니는 사람들의 '칙어남용'(勅語濫用)을 비난하면서, 일본 국왕의 진의는 이노우

에와 같은 편협한 충신애국을 국민에게 강요하는 것이 아니라고 논했다.140

③ 카시와기와 거의 동일한 입장으로 국민교육의 참된 기초로 도덕교육을 논하고, 그 방면의 기독교의 사명을 강조한 것이 우에무라이다.

문제의 근본은 기독교의 인간관에 있다는 사실은 두말할 나위 없다. 독립된 한 인격으로서 인간을 형성하는 것이 기독교의 윤리 목표이다. 이것에 반하여 '교육칙어'(敎育勅語)와 그 해설자 이노우에의 인간관은 개인의 권위가 국가와 일본 국왕 가운데 흡수되어 국가나 민족의 하나의 지체로서는 것만이 인간으로서 그 가치가 인정되는 것이다. 즉 '수단' 또는 '부분' 으로써 인간이 평가되는 것에 지나지 않는다.141

3. 기독교와 국가

일본의 근대 교육은 일본 국왕을 정점으로 하는 국체(國體)의 교의(敎義)를 전달하고, 교화하는 기관이었고, 그러한 교육의 과정속에서 국민을 '신민' 이라는 하나의 인간상으로 통합하려고 했다. 따라서 기독교적 인간관은 의식하든 하지 않든 이러한 국가적 인간관과 마찰되는 것은 당연한 결과였다.

일본의 학교 교육은 '의식' 과 '행사' 라는 두 개의 큰 기둥에 의해 구성되어 있었다.142 의식이란 여러 축제날의 의식이며 행사란 소풍, 운동회, 학예, 전람회, 시험 등이 포함된다. 대략적으로 '의식' 에서 요구되는 것은 획일화 원리이며, '행사' 에서 추구되는 것은 경쟁 원리라고 말한다.

---

140 『카시와기 기엔 전집』 1권, 38-44.
141 타케다(武田淸子), 『人間觀의 相剋』, 185-186.
142 야마모토 노부요시(山本信良), 콘노 토시히코(今野敏彦), 『近代敎育의 天皇制 이데올로기』 1/2권은, 이 문제를 팽배한 자료에 의거하여 해명하는 노작이다.

일견 모순된 것처럼 보이는 이 두 원리는 일본이 근대화에서 필요했던 특수한 요청을 교묘히 반영하고 있다. 다시 말해서 획일화 원리에는 신민적(臣民的)인 일군만민(一君萬民)의 인간상을, 경쟁 원리에서는 근대화를 급속하게 추진하기 위한 국가유용 인재 양성을 기대한 것이다.

결국 전자는 '일억일심'(一億一心)의 토양을 만들어내고, 후자는 입신출세주의에 정당성을 부여한 것이다. 천황제는 이러한 근대 교육의 두 개의 대원리 위에 교묘히 균형을 유지하면서 육성되어진 것이라고 볼 수 있다.

이와 같이 일본 국왕을 정점으로 하는 국가 질서에서 개인은 국가에 봉사하고, 국가의 유익이 되는 한 존재로서 그 의의를 가진다. 이러한 국가 우선적 인간관이 지배하는 가운데 기독교인들은 어떻게 이 나라를 이해하였는가 하는 것은 신앙 그 자체의 문제가 되었다.

개인은 국가의 일부분에 지나지 않는다는 국가관이 팽배한 가운데, 개인이 자기를 확대하고 실현한다는 것은 결국 국가에 봉사함으로써 자기와 국가를 동일화시킴으로써 가능하게 된다. 국가와 최고 권위로서의 일본 국왕을 위해서 자기를 포기하고 섬긴다는 것(멸사봉공)은 개체를 초월한 자기 실현이다. 이처럼 자기 포기에 의한 자기 실현이라는 역설적 윤리가 존재하는 한, 이 국가는 국가에 대한 순교자를 요구하는 나라이다. 야스쿠니 신사(靖國神社)는 그 순국(殉國)에 의한 자기 실현이라는 일본적 국가관과 인간관을 구체화하기 위한 시설이다.

메이지 기독교인은 어찌했든 황실에 경애를 가진 애국자들이었다. 그렇다면 그들은 일본 국왕과 그 국가에 의해서 (즉 국가에 멸사봉공함으로써) 자기 실현을 이루었는가? 또는 그들의 신앙 구조 가운데 국가는 어떠한 위치를 차지하고 있는가? 가장 명쾌한 해답은 우찌무라 칸죠의 슬로건 '기독인의 애국'으로, 메이지의 기독 지식인이 보유하고 있는 국가 의식을 대표적으로 나타내는 것이라고 말할 수 있다.

> 아시는 바와 같이 소생의 주의는 기독인의 애국이며, 또는 우리 국가에 있
> 는 어떠한 조직도 그것이 기독교가 되지 않고, 동시에 애국되지 않는 것에는
> 우리 동정은 극히 적음에 지나지 않습니다.143

또는 '두 개의 J'라고 하기도 한다.

> 우리들에게 사랑해야 할 이름으로는 천상천하 단지 두 개밖에 없습니다.
> 그 하나는 예수이며, 또 하나는 일본입니다. 이것을 영어로 말하자면 그 첫
> 째가 Jesus이며, 그 둘째가 Japan입니다. 이 두 가지는 J 문자를 가지고 시작
> 하고 있기 때문에 나는 이것을 칭하여 Two Js, 즉 '두 개의 제이 문자'라고
> 말합니다. 예수 그리스도를 위한 것입니다. 일본국을 위한 것입니다. 우리
> 들은 이 두 개의 사랑해야 할 이름을 위해서 우리의 생명을 드리고자 하는
> 자들입니다.144

우찌무라에게 있어 국가는 예수 그리스도와 함께 사랑해야 할 것이었
다. 그는 불경사건을 통하여 그의 사랑하는 국가로부터 버림받는 비애를
경험하지만, 그 심경을 남편에게 버림받은 부인이 그럼에도 불구하고 그
를 사모하는 마음에 비교한 것이다. 그러나 우찌무라의 인간관으로부터
국가를 절대적인 가치의 원천으로 간주하여 그것에 자기를 귀의시킴으로
써 자기 실현을 바라보는 그러한 태도는 찾지 못한다. 다시 말해서 국가와
일본 국왕의 우상화는 형성되지 않았던 것이다.

이 점에 대하여는 우에무라 마사히사도 동일했다. 후일에, 1896년 '일
본기독교회'가 타이완 전도에 착수할 때 그는 타이완 전도에는 두 가지의

---

143 『聖書의 硏究』 히브리 서간, 明治 21년 6월 20일자, 영어 원문은 『우찌무라 칸죠 전집』
　　36권, 295.
144 『聖書의 硏究』 明治 36년 2월, 강조 원문 ; 『우찌무라 칸죠 전집』 11권, 49.

동기가 있다고 언급하여 '그리스도의 사랑' 과 '애국봉공' 을 들고 있다. 우찌무라의 기독인 애국과 동일한 것이었다.

그렇다면 우에무라에게 있어 나라를 사랑하는 것은 어떤 것을 의미하는가. 애국심에는 세 종류가 있다고 그는 말한다.145 ① 국가 영광을 덮어놓고 찬양하는 애국심(심취), ② 국가의 현실을 고뇌하는 애국심(慷慨), ③ 국가의 죄와 민족의 죄를 감득(感得)하여 그 죄 때문에 눈물을 흘리는 애국심(예언자)으로 언급한다.

일본의 경우에는 ①과 ②만을 애국심이라고 하며 예언자적인 애국심을 국가적으로 매도하여 비난하지만, 양심을 마비시키는 애국심이야말로 망국(亡國)의 마음이라고 했다. 우찌무라는 '유형적 나라 위에 하나님 나라라는 것이 존재함을 인식' 하는 것이야말로 국가관의 기본이라고 생각했다. 따라서 지상의 가견적 국가를 있는 그대로 자기 목적화하여 국가를 신이나 우상의 위치로 끌어올리려는 생각에는 동의할 수 없었다.

우찌무라 또는 우에무라 등의 애국심 가운데는 그것을 상대화하여 바라보는 하나님 나라가 초월적인 존재로 자리잡고 있다. 초월자를 믿는 자립적인 영혼의 주체성이 이 애국심에는 각인되어 있었던 것이다.146 우에무라 등의 경우 구체적 문제(예를 들면, 전쟁)에 직면했을 때, 애국심에 걸었던 신중한 고삐를 늦추는 일이 후술하는 바 그대로이다.

그러나 보다 정면으로 국가의 요청을 받아들이고, 기독교를 국가에 종속시키고자 했던 생각도 이 시대에 당연히 나타났다. 요코이 지오(橫井時雄)는 그 대표적인 인물로 그에 의하면, 지금 일본에서 믿어지고 있는 기독교

---

145 『우에무라 마사히사 저작집』 1권, 331-332.
146 요시나레 아키코(吉馴明子), 『에비나 단죠의 政治思想』은 에비나를 중심으로 우찌무라, 우에무라 등 세 사람에게 있어 '하나님 나라' 의 의미와 그 위치를 추구한 연구로 귀중한 역작이다.

는 '영미(英美)의 기독교'이다. 그러나 지금부터 '일본풍의 기독교'를 발달시키지 않으면 안 된다. 일본풍이란 무엇인가? '유불(儒佛)의 문명' 위에 확립되어 가는 기독교이다. '현금의 모습에 의하면 기독교는 금후 외국 옷을 벗고 일본풍으로 변화되지 않는다면 결코 일본을 교화하는 목적에 달할 수 없을 것이다.' 147

여기서는 기독교 신앙이 '옷'과 같은 것으로 생각되어 시대와 환경의 요청에 의하여 '옷 갈아입기' 하는 것이 지극히 당연한 것으로 이해되고 있다. 세상이 서구화주의에서 국수주의 및 국가주의로 변했다고 한다면, 즉시로 외계에 적응할 수 있는 의장을 바꿔 입는 것은 전혀 이상하지 않다.

이러한 변신의 배경에는 메이지 20년대의 '신신학'(新神學)의 영향이 있었다는 사실을 잊어버릴 수 없다. 그것은 메이지 후기의 신학적 조류를 고려하는 가운데서 다시 한번 언급하고자 한다. 어찌했든 국가주의와 보수적 사상 아래에서 기독교를 타협시키고 국가에 대한 비판력을 상실하게 만들었을 뿐 아니라, 국가의 교육정책이나 대외정책에 굴복해 가는 모습이 현저하게 나타난 것은 메이지 20년대의 이른바 '반동기'의 기독교의 큰 문제가 되었다.

4. '일본의 신부' 사건과 교회

기독교는 일본 고래의 윤리도덕에 반대하는 종교라는 외부로부터의 공격에 대하여 기독교인은 어떤 부분에서는 정면 반론으로 기독교 인간관의 적극적인 의미를 제시하고자 시도했으며, 다른 한편으로는 그러한 공격에

---

147 '일본 장래의 기독교', 스미다니, 『近代 일본 形成과 기독교』, 131.

방어전을 펼치기 위해 기독교의 협조성을 세상에 조금이라도 알리고자 하는 강한 소망도 가지고 있었다. 그러한 기회를 제공한 것이『일본의 신부』사건이다.

'일본기독교회'의 목사 타무라 나오오미(田村直臣)가 1893년(메이지 26년)에『The Japanese Bride』라는 영문 저작을 뉴욕에서 출판했다. 타무라는 그 가운데서 일본의 결혼관은 여성의 인격 경시가 당연한 것으로 인정되는, 단순히 아버지의 소유물에서 남편의 소유물로 이행되는 것이라고 주장했다. 또한 결혼 생활도 남편에 대한 일방적 예속으로 말미암아 부부의 진실한 사랑과는 거리가 먼 상황이라고 보고하고, 일본의 가족 윤리가 형식주의적이며 바리새인적인 것이라고 비판했다.

이것에 대하여 일반신문『니폰』(日本) 또는『요로즈쵸호우』(万朝報)가 공격을 시작하고, 기독교계에서도 우에무라의『복음신보』(福音新報)에서, 이와모토 요시하루(嚴本善治)의『여학잡지』(女學雜誌)와『기독교신문』(基督敎新聞) 등의 유력한 저널리즘이 타무라를 비판하였다. 또한 교회 내부에서도 비판이 일어났다.

이와 같이 일본의 내부 사정을 외국에 폭로하는 부당한 처사는 목사로서 있을 수 없는 행위로 '진실하지 못하며, 불공평하며, 경솔하며, 우매하며, 비애국적이며, 비기독교 정신이다'라는 것이 기독교계의 압도적인 의견이었다.

이 문제는 타무라가 주위의 중재에도 불구하고 자신의 주장을 굽히지 않자 '일본기독교회' 제일동경노회에서 문제가 되어 교회 재판에 제소되었다. 이부카 카지노스케(井深梶之助), 쿠마노 유시치(熊野雄七), 야마모토 히데테루(山本秀煌) 등 세 명이 고소인이 되어 고소장을 제출했다. 죄명은 '동포참무죄'(同胞讒誣罪)였다.

본서의 기술은 경솔하며, 허실을 혼합하고 무질서하게 일본인민에게 치욕이 되는 것을 기재하여, 이 동포를 참무한 것으로, 일본기독교 교회의 직분을 더럽힌 것으로 한다.148

노회는 타무라를 문책하고 저서의 정정문을 공포할 것을 요구했지만, 타무라는 이것에 불복하여 '총회'에 상고하였다. 타무라의 상고 이유는 첫째, '사회의 풍속, 습관 등에 관한 비평은 개인적인 견해로 이것을 하나하나 교회가 검사하는 것은 부당하다. 교회의 헌법에 규정한 노회의 권한을 이탈하는 행위이지 않는가' 하는 것이었다. 타무라는 그 외에도 몇 가지의 상고 이유를 총회에 제출했다.

이렇게 되어 1894년 제9회 총회는 고소인과 피고소인 쌍방이 죄명에 관한 증거와 반증의 논박이 거듭되는 심각한 회의가 되었다. 여러 의원들이 발언 후에 우에무라는 이 문제에 대하여 '이제 더 이상 언급하지 말 것을 부탁한다. 조금 전에 그가 스스로 변호하는 그 태도를 보면 알 것이다. 이러한 사람을 우리 일본기독교회의 교직으로 인정해야 하는지 말아야 하는지 스스로 알 수 있을 것이다' 고 발언했다. 이 발언으로 회의장은 조용해지고 새로운 발언이나 의견이 나오질 않았다.149

총회는 제일동경노회의 '면책' 은 '처벌 그 적절함을 잃어버린 것으로' 그 판결을 변경하여 '타무라 나오오미씨를 교사의 직에 합당치 못한 것으로 그 직분을 면직한다' 는 면직 판결을 내림으로써 이 문제에 매듭지었다.150 그러나 바라, 브루벡키, 그리고 와데르 등의 선교사들은 이 판결에 크게 반발하여 종교 법정의 살인이라고 고함을 질렀다고 한다. 타무라는 이 판결을 받아들일 수 없어 스스로 '일본기독교회' 를 탈퇴하였다.

---

148 『이부카 카지노스케와 그 時代』 2권, 346-347.
149 '한 신학생이 방청한 총회장 광경' , 『우에무라 마사히사와 그 시대』, 762-764.
150 『이부카 카지노스케와 그 時代』 2권, 366-390.

이 판결에 대하여 선교사들이 반대한 이유 중 하나는 타무라 자신이 주장하듯이 취급하는 문제가 교회 재판의 장에 합당하지 않다는 것이었다. 지금 냉정하게 사건을 돌아보면 타무라의 반론 정당성을 인정하지 않을 수 없다. 그럼 왜 우에무라와 이부카를 비롯하여 교회의 지도자들은 타무라를 면책하기에까지 이르렀는가? 그럴 필요가 있었는가? 우에무라와 타무라 사이에 개인적인 감정 문제는 뒤로하더라도 두 개의 국면으로부터 그 당시의 사정을 이해할 수 있을 것이다.

첫째는 재판 과정에서 계속적으로 대두된 것은 '전도상의 큰 방해' 또는 '일본 전도에 쉽지 않는 장애' 라는 문제였다. 1890년을 하나의 경계선으로 기독교의 교세는 현저하게 쇠퇴하여 교회는 각 방면으로부터 큰 문제에 봉착하였다. 이러한 전도상의 부진을 더욱 부채질하여 일본 사회로부터 교회를 완전히 고립시키는 것에 탄력 붙임을 통하여 기독교 반대 세력에 절호의 찬스를 제공했던 것으로 이 사건을 파악한 것이다. 이러한 의미에서 교회는 피해자로서 가해자 타무라를 추방하였다는 견해도 불가능한 이야기는 아닐 것이다.

그리고 이 점에 대하여 당시 교회에 대한 동조의 여지도 없지 않았다고 생각된다. 그 당시의 교회는 타무라를 매장시킴으로써 자신의 입지를 세우고 교회를 국가 사회의 선량한 일원으로 그 인상을 남기고자 하는 것에 목숨을 건 것이었다.

그러나 두 번째로, 위의 자기 변호는 단적으로 전도의 장애를 제거하고자 하는 종교상의 이유로부터 만이 나온 것일까. 그들 가운데는 일본의 가족제도를 아름다운 것으로 생각하여, 나아가 신민적인 사회 도덕과 기독교 윤리를 융합함으로써 기독교의 활약을 고안해 내려는 생각이 있었지 않았는가.

가족제도 내의 '순풍미속'(醇風美俗; 미풍양속이라는 뜻)을 무비판적으로 미덕이라 생각하는 것은 그 가족제도 전체를 통합하는 천황제에 대한 비판을 약화시켜 가는 것이며, 결국은 무비판으로 나아가는 것이었다.

『교육과 종교의 충돌』 사건에서, 국가나 구체제가 기독교 인간관에 대하여 비판하고 공격하였을 때 교회는 자기의 입장이 아주 난처한 사실을 자각하고 깨달았다는 것이다. 그리고 『일본의 신부』 사건으로 말미암아 교회는 교회 자신이 자기 규제를 행함으로써 국가나 구 도덕과의 대결 자세를 약화시키고, 완만하게 나아가고자 하는 방향을 모색하는 계기를 만들었다는 것일 것이다.

그러한 징표들이 차츰 분명하게 나타났다. 전형적인 예가 청일전쟁 (1894-95년)151에 대한 기독교인들의 협력이었다. 이 장에서는 이 문제를 마지막으로 언급하고자 한다.

5. 청일전쟁과 기독교

청일전쟁은 근대 일본이 감행한 최초의 대외 전쟁이다. 일본의 국력이 제(諸) 외국들 가운데서 시험되는 기회였고, 따라서 국민적으로 매우 고양되어 있었다. 기독교계 역시 자발적으로 협력하여 전국 각지에서 협력을 위한 조직이 이루어졌다. 연설회나 군대 위문, 전사자의 유족에 대한 위안 등에 적극적으로 참가한 것이다.

메이지 전반기의 기독교인은 강한 내셔널리즘을 가지고 국가의 진보발전을 위해서 신앙으로 봉사하는 애국자들이었다는 것은 이미 언급했다.

---

151 역자 설명: 1894년에 조선의 동학 농민 운동에 출병하는 문제로 일어난 청나라와 일본과의 전쟁. 일본군은 평양·황해·웨이하이웨이(威海衛) 등지에서 승리하고 1895년에 시모노세키 조약을 맺었다.

그것은 근대국가의 형성기에 일어날 수 있는 소박한 국민주의이며, 그것 없이는 근대적 국가의 탄생은 있을 수가 없었다고 카메이는 말한다.152

그러한 소박한 국민주의는 자유민권운동 등과 연결되어 메이지 정부에 대한 비판적인 관계를 탄생시키는 힘이 되기도 했다. 그러나 메이지 20년 대(1887년대)가 되면서 국권주의가 대두되자 많은 민권론자들이 국권론으로 전향했다. 기독교인의 내셔널리즘에도 변화가 일어났다. 즉 전쟁에 의한 대외 팽창 정책에 무비판으로 따라가고자 하는 체질이 생겨난 것이다.

'일본기독교도 동지회' 의 총대로서 이부키는 다이홍에이(大本營: 전시에 일본 국왕 직속의 육해군 최고 통수부)가 있었던 히로시마를 비롯하여 구레시 등의 각지를 위문하며 부상병을 병문하였다. 그는 과연 이 전쟁을 어떻게 바라보았는가?

전쟁 발발 직후 1894년 9월의 강연에서 청일전쟁의 영향이 정신적인 변혁의 기초를 가져올 것이라고 말했다. 그것은 청나라에 승리함으로써 일본이 가진 완고한 보수주의가 퇴조되고, 건전한 진보적 애국심의 앙양으로 연결된다는 희망적 관측이었다.153

이부키에서 보이듯이 기독교 지식인들의 현저한 공통점은 이 전쟁을 정신주의적으로 이해하고 있다는 것이다. 그곳에는 전쟁이 가지는 경제적이며 사회적 요인을 분별하고자 하는 시좌(視座)는 완전히 결여되어 있다.

우찌무라는 '청일전쟁의 의(義)' 를 기술하면서, 이 전쟁은 조선에 대한 청나라의 폭정을 응징하는 '정의의 전쟁' 이며, 이것을 통하여 청국에 그 '천직(天職)' 을 알려주는 것이 목적이라고 했다.154 카시와기(柏木義円) 역시

---

152 카메이 스케(龜井俊介), 『내셔널리즘과 문학』.
153 『이부카 카지노스케와 그 時代』 2권, 393-395.
154 『우찌무라 칸죠 전집』3권, 101-112.

‘세계 통일을 위해서, 문명의 보급을 위해서는 전쟁은 피할 수 없다’ 고 하여, 이 전쟁을 변호하였다.155 우에무라 역시 ‘전쟁은 실로 문명국이 야만국에 줄 수 있는 교훈의 회초리’ 라고 주장하여 일본을 ‘문명의 사자’ 로 단언하였다.156

이들에게 보이는 공통점은 전쟁이란 문명이 야만을 정복하는 것이며, 일본이 아시아에 대한 그러한 ‘천직’ 을 받았다고 확신한 것이다. 그리고 아주 주관적이며 자기중심적인 이 문명론에 관한한 전쟁에서 국가의 본질을 인식하지는 못했다는 것이다. 우찌무라와 카시와기 등이 전쟁의 범죄적인 측면을 인식하고, 철저하게 비전쟁론자가 되는 것은 이 이후이다.

청일전쟁 전후의 10년간은 교회의 교세가 부진했다. 예를 들면, ‘일본기독교회’ 는 1891년에는 교회수가 73개소, 신도수가 12,253명이었지만 10년 후 1900년에는 교회수가 71개소, 신도수가 11,117명으로 감소하였다.157

이러한 현상은 기본적으로 이 시기의 보수반동의 원인으로 볼 수 있다. 아울러 이 시대에는 메이지 초기의 구 무사계급의 회심이 한계에 이르렀다는 것과 함께, ‘토족’ 이라는 계층 그 자체가 해체되어 버렸다는 것을 말할 수 있다. 그리고 그것에 대체되어 가는 학생층과 도시의 ‘중간층’ 이 아직 완전히 형성기에 이르지 않았다는 것을 의미한다고 볼 수 있다. 이러한 의미에서 기독교의 전도 대상이 아주 불안정했고, 그 입지가 아주 좁아지는 시기였다고 말할 수 있다.

대외전쟁을 치르는 가운데 다른 일반 국민들과 전쟁을 고양하는 마음을

---

155 『카시와기 기엔 전집』1권, 59.
156 『우에무라 마사히사 저작집』 1권, 97.
157 『明治文化史』宗教編, 365.

공유하고, 내적으로 쌓였던 억압을 외부로 토해내는 기회가 이 시기에 찾아왔다고 생각한 것이다. 그러나 메이지 초기이래 유지되어온 소박한 국민주의가 이 전쟁을 계기로 보다 크게 변질되어 가는 것에서 거의 모든 기독교인들이 깨닫지 못했던 곳에 진정한 문제가 존재했던 것이다.

다음에서, 기독교를 에워싼 환경이 격변하는 가운데서 교회가 어떻게 그 시대에 대처하며 자기 형성을 이루어 나갔는지를 '일본기독교회'(日本基督教會)의 성립에 초점을 맞추면서 고려하고자 한다.

제7장
'일본기독교회' 의 성립
- 교파 가운데 교회를

앞장에서 기술한 것처럼 메이지 20년대의 보수반동은 그때까지 순조로운 발전을 보여 온 기독교에 감당하기 어려운 공격을 감행했다. 그 결과 지방 농촌의 교회는 쇠퇴하고, 목회자가 없는 무리들이 속출하며, 구도자를 얻기에 막다르게 되는 등 많은 문제를 안게 되었다.

그것이 결국은 교세 만회라는 초조함이 되어 일본적인 신민도덕에 추종하고, 전쟁에 협력하는 형태로 나타난 것이다. 그러나 이러한 불운한 시대를 경험하는 것으로 교회 지도자가 그 진로에 대하여 철저한 반성을 촉구하는 계기를 얻게 되었다고 말할 수도 있다.

1. 교회의 진로

이 시기에 교회가 안고 있었던 과제는 무엇이었는가? 그것은 교회가 선택해야 할 노선이 여러 측면에서 명확하게 나타났다는 점이다. 그 내막을 보면 ① 교파인가? 교회인가?('일본기독일치교회' 와 '일본조합기독교회' 와 합동 문제), ② 국가 원리인가? 인간 원리인가?(우찌무라 칸죠 '不敬事件', '敎育과 宗敎의 衝突', 그리고 청일전쟁), ③ 복음주의인가? 자유주의인가?(新神學 문제) 등 세 가지 측면으로 분류가 가능할 것이다.

교파로서의 교회 형성인가? 아니면 합동 교회인가 하는 선택은 처음부터, 즉 '일본기독공회' 이래로 계속되어온 주제이다. 또한 교회와 국가의 관계 문제는 기독교 독자의 사회적이며 윤리적인 가치 기준을 어떻게 이 이교 사회에 실현하여 나가는가? 하는 문제로 일본 기독교가 경시할 수 없었던 문제였다. 그리고 교회의 신앙 방향을 결정하는 신학의 문제이다. 그 것이 자유주의적 경향을 가지느냐? 복음주의적 경향을 가지느냐? 하는 것으로 교회의 전도나 신앙 내용에 중요한 영향을 입게 된다.

이 세 가지의 중요한 주제가 1890년대의 교회에 한꺼번에 나타난 것이다. 또 이 세 요소가 각각으로 존재하는 것이 아니라 복잡하게 서로 얽힌 상태로 존재한다. 그러한 의미에서 이 시기의 일본 기독교는 그 실질이 시험되는 기회를 만나게 된 것이다.

2. 일치교회 헌법 개정을 향하여

'일본기독일치교회'는 1890년 12월 3일, 제6회 총회를 동경에서 개최했다. 이 총회의 초점은 교회의 헌법, 즉 신앙규준과 교회정치 규칙이었다. 이 총회를 '전대미문의 장기대회'라고 일컬어 오듯이, 회기는 12월 16일까지 14일간, 실질 토의는 2회의 주일의 휴회를 빼고 12일 동안 열렸다.158

이 총회에는 종래의 신앙조항(네 신조서)을 삭제하고, 그 대신으로 사도신조에 전문을 덧붙인 이른바 '간이(簡單) 신조'를 채택하고, 교회 명칭을 '일본기독교회'로 개명하는 등 모든 점에서 그 면모를 새롭게 하였다.

신앙고백을 개정하고자 하는 의견은 일본측의 목사와 성도들에게 뿌리

---

158 『일본기독교회사』, 134.

깊은 것이었다. 전년도의 제5회 총회 때에 헌법 개정을 위한 구체적인 작업을 시작하기로 결의되어, W. 임브리를 위원장으로 하는 7명의 헌법 개정준비위원회가 발족되었다(그외 이부카 카지노스케, 이부카 카지노스케, 우에무라 마사히사, 녹스, 타무라 우에오미〈田村植臣〉, 호시노 미쓰다〈星野光多〉).

위원회의 작업온 순조롭게 진척되어 다음해 6월에는 다음과 같은 취지의 헌법 개정안을 각 교회에 전달하여, 오는 총회까지 검토하여 줄 것을 요청했다. 그것은 19세기의 교회로서 17세기에 작성된 신조가 적절하지 못하다는 것이었다. 또한 일본의 전도환경에서는 불교나 유교와의 갈등이 주로 문제가 됨으로써 '특별히 우리의 경우에 적응' 될 수 있는 신조가 필요한 것이 되었다. 따라서 제(諸) 외국의 신조를 검토한 결과 지금 영국의 장로교 교회가 채용하려고 하는 것이 '가장 우리 교회에 잘 적응될 수 있는 것' 으로 믿는 바 그것을 제안한다는 것이었다.

3. 영국장로교회의 '24개조'

위원회가 채용을 예정하려고 했던 것은 잉글랜드 장로교회가 작성한 24개조 신앙규준이다. 1885년에 신조작성 작업을 개시하여 1890년에 채택된 것이다. 따라서 일치교회의 헌법 개정과 병행하여 발표된 이 신조는 위원회가 각 교회 앞으로 헌법 개정안을 보낸 시기는 아직 잉글랜드 장로교회도 그것을 채택하지 않았던 상태였다.

이 신조의 초안에 지도적인 역할을 담당했던 신학자의 설명으로는 이 24개조는 다음과 같은 성격을 가진다. ① 개혁파 신학의 기본선을 유지하면서 예정론을 바꾸어 복음에 나타난 하나님의 사랑에 중심을 둔다. ② 삼위일체의 구조를 취하여 고대 교회신조에의 연속성을 원했다.

신조의 각 항은 5-6행의 단문으로 전체가 3항 정도로 구성된 간단한 것이다.159 하나님, 삼위일체, 창조, 섭리, 타락, 구원의 은혜, 예수 그리스도, 그리스도의 사역, 승귀(고거), 복음, 성령, 선택과 중생, 이신칭의, 양자, 율법과 새로운 순종, 성화와 견인, 교회, 교회규준과 교제, 성령, 예전, 재림, 부활, 심판, 영생의 24개조이다.

더욱이 이것은 1898년에 남아프리카 장로교회에서도 채택되어, 1902년의 '개혁파 신앙의 간명 선언'(Brief Statement of the Reformed Faith)에 그 배열에서 어구에 이르기까지 결정적인 영향을 끼친 점에서 볼 때 개혁파 제 신조, 특히 웨스트민스터 신앙고백의 신뢰할 수 있는 요약으로 상당히 폭넓은 동의를 얻었다는 것을 알 수 있다.160

새로운 개척 선교지의 젊은 교회가 앞서간 교회들이 만들어낸 신앙 열매로써 그 신앙조항을 수용하는 것 자체를 부정할 필요는 없다. 교회의 전통은 그러한 계승을 통해서도 풍성하게 이루어져 나가기 때문이다. 그럼에도 불구하고 그러한 선진 교회의 열매가 수반하는 여러 가지의 불편함과 폐해에 대하여 얼마나 자각하는가? 이것이 후진 교회의 신앙적/신학적 성장에 필수불가결한 반성이 될 것이다.

이와 같이 외국 교회의 신학이나 신조, 또는 교회제도 등을 수용하여 학습할 경우 두 가지의 극단적인 편향이 생겨나기 쉽다. 하나는 교회의 환경이나 사정의 차이를 완전히 무시하고, 그리고 자각적인 반성이 수반되지 않는 직수입에 빠지기 쉽다는 것이다. 다른 하나는 교회의 내외 조건의 상이를 너무 지나치게 생각한 나머지 환경의 특수성을 절대시하는 것이다.

일본의 기독교 역사는 많은 면에서 이러한 두 방향에 미묘한 혼합을 보

---

159 F. Schaff, *The Creeds of Christendom*, vol. III, 916-919.
160 Ibid., 922-924.

이면서 교회의 노선 선택에 불안정함을 폭로해버리는 경우가 종종 있었다. 일치교회의 헌법 개정 논의에서 보이는 진폭의 넓이는, 본질적으로는 이 두 가지 방향성의 혼선에 기인하는 것으로 보인다.

위원회의 생각만을 말하자면, 그들은 일본의 특수성을 너무 중시한 것이다. '특별히 우리 경우에 적용' 되는 것이 24개조를 후보로 세운 중요한 이유였다. 그것은 『웨스트민스터 신앙고백』 등에 비교하자면 아주 간결하며 이해하기 쉬운 것으로, 더욱이 교파적 특색이 완화된 것으로 판단되었기 때문이다.

그러나 이 '24개조' 가 당시 영국에서 어떠한 의미로 작성되었는가? 하는 교회의 상황적 문맥을 보지 못하고 있다. 잉글랜드 장로교회는 1902년의 총회에서 교회 직분자의 서약 사항으로 이것을 채용했는데, 그 의도는 '웨스트민스터 신앙고백 및 다른 규준에 표현된, 그리고 특히 이 24개조에 간명하게 표현되는 기독교 교리의 체계를 진심으로 믿는가? 믿지 않는가? 를 묻는 것이었다(Schaff).

이 '24개조' 로 간략화 된 것이 잉글랜드 장로교회의 어떤 신학상의 배경을 가지는지는 분명하지 않지만 적어도 그것이 『웨스트민스터 신앙고백』에 표명된 교리체계를 전제로 한 간이화이며, 체계와 분리된 교리요강 또는 신앙적으로 함축된 의미를 제한하려는 것이 아니었다는 사실은 분명하다.

4. '조합교회' 와의 합동 문제

헌법 개정위원회의 원안은 제6회 총회에서 강력한 반대론에 부닥치면서 암초에 걸렸는데, 그 복선은 1890년 4월까지 최종적 결착을 미루게 된 '일본기독일치교회' 와 '일본조합교회' 의 합동 운동 가운데 깔려

있었다.161

일본조합기독교회(이하 조합교회)는 '일본전도회사'(日本傳道會社)에 속한 교회들이 1886년에 설립한 교회로, 일치교회와 함께 일본 교회를 대표하는 큰 조직이다. 회중교회(Congregationalism) 특징을 가진 교회로서, 각 개교회의 자치와 주권을 중요시하는 교회이며 그러한 것을 기본으로 서로 협력과 제휴에 의한 전도와 그 외의 사업에 힘을 쏟고 있었다.

양 교회가 1886년 이래로 위원을 선출하여 회합을 거듭하여, 또한 총 3편의 헌법 초안을 작성하여 각각 자신들의 총회(조합교회는 총회)에서 검토하여 왔다.

일치교회는 소수의 강력한 반발을 제외하고는(특히 오오기미 모토이치로우(大儀見元一郎), 타무라 나오오미) 압도적인 찬성으로 초안을 수용하여, 필요한 수정과 조합교회측과 타협적으로 서로 양보하면서 비교적 무난한 대응을 나타내었다. 이와는 반대로 조합교회는 제1차 초안이 제출된 단계부터 일부 심각한 반대와 신중론이 나타나 회의를 거듭하면서 반대파 수가 늘어나, 결국 1890년 4월 총회에서 합동을 단념하고 일치교회에 "여러 가지 조정하지 못할 사정이 생겨" 합동 중지를 통고했다.

양교회의 논의를 보자면, 일치교회는 반대자가 적었기 때문에 논의가 빈약했다. 물론 집요하게 반대론을 펼친 타무라(田村)가 1888년 5월 총회에서 '헌법초안 겸 세칙부록'(제2차 초안)이 72대 1의 표차로 가결되자, 동년 11월 임시총회개최를 헌법 위반이라고 항의하고 결석하는 예가 있었기 때문에 충분한 논의를 위한 노력이 있었다고 단정하기는 어려울 것이다.

이부카는 합동이 이루어지지 못한 이유를 다섯 가지로 열거한다. ① 처

---

161 상세하게는 도히 아키오 『일본 개신교 교회의 성립과 전개』 제2장, 자료로서는 『우에무라 마사히사와 그 시대』 3권, 668-744; 『이부카 카지노스케와 그 時代』 2권, 3-60

음부터 합동하려는 기운이 너무 고조되어 있었기 때문에 사태를 낙관했다는 것, ② 교회조직의 세목에 얽매여 조합교회측에 각 개교회의 자유에 관한 경계심을 불러일으킨 것, ③ 합동에 필요한 시간이 너무 짧았다는 것, ④ 조합교회 특히 아메리카 보드의 '어떤 의외적인 면' 으로부터의 강력한 반발, ⑤ 조합교회 총회가 각 개교회를 정치적으로 구속할 정도로 의결권을 가지지 못했다는 것(『우에무라 마사히사와 그 시대』 3권, 704-705)이다. ④의 '어떤 의외적인 방면' 이란, 아메리칸 보드의 선교사 자격을 가지고 있었던 니이지마를 지칭한다고 많은 연구자들은 지적한다.

사실 니이지마의 반대론은 전개되어 가는 상황속에서, 합동 논의 문제를 본질적으로 가장 잘 파악한 것이라 할 수 있다. 1888년 11월 12일, 이부카에게 보낸 편지는 양식을 가진 교회원으로 냉정한 판단과 조합교회로서의 높은 신념을 나타내는 것으로 주목받고 있다(『니이지마 죠 서간집』, 220-224).
니이지마의 생각에 의하면, 양 교회가 서로 충분히 납득한 후에 합동을 실현해 나간다면 그것을 방해할 의사가 없다는 것이다. 그러나 합동 조건과 절차의 두 가지 점에서 의문을 제기한다. 이때 그가 가지고 있었던 제2차 초안은 제1차 초안과 비교할 때 교회의 정치적 규정이 아주 명료하게 나타난다. 그러나 전체적으로 장로교 색채가 농후했던 사실은 니이지마로서 납득하기 힘든 부분이었다.

소생은 본래 교회정치에 대하여는 회중공화주의를 고집하며 신봉하는 자로서, 지금의 헌법초안이 채용되어 실시될 때에는 회중공화주의가 그 흔적을 잃어버리고, 독재정치가 조만간에 우리 회중에 침입하여 들어올 수밖에 없음을 알고, 마음이 심히 편하지 못한 가운데 있습니다.

합동의 순서 절차에 관해서도 조합파적인 특색을 요구한다.

먼저 각 교회원으로 하여금 이지적인 선택권(intelligent option)을 제출하여, 그것으로부터 얻을 수 있는 재료를 가지고 헌법을 논의하여 연합의 가부를 묻고, 각각의 교회가 교회로서 말할 수 없는 충분한 만족으로 합병을 완결하여 이루어 가도록 합시다. 따라서 만일 목사 제군들이 헌법에 대한 선명한 이해를 가지지 못한다면, 또는 연합의 득실을 측량하지도 않고 오로지 연합이란 좋은 것이라는 간단한 설명만을 가지고 교회원을 인도하여 그 주장에 따르게 하여, 이것으로 교회의 의견을 가정(假定)하여 모든 모임의 여론으로 오인하게 하여 이것을 총회에 제출해 연합을 완결시키려는 것은 우리 조합교회의 조직과 성질에 위배되고, 회원의 권리를 유린하는 것과 같기 때문에 소생은 승복할 수 없습니다.

사실 합동 운동에는 '기독교신도대친목회' 또는 메이지 16-17년의 부흥으로 말미암은 교세 확대의 여세를 가지고 기독교의 대연합을 결성하여, 일본 선교를 유리하게 이끌고 나가려는 동기가 있었다. 따라서 양 교파의 역사적 전통 등에 관한 신중한 음미와 고려가 결여되었고, 단지 '연합은 좋은 것' 이라는 감정적 논의가 지배적이었던 것이다. 니이지마는 그러한 편의적인 교회의 이합을 용서할 수 없었던 것이다.

그렇다면 합동 운동이 가져다 준 것은 과연 무엇인가?

첫째, 이러한 경험은 무교파 합동이라는 공회시대가 가졌던 이상에 활기를 가져다 주었다. 환언하자면 합동 실패는 분명히 양측 교회에 깊은 좌절감을 주었지만, 일치교회의 현실적 상황에 불만을 가졌던 많은 일본인들에게는 단번에 '사도신조', '니케아 신조', '복음동맹회의 9개조' 라는 간략 형태에 대한 희망을 새롭게 하여 주었고, 그 가능성을 타진할 수 있게 되었다.

둘째, 합동인가 또는 교파 형성인가 하는 일본 개신교 교회의 기본적인

노선 문제가 대외적으로는 부진으로 끝났지만, 그 대신 일치교회 내부의
노선 문제로 나아갔다.

셋째, ‘공회’ 주의가 남겨준 신앙적/세도직인 과제는 십여 년간의 일치
교회 기간 동안에 실질적으로 거의 진전을 보지 못했다. ‘일치교회’ 는 교
파 교회로서 신조와 기구의 급격한 정비를 수행하였지만, 그것은 일본인
교직자와 성도들에게 심각한 반발을 불러 일으켰다.

일치교회의 득실을 숙지했던 우에무라와 같은 자들은 ‘식민지’ 적인 교
회 경영에 불만과 초조함을 감추지 못했다. 합동의 실패가 그러한 불만을
내부적으로 공격한 것이라고 한다면, 헌법 개정에 대한 희망도 그것에 의
해 증가되었을 것으로 보인다.

5. 총회 논의의 행방

1890년 제6회 총회가 실질적으로 의사에 들어간 12월 4일, 새로운 신조
원안이 다수의 찬성을 얻을 것으로 보였지만, 갑자기 요코하마 카이강 교
회 이나가키 아키라(稲垣信) 목사는 ‘24개조를 전폐하고 원안의 서문을 수
정하여 사도신조’ 로 대체하자는 것에 동의했다. 우에무라의 방쵸(番町) 교
회 역시 동일한 취지의 건의서를 제출했다.162

이것은 회의장 전체가 예기치 못한 수정안이었다. 여기에 대하여 『일본
기독교회사』는 다음과 같이 언급한다. ‘그 제출의 돌연함과 그 안의 과격
함으로 말미암아 회의장은 망연자실하고, 당황하여 … 이론의 논의가 그
치지 않았고 분란이 일어났다’ (124).

사도신조 채용파의 견해는 다음과 같이 다섯 가지로 정리할 수 있다.

---

162 『우에무라 마사히사와 그 시대』 3권, 760.

① 신조는 시대와 환경이 서로 다른 교회가 각자의 독자적인 필요에 의해서 선택되어야 할 것으로, 현재의 일본 교회에는 정교한 신학적 조직을 필요로 하기보다 간단한 것이 적절하다.

② 신조는 목사 장로뿐 아니라, 전 교인이 다 함께 고백할 수 있는 것이 바람직하다.

③ 평화적이며 우호적인 신조가 바람직하며, 논쟁적인 것은 피하는 것이 좋다.

④ 이교적인 사상과 교설 및 유행 철학의 불가지론 등을 염두에 두고, 신앙의 주요한 항목으로 고백의 범위를 집중해야 한다.

⑤ '신(新)신학'의 침투를 방지하기 위해서도 간단한 신조가 좋다.

따라서 결론적으로 사도신조가 위의 제 조건을 만족시킬 수 있으며, 더욱이 세계 공동적인 신앙에 연속성을 가진다는 것이다.

그러나 사도신조에 반대하는 자들은 위의 제 요건의 타당성을 어느 정도 인정하면서도, 사도신조가 현재의 교회 신앙을 충분히 함축하여 표현한다고 보기는 어렵다고 주장했다.

구체적으로 속죄, 이신칭의, 성화, 성령의 중생, 은총, 성서의 권위성 등 아주 중요한 생명적인 진리가 결여되어 있다는 것이다. 특히 이러한 것이 당시 일본 교회에서 점차적으로 부인되고 있었기 때문에 교회가 은밀하게 믿을 것이 아니라, 이러한 것을 공적으로 고백하여야 한다고 주장하였다.

쌍방의 의견이 대립적인 양상을 보이는 가운데, 선교사 가운데에는 '일치교회'가 '불건전'하게 변하여 가는 것에 염려하면서 교회의 분리도 어쩌면 피할 수 없지 않느냐는 생각까지 하였다. 이러한 불행한 형세를 보고 있던 위원장 임브리는 사도신조에 전문을 붙여서 신조초안을 작성하여 다

시 제출하였다. 이렇게 하여 생겨난 것이 '일본기독교회 신앙고백' (日本基督
敎會信仰告白)이다.

> 우리가 하나님으로 섬기는 주 예수 그리스도는 하나님의 독생자로서 인
> 류를 위해, 그 죄로부터의 구원을 위해서 인간이 되셔서 고난을 받으시고,
> 우리의 죄를 위해서 온전한 희생을 드리셨다. 믿음으로 이분과 하나가 되는
> 모든 자는 용서함을 받아 의롭게 된다. 그리스도를 믿는 믿음은 사랑을 통하
> 여 작용하여 사람의 마음을 청결하게 한다.
> 또한 성부와 성자와 함께 섬김을 받고 예배를 받으시는 성령은 우리의 영
> 혼에 예수 그리스도를 현시(顯示)하신다. 그 은혜에 의하지 않고는 죄에 대
> 하여 죽고, 하나님 나라에 들어가지 못한다. 이전(以前)의 예언자, 사도 및
> 성인(聖人)은 성령의 가르침과 인도하심(啓迪)을 받았으며, 신구약 성서가
> 운데 말씀하시는 성령은 종교상의 문제에 관한 오류 없는 최상의 심판자이
> 시다.
> 예로부터 교회는 성서에 의거하여 다음의 고백문을 작성했다. 우리 역시
> 성도가 이전에 전하여 준 믿음의 길을 삼가 행하여 찬미와 감사를 가지고 이
> 고백에 동의를 표한다. (이하 '사도신조' 가 이어진다).

6. 교회정치의 개정된 점들

신앙고백 이외의 헌법규칙의 개정된 점으로 주목할 것은 다음과 같다.
① 교회의 구성원에 대한 이해가 수정되었다.

> 천하만국 가운데, 그리스도의 성교(聖敎)를 믿는다는 것을 고백하고, 또한
> 그 도를 따르는 자, 및 그 여자들은 곧 이 세상에 존재하는 일반의 교회가
> 된다.

고 되어있던 것이 신헌법 제2조는 '가견적 교회' 를 규정하여,

가견적 교회는 아버지와 아들과 성령 즉 영원이 송축 받으실 유일하신 하나님을 인정하는 세계에 존재하는 기독교도라 칭하는 전체로부터 성립된다.

이러한 변화는 우에무라 마사히사가 유아세례의 필요성에 의문을 품고, 그 구속력을 제거하려는 요구가 작용한 것으로 보인다. 이것은 유아세례를 부정하는 의미가 아니라 자유롭게 목사와 각 개교회의 재량에 맡기는 것으로 이해되어진다. 이후로 '일본기독교회'(日本基督敎會) 가운데 유아세례자 수가 감소했다고 말한다.

② 교회 직분자 특히 장로와 집사의 임기에 관한 것이다. 이전 규칙에는 양 직분이 종신직으로 명기되었다(제14장 5절). 또한 질병이나 사고에 의해서 현직을 떠날 수밖에 없을 때는 휴직으로 처리했다. 신 규칙에서는 장로 및 집사의 임기를 2년으로 하고, 재임도 가능하도록 하였다.

또한 옛 규칙에서는 장로와 집사의 임기를 정할 때에 3년 이상으로 하였고, 임기 후 재선되지 않더라도 휴무 장로로서 그 권리와 자격을 소유하였기 때문에 당회가 임명하면 총회와 노회 등에 정의원이 될 수 있었다(제14장 6절 1,3항).

그러나 신 규칙에서는 임기 후 재선되지 않는 장로는 일반 신자들과 동등한 자격으로 돌아가는 것으로 규정하였다. 또한 기간을 두고 재선될 경우 재 안수를 하지 않는 것으로 규정했다(제15장).

③ 교직 지원자의 처우에 관한 개정이다. 구 규칙에는(제3장) 교직을 성서에 의거하여 교사, 감독, 목사, 공사, 사역자, 또는 복음자 등으로 칭하였지만 이것은 목사의 직제와 무관계하다. 그것을 모두 '교사'로 개정함과 동시에 목사 후보자는 '통상 노회에서 인가받은 신학교 졸업생으로 한다'

고 정하여, 각 노회가 신학 제(諸) 학과 및 석의, 설교의 시험을 실시한다면 목사(또는 교사)로 인정하도록 하였다.

옛 규칙 하에서는 독립교회에 초빙받은 자, 또는 시험에 합격한 자로 국한하되 교사 임직을 받을 수 있게 하였다. 이것은 경우에 따라 만년 후보자로 지내는 자가 있다는 사실을 개선한 것이다.

④ 외국 선교사의 의석 문제이다. 구 규칙에서 선교사는 본국 교회에 등록된 자로서 일본의 노회와 총회에 의석을 가졌지만, 신 규칙에서는 노회에 교사직(籍)을 가지지 않는 선교사는 원외(員外)의원으로 규정하고 그 수도 제한하도록 하였다. 이러한 까닭으로 장로교 교회 선교사는 '일치교회' 에 정식으로 등록하여 적을 옮기고, 노회 정의원석을 가지도록 조치를 취했다.

⑤ 총회와 노회의 대의원 제도의 변경이다. 종래는 교역자가 그 신분과 직책에 관계없이 노회 의석을 가졌지만, 신 규칙에서는 '교사는 목사, 선교사, 신학교 교사 외에는 투표권을 가지지 못한다' 라고 규정하였다. 또한 회원 3백명 이상을 가지는 교회의 당회는 장로 2명을 파견할 수 있도록 허락했다.

더욱이 총회는 구 규칙에 의하면 각 교회가 선출한 목사와 장로로 구성되었지만, 신 헌법에서는 노회 선출의 대의원으로서 노회의 권한을 분명하게 제시했다. 물론 이러한 조치가 노회의 권한을 강화하는 방향으로 나아갔다고는 반드시 말할 수 없다. 일치교회의 초기에는 노회가 본래적 기능을 행사하지 못하였고, 또한 이러한 점에서 규칙도 충분히 현실적으로 파악되고 정비되었던 것은 아니었다.

헌법규칙의 개정을 견지했던 원리적 경향을 분석해보면 다음과 같다.

첫째, 일치교회 시대에서 경험했던 실천적 불편함과 불완비했던 점들을 보완 정비한 것이다.

둘째, 법의 구속력을 완화하고, 교회 현장의 재량의 폭을 넓히고, 사소한 규칙 위반을 이단시하지 않는 배려였다.

셋째, 교회원 특히 장로직과 목사직의 권한을 제약하는 것이다. 예를 들자면 예전의 집행을 '교사의 집행만이 적절함' 이라는 규정(제5조)에 주목하고자 한다.

넷째, 국민적 자치 조직으로써 제도상의 보장을 명확하게 한 것이다.

다섯째, 교직자의 수준 통일에 대한 것이다.

여섯째, 노회의 제도적 위치 확정이다.

7. 우에무라의 역할

우에무라는 이 논의에 시종 깊은 관심을 가지면서 지도적인 역할을 수행했다. 신조 개정의 절차가 시작된 1890년 3월, 그는 『복음주보』(福音週報)를 창간했다. 제1호에 '신조제정에 관한 의견' 을 실었다. 이 평론은 우에무라의 신조 이해를 가장 잘 표현한 것으로 그의 기본적인 신념이 현저하게 나타나 있다.

그는 '세밀한 신조의 폐습, 협애(狹隘)한 신학의 해' 를 역설하여, 신흥 교회로서 자기 신학의 새로운 밭을 개척하는 것과 전도에 매진하여 진보적인 세력으로 자유의 여지를 확대하면서 견실한 발전을 이루고자 한다고 말한다. 이렇게 하여 우에무라는 일치교회의 현 신조에 고집하는 사람들을 심하게 비판하면서, 다른 한편으로 진행중인 개정초안의 노선에 의문을 던진 것이다.163

---

163 『우에무라 마사히사 저작집』 6권, 109.

7월 11일 호에는 '일치교회의 신헌법 초안에 덧붙여' 를 기재하여 보다 솔직하게 위원회가 제출한 안에 의문을 제시한다. 여기서 조합교회와 합동 논의를 위해서 작성된 헌법 초안과 비교하면서 '일치교회의 사람들은 합동 논의의 난세에서 아주 간단한 신조에 동의했음에도 불구하고, 지금에 와서 또 다시 24개조의 외국 신조를 채택하고자 하는 것은 후퇴가 아닌가? 라고 신랄한 어조로 위원회의 안을 정면으로 비난했다.

더욱이 9월부터 10월에 걸쳐 '신조강해' 를 연재하였다.『우에무라 마사히사 전기』(植村正久伝)의 저자 아오요시 카츠히사(靑芳勝久)는 우에무라가 사도신조를 분명하게 고집하였다고 말한다(『우에무라 마사히사 전기』, 288). '신조강해' 는 신조 제1항으로부터 기독교 유신론을 논하는 것으로 연재를 그만둔다.164 그러나 그는 사도신조에 집착하고 있었다. 총회 직전 11월 28일에도 출석하는 의원들에게 문제를 환기시키고 있었다.165

일련의 논설에서 보이는 그의 정력적이며 집요함과 예리함에 놀라게 된다. 우에무라는 결코 신조 그 자체에 부정적이지 않았다. '명확한 신앙조항을 제정하여 혹은 그것을 채택하여 장래의 분란을 예방하고, 교회의 순수성을 유지하려는 것은 아주 필요한 것' 이다.

그러나 그는 거듭하여 주의를 환기시키는 것은 외국교회로부터 직수입된 것이 아니라 일본인 기독교의 경험과 영적 성장을 뒷받침하는 신조야말로 일본 교회를 건설할 수 있다는 것이다. 이것은 진리의 일면을 말하는 정론임에 틀림없다. 여기에 서구의 교회들이 정하지 못했던 상세한 항목을 삭제하고, 세계의 교회가 논쟁의 여지없이 서로 인정할 수 있는 신앙의 요점만을 항목으로 채용하면 된다는 것이다.

---

164 『우에무라 마사히사 전집』 5권, 168-179.
165 『우에무라 마사히사와 그 시대』 3권, 770-773, '일치교회의 총회.' 그러나 저작집에 수록된 동명의 문장과는 다름.

① '전 세계의 공동 교회가 인식할 수 있는 기독교의 요점 및 그 대요' (『우에무라 마사히사 전집』 제6권, 110).

② '사도신조처럼, 간단히 요점을 망라한 것' (『우에무라 마사히사와 그 시대』 제3권, 768).

③ '기독교의 요목으로 그치며, 그 세부에 이르지 않고, 안목이라 할 수 있는 교리로 그치고, 철학적인 신학에 출입하지 않는 것' (『우에무라 마사히사와 그 시대』 제3권, 771).

말하자면 '요점고백주의'라고도 말할 수 있는 신조론이 우에무라의 신조 이해였다. 복음의 주관적인 사실만으로 신앙고백을 제한하는 것은 무엇보다도 교회의 활성화를 촉진시키고, 전도자의 양심을 해방시키기 위하여 불가결하다고 판단한 것이다. 더욱이 그것은 일본인 스스로가 신학의 지평을 개척하게 하고, 전도에 활기를 가져다주게 될 것이라고 인식하였다.

우에무라가 말하는 신조의 필요성은 교회론의 이념상의 요청이 아니라 교회 형성의 현실적 필요, 즉 유효성 위에 존재한다고 볼 수 있다. 제6회 총회 종료 직후에 '일본기독교교회'의 신체제를 다음과 같이 정확하게 이해하였다.

그 제정하는 신앙고백처럼 복음적 기독교의 강령을 망라하여 빠짐이 없게 하고, 종교적 분쟁이 집중되는 여러 조목들은 아낌없이 삭제하여, 한편으로는 기독교의 순수성을 유지하고 다른 한편으로는 신학의 발전에 광활한 여지를 제공한다. … 신조가 없는 교회가 과연 자유로운가? 우리들과는 다르게 그것의 구속의 해악을 겁낸다. 신조를 제정하면서 그 상세함에 실패하는 것은 그 폐해나 사상의 발육을 저해하고, 교회로 하여금 더욱 고루(固陋; 완고하고 보수적)한 위치에 서게 한다. 교리의 순수를 보유하고, 자유함의 범위 안에서 교회 성도의 단결 약속을 견고하게 하는 것은 그 무엇보다도

'일본기독교회'의 신앙고백과 같이 간명함을 가지면서 교회의 요강을 포함하는 것이 아닌가(『우에무라 마사히사와 그 시대』 제3권, 757).

　　동일한 관찰을 헌법규칙에도 적용하여 신체제를 '상이함 속에 일치를 가지고, 일치가운데 상이함이 존재'하는 제도라고 정의한다. 이것은 우에무라의 마음을 가장 적절하게 표현한 것이라고 보인다. 신조 및 교회정치에 대하여도 예외는 없었다.

　　그러나 그러한 중용정신은 온건과 타협의 표적이 될 수밖에 없다는 비판을 면할 길이 없다. 오히려 교회를 전투의 장소로 간주하여, 스스로 자기 자신을 그러한 투쟁의 한 가운데 놓고 상이함 속에 동일함을, 동일함 속에 상이함을 보증하기 위한 노고를 짊어져야 하지는 않았는가. 그것은 전투하는 교회의 지도자로서 스스로 깨닫는 책임감으로부터 기인하는 것은 두말할 나위 없다.

　　이것을 위해서 교회 내부에서는 가능한 간략한 신앙적 합의를 작성하여 국민적 교회의 자주 독립을 위한 교회의 하반신을 강하게 하고자 하였다. 세부 항목에 관한 논의는 나중으로 미루고 당면한 대동(大同)으로 단결하고자 하였다. 물론 타협적인 대동이 아니라 소이(小異)를 살려서 교회 성장의 활력으로 삼으려는 깊은 욕심의 구조물을 설립한 것이다.

　　1890년을 시점으로 이러한 우에무라의 구상은 교회가 처한 역사적인 입장을 고려하면서 새로운 활동의 지평을 열고자하는 신진 지도자, 신흥 교회 기수로서의 면목을 나타내는 것이다.

8. '일본기독교회' 성립의 의의

　　1890년대라는 곤란한 시대의 시작과 함께 '일본기독교회'는 출범했다.

그 신앙고백과 교회 정치는 우에무라가 '간이신조'(簡易信條), '간이정치'(簡易政治)로 만족하는 마음으로 표현한 것처럼, 복음주의라는 넓은 지반 위에 교회 형성을 목표로 한 것이었다.

외부적으로는 국가주의와 보수주의의 공격, 내부적으로는 신(新)신학의 문제를 안고, 일본 교회는 자기 신앙을 처음으로 신중하게 검토하는 시간을 맞이한 것이다. 그리고 교회의 신앙과 정치에 관한 자각적인 반성은 이 시기의 교회가 가졌던 고난에 적극적인 의의를 가져다주는 것이 되기도 하였다.

'일본기독교회'를 비롯해서 당시의 교회가 교세 부진에 고민하면서 표면적인 호조에 의해서는 얻을 수 없었던 교훈을 배우게 되었다. 이즈음 철저하게 자기 교회의 독자적인 존재 방식(교파성)의 방향으로 나아갈 수밖에 없었던 것은 오히려 교회의 지반 정비에 착실히 힘을 쏟을 수가 있었던 계기가 되었다.

그것이 이윽고 메이지 1897-1907년(메이지 30-40년)을 통한 '교회 형성점'(오오우치, 『일본 기독교사』, 243)이라 불리는 성장의 조건을 준비하는 것으로 연결되어갔다. 이러한 고난의 시대 속에서 교회는 자신들의 활약 무대가 좁아지고, 외교적인 노력과 접촉으로부터 몸을 움츠리지 않을 수 없었다. 이와 같이 사회에 대한 교회의 후퇴를 '교회중심주의' 또는 교회의 '왜소화'로 공격하는 것은 옳지 않을 것이다.

예를 들자면, 우찌무라는 1892년에 '현금(現今) 우리나라의 기독교를 흔드는 대원인'이라는 글을 통해서 교세의 쇠퇴는 복음의 본질을 상실한 설교에 원인이 있다고 지적하면서, 첫째로 복음적 속죄적인 기독교의 확립, 둘째로 복음적 신앙에 입각한 기독교 성도 수의 절대적 증가를 주장했다. 우찌무라의 개성적인 시좌(視座)로부터 이처럼 당시의 다른 교회 지도자들과 공통적인 관심을 말하고 있는 점에서 흥미롭다(『우찌무라 칸죠 전집』 제1권, 295-296).

우에무라 역시 같은 시대에 '기독교도와 사회 문제' 에 대하여 기술하면서 '기독교의 본질은 각 개인의 심령을 향해서 갱생과 혁신의 힘을 쏟아붓는 것에 있다' 라고 언명하고, 여기에 교회가 해야 할 '구원적인 사업' 이 존재한다고 생각했다(『우에무라 마사히사 저작집』 제1권, 357-373).

복음은 근원적 사항으로 집중하는 것이야말로 1890년대 교회를 '그리스도의 교회' 로서, 그 이름에 합당한 공동체로 만드는 계기가 되었다. '일본기독교회' 의 성립은 무엇보다도 그러한 복음에 대한 정력적인 집중을 가능하게 한 것으로 일본의 교회사 가운데 빠뜨릴 수 없는 의미를 가진다.

또한 이 시기에 교회를 기반으로 하는 젊은 지도자들의 신학적 연구와 복음 전도에 대한 헌신이, 메이지 30년대의 어쩔 수 없었던 신학적 태도 결정을 향해서 성숙시키는 소지를 만들었다는 것도 기억하고자 한다.

9. 교파 가운데서 교회를

'일본기독교회' 의 성립은 교회의 노선변경이라는 점에서 볼 때 전형적으로 알 수 있다. 다시 말해 교회의 노선변경을 촉진시키기 위해서 가능한 모든 조건을 구비하였다. 국가와 교회, 합동과 교파주의, 선교와의 관계, 신조 문제, 교회정치, 신학상의 보수주의와 자유주의, 지도자층의 세대 교체 등이다.

이러한 요소를 고려하여 다시 한번 요약하자면,

① 조합교회와 합동 실패에 의해서 무교파주의의 노선이 내부적 사정으로 인해 불가능하게 되었다.

② 또한 메이지 국가의 정비와 함께 내셔널리즘이 변질되어 교회가 국

가와 사회로부터 고립되어 가고 있었다. 물론, 그러한 고립화는 교회를 교파적 내실 강화로 이끌어가는 외재적 조건이 되었다.

③ 신학적으로 자유로움의 여지를 남기면서도, 파괴적인 신학 사상에 대한 방어가 요청되었다.

④ 일본인에 의한 자생적인 신학에 근거를 가지는 신앙 조항 형성에 대한 인식을 소원했다.

⑤ 교회제도를 굴신자재(屈伸自在)할 정도로 간명하게 하여 전도에 활력을 불어넣는 것을 목표로 했다.

⑥ 우에무라를 중심으로 하는 새로운 지도자층이 대두되었다.

⑦ 선교사 주도의 교회 형성으로부터 일본인에 의한 자주적 조직으로 개조되어 가기 위한 대담한 제도적 수정이 가능했다.

이러한 것이 다양하게 서로 연결되어 '일본기독교회' 는 성립되었다.

이렇게 보면 '일본기독교회' 의 성립은 객관적 정세로부터 '교파적 노선' 을 요구받았고, 주체적으로는 '공회주의' 노선으로 되돌아가는 복잡한 사정에 얽혀져 있었다고 볼 수 있다. 교파 교회의 방향에 전념하면서도 일본에 존재하는 교회(공동교회)로서 교파적 성격의 극복을 염두에 두었다. 이른바 '교파 가운데에 교회를' 만들어 가는 시험의 현장이 일어난 것이다.

'일본기독교회' 의 신앙고백은 그 전문에서 그리스도의 인격과 사역(고난과 속죄), 이신칭의, 성령의 조명과 성화, 성서의 규범성 등 개신교적인 조항을 열거한다. 짧은 형식의 전문과 사도신조로 구성되는 교회 역사상 아마도 전례가 없는 양식으로 일본 교회에 정착된 것이다. 개신교 교파적 문맥(전문) 가운데서 보편교회 신조(사도신조)를 이해하려는 것은 신조의 구조를 보더라도 '교파 가운데서 교회' 라는 노선을 분별할 수 있는 것으로 보인다.

제8장
메이지 후기의 전도와 신학

교회는 1890년대의 시련을 그 내적인 기반을 정비하는 것(우에무라의 이른바 근원적인 사업에 집중하는 것)으로 인내했다. 각 교파는 각각 독자의 교회 형성에 전념하여 성장의 기초를 닦았다. 그리고 교회가 보수의 반동이라는 시기를 통해서 체험한 오랜 침체가 20세기로 접어드는 계기로 새로운 타개의 길을 얻게 된 것은 일본의 교회에 어찌했든 큰 기쁨이었다고 말해야 할 것이다.

이 시기의 전도에 대하여 특필해야 할 것은 다음과 같다.

첫째, 청일전쟁의 결과로 타이완이 일본 영토로 들어왔고, 타이완에 전도 계획이 진행되었다는 것이다. 일본 교회로서는 처음으로 '해외 선교'라는 경험이 되었다. 그러나 이 선교는 의심 없이 '식민지 선교'이며, 이른바 전쟁의 '부대사업(附帶事業)'이라는 인상으로부터 벗어날 수 없다.

이러한 본질적인 제약을 당시의 교회는 깨닫지도 못한 채, 단지 새로운 전도지로 교세를 확장하여 간다는 절호의 기회가 도래하였다고 이해하고 이 해외 전도에 임하였던 것이다. 이러한 종류의 해외 선교가 침체한 교회에 희망을 줄 수 있는 하나의 실마리가 될 것이라고 그들은 믿었다.

둘째, '20세기의 대거전도' 이다. 이것은 초교파의 복음동맹 제10회 총회(1900년 4월)에서 결의된 내용에 의거하여 시작된 것으로 거의 모든 교파가 이에 참가했다. 10년간의 정체된 교세를 타개하기 위해 적극적인 기세가 여기에 집약된 것이다. 이러한 대규모 협력 전도 역시 일본 교회로서는 최초의 경험이었다.

이 전도가 성공한 원인은 메이지 30년대를 맞이하여 일본 사회 구조가 본격적으로 보다 근대화, 즉 자본주의화 되어가면서 도시에 지식인층, 셀러리맨, 학생층이라는 중간층이 급증한 것에 있다.

또한 이후에 러일전쟁(1904-05년, 1904년에 한반도와 만주에 대한 지배권을 둘러싸고 러시아와 일본 사이에 일어난 전쟁. 일본이 승리하여 1905년에 미국의 루스벨트 대통령의 중재로 포츠머스에서 강화 조약을 체결하였는데, 그 결과 일본은 조선에 대한 지배권을 묵인받고, 랴오둥〈遼東〉 반도를 차지하여 대륙 침략의 발판을 마련하였다)의 승리에 의해서 기독교에 대한 사회적 반발이나 불안이 완화된 것도 하나의 원인으로 볼 수 있다.

그러나 '20세기 대거전도' 가 내부적으로 안고 있었던 문제가 얼마나 심각했는지는 본장에서 고찰하고자 하는 '복음주의 논쟁' 이 그러한 '대거전도운동' 에서 생겨난 논쟁이었다는 사실로부터 잘 알 수 있다. 환언하자면 '전도' 라는 교회적 사역에 관한 신학적 관점으로부터의 음미가 요청되었던 것이다.

따라서 교회는 전도와 신학 사이에 진지한 긴장이 존재하는 사실을 깨닫지 않을 수 없었다. 이것 또한 교회가 성숙한 전도 사역을 위해서 필히 경험해야 할 단계였다고 말할 수 있다.

'복음주의 논쟁' 은 그때까지 신학적 성숙의 문제로서만 취급되어온 경향이 있었지만, 그러나 이것은 교회가 그 복음 전도의 내실을 고찰하기 위한 사역을 위해서 본격적으로 신학이 동원되는 사례였다. 선교의 자기 음미라는 신학 본질적 사명에 관계하는 귀중한 경험이었다고 말할 수 있다.

1. 자급 독립론의 시삭

일본의 기독교인들은 그 신앙을 선교사들에게 배웠고, 교회제도의 많은 부분들은 제 외국 교파로부터 빌렸으며, 경제적으로도 외국 선교회에 의존하면서 교회 형성을 이루어왔다. 그러나 그들은 그러한 현실을 당연한 것으로 생각하지 않았다. 오히려 처음부터 아주 강하게 독립과 자치, 자급을 염두에 두었다.

일본의 교회에 최초로 그리고 아주 신앙적으로 자급 독립을 가르치며 또한 스스로 그것을 실천한 사람은 사와야마 포우로(澤山保羅)였다. 주지하는 바와 같이 사와야마는 회중교회(조합) 목사로, 우메하나(梅花) 여학교의 창립을 지도하고, 오오사카를 중심으로 한 주변의 전도에 병약한 몸을 가지고 헌신적으로 봉사했다.

사와야마의 신앙과 인격의 됨됨이에 대하여 우에무라는 '니이지마로부터는 야망을 자극받지만, 사와야마는 확신을 준다'고 말한다. 계속되어지는 고난이 더욱 더 그 신앙을 빛냈다.[166]

사와야마의 자급론은 이른바 내셔널리즘이나 무사도 정신에서 나온 것이 아니다. 예수 그리스도가 값을 지불하고 사신 바 된 성도들에게 있어 모든 것은 하나님의 은혜이며, 따라서 그 재산을 하나님을 위해 사용하는 것은 신앙의 유익이다. 경제적인 극기심을 키우는 것은 이 세상에서 자립심을 키우며, 신앙을 깊게 하고, 교회 전체에 일치협력의 정신을 배양하는

---

166 카사이 아키후(笠井秋生), 사노 야스히토, 시게 요시키(茂 義樹) 공저, 『사와야마 포우로』 참조.

것이 된다. 이러한 것을 위해서 사와야마는 성도들에게 십일조의 헌금을 가르치고, 가난한 가운데 교회를 위해서 부담하는 것은 영성의 향상으로 이어진다고 가르쳤다.[167]

이러한 사와야마에게 있어 경제적인 자급이란 바꿔 말하자면 신앙과 기독교 윤리 문제였다. 진실한 신앙에 뒷받침된 사와야마의 자급론은 교파를 넘어서 많은 교회에 영향을 미쳤지만, 그러나 그 엄격함은 당시의 교회 실정에 수용되기 힘들었던 부분으로 바르게 계승되지 못하였다.

2. '조합교회'의 자급 독립

이 교회는 설립 당초 자급 체제였지만 전도 지역의 확대와 함께 전임 전도자의 증가로 말미암아 선교회로부터 경제적 원조를 받지 않으면 안 되게 되었다(도히 아키오, 『일본 개신교 교회의 성립과 전개』, 113 참조). 그러나 일본인들은 그 기질상 자급과 자치를 달성하고자 했고, 아메리칸 보드도 일본인 교회의 자급을 그 기본 방침으로 세웠다. 또 정치적으로도 자치 교회의 형성으로 성장하는 것을 환영했다.

1888년에 '일본조합교회'가 설립되었을 때 그것은 미국에 있던 회중주의 교회와 어디까지나 별개였고, 교파적인 전통에도 직접적인 관계를 가지지 않는 것을 방침으로 하여 조합교회 조직 제도상에 반영시켰다. 그러나 아메리카 보드로부터의 원조는 조합교회의 전도기관인 '전도회사'(傳道會社)로 보내어졌고, 물론 그 외에도 직접, 간접으로 원조를 받는 교회가 있었기에 자급 독립의 열매가 좀처럼 맺히기 어려웠다.

1893년 제8회 총회는 미국 선교회로부터 원조받는 교회를 '전도교회'로 규정하여 독립(자립) 교회와 구별하였으며, 그 대의원은 총회에서 결의

---

167 '教會費自給論', 『우에무라 마사히사와 그 시대』 2권, 246-254.

권을 가지지 못하는 원외의원이라 규정했다. 그러나 여전히 선교회로부터의 원조는 각 교회의 자급과 독립을 저해하는 요소로 남아 있었기 때문에, 마침내 1895년 제10회 총회에서는 아메리칸 보드로부터 '전도회사'로 송금되어 오는 기부금을 사절하기로 결의했다.

이렇게 자급과 독립의 길로 딘행을 결심힌 배경에는 청일전쟁을 시작으로 불거져 나온 내셔널리즘과, 외국인에게 약점을 잡히는 것에 대한 사회적 비판을 모면하기 위한 의도가 있었다.

아메리칸 보드로부터의 기부금을 전면적으로 사절한 것은 당시의 조합교회로서는 아주 위험한 모험이었다. 그러나 일치협력의 정신이 있다면 현실의 어려움을 이겨낼 수 있다는 '정신주의적 윤리'(도히 아키오)가 대세를 차지하고 있었다. 조합교회가 독립으로 발을 내디딘 것은 '전도회사'의 회계가 악화 일로에 있었던 아주 힘든 조건 가운데서 독립자급에 착수했다는 것을 의미하였다.168

그후 제21회 총회에서 이전의 아메리칸 보드가 원조하여 온 교회를 조합교회가 모두 수용하여, 선교사들은 오로지 '강의소(講義所)'(개척전도지)에서 사역하게 되었다. 그리고 선교사들은 '전도회사'의 객원으로 봉사하면서 선교회와 일본인 교회와의 협력이 안정된 시기를 맞이하게 되었다.

3. '일본기독교회'의 자급 독립

'일본기독교회' 역시 거의 비슷한 시기에 본격적인 자급 독립을 향한 움직임이 보인다. 일본기독교회의 경우는 크게 두 시기에 집중적으로 논의되었다고 볼 수 있다. 첫째는 1894-95년의 '일본기독교회전도국조례'(日本

---

168 시게 요시키, '일본基督敎傳道會社의 獨立과 에비나 단죠', 『기독교社會問題硏究』 제24호, 122.

基督敎會傳道局條例)의 개정이며, 둘째는 그 10년 후 1904-05년의 이른바 '독립 건의안' 문제였다. 전자는 노회 차원의 전도를 총회에 집중시킴으로써 독립 정책을 기한 것이라고 한다면, 후자는 각 개교회의 독립을 위해서 노회에 그러한 독려를 간구한 것이라고 할 수 있다.

먼저 '일본기독교회전도국조례' 에 의하면, 일본기독교회의 전도 체제는 노회의 전도위원이 독자적인 방침으로 노회내의 전도를 관리하는 형태였다. 총회 전도국은 전도 자금의 모금과 그것을 각 노회에 분배하는 것을 주된 업무로 하였다. 이런 체제에서 조례를 개정하여 총회 전도국의 권한을 강화하여 노회 중심의 전도를 중앙에서 통괄하려는 것이었다.

전부터 각 노회가 가졌던 전도 계획의 많은 부분들이 외국 선교회가 시작하는 개척 전도에 의해서 좌우되는 경향을 가지고 있었다. 그것은 일본인들의 손에 의한 자주적인 전도를 저해하는 것으로 나타났다. 1894년의 제9회 총회는 많은 파문을 불러 일으켰는데 특히 나니와(浪速) 노회로부터 중앙 전도국의 폐지안이 제출되는 등 지방 분권인가, 또는 중앙 집권인가 하는 심한 대립 양상을 보였다.

이러한 상황에서 총회 전도국에 힘을 실어주고 그 권한의 강화를 주도한 자가 우에무라이다. 그는 선교사에 의한 일본 전도는 '10년이 하루' 와 같은 노력과 수고가 없는 것으로 이해하고, 일본인 스스로의 힘으로 전도를 책임져야 할 시기가 지금 도래했다고 이해하였다(『우에무라 마사히사 저작집』 제6권, 153).

그와 같이 '일본인에 의한 일본 전도' 는 일본 교회의 오랜 과제였지만, 의지가 빈약하고 실천 행동이 연약하여 그것을 실현하지 못하였다(『우에무라 마사히사 저작집』 제6권, 156). 그러나 '목하의 형세를 관찰' 할 때 종래의 '소작인적 전도' 에 언제까지 만족할 수는 없었다(『우에무라 마사히사 저작집』 제6

권, 158).

우에무라가 말하는 "목하의 형세"가 구체적으로 무엇을 말하는지 단정할 수 없지만 먼저 교전 중의 정일전쟁을 말하는 것으로 보인다. 일본국가 그 자제가 소작인적인 입장을 벗고 있는 이때에 교회가 이대로 '소작인적 전도'에 만족하고 있을 수 없다는 내셔널리즘적인 독립론이라고 말해야 할 것이다.

어찌했든 총회 전도국은 선교회의 협력이나 원조로부터 이제 자주 독립된 전도기관이 되었다. 한편 각 노회의 전도에 대하여는 그 다음해 제10회 총회에서 '전도국조례(傳道局條例)'를 개정하여 노회는 전도위원규칙을 총회에 제출하여 인가를 받아 노회가 독자적으로 전도 사업을 할 수 있게 하였다. 또한 선교회와 협력할 경우 협력의 원칙을 총회에 제출하여 인가를 받아야 하는 것 등으로 개정했다(『일본기독교회사』, 235-239).

다음은 '독립건의안'으로 이 건의안 논의는 제18회 총회와 제19회 총회에서, 또한 그 사이의 기간을 통해서 관계자들에 의한 격론이 교착되었기 때문에 상황의 추이를 간단히 설명하기가 곤란하다.169 결론적으로 말하자면 이 결의로 말미암아 미자립 교회를 '가(仮)교회'(전도교회)로 구분함으로써 일본기독교회가 그 본질에서 자급하는 자립교회에 의해 구성되는 단체로 출발한 것이다.

물론 그것은 미자립 교회를 교회로 인정하지 않는 독선적인 처리가 아니다. 여기에는 많은 배려가 수반되었다. 따라서 건의안으로 노회와 각 개교회에 자립과 자급에 대한 확고한 결의의 요구를 보여주었다.

---

169 자료는 『우에무라 마사히사와 그 시대』 4권, 489-532; 이가라시 요시카즈(五十嵐喜和),
    '일본基督敎會의獨立自給路線에 관한 고찰 明治 37-38년 所謂 '獨立建議'의 전말과 그
    주변',『개혁교회의 전통 계승』에 수록.

제19회 총회는 이러한 결의의 취지를 보다 확고히 하고자 ‘독립 및 협력에 관한 제 교회에 전달하는 문서’를 총회의장 이름으로 발송하여(집필은 우에무라), 이 결의가 일본기독교회의 ‘정신적 시금석’이 되고 ‘극기와 헌신으로’, ‘참으로 교회다운 체질의 구현을 기대’하는 것임을 보여주었다.[170]

4. 선교회 협력의 추이

‘일본기독교회’는 여러 선교 단체와 일률적인 관계를 가진 교회가 아니었다. 따라서 그 조정은 아주 곤란한 것이었다. 선교회로부터 독립을 지향하는 사람들은 협력의 원칙을 엄격하게 하여 일본측의 자주성을 요구하면서 총회가 그것을 지도하는 방향으로 문제를 이끌어가고자 하였다.

제11회 총회는 ‘협력 선교’에 대한 정의를 내리면서 ‘각 노회 내부에 사역하는 선교회 및 노회가 선정한 동수의 위원 사이에 전도에 필요한 모든 사업을 상의하고 실행하는 것’으로 규정하였다(『일본기독교회사』, 346).

이 엄격한 조례는 각 선교회의 반발을 유발시켰고 남북장로교, 북 영국 장로교, 네덜란드 개혁파, 독일 개혁파, 쿰버랜드(Cumberland) 장로교 등은 총회가 제시하는 조건에 대한 협력을 거부했다. 이후 몇 번에 걸친 양자간의 협의도 전혀 진척을 보이지 않아 결국 1898년부터 ‘일본기독교회’는 여러 선교회와의 공적 관계가 단절되기에 이르렀다.

여기에 덧붙여서 제19회 총회에서는 실질적으로 선교회와의 협력이 존재하지 않는다는 의안을 확인하는 조치를 취했다. 그리고 동 총회가 발표한 ‘독립 및 협력에 관한 제 교회에 전달하는 문서’에서 ‘독립’ 결의에 대한 의지를 확고히 나타내 보이며, 정식적으로 선교회와의 단절을 공시하

---

170 『우에무라 마사히사와 그 시대』 4권, 526-529.

는 몇 개의 조항을 덧붙인 것이었다.

> 이미 외국 선교회와의 협력 관계를 단절한 이상, '일본기독교회' 에 출입하는 외국 선교사는 이 교회와의 협력하는 것이 당연히 불가능하게 됨으로써 앞으로 개인적으로도 협력자가 될 수 없다. 또한 협력이 단절된 외국 선교사는 노회와 총회에서 원외의원 자격을 얻을 수 없다.

다시 말해서 공사간의 모든 관계가 단절되는 것을 표명했다. 이처럼 외국 선교사들과의 관계가 냉정 관계로 변화된 시기가 러일전쟁 때였다는 것은 선교회 협력과 국민주의와의 관계를 나타낸다고 할 수 있다. 그것은 러일전쟁의 승리에 의해서 일본이 열강에 들어서게 되는 지위를 확보한 때에, 다시 선교회와의 관계가 호전되어 일단 안정기를 맞이하는 것으로도 증명될 수 있다.

이것은 일본의 국력을 배경으로 하는 자신감이 외국 선교회와 '대등' 한 관계의 협력을 바라보고 '일본기독교회' 를 추진시켰다고 말해도 과언이 아닐 것이다. 다시 말해서 1906년 제20회 총회는 이부카, 임브리, 우에무라에 의한 '협력 선교법' 을 결의하여 선교사의 전도 사업은 총회 전도국과 긴밀한 협력 아래에서 수행되어야 할 것과 선교회 사업을 '일본기독교회' 가 관할하는 권리를 가진다는 것을 승인하도록 요구했다(『일본기독교회사』, 358).

이와 같은 조건하에 '협력 선교회' 가 된 것은 미국 북 장로교회 서부 선교회, 합중국 리폼드 선교회, 미국 프레스비테리안 동부 선교회 등 세 곳이다. 협력 선교법의 조건을 승인하지 않았던 남 장로교회 선교회 등은 제23회 총회가 결정한 '약정 선교회' 로서 '일본기독교회' 와의 관계를 계승하게 되었다. 여기에 참고적으로 제5조 '수정 조항' 을 생략한 '약정 선교' 를 게재한다.

제1조 선교회는 '일본기독교회' 신앙고백 헌법규칙을 성실히 수용해야 한다. 그것을 통하여 그와 관계하는 곳의 목사, 전도사, 전도교회 및 강의소에 충분 합당한 자로 인정한다.

제2조 선교회에 속하여 전도에 종사하는 자는 노회에서 전도자의 인준, 또는 목사의 취임식을 행한 자로 한다. 그렇게 하여 그 교사된 자는 노회 및 총회의 원외의원이 되는 자격을 가진다.

제3조 선교회 소속 전도교회 및 선교회 강의소는 '일본기독교회' 와 기관적인 관계가 없는 것으로, 단지 일본기독교회의 통계표에는 난외에 기재하고, 또한 매년 일회 그 재정 및 심령 상태를 노회에 보고하고, 또한 일본기독교회 전체의 유익을 추구하기 위해서 응분의 노력을 다해야 한다.

제4조 선교회가 교회를 건설하지 않을 수 없을 때, 선교회 소속 전도교회 또는 선교회 강의소가 교회가 되고자 할 때는 가까운 노회에 신청하여야 한다. 그리하여 교회가 건설될 때는 곧 '일본기독교회' 가 된다.

이 시기의 자급 독립과 선교회 협력의 추이는 무엇을 나타내는가? 외국 선교회와의 관계 제휴를 약화시키는 결과를 초래한 자급 독립론의 배경에는 명약관화하게 내셔널리즘이 존재했다는 사실이다. 자급 독립의 교회 경영에 대한 열렬한 희망이 국민주의라는 사상에서 나왔고, 그 국민주의가 강하게 되면 될수록 선교회와의 협조가 희박하게 되었다. 국민주의는 교회의 합동을 촉진시키고, 국민주의의 쇠퇴는 교파주의 노선을 강화시켰다는 반대 관계 역시 진실이다.

그 관계는 단순 명료한 것으로 내셔널리즘의 강화, 합동 운동, 그리고 자급 독립론이 서로 일원적으로 연결되었다. 반대로 교파 노선이나 선교회와의 협력은 국민주의가 절대적인 규범으로 교회를 좌우하지 않는 자유 시대를 전개시킨다.

이러한 결과는 1890년대 이후 수년간, 국민주의 앙양(昂揚) 시대와 일본 제 교회의 교파노선 관계를 설명하지 않는다. 그러나 이 시기는 메이지 10년대(1877년)에 사회적으로 기독교가 반권력적인 모습으로 인식되어 있었기 때문에, 교회가 국민주의의 새로운 동항(헌법, 교육칙어 체제)에 합승하지 않았다는 것에 그 원인이 있다.

메이지 30년대(1897년) 후반기가 되면서 교회는 사회의 일반적인 내셔널리즘을 공유하게 되었고, 선교회로부터도 독립을 시도함으로써 국민적 자치 조직으로서의 증명을 내보인 샘이다. 다시 한번 언급하자면 제2차 대전의 광신적인 내셔널리즘이 선교회와의 단절을 불가피하게 만들었고, 전후의 제 교파 난립이 내셔널리즘의 철저한 이완에 유래한다는 것도 이로써 충분히 설명될 수 있다.

선교회 협력을 추진 또는 후퇴시킨 요인이나 동기는 물론 이러한 것뿐만 아니라 보다 복잡하지만, 그러나 내셔널리즘 문제가 그 주요한 동기였다는 사실은 부정할 수 없다. 본래 진리 문제로, 즉 복음 전도의 책임을 어떻게(How) 담당하고, 또한 무엇(What)을 향한 선교인가 하는 시점에서 다루어져야 할 주제가 이와 같이 사회적인 사정에 크게 좌우되었던 것은 아주 슬픈 일이다.

그러한 곳에서 일본의 근대 '사상'이나 '신념'(또는 이념)이 충돌했던 근본 문제와 공통적 약점이 보이며, 일본의 교회가 이후에 투쟁해야 할 과제도 여기에 존재한다고 말해야 할 것이다.

일본의 교회 역사에서 주체성이라는 것이 일관적으로 자각되고 주장되어 왔지만, 그것이 어디까지나 선교회와의 관계에 한정되는 경향이 있었다. 그래서 선교회에 대하여 주체성을 전면에 내어놓는 것은, 결국 동시에 일본 국가 사회의 내셔널리즘에 굴복(또는 자발적인 동의)하는 것으로 이어진 것이다.

‘국민적인 주체성’이라는 생각은 그 자체가 틀린 것은 아니며 오히려 그것에 의해서야 비로소 복음의 토착이 가능하게 되지만, 그러나 교회가 자신의 독자적인 원리와 방침을 가진 그리스도의 몸인 까닭에 무엇보다도 국가의 권위에 대한 교회의 자율성이 무엇보다도 먼저 요구되어져야 할 것이다.

5. 우에무라 - 에비나 논쟁

신학은 교회가 성서를 통해서 배우고 믿는 것을 학문적으로 파악하는 작업이며, 또한 그러한 것을 통하여 교회가 행하는 선포의 내용을 정비하고 음미하는 것을 그 사명으로 한다고 볼 수 있다. 다시 말해서 교회를 장(場)으로, 성서에 계시된 하나님의 말씀이라는 주제를 통하여, 복음의 순수성을 견지하는 것을 동기로 선포와 신앙 고백을 목표로 하는 것이 개신교 신학의 과제라는 것은 대략적으로 동의할 수 있을 것이다.

그러한 점에서 고찰할 때 메이지 시대가 가지는 신학이 충분한 점에서 ‘신학’적인 요건을 구성하고 있다고 간주하기는 어려울 것이다.[171] 다시 말해서 메이지 시대에 나타나는 신학은 윤리사상, 사회사상, 정치사상, 과학사상 등에 대하여 자신의 신앙 체험을 논쟁적, 또는 변증적으로 관계시킨 것이 대부분이다. 성서, 교회, 선포, 그리고 고백이라는 기독교 본래의 신학적 환경을 구비하지는 못했던 것이다. 물론 그것은 충분한 교회 성장을 이루지 못한 상황이었고 따라서 신학적인 자각도 미숙하였던 시기였기 때문에 당연한 결과였는지도 모른다.

이러한 현상은 결코 교회 지도자들이 신앙의 신학적 파악에 무감각했다

---

171 쿠마노 요시타카, 『일본기독교 신학사상사』는 그러한 대국적인 판단하에서 기술된 책이다.

든가, 또는 불성실했다는 것을 의미하지 않는다. 애당초 선교사들이 가져왔던 서구의 기독교 신학에 대한 동의와 반발, 또는 회의 등의 형태로 서서히 자각되어 갔고 이윽고 그것이 일본인 자신의 손에 의한 신학적 지평의 개적이라는 욕구로 이어지게 되는 것이다.

'일본기독교회'를 예로 들자면 신학적인 자각을 보여주기 시작한 사건이 두 가지 발생했다. 하나는 우에무라와 에비나 사이에 일어난 논쟁이며, 또 하나는 '동경신학사(東京神學社)'와 '코오베(神戶) 신학교'의 설립에 관한 문제이다.

전자는 '일본기독교회'로 대표되는 복음주의가, 신신학이나 자유주의 신학으로부터 선을 긋고자 한 사건이며, 후자는 동일한 복음주의 내부에서 엄밀한 개혁주의 전통에 서고자 하는 입장(코오베 신학교)과, 폭넓은 복음주의에 의해서 보편적 교회의 확립을 지향하는 입장(동경신학사)과의 상이가 표면화된 것이다.

우에무라는 '메이지 학원'에서 교편을 가졌지만 1903년 그가 사용했던 교과서(W. N. Clark, 『기독교 신학』)에 대하여 동학원의 보수적인 선교사들로부터 비판을 받았기 때문에 그는 학원을 사직했다.

물론 사직의 이유가 교과서 문제만이 아니었던 사실은 당시의 소식통(야마모토 히데테루의 담화, 『우에무라 마사히사와 그 시대』 제3권, 525)으로부터도, 또한 근대의 연구로부터도 지적되고 있다. 그러나 그 본질적인 이유는 신학적인 것이었음은 명백한 사실로 새로운 신학교의 설립에 그가 쏟은 정력이 그 사실을 웅변적으로 말하고 있다. 그 다음해(1904년) 그는 '동경신학사'를 세워 독립 자치의 원칙을 관철하였다.

한편 교과서 문제와 관련하여 신학적으로 보수적인 견해를 가진 남장로교회는 메이지 학원과 선교회 협력에 관한 모든 관계를 단절하고 1907년

'코오베 신학교'를 개설하였다. 풀톤(Samuel Peter Fulton)이 메이지 학원에서 옮겨와 초대 교장으로 취임하였다. 이렇게 하여 '일본기독교회' 내에 복음주의에 대한 다양한 측면이 존재하고 있었다는 사실을 보여주었다.

6. 신학 논쟁의 경과

논쟁의 발단은 '20세기대거전도운동'을 주최한 '복음동맹회'에 대하여 우에무라가 의문을 던지면서 시작되었다. '복음동맹회'는 어떠한 이유인지 에비나 단죠를 강사에서 제외시키고, 더욱이 같은 복음동맹의 회원이었던 '후큐후쿠인교회(普及福音教會)'를 이 전도에서 배제하려고 했다.

우에무라는 이미 복음동맹회에 가맹한 사람들을 이른바 '복음주의'라는 틀에 맞지 않다는 이유로 배척하는 것은 이치에 맞지 않는다고 주장했다(『우에무라 마사히사 전집』 제5권, 248-253). 우에무라가 이때 주장하고자 했던 것은 '복음동맹회'가 가지는 성격이 명확하지 못하다는 것이며, 그러한 의미에서 이 단체가 전도 사업을 맡는 것이 가능한가 하는 의문이었다.

처음부터 '복음동맹회'는 애매한 모임이다. 그 결합의 기초는 복음주의라 하지만 소위 복음주의란 무엇인가? 그 성격 및 범위가 대단히 애매하다. 영국감독교회에도 일종의 복음주의가 있다. 우리나라에도 그리스도를 하나님으로 인정하지 않는 독일의 '보급복음교회'가 있다. 소위 그리스도로 돌아가라고 외치는 극단적 자유주의 신학자도 복음주의에 대하여 우리가 설명하는 것과 같다고 단언한다.

복음주의가 가지는 성격 및 범위에 대하여 혼란스러운 모습을 보이면서 '대거전도'란 도대체 가능한가? 하는 것이다. 이러한 비판은 전도를 순수하게 교회적인 사업으로 간주하려는 우에무라의 확신을 나타내는 것으로 이해할 수 있다.

사실 문제의 발단에서 보자면 우에무라는 결코 에비나와 논쟁을 기도하지 않았다. 신학 전문가들의 눈으로 보자면 논쟁 전체가 본격적인 신학 논쟁이라 할 수 없었다. 단지 우에무라측이 '설교를 한번 훑어보고 응수한 것에 지나지 않은' 것이라 평한다. 처음부디 우에무라의 의도는 '복음동맹회'의 '흥행사'(이른바 부흥사)를 안중에 두고 있었다고 전해진다(쿠마노 요시타카, 『일본 기독교 신학사상사』, 87).

어찌했든 논쟁의 경과를 보면 다음과 같다. 이른바 '복음주의'의 애매함에 대한 우에무라의 비판은 에비나를 논쟁의 무대로 끌어올리는 것으로 시작한다.

에비나의 설교에 대한 우에무라의 평론을 보고 즉시로 1900년 10월 에비나는 잡지 『신인(新人)』에 '복음신보 기자에게 주는 글'을 기재하여 우에무라에게 그가 말하는 복음주의를 조금 깊이 있게 설명해주기를 바란다고 응수하면서, 그것을 듣고 난 후에 서로 다른 점이 있다면 그때에 '기탄없는 논쟁을 하자'고 조금 도발적인 뉘앙스를 나타냈다(『우에무라 마사히사와 그 시대』 제5권, 263). 이때 에비나가 문제시한 것은 '신인(神人)이 되어 세상에 내려오신' 이라는 항에 관한 것이었다.

> 영원하신 하나님께서 가변적인 이 세상에 '내려오신' 다는 것은 도대체 어떤 의미인가? 그것은 하나님의 편재 사상에 조화될 수 있는가?

이것에 대하여 우에무라는 자기는 격렬한 논쟁을 하고 싶어도 할 수 없지만, 그러나 '영계(靈界)의 실전'을 진실하게 치르고 싶다고 반격했다. '당신이 그리스도를 하나님이 아니라고 판단하여 신인(神人)이 되어 운운하는 주장에 반격을 감행하는가? 기독교 성도들이 역사적으로 계승하여 온 신앙에 대하여 비난하는 것과 같은 것을 공연하게 논의하고자 한다면, 그때

소생도 기독교 신앙의 주장자, 변호자로서 비기독교적 신앙이 되는 것을 공시하고자 당신과 논쟁을 개시하는 것도 마다하지 않겠다'며 복음주의자로서 각오를 솔직하게 피력했다.

이처럼 처음부터 우에무라는 자기의 역할을 정통신앙의 '주장자, 변호자'로 규정하고 상대를 '너무나도 진보적이며 자유로운 까닭'에 야유하는 등 논쟁을 유리하게 가지고 갔다. 결과적으로 에비나가 손해를 보고 우에무라가 득을 취했다고 말하게 되는 주된 이유는 거의 처음부터 예정되었던 것이라 해도 과언이 아니다.

한편, 에비나측에서도 우에무라가 유리한 자리를 구축했다는 것을 알고 있었다. 에비나로 말하자면 우에무라의 방법은 마치 '세례지원자의 입회 시험'을 하는 것과 같으며, 상대를 '이단시하고 사도(邪道)시 하여 마침내 파문에 이르게 하는' 이단 심문의 양상까지 보인다고 비난했다. 그리고 그 것이 '어떤 시대에도 자칭 정통파라는 자들이 취하는 태도'라고 규정한다.172 아주 냉정한 눈으로 논적을 응시하고 있음을 알 수 있다.

논쟁의 틀이 다시 한 번 정통파와 자유주의라는 도식으로 묘사됨으로써 이 신학 논쟁은 어떤 것을 명확하게 제시하기보다는 이미 명확한 사실을 확증하는 절차적 논쟁이라는 성격을 가진다고 할 수 있다. 따라서 논쟁 그 자체가 가져다주는 열매는 많지 않지만 이 논쟁이 우에무라와 '일본기독교회'에 미친 의미는 아마 무시할 수 없을 것이다.

7. 쟁점

이 논쟁의 직접적인 방아쇠는 '대거전도운동'이었지만, 그 본질적인 복선은 메이지 20년 이래로 유입된 '신(新)신학'이었다. 독일계 자유주의신

---

172 『우에무라 마사히사와 그 시대』 5권, 272.

학의 입장을 취하는 '보급복음교회' 또는 아메리카 유니테리언 협회의 크냅(A. M. Knapp)의 일본 입국 등으로 이성주의적이고 자유주의적인 신학이 유입되어 많은 교회에 여러 영향을 미쳤다. 특히 조합파 교회의 지도자였던 요코이시오(橫井時雄), 가나모리 스우린(金森通倫) 등은 신신학의 진성에 지발적으로 발을 들였다.

이 신신학은 하나님의 계시라는 초월적인 규준을 인정하지 않았고, 따라서 성서 특히 복음서에 대한 역사적, 비평적 연구에 힘을 쏟았다. 그 결과 그리스도는 구원자가 아니라 인류의 도덕적 선생으로 존경받는 것에 지나지 않는다는 것이다. 또한 유니테리언처럼 역사적으로 기독교의 기본적 신학인 삼위일체를 부정하거나, '플리마스 형제단'(the Plymouth Brethren)처럼 교회 제도를 경시하는 입장 등을 통틀어 '신(新)신학'이라고 간주하였기 때문에 그 영향은 단순히 신학뿐 아니라 교회 생활 전반 분야에 미쳤던 것이다.

우에무라는 일찍이 1890년대 초부터 신신학을 직, 간접으로 염두에 두고 몇 편의 논설을 발표했다(『우에무라 마사히사 저작집』 제4권, 259-323). 그가 교회의 자주 독립에 몸을 던지는 노력을 지불하면서도 다른 한편으로는 신신학으로부터 교회를 방어하기 위하여 칼을 연마했다는 철저함은 역시 범인의 견식은 아닐 것이다. 왜냐하면 일반적으로 신신학을 수용한 자들은 외국 선교사의 보수적, 고정적인 신학으로부터 자기를 해방시키고자 하는 욕망을 직접적으로 신신학을 수용하는 것으로 표출하였기 때문이다.

선교사로부터의 독립을 곧 신신학의 도입에 의해서 달성하려는 단락(短絡)적인 시각에서 우에무라가 피할 수 있었던 것은 역시 당시의 선교사들로부터 받은 정통적 복음주의에 마음으로 동의하였기 때문이며, 덧붙이자면 일치교회시대에 보수적 신학의 틀에 대한 반발을 가지면서도 학습할 수 있었기 때문이었다.

우에무라가 이 논쟁을 '그리스도를 어떤 분이라 할 것인가' 하는 그리스도론에 초점을 맞춘 것은 당시 종교계가 '종교적 감응' 이라는 애매한 모조적인 종교 체험으로 나아가려는 경향에 대한 비판이 있었기 때문이라고 말한다.173 그리고 무엇보다도 기독교 신앙 중심적인 이 물음('그리스도를 어떤 분이라 할 것인가' 『기독교와 그 사업』의 서두의 문장)을 빼고는 복음주의의 진가를 나타낼 수가 없기 때문이었다.

이 문제에 대하여 에비나는 그리스도가 하나님의 아들이라는 의식에 철저했다는 의미에서 그는 하나님의 아들의 실상을 가진다고 할 수 있다. 그러나 '말씀이 육신이 되어 사람이 되었다' 라는 요한적인 의미에서, 하나님의 아들이라고 생각하지는 않는다고 한다. 그러면서 하나님의 아들 의식은 어디까지나 '정의(情意)' (깨끗한), '부자유친(父子有親)'이 경애(境涯)' (부자유친으로 살아가는 방식)라는 주관적인 마음이라고 한다.

따라서 '기독교도는 그리스도를 믿는다. 그리스도를 믿는다는 것은 다름 아닌 그 인격, 그 정신에 결합하는 것에 있다. 다시 말해서 동감하고 동정하여 이것과 일치 융합하고, 결국 그를 가지고 자신화 하고 나를 가지고 그분으로 화(化)되는 것이다.' 174 이처럼, 그리스도와의 결합에 의해 하나님의 아들로서의 '실상' 을 사람도 또한 공유할 수 있는 것이다. 환언하자면, 그리스도와 일반 인간과 다른 점은 단지 '발달의 차이' 에 지나지 않는다는 것이다.

우에무라 역시 에비나의 신앙의 본질을 바르게 통찰하여 그것은 요컨대 그리스도를 믿는 믿음이 아니라, 그리스도가 믿었던 믿음을 우리들도 믿는 것에 지나지 않는다고 보았다(『우에무라 마사히사 저작집』 제4권, 346). '그리

---

173 요시나레 아키코, 『에비나 단죠의 政治思想』, 99-100.
174 『우에무라 마사히사와 그 시대』 5권, 298, 322.

스도와 에비나가 서로 다른 점은 선배와 후배 이외에 없다. 그는 선각(先覺)한 자이고 이는 후각(後覺)일 뿐이다'(『우에무라 마사히사 저작집』 제4권, 347).

양자의 상이점은 그들의 '신학론(神學論)'의 결론에서 명료하게 나타나지만 그들의 대립은 신학적 방법론의 상이에 기인하기도 한다. 우에무라는 스스로를 정통적 복음주의로 자신을 자리매김하면서, 신학적 소재 하나 하나를 성서 가운데서 찾아낸다. 이 논쟁으로부터 우에무라의 신학을 대표하는 『기독교와 그 사업』이라는 장편이 태어난 근본적인 이유는 그 이론의 구축을 위해서 복음서로부터 바울 서간에 이르기까지 전 성서를 제재(題材)로 하였기 때문이다. '정통신학의 상도(常道)'라는 전문가의 평가는 당연한 결과일 것이다(오카다 미노루, '植村高倉神學의 행방').

이것에 대하여 에비나는 어떠한 방법을 구사했는가? 그에게 있어 신앙의 논리는 결코 성서에 의해 규정되는 것이 아니었다. 먼저 성서가 있고, 그후에 종교의 내용이 만들어져 가는 것이 아니라 그 반대라는 것이다. 먼저, 종교적인 체험이 있고 그 결실이 성서로 결실을 맺게 되는 것이다. 더욱이 에비나에 의하면 성서에 기록된 언어문장의 종교체험은 이미 그 생명의 형기를 상실했기에, 성서 그 자체 가운데서 기독교의 본질을 이해하려는 것은 불가능하다. 결국, 하나님의 계시의 극치로서의 예수 그리스도의 성육과 그 계시의 문서화로서의 성서 두 가지가 모두 다 부정될 수밖에 없게 된다.

전체로서 이 논쟁을 보자면 그 논쟁에서 다루어지는 내용 그 자체는 '기독교 입문 정도의 주고받음'이라고 쉽게 평가될 수 있는 것이지만(쿠마노 요시타카, 『일본 기독교 신학사상사』, 246), 그러나 우에무라가 비장한 각오로 복음주의의 윤곽을 묘사하려고 했던 분투가 현저하다. 그리고 '복음이란 무엇인가? 예수 그리스도란 누가이신가?'라고 질문하면서 우에무라의 눈은 직접 논적의 이면에 있는 기독교의 복음 전도 실태를 보고 있었던 것으로 여겨진다.

　교회의 사명으로서 선포 내용을 어떻게 정비하는가에 대한 문제에 대하여, 우에무라가 제시한 해답이 『기독교와 그 사업』이라는 논문에서 표명된 것으로 보인다. 이러한 의미에서 앞서 기술한 것을 다시 언급하지만 이 논쟁은 신학과 전도의 관계를 처음으로 심각하게 묻는 기회가 되었고, 역으로 말하자면 교회가 그 선포의 과제를 완수하기 위해서 신학을 최초로 동원한 본격적인 자리였다고 말할 수 있다.

8. 메이지 시대의 신학 제(諸) 양상

　메이지 시대의 기독교가 몇 개의 선명한 특징을 가졌다는 것은 이미 상술하였다. 초기의 윤리주의적인 특징, 국민주의에 뿌리를 내린 자주독립의 융성, 법적인 정신의 결여에서 오는 교회 이해에 대한 불명확성, 초기 문화적 사회적 관심의 확대와 그 쇠퇴, 성서에 대한 열심과 그 역으로서의 전통에 대한 반발 등이다. 이러한 성격이 신학에 반영될 때 그곳에 어떠한 양상이 비추어지는가를 요약해서 기술하고자 한다.

　먼저 일본에 이식된 기독교의 기본적인 특징은 주로 서구의 청교도 신앙과 공통된 점이 많다. 그것은 윤리적 경향을 강하게 가지며, 사회에 대한 문화 형성의 저력을 공급한다. 물론 청교도 신앙이 가지는 윤리성은 은총과 구원과의 대립 관계로 보아서는 안 된다. '청교도적 윤리 종교는 은총에 기초된 윤리종교, 금욕종교로 이해되어져야 한다' (오오키(大木英夫), 『歷史神學과 社會倫理』, 56).

　그러나 일본에 온 선교사들은 청교도 신앙이 가진 본래적인 그 자체를 이식한 것이 아니라 북미에 일어났던 신앙부흥운동을 그 배경으로 가졌던 것이다. 이러한 관점에서 보자면 일본 기독교를 '복음주의' (Evangelism)라

부를 수 있을 것이다(사또우(佐藤敏夫), 『일본 기독교와 신학』 1장, 2장). 이 '에반젤리즘'은 우에무라가 말하는 '복음주의'라는 용어와 공통점을 가지지만, 그것보다 더 넓은 개념으로 이해된다. 이 에반젤리즘은 신앙 부흥(revival)적인 경건수의 성향을 가진다.

① 이러한 관찰로부터 이 에반젤리즘은 신학적 관심, 또는 교파적인 특색을 신학 가운데 요구하는 것에 아주 소극적이었다고 볼 수 있다.

② 더욱이 교회라는 현장에서 신학적 구속을 받지 않는 자유로운 방식으로 전개하며, 간단한 신앙고백을 가짐으로써 가능한 초교파적인 방향으로 확대시키는 노선으로 나아간다. 그리고 이 에반젤리즘은 신조와의 관계를 희석시키면서 오로지 당면한 사상적인 상황에 대응하는 '사상적 신학(思想的 神學)'의 특색을 가진다고 할 수 있다.

③ '에반젤리즘'적인 기독교는 전도에 아주 열심이다. 그곳에는 신학적인 노력과 학문적인 방향보다도 실천적인 전도의 유효성을 목표로 한다. 즉 '전도적'이라는 신학적 특색이 이 시기에 잘 들어맞았다고 보아진다. 그것은 구체적인 신학 형성을 위해서, 특히 설교라는 실천적이며 교화적인 장을 편집할 수 있었다는 의미이기도 하다. 실로 메이지 시대에 기독교 지도자는 자신의 저작보다도, 설교에서 보다 명료하고 직접적으로 자신의 신학적 소신을 말하는 경우가 드문 것은 아니었다. 우에무라가 그 대표적인 한 사람이다.

④ 또한 신앙의 경건주의적 방식은 신학에서도 체험적인 강조로 나타난다. 복음주의 논쟁 가운데서 보았듯이 에비나는 종교체험 그 자체를 신학적 사색의 출발점으로 했다. 더욱이 에비나의 경우 그 체험주의의 원류가 북미의 신앙 부흥에 있었다기보다 오히려 유교적 종교 이해로부터 나온 것으로 이해되어진다. 오히려 우에무라의 방법 가운데 '체험'(실험)이 차지하는 의미가 지금 이 문제에 적합할 것이다.

'종교, 다시 말해서 영성 생활은 교리를 근본으로 한다. 그 사상을 정확(精確)하게 하는 재료는 모두 실험적 종교로부터 취하지 않으면 안 된다. 하나님을 숭배하고, 그리스도를 사랑하는 성숙은 꽃을 피우고, 열매를 맺게 하여 결국에 교리가 된다'(『우에무라 마사히사 저작집』 제6권, 132). 체험이 먼저고, 교리가 그것을 따른다. 또는 체험이 시작이고, 교리가 마지막이라는 관계는 메이지 신학 사상의 전반적 특징이라고 말해도 과언이 아닐 것이다.

⑤ 교회에 관한 이해가 빈약하고, 기독교의 전통에 관한 관심도 희박하다고 한다면 신학적인 주제로서 교회론, 특히 성례론 등이 주목받지 못하는 것은 당연한 결과일 것이다. 물론 교파에 따라 특색이 다르고 성례에 대한 자각의 강약이 인정되지만 일반적으로 교회관이 불명확하며, 그리고 설교에 쏟아 붓는 정력에 비교하면 성례에 대하여는 무관심 또는 반발적인 것이 지배적이었다. 그것은 경건주의적(신앙 부흥적) 기독교의 당연한 귀결일 것이다. 성례전에 대한 신학적 반성의 결여는 타이쇼(大正) 시대에도 극복되지 못하였다. 이러한 경향은 메이지-타이쇼의 기독교에 일관된 것으로 보인다.

⑥ 마지막으로 성서주의적 경향이다. 이것은 신학의 방법론적인 의미에서의 성서주의라기보다는 신앙 생활상에서 성서의 위치를 생각하는 것이다. 성서 한 권만 있으면 충분하다는 확신은 신앙부흥운동이 가져다 준 결과로 그것은 신앙생활을 교리나 신조에 의해 고정화하는 것으로부터 해방시키고, 신앙과 생활의 재생을 촉진시키는 활력으로 생각했다. 또한 성서주의는 이미 언급한 '신(新)신학'의 비평적 연구에 의해서 동요되었지만 복음주의 논쟁에 의해서 위기를 극복하고, 그것에 의해서 보수적인 성서 생활을 일본 기독교의 일반적 전통으로 유지할 수 있었다.

이상과 같이 메이지 후기를 중심으로 하는 신학의 특색을 요약했지만,

기독교의 구체적인 노선은 크게 세 가지로 분류할 수 있다.

그 첫째는 복음주의 신앙에 입각하여 교회를 중심으로 하는 기독교를 확립하고자 하는 부류로서 우에무라(일본기독교회), 오자키(小崎, 조합교회). 혼다(감리교) 등이 그것을 지도했다.

두 번째는 위의 ⑤⑥을 신학적인 배경으로 하면서 신앙적으로는 복음주의에 서지만 교회의 존재 입장을 부정하는 우찌무라와 그의 무(無)교회주의가 여기에 속한다.

세 번째로, 신(新)신학의 일파로서 유니테리언주의를 배경으로 메이지 후기의 교회가 사회적인 관심을 상실하고 일본 사회에 정착해 가는 것에 불만을 품고, 사회주의 운동에 몸을 던지는 길이 있다. 아베 이소오(安部磯雄), 무라이(村井知至) 등에 의한 기독교적 사회주의이다.175

일본 기독교가 정전(正典)으로서 일본어 성서 전권을 가지게 된 것은 1887년도이다. 따라서 신학이라고 할 수 있는 움직임이 겨우 이때에 출발점에 들어서게 되었다고 볼 수 있다. 또한 교회가 일본인의 신앙적 성숙에 의해서 일단 안정적인 형성기에 들어서게 되는 것도 정전으로서의 성서를 가진 이후의 약 10년간의 시기였다.

이러한 사정을 고려하면 신학이 그 본래의 조건을 다 갖추어서 전개되는 것을 그 당시의 교회에 기대한다는 것은 무리일 것이다. 그 제한된 미성숙기의 조건 아래에서 교회가 여러 가지 시행착오를 두려워하지 않고 사색하며, 또한 선교사들의 타당한 지도와 사역의 도움과 함께 메이지 후기의 교회가 '복음주의'라는 견실한 토대를 형성할 수 있었다는 것은 아주 감사해야 할 것이다.

또한 이미 언급했듯이 이 시기의 교회가 외부적으로는 국가주의, 그리

---

175 스미다니, 『近代일본의 形成と기독교』, 138-139.

고 내부적으로는 '신(新)신학'이라는 두 개의 큰 문제로 고투하지만 이것은 또한 전자는 기독교의 '토착' 문제로, 후자는 기독교의 '정통성' 문제에 대한 시련이었으며 동시에 도전으로 생각할 수도 있다.

그리고 국가주의로부터의 비난과 공격에 대하여 전통적인 사회질서의 우세 아래에 존재하게 되고 또한 초기의 전투적 자세를 감퇴시켰다는 비판을 받지만, 일단 사회 속에서 안정된 행보를 획득하기 위해서는 어쩔 수 없었던 선택이었다고 말할 수도 있다. 다시 말해서, 토착을 향한 기초를 다지고 있었다고 판단할 수 있는 것이다.

한편 신신학과의 투쟁에 대한 결착을 내림으로써 이 시기의 교회적 상태가 '정통성'을 향하여 건전한 노선을 걸어가고 있다는 것을 보여주었다고 그 당시의 교회 상태를 평가할 수 있을 것이다.

제9장
우에무라 마사히사(植村正久)와
우찌무라 칸죠(內村鑑三)
- 교회와 무(無)교회 -

1. 우에무라 마사히사의 인간상

우에무라가 일본 교회의 역사에서 차지하는 역할은 다방면적이다. 그 재능은 그의 전기 작가가 말해 주듯이 '교육가, 기자, 조직가, 투사, 신학자, 여행가, 시인, 가정인, 문명 비평가 등'으로 그 다재다능은 근대 일본 사상사, 정신사에서 빼놓을 수 없다(아오요시 카츠히사, 『우에무라 마사히사 전』, 492). 그러나 우에무라는 그 풍부한 은사를 교회의 형성에 쏟아 부었고, 단순히 학자로서 문필가로서 교육가로서의 능력을 무용하게 소비한 것이 아니었다.

> 선생은 학계에 대하여 말하지 않고, 문단에 대하여 개의치 않고, 또한 사회에 대하여 직접적인 말을 던질 여유도 없었다. 선생의 상대는 교회와 그 문전이나 주위에 어슴푸레하게 존재하는 무수한 불쌍한 영혼이었다.176

전도자로서는 전투적인 기백이 있었고, 목회자로서는 엄격한 부성의 강

---

176 쿠마노 요시타카, '우에무라 마사히사', 『福音과 時代』 1948년 3월.

함과 모성의 자비함과 세심한 사랑을 제시하고, 설교자로서는 눌변이었고, 그가 나타내는 영적 깊이는 비교할 수가 없었다. 동경 후지미쵸(富士見町) 교회를 설립했고, '일본기독교회'의 지도자로서 교회의 기본 노선을 지도하고, 신학교를 경영하고, 죽기까지『복음신보』(福音新報, 주간)를 발행하여 언론을 통한 교회의 현재와 미래 방향을 모색하였다.

그의 인간됨은 '강한 자'(요시노〈吉野作造〉)로 평가되었다. 이토오 히로부미보다 그 강함에서 철저했다고 한다. 그것은 단순히 성격에서 강했다는 것도 아니며, 야심이나 권력욕에 강한 것도 아니다. 때때로 영수(boss)의 기질이 있는 사람으로 이해되었고, 또한 그 강인함이 오해와 반발을 산 적이 있었다. 그러나 본질적으로 '내가 약할 때 강하다'는 바울의 고백으로 이어지는 것으로 보인다. 자신의 약함이 어디에 있는지를 알고, 생애를 통하여 그것과 싸운 것이다.177

야마지 아이산(山路愛山)은『내가 보는 예수교회의 여러 선생들』가운데서, 우에무라의 특성을 다음과 같이 기술한다.

그의 머리는 과학적이지 않다. 논리의 정밀, 해부의 명석 등 운운하는 것은 그의 장점이 아니다. 그러나 그는 논리를 초월하여 해부를 경멸하기에 충분한 일종의 깊은 마음을 가진다. 이 마음은 시와 같이, 예언과 같이, 노래처럼 그의 마음 밑에서 솟아 올라 즉시로 독자의 마음에 스며든다. 그것은 초월자의 실재에 접하고, 또한 그것을 원천으로 하는 종교적 직관력을 나타내는 것이라고 할 수 있다. 그러나 우에무라의 인간상이 단순히 종교성에 의한 깊음과 강함이라고 말할 수 없다.178

이시하라(石原謙) 박사는 우에무라의 종교를 '뜻의 종교(志의 宗敎)'라고 한

---

177 우에무라 타마키(植村環), '부모와 우리들',『우에무라 마사히사와 그 시대』2권, 761.
178 『우에무라 마사히사와 그 시대』제5권, 254.

다.179 이 '뜻' 이란 '그리스도의 명령을 받들고, 그것에 뜻을 두고, 성의를 가지고 따르는 것' 으로 말하자면 '하나님의 뜻' 을 바라보는 것이다. 한편으로 일본의 전통적인 정신에서의 '뜻' 이 제거되기보다는 오히려 살려서 육성되는 관계를 가진다고 말한다. 여기서는 하나님의 의지에 대한 실천적이며 능동적인 복종이 '뜻' 으로 일컬어진다.

더욱이 우에무라의 '뜻' 을 자기 무능으로 슬퍼하고, 그리스도에 의한 속죄와 성화의 사역에 전면적으로 의존할 수밖에 없는 죄인의 슬픔과 표리일체(表裏一體)의 것으로 생각할 수도 있다(후지타 오사무, 『우에무라 마사히사의 福音理解』, 15-17). 그것은 하나님의 뜻에 대한 복종이라기보다 복종하지 못하는 자기를 부정하면서, '은혜의 지배속에서 성화의 길' 에 맡기는 곳에 뜻의 본질을 보고자 하는 것이다.

우에무라는 자신의 깊은 인격 안으로 그리스도를 받아들이면서 태어날 때부터 가졌던 전통적 정신이나 교양을 전면적으로 포기하기보다는 오히려 복음으로 그것들을 개조하고, 또는 세례(씻겨내면서)하여, 기독교 정신과 전통적 정신의 '접목' 을 성공시켰다. 우리는 한 개인의 인격가운데 뿌리를 내리고 토착하는 기독교의 인격 형성력이라 할 수 있는 것을 우에무라와 우찌무라 가운데서 볼 수 있다.

2. 교회관

우에무라의 활동은 교회를 기점으로 또는 그것을 목적으로 하였다. 결코 이것을 '수단' 으로 생각하지 않고 그리스도 신앙의 본질적인 것이라고 생각했다.

---

179 『우에무라 마사히사와 그 시대』 제5권, 439-448.

　기독교는 제도를 주된 것으로 하지 않고 정신을 근본으로 하지만 그 생활의 결과 그 자체로부터 견고한 단체를 이루고, 그 주의의 실행을 도모하고, 전 세계를 정복하는 제도를 조직하지 않는다면 지속될 수 없을 것이다. 이것을 기독교라고 한다(『우에무라 마사히사 저작집』 제6권, 239).

　이와 같이 눈에 보이는 성도의 단체로서 제도적 교회를 부정하는 기독교는 생각조차 할 수 없다. 신앙을 가지고 서로 교제하며 자기의 주장을 고집하기보다는 '단체의 주장'에 봉사함으로써 영적인 품성이 단련된다. 우에무라에 의하면 첫째로 교회가 설립되는 목적은 예배에 있다. 예배는 그리스도에 의해서 속죄함을 받은 자가 그 사랑에 감격하여 드리는 것으로, 또한 인간의 영혼 요구에도 아주 절실히 필요한 것이다. 따라서 예배를 도덕적 수양의 수단으로, 또는 개인의 안심과 목숨 유지를 위한 방편으로 생각하는 것은 그 본의를 그르치는 것이다. 예배가 이처럼 중요한 의의를 가진다면, 바른 신앙을 가지고 예배를 드리는 것은 당연한 것이다.

　바른 신앙이란 무엇인가? 그것은 '신조'의 정통성에 있다. 단순히 성심성의로 예배를 드리는 것이 아니라 신앙의 도리를 바르게 갖추어서 예배를 드리는 것이 교회의 전통이다. 따라서 신앙의 이동을 신중히 묻고, 어찌할 수 없을 때는 '서로 싸우는 것'도 피할 수 없다.

　이러한 우에무라는 가시적 교회를 신앙 · 조직 · 재정 등 전반에 걸쳐서 굳건한 것으로 만들어 가는 것에 전력을 쏟았다고 할 수 있다. 그것이 일본에서 기독교의 토대를 견실히 세우기에 필수불가결했다는 것일 뿐만 아니라, 제도로서의 가시적 교회에서 양육받음 없이는 기독교의 신앙 그 자체가 불안정한 것을 알고 있었기 때문이다.

　그러나 이것과 함께 우에무라에게 있어 교회는 '하나님 나라'라는 불가시적인, 그럼에도 실재적 세력으로 다가가지 않으면 안 되는 것이었다. 교회는 하나님 나라의 거점이다. 이것은 이 세상에 존재하면서도 이 세상의 것이 아니다. 사회가운데서 제도를 구축하면서도 본질적으로는 사회를 넘어선 존재이다.

이러한 의미에서 우에무라는 교회의 궁극적인 목표로, 또한 그 이상으로 '하나님 나라' 를 바라보았으며, 그 하나님 나라 형성의 지상적 기관으로서 교회의 현실적인 질서와 증대를 위해 분투하였다고 말할 수 있다.[180] 하나님 나라와 교회를 우에무라처럼 이해할 경우 하나님 나라의 이상과 교회의 현실 사이에 '자기 모순을 내포하지 않을 수 없다' (요시나레 아키코) 는 지적은 당연할 것이다. 이 자기 모순을 우에무라는 어떻게 의식하고, 어떻게 극복했는가?

이시하라 박사는 우에무라의 생애가 성숙기에 달했을 때 현실 교회의 이해득실을 초월하여 '극히 무(無)교회파적, 또는 비교회적으로까지 보이는 경향이 나타났다' 고 기술한다.[181]

후지미쵸 교회나 일본기독교회도 안중에 없고 단지 하나님의 백성과 일본의 구원만이 있을 뿐이라는, 즉 '교회에 봉사하면서도, 교회에 구속되지 않는' 경지에 안착하였다. '입으로 공연히 말하지 않더라도, 마음으로는 교회를 초월한 이상에 접근해 있지 않았는가.' [182]

그렇다면 교회를 초월한 이상을 하나님 나라로 생각한다면, 우에무라의 마음이 '교회' 에서 '하나님 나라' 로 이동하였다는 것인가? 이러한 견해는 하나의 추측이라기보다 가까운 곳에서 우에무라를 존경하고 그 가르침을 받았던 탁월한 기독교 역사가의 발언을 귀담아 들을 필요가 있을 것이다.

---

180 이 문제에 대하여는 요시나레 아키코, 『에비나 단죠의 政治思想』 2장 1절에 에비나, 우찌무라, 우에무라에 대한 명석한 분류가 있다.
181 '우에무라 마사히사의 生涯와 路線', 『일본의 敎會論』, 157.
182 '우에무라 마사히사의 生涯와 路線', 『일본의 敎會論』, 158.

우에무라는 전도와 교회 질서 유지에 자신의 활동을 한정시키고 있을 때에도 그의 신앙의 눈은 높은 '하나님 나라' 의 이상에 두고 있었다는 것은 의심의 여지가 없다. 그리고 자기 모순으로 보이는 것을 평생을 짊어지고, 교회와 고락을 함께한 것에 그의 진실한 강인함이 발휘된 것이 아닐까 생각하게 된다.

3. 설교

우에무라를 일본 기독교를 대표하는 설교자로 간주하는 것은 전문가들이 일반적으로 인정하는 바이다(카토 쯔네야키〈加藤常昭〉, 『일본의 說教家들』, 22). 그의 설교는 일본 교회에 무엇을 주었는가. 이 문제에 대한 전문적인 논술은 위의 책에 양보하고, 여기서는 그의 설교 효과를 첫째로 일본인의 경건적 표현을 일정한 수준으로 끌어올렸고, 둘째로 복음주의라는 신학적 골격을 형성하여 복음의 고유한 논리를 추구하였다는 두 가지로 고찰하고자 한다.

일본인들의 영혼이 복음에 접했을 때, 어떠한 반응을 나타내는가. 그것이 경건이라는 열매를 맺고 영혼에 뿌리를 내려서 신앙의 표현으로 나타나는 것이야말로 선교가 바라는 하나의 목표이다. 설교라는 것이 사람들을 향해 선포되어지는 하나님의 말씀의 중개, 중간 역할이라는 의미에서 복음의 열매를 추구하는 사역이지만, 설교자의 영혼과 정신이 복음의 현실 그 자체에 의해서 둘러싸여 있고 양육받는다는 의미에서 설교는 복음의 열매 그 자체이기도 하다. 설교가 성립될 수 있다는 그 자체가 복음의 살아있는 능력의 실증인 것이다.

우에무라의 설교는 그것을 듣는 자들에게 무엇을 요청했을까. 경건이라는 점에서 보자면 우에무라에게 있어 '경건' 이란 하나님의 거룩하심에 대한 '황송한 마음' 이라고 예를 든다(『기도 생활』, 10, 『우에무라 마사히사 전집』수록).

예를 들어 야곱과 에서를 비교하자면 에서는 '문제를 낙관적으로 생각한다.' 즉 '경건의 마음이 없다.' 그러나 야곱은 '깊은 곳에 눈이 간다.' 다시 말하자면 하나님의 은혜에 대하여 '죄송합니다. 황송한 마음이 즉시로 일어나는 성격' 이다. 인간생활의 내측에 모든 사항을 처리하고 그 이상에 눈을 두지 않는 범용(凡庸)한 생활이 불경건한 것이다. '돌아가는 것 같지만 결국은 하나님을 중심으로 가지 않으면 안 된다.' 설교를 선포하는 것도 듣는 것도, 이 세상의 생활로부터 아주 '돌아가는 것' 으로 보일지 모르지만, 그곳에 일차적인 힘을 쏟아붓는 것이 진정으로 현실적인 삶을 살아가는 것이라고 확신한다. '조용한 예배는 인류의 최고 본분' 이다. 설교는 사람들의 생활을 이 최고 본분으로 끌어올리는 원조 역할을 한다.

우에무라의 설교가 그러한 중요한 역할을 수행할 수 있었던 것은 어디에 그 원인이 있는가.

첫째, 설교를 단지 인간의 종교적 강화나 만담이 아니라, 하나님의 말씀의 선교라고 생각하는 자세이다.

둘째, 우에무라 자신의 종교적 체험이 해를 거듭하면서 또는 설교를 통해서 깊어졌다는 사실이다. 우에무라의 유수한 제자로서 '일본기독교회'의 중요한 인물이었던 오노무라 린죠(小野村林藏) 목사는 우에무라의 설교 『전집』을 연대순으로 읽으면서, 제1권에서는 설교의 취재 구상과 함께, 평범하게 '타인이 보는 곳을 보고, 타인이 느끼는 점을 느끼는' 설교를 하였다고 평했다. 그러나 2권, 3권으로 나아가면 이제야 다른 어느 누구도 느끼지 못했던 은총을 어느 누구도 표현하지 못하는 모습으로 나타나는 설교가 되어 있다고 평한다(『오노무라 린죠 전집』 제1권, 482-483).

셋째, 설교의 형식적 측면에서, 설교의 일본어 문제이다. 유명한 설교론의 하나로 '알지 못하는 설교론' 이 있다.

> 설교를 이해하지 못하는 것은 설교자의 책임이 아니라고 하지만 결코 그렇지 않다. 그 용어에서, 설교의 조직에서, 또한 말하는 방법에서 개량의 여지가 적지 않다. 특히 그 용어와 언어의 선택에 있어 순수한 일본어를 사용하고자 노력하고 마음을 쏟고자 열망하지 않으며 안 된다. … 일본어는 자유자재로 굴절가능하며 또한 풍부한 언어이다. 설교자가 일본어에 정독하여 순수한 일본어를 가지고 설교하게 된다면 설교의 품위가 올라가고, 사람의 마음에 접촉하는 힘이 훨씬 크게 될 것이다.[183]

그가 설교자로서 자기 형성에 노력했던 시대는 일본어 표현이 격변하는 시대로 문언일치 운동, 즉 문장 일본어와 말하는 일본어의 접근이 시도되고, 문학의 영역에도 여러 가지 실험이 실시되던 시대였다. 다시 말해서 복음이 일본어 표현과 만난 역사가 짧고, 더군다나 일본어 그 자체가 근대 일본으로 형성되어 가는 도상에 있었다. 설교자들에게 충고로 강담(講談), 만담 등을 듣도록 장려한 것도 단순히 기술적 표현의 숙달을 위한 것이 아니었다. 일본의 언어 표현이 고전적이며 대중적인 화법에서 근대적이며 지성적인 연설과 구술로 변천해 가는 도상에 있었다는 것을 고려할 때에 그 본질적인 의미를 가지게 된다. 우에무라의 설교가 즉흥적인 성공을 이룬 것이 아니라 일본어와 그 표현에 관한 깊은 반성과 훈련의 은사였다는 것을 기억해야 할 것이다.

② 그러한 우에무라 설교의 중심 주제는 예수 그리스도 그분이었다. 후지타 오사무(藤田治芽) 목사는 우에무라의 설교를 '그리스도 고백' 이라고 평한다(『우에무라 마사히사의 福音理解』). 우에무라가 그 설교에서 '복음주의' 라는

---

183 『우에무라 마사히사와 그 시대』 제4권, 657-658.

골격을 가지게 된 기본적인 이유가 바로 여기에 있다. 예수 그리스도의 실재적인 파악이 우에무라 설교의 생명이었다. '그리스도 고백'이란 단순히 설교의 주제가 예수 그리스도라는 형식적 문제를 말하는 것이 아니었다는 것이다.

우에무라의 설교 중에 '예수는 어떤 사람인가' 리는 것이 있다. 이 설교의 초안이 『전집』의 8권에 수록되어 있다. 초안에 의하면 그리스도의 삼중직분론을 평이하게 말하려는 예정이었다. 그러나 실제 설교는 후반부에 초안과는 다르게 그리스도의 신성이 설교되었다. 이것은 당시 진행중이던 에비나 단죠와의 신학적 논쟁에 자극되어 논쟁중의 그 화제를 설교에서 말하고 말았던 것이다.

이 설교에 대한 '간결한 명상'(略想)가운데, 예수 그리스도에 대하여 'Strange and wonderful' 즉, 그리스도의 인격에 대하여 이상스럽고 놀라운 것으로 파악하는 그의 깊이는 우에무라의 인격 내부에서 일어나는 형언할 수 없는 신비일 것이다. 예수 그리스도의 인격에 대한 신비와 두려움과 감사의 마음이 설교자 내부에서 불꽃처럼 타오른 것이었다. 그리스도에 대한 체험이 때로는 준비했던 원고를 버리게까지 한 것이다. 그러한 본질적인 의미에서 우에무라의 설교는 그리스도 고백에서 출발하여 그리스도 고백에 이르게 하는 것이라고 평해야 할 것이다.

4. 전도의 노선

우에무라는 에도에서 태어나, 동경(요코하마)에서 성인이 되어 평생을 이곳에서 생활한 도회지 사람이다. 그는 시골의 조용함보다도 도회지의 자유로운 공기와 끊임없이 진보하는 활기를 좋아했다. 그리고 이런 도회지에 교회를 세웠다. 그러나 그가 도시 전도를 한 것은 그의 취향적인 선택이 아니었다. 전도 전략에서 그가 도시를 선택한 것은 우에무라의 시대 인

식을 여실히 보여주는 것이다.184

후지미쵸 교회를 거점으로 시가타니 교회(市カ谷敎會), 아오야마 교회, 오오모리 교회, 센다가야 교회(千駄谷敎會), 나카시부야 교회(中澁谷敎會), 시로카네 교회(白金敎會), 센죠크 교회(洗足敎會) 등이 우에무라의 영향과 지도와 지원을 받아서 성장했다.185

예를 들자면 아오야마 교회의 경우 이치방쵸(후에 후지미쵸) 교회의 예배가 마친 후에, 세 사람의 청년 학생이 목사관에 들렀다. 그때 우에무라가 '큰 기둥이 셋 있으면 오두막을 세운다. 네 사람이 모이면 교회가 된다' 고 입을 열었다. 어떤 의미인지 물으니 '아오야마 방면에 교회를 세우자. 너희들 세 사람에 누구누구를 더하면 네 사람이다. 노력하자' 고 말했다. 그것이 발단이 된 것이다.

이러한 여러 교회는 동경의 야마놋떼(山手) 안에 존재한다. 동경의 인구 집중은 메이지 30년대에 현저하게 나타난다. 메이지 후기의 본격적인 자본주의 형성은 산업 구조를 변화시키고, 사회 구조도 그것과 함께 격변하고 있었다. 동경의 야마놋떼는 새로운 사회층으로 급격하게 증가하고 있었다. 도시의 중간 계층은 인테리, 셀러리멘, 학생 등이 주이며 고급 공무원, 자유업(의사, 문필가 등), 고급 군인, 교원, 저명 부인 등을 포함하는 부류로서 '야마놋떼' 의 사회를 형성하였다.

후지미쵸 교회는 이러한 동경의 도시화 현상과 병행하여 성장한 전형적인 도시 교회였다. 우에무라가, 우리 교회는 '작업복을 입은 자는 필요 없다' 고 말한 에피소드는 우에무라의 진의와 그 목자상을 오해한 결과이다. 그러나 우에무라의 전도 노선의 중심은 도시의 중간층을 주요한 대상으로

---

184 이 점에 관한 우에무라의 활동과 방침에 관한 분석은 타시로 카즈히사(田代和久), '都市敎會 存立의 思想的 背景 -우에무라 마사히사 場合-' 참조, 『일본思想史研究』 제6호에 수록.

185 『우에무라 마사히사와 그 시대』 제3권, 124-151.

하고 있다는 것은 사실이다.

전도, 즉 교회 형성이라는 것이 우에무라의 노선이다. 그것은 외국 교회의 원조를 받지 않는 자급 교회를 목표로 하는 그 방침으로부터, 필연적으로 산출되는 결과이다. 우에무라는 이미 1890년에 '중등사회'라는 글을 통해서 그곳에 '한 나라의 활력'이 있다는 것을 인식했다. 그리고 중등사회와 기독교와의 결합에 교회의 진로가 존재한다고 생각한 것이다. 그 선견지명은 놀라운 것이라고 보아야 할 것이다.186

도시의 자급형 교회가 경제와 인재 양면에서 전도의 중요한 위치를 차지하는 것은 당연한 결과이지만, 그것이 만성적으로 교직자 부족과 전도비 부족을 가진 교회로서는 농촌전도로부터 철회라는 다른 측면을 수반하고 있음을 잊어서는 안 될 것이다.

우에무라의 전도 노선의 시야로부터는 열매가 적은 지방이나 농촌의 전도 사역에 수고하는 전도자들과 성도들의 노고와 걱정이 충분히 수렴되어진다고는 소망할 수 없을 것이다. 더욱이 이러한 전도 노선이 그렇지 않아도 성도수가 소수인 교회에, 그 성도 구성을 더욱 편협적인 불안정한 집단으로 이끌고 가는 경향에 대하여도 특기해야 할 것이다.

이러한 몇 가지 문제를 남기면서도 우에무라에 의한 교회 형성의 진로는 착실한 기초를 가진 교회를 형성한다는 과제를 향하여 '일본기독교회'를 전진시켰다.

5. 우찌무라 칸죠(內村鑑三)의 인간상

우찌무라는 근대 일본이 잉태한 보기 드문 인격체로서, 하나님 앞에 서 있는 인간의 심오한 모습을 가장 깊이 있고 철저하게 체현하였다는 의미

---

186 『우에무라 마사히사 저작집』 제1권, 348-349.

에서 '원형적 인간' 이라는 평가를 받는다.[187]

죄의식에 대한 깊이는 바울, 루터, 또는 존 번연에 필적하는 것으로 평가되며, 예언자적인 시대 비판의 예리함과 통절(痛切)함에 있어서는 구약의 예레미야에도 비유될 수 있다. 문필가, 성서 연구가, 교육가로서도 그 시대를 대표하는 역량을 보였다. 또한, 유아적이며 소박하고 '꾸미지 않고 교묘하지 않은 천진함' 을 소유한 자로 평가되기도 한다.[188]

그의 신앙은 교조적으로 주입된 것이 아니라 먼저 창조주를 알고 고난과 죄를 경험함으로써 속죄주를 믿고, 더 나아가 사랑하는 딸의 죽음으로 말미암아 부활신앙을 얻게 되고, 유럽의 전쟁을 통하여 재림과 심판을 견실히 믿게 되었던 신앙이었다. 또한 자기를 세상 고난과 서로 바꿈으로써 체험한, 진정한 의미에서의 '실험적' 신앙을 가졌다고 할 수 있다. 야마지 (山路愛山)가 '그는 쉽게 믿지 않지만, 그러나 한 번 믿어 그의 신념이 된다면, 그의 신앙은 변하여 열기가 된다' 고 평했다.

때에 따라서 모순적인 인물이라는 사실을 보여주는 에피소드도 많아 러일전쟁 때 일본함대가 여순(旅順)항을 공격하여 승과를 보였다는 보고를 접하자 가까운 사람들이 들리도록 일본제국 만세를 삼창했다는 유명한 이야기도 있다.[189]

그러나 무엇보다도 우찌무라의 정신적 비밀은 다음 고백에서 현저하게 나타난다. 젊은 여 제자(아마다츠 후미코〈天達文子〉)에게 이렇게 말했다고 한다. '내가 죽는다면, 사람들은 여러 말을 할 것이다. 위대하다, 뭐 등등. 그렇다면 말해 주게. 나는 십자가에 기댄 유아에 지나지 않았다고.' [190] '십자가에 기댄 유아' 라고 하는 하나님 앞에서 스스로 작아지는 겸손가운데

---

187 모리 아리마사(森有正),『우찌무라 칸죠』, 73.
188 야나이하라 타다오(矢內原忠雄),『속편, 나의 존경하는 인물』, 182.
189 야마가타 이소오(山縣五十雄),「抄한 우찌무라 칸죠」,『回想의 우찌무라 칸죠』 수록.
190 『回想의 우찌무라 칸죠』, 280.

에 우찌무라 정신의 자유와 활력의 비밀이 있었을 것이다.

6. 무(無)교회

'무(無)교회'는 교회가 없는 자들의 교회, 또는 합숙소리고도 할 수 있다. 다시 말해서 심령상의 양육원, 또는 고아원과 같은 것이다. 무교회의 '無'란 '없애버린다', 또는 '무시한다'는 의미가 아니다. '돈이 없는 자, 부모가 없는 자, 집이 없는 자가 모두 불쌍한 것이 아니다.'[191] 돈이 없는 자, 또는 부모가 없는 자들은 스스로 그것을 선택한 것이 아니다. 이러한 견지에서 우찌무라의 무교회는 어떤 하나의 주장에 근거하여 취사선택된 면을 부정할 수 없다.

우찌무라가 제도화되어 가는 교회에 대한 여러 가지로 반대하는 주장의 근거는 물론 '성서'이었다. 그는 성서를 '일언일구 오류 없는 하나님의 말씀'이라고 믿었다. 우찌무라에게 신앙 규준은 오로지 오류 없는 하나님의 말씀이며, 교회가 배워 온 신조나 제도는 불필요할 뿐만 아니라 유해한 것으로 간주되었다. 우찌무라의 신앙에는 이미 그러한 반제도적인 경향이 포함되어 있었다.

이러한 경향은 우찌무라 자신이 인생의 고난으로부터 체험한 '고독' 때문이라고 주장(오오우찌)하기도 한다. 또한 그가 '기독교 국가 아메리카'에서 경험했던 현실적 실망은 교파적인 교회에 대한 비판을 더욱 가중시켰다는 것도 주장된다. 특히 일본인들에게 공통적으로 나타나는 성서주의가 신조나 교회제도에 대한 반대 가치와 이어지는 분위기도 무교회 성립의 넓은 기반이었다고 할 수 있다.

이처럼 기성 교회에 대한 비판을 가진 무교회를 어떻게 평가해야 하는

---

191 『우찌무라 칸죠 전집』 9권, 71.

가? 하는 것이 문제이다. 사실 우찌무라가 많은 제자들을 모으고, 그러한 '꼬마' 우찌무라가 '무교회주의'라는 성벽을 쌓고 그 안으로 모여드는 것 자체가 이미 일종의 교회이며, 하나의 교파를 형성한 것이 아닌가 하는 당연한 의심이 생겨난다.192

그러한 관점에서 보자면 '우찌무라의 무교회는 "제2의 종교개혁"이 아니라 기독교 교회사에서 때때로 생겨났던 부흥운동, 즉 교파로 발전하여 갈 가능성을 스스로 지닌 하나의 신앙부흥운동, 내지는 교회개혁운동이라 보아야 할 것이다'.193 호리도 다음과 같이 동일한 비평을 가하고 있다. '교파주의를 극복하려는 시도는, 무교회로 하여금 하나의 새로운 교회 형성으로 나아가게 하였다.'194

그러나 이러한 주장과는 반대로 우찌무라 자신은 교파 교회 형성에 다가서지 않았다는 이해도 있다. '우찌무라는 고정화된 제도성과 조직성을 거부하지만, 또한 무교회주의를 주창하여 그곳에 형성되는 자기 집단의 제도성, 조직성의 고정화를 항시 거부하고, 또한 거부하려는 모습을 시종 주장했다.'195

신앙의 영적 특성을 개인적, 또는 내면적인 것으로 제한할 것인가? 아니면 제도와 조직을 정비한 교회야말로 신앙의 영적 본질을 보유할 수 있다고 생각할 것인가? 이것은 기나긴 기독교 역사 전체에 걸쳐서 문제시되어 온 것이다. 그러나 기독교 역사의 주류는 교회의 제도적 형성과 신앙의 자유가 서로 긴장 관계를 가진다는 사실을 인정하면서도 교회를 형성하고, 눈에 보이는 성도 집단을 형성하는 것에 목표를 두었다.

백년 남짓한 일본의 기독교 역사도 기본적으로 이러한 노선은 동요됨이

192　도히 아키오,『우찌무라 칸죠』, 218-224.
193　도히 아키오,『우찌무라 칸죠』, 218-224.
194　호리 미츠오(堀光男),『일본의 교회와 신앙고백』, 55.
195　오오우치,『일본 기독교 역사』, 385.

없었고, 따라서 무교회는 기독교 이해의 주요한 기둥이 되지도 못하였다. 이처럼 대국적인 사정을 이해하면 우찌무라를 비롯한 무교회 운동과 그 걸출한 인맥에 대하여 지금 아주 냉정한 평가를 내릴 수 있게 되었다.

우찌무라 자신은 '무교회' 가 어떤 '주의' 로 평가받는 것에 대하여 특히 모년에 아주 강한 의문을 제시했다. 그의 신앙은 이 세상의 어떠한 '세력 단체' 와도 무관한 것으로 개개인의 구제와 영성의 향상만을 간구한 것이었다. 그의 이해에 의하면 지상의 어떠한 단체도 '하나님 나라' 를 앞당길 수 없다. 그것은 어디까지나 종말적인 은혜의 나라로서만이 성립되는 것이었다. 이처럼 역사와 이 세상에 대한 철저한 비판과 그의 무교회론은 불가분의 앞면과 뒷면과 같은 것이다. 하나님 나라가 초월적이면 그럴수록 역사와 이 세상에 대한 그의 비판은 날카로워졌던 것이다.

7. 성서 연구와 그외의 다른 것들

우찌무라는 러일전쟁에 반전론을 주장함으로써 『요로즈쵸호우』(万朝報) 회사를 퇴사한 후에, 성서 연구와 그 모임에 참석한 동료들의 교육에 전념했다. 일간지 『성서(聖書)의 연구(研究)』를 통하여 지방에 흩어져 있는 동지들과 영적 교류를 깊게 하고, 그곳에 있는 성도의 결집을 기대했다.

우찌무라의 성서관은 보수적이며 정통적인 것으로, 그의 비정통적이고 혁신적인 교회관과 현저히 대조된다. 그의 보수적 경향은 후년에 차츰 '근본주의적' 인 것으로 변하여 간다. 그러나 그가 가진 성서 연구의 기본적 태도는 '실험적 종교' 로서, 자기 인생을 실험재료로 하여 성서의 진리를 찾았다. 이러한 의미에서 근본주의적 성서관을 견지하면서도, 그 열매는 교리적인 것으로 끝나기보다는 인격적으로 자유로운 성서 해석으로 일관되었다.

그의 대표적인 성서 연구 업적은 『로마서 연구』이다. 로마서를 통하여 우찌무라는 그 복음 신앙의 중핵을 명확하게 이해했다. 그 신학적 골격은 그가 때때로 언급한 고데트(Godet)를 비롯한 보수적인 석의에 의해서 형성되었다. 결코 기발한 것은 아니었고 오히려 수수하며 착실하게 성서 복음에 접근하였으며, 더욱이 그곳에서 단순한 정통 신앙의 표명으로 끝나지 않고 살아 역사하시는 하나님의 은혜와 그리스도에 의한 속죄의 실재적(real) 파악이 달성되는 것이었다. 사심 없이 볼 때 일본인의 손에 의한 로마서의 최고 연구라고 말할 수 있을 것이다.

제10장
사회 문제와 기독교

자본주의 발달은 인텔리, 셀러리맨 등을 중심으로 하는 '중간계층'을 형성했다. 그들은 근대적인 산업의 중심적인 위치를 차지하는 사무원이나 기술자들이었고, 또한 메이지 국가의 관료적인 행정기구 가운데서 일하는 사법, 행정 등의 제도를 담당한 자들이었다. 이와 같이 새로운 근대 교육을 받은 지식인이나, 그 예비군들로서의 학생들이야말로 메이지 30년(1897년)대 이후 교회에 두터운 초신자 층을 제공한 사회 계층이었다.

그러나 자본주의 생활이란 다른 한편으로 대량의 노동자를 요구한다. 그러한 노동 계층은 요코야마196 등이 명확하게 주장하는 것처럼 값싼 임금과 열악한 노동 조건 아래에서 가난의 고통을 견디어야 한다. 이러한 가운데 자본주의가 가진 문제점을 무엇보다도 노동자 문제로 자각하고 개선을 위해 노력한 자들은 기독교인들이었다.

1. 기독교 사회주의

1897년 타카노 후사타로우(高野房太郎), 카타야마 센(片山潛), 시마다 사부로

196　요코하마(橫山原之助),『일본의 下層社會』岩波文庫.

우(島田三朗), 아베 이소오(安部磯雄) 등에 의해서 '노동조합기성회'가 조직되었다. 같은 무렵 사회주의를 학문적으로 연구하기 위한 '사회주의 연구회' 등도 나타났다. 이러한 노동운동이나 사회주의 이론 연구가 시작되자 메이지 정부는 즉시로 탄압을 위한 엄격한 입법조치를 취했다.

'치안경찰법'(1900년)은 언론, 집회, 결사, 노동자의 단결권 등을 대폭 제한하여 대두되는 사회운동을 봉쇄하고자 하였다. 그럼에도 불구하고 1901년에는 '사회민주당'이 결성되었다. 여기에 가담한 자들은 앞서 말한 아베 외에 키노시타 나오에(木下尙江), 카와카미 키요시(河上淸), 니시카와 코우지로우(西川光次郎), 코우토쿠 슈우수이(幸德秋水) 등 6명이다. 코우토쿠(幸德)을 제외한 5명은 기독교인이었다.

이처럼 초기의 노동운동이나 사회운동 가운데서 기독교인이 차지한 역할은 아주 컸다. 그들이 어떠한 기독교 신앙을 가졌고, 어떠한 성격이었는가에 대하여는 많은 문제가 있다. 예를 들자면 그 신앙 내용은 유니테리언 계통으로서 정통적 기독교라고 말하기 어려운 부분도 있다(아베 이소오). 또한 신앙 그 자체의 신학적 근거가 빈약하고 교회와의 관계도 단기간적이며(시마다 사부로우), 결국에는 기독교를 떠나가는 자도 있었다(니시카와 코우지로우).

그러나 그들로 하여금 노동자에 대한 공감과 사회 문제에 대한 적극적인 참가를 가지게 한 내적 요인은 기독교적인 가치관이었고, 그러한 가치관에 투철하였기 때문이라는 사실은 무시할 수 없을 것이다. 그러한 기독교적인 윤리 가치관으로서의 사랑(박애)은 많은 기독교인들을 사회주의의 실천과 노동자의 대우 개선, 또는 사회사업(자선 활동)에 앞장서게 하였다.197

---

197 이 가운데 사회운동 관련으로는 스미다니,『일본의 社會思想』, 139-208, 161-275 참조.

메이지 30년대의 사회주의와 기독교와의 긴밀한 관계는 러일전쟁을 경계로 양극화로 분해되어 결국 기독교와 사회주의는 서로 각각의 방향으로 나아간다. 여기에는 몇 가지의 원인들이 연구가들에 의해서 지적되고 있나. 다음과 같이 요약 가능할 것이다.

① 사회주의의 논리와 실천 그 자체가 본격적인 단계로 접어들면서 그리스도적인 윤리와 상충하는 면이 사회주의측에서 자각되었다.

② 기독교인은 휴머니즘의 정신을 매개로 하여 사회주의로 입문하면서 사회주의가 가진 본질절인 의미와 목적을 충분히 이해하지 못했다.

③ 교회의 본질이 기독교 사회주의를 용인하지 않는 상황이 되었다.

2. 교회의 사회의식

여기에서는 위의 ③에 나타난 교회의 입장을 생각해 보고자 한다.

기독교 사회주의자라 불리는 사람들의 신앙 내용은 정통파 교회로서는 받아들이기 힘든 부분이다. 그러한 의미에서 교회의 주류파와 기독교 사회주의자들 사이에는 처음부터 상당한 불일치가 존재하였다는 사실을 부정할 수 없다. 그러나 신앙의 정통성, 비정통성이라는 차원과는 별도로 교회의 지도자 자신이 가진 사회의식 역시 본격적인 사회운동에 대한 이해와 공감을 방해하는 요소를 가지고 있었다.

우에무라는 교회와 전도자에게는 '고유의 천직'이 있고 그것은 세상이 말하는 '사회적 사업'에 분주하는 것이 아니라 오히려 신앙에 서서 건전한 사상을 사회에 주입하는 것이라고 설명한다.[198] 따라서 언젠가 사회적으로 넓은 감화를 미칠 수 있는 날을 소망하면서, 지금은 기독교 도덕 사상

---

198 『우에무라 마사히사 저작집』 제1권, 365.

이라는 '이상적 공론'(理想空論)을 천하에 주창해야 한다고 주장한다(『우에무라 마사히사 저작집』 제1권, 370).

이것은 청일전쟁 직후에 기술한 '기독교인과 사회 문제'에 나타나는 발언이다. 그러나 거의 10년 후 사회주의 운동이 본격화될 때 우에무라는 문제를 보다 내면화시켜 이른바 거의 '영성견지'(靈性堅持)를 철저하게 하는 것처럼 보였다.

> 예수의 사회학은 종교 문제이다. 노동 문제는 영혼의 문제이다. … 어떤 동맹에 가담하든지, 또는 어떤 선언문에 유도되어서, 또는 누구의 권유에 못 이겨서 돈을 내기도 하지만 정신이 그곳에 존재하지 않는다면 황금주옥도 무가치한 것과 같다. … 눈에 보이는 결과만을 중요시하여 분주해서는 안 된다.199

마지막의 한 절은 사회 문제의 당면한 과제를 해결한다는 '결과만'을 향해서 일어서려는 청소년들에게 경고하는 목사의 얼굴을 상상할 수 있는 곳이다. 이러한 우에무라의 마음에서 보자면 타이쇼 시대의 민주화의 시대 풍조에 대하여 '맹인이 되어 맹인을 인도하는 것'이라는 혹독한 비판이 생겨난 것도 어찌할 수 없었던 필연일지도 모른다.

즉 우에무라에게 있어 폐창운동이나 빈민문제 등과 같은 자선사업은 사회주의 운동과 본질적으로 다르지 않았다. 또한 사회주의에 비교하여 극히 온화한 민주주의도 동일한 문제를 가지고 있다. 따라서 그 사상운동이 온화한지 과격한지가 문제가 아니다. 그 사상과 사역의 방침이 하나님의 의와 천상의 왕국이라는 궁극적인 가치와 어떻게 연결되어 있는가가 문제이다. '기독교의 본분이 각 개인의 심령 갱신과 혁신에 힘을 주입하는 것이다'라는 기본적인 인식은 양보할 수 없는 것이다.

---

199 『우에무라 마사히사 저작집』 제5권, 367-368.

요컨대, 기독교란 무엇인가라는 신앙의 근간에 문제가 존재한다는 것을 알 수 있다. 기독교 사회주의자들은 기독교=휴머니즘이라고 생각했다. 또 사회주의=휴머니즘이라고 등치한 것이다. 그러한 안이한 기독교 이해로 말미암아 기독교 휴머니즘과 사회주의가 혼동되어 가는 곳에 그들의 근본적인 한계가 있었다.

환언하자면 교회는 기독교 이해의 내면화가 메이지 말기에 이르러 보다 촉진됨으로써 기독교 사회주의가 제시하는 문제의 진리를 아주 제한된 범위에서 받아들일 수 있었다. 이러한 것이 교회와 기독교적 사회주의자들의 분리를 촉진시켰고, 또 기독교 사회주의 그 자체가 해체되어 가는 깊은 원인을 제공했던 것이다.

더욱이 사회주의자들이 기독교를 이탈한 간접적 및 직접적인 원인은 러일전쟁에 대한 교회의 협력이라는 불신감이었다. 더욱이 교회가 하나님과 사회주의를 전혀 거부감 없이 '살짝 바꾸어' 버리는 '배교의식을 가지지 않는 배교자' 였다는 점에서 사회주의는 기독교와의 만남을 지속할 수 없었던 것이다.[200]

우에무라 등이 보였던 사회인식의 후퇴는 우에무라에게 국한하여 말하자면 사회적 관심의 상실을 의미하는 것이 아니다. 오히려 메이지 시대의 사회 현상(現狀)을 특히 국가 권력과의 관계 속에서 냉정하게 인식한 결과 한 발 뒤로 물러서서 교회의 하반신을 강하게 하려는 방향으로, 전도전략 그 자체를 전환시킨 결과로 생각된다. 그러나 그러한 전환이 그 이후의 교회 발전에 얼마만큼 순기능으로 작용했는가는 성급하게 판단할 수 없다. 이시하라 박사의 반성의 글을 인용한다.

처음에 사회주의와 기독교가 서로 합동했음에도 불구하고 그 합동은 결

---

[200] 『만남-일본에서의 기독교와 마르크스주의』 1장, 스미다니 論文을 참조하라.

국 실패로 끝나 서로를 떠나게 되었다. 그러한 일이 있었다는 것은 기독교에 아주 불행한 것이었고, 지금도 그렇다고 생각한다.201

위의 인용문은 일본에서 기독교의 사회적 기반이 이 '불행한 결과'에 의해서 보다 더욱 협소해졌다는 현실을 지적하는 것이다. 메이지 후기시대에 일어난 두 개의 사회층 가운데 기독교는 중간층에 대한 복음으로서는 어느 정도 사회성을 획득했다고 볼 수 있지만, 복음에 의한 노동자와의 관계는 일반적으로 거의 열매가 없었다고 말해야 할 것이다.

3. 비전 논리(非戰論理)

러일전쟁에 대한 기독교 교계의 자세는 청일전쟁 당시와 큰 차이가 없었다. 이 전쟁은 만주와 조선반도의 지배를 둘러싸고 일본과 러시아가 싸운 제국주의 전쟁이었다. 러시아는 그들의 전통적인 남하정책을 동북아시아에서도 전개하면서 일본 제국주의의 팽창과 정면으로 대립하였다.

러시아의 남하에 대한 불안은 국민을 다시 전쟁의 분위기로 몰고 갔다.202 교회의 압도적인 다수가 이렇게 앙양하는 내셔널리즘에 앞장서서 참가하였다. 그러나 기독교인들 가운데 앞의 청일전쟁이 일본 국민에게 가져다 준 해독과 전쟁의 본질에 대한 통찰로부터 비전론(非戰論)을 주창하는 자들이 나타났다.

우찌무라 칸죠는 청일전쟁 당시에 주장하였던 주전론에서 '전향'하여 비전론을 구축했다.203 정의로운 전쟁이라는 관념은 현실적으로 어떠한

---

201 『기독교와 일본 회고와 전망』, 120.
202 스미다니, 『大日帝國의 試鍊』 243-245.
203 이하 우찌무라에 대하여는 주로 미야타 미토오(宮田光雄), 『平和의 思想史的 研究』 3장에 의한다.

전쟁에 의해서도 증명될 수 없다. 이러한 반성이 비전론으로 전향하게 한 주된 요인이다.

> 나는 너일 비개선론사(非開戰論者)일 뿐만 아니다. 전쟁 절대폐지론자이다. 전쟁은 사람을 살상하는 것이다. 그렇게 하여 사람을 죽이는 것은 아주 큰 죄악이다. 그렇게 큰 죄악을 범하면 개인도, 국가도 영구히 이익을 얻을 수는 없을 것이다.

우찌무라는 전쟁 폐지에 대한 요구를 다른 곳이 아니라 바로 성서 그 자체로부터 듣고 깨닫고 있었다. 그는 사회 과학적인 연구에 근거한 것이 아니라 할지라도 사회에 대한 과학적 인식에 의해 성서 연구의 성과를 보강했다고 일컬어진다. 즉 전쟁이란 단순히 국가간의 싸움이 아니라 양국가의 '제국주의자' 들의 충돌이라는 이해이다. 전쟁을 통해서 이익을 얻는 자는 과연 누구인가 하는 냉정한 분석이다.

따라서 전쟁이 평화를 가져온다는 견해는 완전히 환상에 지나지 않는다. '전쟁은 만족할 줄 모르는 짐승이다. 그것은 인간의 피를 마시면 마실수록 더욱더 많이 마시려고 욕심을 부린다.' 전쟁의 본질에 대한 이런 적절한 통찰을 가졌던 우찌무라의 시야는 쇼와(昭和)의 군국주의에 이르러 일본의 운명까지 예측할 수 있는 깊이와 넓이를 가졌다고 평가된다.

또 한 사람의 비전론자는 안나카(安中) 교회 목사 카시와기 기엔(柏木義円)이었다. 전쟁에 대한 목소리가 점차 커져 가는 가운데 카시와기는 일본의 '국시' (國是)에 대하여 의문을 던지고 그것을 바로잡고자 했다.

군비의 확대나 축소는 상대국가와의 비교에 의한 것이 아니라 자국의 근본 방침이 무엇인가에 의해서 결정되어야 한다. 만약 스스로 평화의 방침을 정하여 '국민의 품성과 실력을 후원하고, 전적으로 국제법과 정의에 의거하여 천우를 믿고 따르며, 이것으로 세계로부터 믿음을 얻는' 다고 한다면 그러한 국가를 그 어떤 국가가 공격할 것인가 주장했다.204 역으로 군비경쟁에 돌입하게 된다면 서로 '의심암혼'(疑心暗魂)에 그칠 줄 모르게 될 것이다. 이것은 마치 메이지의 '비무장중립' 론이며 '힘의 균형' 론에 대한 적절한 비판이다.

자유 없고 행복 없는 강국인가? 자유 있고 행복이 있는 강국인가?
타국에 폐가 되는 강국인가, 세계에 오랫동안 감사함을 받는 강국인가?

카시와기는 지방 도시에서 살았고 소박한 사람들의 목회자로서 생애를 마친 사람이지만, 그의 신앙을 '우속(愚俗)의 믿음' 으로 이해하고, 그 '우속' 이기 때문에 나타나는 모순이나 애매함(굴절)에 주목하여 그를 평가하기도 한다.205 그러한 견해도 하나의 평가로 간주되어야 하지만 카시와기가 가졌던 시대를 초월하는 전망의 풍부함을 보다 충분하게 평가하는 것이 필요할 것이다. 위에서 말한 양자택일 사상은 일본의 근대국가 발전 전체에 대한 철저한 비판으로 지금도 그 생명을 잃지 않고 있다.

4. 기독교의 사회사업

기독교 사회주의가 사회 변혁이라는 과제를 채택한 반면에, 그리스교의 사회사업은 법이 허용하는 범위 안에서 사회개량과 자선에 의해서 기독교적 도덕과 인간관의 진가를 발휘하려고 한 것이다. 이 점에서 메이지의 기독교는 두드러진 활동을 통하여 '선한 사마리아인' 이 되려는 의지의 자기실현을 바라보았다.

---

204 『카시와기 기엔 전집』 1권, 136.
205 이야 류이치(伊谷隆一), 『非戰의 思想 - 土着 기독교인 카시와기 기엔』.

그러한 사업은 아동 보호, 감옥 개선, 장애자 복지, 한센병, 폐창, 유아보육 등으로 분류된다. 아래 도표에도 나오듯이 기독교가 선구적인 역할을 담당하였다.

	불교	기독교	비공인시설	합계
고아원	10	15	13	38
자선회		5	8	13
면수보호사업		11		11
맹도원		5		5
한센원		5		5
빈민학교		4	6	12
탁아소		5		5
그외		3	3	7
합계	13	53	30	96

〈1907년 상황 『明治文化史-종교편』, 395〉

전쟁이나 재해에 의한 피해는 특히 아동들에게 심각했고, 유아원의 필요가 가장 큰 급선무였다. 이시이 쥬지(石井十次)의 오까야마(岡山)고아원은 그 대표적인 시설로 1887년에 설립되었다.

감옥개선 사업도 같은 무렵에 시행되었다. 1888년, 하라 타네아키(原胤明)가 최초로 '교화사'(敎化師)가 되어, 북해도 각지의 감옥을 방문하여 범죄인들을 잔혹하게 취급하고 그 시설의 열악한 상태를 보고 불쌍하게 생각하여, 그 개량을 위해 노력하여 큰 성과를 거두었다. 토모오카 코오스케(留岡幸助)는 자신의 '교화사' 경험으로부터 소년시대의 교화를 통해서 범죄 방지가 가능하다고 통감하여, 미국 유학으로부터 돌아와 동경 스가모(巣鴨)

에 '가정 학교' 를 창설하여, 비행 청소년의 교화에 전력을 쏟았다.[206]

나환자 사업에는 가톨릭교회의 공적이 크다. 많은 환자들이 사회의 두려운 편견과 정부의 무정책에 방치되어 비참한 상태에 있었다. 1884년, 가톨릭 신산후생(神山復牲) 병원이 창립되어 처음으로 본격적인 치료와 구호가 시작되었다. 가정적인 분위기로 환자들을 받아들이고 대우하고자 노력했기 때문에 병원을 싫어했던 환자들도 치료를 받으려고 하였다. 또한 유전병이라는 오래된 사회적 인식에 대한 오해가 이러한 선구적인 노력에 의해서 서서히 사라졌다.

이윽고 1909년에는 '한센예방법' 이 시행되었다. 그 외에도 성공회의 리델 여사에 의한 회춘병원(1890년), 메구로의 위폐원(慰廢園), 쿠사츠(草津)의 바르나바 병원 등 기독교 각 교파가 한센병 사업에 참여하였다.

메이지 시대에 기독교인들의 손에 의하여 많은 분야의 사업이 시행되었을 때 그들은 어떤 사상(사회관, 인간관, 교육관)에 근거하고 있었는가? 방금 거론된 이시이와 토모오카에 대하여 생각해 보고자 한다.

이시이의 기본적인 사상은 인간평등이다. 고아도 '우리와 같은 동포형제로서, 천부가 사랑하는 자녀이다.' 이처럼 하나님 앞에서의 평등이라는 절대적인 가치를 메이지 사회에 실천하고자 하였다. 이러한 새로운 인간관에서 시작된 교육의 목표나 방법을 구축하려는 생각은 메이지의 일반적인 교육과는 이질적인 것이었다.

근대 일본의 공교육은 능력개발을 교육의 가장 중요한 과제로 삼았고, 실용주의적인 교육관으로 구축하고자 하였다.[207] 이시이는 고아들의 빈곤과 무지는 사회악의 희생이라고 간주하여 그들에게 교육을 실시하고, 사

---

206 그 생애와 사상에 대하여는 타카세 요시오(高瀬善夫), 『一路 白頭에 이르러-토모오카 코오스케』 참조.
207 『교육학전집』 3권, 『근대교육사』 제2장 참조.

회 그 자체의 문제 해결을 위하여도 노력하였다. 이러한 이시이의 생각은 스위스의 위대한 교육가 페스탈로치의 교육관과 많은 점에서 부합한다고 할 수 있다.[208]

이시이는 또한 고아들에게 '노동자치'라는 생활관을 제시하여 노동을 통하여 자조정신을 고취시켰다. 또한 그의 생활관의 깊은 곳에는 모든 것을 준비해주시는 하나님에 대한 신뢰가 있었다. 사업을 시작한 지 얼마 되지 않았던 어느 날, 저녁 식사 시간이 되어도 아이들을 먹일 만한 것이 없었다. 조금밖에 없었던 죽을 먹이고 자신은 금식하며 기도하고 있었다. 그때 외국의 독지가로부터 기부가 도착하여 위기를 벗어날 수 있었던 적도 있었다. 그는 이 빈곤의 생활을 기도와 금식으로 모든 것을 하나님께 맡기는 사람으로 알려졌다.

반면에 이시이의 인간관 가운데에는 어린이를 '폐하의 충실한 신민'으로 이해하였다는 천황적 인간관이 있었다는 지적도 있다.[209] 그러한 한계는 부정할 수 없고 사회사업이 필연적으로 짊어졌던 '대증요법'(對症療法: 사회악에 대한)이라는 성질을 씻어버릴 수 없다. 그러나 그곳에 쏟아 부은 신앙의 힘이 일본 사회에 기독교적 가치관에 근거한 선명한 인간 이해를 제시했다는 것은 주목해야 할 것이다.

토모오카에게 비행 청소년은 '악한 존재가 아니라, 오히려 불쌍히 여겨야 할 자'였다. 그들의 대부분은 부모와 사별한 자들, 가정의 붕괴를 당한 자들, 빈곤과 고난으로 그 마음에 상처를 입은 자들이었다. 그들은 마치 '죄악의 연습소'에서 성장한 것이었다. 따라서 토모오카의 방침은 그들에

---

208 타케다, 『土着과 背敎』 제2부 1장.
209 무라야마 코우키(村山幸輝), '明治의 兒童觀과 토모오카 코오스케', 『기독교 사회 문제 연구』 제24호, 154.

게 따뜻한 가정을 경험하게 하는 것이었다. '감화원' 또는 '양육원'이라는 이름을 거부하고, '가정 학교'라고 칭한 것도 그러한 의미에서이다.

또한 토모오카는 자연과 노동이라는 것이 교육에 필수불가결한 요소로 생각하여 일본의 일반 교육에 결여되어 있는 것이 바로 이 두 가지 요소라고 지적했다. 이렇게 풍성한 자연과 노동 그 자체를 선생으로 하는 독자적인 교육 실천으로 말미암아 근대 일본의 교육 사상에 결여되었던 것이 보충되었다는 점을 잊어선 안 될 것이다.

이러한 사회사업을 지원하는 사상적 골격은 첫째로 하나님 앞에서의 인간의 평등, 둘째로 하나님께 사랑받는 인간으로서의 인격적 책임의 자각, 셋째로 사회를 하나님의 인도하시는 장소로 생각하여 사회 개선을 기독교인이 기도해야 할 목표로 삼는 사회윤리, 네 번째로는 약자의 약함을 짊어지는 것을 하나님의 뜻으로 간주하는 사랑의 윤리, 다섯 번째로 가정이 하나님의 은사라고 믿는 새로운 가정관, 여섯 번째로 근로에 의한 자조적 노력에 의해 단순한 '자애'적 및 '은혜'적인 사회사업을 초월하여 새로운 노동관, 그리고 마지막으로 구호나 의료의 배후에 참된 치료자(구원자)를 바라보는 기독교의 기본적인 신앙 등을 들 수 있다.

이러한 것에 의해서 일본 사회가 지금까지 알지 못했던 새로운 사회관, 인간관, 교육관이 제시되었고 근대 일본이 추구했던 인간상의 일그러짐과 어두운 부분을 수정하여 그곳에 빛을 비추려는 시도가 일어난 것이다. 우리는 여기서도 새로운 사회와 인간을 목표로 하는 기독교 토착화의 싸움이 열매를 맺어가는 궤도를 거슬러 올라갈 수 있다. 왜냐하면 토착이란 과거의 일본적인 것으로 동화되어 가는 것을 의미하는 것이 아니라 장차 다가올, 또한 그렇게 되어야 만 할 '장래'의 일본 사회로의 토착(희망을 매개로 하는 토착)을 의미하기 때문이다.

제11장
타이쇼(大正, 1912-1926) 시대 기독교의 여러 모습

1. 시대의 전환

러일전쟁(1904년 2월-1905년)에서 간신히 승리를 얻음으로써 일본은 구미 열강과 함께 어깨를 나란히 하여 아시아 진출에 자신감을 얻었다. 군비 증강에 의한 해외 팽창이라는 제국주의의 무리에 진입한 것이다. 그러나 국내의 민중 생활은 변함없이 빈곤의 상태를 허덕이고, 일부 부유한 계층과의 빈부 격차는 날로 심각해져 갔다. 산업도 재벌에 의한 독점화 경향으로 나아가고, 그 결과 노동 문제가 심각화 되어 가는 시기도 바로 이 무렵이다.

1910년의 이른바 '타이갸크지켄'(大逆事件)210에 의해서 사회주의 운동은 '겨울시대'를 맞이하지만, 1915년 무렵부터 다시 활동을 재개한다.

국민들이 정치에 참여할 수 있는 길을 개척하기 위한 보통선거운동에 폭넓은 시민행동을 불러 일으켰고, 민중이 정치 행동으로써 시내로 몰려 나올 수 있는 새로운 정치 상황들이 나타났다. 노동조합운동이 본격화하

---

210 역자 설명: 1910년 형법 대역죄(황족에게 위해를 가하거나 가하려고 하는 자는 사형에 처함. 사회주의자, 무정부주의자 26명이 기소되어 일심만으로 집행, 24명이 사형됨)가 처음으로 적용.

고, 각지에서 쟁의가 일어나고, 농촌에서도 지주에 대한 소작인들의 쟁의가 빈발했다. 이와 같이 일본 사회가 여러 방면에서 전환기를 경험한 것이 타이쇼 시대였다.211

그러한 것을 사상적 측면에서 보자면 의지할 만한 권위가 확립되지 못하여 사회와 인간의 규범이 부재하게 되어가는, 즉 아노미(anomie) 현상이었다.212 구체적으로 메이지 시대의 일본 국왕은 국민 전체에게 '부(父)가 되는 자' 로서 권위와 규범의 원천으로 숭앙된 반면, 타이쇼 시대는 그러한 일본 국왕 이미지도 없었을 뿐더러 살아있는 인격체로서의 일본 국왕이 '부재' 하는 기간이었다. 그러나 그것은 제도로서의 '천황제' 강화를 촉진시키는 계기가 되었다는 사실도 있다. 타이쇼 시기는 그러한 의미에서 새로운 규범으로서 강력한 '천황제' 를 모색하는 시기라고 말할 수도 있다.

그러나 이 시대는 표면적으로는 '민주화' 의 조류가 정치에도, 사회에도, 또한 사상계, 문화계 가운데에 나타났고 어떤 자유로움이 사회의 분위기로서 체험되는 시기이기도 했다. 이러한 여러 조건이 존재한 것은 사실이지만, 그러나 사람들이 자유로운 공기를 실감할 수 있었다는 것이 기독교에게는 플러스적인 요인이 되어 비교적 자유로운 활동이 전개되었다고 볼 수 있다.

2. 기독교의 전환기

기독교가 사회로부터 받는 영향은 표면적인 것과, 신앙의 심층에까지 미치는 두 가지 측면이 존재한다. 타이쇼 시대의 기독교 역시 활동의 직접적인 형태로 나타나는 차원에서 신앙의 본질에 관계되는 차원에 이르기까

---

211 오카 요시타케(岡義武), 『일본近代史大系(5) 轉換期의 大正』 참조.
212 하시카와 분죠우(橋川文三), 마쯔모토 미노스케(松本三之介), 『近代일본 政治思想史』
　　(II) 제1장 참조.

지 다양한 영향을 받았다.

타이쇼 기간의 교회는 이미 메이지 시대에 하나의 형태를 형성하여 안정기로 전개되어 가는 '교파'라는 교회 형식을 계승했다. 그 교파로서의 특성을 보다 견고하게 다듬어 가는 것이 타이쇼 시대의 교회가 가진 하나의 방향이었다. 그러나 다른 한편으로 제(諸) 교파가 하나의 협동 기관을 결성하여, 초교파적인 전도 활동을 펼치는 형태도 현저하게 나타났다.

그리고 이러한 두 방향이 모순되기보다는 공존하는 곳에 이 시기의 특색이 존재한다고 할 수 있다. 즉 각 교회가 독자적인 교파의 특성을 강화하고 충실하게 함으로써 상호의 협력 활동도 또한 활기를 띤 원만한 운영으로 나아가게 되었다는 것이다.

따라서 이러한 초교파적 협력전도를 교회 합동의 움직임이라는 복선으로 생각하는 것은 타당하지 않다. 일본에서는 교파의 자각이나 또는 교파에 집착하지 않는 교회 형성이 아주 강하게 나타나지만 (주관적인 생각은 접어두고), 이 시기에 합동을 위한 여러 조건이 구비되었다고 객관적으로 생각하기란 어렵다. 이것은 나중에 '일본기독교회'의 예를 통하여 알 수 있을 것이다.

기독교에 대한 사회의 분위기도 메이지 시대에 비교하면 아주 온화하게 되었고, 그것이 교회 전체에 자유와 협조의 정신을 가지게 하는 하나의 원인이 되었다. 국제 관계는 결코 낙관할 수 없는 상황이었지만 제1차 세계대전을 계기로 평화수립에 대한 국제적 모색과 그것에 수반되는 군축을 향한 움직임이 일시적이기는 하지만 '국제협력'의 시대적 사상을 형성하게 되고, 그것은 또한 일본의 교회가 외국 선교와 협력관계에 영향을 미치는 것으로 작용되었다.

그러나 보다 본질적인 문제로서 메이지에서 타이쇼 시대로 이동한 기독교는 신앙의 핵심에 관계되는 변화를 체험하고 있었다. 이미 언급하였던 것처럼 메이지 30년대 후반부터 기독교를 구성하는 교인층이 두드러지게 변화되었고, 이른바 중간층이라 불리는 인텔리, 셀러리맨, 그리고 학생 등이 교회의 주요한 구성 멤버가 되었다. 그들은 메이지 후기의 지식층으로서 자아 발견을 경험하고, 자기 확립에 대해 고뇌와 불안을 경험한 '생각하는 화이트 칼라' 였다(스미다니).

메이지 초기에 청소년기를 보낸 제1세대의 기독교인들과는 다르게, 그들에게 있어 최대의 과제는 고뇌하는 자아 구원이었다. 메이지 유신의 동란을 체험하지 않았고, 그리고 초기의 소박한 내셔널리즘을 공유하지도 않았던 그들에게 있어 국가는 자기와는 이질적인 것이며, 오히려 '나' 를 소외시키는 것으로 생각했다.

그러한 넓은 의미에서 근대적인 지식인이 교회의 구성원이 되고, 타이쇼 시대에는 교회의 중핵적인 멤버가 되었다. 다른 측면에서 보자면 기독교의 인적 자원을 주일학교(일요학교)를 통하여 보충하였다는 사실도 기억해야 할 것이다.

주일학교는 메이지 20년대 후기에 일반적으로 교세가 정체되었음에도 불구하고 아주 활발했다.213 주일학교에서 신앙을 배우고, 그리고 미션스쿨로 진학해서 기독교 교육을 받은 교인들이 교회 가운데 하나의 전형적인 성도상(聖徒像)을 형성한 것도 타이쇼 시기라 할 수 있다. 그들은 오랫동안 기독교 교육을 받은 단정한 성도들이라 할 수 있고, 그것이 교회에 안정감을 가져다 주는 원인이 되기도 했다.

어찌했든 생각하는 화이트 칼라로서, 그리고 주일학교에서부터 지속적으로 신앙교육을 받아온 토박이 교회원이라는 두 가지 요소가 맞물려 메이지 시대에 볼 수 없었던 새로운 성도상이 생겨난 것이다. 그러나 문제를

---

213 이몬 후지오, 『世俗社會의 宗敎』, 211-314.

다른 각도에서 볼 때 이것이 의미하는 것은 명확하다. 즉 외부와 접점을 가지지 않고, 자칫하면 현실에서 도피되는 폐쇄적인 신앙이 된다는 것이다. 진취적이며 야성적인 교회라기보다 미온적인 경향을 가지는 교회가 되어가는 것을 의미한다.

기독교는 타이쇼 시기에 접어들면서 체질의 변화를 경험한다. 신앙이 개인의 내면적인 갈등이나 번민에 대한 해결로서만 기능하고 그 이상으로의 기능, 예를 들자면 사회의 압력이나 이교(異敎) 세계와의 대결 등을 보여주지 못했다. 다시 말해 신앙은 사회성을 상실하고 '사사로운'(私事) 것이 되었다. 그리고 신앙이 '사사로운 것'으로 존재하는 한 그 신앙은 자유롭고 안전했다.

신앙이 개인적 사항이라는 의미에서 메이지 시대 이후 일본의 기독교는 극히 '개인'적이었다. 가족이나 부락 등의 공동체가 한꺼번에 회심하는 일은 일본에서 거의 찾아 볼 수 없다. 그러나 메이지 시대의 기독교인들은 개인적인 회심을 경험하면서 이것을 곧 국가나 사회와의 관계 가운데 자리를 메기고, 의미를 두려고 했다. 반면에 이 시대의 회심 체험은 어디까지나 개인적인 것이며, 내면적인 의미만을 가지게 되었다.

이렇게 일본 기독교의 핵심에 관계되는 사항의 변화에 대한 평가는 여러 가지 모양으로 나타날 것이다. 타이쇼 시기의 기독교인들이 사회성을 상실한 것은 기독교의 에너지가 고갈된 것이라는 소극적인 또는 부정적인 평가도 가능하며, 실제적으로 그러한 평가를 받아왔다. 물론 그러한 평가도 일리가 있다. 그러나 그러한 개인화, 내면화가 사회적 간증이라는 복음의 열매로 나타나지 않는다는 사실은 인정하지 않을 수 없다.

그러나 이것이 신앙의 학문적 이해를 가능하게 하고, 그럼으로써 신학 형성으로 나아가게 하여 기독교 이해의 심화를 촉진시킨다고 한다면 그 이해득실을 일방적으로 단정하기란 쉽지 않다는 견해도 무시할 수 없을 것이다. 여기서 결론을 성급하게 내릴 필요는 없다. 오히려 타이쇼 시기에 기독교가 걸어온 흔적들을 조금 구체적으로 더듬어 보는 것이 좋을 것이다.

3. 삼교회동(三敎會同)

메이지 이래로 정부는 기독교를 국가 권력 아래에 두고자 했다. 종교를 민심을 안정시키는 도구로 이용하여 국가 질서 유지의 수단으로 삼으려는 방침은 메이지 헌법 제28조의 '종교(信敎)의 자유' 라는 항목에 붙어있는 '일본 신민은 안녕질서를 방해하지 않고, 신민으로서의 의무에 위배하지 않는 한' 이라는 조건으로 잘 알 수 있다.

거슬러 올라가자면 1875년에 교부성(敎府省)이 선포한 종교의 자유 보장에 나타는 교묘함이 이미 이 방침을 확인하고 있다.214 여기에 기독교가 그 대상에 포함되지 않고 있지만, 세상의 종교(신도, 불교)에 대하여 종교의 자유 권리를 얻어 행정상의 보호를 받는 이상 단순히 국가 사상을 방해하지 않을 뿐 아니라 '이 인민을 선하게 유도하고 다스려서 힘을 다해 국가를 돕도록 하여 이것을 정부에 보고하는 것이 교법가의 의무' 라고 말하고 있다.

일본 정부는 이러한 종교 정책을 기독교, 신도, 불교에 보다 의식적으로 체득시키기 위하여 '삼교동맹' 을 알선한다. 1912년 2월 25일 당시의 내무차관 토코나미 타케지로우(床次竹二郎)의 기획으로 기독교, 신도, 불교의 대표들과 정부측에서는 내무대신(하라 타케시, 原敬)을 비롯하여 대신, 차관, 신

---

214 토무라 마사히로 編,『神社問題와 기독교』41항 전문.

사국장, 종교국장 등이 함께 배석하게 되었다.215

기독교 교계로부터는 혼다 요우이치(本田庸一), 미야카와 츠네데루(宮川経輝), 치바 유우고로(千葉勇五郎), 이부카 카지노스케(井深梶之助) 등 7명이 출석했다. 회동 그 자체는 하라 내부상의 산난한 인사말과 함께 차와 도시락의 접대를 받고는 산회하였다고 한다. 그 다음날, 이 회동의 초대에 응답하는 식으로 하여 세 종교의 대표들이 다시 모여서 종교계의 결의를 나타내는 결의안을 검토하였다.

> 1. 우리는 각각 그 교의를 발휘하고, 황운(皇運)을 부익(扶翼)하여 점점 국민도덕의 진흥을 도모하는 것을 기한다.
> 2. 우리는 당국자가 종교를 존중하고 정치 종교 및 교육을 서로 융화하여, 국운의 신장에 이바지하기를 바란다.

기독교측은 이 회동에 앞장서서 협력하였고, 결과적으로 신도와 불교와 동등한 대우를 받게 되었다고 기뻐했다. 『일본기독교회사』는 '고금희유(古今稀有)의 회동'이라고 평가했다(391). 출석자의 한 사람인 이부카는 '기독교 입장에서 보자면, 금번의 일은 사실상 기독교가 불교와 신도의 두 종교와 동등하게 대우받은 하나의 예이다. 이것은 이론상으로 당연한 것이었지만 오늘날까지 실제로 전혀 그렇지 않았다. 기독교는 별종이었고, 어린이 취급을 당해왔다. 따라서 이러한 잘못을 바로잡기 위해서 이번 사건은 도움이 될 것이다.' 216

우에무라는 이 회동에 대하여 비판적이었던 것 같지만, 당시 외국에 나가 있었다. 구체적으로 비판을 행한 자는 우찌무라 칸죠였다. 삼교 회동은 공작과 학과 옴의 날개를 연결하여 맞추어 다른 새를 만들려고 한 것으로,

---

215　출석자 명부는 『우에무라 마사히사와 그 시대』 2권, 716-718.
216　『우에무라 마사히사와 그 시대』 2권, 722-723.

이 '정치가의 수완에 의해서 일본인들에게 제공되려고 하는 신종교' 는 화려한 새라고 생각했지만 실은 '괴물' 의 일종이라고 비꼬았다.217

세 종교가 스스로 '황운의 부익' 그리고 '국운의 신장' 이라는 천황제 국가의 의지를 구현하고 그것을 민중에 침투시키는 수단으로 자신의 존재 목적을 위정자 앞에 제시한 것은 타이쇼 시기와 쇼와 시기의 종교가 자기 존재 방식을 결정하는 중요한 요인이 되었다.

그리고 종교가 존립할 수 있는 전제 조건으로 국가(천황제)의 비호와 애호가 있다는 것을 종교가들이 자발적으로 인정함으로써 종교가 국가에 포섭된 관계가 자연스럽게 명확하게 되어 버렸다. 그것을 다른 각도에서 보자면 '교육과 종교의 충돌' 이라는 논쟁으로 기독교인이 주장한 종교의 자율성이 침식되어가는 것으로 연결되어 버렸다.

4. 3년간의 전국협동 전도

세 종교 회동은 명확하게 기독교의 체질적 변화의 조짐을 나타내 보이는 것이지만 당시의 교회로서는 '봄을 맞이한 것과 같은 기쁨' 이었다.218 그것은 협동 전도를 통한 양적 발전을 위한 호조건이 될 수 있다고 믿었기 때문이다. 확실히 이 협동 전도를 통해서 여러 교회의 교세가 성장된 것은 사실이다.

1909년은 개신교 개교 50주년을 맞이한 해였지만, 그 축하 감사회를 통하여 각 교파의 협조 기운은 더욱 고조되었다. 1911년, 종래의 '복음동맹회' 를 대신하여 '일본기독교회동맹' 이 결성되었다. 그 목적은 첫째로 제교파의 교류, 둘째로 협동사업의 경영, 마지막으로 모든 기독교의 관심사

---

217 『우에무라 마사히사와 그 시대』 2권, 725.
218 에비자와료, 『일본 그리스도敎 百年史』, 190.

를 대표자를 통해 처리한다는 세 가지였다.[219]

이렇게 대규모적인 협력전도의 국내적 발판이 정비되었지만, 협력전도의 발전에 직접적으로 역할을 행사한 것은 에든버러의 세계선교총회(1910년) 의상이었던 보트(J. R. Motte)였다. 이 세계총회는 20세기의 에큐메니칼 운동의 출발점으로 일본에서는 혼다와 이부카 등이 출석하였다. 총회 폐회 후에는 '계속위원회'가 조직되었고 모트가 위원장을 맡았다. 1913년 일본을 방문하여 '일본계속위원회'도 결성되었다. 이 위원회를 기반으로 세계선교총회와 일본 교회와의 연락 관계가 형성되어 국제적인 교회 조직의 지체로서 포괄적인 기관이 형성되었다고 볼 수 있다.

협동 전도는 외부로는 세계 교회의 협조라는 큰 흐름으로 영향을 받았고, 내부로는 일본기독교회동맹이라는 협력기관을 통하여 견고한 체제로 실시되었다. 국내 교회의 전도가 국제적인 지원과 연락 가운데 진행된 최초의 기회였다는 사실은 주목할 필요가 있다. 그러나 이 전도에 대한 역사가들의 평가는 자주 독립의 기풍이 '내외 협조의 풍조로 전환'하는 운동으로 이해하고 있다.[220]

전도의 진용은 전국을 동서로 나누어 동부장에 우에무라, 서부장에 미야카와, 전체 위원장에는 이부카가 맡았다. 기간은 1914년에서 18년에 이르는 약 3년 정도였다. 각 교파의 대표적인 전도자(부흥사)가 동원되어 전국의 도시와 농촌에 이르기까지 많은 집회를 열었다. 또 전도 집회뿐 아니라 여학생 총회, 영화 전도, 부인회 총회, 회사원 총회, 교육자 총회, 금주 대연설, 학생 총회, 기풍 총회, 실업가 총회, 유명인사 초청회 등을 열었

---

219 동맹의 규칙 전문은 『우에무라 마사히사와 그 시대』 2권, 630-632에 수록.
220 도히 아키오, 『일본 개신 교회사』, 240.

다.221 우에무라가 말한 것처럼, 마치 기독교인 총동원 전도(우에무라, 저작집, 6권, 418)라고 말할 수 있었을 것이다.

이처럼 초교파적으로 대결집이 일어난 것은 복음주의라는 깃발을 들고 '일본기독교회동맹'이 모든 교회의 대표기관으로 인정받았던 신앙적 안정이 바탕에 깔려있었기 때문이다. 전도 운동의 결과는 다음과 같다.222

동경에서는 정재계의 인사들이 다수 초청되어 세계 지도자들과 환담하는 등 그 전도 방법이 문제되기도 하였지만 이 협동 전도가 교세 면에서 가져다 준 효과는 아주 크고, 또한 일본 사회의 각층에 대하여 기독교가 하나의 사회적 세력이라는 것을 보여주는 기회가 되었다는 것은 무시할 수 없는 것이다. 여기에 전도의 형태로서 '총동원' 전도라는 규모와 전도 방법, 기술이라는 면에서 일본의 교회 전도 역사에 새로운 획을 긋는 사건이었다고 볼 수도 있다.

5. 민주화와 기독교

제1차 세계대전(1914-1918년)은 일본에 군수 경기(景氣)를 가져왔고, 중국에서 권익을 확대하여 가는 이른바 '일등국 닛뽄'(日本)을 만들었다. 그러나 국내적으로는 여러 가지의 불안정한 요인이 산적해 있었고, 전술한 바와 같이 노동 운동이 격렬하여 쌀 소동이 일어나는 등 국민의 정치의식이 이상 현상을 보였다. 이러한 민주화의 융성은 교회에도 여러 새로운 모습을 초래했다.

'일본기독교회'는 유럽대전의 조정에 진력한 미국의 윌슨 대통령에 감사장을 보냈고, 또한 제35회 총회(1921년)는 워싱톤에서 개최중인 군축회담

---

221 오오우치,『일본 기독교 역사』, 464.
222 에비자와료『일본 그리스도교敎 百年史』, 192.

에 메시지도 보냈다.223 일본의 일 개 교파가 국제 사회를 향해서 이러한 발언의 기회를 가지는 것은 상당한 자부심이었다.

일본의 국제적 지위 향상과 서로 맞물려 기독교 신앙이야말로 신세력의 근원이고 민주화의 기초가 된다는 신념이 교회로 하여금 이와 같이 외부를 향한 활동을 하게 한 것이다. 그렇다면 민주화와 기독교는 어떠한 점에서 서로 결부되는 것일까. 이 점에 대하여는 여러 이해가 있다.

먼저 에비나 단죠의 견해에 의하면 민주화의 확립을 위해서는 기독교가 불가결했다. 정치상 민주화의 근거로서 정신적 민주화가 반드시 존재해야 한다. 그것이 바로 크리스천 민주화이다. '실로, 기독교 신자의 체험이 없는 곳에는 결코 민주화가 일어나지 않는다. 우리 기독교인들이 스스로 이것을 행하지 않는다면 누가 이것을 행할 수 있을 것인가.' 224

이와 같은 에비나의 사상은 정치의식에 꿈을 깬 청년들이나, 기독교 가운데 입헌정치의 정신적 기반을 요구하는 교회의 지식인들에게 수용되었다. 특히 요시노(吉野作造)는 에비나의 가르침을 받아 기독교를 배우고, 자각적인 기독교 지식인으로서 타이쇼 시기의 민주화를 이론적으로 지도하였다. 요시노는 동경대 교수로서 폭넓게 활동하면서 언론계에 영향력을 가지며 『츄오코론』(中央公論)을 비롯하여 저널리즘을 사용하여, 민주화 정치사상을 보급시켰다.

'데모크라시'를 '민주주의'로 번역한 것도 요시노였다. 그 기본 사상은 주권의 소재가 군주(천황)에게 있다고 인정하면서도 정치 운용면에서는 민중을 중시하는 것으로 민주주의 이론을 메이지의 군주정치 헌법 아래서 전개하려는 시도였다. 정치가 국민을 위한 것이라는 기본 이념이 천황제

---

223 『일본기독교회사』, 461.
224 오오타 마사오(太田雅夫), 『大正민주화硏究』, 120.

아래서 어느 정도 실현 가능한가?

요시노는 이론적으로 실천적으로 많은 문제가 있지만 정치 운용에 민의가 가능한 많이 반영되는 정치적 변혁을 모색하였다. 사회주의에 의한 정치 변혁이 오히려 관념적인 사상 차원으로 머물러 있었던 시대에, 민주주의가 정치 개혁을 다소 현실 궤도에 올려놓았다는 의미는 적지 않았다.

요시노의 정치사상에는 에비나로부터 배운 기독교 신앙이 구조적인 요소로 자리잡고 있다.225 인간은 빈부의 차를 넘어 인격으로 서로 동등하다. 인간은 전제정치로부터 해방됨으로써 그 능력을 발달 향상시킬 수 있다. 요시노는 이러한 인격주의, 진보주의를 기독교적인 가치 체계로부터 습득하였다. 그러한 의미에서 요시노의 사상과 실천은 기독교인이야말로 그 신앙에 입각하여 냉정한 과학적인 눈으로 사회를 바라볼 수 있다는 가능성을 보여주고 있다고 말할 수 있다.

'일본 개신교 역사에서, 복음과 문화, 즉 기독교 인간관과 사회 과학과의 사이에 적극적인 관계를 확립시키고자 하는 귀중한 시도 가운데 하나가 요시노의 민주주의 사상과 실천 가운데서 찾아볼 수 있을 것이다' 라는 지적은 옳은 것이다.226

기독교에 대한 사회적 요구의 증가를 지적하면서 현실 교회가 그러한 사회적 책임을 짊어질 수 있는가? 요시노는 의문을 가진다. '오늘날 세계가 요구하고, 청년이 간구하는 것은 생명 넘치는 교회이다. 교회가 가르치는 여러 가지 번잡한 형식이 이 참된 생명 파악을 거부하게 하고 방해하고 있는 것은 아닌지 반성하고자 한다'.227

---

225 도히 아키오, '大正민주화 시기의 기독교인의 정치론' ,『기독교 사회문제 연구』 제13호, 20.
226 타케다,『土着과 背敎』, 225.
227 나라 쯔네고로,『일본 YMCA史』, 228.

제도적인 교회에 대한 이러한 비판은 일면 그의 기독교 이해의 인격주의적인 경향과 분리시킬 수 없는 것이지만, 다른 한편으로는 타이쇼 시기의 교회가 사회적 책임을 다하기에는 너무 얌전하며 박력 없는 단체로 전락하고 있었다는 사실에 대한 적절한 고언(苦言)이었다고 말할 수 있다.

우에무라의 이해를 보자. 타이쇼 민주화에 대한 우에무라의 비판은 아주 신랄하다. 민주주의를 오늘날의 시대정신으로 간주하면서도 '그러나 하나님 없이, 소망 없이 눈앞의 이익만에 관심을 가지고, 책임보다는 머리 지식만을 중요시하고, 바르고 그름보다는 투표의 다소에 보다 깊은 고심을 하는 민주주의는 위대한 경륜을 행사하기 어렵고, 눈먼 자가 눈먼 자를 인도하는 것이며 온 나라가 왜소비열(矮小陋劣), 광망(狂妄), 패멸의 비운에 빠지는 것은 필연적 결과'라고 민주주의에 의한 근본적 원리에 대하여 의심을 가진다.228

우에무라는 에비나와 요시노처럼 기독교적인 가치와 민주화 원리를 직결시키지 않는다. 기독교는 '누구든지 거듭나지 아니 하고서는 하나님 나라를 볼 수 없다'를 기본적 원리로 하기에, 이 중생의 은혜는 그 어떠한 사회적인 변혁과 바꿀 수 없는 것이다.

시대와 사회가 제출하는 과제를 알지 못하는 것은 아니다. 자본주의 성장이 어떠한 병소(病巢)를 가지고 있는지 우에무라는 무지하지 않았다. 오히려 노동 문제, 부의 불균형, 왜곡된 이기주의적 풍조 등을 날카롭게 이해하고 있었다. 그러나 그러한 것에 대한 개혁을 정치적 수단에 의한 제도적 변혁에 의존하지 않았다. '단지 제도나 형식의 문제가 아니다. 정신상의 개혁을 필요로 한다. 사상의 개조를 바라보지 않으면 안 된다. 세계관, 인

---

228 『우에무라 마사히사 저작집』 5권, 384.

생관으로부터 변화되어야 한다. 영혼의 혁명이다.'[229]

이와 같이 복음과 그 전도가 가진 고유의 목적을 사회 문제나 정치개혁의 목적과 구별하여, 전자를 그 자체의 독자 영역에서 확립시켜나가는 것이 우에무라의 방침이었다. 복음이 그 독자적 가치를 소유함으로써 교회가 자율성을 가지고, 더 나아가 그것이 양질의 국가로 연결된다는 확신이다. '독립국가와 독립교회' 라 표현해도 될 것이다.

단지 이러한 경우, 기독교가 현실의 사회 문제나 정치 상황을 그 신앙과의 관계속에서 구체적으로 어떻게 평가하는 것이 옳은가? 교회가 복음이라는 고유한 가치를 소유하기에 사회생활로부터 유리하는 것이 아니라, 사회나 정치에 대하여도 일정의 규범과 원리를 나타내는 성도들의 사회참여를 촉진시키기 위해서는 어떻게 하면 좋은가? 그러한 구체적인 지침을 우에무라의 입으로부터 듣기란 쉽지 않다. 복음 전도자로서의 자기 수비범위를 지키고, 사회적 분야에 대한 자신의 발언을 억제하는 경향은 그의 만년에 더욱 깊어간다.

'타이쇼 민주화' 의 계기로 일본교계의 복음 이해는 크게 두 방향으로 양분된다. 에비나-요시나의 복음 이해와, 우에무라에서 타까쿠라 독타로(高倉德太郎)로 이어지는 복음 이해가 그것이다. 복음 이해에 대한 이 양분화가 '쇼와 파시즘' 의 시기에 결정적으로 어떠한 모습을 드러내느냐와 관련해 강력한 국가 권력 앞에 굴복해 가는 과정에 대하여는 다음 장에서 다룰 것이다.

여기서 한 가지 생각하지 않을 수 없는 것은 타이쇼 시대의 기독교가 비교적 넓은 범위의 사회 문제와 접하였음에도 불구하고, 그 뿌리를 깊이 내리지 못한 원인은 무엇인가? 하는 문제이다. 그 원인 가운데 하나는 '타이쇼 민주화' 시대가 가졌던 역사적 성격이다. 다시 말해서, 국가가 '쇼와'

---

229 『우에무라 마사히사 저작집』 5권, 379.

라고 하는 노골적인 강권 파시즘으로 전환되어가는 유예적인 성격을 가졌다는 것에 있다. 또한 민주화가 정치사상, 사회사상으로서 성숙하기 위하여서는 여전히 시간을 요구하는 단계였다는 것이다.

그러나 다른 한편으로 복음이 이 세상과 어떻게 만나서 질충하여 가는가에 대한 기독교 내부로부터의 충분한 검도가 없었고, 따라서 복음 신앙이 사회적 실천의 결합이 성숙하지 못했다는 점도 무시되어서는 안 된다. 복음 이해의 양극화 분리는 이미 메이지 30년대에 시작되었지만, 그것이 사회나 문화와의 만남이라는 장소에서 다시 한번 노출된 것은 타이쇼 시기에 있었던 기독교의 하나의 특색이었다고 생각된다.

6. 재림운동

역사의 가까운 장래에 그리스도의 재림을 열렬히 대망하는 운동이 우찌무라(內村鑑三), 타나까(田中重治), 키무라(木村清松) 등에 의해서 일어났다. 1918년(타이쇼 7년) 1월 6일, 칸다의 동경기독교청년회(YMCA)에서 '성서의 예언적 연구 연설회'가 개최되어 위의 세 사람이 강연했다.

타나까가 지도하는 성결교회는 이미 메이지 30년대부터 그 기본적인 주장('사중복음') 가운데 '재림'을 강조하여 왔다. 그리고 1918년 신년성회는 재림 문제를 주제로 하여 타나까가 '거짓 그리스도와 환란시대', '천년왕국', '신천신지', '만물 부흥기' 등을 설교했다.230 그러나 재림운동을 사회적으로 넓게 영향을 미치고 사상적으로 그것을 지도한 자는 우찌무라이다.

우찌무라가 재림운동에 관심을 가지게 된 것에는 서너 가지의 요인이 있다.

---

230 오이데 시노부(小出忍),『성결교회의 群略史』, 23.

첫째, 직접적인 계기는 세계대전의 격발이었다. 평화와 전쟁 폐지를 주창하여 온 우찌무라는 기독교 세계를 무대로 일어나는 전무한 전쟁을 통하여 인간의 노력에 의한 평화의 불가능성을 싫증나도록 맛보았던 것이다. 평화의 실현은 그리스도 재림에 의한 세계 종말에 의해서만이 가능하다고 생각한 것이다.

특히 1917년 4월 미국의 참전은 기독교 세계에 대한 우찌무라의 실망을 결정지었다. 동년 7월 『성서 연구』 지면에 '전쟁 폐지에 관한 성서의 명시'를 기록하고, 미국의 참전이 전쟁의 종결을 가져오지 못하고 오히려 보다 큰 전쟁의 시작을 의미한다고 비판하며 '전쟁은 전능하신 하나님의 실현(實現)으로 중지된다.' 다시 말해서 '하나님께서 이 세상의 심판자로 세우신 그리스도의 재림'에 의해서만이 실현된다고 주장한 것이다.[231] 평화와 재림을 명확하게 결부시키는 우찌무라의 이해는 그가 이전부터 주장해 오던 이상주의적인 평화론에서 종말론적 신앙에 의한 평화론으로 전환되었음을 명확하게 나타낸다.

둘째, 우찌무라는 재림운동을 그의 딸 루쯔코의 죽음이라는 슬픈 사건을 경험함으로써 배웠다고 전해진다. 또한 미국인 친구 벨로부터 보내오는 『선데이 스쿨 타임즈』의 기사를 접함으로써 종래의 불명확하고 확신적이지 못하였던 재림신앙에 눈을 떴다고 한다. '그리스도의 재림만이 신약성서가 모든 곳에서 소리 높여 주창하는 최대의 진리다'라고 주장할 정도였다.[232]

이러한 재림신앙의 강조는 일본의 교회 대부분이 수용하기 힘든 것이었다. 그리고 우찌무라 자신은 재림운동에 대한 교회의 거부반응을 오히려 환영하는 발언을 가끔씩 보였다. '그리스도 재림 신앙은 나의 무교회주의

---

231 『우찌무라 칸죠 전집』 23권, 285.
232 『우찌무라 칸죠 전집』 24권, 60.

를 보다 견고하게 한다.' 왜냐하면 이 세상에서 힘과 세력을 가진 교회는 결국 이 재림운동을 경시하기 때문이다. '나는 지금까지 교회와 신앙을 함께 하고(대체적으로), 행동은 다르게 했다. 이것은 나에게 있어 큰 고통이었다. 그러나 오늘부터 신앙행동을 (교회와) 나브세 함으로써 나의 입장이 보다 명확하게 되었다' (동상, 71).

다시 말해서 우찌무라는 보수적 신앙을 가지면서도 교회라는 단체와 일치된 행동을 보이지 않았던 것에 대하여 고통과 긴장을 가지고 있었지만, 재림신앙이야말로 교회의 신앙과 자기 신앙을 명확하게 이분하게 하는 것을 발견하고 지금까지의 긴장으로부터 완전히 해방되었던 것을 말한다. 이것은 아마도 그의 솔직한 마음이었을 것이다. 그 만큼 그는 재림신앙을 통하여 새롭게 나아가야 할 신앙의 활로와 근거를 찾았고 그것을 위한 열렬한 운동을 전개한 것이었다.

우찌무라는 성서 연구 집회를 중지하고 이제는 넓게 일반 사회를 향해서 말하고자 하였다. 그때까지 수십 명을 상대로 한 성서강의가 수백 명, 때로는 천 명을 넘는 청중들에게 행하여졌고 동경뿐 아니라 북해도나 오카야마에 이르기까지 동분서주하였다. 그런데 1919년 3월, 지금까지 중요한 집회 장소였던 동경 기독교 청년회관 사용을 거절당하는 사태가 일어났고, 이것으로 재림운동의 기본적인 형태가 무너지게 되고, 결국에는 이 운동도 1년 반 정도로 소멸하게 되었다.

재림운동은 교회에 직접적인 수확을 가져다 주지는 않았다. 성결교회는 재림운동을 부흥운동의 일환으로 이해하려는 경향이 있었다. 그런데 이것으로 교세 증가가 이루어졌지만 다른 교파 교회들의 반응은 이색적인 것이었다. 조합교회, 감리교, 성공회, 일본기독교회 등 주요한 교파는 모두 냉정했다. 그 원인은 어디에 있었는가? 우찌무라의 재림론은 성서의 기술을 일언일구 하나님의 말씀으로 믿는 보수적 성서관과 떼어놓을 수 없다.233 근본주의적인 성서이해에 입각하여 그의 재림신앙 내용은 초자연적인 힘의 개입에 의한 세계 파멸과 심판이라는 생생한 것이었다.

세계의 파멸은 역사와 인간의 무력함을 나타내 보이시는 하나님의 능력이다. 확실히 그것은 어떤 종류의 종말론적인 자각이며, 성서도 그러한 물리적, 외적인 의미의 심판이나 만물의 갱신을 가르친다. 그러나 기독교의 종말 이해는 단순히 역사와 시간의 특정 시점에서 발생하는 물리적 사건으로만 생각하지 않는다. 기독교 신앙에 의한 종말론은 지금 여기에 살고 있는 한 인간의 회개와 새로운 피조물에 대한 요구를 가진다(회개하고 복음을 믿어라. 하나님 나라가 가까웠다).

그러나 우찌무라의 재림론은 역사의 의미나 인간의 윤리적인 노력의 가치를 부정하는 곳에 자리를 잡고 있다고 해도 과언이 아니다. 그것은 역사의 종말과 세계의 파멸이라는 엄청난 수단에 의해서만 인간과 사회가 완성된다는 것을 믿었다는 것이었다. 그것은 '종말론'이라기보다는 '종말관'에 가깝다.234 즉, 전자를 세련된 신앙, 후자를 소박한 신앙으로 구별하는 상이함이 아니다. 기독교의 신앙은 기본적으로 어떠해야 하는가 하는 본질적인 문제에 관계하는 것이다.

타이쇼 시기는 본격적인 종말론이 교회 안에서 자각되었다고 말하기 어렵고, 따라서 우찌무라의 '종말관'적인 재림론도 납득할 만한 비판이 나타나지 않았으며, 따라서 신학적 수준의 수확을 바라보기도 힘들었다. 그러나 카시와기는 소박한 논의이기는 하지만 종말이해에 대한 올바른 견해를 모색하면서 우찌무라에 대한 비판의 돌을 던진다. 여기서 잠깐 소개하

233　도히 아키오 『우찌무라 칸죠』, 153-154.
234　양자의 상이함에 대하여는 오오키, 『종말론』 제2장을 참조하라.

고자 한다.235

카시와기는 재림신앙을 기본적인 신앙 내용으로서 반대하지 않는다. 그에 의하면 인산은 영혼과 육체를 겸비한 인격이다. 물길세계에 중심을 두지 않고, 그렇디고 영혼이 신체를 떠나서 우주의 큰 영으로 귀착한다는 '공막'(空漠)이란 관념을 믿는 것도 아니다. 오히려 '기독교의 진리는 상상도 아니고, 추리도 아니고, 논의도 아니며, 철학도 아니다. 유일한 살아있는 사실이다.' 이러한 육체와 영혼을 가진 인간을 구원하시기 위하여, 하나님은 구원주에게 두 개의 본성을 주셨다. '종의 형체로서의 메시아' 와 '왕의 형체로서의 메시아' 이다.

카시와기에 의하면, '종의 모습으로 오신 메시아' 의 사역을 통해서 '심령' 을 구원하고, '왕의 모습으로 오신 메시아' 의 사역을 통하여서는 그 심령에 '상응하는 외경(外境)' 을 주신다. 그 출현이 재림이며 '궁극적 구원의 완성' 이다. 따라서 카시와기는 그리스도의 왕적 재림에 의해, 하나님 나라의 초자연적인 완성을 믿었다.

사회의 진보적 발전의 연장선상에서 지상적인 하나님 나라를 믿는다는 견해로 보자면 카시와기는 진보주의자가 아니다. '하나님 나라를 현세 사회의 완성으로만 이해하는 것은 처음부터 천박한 공상이다.' 그렇다고 카시와기가 이른바 재림론자의 신앙 태도에 동조하는 것도 아니다.

'학교는 다음 세계로 나아가는 준비 단계이기 때문에, 눈앞의 점수나 성적에 아득바득하는 것은 부질없는 일이다. 그러나 학교는 품성훈련의 장소로서 중요한 의미를 가지기 때문에, '하룻밤의 객인' 처럼 애교(愛校)정신도 없이, 그것을 경시하는 것은 과연 올바른지 생각하게 한다.'

---

235 『카시와기 기엔 전집』 1권, 344-347, 375.

이런 비유를 통하여 카시와기는 재림신앙이 지금 여기에 살고 있는 인간과 사회를 등한시하여, 현실과의 살아있는 관계와 접촉에서 후퇴함으로써 사회적인 패배주의에 빠지는 위험성을 지적한다. 한 인간이 성장하여 쇠약하고 마침내 죽어가듯이, 사회도 동일하다. 그러나 어차피 죽을 몸이라 할지라도, 그 성장과 발전에 열심히 살지 않는 자가 있다면 그것이야말로 '불건전한 류상(謬想)' 이다.

재림 거부론자들의 '천박한 공상' 이나, 또는 지금의 재림론자의 '불건전한 류상' 이나, 어느 편에도 가담하지 않고, 내적신앙의 초월적이며 피안적인 성격과 동시에 신앙인의 사회적 책임을 균형 있게 주장할 수 있었다는 것에 카시와기의 면목이 있었다.

재림 문제는 기독교 신학의 문제로서 기독교의 역사관, 사회관과 깊은 관계를 가진다. 재림 신앙이 성숙하여 갈 때 신학 분야의 종말론은 역사관 및 사회관을 포함하는 종합적인 시야를 자연스럽게 가지게 되겠지만, 타이쇼 시기의 기독교에 그러한 기대를 하기란 쉽지 않았다. 사실 그것은 유럽 신학 세계에서조차 20세기에 들어서면서 처음으로 본격적으로 자각된 주제였다고 볼 수 있다.

일본에서는 '천박한 공상' 과 '불건전한 류상' 사이를 서로 매듭짓게 할 만한 신학적 사색은 아직 나타나지 않았고, 후일에 타카쿠라 독타로(高倉德太郎)의 『교의학』(『타카쿠라 독타로 전집』 제9권, 제9장) 가운데 어느 정도 전개되고, 더욱이 쿠마노 요시타카(熊野義孝)의 『종말론과 역사철학』(1933년)에 이르러 종말론을 신학적 사색의 축 또는 추진력이라 할 수 있는 풍부한 결실을 가지게 된다.

그러나 타카쿠라에서 쿠마노로 이어지는 '일본기독교회' 의 신학적 성숙이 카시와기가 말하는 '공상' 과 '류상' 이라는 두 측면을 서로 통일시키는 것으로 전개되지 못하고, 오히려 두 측면을 무시하는 형태로 전개되어

간 이유가 시대적 원인이라 하지만 그러나 참으로 안타까운 일이다.

'천박한 공상'은 사회적 기독교나 SCM 운동(기독 학생 운동)의 형태로 분해되어가고, '불건전한 류상'은 '치안유지법'의 단속 대상이 되어 성결교회의 수난사건으로 이어진다. 이것은 쇼와 시대의 전기에 나타나는 기독교의 양극화 현상이었다.

7. 타이쇼 시기의 기독교 교육

먼저 시대를 거슬러 올라가 메이지 후기의 기독교 교육이 직면한 중요한 문제를 간단히 언급하고자 한다.

메이지 전기의 기독교 교육은 서구화 주의의 풍조에 힘입어 순조로웠다. 그러나 1899년(메이지 32년)의 문부성 훈령 제12호가 교육과 종교의 분리를 미션스쿨에도 요구함으로써 학교 존립의 의미가 불확실하게 되어 가는 사태가 발생했다.236 이 훈령은 모든 종교를 대상으로 한 것이지만 실질적으로는 미션스쿨에 의한 기독교 교육이나 예배 활동을 억압하려는 목적이었다.

따라서 훈령이 발령되자마자 아오야마 학원(靑山學園), 토요에와(東洋英和), 릿쿄(立敎), 메이지 학원(明治學園), 나고야 학원(名古屋學園), 동지사(同志社)의 각 학교 및 관계하는 선교사들이 모여서 협의했다. 그들은 이 훈령으로 말미암아 자녀들에게 교육을 받게 하려는 학부모들의 권리와 자유가 저해당하고, 헌법 보장의 종교자유가 침해받는다고 생각했다(『同志社百年史』 通史編(1), 458).

---

236 관계 자료는 『기독교 사회 문제 연구』 22-24호 수록의 오자와 사부로 編, 일본개신교史 資料(3)-(5) 및 『이부카 카지노스케와 그 시대』 2권 등.

그러나 훈령 철폐를 요구하는 학교측의 요청을 문부성은 거부했다. 이에 각 학교는 독자적으로 교섭을 시행하지만 그 가운데서도 아오야마 학원은 모든 특전을 잃어버리더라도 기독교 정신을 견지하겠다는 자세로 수위를 높였다.237 정부의 중학 교령에 근거하여 중학교를 폐하고, 법령에 근거하지 않는 중등교육기관으로서 활동한 것이다. 메이지 학원도 동일했다. 기독교 정신을 관철하는 방침을 확인한 후에, 문부성과의 힘든 교섭을 진행했다(『明治學院百年史』, 201-208).

이러한 끈질긴 교섭을 통해서, 또한 제 외국과의 평등조약 성립이라는 외적인 조건의 도움으로, 정부는 점차로 그 완강한 자세를 누그러뜨리며 1903년(메이지 36년)경까지 훈령의 실제적 효력은 상실되었다.

메이지 말기부터 타이쇼에 이르기까지 중등고등교육에 대한 요망이 높아지면서 진학률도 향상되었다. 또한 타이쇼 민주화의 배경으로 새롭고 자유로운 교육 운동이 점차적으로 일어났다. '교육개조'의 목소리가 높아지면서 개성 존중을 근간으로 하는 자유 교육의 시도에 대한 경향이 증대하였다.238

아동 생도의 자치적 학교생활과 학습면에서도 자발성이 존중되는 경향이 공립학교의 현장에서도 일어나고, 또한 예술 교육 분야에서도 스즈키 미에요시(鈴木三重吉)의 『빨간 새』로 대표되는 아동문학, 회화 분야에서의 자유화(自由畵) 교육이 융성했다. 각종의 자유 학교, 자유 대학도 출현하기 시작했다.

이러한 가운데 미션스쿨은 대학 설립을 목표로 활발한 움직임을 보였다. 그 가운데서도 주목해야 할 것은 각 학교의 공동운영에 의한 연합대학

---

237 『오자와 사부로 資料』 3권, 162-163.
238 『교육학전집』 3권, 『근대교육사』, 125-146 참조.

에 대한 구상이다. 그것은 이부카의 지론이기도 했고, 메이지 학원을 중심으로 동경학원(후에 관동학원), 세이학원(聖學院) 사이에도 교섭이 일어났다(『明治學院百年史』, 293-296).

메이지 학원은 이 연합운동에 아오야마 학원을 영합하려고 했지만, 아오야마 학원측은 고등과만을 분리하여 다른 곳과 합동시킨다는 것에 난색을 표명하여 합동은 없는 것으로 결론지었다. 그러나 고등학부의 합동으로부터 대학 설립에 이르는 대 구상(大構想)은 도중에 좌절을 경험할 수밖에 없었다.

그럼에도 그 시기에 기독교 정신을 주장하는 대학이 탄생한 것은 미션스쿨의 충실한 결과였다고 볼 수 있다. 동지사는 중학교 위에 전문학교를 설립하여, 1912년(메이지 45년) 2월 전문학교령에 의해서 '대학'이라는 명칭을 얻게 되었다. 그러나 제도상으로는 관립의 제국대학과 큰 격차를 보였고, 학력 수준도 관립대학에 미치지 못했다.

1918년에 '대학령'(大學令)이 공포됨으로써 사립학교에도 본격적인 대학 설립에 대한 길이 열렸다. 타이쇼 시기의 동지사는 여러 가지 설비가 부족했지만, 학생 수가 늘어나면서 착실히 발전하여 대학 설립을 위하여 노력했다. 그러나 인가를 받기 위해서는 일정액의 기본 재산(동지사의 경우 60만엔)의 공탁, 대학 예과의 설치, 일정수의 전임교원 확보, 연구 설비의 충실 등, 엄격한 조건을 구비해야만 했다(『同志社百年史』通史編(1), 824-827).

아오야마 학원과 같이 공탁금을 조성할 수 없어 대학 설립을 단념하지 않을 수 없었던 곳도 있었다. 그렇지만 각종의 노력이 열매를 맺어 겨우 설립허가를 얻은 것은 1920년 4월 15일이었다. 그후에 릿쿄 대학이 1922년에 설립되고, 쇼와 시기에 들어오면서 칸사이(關西) 학원 대학이 설립되는 등(1932년), 기독교 정신에 의한 대학교육이 착실한 진전을 보였다.

한편, 여자 고등교육기관으로써 동경여자대학이 설립된 것도 이 시기였다(1918년). 이것은 1910년(메이지 43년), 에든버러에서 열린 세계선교총회에서 여성 교육에 관한 결의가 통과됨으로써 그 영향을 받아 촉진위원회가 미국에서 결성되고, 또한 동경에 거주하는 열 명 남짓의 선교사들이 그곳에 대표들을 파견하여 구체적인 설립 작업을 개시하였기 때문이다.

학장에 니토베 이나죠(新渡戶稻造), 야스이 테쯔(安井てつ), 상임이사에 라이샤워(A. Reischauer)가 선출되었다. 교육자로서 니토베의 탁월성과, 야스이의 진정한 포용력의 자세가 이 여자 대학의 교풍을 구축하였다. 니토베가 제1회 졸업생들에게 보낸 축사 가운데에서 다음과 같이 말한다.

> 종래 우리나라의 교육이 막무가내식으로 흐르기 쉽고 지식 주입에 힘을 쏟아, 인간으로서 또한 한 개인의 여성으로서의 교육을 경시하고 개성의 발달을 중시하지 않고 부인을 사회, 다시 말해 사회의 아주 작은 기관으로 간주하는 경향을 보여 온 것에 반하여, 본교는 기독교의 정신에 입각하여 개성을 중시하고 세상의 소위 작은 자까지도 하나님의 자녀로 생각하여 지식보다도 견식, 학문보다도 인격을 귀중히 여기고, 인재보다도 인물 양성을 주된 목적으로 한다.[239]

야스이 테쯔의 묘비명에 '무엇에든지 참된 것' (Quaecunque sunt vera)이라는 빌립보서 4장 8절의 말씀이 라틴어로 새겨져 있다. 단순한 지식의 육성이 아니라 그렇다고 강한 자아 주장에 의한 여성 해방도 아닌, 복음 이해에 의하여 견지되는 높은 견식과 진리 앞에 자유를 체득한 인격을 육성하는 것이다. 이 두 개가 종합되는 것을 바라는 기원이 묻어나는 글이다.

타이쇼 시기의 인격주의, 자유주의 사조를 배경으로 기독교적인 인간관에 입각한 교육을 행사한 자로 하니 모토꼬(羽仁もと子)의 '자유학원' 이 있

---

[239] 『일본기독교 敎育史, 人物篇』, 282.

다. 1921년 4월에 창립된 이 학원은 그 당시 자유교육운동을 떠나서 생각할 수 없다. 그러나 타이쇼 시기의 자유교육이 그후에 이념으로서도 실천으로서도 쇠퇴하여 간 것에 비교하면 '자유학원'은 그 독자적, 창의적 공부가 아주 길게 착실히 전달되어 간 아주 보기 드문 사례이다.

하니 모토꼬는 젊을 때 세례를 반고, 후에 우에무라로부터 신앙을 배웠다. 여성으로서 최초의 신문(報知新聞) 기자가 되어 결혼 후 1903년에 부부가 월간지 『가정의 벗』을 간행했다. 후일에 1908년에는 『부인의 벗』이라 개칭하여 가사정리, 육아, 요리, 주부 생활 등 사상과 생활의 합리화를 추구하는 생활 개선을 주창했다. 또한 1904년에는 일본에서 처음으로 가계부를 만들어 출판하고, 또한 월간지에 신상 상담의 난을 만드는 등 새로운 기획을 실행했다. 이것은 당시 중산층의 부인들 사이에 아주 큰 반향을 불러일으켜, 우찌무라도 정기구독자가 되었다고 한다.

이러한 가정생활의 개선을 교육에서도 실천하기 위하여 '자유학원'을 설립하였는데, 그 출발에 있어 우에무라의 지도를 받았고, 마침내 우에무라는 타까쿠라를 소개하여 신앙상의 협력을 위탁했다. 하니는 다음과 같이 말한다.

> 우에무라 선생은 오랫동안 우리들을 통하여 자유학원에 깊은 기도와 과분할 정도로 힘을 쏟아 주셨고, 선한 신앙의 기초를 닦아주셨습니다. 그 기초위에 타까쿠라 선생은 확실한 신앙을 확립하여 위해서, 열렬한 기도와 노력을 아끼지 아니하셨습니다.

하나님으로부터 허락된 인생을 창의 노력에 집중시키고, 하나님께 있는 자유와 가능성을 추구하여 가는 것 이곳에 하니 모토꼬의 교육 사상 기초가 놓여 있다.

하나님께서 인류에 무엇을 원하시고 계신가? 이 세상에 무엇을 원하시고 계신가? 나 자신에게 무엇을 원하시고 계신가? 이것으로부터 나의 모든 희망도 행동도 사업도 시작되지 않으면 안 된다. 그것은 성서에 의해 명확하다. 하나님의 형상을 닮아가는 것을 원하시고 계신다. 이 세상도, 인류도, 우리들도.

따라서 이 길은 그리스도를 따라 빛난 소망을 가지고 십자가의 길을 기도하면서 나아가는 길이다. 그러므로 각각의 개성과 환경과 시대에 의해서, 이 하나의 목적을 바라보고, 하나의 큰 길을 찾아 탐구하는 길은 모두 인간에게 주어진 것의 아주 엄격하고 힘든 작업이다.

『모토꼬 저작집』 제15권, 285

신앙을 내적인 경건으로 간주하기보다는 실 생활가운데 살아있는 열매를 맺어야 하는 '아주 엄격하고 힘든 작업' 으로 이해한다. 실제 교육에서는 어린이들의 '정신적 원기의 증진' (『모토꼬 저작집』 제11권, 63)에 주의를 집중하면서, 주입식 주의와 규칙의 강요를 배제하고, 학원 그 자체를 하나의 사회로서 아동생도들에게 제공한다.

매일 되는 학교생활도 사회 즉 외부와의 교섭 없이는 영위될 수 없기 때문에, 그것을 교사나 서기, 사무원 등과 같은 이들에게 맡기지 말고 (학원에는 합당한 사람이 없다) 모든 생도들에게 하게 해야 한다. 이렇게 하여 생도는 스스로 큰 사회 가운데 생활하는 자신들을 깨닫게 되고, 따라서 자연히 그 각오와 노력과 태도가 생겨난다.

『모토꼬 저작집』 제11권, 270-271

신앙 내용상으로 그리스도를 속죄주보다는 '교사' 로 바라보며, 죄에 대한 이해가 심각하지 않고 불철저했다는 비판을 받지만,240 복음주의의 틀을 크게 이탈하는 것은 보이지 않는다. 실천적으로 꾸밈이 없는 인격에 아

---

240 사또우, 『일본 기독교와 신학』 159-162.

주 자연적으로 몸에 베인 신앙 태도라고 말할 수도 있다.

분명히 여러 한계가 각 방면에서 지적되지만 기독교를 활력 있는 문화적 가치로 번역하여, 개인과 사회의 참된 해방과 향상을 위해서 노력한 교육실천은 바르게 평가받아야 할 것이다.

8. 학문으로서의 기독교

신앙의 내용 파악이 깊어지고 복음이 무엇인가라는 문제가 어느 정도 엄밀히 규정되기 시작할 때, 기독교 이해가 학문적인 신학의 단계로 들어가게 되는 것은 당연한 일이다. 그러나 기독교의 학적인 자기 이해는 반드시 '신학' 이라는 특수한 형태를 취하지는 않는다.

일반 학술의 공통 영역으로 기독교의 학적인 표현이 생겨나는 것도 타이쇼 시기의 새로운 경향이다. 어찌했든 여기에, 기독교에 관한 전문적인 연구가가 나타났고, 그들이 서구의 선진 기독교 세계의 학문적 경향을 일본에 전달하고, 그것이 일본 교회에 여러 파문을 불러일으키는 경우도 적지 않았다.

이 배경에는 말할 필요도 없이 타이쇼 시기의 문화주의가 존재한다. 타이쇼 시기의 문화는 민중문화 운동의 융성에서 보이는 바와 같이, 문화를 일부 계층의 전유물에서 일반적인 것으로 해방시키려는 움직임으로 나타난다.

한편으로는 그러한 민중문화의 방향에 반발하여 지식 생활자의 고도한 교양으로서의 문화를 회복하려는 움직임도 강하게 작용했다.[241] 후자는 이른바 '이와나미 문화'(岩波文化)로 대표되는 지적 엘리트 문화주의로, 기

---

[241] 시노다 카즈토(篠田一人), '大正期의 文化主義에 대하여 『교회사회 문제 연구』 제13호 수록.

독교로부터도 그 일각에 발을 내딛은 자가 극히 소수였지만 나타났다. 하타노 세이이치(波多野精一), 이시하라 켄(石原謙) 등이 그러한 활동을 했다.

하타노 세이이치(波多野精一)는 동경제국대학에서 종교철학과 기독교 신학을 배우고, 독일로 유학하여 철학의 근저에 종교가 존재하는 것을 배워 종교철학이나 기독교 신학에 관심을 가지고 일본에서 그 예를 찾을 수 없는 기독교 신앙을 기초로 하는 종교철학의 체계를 세웠다. 우에무라를 만나서 세례를 받고, 평생 우에무라에 대한 존경과 신뢰를 잃지 않았다고 한다.[242]

대학졸업 후 얼마동안 와세다(당시, 동경전문학교)에서 가르쳤고, 후에 동경대학에서 그리고 교토대학에 신설된 기독교학의 강좌를 담당하는 것으로 옮겼다. 그러는 동안에 야마타니 쇼우고(山谷省吾), 카타야마 마시미치(片山正道), 무라마츠 카츠미(松村克己), 칸 엔키치(菅円吉), 미야모토 타케노스케(宮本武之助), 오바라 쿠니요시(小原國芳) 등의 저명한 기독교 신학자, 철학자, 교육자를 양성했다.

하타노의 업적은 기독교의 역사적 연구와 종교철학으로 이분화 되지만, 초기에는 『서양철학사요』(1910년)나 『스피노자 연구』(박사논문, 1904년) 등의 순수한 철학적 작업만이 남아있다. 전자는 지금도 철학사의 교과서로 사용되기도 한다. 24세 때의 작품으로 당시 학계에 경이로운 사건이었다.

기독교의 역사적 연구는 『기독교의 기원』(1908년)으로 나타나지만, 그것은 당시 독일 신학계에 심취하면서 종교사학파의 방법을 배운 것이다. 즉 기독교를 계시종교로 간주하는 입장을 재고함으로써 역사적 비판 앞에서 상대적으로 파악하고 이해하려는 것으로, 다른 제(諸) 종교와 비교 연구함으로써 기독교를 이해하려고 한 것이다. 그러나 하타노는 종교사학파의

---

[242] 이시하라 켄, '하타노 세이이치 先生 - 그 生涯と學業', 『이시하라 켄 저작집』 11권, 392.

방법에 일방적으로 추종하기보다는 역사적인 정확성과 함께 종교적인 삶의 고유성, 진실성을 추구하였다.[243]

그의 종교철학 분야 업적은 쇼와 시기에 속한다. 그의 독창적인 체계 형성은 '보는 눈도 통렬한 산모의 아픔' 이었다고 전해진다(동상, 388). 거의 10년에 걸친 침묵정숙과 독서에 의한 고금의 사상, 학설과의 대화가 진행되어 마침내 나타난 것이 『종교철학』(1935년), 『종교철학서론』(1940년), 『시(時)와 영원(永遠)』의 3부작이었다.[244]

하타노의 종교철학의 기본적인 입장은 '종교철학은 어디까지나 종교적인 체험의 이론적 회고, 그 반성적인 자기 이해이어야만 한다' 라는 유명한 정의에 의해서 나타난다(『종교철학』 서론). 다시 말해서 단순히 관념적인 이해가 아니라, 자기 삶에 뿌리를 내린 종교체험을 반성적으로 논리화한 것이 아니면 안 된다.

인간의 삶에는 자연적 삶, 문화적 삶, 종교적 삶의 세 단계가 있다. 또한 그것에 대응하여 '힘' 의 신(자연종교), '참' 의 신(이념으로서의 종교, 이데아주의), '사랑' 의 신(인격적 종교)을 생각할 수 있다. 종교는 처음부터 '삶의 최고봉' 을 목표로 하여 인격적인 실재자를 향한 '공동' (共同)을 성립시키고자 하는 욕구이다.

따라서 위의 세 유형 가운데 제3의 단계에서 만이 종교철학은 그 본래의 사명을 다할 수 있다. '진리를 투명하게 관철하는 선명한 윤곽을 나타내면서, 우뚝 솟는 이 삶의 최고봉의 모습을 정결한 인간성의 눈이 미치는 범위 안에서 바라보는 것, 이것이 종교철학이다' (『전집』, 3권, 338). 이러한 종교철학의 기본적인 구조를 인간이 그 가운데서 살아가는 '시간(때)' 의 구

---

243 이시하라 켄, 전게서, 377.
244 『하타노 세이이치 전집』 제3, 4권 수록.

조 가운데 종합적으로 파악한 것이 저명한 『시(時)와 영원(永遠)』이다.

자연적인 삶 가운데 서있는 인간은, 서로 상호간에 대하여 '욕구'를 가지고 충돌할 수밖에 없다. 그렇게 하여 자연적으로 체험되는 시간은 '흘러가는 지금'이며, '무상성(無常性)과 가멸성(可滅性)'을 의미한다. 환언하자면 '끊임없는 유동과 추이 가운데 유에서 무로의 방향을 취하면서, 숨도 쉬지 않고 뒤돌아보지도 않고, 옆도 돌아보지 않고 오로지 파멸의 길로 나아가는 것이다'.245 그곳은 마치 '피고 지는 것이며, 유는 무와 같으며, 삶의 의미의 실현도 달성되지 않는다'.246

문화적인 삶은 자기를 실현하는 것에 일체가 집약되고, 사람은 서로의 존재를 하나의 '가치'로서 객체화한다. 즉 자기를 실현하기 위한 하나의 수단으로서의 타자(他者)를 보게 된다. 그것은 사랑의 양상으로는 에로스라 불리는 것이며, 때(시간)의 양상으로서는 과거도 미래도 상실된 '현재'(머물러 있는 현재)만의 시간이다. 이러한 타자에 대한 참된 인격적인 관계 활동을 잃어버린 존재 방식(자기성의 철저)은 결국에 지금의 모든 상실에 지나지 않는다고 판단한다(『전집』, 4권, 394).

그러한 문화적 삶의 방식은 인간의 삶을 참된 실재로 향하게 하는 것으로부터 이탈시킨다는 의미로서 '자기기만'이라 불린다(『전집』, 4권, 335). 그 때문에 문화적 삶의 종국은 '죽음'이다. 더욱이 죽음에 의해서 이 세상의 고뇌가 극복된다는 생각은 '착각'에 지나지 않는다. 오히려 '죽음은 이 세상의 번뇌의 철저화'라고 해야 할 것이다(『전집』, 4권, 362). 따라서 이 '죽음'에 대한 극복은 어떠한 문화적인 삶에 의하는 것이 아니라, 오로지 '영원'이라 불리는 실재하는 타자(他者)와의 공동(共同)이 성립되는 장소 이외에 그 어떤 곳에도 요구할 수 없다.

종교적인 삶은 타자와의 완전한 공동에 의해서 영위된다. 그것을 성립

---

245 『하타노 세이이치 전집』 4권, 296.
246 『하타노 세이이치 전집』 4권, 297.

시키는 힘은 '사랑'(아가페)이다. 그것은 평범하게 말하자면 '사람과 사람과의 사이에 일치와 화합 없이는 누구도 촌음도 생존할 수 없다'는 인생론적인 상식이라 말할 수 있고, 논리적으로 말하자면 아가페의 제일차적인 특징은 오히려 매개하는 모든 규정원리를 초월, 내지는 극복하는 무제약적인 타자를 원리로 히는 것이라고 한다(『전집』, 4권, 427).

즉 자기를 포기하고 타자를 살리는 것이다. 그러한 종교적인 삶은 상대를 단순히 추상적인 가치로 간주하여 자기실현의 수단으로 보지 않고, 오히려 타자와의 '공동'(共同, 아가페)을 성립시킨다. 그러한 '공동'에서만이 '영원'이 실재한다. 이 '공동'을 만들어내는 것으로서 하타노는 '무에서의 창조'(『전집』, 4권, 436)를 중시하며, 더욱이 '계시'(445), '신앙'(456), '성도의 교제'(460), '원죄'(480), '구원'(481), '죄의 용서'(482), '회개'(485), '사후의 삶'(491), '육체의 부활'(492), '영원한 생명'(498)에 이르기까지 언급한다.

이 철학은 신을 간접 대상으로 하는 신학이 아니다. 또한 하타노는 신을 직접적으로 학문적 대상으로 하는 것을 불가능한 것으로 보았다. 그러나 지금 개관한 것처럼 종교적인 삶에 대한 하타노의 관심은 진정한 것으로, 그 자신의 종교체험을 보여주지는 않지만 그곳에 실재적인 신을 만나는 영혼의 생명이 맥박치는 것을 느낄 수 있다.

그리고 자연적인 인간성에 대한 비판은 근대 일본의 입신출세주의라는 자연적 욕망의 충족에도 적용되는 것으로, 문화주의 비판으로부터 타이쇼 시기의 민주화의 표면적인 문화 융성에 대한 경고를 읽을 수 있을 것이다. 그러한 의미에서 메이지적인 입신출세주의, 타이쇼의 문화주의가 가진 한계를 지적하고 참된 종교적 삶을 추구하도록 장려하는 고도한 인생 안내서로 읽을 수도 있다. 어찌했든 여기에 기독교적 시점으로부터의 종교철학이 최고도로 완성된 형태로 제시되었고, 학술 분야에서의 기독교의 위치를 증명하기에 충분한 성과를 거둔 것이다.

이시하라 켄(石原謙)은 메이지 말기에 대학에서 공부하여 타이쇼 시기에 본격적인 연구와 저술 교육 활동을 전개하여, 그후 70년이라는 긴 세월동안 일본 기독교학의 지도적인 존재였다. 다산적인 그의 저술, 논문, 번역은 『이시하라 켄 저작집』 제11권에 수록되었다.

그 연구 내용은 서양 고대철학에서 고대 중세 근세의 기독교 철학과 역사, 인물 및 일본 기독교 역사에 대하여도 귀중한 공헌을 남겼다. 그 학풍은 중후하고 견실하면서도, 현학적이지 않고, 기독교의 내적 생명을 역사 가운데 탐구하여 그것을 통해 연구자 자신의 기독교 이해와 경건까지도 표출하는 '세련된 주체성'이라 할 수 있다. 역사에서 '초월성'이 가지는 의미와 역할을 평가하고, 그 신적 능력의 나타남을 특히 '교회'의 사역과 '인격'(아우구스티누스, 엑크하르트, 루터 등)의 형성에 집중하여 고찰하였다.

그 업적의 구체적인 내용은 차치하고, 여기서는 기독교에 입각한 '학'(學)의 형성을 위해 이시하라가 주의를 집중하고 고심한 것이 어떤 것이었는가를 보고자 한다. 즉 일본이라는 이교적인 사회는 학문의 세계에서도 기독교에 소외감을 가져다주었고, '이시하라 기독교 사학(史學)'이라 불리는 것이 형성되기까지의 십수 년, 연구자 당사자 자신이 깊은 소외감을 맛보아왔다는 것은 널리 알려진 사실이다. 그것은 다른 관계 교섭이라는 면에서는 지도자, 원조자의 부족이라는 고독으로, 또한 자기 연구 태도라는 면에서는 사회(학교)의 필요와 자신의 연구 의욕과의 괴리로 나타났다.

나의 철학사상사는 기독교 역사와 밀접한 교섭을 가지며, 적어도 일본 학계 가운데, 나는 엄밀한 사학자도 아니며 철학자도 아니다. 기독교 신학 영역에서도 동학의 동료가 없는 광대한 땅에 내버려진 혼자만의 자기 뜻을 배양하여, 충분한 지도도 없고, 원조도 없이 일조의 광야 길을 멀리 걸어가지

않으면 안 되었다.247

　나의 마음에는 신학 연구를 배경으로 하는 기독교의 역사적 이해에 대한 강한 관심이 있었고, 이것은 유학에 의해서 하층 불타올랐으며, 유럽 이해의 유일한 길이라 생각하였고, 이것에 대하여 철학사 연구는 그것을 위한 제2차적 관계를 가질 만한 분과처럼 보였다.248

　이처럼 기독교의 본질을 역사를 통하여 이해되는 것만이 유일한 길이라 믿었던 이시하라에게 일본 학계 활동은 '광야 길'과 같은 적막함에 사로잡힌 것이었다. 일본 학술계에 있어 신학은 고립되었고, 오랫동안 이단아로 처우 받았으며, 참된 의미의 학문성이 공인되지 못하였고, 신학이라 칭하는 것조차 수립하기가 곤란하였다는 반성이 그의 연구와 항시 공존하고 있었다는 것을 보게 된다.249 그것은 동시에 일본 사회에서 기독교 그 자체가 가졌던 어려움으로 이어진다.

　교회가 일본 사회 가운데서 역사적으로 확고한 자기 고유의 존재를 수립하여 토착의 근거를 구축하여 왔는가? 아니라면 무엇이 문제였는가? 그 타개책을 어디에 간구해야 하는가? 이시하라의 기독교 역사학은 이러한 반성을 불가피하게 만드는 연구 방법을 수립함으로써 단순히 서구 신학의 모방이 아니라, 그렇다고 역사와 전통에 대한 독선적인 반발이 아닌, 안정된 노선을 구축할 수 있었다.

　만년에 문화훈장을 수여 받고, 그 석학의 마음에 교차한 것은 역시 일본 사회에서의 기독교 위치였다. 일본에서의 기독교 학문(또는 신학) 입장과 사회 속에서 겪는 기독교의 어려움이라는 관계를 끊임없이 의식하면서, 이

247　'학구생활 50년' 『이시하라 켄 저작집』 제11권, 107.
248　'학구생활 50년' 『이시하라 켄 저작집』 제11권, 59.
249　'일본 신학의 과제' 『이시하라 켄 저작집』 제10권, 193-205.

시하라가 자신의 연구가 기독교 토착의 하나의 선명한 징표로 간주되는 곳에서 자기 영예를 느꼈다면 당연한 일일 것이다.

이것(훈장수여)의 결정은 기독교의 역사적 연구와 사회적 양심의 접촉을 공인하고, 그것을 촉진하게 하는 길을 닦는 계기를 구축한 것이라고 말해도 지장이 없다. 이것으로 기독교가 일본 사회에서 살아가는 단서를 포착하는 것에 보탬이 된다면 다행한 일이다.250

---

250 『이시하라 켄 저작집』 제11권, 221.

제12장
타이쇼 시기의 '일본기독교회'의 동향
- 우에무라에서 타카쿠라(高倉)로 -

타이쇼 시기는 '기독교의 이입(移入)이 거의 한 단락된' 시기였고(오우치 사부로우〈大內三朗〉), 여러 교파의 일본 입성도 거의 완료되었으며, 또한 기독교가 역사 가운데 나타내는 특색의 다양함이 거의 갖추어지는 시기였다.

이 시기에 교파 형성이 진행되고, 각 교파에 의해서 세워지는 교파적 표징인 신조, 교회정치, 교직제도, 성례전의 이해, 예배, 신학, 신앙고백, 전도 방법, 선교 협력 등의 제 분야에서 그 독자성을 확립하여 왔다.

오래 전부터 '일치 교회'가 있었고, 1907년(메이지 40)에는 감리교 계열의 세 교파가 합동하여 '일본감리교교회'를 설립했다. 이와 더불어 '성공회' '일본기독교회' '조합교회' 등 네 교파가 이른바 주요한 교파였고, 그 성도수의 총 합계는 개신교 전체의 약 80% 이상을 차지하였다.

교회 형성이라는 관점에서 이 시기는 '발전'하는 시기로 간주할 수 있다. 그러나 앞장에서 보았던 것처럼 교회가 그 놓인 조건에 반드시 충분히 적합하지 못하는 초조함과 고투도 보인다. 이와 같이 이 시대의 교회가 모순이라 할 수 있는 것을 내포하고 있다면, 그 모순을 한 몸으로 체현할 수 있는 인물이 태어나는 것도 이유 있는 일이다.

1. 신앙생활의 안정과 성숙

먼저 이 시기의 교회가 얼마나 충실했던가를 신앙생활면에서 고찰하고 자 한다.

메이지에서 타이쇼에 이르는 교회는 점차적으로 그 내용을 정비하여 왔지만, 타이쇼 시기의 한 특색으로 신앙생활에 규율과 통일을 요구하는 경향을 보였다는 점이다. 기독교인이 그 신앙에 합당한 생활 스타일을 세련되게 다듬어 가는 경향이라고도 할 수 있다. 그것은 이미 언급한 것처럼 성도층이 변화되어 가는 과정가운데서 당연히 나타나는 결과였다.

한두 개의 예를 들자면, '일본기독교회' 제27회 총회(1913년)는 장례참배에 관한 결의안을 가결시켰다. 그것은 타종교의 장례에 참여한 성도가 어떠한 태도를 취해야 하는 것과 관련해 그들이 곤욕을 치른 것에 기인했다. 특히 일체의 이교적 관습을 배척하려는 기독교 신자가 죽은 자에 대하여 무례하다는 비방을 받거나, 이로 인하여 가족과 친족 사이에서 종종 불화가 초래되었기 때문이다.

대개 장의에 참례하는 신자나 비신자 구별 없이 죽은 자에 대하여 상당한 경의를 표해야 하는 것은 물론이며, 죽은 자의 영에 대하여 사카키(신사 경내에 심는 상록수의 총칭인 비쭈기나무, 예로부터 일본에서는 신성한 나무로 여겨 그 가지를 신전에 올림)를 바치고, 또는 향을 태우는 것이 죽은 자를 신불로 예배하는 것으로 오해하는 경향이 있기 때문에 단순히 경례 또는 모자 등을 벗어 경의를 표하는 것을 가하다고 판단한다.251

또한 동 총회는 '혼약 성립의 혼인 예식을 존중하고, 종래의 풍습을 거울삼아 장례 및 조상 기념을 정중히 행할 것'을 정한다.252

---

251 『일본기독교회사』, 399.
252 『일본기독교회사』, 399.

'일본기독교회' 소속 친제이(鎭西) 노회에서는 1917년 제52회 정기회에서 '우리나라 기독교인의 신앙생활을 철저히 하여, 가정에서나 교회에서나 또한 넓게는 사회에서 기독교 미풍 만들기'를 목적으로 '결혼, 탄생, 사망, 사망자 기념, 그 외 기독교인 가운데 행사 집행의 범례를 편찬'을 결의하였다(『일본기독교회 친제이 노회 기록』, 215). 이처럼 '신앙생활의 철저'와 사회에서의 '기독교 미풍 만들기'를 병행하는 것은 이 시대의 특색이었다.

이 결의는 선임된 위원회의 사정상 작업이 좀처럼 진행되지 못하다가, 겨우 제56회 정기회(1921년)에 초안을 작성, 일 년간 시범 기간을 정하였지만 그후 이에 대한 구체적인 보고와 성과가 보이지 않았다. 아마 '일본기독교회'의 특별 전도나 배가 운동 등에 힘을 쏟았기 때문이라고 보인다. 어찌했든 결혼, 탄생, 죽음, 추도식 등 라이프 사이클 전체에 대한 관심이 높아졌다는 것은 기독교 생활의 안정과 성숙을 반영한다는 것임에 틀림이 없을 것이다.

기독교인이 '신앙생활'이라는 하나의 체계를 자각하게 된 것은 메이지 말기에서 타이쇼에 걸쳐서 일어난 것으로 보인다. 우에무라의 용법에 신앙생활이라는 용례가 빈번하게 나타나는 것도 이 시기이다. 신앙생활의 내적인 충족 그것에 수반하는 신앙생활의 체계적 파악이 현저하게 진척된 것은 타이쇼 시기라고 전해진다.

우에무라의 문장에서 '그리스도 안에서의 생활 특징' 또는 '신앙생활의 순서'가 그것에 해당된다. 특히 후자는 구원의 순서를 논하는 것으로 개혁파 신앙에 입각한 신앙생활의 서술로서 최초의 것으로 보인다.[253]

---

253 『우에무라 전집』 제5권, 405-416.

2. '일본기독교회'의 전도 확대

제(諸) 교회의 교세는 '조합교회'가 조금 저조한 것을 제외하면 거의 견실하게 진전되고 있었다. 그것은 3년 간의 협동 전도에 힘입어 각 교파가 독자적으로 전도 계획을 세워 계속적으로 열심히 전도하였기 때문이다.

'일본기독교회'에서는 1912년 이래로 특별 전도를 추진하여 1915년에 협동 전도가 시작되면서, 더욱더 전국 각지에 집중적인 응원 전도를 전개하였다. 또한 전국 순회 전도 계획을 세워 1년 후(1916년)에 새로운 교인 5천을 확보하여 4배 이상으로 성장하려고 하였다.254

그 전도 구역은 대만, 만주, 조선을 포함하여 북해도에서 오키나와를 총망라하는 것이었다. 교회마다 가족들 가운데 비신자 가족들의 명부를 작성하도록 장려하고, 또한 누구든지 매주 1시간 이상을 전도를 위해 봉사할 수 있는 자원 전도자들을 모집하여 신도에 의한 방문이나 전도가 열매를 맺도록 구체적인 지시를 세웠다.255

이 시기의 '일본기독교회'의 전도에 대하여 특필해야 할 것은, 제27회 총회에서 인가된 '부인전도회사'의 창립이다. 이 조직은 각종 전도 사업을, 특히 부인들의 독자성을 살려서 실시하는 것으로 전국 각지의 교회 부인회를 응원하고, 또한 조선교회의 부인 전도자를 보조하며 병원 전도, 방직공장의 여자 노동자에 대한 전도 등 특색 있는 활동을 행하였다.256 이러한 부인 성도들의 다채로운 활약과 견실한 교회 봉사가 후일 교회 헌법 개정 때에 여장로를 세우는 길로 연결된 것으로 보인다.

초교파의 전국 협동 전도가 종료되었을 때 '일본기독교회'는 독자적인

---

254 『일본기독교회사』 435.
255 『일본기독교회사』 437.
256 『일본기독교회사』 447-448.

'배가 운동' 을 5년간 진행하였다. 전도 실시는 1920년부터 거의 1926년 정도까지로 각 노회가 구체안을 입안하고, 전도비는 노회가 부담하고, 총회전도국의 교부금, 선교회로부터의 기부 등으로 충당하였다(『친제이 노회 기록』, 248).

이 배가 운동은 제1차 세계대전 후에 새로운 시대의 막을 여다는 기분을 반영하는 기획이었다. 총회 결의에도 '지금은 세계 개조의 시대에 해당' 한다는 역사의식이 표명되었다.257

세계대전 종결은 일본의 기독교계 전체에 시대의 진전과 기독교의 상승 기운을 가져왔다. '성도 배가' 슬로건은 '일본기독교회' 뿐 아니라 감리교회와 침례교회에서도 나타났다.

감리교 교회는 신도배가, 재산성별, 헌신실현을 주창하여 구체적으로 한 교인이 한 사람을 인도하는 '일인일영' (一人一靈), 하루에 성서 한 절 읽기 '일일일절' (一日一節), 매일 조금씩 헌금하는 '일일일금' (一日一金)을 실행했다고 한다.258

침례교 서부 조합은 1920년에 '5년 운동' 을 결의하여 ① 신도수의 배가, ② 교회 독립촉진, ③ 교회당 신축, ④ 전도지의 확장 등을 목표로 세웠다. 그 취지 설명에서 '시세(時勢)의 진운(進運)과 내외의 정세에 비추어 5년 운동을 일으켜 내적으로 충실을 기하고, 외적으로 발전을 기하고자 한다' 고 기록한다.259

감리교와 침례교 양 교회의 전도 계획에서 나타나는 공통적인 양상은 해외(주로 미국) 교회의 계획에 유인되고 그것과 연동하면서 실행되었다는 것이다. 독립을 주장하면서도, 실질적으로는 선교의 원조나 협력의 비중이 강하게 나타나는 경향을 보인다는 점이다.

---

257 『일본기독교회사』, 444.
258 도히 아키오, 『일본 개신 교회사』, 238.
259 『일본 침례교 연맹사』, 224-226.

3. '일본기독교회'의 헌법 개정

몇 가지 이유로 헌법 개정을 필요로 하게 되었다. 1914년경부터 산요노회나 조선노회에 의한 개정 건의에 대하여, 총회는 헌법 개정조사위원회를 세워 조사검토를 실시하였다. 그 결과 제34회 총회(1920년)에서 대폭 헌법이 개정되었다. 『일본기독교회사』(452-455)에 나타난 그 개요를 보면 다음과 같다.

첫째, 헌법 서두의 '교회'에 관한 조항(1-3조)이다.

교회를 '가견적 교회' '불가견적 교회' '하나의 교회' (한 교파로서의 교회를 지칭함)로 이해하는 점에서는 큰 차이가 없지만, 구 헌법이 교회의 구성원을 '이 세계에 존재하는 모든 기독교인'으로 규정하는 것과는 반대로, '나라의 이동(異同), 인종구별, 계급 차이 등을 묻지 않고 성부와 성자와 성령 되신 유일하신 하나님을 믿고, 주 예수 그리스도의 구원에 의하여 계도 감화를 받아 그 교훈과 모범을 준수하고 그 명령을 받들어 하나님 나라를 확대하고, 그 거룩한 뜻을 이루고자 다짐하는 모든 자'로 개정하여 정의하였다.

다시 말해서 국경의 차이, 민족의 차이, 계급의 차이를 넘어선 단체로서의 교회 성격을 규정한 것이다. 국제화 시대의 교회상을 바라보면서, 국내에서의 계급 대립의 격심한 상황을 고려한 것으로 보인다. 그러나 계급의 극복이라는 사회적 프로그램을 의미하지 않고, 단순히 계급 차이를 초월한 교제와 일치를 주창한 것이다.

더욱이 '하나의 교회' (교파) 형성을 '어떤 정치 체제하에 결합하여 가는 것'이라는 종래의 약간 모호한 표현이 개정판에서는 '형식을 정비하고, 제도를 결정하여 단체를 조직'하는 것이라고 엄밀히 표현한다.

둘째, 구 헌법 제4조(하나의 교회)를 다음의 두 개 조항으로 개정하였다.

제1조. '일본기독교회'는 보편 교회에 속하는 하나의 교회로서, 각 개 교회로부터 성립되어 신앙고백과 헌법을 가지며, 규칙에 따라서 교회의 권능을 행사하고 그 존립 목적을 성취하는 것을 바라는 것이다. 본 헌법 및 규칙에 포함된 신앙고백은 메이지 23년(1889년) 12월에 제정한 것으로 한다.

제2조. 교회는 신앙고백 및 헌법에 기초하여 노회에 의해서 건설되는 일본기독교회에 속하는 집단으로서 당회를 조직하고, 정기적으로 예배를 드리며, 그리스도 안에서의 교제를 가지며, 서로의 신앙을 증진시키고 덕을 세우며, 그리스도의 길을 증명하여 하나님 나라의 일을 경영하여, 주님의 제재를 분명하게 하기 위하여 결합하는 것이다.

여기에서는 교회의 정의가 주도하게 세련된 것이 명료하다. 보다 구체적으로 말하자면 ① 신앙고백과 헌법, 규칙 사이에 확실한 관련을 세웠다. 장로주의 정치형태에서 가장 중요한 것이라 할 수 있는 이 관계가 명시됨으로써 일본기독교회가 신앙고백의 위치를 정확하게 정착시켰다고 볼 수 있다. ② 교회가 그리스도에 원천을 가진 '권능'을 행사하는 단체라는 것, ③ 노회, 당회라는 회의제도에 입각한 교회에 대한 자각, ④ '예배' '교제' '신앙' '건덕'이라는 영적 목적을 가진 기관으로서의 성격 규정에 대한 자각 등을 들 수 있다. 이러한 것은 이전부터 알려졌던 것이지만, 이 개정에 의해서 각 항목에서 정비되고, 교파로서의 고유한 존재 방식을 규정하게 되었다.

셋째, '여자 장로'의 길이 열렸다는 것이다.

구 헌법(제8조)은 '남자 회원'이라는 조건이 붙어있지만, 그것이 삭제되고 성찬에 참여하는(처리를 받지 않고 있는) 회원은 남녀불문하고 장로로 선거되는 권리를 가지는 것으로 개정되었다. 이미 언급한 대로 '부인전도회사' 설립 등에 의해 교회에서 부인들의 활약이 눈부시고, 그때 마침 민주화의 풍조로 일반 사회에서도 부인의 자각과 지위 향상이 요구되고 있었다. 몇 년간의 현안(『일본기독교회사』, 454)이었던 문제가 해결의 급물살을 타게 된 것은 사회 일반의 배경도 무시할 수 없었다.

넷째, 그 외에 교회의 조직 면에서도 우리의 눈을 끄는 것은 '일요 학교국' 의 설치이다.

이것은 1912년 초기에 규약을 정하여 활동하여 온 '일요학교동맹' 을 정식으로 하나의 국(局)으로 확정한 것이다(1920년). 그 목적은 '일본기독교회 소속 일요학교 사업을 통일하여 그 진보와 발전을 의도하는 것' 으로 정하고, 구체적인 사업 내용으로 주일학교 교사 '강습회' 개최, 교재, 참고서 등 그 외의 출판 공급 등을 들 수 있다(『일본기독교회사』, 457-458의 '규약' 전문).

타이쇼 시기의 주일학교는 전체적으로 눈부신 진전을 보였고, 일본주일학교협회(1909년에 설립, 초교파)의 초청으로 제8회 세계주일학교총회(1920년)가 동경에서 개최되는 등 전국 교회가 일요학교를 중요한 전도기관으로 간주하고 그곳에 힘을 쏟아 부었다.260

'일본기독교회' 의 주일학교국은 순조롭게 사업을 진행시켜 월간지 '일요학교의 벗' 을 발행하고, 통일적인 본문이나 교제의 배포에 노력하며, 일요학교 사업의 조사, 통계, 연구 등 본격적인 교육 활동의 모체가 되어갔다.

4. '일본기독교회' 의 창립 50년

1922년은 요코하마에 '일본기독공회' 가 설립된 지 50년이 되는 해이다

---

260 총회의 내용은 에비나 류오우(海老名亮), 『일본キリスト敎百年史』 196-200. 일요학교의 자료에 대하여는 『우에무라 마사히사와 그 시대』 3권, 369-403.

(3월 10일). 이것을 기념하기 위하여 기념예배와 축하회를 열었다. 제35회 총회 개회 중(1921년 10월)에는 코오베의 신항(神港) 교회에서 기념예배를 드렸고, 수백 명이 참석하여 성회를 이루었다(『일본기독교회사』, 509). 이 예배에서 행하였던 우에무라의 설교가 복음신보에 게재되었다(『우에무라 마사히사 저작집』 6권, 99-102).

그 설교에서 우에무라는 많은 불이익 가운데서도 교회가 오늘날의 발전을 이룬 것에 감사하면서, '과거보다도 중요한 것은 장래'라고 단언하면서, 일본기독교회가 '더욱 장래에 기대할 만한 보다 큰 것을 가지고 있는가?'라고 묻는다. 우에무라 자신은 이 교회의 장래에 대하여, 그 소질과 세력의 분포 등을 고려하면 '앞길에 그 발전의 전망이 확실'하다고 진단을 내린다.

이 시기의 '일본기독교회'는 교회 내부의 태세가 정비되고 전도 역시 순조롭게 진행되면서 선교회와의 협력도 안정되었고, 이른바 한 교회로서 하나의 도달점에 이르렀다고 볼 수 있다. 긴 세월동안 이 교회의 진로를 개척하고, 그 노고의 중심적 위치를 차지해 왔던 교회 지도자의 마음 한 가운데에 일종의 안도와 만족이 넘쳤다고 해도 이상한 것은 아닐 것이다.

그러나 이러한 때에 우에무라는 다시 한 번 더 '초심'(初心)으로 돌아갈 것을 호소하여, '처음으로 전도에 종사할 때의 심사'를 다시 한번 더 생각하도록 간구한 것이다. 이 설교의 마지막 부분에 인용한 성구는 '어디서 떨어진 것을 생각하고 회개하여 처음 행위를 가지라'(계 2:5)였다.

창립 50주년 기념에 즈음하여 각종 행사가 거행되었지만, 그 가운데 주목할 만한 것은 관계하는 미국과 영국의 제(諸) 교회에 특사를 파견한 것이다. 총회 의장이었던 우에무라가 그 임무를 띠고 1922년 4월에 요코하마를 출발해서 미국, 캐나다, 그리고 스코틀랜드를 방문하여 일본 교회로부터의 감사를 전달하고, 교류를 돈독히 하였다.

또한 기념사업의 일환으로 국내외 협력 정신을 철저히 하기 위하여 제
36회 총회(1922년)는 '일본기독교회 전도국 조례'를 작성하여 선교회와의
보다 긴밀한 협동관계를 촉진하기 위한 길을 열었다.261

5. 우에무라 마사히사의 죽음

'일본기독교회'의 특사로서 해외 제(諸) 교회를 역방한 우에무라는 귀국
후에도 쉬지 않고 전국 전도로 발걸음을 옮겼다. 그 전도 여행의 귀도에
관동지방의 대지진이라는 보도를 접했다. 그가 목회하던 후지미쵸 교회,
동경신학사 등을 비롯한 많은 교회가 막대한 피해를 입었다. 1923년 9월 1
일이다.

그는 교회 재건에 힘을 쏟으면서, 동시에 '일본기독교회'의 총회사무
전반의 기능 회복을 위하여 진력했다. 재해 후, 그는 자신의 집으로 총회
사무소, 창립50년 기념운동 사무소를 비롯하여 전도국 사무소, 복음신보
사무소, 부인전도회사 등을 이전시켰다.262

무엇보다도 생활의 노고와 재해의 비참한 상황 가운데 쓰러진 성도들을
위로하는 것에 마음을 쏟았지만, 그것은 우에무라 자신의 종교성이 한층
더 깊게 순수하게 성화되는 것과 표리일체한 것이었다.

재해 한 달 후 『부인의 벗』에 '하나님의 역사가 나타나기 위함이라'고
기고하였다.263 갑작스런 재해를 신앙의 눈으로 올바르게 통찰해야 할 것
을 가르치고, 지진이나 화재를 단순히 자연이 가져온 물리적 파괴로 생각

---

261 『일본기독교회사』, 529-530.
262 아오요시 카츠히사, 『우에무라 마사히사 전』, 476.
263 『우에무라 마사히사 전집』 3권, 502-508. 『우에무라 마사히사와 그 시대』 5권, 1025-1030.

한다든지 또는 막연하게 하나님의 뜻의 나타내심으로 생각하는 것이 아니라 자기 자신과 가정, 국가에 적용하여 깊은 반성을 원했던 것이다.

'재난은 하나님의 역사가 현현하는 기회이기도 하며, 그것이 실행되는 때이다.' 재해가 사람의 마음을 어느 정도 신시하게 하고 질박(質朴), 단순, 겸손, 인내를 가지게 하는 것을 기쁘게 생각한다. 특히 성도는 '이것을 단서로 하여, 이것을 동기로 하나님과 보조를 같이 하고, 그 사랑의 사역에 참가하여, 역으로 정신을 수련하고, 경건의 기풍을 배양하고, 신앙생활을 수양하는 기회로 삼아야 한다.'

그러나 재해 후 약 일 년 정도가 지날 무렵 교회, 신학교, 출판 등 재건해야 할 많은 일들로 그는 심신의 활력을 얼마나 많이 소모하였는지 상상조차 할 수 없었다. 죽음이 찾아 온 것은 1925년 1월 8일이었다. 죽기 10일정도 전, 우에무라가 행하였던 최후의 예배 설교 가운데 75세에 '약속의 땅'을 바라보고 나아갔던 아브라함을 생각하면서 '기독교는 언제나 이런 생각을 가져다주는 종교'라고 말했다.

'전진하며 쉼이 없었던 마음'으로 살았고, '믿는 곳이 있어, 천우대로 하나님의 뜻하심의 선로를 따라 나아가는' 것을 새해에도 소망한 것이다. 그 일생을 통해 흐르는 '뜻'을 완성시키고자 하나님은 그에게 최후의 여행을 주신 것이다.264

우에무라의 죽음은 '일본기독교회' 뿐 아니라 일본의 기독교 전체에 하나의 상징적인 것이 되었다. 다시 말해서 메이지 시대의 기독교가 여기서 종언되고, 이미 대두된 새로운 세대와의 교체가 완료되어가는 시기를 상징하기 때문이다. 이 세대교체가 종래의 교회 노선을 어떻게 계승하고, 또한 무엇을 단절시켰는가에 대하여는 훗날 1930년대의 교회의 상황가운데

---

264 이 설교는 『우에무라 마사히사와 그 시대』 5권, 1035-1041.

이해하게 될 것이다.

6. 타카쿠라 독타로(高倉德太郎)

타이쇼 시기의 기독교 신앙이 어떤 자유와 안정을 경험하였다는 것은 이미 언급하였다. 또한 교인들의 형성층이 메이지 시기에 주요층을 이루었던 토족 출신들을 대신하여 신흥 지식계급이나 도시의 중간층 및 그 예비군으로서의 학생들이 주력층을 이루었다.

그들 가운데 상당부분이 신자들의 가정이나 주일학교에서 신앙훈련을 받은 토박이 교인들이었다. 그들은 국가나 사회 문제를 직접적으로 자신의 문제로 생각하지 않았고, 무엇보다도 '자기' 구원에 집중한다. 이들을 가리켜 '생각하는 화이트 칼라' 라고 불렀다.

메이지 말기에서 쇼와 초기에 걸쳐 청년지식층이 직면했던 '자기(자아)' 문제를 전적으로 그리스도라는 무대로 받아들여 은총에 의한 자아의 고뇌로부터 해방이라는 궤도를 보다 선명하게 그리고 중후하게 묘사한 것이 바로 타카쿠라였다. 이 인물의 출신과 활동은 일본 기독교에 적지 않은 파문과 자격을 초래하였다.

어찌했든 지금까지 메이지적인 기독교에서 보이지 않았던 신앙의 새로운 이해와 파악이 시도되고, 일본의 교회는 그것으로 말미암아 내용적으로 풍성함이 없었다고 할지라도 각인된 선명한 복음 이해의 새로운 모양을 가지게 되었다.

7. 형성기

타카쿠라는 1885년에 쿄토부의 아야베쵸(綾部町)에서 태어났다. 아버지가 기독교 신자였기 때문에 유아 때부터 신앙적 감화가 있었다고 보이지만, 코시오(小塩力)의 『타카쿠라 독타로 전기』에는 구체적으로 언급되지 않는다.

계모였던 키미코(起美子) 역시 독실한 크리스천이었다고 전해지지만, 타카쿠라'는 하나하나 반힝하여 그 마음을 이프게 하고 고통을 주었다고 한다. 타카쿠라의 소년기가 끝날 때쯤, 그 모친은 병사하지만 자기가 괴롭히며 힘들게 하여 죽었다고 통회한 것으로 전하여진다.265

카나자와(金澤)의 제4고등학교에는 당시 무명이었던 철학자 니시다 키타로(西田幾太郎)의 지도에 의한 '산산쥬크'(三三塾)가 있었는데, 학생의 인격 훈육을 위한 사설학원이었다. 타카쿠라는 이 학원에 들어가 어릴 적부터 생각해왔던 '자아' 문제에 본격적으로 몰입하기 시작했다. 졸업과 함께 이 학원을 떠나면서, 그 기념장에 가장 사랑해야 할 것은 자기 자신이라는 한 마디를 남겼다.266 그는 카나자와 시대에 기독교에 착실히 접근한 것으로 보인다.

1906년 동경제국대학 법과에 입학하고, 같은 해 말에 후지미쵸 교회에서 우에무라에게 세례를 받는다. 세례 동기를 자신이 다음과 같이 설명한다. '기독교에 의해서 다소일지라도 자아 문제가 해결될 것이라고 믿기 때문이다'.267

세례 후 일 년 정도 '뜨거움으로 들뜬 감격에 충만한 생활'이었지만 이윽고 반항기가 찾아들었다.268 신앙에 대한 회의가 일어나고, 십자가도 그리스도의 신성도 믿지 못할 번민을 체험했다. 이러한 시기에 그는 대학을

---

265 『타카쿠라 독타로 전기』, 13.
266 『타카쿠라 독타로 전기』, 33.
267 『타카쿠라 독타로 저작집』 1권, 18.
268 『타카쿠라 독타로 저작집』 1권, 19.

중퇴하고 우에무라가 경영하는 동경 신학사에 입학했다.

자기 자신과 사람들을 놀라게 한 이러한 변신의 원인은 첫째로 법률을 배워서 세상에 나가는 무미건조함에 견디기가 힘들었고, 둘째로 신학 연구에 전념하려는 마음, 그리고 세 번째로 '자아 주장을 철저하게 하려는 것'이었다.269

이것에 대하여 부친은 결심을 바꾸도록 종용하였지만, 그러한 과정에서 부친은 '부모를 죽일 것인가'라고 답장을 했다고 전해진다. 코시오는 이 전보 내용의 진의에 대하여 평가를 내리고 있지 않지만, 이러한 상황으로부터도 알 수 있듯이, 타카쿠라는 어디까지나 자아를 관철하고자 하였고, 불굴의 자기주장을 양보하지 않았다. 그것은 육신의 아버지에 대하여도 동일했고, 신앙의 아버지였던 우에무라에 대하여도 그러했다.

신학원에서의 졸업 논문으로 슐라이엘마허의 『종교론』을 선택하였다. 졸업 후, 후지미쵸 교회의 전도사가 되었고, 1년간 병역을 치르고, 실질적으로 약 1년 반 동안 우에무라로부터 직접 전도 목회의 지도를 받았다. 이 즈음에 이미, 스승에 대한 반항과 비판의 마음을 누그러뜨리기 힘들 정도였다고 한다.

우에무라의 설교에 대한 불만이 단번에 산재한 것도 이 시기였다.270 이러한 '삐걱거림'(코시오)은 우에무라가 죽은 후에도 꼬리를 물고 있었다. 그것이 만년의 어려운 난관을 준비한 것이라고 생각하면, 이 두 사람의 강렬한 개성의 만남은 피할 수 없는 '숙명'까지도 느껴진다.

후지미쵸 교회로부터 쿄토의 요시다(吉田) 교회로, 더욱이 삿포로 호쿠신(北辰, 후에 삿포로 키타이치죠(北一條)) 교회로 옮겨가면서 결혼하였다. 그후에 단

---

269 『타카쿠라 독타로 저작집』 1권, 19.
270 『타카쿠라 독타로 전기』, 60-61.

기간이지만 신학원 교수 시대가 있었다. 타카쿠라의 생애에 전기가 된 것은 1921년부터 24년에 이르기까지 2년 정도에 걸친 영국 유학이었다. 타카쿠라는 이 유학에 의해서 그의 신학적 활동에 강력한 지침을 얻게 되지만 출발하기 전에 다음과 같은 뜻을 밝혔다.

> 돌아보면 나는 자아에 눈을 뜨고, 자아에 힘들어하며 여기까지 왔다. 나는 지금까지 거의 굼뜨고 둔하여, 고집스럽게 무거운 다리를 끌고 이제 겨우 은총의 전에 이르게 되었다. 나와 같은 자라도, 아니 나와 같이 아주 약한 자이기에 그리스도는 손을 잡아 은총의 전으로 인도하여 주신 것이다. 이것을 생각하면 감사하지 않을 수 없다.
>
> 그러나 나는 약하다고 하면서 방자한 자였고, 언제 그 전을 박차고 나와 본래의 자리인 자력의 광야에 돌아올지도 모른다. 나의 은총 경험은 정말 미묘하며, 도저히 큰 소리로 사람들에게 말할 수 있는 것이 아니다. 그럼에도 자기는 하나의 깊은 경험이 있는 것처럼 체면을 차리는 것이 많음을 부끄럽게 여긴다.
>
> 아직도 나는 은총의 왕국의 백성이 되지 못하고 있다. 그러나 절실한 소원은 주님의 은혜가 나의 영혼의 깊은 곳까지 사무치는 것이다. 보다 더욱 심오한 은총의 체험을 받고자 쉼 없이 기도한다.[271]

이 인용문은 타카쿠라가 가지고 있던 신앙의 내적 상태를 잘 표현한 것으로 보인다. 위의 것이 천진한 겸손의 기도라고 한다면, 같은 무렵의 '자아를 철저한 은총으로'(1921년)에서는 '깊고 예리한 주관의 세계, 영혼의 천지를 파 들어가지 않으면 안 된다'고 주체적인 결의를 하고 있다(『타카쿠라 독타로 저작집』 제1권, 108). 그 파고 들어가는 자아가 궁지에 다다랐을 때 그곳에 은총에 의한 자아의 혁신이 기대된다고 한다.

이 궁한 자아에 활로를 주고, 신천지에 이것을 활약하게 하는 것은 은총을

---

271 『타카쿠라 독타로 저작집』 제1권, 25-26.

제외하고, 믿음을 제외하고는 결코 있었을 수 없다고, 나는 확신한다.[272]

여기서 그는 은총을 믿는다고 하지만 직접적인 관심은 어디까지나 '자아' 이며, 그 자아를 마중물로 하여 은총을 바라보고 있는 것에 지나지 않는다. 타카쿠라의 신학과 신앙이 종시 은총을 둘러싼 사유함이 그 특색이라고 많은 이들이 말한다. 영국 유학으로 은총 이해 그 자체에 대한 철저와 심화가 나타난다.[273]

영국에 머무는 동안 타카쿠라는 독서에 집중하여 폰 휴겔(von Hügel), 에른스트 드릴취(Ernst Troeltsch), 포사이스(Peter T. Forsyth) 등의 저작에 친숙했다. 타카쿠라의 신학 골격을 이룬 것은 칼빈과 포사이스라고 전해진다. 그는 후자를 통해서 전자를 깊이 있게 읽는 것을 배웠다고 생각되어진다.

유학으로부터 타카쿠라가 얻었던 것은 신앙 이해의 객관성과 그 복음주의적 경향이다. 자아 추구라는 주관적인 경향이 충분히 극복되었다고는 말할 수 없지만, 하나님의 은총이 가지는 객관성과 권위를 자각하게 되었다. '객관성' 의 방면에서는 영국 체류 중의 '가톨리시즘에 관한 흥미' (『타카쿠라 독타로 저작집』 제1권, 210-255)가 가톨릭 교회에 대한 적극적인 평가를 나타내며, '권위' 에 대하여는 '은총에 이기기까지' (『타카쿠라 독타로 저작집』 제1권, 129-138) 센티멘털한 경건에 대한 하나님의 주권성 자각을 나타낸다.

영국 체재가 가져다 준 또 하나의 성과는 스코틀랜드 장로교회에 관한 타카쿠라의 깊은 인식이다. 영국 체재 중의 '스코틀랜드 교회와 그 역사' 를 기술하면서 교회정치와 신조에 대하여 호의적인 이해를 표명하고, 제도와 정신의 결합에 주의를 기울이며, 『웨스트민스터 신앙고백』이 차지하

---

272 『타카쿠라 독타로 저작집』 제1권, 127.
273 『쿠와타 히데노부 전집』 3권, 348-351.

는 역할과 그 한계를 포함하여 평가하고 있다.274

그의 초기적 교회론을 대표하는 '교회 관념의 연혁과 그 의의' 와 연관시켜 생각해 본다면, 스코틀랜드 장로교회에 대한 이해가 타카쿠라 교회관에서 간과되어서는 안 될 영향을 가지고 있음을 추측하게 한다.

8. 확립기

귀국 후 타카쿠라는 동경 신학사에서 교수로서 우에무라의 요청을 받아들이지만, 후지미쵸 교회의 후임에 대하여는 거절하였다(『타카쿠라 독타로 전기』, 153). 그러나 우에무라는 타카쿠라에게 뒤를 부탁하고자 하는 생각을 가지면서, 매월 1회 정도로 강단을 부탁하였다. 타카쿠라의 설교를 들으면서 우에무라는 이 후지미쵸 교회에 꼭 필요한 설교라고 확신했다고 한다.

그러나 스승과 제자 사이는 좀처럼 좁혀지지 못하였다. 결국 소수의 뜻있는 자들과 함께 토야먀 교회(戶山)를 세우고, 그곳에서 그는 설교자로서 그리고 전도자로서 급속한 개화를 이루었다. 이에 대해 그는 이렇게 기술하고 있다.

> 나 자신의 복음 이해는 토야마 교회와 함께 진전하여 갔다고 해도 과언이 아니다. 주님의 십자가 은총이 궁극적 실재가 되는 것을 알고 있다. 그러나 십자가의 은총에 부서진 자가 필연적으로 소명 생활을 하게 된다는 진리는 토야마 교회의 교회 생활의 실천에서 처음으로 체험하게 된 것이다.
> 하나님의 말씀과 성령과의 필연적인 관계 인식도, 기독교를 양심 종교로서 종말론적인 진지함에서 체험한 것도 토야마 교회에 봉사함으로써 얻었던 것이다. 특히 교회 그 자체의 진리를 화인하듯이 확실히 알게 해준 것도 토야마 교회이다. 교회와 복음과의 관계, 십자가의 주님 안에서 교제로서의 교회, 주님께 택함 받은 참된 이스라엘로서의 교회, 이러한 진리를 실천적으

---

274 『타카쿠라 독타로 전집』 제4권, 224-252.

로 파악하게 한 것은 토야마 교회이다.275

토야마 교회에서의 설교는 그 장소에 참여한 자만이 이해할 수 있는 경이적인 박력을 수반한 것이었다(카토우 쯔네야키〈加藤常明〉, 『일본의 설교자들』, 307-308). 그러나 복음의 현실성에 대한 박력 있는 집중은 차츰 문화의 거부, 이 세상적 성격의 거부라는 메아리를 품기 시작했다고 코시오는 지적한다.276

타카쿠라가 자기 확신에 충실하고자 하면 할수록 주위의 기대나 희망과의 거리가 생겨나고, 그것이 결국은 가까웠던 친구들의 이탈, 또는 사회로부터의 교회 고립까지도 초래하는 것이 되었다. 그러한 타카쿠라의 고뇌를 가장 중심적으로 폭로한 사건이 후지미쵸 후임 문제였다(1927년).

후지미쵸 교회는 우에무라의 죽음 후에 미나미 렌페이(南廉平) 목사를 초빙하였지만 미나미 목사가 병사하자 후임을 고려하고 있었다. 후지미쵸 교회의 초빙위원회는 미요시를 제1후보로, 제2후보로 타카쿠라를 선정하여 공동의회를 소집했다. 결과는 미요시가 다수표를 얻었다. 그러나 타카쿠라를 옹립하고자 하는 자들은 납득할 수 없다고 하여, 마침내 그들은 교회를 떠나 타카쿠라의 지도를 받기 위해서 토야마 교회에 등록하였다. 그들은 이시하라 켄, 사이토 이사무(齋藤勇) 등이었다.

우에무라 선생을 존경하는 우리는, 그 교회의 건전한 발전을 절실히 희망하지만, 오늘날 그렇게 하기가 힘들며, 따라서 지금은 복음적 신앙에 의해서 뜻을 같이하는 형제자매의 집단을 별도로 형성하여, 그것을 통해 각자의 신앙 생활을 철저하게 하는 것 외에 다른 방법이 없게 되었습니다. 아침저녁으로 우리들의 기도의 대상이었던 후지미쵸 교회의 예배에 참여하지 못하게

---

275 『타카쿠라 독타로 저작집』 제2권, 41-42.
276 『타카쿠라 독타로 전기』, 176.

된 것은 참기 어려운 고통이며, 진정으로 유감스럽게 생각하지만, 개인적인 감정으로 신앙상의 문제를 소홀히 할 수 없고, 자기를 버리고 이 결심을 하게 되었습니다.277

약 백 명이 넘는 교회원이 일제히 이탈하는 것은 문제의 시비를 묻지 않더라도 '일본기독교회' 내외에 적지 않은 충격을 가져다주었고, 그것은 '일본기독교회'에서 타카쿠라를 원만히 안정된 지위로부터 끌어내리는 결과가 되었고, 결국은 '만년의 애로(隘路)'(이시하라 켄)를 결정짓게 하는 절대적 요인이 된 것을 부정할 수 없다.

그렇지만 그러한 혼란을 체험하면서도, 타카쿠라 신학은 그 골격과 주장이 명료하였고, 문제가 생겨난 그 해 가을에 『복음적 기독교』가 출판되었다. 이것은 '그 내용면에서도 그 감화로부터 보더라도 다음 세대의 사람들을 위한 신학적 고전의 위치를 차지하는 것'(쿠와타 히데노부)이라고 평가된다.

이 책의 출판이 일본 교회에 가져다 준 충격은 확실히 신학적 사건이라고 말해야 할 것이다. 견해를 달리하는 자들에게도 큰 자극이 되었다. 오카다(岡田稔)는 '나도 1927년 가을, 이 책을 구입하여 2, 3일 잠을 설칠 정도로 흥미를 가졌다'고 술회한다.278 또한 각지의 설교와 강연 등이 활발하게 전개되는 것도 이시기이다.

9. 만년

토야마 교회는 시나노쵸(信濃町) 교회로 변경되었고(1930년), 그의 교회 형성은 충실하였지만 그러한 활동은 심신에 부담과 짐이 되어 회복하기 어

---

277 『타카쿠라 독타로 전기』, 212.
278 '우에무라 타카쿠라 독타로 神學行方', 『개혁파신학』 제10집, 72.

려운 쇠약을 초래하였다. 그 심로(心勞)에 있어서 결정적인 요인이 된 것은 신학원의 합동과 그후의 경영과 '복음동지회' 에 대한 지도적 파탄이었다.

타카쿠라는 우에무라의 생전부터 동경 신학원과 메이지 학원 신학부를 합동하고자 하는 합동추진론자였다. 1929년, 일본기독교회 제43회 총회는 양자의 합병을 결정하고 교회직영 신학교로서 '일본 신학교' 로 새롭게 발족시켰다. 카와죠에 마스에(川添万壽得)를 교장으로 임명하고, 타카쿠라를 책임교수로 선임하고, 테즈카 기이치로우(手塚儀一郎), 무라타 시로(村田四郎), 쿠와타 히데노부 등을 교수로 임명했다. 그러나 이 학교의 전망이 매우 어둡다는 사실은 타다(多田素)가 개교식 석상에서 행한 연설에서 엿볼 수 있다. 그는 다음과 같이 말한다.

> 이 신학교에서, 새로운 것이라고는 일본 신학교라는 이름 정도이다. 그 외 그 어떠한 것도 새로운 것은 없다. … 다른 사람이 보자면 다른 두 나무를 서로 붙여놓은 것과 같이 이상한 것일지도 모른다. 왠지 새로운 맛이 없다. 이러한 것은 앞으로 이 새로운 신학교가 여러 점에서 분투노력하지 않으면 안 된다는 사실을 여실히 보여주는 것일 뿐이다.279

'분투노력' 을 짊어지게 된 타카쿠라는 여러 가지의 개혁을 시도하지만, 충분한 지도력과 주체성의 결여로 열매를 맺지 못하였다. 그러나 신학교에서는 교의학을 중심으로 생동감을 발휘하고, 신학하는 엄숙한 기쁨을 학생들에게 전달했다고 한다.

'복음동지회' 는 1930년에 타카쿠라를 중심으로 결성된 젊은 전도자들의 동지적 결합이지만, 회의에 필요한 조직 규약을 작성하는 것을 보고 비밀 결사로 오해받기도 하였다. 그 어떤 권한도 없는 이 단체가 시나노쵸 교회 부목사 선임 문제, 또는 신학교 개혁까지 타카쿠라를 움직여서 개입

---

279 『우에무라 마사히사와 그 시대』 3권, 603.

하는 사태로 발전하면서 주위의 비판을 사고, 타카쿠라 자신도 이 젊은 그룹에 대한 통제에 한계를 느꼈다.280

그 외에도 제2, 3의 심각한 개인적인 심통함이 발생하여 만년의 애로는 '착란'에서 '죽음으로 질주'(코시오)하게 되었다. 1934년 4월 3일, 그는 고뇌에서 해방하여 안식했다.

> 거목이 넘어졌다. 십자가 외에 그 어떤 것도, 자기 자신의 신앙까지도 의지해서는 안 되는 한계 지점에 도달하여, 단순한 한 인간으로서 그 온 생애가 찢어진 상태로 주님의 손에 의탁되었다. 오로지 주 그리스도의 은총과 진실을 가리키면서.281

10. 신학의 특징

코시오는 타카쿠라에게는 사와야마, 우에무라, 우찌무라 등과 나란히 '원초적인 신앙의 향기'가 스며 있다고 말한다.282 원초의 혼탁, 미정형적, 모순, 활기 등을 의미하는 것일까. 그렇다고 한다면 그 사상을 이해하기 위하여 생애의 궤도를 거슬러 보는 것은 다른 것보다 더욱 중요할 것이다.

타카쿠라의 생애를 통해 무엇보다도 그가 자아 문제로 고뇌하고, 그 고뇌로부터 은총의 이해를 더욱 심오하게 느끼며, 하나의 독립된 신학적 주제로서도 위치를 형성했다는 사실에 주목하고자 한다. 신학 전문가들도 타카쿠라의 신학적 독창성을 다름 아닌 이 점에, 즉 '은총의 문제를 신학적으로 명확하게 하였다'는 것에 동의한다(쿠와타 히데노부, 『타카쿠라 독타로 신

---

280 『타카쿠라 독타로 전기』, 272-276.
281 『타카쿠라 독타로 전기』, 308.
282 『근대 일본과 기독교』 大正 昭和편, 147.

학과 그 특색』).

은총과 그것의 체험은 타카쿠라 이전에도 중요하고 심오한 문제였다. 그러나 그것을 신학적으로 철저히 규명하는 것은 확실히 타카쿠라의 공헌이며 '일본의 신학역사에서 하나의 새로운 도달' (쿠와타 히데노부)로 평가된다.

그러나 타카쿠라의 신학 형성을 자아 문제로부터 규명하려는 것에 대하여 강력한 반론이 존재한다.283 그러한 반론은 타카쿠라의 자아론이 그렇게 중요한 것도 아니며, 본질적으로 사상 문제를 포함할 정도의 것도 아니라는 인식이다.284 또한 자아 문제를 신학적 반성으로 수용하고자 하는 학문상의 과정, 다시 말해서 전문적인 학문 구성에 관계되는 비판이다.285 그리고 타카쿠라 신학의 기둥과 눈이라고 할 수 있는 속죄론 역시 '보다 나은 전개가 발전되지 못한 것',286 '신학 이론의 구축으로서 그 깊이가 얇다' 287 는 평가를 받는다.

이러한 신랄한 비판은 전체적으로 타카쿠라 자신에 대한 비판이라기보다, 그 추종자 특히 타카쿠라 전기의 작자에 대한 비판을 밑바닥에 깔고 있다.288 그리고 그 논자에 대하여 타카쿠라 전기 작가가 이미 고언을 제출하고 있음을 말해두고자 한다. '만약, 방만의 죄가 보다 엄격하게 평가되어야 한다면, 쿠마노씨의 신앙과 신학에 대하여, 우리는 더욱 엄정하고 가혹해야 할 것이라고 생각한다.' 289 다시 말해서 타카쿠라 신학에 대한 평

---

283 쿠마노 요시타카, '타카쿠라 독타로 未定型 敎會論', 『일본그리스도교 신학사상사』 수록.
284 『일본그리스도교 신학사상사』, 412.
285 『일본그리스도교 신학사상사』, 401-405.
286 『일본그리스도교 신학사상사』, 399.
287 『일본그리스도교 신학사상사』, 400.
288 『일본그리스도교 신학사상사』, 420-422.
289 『근대 일본과 기독교』, 304.

가가 언제나 공평한 환경가운데서 행해지지 않았다고 한다면 그것은 불행한 일이다.』

그렇지만 쿠마노(熊野)에 의한 타카쿠라 신학의 평가 자체에는 그 어떤 흐림도 보이지 않는다. 그 안목은 타카쿠라 신학이 일본기독교회의 현상에 대한 비판의 학문으로 전개되었음에도 불구하고, 그 비판점이 불명확하다는 것이 첫째이다. '교회의 실상에 대한 비판이 구체적으로 무엇을 상대로 한 것인가, 어떤 점에서 표적을 설정하였는가는, 타카쿠라의 신학적 노력에서 반드시 명확하다고 말할 수 없다.' [290]

그 원인은 타카쿠라의 교회론 본질에 있다고 말한다. '타카쿠라 교회론의 거점으로서 오랜 역사적 교회의 전통에 대한 인식이나 판정이 반드시 주도하게 실행되지 않았다는 점에 대하여 진실로 유감을 감출 수 없다.' [291]

이렇게 타카쿠라가 일본기독교회의 개혁자로서 어느 정도 자부하고, 또한 그 이상으로 주위로부터 그 역할의 기대를 받았지만 타카쿠라의 눈에는 교회의 역사적 현실이 보이지 않았다. '타카쿠라 신학은 적어도 그『역사적 판단력』을 거의 행사하지 않은 것으로 보인다.' [292] 그것이 바로 타카쿠라 신학이 '미정형적인 교회론' 으로 정의되는 이유이다.

따라서 사람이, 타카쿠라 신학으로부터 강조할 만한 개성이나 과격함이 없고, 따라서 '온건' , '교회 형성적' , '보수적' 이었다는 종합적인 판단이 따른다는 것이 두 번째이다.[293]

---

[290] 쿠마노 요시타카, '타카쿠라 독타로 未定型 敎會論' ,『일본그리스도교 신학사상사』, 382.
[291] 『일본그리스도교 신학사상사』, 387.
[292] 『일본그리스도교 신학사상사』, 424.
[293] 『일본그리스도교 신학사상사』, 397, 419.

11. 신학과 교회

타카쿠라 신학의 한계론이 먼저 언급되어 버렸지만, 그러한 연약함에도 불구하고 그 신학이 일본 기독교 역사에서 차지하는 의의는 부정할 수 없다. 이것은 쿠마노에게도 역시 이론의 여지가 없는 사실이었다.

먼저 타카쿠라는 신학이 교회에 차지하는 위치를 명료하게 자각하였다. 구체적으로는 신학이 전도 정신과 조화하여 발전하는 것을 필요불가결한 것으로 보았다. 물론 이것은 타카쿠라 이전의 우에무라에게도 이미 이해된 것이다. 그러나 타카쿠라의 경우 그 필요성을 신학적으로 표현한 점에서 우에무라를 한 발자국 앞선 것이라 할 수 있다.

『교의학』 서론에서 그것을 언급하면서 '교의학은 웅변적인, 전도적인 사명을 가진다.' '전도적, 웅변적인 정신에 감동 받음이 없이는 결코 능력 있는 교의학은 성립할 수 없다'(『타카쿠라 독타로『전집』』제8권, 27, 28). 또한, 신학과 설교와의 관계가 명확하게 된다.

> 참된 신학이 부재하는 설교는 등뼈가 없는 설교가 되기 쉽다. 단적으로 청중의 막연한 경건을 자극하는 것에 지나지 않는다. 깊은 신학이 부재하는 설교는 신비주의적 경험을 줄지는 모르지만, 복음적 신앙을 형성해내지 못한다. 예수 그리스도 안의 역사적 계시, 절대적 은총으로서의 하나님 말씀을 세련시키고 통일되게 하는 것은 신학이다. 신학에 의해서 기초를 다지는 복음은 그 무엇도 분쇄하는 하나님의 능력이 된다. 그리고 참된 설교는 신학의 풍부한 재료를 공급해 준다.294

더욱이 신학과 경건의 관련에 대하여 신비주의적인 경건과, 사회적 복음이라 불리는 윤리적 신앙은 어느 것이든 신학의 사역을 경시한다. 그러나 복음주의적 입장에서는 '신학은 우리들 개인의 신앙에 있어 없어서는

---

294 『타카쿠라 독타로 저작집』 제3권, 410-411.

안 될 것뿐만 아니라, 기독교회의 신앙에 있어서도 없어서는 안 될 것이다.'(『전집』 제8권, 29). 이른바 '신학 없는 곳에 교회 없음'(포사이스)이라는 것을 교회 생활 구석구석에 침투시키고자 하였고, 타카쿠라의 신학하는 자세를 '극히 득이'(무와타 히데노부)한 것으로 규정한 것은 의미 있는 일이다.

12. 성서

신학의 기초로서 성서관에 대하여 말하자면, 타카쿠라는 성서를 '하나님의 말씀'으로 간주하지만 그렇다면 그것은 어떠한 의미를 가지는가에 대해 『복음적 기독교』에서 다음과 같이 말한다.

> 성서는 하나님에 대하여 우리들에게 가르쳐주는 책이 아니라, 살아계신 하나님 그분에게 직면하게 하는, 그 실재를 눈앞에서 접하게 하는 책이다. … 성서에서 우리에게 다가오시는 하나님은 절대 타자(他者)로서 살아계신 하나님, 우리의 죄를 심판하심으로써 이것을 용서하시는 거룩하신 아버지이시다. 성서는 하나님에 관한 진리를 관조하게 하는 것보다, 오히려 살아계신 속죄주 하나님 그분을 죄 있는 우리에게 경험하게 하시는 것이다. 성서에서 참으로 하나님을 아는 것은, 죄 용서함을 받고, 하나님과의 교제에 들어가는 것일 뿐이다. 이러한 의미에서 성서는 하나님의 말씀이다.295

다시 말해서 살아계신 하나님을 경험적으로 수여한다는 의미에서 성서는 하나님의 말씀이다. 그럼에도 타카쿠라는 성서를 '무류설'(無謬說)이라는 의미에서 하나님의 말씀이라고 믿지는 않는다. 성서의 일언일구를 오류 없는 하나님의 말씀으로 믿는 것은 '억누를 수 없는 요구'라고 인정하지만, 기계적인 영감설에 이르게 되면 전혀 납득할 수 없었다. 그렇다면,

---

295 『타카쿠라 독타로 저작집』 제2권, 296.

성서를 권위 있는 하나님의 말씀으로서 인간에서 주는 것은 무엇에 의한 것인가. 칼빈을 인용한 다음, 다음과 같이 말한다.

> 예언자나 사도들로 하여금, 하나님의 말씀을 선포하게 하는 동일하신 성령이 현재의 우리들을 인도하여, 성서에서 하나님의 말씀을 확신시켜주신다. 일반적인 사람에게는 성서의 말씀이 단순히 인간의 말이며, 특히 이것을 하나님의 말씀으로 인정하지 못한다. 성령의 인도하심과 뜨거운 기도만이, 사람의 손에 의한 성서를 동시에 하나님의 말씀으로 받들어 섬기게 된다.296

여기에 '성령의 인도하심' 이라는 것은 이른바 성령의 내적 조명을 말한다. 타카쿠라는 이 개념을 알고 있었다. 그렇다면 내적 조명이라는 성령과 독자사이에 성립하는 사역은 어디까지나 성서 그 자체의 신적 성격에 관한 논의와는 별개의 것이라고 해야 할 것이다. '성령의 인도하심' 과 '뜨거운 기도' 를 나열해보아도 알 수 있다.

그렇다면 문서화된 성서와 하나님 말씀의 내적 관계는 어떻게 이해되어야 하는가? 타카쿠라에 의하면 성서의 권위라고 말하는 것은 성서 그 자체에 존재하는 것이 아니라, 그 안에 포함된 하나님의 말씀에 존재한다. 성서는 하나님의 말씀을 포함하기 때문에 권위가 있는 것이다. 따라서 성서는 종교적 사신에 대하여 오류를 가지지 않지만, 그 외의 점에 대하여는 오류를 가진다.297

이로부터 당연히 성서 가운데의 신적 요소와 인적요소를 구별하는 작업이 필요하게 된다. 이렇게 하여 타카쿠라의 성서관은 성서 비평학을 어느 정도 수용하면서, 성서의 역사적 연구를 '성서해석' 에 의해서 종합하여 가는 것이다.

---

296 『타카쿠라 독타로 전집』 제5권, 400.
297 『타카쿠라 독타로 전집』 제8권, 88-89.

13. 교회

타카쿠라의 일관된 관심은 은총의 객관성이다. 영국 유학 중에 그 탐구 주제의 하나가 교리 이해이며, 그것으로부터 '교회의 보편성에 관한 흥미'라는 어구를 기술했다. 그의 '흥미'는 보편적 교회가 가진 '제도가운데 강하게 객관화된 하나님의 은총'을 향하고 있었다. 그것이 타카쿠라의 교회론의 학습의 출발점이 되는 동기로서, 복음주의의 범위 내에 은총의 객관성을 어떻게 파악하는가에 집중한 것으로 보인다.

> 그리스도 교회란 그리스도에 의해서 건설되고, 그리스도의 의지 목적을 충실히 수행하기 위해 존재하는 성도들의 단체로서, 그리스도는 교회의 머리가 되시며 중심이 되시며, 그 가운데 역사하시고, 그의 속죄의 능력은 그의 복음에 의해서 그 회원들에게 미쳐지게 된다.298

상식적이며 아주 온건한 정의이지만, '단체'라는 용어가운데 은총과 신앙의 객관성이라는 타카쿠라의 일관된 동기가 베여있다. 기독교가 건전하게 형성되어 가기 위해서는 하나님 나라와 교회라는 단체를 연결하는 것이 불가결하다. 또한 이 단체의 생명은 '복음'과 '신앙'에 존재하는 것으로, 결코 윤리적 활동이나 문화의식의 충족을 위한 것이 아니다.

또한 타카쿠라에게 있어 '단체'란 제일차적으로 조직 제도를 나타내는 것이 아니다. 오히려 그곳에는 생명 넘치는 복음이 제공되고, 그것에 대한 사람들의 응답으로써 신앙이 나타난다. 그 응답이 성립되는 자체가 교회의 본질이라고 생각하였다.

이렇게 생명이 넘치는 응답을 생산하기 위해서 교회는 말씀의 설교와 성찬을 집행한다. 그것이 교회를 '복음의 보고'라고 하는 이유이며, 그러

---

298 『타카쿠라 독타로 전집』 제9권, 734.

한 객관적인 은혜 수단을 가지고 또한 신앙고백에 의한 '신앙' 그 자체의 객관적 파악을 수행하기 때문에 교회는 '권위' 있는 단체이다. 따라서 이 교회를 떠나서, 기독교는 존재하지 못한다.

> 그리스도를 중심으로 하는 성도들의 교제로서의 교회 관념은 기독교 본질 그 자체에 뿌리를 두고 있다고 나는 확신한다. 참된 교회와 참된 기독교는 동일한 것으로 나는 믿는다.299

그런데 지상에서 조직과 제도를 정비한 '가견적 교회'가 반드시 참된 교회와 동일하다고 볼 수는 없다. 이 문제를 타카쿠라는 두 방향에서 생각해간다.

첫째, 교회를 교회되게 하는 것은 신조, 예전, 교직제도의 건전한 이해의 추구이다. 그에게 있어 교의학(또는 신학)이라는 학과는 마치 교회의 선교를 정비하고, 신앙을 규정적으로 훈련시키기 위한 지표로서 도움이 되는 것이었다. 그러한 의미에서 타카쿠라 신학은 '비판'과 '하나님 나라'의 구별과 관계를 논리화 한 것이다.

타카쿠라는 바울로부터 '교회'를, 복음서(예수)로부터 '하나님 나라'를 배운다고 말한다. 그리고 이 양자를 분리하는 것이나 동일시하는 것에 반대하지 않고, 또한 교회를 하나님 나라의 수단으로 간주하는 생각을 버린다.300

하나님 나라는 회개에 의하여 도래하는 종말적인 것으로 현 지상에서의 교회와 동일시 될 수 없다. 교회 가운데에 하나님 나라가 실현되어야만 한다는 질적인 의미에서 양자는 동일한 것이다. 그러나 교회는 하나님 나라

---

299 『타카쿠라 독타로 저작집』 제2권, 338.
300 『타카쿠라 독타로 전집』 제9권, 714-717.

의 수단이 아니지만 그 실현의 '기관' 이라는 역할을 가지며, 양적으로 보자면, 교회는 하나님 나라보다도 범위가 좁다.[301]

그리고 하나님 나라 그 자체의 완성은 단적으로 교회의 성장과 발전의 과정에 일어나는 것이 아니라 '온전히 하나님의 은혜로' 주어진다. 그것은 주님의 재림에 의해서, 갑자기 순간적으로 도래하는 것으로 제2의 창조를 완성하고, '전우주의 구속' 을 수반한다.[302]

타카쿠라의 교회와 하나님 나라에 관한 논리는 아직도 충분히 전개되지 않았다. 신학적으로 전문가에 의한 정밀한 검토를 기다릴 수밖에 없지만, 타카쿠라가 하나님 나라의 집행 기관을 교회로 한정하였다고 이해한다면 그것이 가져오는 결과는 명확하다. 즉 '교회를 중심으로 행하라' 는 주장이다.[303]

이 문장에서 타카쿠라가 구체적으로 언급하는 것이 '현대문화의 제(諸) 징후' (392)와 '무교회주의 정신' (394)이라는 사실로부터 알 수 있듯이 복음을 '사회' 와 '개인' 으로 확산과 집중시키는 두 방면에서 그는 끝까지 경계하였다. 교회가 문화나 사회보다도 협소하며, 개인에 의한 복음의 철저함에서 볼 때 애매하다고 평가되더라도 하나님 나라를 지상에서 짊어지는 유일한 기관이다.

14. 문화의 문제

교회를 중심으로 행하라는 주장은 문화에 대한 타카쿠라의 이해와, 방패의 양면을 이룬다. 문화에 대한 이해는 영국 유학중에 적극적으로 연구

---

301 『타카쿠라 독타로 저작집』 제1권, 328.
302 『타카쿠라 독타로 저작집』 제2권, 427.
303 『타카쿠라 독타로 저작집』 제3권 수록.

하고, 이윽고 후퇴하였다고 평가된다. 즉 타카쿠라 신학이 '확립기'를 맞이한다는 것은 문화에 대하여 소극적이 되었다는 것이다. 그럼에도 타카쿠라 자신이 문화에 대한 의욕과 관심을 잃어버렸다고 보는 것은 잘못된 판단일 것이다.304

문화는 복음에 의해서 거룩해지지 않는다면 그 자체는 죄와 멸망가운데 존재한다. 복음은 문화의 정신과 싸워서 이것에 이기고, 하나님의 영광을 위해 문화를 드려야 한다. '복음과 신앙은 참된 문화성립의 근본적 기초이다'.305 그럼에도 교회에 대한 집중과 다망은 실제적으로 문화론의 적극적인 구축을 불가능하게 하였을 뿐만 아니라, 신학적으로 문화를 정당하게 자리매김 할 수 있는 시야를 제공하지 못하였다. '일반은총' 이라는 개념을 충분하게 연구하였다는 흔적도 찾아보기 힘들다.

이렇게 하여 타카쿠라의 신학은 문화 형성의 영위에 적극적인 의미를 두는 것으로 전개되지 않았다. 그것은 당시 교회(특히 일본기독교회)의 일반적인 경향을 신학적으로 반영한 것이다. 교회는 타이쇼 시기의 문화주의를 자유로운 분위기로 환영하면서도, 뿌리 깊지 않은 문화가 익어가는 것에 대해 씁쓸하게 방관하는 기분이 있었다. 또한 쇼와 초기의 막시즘(마르크스 주의)의 융성에 대하여도, 교회는 방어일변도 자세가 되기 쉬웠다.

메이지의 의욕적인 기독교와 비교하여, '심정(心情)적 기독교로의 이행'(사또우, 전게서, 36)이라는 지적과, 사회윤리를 상실하였다는 의미에서 우에무라에서 타카쿠라로 이행하는 것을 '퓨리턴적인 기독교의 해체 과정' 으로도 이해될 수 있을 것이다.306

타카쿠라가 신학의 확립을 그 사명으로 하고, 또한 문화적인 관심을 희

---

304 사또우, 『일본 기독교와 신학』, 142.
305 『타카쿠라 독타로 저작집』 제2권, 418.
306 오오키, 『歷史神學과 社會倫理』, 28-37, 60-62.

생시킴으로써 교회 형성에 의욕적이었으며, 그러한 분야에서 상당한 달성을 이루었지만 반면에 기독교의 문화형성이 후퇴하고, 윤리적이며 의지적인 경건이 상실되어가는 결과를 초래하였다. 그 책임을 단순히 타카쿠라에게만 떠넘길 수는 없지만, 그렇다고 보든 것을 시내와 환경과 개성(사실)의 문세로 일반화시킬 수도 없는 일이다.

복음과 문화, 신앙과 윤리, 교회와 하나님 나라 등은 메이지 시대의 기독교에서는 순전하고 소박한 조화를 나타내었고, 타이쇼 시기에는 섬세한 내향적 분리와 변화, 쇼와 시기에는 위기적인 혼란을 폭로하였다는 것이 본서의 대략적인 견해이다. 조화와 분리와 혼란 그 어느 것에도 곤란한 애로점이 있고, 오늘날로 이어지는 과제가 가로 놓여 있다.

〈제1부 맺음말〉

일본 개신교 역사 연구 분야에서는 이미 전체적인 것을 관망하게 하는 '통사'가 두세 권 있고, 정밀하고 개별적인 연구나 논문집이 활발하게 간행되고 있으며 많은 수확이 나타나고 있다. 기본적인 자료의 출판도 차츰 그 범위가 확대되어 전문가가 아닌 필자와 같은 일반 독자도 비교적 쉽게 접근하게 되었다. 감사한 일이다.

이러한 연구 현상 가운데 역사 연구를 전문직으로 하지 않는 전도자가 한 권의 책을 발표하는 것은 과연 어떤 의미인가. 스스로 이 의심을 가지지 않을 수 없다. 특히 자료의 관람과 안정된 시야의 범위에 대하여, 전문가의 손에 의하지 않은 통사에도 도저히 미치지 못한다. 그럼에도 불구하고 이렇게 책을 출판하게 된 이유는 권두에도 언급했지만 기독교 역사를 교회사로서 기술하기 위한 중심적인 시좌(視座)의 문제와 관계된다.

최근 필요가 있어 일본에서의 기독교 청년회(YMCA)의 역사에 대하여, 여러 종류의 관련 서적을 조사하는 기회가 있었다. YMCA는 일본에서 전형적인 교회 외곽단체로 출발하였지만, 그 역사에 종시 수반되는 신학상의 문제점은 하나님 나라와 교회에 관계하는 이해의 혼란으로 생각된다.

YMCA뿐만 아니라, 일반적으로 일본 기독교계에서는 근대자유주의신학에 근거하는 하나님 나라 이해가 압도적인 영향력을 행사하고, 교회와 하나님 나라의 실질적인 동일성을 계승하는 것이 결핍되어 있다. 그 결과 교회를 현장으로 하지 않는 기독교적 가치의 추구가 사상이나 예술 교육, 더욱이 각종 사회사업의 영역 등에 일어나고 있다. 그러한 깃이 일본에서 기독교의 사회적 기빈을 확충히고, 일본 근대화의 내적인 추진력의 일익을 담당하였다는 것은 특필할 성과이다.

제1부에서 아주 불충분한 것이지만 그러한 분야에 대하여도 언급하였다. 그러나 기독교의 본질적 가치가 교회 형성에 기초하는 하나님 나라의 성장에 있다는 것은 두말할 나위 없다. 그점에 있어 신학적인 확신의 결의가, YMCA를 예로 말하자면, 쇼와 초기의 SCM의 성립과 해체 가운데 집약적으로 나타난다고 할 수 있다.

더욱이 그 문제는 에비나형의 수정주의적 기독교 이해 및 우찌무라형의 과격한 원점회복(무교회주의) 가운데에 각각 특유의 신학적 차이를 가지고 나타나고 있다. 그러한 의미에서도 교회를 시좌(視座)로 하는 역사 이해가 필요하며, 특히 일본 기독교 상황에서는 더욱 강하다고 말해야 할 것이다.

본서에서는 교회 형성의 원초에서 안정적인 성장에 이르기까지의 과정을 취급하고, 주로 '일본기독교회'에 초점을 맞춘 것은 초두에 언급한 대로이다. 교회 이해의 박약에도 불구하고 선교사의 지도와 일본인의 착실한 학습은 효과적이었으며, 미숙하지만 신앙고백이 자주적으로 채택되고, 교회에 합당한 조직 제도도 해를 거듭할수록 정비되어 갔다. 논의를 포함하면서 교회를 주체로 하는 전도 체제가 충실하고, 교파적으로 특색 있는 전도나 초교파 전도 협력도 궤도에 올라 어느 정도의 현상을 관찰할 수가 있었다.

그러나 동시에 메이지와 타이쇼 시기의 기독교 그리고 교회가 내외적으로 여러 가지의 과제를 내포하고 있었다는 것도 잊지 말아야 할 특색이다. 이 점에 관한 교회사의 서술은 사회사, 경제사 또는 사상사적인 연구 성과에도 겸허하게 귀를 기울여야 할 필요가 있다.

특히 국가 권력에 대한 교회의 대응 방식이 1868년의 메이지 전반기에서 1912년의 타이쇼 시기에 이르기까지 격변하였던 것은 많은 연구에 의해서 지적된다. 타이쇼 시기에는 사회 정세가 비교적 안정되었고, 복음주의적인 교회 형성도 순조로웠지만, 이미 이 시기에도 후일에 교회와 국가의 관계에 결정적인 위기를 초래하는 제(諸) 요인을 볼 수 있다.

메이지와 타이쇼 시기를 제1부로 하고, 제2부를 쇼와시기로 분활한 것은 처음부터 예상한 것이 아니다. 집필하는 가운데 쇼와기(1926-1989년) 전반기가 예상외로 많아지면서 이와 같은 배분을 하게 된 것이다.

제2부에는 '일본기독교회' 를 중심으로 쇼와 전반기(1926년 이후)의 교회 형성의 실태를 주로 『복음신보』에 의거해서 상술하고, 이 교회가 어떠한 과정을 통해 교회 합동이라는 사태를 수용하게 되었는가를 기술한다. 더욱이 전시 아래의 기독교를 신앙과 신학의 내실을 음미하는 것을 중심으로 서술하고자 한다. 그리고 패전 후의 기독교 재건을 신앙고백의 성립을 축으로 기술하게 될 것이다. 제1, 2부를 통하여 일독하여 주길 절실히 바라마지 않는다.

본서 출판에 대하여 도움을 받은 모든 분들에 대한 감사의 글은, 제2부의 후기로 양보하기로 한다.

제2부
쇼와(昭和, 1926-1989년) 篇

제2부
머리말

쇼와(昭和) 시기(1926-1989년)의 기독교는 위기와 붕괴의 경험에서 재건에 이르는 격동의 시기였다고 할 수 있다. 모든 운동체가 위기 속에서 그 허약한 체질이 증가되고 확대되는 모습을 나타내었다. 하나의 운동체로서 교회도 예외는 아니었다.

기독교가 메이지(1868-1912년)와 타이쇼(1912-1926년) 시기에 습득한 체질의 특성가운데 크게 두 가지가 쇼와 시기에 폭로되었는데, 하나는 기독교 교리의 불안정이며, 또 하나는 교회의 국가에 대한 자세였다. 전자는 복음주의 또는 교회중심주의 노선에 관계되는 것이며, 후자는 교회의 '자율성' 문제에 관계되는 것이다. 그러나 이 두 가지는 서로 이질적인 것이 아니라 동일한 사항의 양면이라고 해도 과언이 아니다.

교회의 생명적인 영위로서의 신학과 신앙고백이 교회 그 자체의 자율적인 형성에 내적 불가결한 요소임은 두말할 나위도 없다. 마찬가지로 국가나 기존의 공동체로부터 그 어떠한 개입도 없이 신앙고백과 교회 형성의 원리를 선택할 수 있는 자율성이 복음주의적 신학과 신앙고백을 형성하여 나감에 있어 외적 불가결한 요인임에 두말할 나위가 없다. 쇼와 시기에 기독교가 직면한 가장 긴급한 문제 하나하나가 이러한 문제를 둘러싼 것임을 우리는 의심하지 않는다.

제2부에서도 몇 개의 부분에서 사회(국가)에 대한 교회의 활동에 대하여 서술하지만, 그 동기와 방법에 있어 가능한 신학적이고자 노력하였다. 그리고 쇼와 시기의 기독교가 직면하고, 패전을 계기로 짊어지게 된 여러 과제는 오늘날에 이르기까지도 해결되지 못하는 벽으로 남아 있다. 그 벽에 어떻게 하여 창문을 만들 수 있을까. 이러한 문제에 합당한 신학적 깊이에서 이 과제를 물어가는 것이 우리들에게 남아 있다.

제13장
1930년대의 기독교 (1)
SCM / 하나님 나라 운동 / 일본적 기독교

1930년대는 데모크라시즘에서 파시즘으로의 전환기였다. 1929년의 세계 금융공황은 일본 국내의 경제에도 중대한 타격을 가져왔고 국민 생활은 파탄되고 실업지옥이 사회를 엄습했다. 농촌이나 어촌은 가혹하게 피폐되어 갔고, 그 생활은 참담하기 그지없었다. 이른바 '결식아동' 이 넘쳐났고, 어린이들의 생활이 황폐하여 갔다. 친딸을 거래하는 농가가 속출했다는 비극도 이 시기의 이야기였다.

이러한 상황에 대하여 무산자(無産者) 운동, 공산주의 운동도 격화되어 정부는 '치안유지법' 을 개악해서 검거와 탄압을 강화하였다. 특별경찰이 전국에 설치되고, 사회주의자가 대량 검거되었다. 사상과 언론의 통제가 점점 엄격하게 통제되었고, 점차적으로 국민정신을 비상시 사태로 통합하여 가는 정책을 실시했다.

대외 전쟁과 침략 방침은 군부를 중심으로 강화되었으며 정부도 재계도, 국내적 모순을 해외 진출을 통해 타개하려는 제국주의 노선을 주장하였고 결과적으로는 군부와 일체가 되어 전쟁 감행으로 돌진하였다. 국민들도 진퇴양난의 자신들의 생활을 해외로 '웅비' 한다는 꿈으로 극복하고자 하였고, 따라서 아시아의 여러 나라로 진출하는 '대동아공영권'(大東亞共榮圈)이라는 환영(幻影)에 몸을 맡겨버렸다.

그러나 그것은 상대편 나라들에게 어떠한 의미를 가지는지 생각지도 묻지도 않은 자기 중심적 환영이었다. 국민 전체가 그 생각과 판단의 자유를 새롭게 할 여유도 없이 한꺼번에 파시즘의 격류에 빠져갈 때, 교회와 기독교인들도 그러한 동향으로부터 자유롭지 못하였다. 신앙과 생활의 혼란을 경험하면서 교회도 그 본래의 생명과 전도 사역이 심히 곤란하게 되었다.

여기에서는 만주사변(1931년 9월 18일)으로부터 중일전쟁(1937년 7월 7일-1945년 8월)에 이르는 1930년대의 기독교계의 동향을 SCM(기독 학생 운동), 하나님 나라 운동, 일본적 기독교라는 세 가지 관점으로 한정하여 개관하고자 한다.

1. 사회적 기독교와 SCM

기독교가 사회적 책임을 깊이 자각하고 복음을 사회에 적용시켜나가는 것은 이미 '사회적 복음' 이라는 형태로 일본에서도 실천되어 왔다. 그러나 1930년대가 되면서 그것은 한층 본격적으로 발전하여, 이론적인 체계를 세워서 '사회적 기독교' 라는 사상운동으로 전개되어 갔다. 그 주요한 운동체로서 SCM(Student Christian Movement)의 활동을 보게 된다.

쇼와 시기에 들어오면서 YMCA의 학생들 사이에 사회적 관심이 증대되고, 그들은 현재 기독교가 사회와 민중으로부터 이반되었으며, 그 지도력을 상실하였다고 문제를 제기했다(『일본 YMCA史』, 268-271). 이러한 사회의식의 급속적인 고조가 1929년에는 학생 운동의 새로운 발전을 요구하는 연

구회 활동을 만들어 SCM 운동으로 전개되어 간 것이다.[307]

초기의 연구회 활동이 주목한 것은 '현실을 구원하는 기독교와 그 사회철학을 연구 수립'하는 것, '현대에 대한 기독교의 대(對) 사회운동의 지침'을 제시하는 것, '예수의 정신'을 기조로 하여 '현대 사회를 비판'하는 것, 또한 '유물사상으로부터 청년의 영혼을 다시 되돌려 영의 고향을 제시하는' 것 등이었다.[308]

YMCA는 매년 여름 토잔소(東山莊)에서 하계학교를 개최하였는데 그 당시의 주제를 보면 제38회는 '참된 예수를 발견하기 위하여'(1928년), 제39회는 '예수에 의한 활동'(1929년), 제40회는 '예수를 현대에 살려라'(1930년)였다.

특히 제40회 하계학교는 '성명서'를 발표하고 '우리 기독교인 학생 청년은 종래의 개인주의적 기독교를 가지고는 도저히 이 난국에 대처하기가 불가능함을 확신하게 되었다. 따라서 우리는 관념적인 구원이 아니라 새로운 기독교적인 입장에 입각하여, 몸소 이 난국에 임할 것을 맹세한다'고 선언하였다. 여기서부터 학생 운동이 본격적인 단계로 들어갔다.[309]

이에 앞서, 동년 5월에 토잔소에서 열렸던 제1회 간부 양성회는 '토잔소 강령'을 채택하여 운동의 기본적인 방침을 분명하게 밝혔다.[310] 제1강령은 '하나님은 부단히 전진하는 생명력이다', 제2는 '기독교는 예수에서 출발하는 하나님의 역사적 약동이며 하나님 나라의 실현운동이다', 제3은 '구원은 하나님 나라 실현 운동에 대한 공동참가 이외의 그 어떤 것도 아

---

307 그 경위의 상세한 언급은 그 운동의 지도자 중 한 사람이었던 나카하라 켄지(中原賢次), 『기독인 학생 운동사』를 참조하라.
308 『기독인 학생 운동사』, 25-26.
309 『기독인 학생 운동사』, 55.
310 『기독인 학생 운동사』, 42-43.

니다', 제4는 '우리의 신앙은 과학적 진리를 포함하면서 발전한다.'

이 강령의 배경에는 학생 운동의 대표적 지도자였던 칸 엔키치(管円吉)의 사상이 깔려있다고 전해진다. 칸에 의하면, 기독교는 사회참여에 대한 관심을 잃어버리고 내향적인 것이 되어버렸다. 따라서 앞으로 사회 그 자체를 개조하는 방향으로 '전환' 하지 않으면 안 된다.

그러나 이러한 기독교에 대한 방향 전환 호소는 교회로부터 환영받지 못했다. 타카쿠라 독타로는 이러한 학생 운동이 차츰 사회주의 운동의 양상을 보이기 시작할 무렵, 마르크스 주의의 진지함에는 '마음을 동하게 하는 면이' 있다고 하지만 그러나 '투쟁 본능' 을 자극시키는 것에 대하여 경고하면서, 그들의 문제 해결 방침에서 근본적으로 동조하기 어려움을 언명했다.311

또한 『복음신문』(1931년 7월 16일)은 '개척자를 손으로' 라는 논설을 개제하여 SCM 운동의 이론적 허약함을 지적했다. 복음을 '사회적' 으로 적용한다고 하지만, 그 사회라고 하는 것이 SCM이 비난하는 개인적인 기독교의 '환상' 이상으로 환상적이지는 않는가? '일반적으로 표현한다면 그것은 통속적 행복주의 사상의 배경에 입각한 기독교 이론으로부터 출발하는 것이라 규정해도 큰 잘못이 아닐 것이다' 라고 진술한다. 논자의 SCM에 대한 신랄한 비판은 결국 SCM의 그리스도 비판이 교회에 문제될 만큼 현실적이지 못하다고 말하는 것이다. 사회적, 개인적이라는 용어를 무비판적으로 사용하는 것은 '어린아이처럼 열 내는 상태' 라고 간단히 치부해버리는 것이다. 다르게 표현하자면, 진솔한 응답을 제공하지 않는 것이다.

어찌했든 운동의 열기는 고조되었고 1931년 제41회 하계학교는 아마 최고조에 달한 것 같았다. 어떤 이는 이 모임이 종교적인 열심과 경건으로

---

311 『타카쿠라 저작집』 2권, 389-392.

충만하고, 사회 변혁을 '종교 운동' 으로 간주한 성공적인 예라고 말한다.[312] 사회 안으로 실천해 들어가는 것이 십자가를 지고 예수를 따르는 것이라고 해석한다. 따라서 '예언자 및 개혁자의 영혼' 을 가지고 '착취 없는 인류의 자유로운 사회 공동체' 를 형성하는 것이 그들의 목표였다.

그렇지만 1931년 9월의 민주사변 발발은 SCM 운동에도 심각한 타격을 가져다 주었다. 운동을 첨예화하여 실제 운동으로 전개해야 한다는 SCM 지도부와 YMCA 위원회 사이에 대립이 생겨나고, 동시에 SCM 내부에도 불일치가 계속적으로 나타나기 시작하였다.[313]

이러한 동요를 내포하면서 제42회 하계학교가 개최되었다. 그러나 일부 학생이 과격한 행동을 취함으로써 극도의 혼란을 초래하였고, 결국은 도중에 하계학교를 폐교할 수밖에 없는 상황이 되었다. 이것으로 사실상 SCM이 소멸되어 가는 것이라고 간주해도 무리가 없을 것이다.

절머니(C. H. Germany)는 SCM이 쇠퇴한 원인을 (1) 국가의 압력 증가, (2) 교회내로부터의 압력 증대, (3) 운동 자체의 원심력이라는 세 가지로 요약한다.[314] 특히 절머니는 교회가 이러한 종류의 운동이 가진 진리적 계기를 통찰하지 못했다는 것을 신랄하게 지적한다.

교회가 기독교 학생 운동에 대하여 신학적 지도를 바르게 수행하지 못하였고, 또한 SCM이 청년 및 사회에 대하여 바르게 대처하려 할 때에도 그들을 견실하게 지지하지 못한 결과로, 교회를 둘러싼 세계는 이제 어찌할 수 없는 사회적 질병을 해결하려는 방향성을 완전히 상실해 버렸다.[315]

---

312 나카하라 켄지, 『기독인 학생 운동사』, 131-133.
313 『기독인 학생 운동사』, 257-259.
314 C. H. Germany, 『근대 일본 개신교신학』, 140.
315 『근대 일본 개신교신학』, 143.

쿠마노 요시타카는 사회적 기독교나 SCM이 충분한 결실을 얻지 못한 원인으로 첫째로 일본 교회사 그 자체의 유아적인 사실과 신학적 미숙을 지적하였고, 둘째로 SCM 운동 지도자들의 신학적 미숙을 언급하였다.316 특히 '학생' 이 가지는 일본적 특질이 과도하게 첨예화되었고, 신학적으로는 '교회론' 이 성숙되지 못하였다는 사실을 지적한다.

2. 사회적 기독교의 이론

사회적 기독교 또는 SCM에 이론적 지주를 제공한 사람으로서 동지사(同志社) 대학의 나카지마(中島重) 교수를 들 수 있다. 나카지마는 사회학자, 또는 사회철학자로서 신학적 전통에 구속받지 않고 자유롭게 개신교 종교를 비판하였다.

나카지마에 의하면 사회는 궁극적으로 지고선인 하나님의 지배 아래 있고, 인간은 그 하나님의 지배를 사회생활 가운데 구현해야만 한다. 그런데 기독교는 개인주의화되었고, 그 신앙은 사회 발전을 위해 유익하지 못하다. 아집과 이기심으로 가득한 개인이 하나님의 사랑으로 말미암아 회심을 체험하고, 그리스도의 십자가에 감격하여 그와 같은 사랑을 스스로 행함으로써 사회와 만유가 하나님께 돌아가도록 해야 한다. 이러한 하나님의 속죄 사랑을 사람이 실천하여, 사회를 사랑에 의한 연대로 인도함으로써 하나님 나라가 실현된다.317

이러한 나카지마의 이론에 자극받아 '同志社 노동선교회' 가 조직되었고, 사회활동에 헌신적으로 봉사하며, 농촌과 어촌 사람들과 연대하겠다는 사명에 투신하는 자들이 나타난 것도 주목할 만한 사실이다.318

---

316 『복음과 세계』 1969.3., 4. 이 논문은 『일본 기독교 윤리사상사』로 묶어진다.
317 시마다 케이이치로(嶋田啓一郎), '발전하는 전체와 사회적 기독교-나카지마 시게루(中島重)와 그 시대' , 『기독교 사회 문제 연구』 제14, 15호 수록.
318 『同志社백년사』 통사편(2), 1070, 1080.

사회적 기독교의 이론은 신학적으로는 쿠마노의 지적처럼 조야하고 미숙한 면이 있었다. 그 때문에 교회를 설득하여 움직이게 할 만큼의 능력이 없었던 것이다. 신(神) 개념은 아주 내재적인 색채가 강하였다. 절머니는 '범신론에 극히 가까웠다' 고 지적한다.[319] 하나님의 초월직 성질이 애매하고, 하나님 나라와 그 사회가 동일시되는 것도 나타난다.

나카지마의 발언가운데 '하나님은 사회이다' 는 말이 있다. 그러나 사회의 구성요소 하나하나 가운데서 하나님의 생명을 보고자 하는 신이해(神理解)는 나카지마 자신이 아주 강하게 부정하고 있음에도 불구하고 '사회가 하나님이다' 라는 도치를 생성하고자 필사적이었다.

사회적 기독교의 신학적 기초에 많은 문제점이 존재한다는 사실은 명백하다. 그러한 신학상의 불비(不備)를 칼 바르트를 중심으로 하는 '변증법신학' 으로 보충하려는 시도는 사회적 기독교주의자들 가운데도 존재한다.[320] 그것은 사회적 기독교가 가진 내재적이고 피안적인 경향을 극복하고, 더욱이 기독교 사회윤리를 정당하게 자리매김하려는 신학으로서 변증법 신학에 진지하게 접근하려는 시도였다.

물론 바르트에 의하여 하나의 신학적 사회윤리의 가능성이 전망될 수 있을 것이다. 그러나 그것이 사회적 기독교에 의해서 학습된다는 가정적 조건이 붙는 것도 홍미로운 일이다. 현실적으로 절머니는 칸 엔키치의 유학이 1-2년 빠르게 이루어져 변증법 신학의 도입이 성공했더라면 정황은 아마도 달라졌을 것이라고 추측한다.[321] 그러나 그러한 추측의 타당성은 불행하게도 긍정될 수 없다.

1930년대의 일본 교회가 어떻게 바르트 신학을 배우게 되었는지에 대하

---

319 Germany, 121.
320 타케 쿠니야스(武邦保), '사회적 기독교와 변증법-바르트 사상과의 관련' , 『기독교 사회 문제 연구』 제22호 수록.
321 '사회적 기독교와 변증법-바르트 사상과의 관련' , 145.

여는 잠시 후에 언급하겠지만 그것을 관찰하는 한 사회적 기독교와 변증법 신학 사이의 어떤 결합이나, 또한 그것으로 말미암아 교회의 시대 인식에 대하여 결정적인 변화를 줄 만한 그 어떤 전조도 전혀 일어나지 않았다고 보아도 무리가 아니다.

3. 하나님 나라 운동

이것은 카가와 토요히꼬(賀川豊彦)의 주창에 의해, 일본기독교연맹을 모체로 하여 일어난 조직적인 전도운동이었다. 당초 3년 예정으로 1940년부터 시작되었지만, 제2기 운동이 2년 간 계속됨으로써 도합 5년에 이른다.

카가와는 메이지 학원과 코오베 신학교에서 수학, 신학교 재학 중에 코오베시의 후키아이신카와(葺合新川)의 빈민촌에서 생활하였다. 그의 사상과 신앙의 중심은 예수의 속죄 사랑에 살아가는 것이었다. 일본기독교회 교직자로 미국남장로교의 보수적 신앙을 계승받았다는 점에서 그의 신학은 고전적인 속죄론 전통에 속하며, 그것을 개혁하려는 의도도 없었다.[322] 오히려 그의 이러한 신학적 실천은 그 예를 찾아 볼 수 없을 정도의 열정을 가지고, 빈궁과 사회악에 대한 격렬한 증오와 억압된 백성에 대한 동정과 공감을 행동으로 나타내 보였다.

타이쇼 시기에는 노동조합, 농민운동의 지도, 세틀먼트 활동 등으로 분주하였다. 그러나 조합운동이 사회주의의 급진적인 성격으로 변해가면서 종교적인 신념에서 활동하여 온 카가와의 해방이론은 지도력을 잃어버렸다. 카가와의 사상과 생애의 본질은 노동자를 인간다운 인간으로, 스스로 책임과 긍지를 가진 주체적 인간으로 교육하는 것이었고, 그것이 그의 신

---

322 쿠마노 요시타카, 『일본 기독교신학 사상사』, 476-480.

넘이었으며 그것을 종시 관철한 것이다.323

하나님 나라 운동은 영혼의 구원과 함께 생활의 해방을 바라보는 것으로, 종교적 가치와 경제적 가치가 통합되는 운동으로 구상되었다. 그러한 의미에서 협의적 전도가 아니라 사회운동의 확대를 순비하고, 교회라는 공산을 초월하는 성격을 가진다.

이렇게 형제자매가 서로 연대하여 개인적인 구령 운동에 힘을 쏟고, 현대 교회가 대중들에게 그리스도의 거룩한 사랑을 전파하기 위해서, 또한 우리 기독교인이 택함 받은 그릇으로 은혜 받지 못한 동포들에게 사회적 봉사를 행하는 방침으로써 우리는 먼저 제정된 일본기독교연맹의 사회신조에 준거하여 그것을 통해 복음 사회화를 기획하고자 추장(推獎)한다.

카가와는 '하나님 운동선언' 다음으로 '사회신조' 항목을 개제한다.324

하나님 나라 운동은 4천여 회에 이르는 집회, 백만인 이상의 참가자를 얻어 일단 숫자상으로 성과를 거두었다. 특히 농촌에 세워진 '농민복음학교'는 사립학원과 같은 형태로 기독교에 의한 인간 교육, 농촌사회나 그 경제 지식의 교수, 새로운 기술 지도를 가르치고 전수하였다.325

이러한 하나님 나라 운동은 종래의 대중전도, 협동 전도와는 다른 사회적 성격을 가졌고 어느 정도 그것을 실현한 것으로 보인다. 제(諸) 교파 가운데도 감리교 등은 하나님 나라 전도가 가진 의도를 상당히 정확하게 이해하고 수용하였다.

'일본기독교회' 도 제44회 총회(1930년)의 전도 10년 계획 안에 하나님 나

---

323 타케다, '카가와 토요히코 社會思想', 『土着과 背敎』, 264.
324 '사회신조' 는 일본기독교연맹이 1928년에 채택한 것으로, 사회적 정의의 요구를 폭넓게 담았다. 전문은 『기독교의 전쟁 책임』 부록, '자료집.'
325 도히 아키오, 『일본 개신 교회사』, 486.

라 운동과 교파내의 전도 계획을 연동시키고자 하는 방침을 세웠다(『복음신보』 1931년 2월 26일). 또한 동북지방과 시코쿠(四國)지방 등의 농촌 지대에서는 농촌 전도를 의욕적으로 실시하였다는 보고가 있다. 1931년 4월에는 초교파의 '농민복음학교지도자 양성협의회' 가 개최되어, 광범위한 주제로 연구토의가 있었다(『복음신보』 1931년 4월 23일).

그러나 전국적으로 볼 때, 농촌전도와 공장전도가 어느 정도 열매를 거두었는지 판단하기 어렵다. 그 당시의 교회가 농촌이나 노동자들 속으로 적극적으로 파고 들어갈 정도의 정신적 기반을 얼마나 가지고 있었는가에 대한 의문은 여전히 남아있기 때문이다.

하나님 나라 운동의 추진 모체였던 기독교연맹은 1928년의 '사회신조'의 노선을 유지하기가 차츰 곤란하게 되어 가는 현실을 느끼고 있었다. 국가의 전쟁 정책과 사상 단속이 노골화되면서 '사회신조' 가 말하는 인권 존중, 노동자의 생활 보장, 군비축소 등의 항목은 유명무실하게 되었다.

왜냐하면 1930년 후반기부터 교회가 국책을 적극적으로 용인하고 협력하여 나아가는 것이 노골적으로 나타나지만, 이미 30년대 전반기부터 국가 권력에 타협하여 끌려가는 자세를 본질적으로 명확히 보여주었다.

4. 일본적 기독교

기독교를 일본 정신적 전통과 어떠한 의미에서 연관시키고, 그렇게 함으로써 신앙의 토착화를 바라보는 노력은 메이지 이래로 계속적으로 시도되어왔다. 특히 1930년대에 들어서면 급속한 군국주의화, 국수주의, 국체명징(國體明徵, 1935년 국회의원과 군부 우익이 '천황기관설' 〈메이지 헌법을 해석함에 있어, 주권은 국가에 있고 일본 국왕은 법인인 국가 최고 기관이라는 주장〉이 국체에 반하는 것이라 하여 공격한 사건) 등의 운동이 일어나, 기독교도의 의식 가운데도 일본 정신과 기독교의 조정이 여러 가지 형태로 시행되었다.

일반적으로 '일본적 기독교' 는 일본 정신과 유착함으로써 편향된 기독교를 말하는 경우가 많지만, 1930년대부터 제2차 세계대전의 종결에 이르기까지 나타난 '일본적 기독교' 는 폭넓은 주장과 이해를 가진다.

일본적 기독교의 주장은 세 가지로 분류할 수 있다.[326] 첫째는, 일본 고래의 종교사상과 기독교를 절충한 것. 둘째는, 기독교 신앙을 종래의 그대로 유지하면서 기독교인의 국민적 자각을 촉발시키고, 서양 기독교 국가와의 전쟁에 전면적으로 찬동하는 것. 셋째로, 기독교에 다양한 종류의 형태가 존재하는 것을 인정하면서 헬라형, 라틴형, 앵글로섹슨형 등과 함께 '일본형' 을 자리잡게 하려는 것.

카사하라 요시미츠(笠原芳光)의 '일본적 기독교 비판'(『교회사회 문제 연구』 제22호 수록)도 동일하게 분류하면서, 각각을 '혼효론'(混淆論), '양립론'(兩立論), '촉발론'(觸發論)이라 부른다. 이러한 연구를 중심으로 제1과 제2종류에 대하여 일본적 기독교를 개대하여 보기로 한다.

① 기독교와 일본 정신과의 혼효(混淆, 여러 가지 것이 뒤섞임) 또는 절충은 일찍이 에비나 단죠에 의해서 수행되었다. 에비나는 '아메노미나카누시'(天之御中主, 일본 신화에 나오는 천지창조에 관계하는 신)를 팔백만 신(야오요로즈오카미)의 주재신(主宰神)으로 생각한다면, 기독교의 신 이해와 '대동소이' 하다. 따라서 일본의 다신교를 개혁하여 간다면 결국 기독교와 고신도(古神道: 유교와 불교 등 외래 사상과 종교가 유입되기 이전의 신도)를 서로 하나로 귀일하게 할 수 있을 것이라 생각했다.

그 제자로서 조합교회 목사였던 와타세 츠네요시(渡瀬常吉)는 『일본 신학의 제창』(1934년)을 저술하여 기독교의 삼위일체설을 신도에 적용시켜서

---

326 사또우 「일본적 기독교」의 성격 ,『복음과 세계』 1962년 2월.

일본 신화와 그리스도 탄생, 또는 부활과의 비슷한 점을 주장하는 등 양자를 의도적으로 동일시하려고 하였다. 그러한 주장은 '일본기독교회' 또는 '감리교 교회' 의 교직자들에 의해서도 수행되었다.

이러한 시도는 결국 기독교의 하나님 이해에 대하여 전체적으로 부득이한 변질을 초래하였고, 따라서 정통적 신앙에서 멀어지게 마련이었다. 그것은 명확히 혼합종교가 되어 기독교 본래의 종교성을 상실하고, 일본 정신과 동질화하여 가게 된다.

② 기독교 신앙의 근간을 수정 또는 왜곡하지 않으면서 기독교를 일본 정신의 이해자(理解者), 동조자로 생각하는 입장이 있다. 히야네 안떼이(比屋根安定)는 『기독교의 일본적 전개』를 저술하였는데, 이 두 번째 입장에 속하는 것으로 이해된다.[327]

그에 의하면, "기독교는 일본 전통을 부정하거나 파괴하지 않는다. 오히려 기독교의 사랑, 충성, 봉사의 정신에 의해서만이 일본 국체는 그 정화(精華)를 나타낼 수 있다. 따라서 일본 기독교인들도 전통적인 일본 종교의 특색을 이해하고, 세계 속에 일본인에 의한 기독교를 높이 나타내 보여야만 한다. 일본 기독교야말로 기독교의 종교적 발전을 완성으로 이끌어 갈 수 있고, 마침표를 찍을 수 있는 사명을 가진다." 이렇게 주장함으로써 히야네는 일본 기독교인들 가운데에 '국체' 를 깨닫고 신도의 본질을 이해하는 자가 나와야 한다고 주장하였다.[328]

또한 후지하라 후지오(藤原藤夫)는 일본 신민(臣民)이 된 것은 그 사람이 기독교인이 되기 이전에 이미 정하여진 것이기 때문에, 신민의 '본분' 를 행사하는 것은 신의 창조 질서에 따르는 것과 동일한 것이라 주장하고, 그것

---

327 사또우(佐藤敏夫)와 카사하라(笠原芳光)는 히야네에 대하여 언급하지 않는다.
328 『신사 문제와 기독교』, 325.

이 '가이사의 것은 가이사에게' 라는 예수의 가르침에도 합치된다고 주장
하였다.

이와 같이 기독교인이 되기 이전에 이미 일본신민이기 때문에 양자가
서로 모순 또는 대립되지 않는다는 생각은 일반적으로 많은 기독교인들이
쉽게 수용할 수 있는 논리였다. 그래서 태평양전쟁하의 기독교 지도자들
이 많든 적든 이 양립론으로 자신의 신앙적 양심을 납득시키고, 국책을 적
극적으로 지지하게 되었다고 생각할 수 있다.

도대체 '일본적 기독교' 의 주장이 어떠한 근거로 출현하였는가? 아주
어려운 문제이다. 그러한 주장에 대하여 전통적인 일본의 고집 센 끈질긴
정신이 기독교인들의 '배후에서' 알게 모르게 들어왔다는 측면에서 이해
하는 자들도 있다(마루야마 카미오〈丸山神男〉, 『일본의 사상』). 또한 사또우는 총체
적으로 기독교 신앙이 혈육화되지 않았다는 사실, 그리고 '경건주의' 적인
신앙의 경향을 지적한다.

또한 '일본적 기독교' 의 사상을 국가 권력과의 관계를 축으로 하는 '전
향' 의 한 형태로 볼 수도 있다.[329] 이 경우는, 기독교인이 신앙이라는 내면
의 영역을 일본 정신이라는 이질적인 것으로 양도하여 가는 과정에서 권
력의 압력과 위협이라는 외적인 요인이 강하게 개재하였다는 것이 전제된
다. 그러나 '일본적 기독교' 는 국가가 강압적이며 노골적으로 기독교를
억압한 결과로 생겨난 것이라 말하기 어렵다. 오히려 아마도 자발적인 변
신으로 생겨났다는 사실에 주목하지 않으면 안 된다.

후지하라는 '폐하의 신민이라는 것은, 일본인에게 있어 최대 공약수' 라
고 말한다. 그곳에는 '폐하' 라는 상징을 공유하려는 갈망 및 일본인으로
서의 '최대 공약수' 에 자신을 포함시킴으로써 안도감을 절실히 희구하는

---

329 『공동연구 '전향' 』 중권, 339-368.

모습을 엿보게 된다. 이 심볼을 공유하는 것과 일본인으로 자기동일성 확립이라는 두 개의 동기가 '일본적 기독교'의 논리에 기본적인 근간을 이루고 있다고 보인다.

또한 이것을 문화 비판이라는 관점에서 보자면, 일본적 기독교는 일본 문화가 가진 맹점에 발을 내디딘 것이라고 말할 수도 있을 것이다. 자신들의 국왕을 '현인신'(現人神, 아라히토가미)으로 주장하는 신도의 종교성은 일종의 기층(基層)문화(또는 기층신앙)로서 일본 문화사를 일관한다. 이것에 대하여 시대의 변천에 맞추어 성쇠하는 표층문화(표층신앙)가 교대되고, 그러한 두 개가 중층구조를 이루고 있는 것이 일본 문화의 하나의 특징이라고 전해진다.

이러한 문화 구조 가운데서 기독교인은 표층문화가 가진 비복음적 성격을 조심스럽게 배제하지만, 그것은 천황제로 집약된 기층문화에 대한 비판 결여가 되기 쉬웠다. '일본적 기독교'의 하나의 원인이 그러한 문화비판의 유효성의 유무에 있지는 않는지 생각하게 된다.

제14장
1930년대의 기독교(2)

1. 일본기독교회

만주사변(1931년 9월)이 중일전쟁(1937년 7월)으로 번지고, 일본의 군국화 전체주의화가 최종적인 단계로 이행해가는 것이 1930년대였다. 일본의 군국적 전체주의는 국민들에게 이러한 시대적 상황을 '비상시'라고 인식시킴으로써 국책에 적극적인 협력을 강요하고, 국민의 모든 생활로부터 모든 것을 조달하려는 정책을 실시한다. 일본은 근대국가의 형성 과정에서 이미 이러한 종류의 '비상시'를 경험했다.

그러나 쇼와(昭和)의 군국주의가 국민 한 사람 한 사람에게 가져다 준 위기의 그림자는 이전의 그 어떠한 국가적 비상시에도 예를 찾아 볼 수 없는 심각한 것이었다. 기독교회가 이러한 그림자로부터 영향을 받았다는 사실은 두말할 나위가 없다.

본장에서는 그 구체적인 사례로 다시 한번 '일본기독교회'를 거론하여 국가의 비상 체제 가운데 이 교회의 신앙, 신학, 조직, 제도, 생활, 전도 그 외의 제(諸) 활동이 받았던 여러 가지 영향을 주로 『복음신보』를 소재로 다루고자 한다.

‘일본기독교회’ 는 일본 최초의 개신교 교회라는 역사적 전통에 선 교회로서 그 책임을 이러한 시대에서도 짊어지고자 노력하였고, 또한 그것을 수행할 수 있다고 자부하였다. 이 자부심이 때로는 ‘장자교회’ 라는 표현을 통하여 나타났다는 것은 잘 알려지지 않은 사실이다. 예를 들자면 1931년 4월 27일, 동경노회 주최의 ‘케이힌 교직자 간담기도회’ (京浜教職者懇談祈禱會)는 노회상임위원회의 이름으로 ‘선언서’ 가 다음과 같이 제출되었다.

> 이 중대한 시기에 즈음하여 신국(神國) 건설의 중책을 담당할 우리 일본기독교회는 진정으로 조국의 장자교회로서 현명한 노력과 봉사를 바치고 있다고 말할 수 있는가.330

‘일본기독교회’ 는 타이쇼 시기에 교세를 순조롭게 성장시켰고, 타카쿠라 신학을 축으로 신학사상의 본격적인 수립을 시도하였으며, 신앙 생활 면에서도 어느 정도 안정된 기반을 구축하였고, 교회중심주의의 노선을 일단 궤도에 올린 교회라고 평가할 수 있다.

우에무라 이후 ‘일본기독교회’ 에는 교회를 전체적으로 지도할 만한 지도자의 부재로 지금까지의 묵직한 일관성이 결여되었다. 오로지 교회중심주의라는 표면상의 원칙만이 착실히 계승되어갔다. 이를 대표하는 자로서 코오치(高知) 교회의 타다(多田素) 목사를 들 수 있을 것이다. 그는 ‘교회로 돌아가라, 교회를 지켜라’ 고 하였다. 그리고 ‘자기 교회에 충실해야 할 사실과 실천에 속한 교회중심의 방침’ 을 말하기도 하였다(『牧會百話』, 166). 그의 교회중심주의는 목사의 고독과 독선을 용서하지 않으며, 따라서 개교회중심주의가 아니라, 장로주의 원칙에 입각하여 회의를 존중하고 상호간의 협조를 전제로 하는 합의제의 효용을 최대한으로 평가하려는 것이다. 다

---

330 『복음신보』 1931년 5월 14일. 이하 『신보』 31, 5, 14로 약기.

시 말해서 아주 '닛키적'(日基的)331인 교회중심주의였다.

그러나 1930년대는 그러한 교회중심주의 노선 안에서 평온한 신앙을 가지기가 어렵게 되었고, 따라서 '일본기독교회'는 그 교회적 안정을 상실하는 방향으로 치닫게 된다. 이 시대의 일본기독교회가 가지고 있었던 문제를 우리는 다음과 같이 여섯 개로 집약하여 파악하고자 한다.

1. 교회적 통솔력과 지도력의 쇠퇴
2. 신앙 생활의 이완
3. 목회 및 목사상의 한계
4. 시대 인식에 관한 자신감 상실
5. 신학적 시야의 확산, 불일치
6. 전도 정책의 정체

2. 교회의 일치와 협동

교회중심주의라는 표면적 방침이 올바르게 기능하는 한, '일본기독교회'는 일단 교파로서의 특성을 유지할 수 있었다. 그러나 그러한 유지를 위해서는 교파 존립의 의미와 목적을 공유하는 내부적인 일치가 불가결하다. 그런데 이 시기의 일본기독교회는 내부적 통솔력이라는 면에서 현저한 쇠퇴를 경험하고 있었다. 예를 들자면 1935년 5월, 토잔소에서 총회 중에 '수양회'가 개최되었을 때, 많은 지도자는 이것을 계기로 교회내의 불일치를 완화시키고 현상 타파를 기대하는 소망을 강하게 가졌다고 전해진다. 『신보』(35, 2, 14)의 논설은, 이 대수양회를 '사심 없는 뜻으로 기획한 영적 사업'으로, 또한 '그것은 유력한 지도자를 잃어버린 이래 신인(新人)에 의한 일본기독교회가 기획하는 최초의 일대 사업으로, 전원의 찬동과 유

---

331 역자 설명: 일본에서 '일본기독교회'(현 일본 교회)를 줄임말로 종종 '닛키'라고 한다.

지(有志) 아래서 비교적 용이함과 실현적인 환희가 수반됨으로써 이루어졌다는 것은 당 교회의 앞날을 위해서 참으로 축하하지 않을 수 없는 바이다' 라고 설명한다.

수양회의 준비를 담당했던 목사 가운데에는 '이것으로 우리들의 교회가 변화되지 않는다면 가망이 없다' 라는 마음을 보였다. 논설자는 '이러한 종류의 계획에도 가장 중요한 것은 이에 참가한 모든 자들의 의지의 일치와 협동' 이라고 못을 박고, 일반적으로 '지식 계층' 이 빠지기 쉬운 중론(衆論)의 횡행과 자기 의견을 고집하여 일치를 어지럽히는 것을 아주 강하게 경계하였다. '통제의 정연함' 을 제시하여 교회의 '일대 비약' 으로 나아가고자 전 교회에 각오를 촉구한 것이다.

이 '수양회' 는 일본기독교회가 온 힘을 기울인 것으로 교직자 262명, 교회 직분자 110명, 선교사 18명이 참가하였다. 질적으로도 교회를 대표하는 논객을 거의 망라하는 형태로 강사진에 투입하고 일본기독교회의 신학, 전도, 교육, 조직에 관한 솔직한 논의와 반성이 시도되었다. 이러한 강연의 전체적인 기조는 교회의 현실을 우려하는 목소리로 가득했다. 오노무라 린죠의 '현대의 사상에 대하여' 라는 강연은 다음과 같이 결구를 던진다.

돌아보면 기독교 진영이 너무나도 불(不)완비하고, 불일치하다는 것을 한탄하지 않을 수 없다. … 이제 통제의 시대가 찾아 왔다. 경제에도, 정치에도, 교육에도, 통제의 힘이 점점 발휘되어 가는 때이다. 극도의 무(無)통제에 빠진 우리의 현실을 가지고, 이 시대를 정복하려 하는 것은, 일개 기마 병사가, 근대 전술에 의한 전선을 공격하는 것과 같다. 이것은 잘못된 것임에 틀림이 없다. 복음전선의 통제, 강화는 우리에게 주어진 실제 문제이다.332

---

332 『오노무라 린죠』 2권, 483.

고우시 죠우지(鄕司銷爾)의 '교회 내에 존재하는 제(諸) 단체의 지도 및 제 사무의 처리'라는 강연에서 '교회는 질서를 필연으로 한다. 그 성결을 견지하고, 기능을 행사하기 위해서는 제도와 조직을 요한다. 따라서 조직을 부정하고, 막무가내로 마치 교회가 천사의 단체가 되기를 요구하고 기대하는 것은 그 기대에 부응하지 못함을 보게 될 것이며, 또한 조직하는 행위를 죄로 간주하여, 스스로 무(無)조직이라 징하는 난제를 결성하여 스스로 고귀한 것처럼 보이려는 것은 유아병적 또는 바리새인적 위선이며, 기독교 본질에 대한 이해가 부족하다고 말해야 할 것이다. … 교회원들에게 목사를 중심으로 통제에 따르기를 요구하고 종용하면서도, 스스로 전교회의 질서에 복종하기를 긍정하지 않는 태만에 이른 것은 아주 반성해야 하고, 맹성해야 할 것이 아닌가? 라고 말했다(『신보』 35, 5, 19).

물론 이러한 교회의 '무(無)통제'를 한탄하는 목소리가 어떤 입장에서 나온 것인가에 주목하는 것은 중요하다. 비대화된 조직의 중앙에서 전체를 보자면 그러한 무통제는 중앙 지도에 대한 불순종으로 보이지만, 어떤 의미에서는 교회자치(예를 들면 노회의 독립성)의 표현으로도 볼 수 있을 것이다. 일본기독교회는 간이(簡易)적이라 하더라도 장로주의 정치체제에 의한 교회 질서와 운영을 영위한다. 그러한 가운데, 교회조직과는 별개의 단체가 저희들의 파를 만들어 난립한다고 한다면 그것은 장로주의의 죽음을 의미하는 것일 것이다.

그러나 타다(多田素) 목사처럼 지방에 있으면서 일본기독교회의 전체를 파악하는 지도자에게도 장로정치의 공동화(空洞化)는 현저한 현상으로 받아들여졌다(『신보』 35, 5, 2). 동일한 신조를 고백하는 '일본기독교회' 안에는 신앙적으로 극히 보수적인 교회가 있는 반면에 또는 '퇴보적인 자유주의', '현대 근본주의' 등 다양한 경향이 존재하였다.

한 교파 안에 신앙사상의 다양한 흐름이 존재하면서도 공명정대한 비판, 논의, 검토에 어디까지나 협조해야 한다고 한다면 심각한 종파근성으로 타락하여, 수습할 수 없는 자멸로 치닫지 않을 수 없을 것이다.

1930년대 '일본기독교회' 가 내부적으로 불일치를 안고 있었다는 것은 이미 광범위한 시야로부터 지적되었다.333 사실 그 당시 지도부에 있었던 당사자들 가운데에는 오늘날 우리가 상상할 수 있는 그 이상의 위기감이 흘러가고 있었다는 사실을 알게 된다.

이러한 위기감이 신세대의 지도층에로 공유되어 갈 때 그곳에 자연스럽게 형성되는 것은 '장로주의적' 교회질서가 아닌 권력적 통제 구조 형태가 될 것임에 틀림이 없다. 나중에 '일본기독교단' 의 통리자(統理者)가 되는 토미타 미쯔루(富田滿)는 '작금의 일본기독교회가 한 교회라는 제도적 정신을 명확하게 가지지 못하는 것이 유감스럽다' 고 말한다(『신보』 36, 6, 18).

30년대 말에는 '제도적 정신' 외에 다른 방법으로 현상을 타개하려는 암묵의 기대감조차 일어나기 시작했다. 예를 들면 1938년 1월 27일의 『신보』는 가톨릭교회가 호조를 보이는 것에 대해 언급하면서, 그 원인을 가톨릭주의의 정치적 통솔력에 있다고 주장하였다. 개신교가 가지는 '무(無)통일과 무(無)통제의 폐해에 이제 그만 고민하고, 다소의 불편과 고통을 인내하면서 어떻게 해서든지 질서가 있고 다시 한 곳으로 귀착할 수 있는 기풍이 있기를 갈망한다' 고 제시하고 있다. 장로주의에 의한 교회 운영의 단순한 기술적 곤란이 아니라, 회의정신 그 자체의 쇠퇴 분위기가 확대되어 갔던 것이다.

---

333 도히 아키오, 『일본 개신교 교회의 성립과 전개』 제4장.

3. 신앙 생활

일상 생활 가운데서 자신의 신앙을 표현한다는 것은 분명히 시대의 제약을 받기 마련이다. 전시상황의 통제가 섬차적으로 노골화되면서, 신잉 생활은 시대의 분위기를 빈영하지 않을 수 없었다.

태평양전쟁 당시의 교회는 신앙 생활의 순화와 진지함을 경험하였다고 체험자들이 때로는 주장한다. 그러나 30년대의 교회가 직면한 것은 오히려 신앙 생활의 이완(弛緩)이었다. '일본기독교회' 가 그 신앙과 생활 양면에서 '차가운' 교회라고 평가받는 것은 사실이다.

당시의 교회 유행어 가운데, '일본기독교회측에 달걀과 우유를 가지고 가면 아이스크림이 된다' 고 말할 정도였다(『신보』 37, 4, 22). 그러나 그러한 비판을 자기 자신을 비웃는 마음으로 인용하였다는 그 의미는 일본기독교회가 자기 신앙 생활에 관한 확신이 흔들리고 있었다는 증거이기도 하다.

〈신앙 생활의 중심이 되는 예배에 대하여〉

1931년, 나니와 노회(浪速中會)는 신앙 생활의 철저함을 기하기 위하여 다음과 같은 건의안을 채택하였다.

교회 및 예배에 대하여 올바른 관념을 가지는 것은 우리들 신앙 생활에 무엇보다도 중요한 것이다. 근래 교회 생활이 종종 시대의 폐해로 말미암아 예배를 등한시하고, 교회 생활이 세속적으로 흘러가는 일들이 일어나는 것은 진실로 유감스러운 것이다. 따라서 교회 직분자 및 회원들에 대하여, 특히 교회 및 교회정치에 관한 교양을 갖춘 견실한 신앙 생활이 지도되기를 바란다.334

일본기독교회는 다른 여러 교파와 비교하자면 '주일엄수' 의 전통을 아

---

334 『신보』 31, 6, 11.

주 강하게 지켜왔지만 그 고유한 전통에 어두운 그림자가 보이기 시작한 것이 노회의 결의에까지 영향을 미치게 된 것이다. 동부지구에도 동일한 문제가 절실히 통감되었다. 카나카와켄(神奈川縣)의 일본기독교회는 '우리들의 신앙 생활 기조' 라는 제목으로 다음과 같은 약정을 확인했다.

> 일과 : 매일 반드시 시간을 정하여 기도드리고 성서를 읽는 것을 일과의 하나로 한다.
> 주일 : 매주일에는 무엇보다 교회의 예배에 참석하고, 이 날을 특히 '주의 날' 로 성별한다.
> 교회 : 우리들의 신앙 수양과 실현의 중심을 교회에 두고, 교회원이 단결하여 참된 봉사를 나타낸다.335 (이하 생략)

또한, 메이지 이후 일본의 크리스천들의 표식이라 할 수 있었던 금주금연도 이 시기가 되면서 아주 느슨하게 되었다(『신보』 37, 5, 13). 신앙의 내면화는 이미 지적한 것처럼 메이지 후기에서부터 타이쇼 시기에 이르면서 점점 현저하였고, 기독교는 행위의 종교로서의 윤리적 활력을 상실하고 단순한 심정의 종교가 되었다.336

그것은 일본기독교회의 전도가 '중간층' 을 집중으로 신장되어 왔다는 것의 필연적인 결과의 한 단면이라고 말할 수 있다. 신앙과 생활이라는 이원적인 분리가 만들어낸 기독교의 안정된 자기 표현이 점차적으로 곤란하게 되었던 것이다. 목회활동에도 그러한 신앙 생활의 암운이 반영되었음에 틀림이 없다.

이 시대의 신앙 생활과 예배 생활에 결정적인 영향을 미친 것은 그 무엇보다도 전쟁이며, 그것으로 수반된 국가에 의한 사상 통제이다. 중일전쟁

---

335 『신보』 31, 8, 10.
336 사또우, 『일본 기독교와 신학』 제2장.

에 의한 전사자의 수가 늘어가고 교회에 속했던 전사자들의 장례, 또는 훈장이라는 실천 문제가 생겨났다.

교회 지도자들은 종교보국(宗教報國, 국가의 은혜에 보답하는 종교)을 주창하여, 기독교인늘에게 나라를 위해서 얼심히 기도할 것을 촉구하고, 여러 형태로 나타난 일상적인 전쟁 협력 활동이 교회에 깊숙하게 친투되었다. 이러한 것이 기독교인들의 예배 생활과 기도 생활에 미묘한 어려움과 혼란을 가져온 것은 당연한 일이다. 『신보』의 자매기관지인 『복음』(37, 9, 30)에는 기도의 샘플이 다음과 같이 게재되었다.

> 정도(正道)로 하여금 항시 승리를 얻게 하옵소서. 의로 하여금 최고의 지위를 획득하게 하옵소서. 정의에 대적할 수 있는 자들이 없고, 공평을 이기는 자가 없습니다. 바라옵건대 국민들을 수호하시고, 국가를 위해 그 몸과 생명을 바쳐드리는 우리나라의 해군과 육군의 전사를 지켜주시옵소서. 특히 사랑하는 자, 자비로운 아버지, 선량한 자를 이 전쟁터에서 희생으로 바치고 있는 가족들을 평안으로 가호하여 주시옵소서. 또한 모든 공(公)을 위하여 생명을 바치는 귀한 희생자들의 유족들에게 복을 주시고, 위로와 수호를 주시옵소서.

아마도 이 기도문에는 하나님의 '의'와 국가의 '정의'에 대한 혼란이 존재하며, 그리고 개인에게 생명의 희생까지 강요하는 '국가' 또는 '공'(公)에 대한 냉정한 평가는 조금도 찾아 볼 수 없다. 이 혼란은 '일본 국왕'과 '아버지 하나님'과의 사이에 더욱 깊어만 갔다. 즉 기도 생활의 근간이며 전제가 되어야 하는 유신론 그 자체의 혼란이 일어난 것이다.

일본 국왕을 '현신인'(現神人)으로 규정하는 국가주의사상은 기독교인들의 예배와 기도에서 유신론을 왜곡시키지 않을 수 없었다. 예배 순서에 '국민의례'가 도입된 것은 주로 태평양전쟁 시기였지만, 그것은 적어도 예배의 머리가 되신 영광의 주님을 바르게 바라보지 못하게 하는 장해물

이었다.[337]

30년대의 교회가 신앙 생활의 활력을 감퇴시키고, 신앙 표현의 일관성과 집중성을 상실하였다는 것은 의심할 수 없는 사실이다. 또한 그 교회의 무기력이 마침내 전시 아래의 유신론에 대한 혼란과 함께 더할 수 없는 고뇌를 기독교인 한 사람 한 사람에게 짊어지게 하였다.

4. 목회와 목사상

신앙 생활의 정체 또는 신앙과 생활의 이원화가 쇼와 전반기(1926년 이후)의 목회에도 영향을 미쳤다. 타다(多田素)의 『목회백화』(牧會百話)는 1930년대 『신보』에 장기적으로 연재되었다. 목회를 상세하고 다각적인 방면에서 기술한 문장으로서 예를 찾아 볼 수 없는 것이었다. 일견 타다의 문장은 시대의 흐름과 무관한 것처럼 보이지만, 그 유능한 목회자가 그 목회의 이념과 노하우를 서술할 때 그것은 역시 근본적인 의미에서 시대를 반영하고 있었다고 말할 수 있다.

타다의 목회는 첫째로 인간 한 사람 한 사람을 추구하는 개인성, 둘째로 인간의 전체성과 대면하는 것에 그 특징이 있다.

전자는 타다가 그 전도 대상을 중간층(지식계층)에 둔 것과 관계한다. 그는 각지를 돌아다니는 회사원들, 따라서 호적상이나 교인등록에도 말 그대로 기류자였던 그러한 사람들이 교회의 주요한 일꾼이라고 말한다(『목회백화』, 153). 이러한 지식계층을 중시하는 것이 그의 일관된 '목회론'이었다

---

337 예를 들자면, 후쿠오카죠난(福岡城南) 교회는 1943년 5월 2일-1945년 10월 14일 사이에 국민의례를 행하였다. 이 교회 역사집은 그 사실을 교회의 '암흑시기'의 대표적인 표징으로 기술하고 있다. 『福岡城南教會史』 111.

(162). 그러나 이러한 목회 방침이 목회 대상을 더욱 더 '개인화'로 몰고 간 것은 필연적이었다.

후자의 '전체성' 원리는 첫째의 원리(개인성)와 대각선상에 존재한다. 공업화된 사회가 신앙의 내면화 또는 개인화를 촉진시켰다. 인격의 전체적인 귀속이 상실되고 소외감이 팽배하여 갔다. 목회 역시 그러한 소외감을 극복하기 위하여 노력을 지향하지 않으면 안 되었다.

이러한 두 개의 원리를 동시에 짊어져야 하는 곳에 근대사회 목회가 가지는 딜레마가 존재한다. 타다의 목회는 정면으로 이러한 노력을 수행한 것이다(195). 목회자가 인간 생활의 전체와 대면하는 인간이라는 것이다.

이처럼 타다가 직면한 시대는 인간 전체성이 해체의 방향으로 결정되고, 더욱이 전쟁에 의해서 심각한 인격 파괴가 진행되는 시대였다. '교회중심주의'라는 틀 가운데서 인간의 '전체성'과 마주 대하는 것이 여러 점에서 곤란한 시대였다.

하나의 실례로 오노무라 린죠를 말할 수 있다. 오노무라는 타다보다도 16살 연소한, 우에무라로부터 직접 훈도를 받았던 자이다. 남쪽과 북쪽의 지방도시에 살았고, 우에무라를 통하여 일본기독교회의 정통적인 전도 노선과 목회상을 계승한 인물이다. 오노무라 역시 교회를 신앙의 방편이나 수단으로 하지 않는, 이런 의미에서 '교회중심주의'였다.

그러나 오노무라는 '교회로 돌아가라, 교회를 지켜라'(타다)고 하는 형식으로 교회에 대한 관심을 말하지는 않았다. 그에게 있어 기독교는 개인적인 것이면서도 동시에 사회적인 것이었다.

종교의 개인화는 사회의 죄를 간과하게 되며, 사회의식의 지배력을 망각하는 것이 된다. 종교의 개인화에만 눈이 멀어 개인의 사회성을 잃어버린다

면 결코 참된 종교성을 성립시킬 수는 없을 것이다.338

오노무라는 우에무라나 그와 동시대의 지도자들이 언급했던 것과 같은 '국가'를 말하지 않는다. 오노무라가 말하는 '사회'라는 개념은 메이지 시기의 '국가'를 대신하는 타이쇼 시기의 민주화가 가져다 준 것이다.

타이쇼의 민주화는 '개인'을 국가로부터 추출하여, 상대적으로 자립된 개인들의 집합에 의한 '사회' 개념을 만들어 내었다. 그러나 타이쇼 민주화는 자립된 개인에 의한 시민사회의 형성으로는 전혀 발전하지 못하였고, 국가를 상대화하는 시민도, 사회도 현실적으로 존재하지 않았다. 그러한 것은 국가가 다시 노골적으로 국내에 강권을 과시하기까지 허용된 유예기간에 지나지 않았으며, 쇼와의 파시즘이 개인과 사회를 철저히 통제함으로써 결국 압살되었다.

오노무라가 복음의 구조(종교성)를 개인과 사회라는 두 가지 개념으로 설명하고자 한 것은 그 종교성이 타이쇼 민주화라는 시대의 각인을 단적으로 보여주는 증거라고 할 수 있다. 오노무라의 목사상이나 목회이념은 그 의미에서 타다의 그것을 한 발자국 진전시킨 것이라고 말할 수 있다.

또한 오노무라가 쇼와 파시즘의 광란 속에서, 세심한 주의를 지불하면서 복음의 변증에 노력하면서 수난(구류)을 경험한 것은 이 시대의 목회가 직면했던 문제의 본질을 나타내는 것이다. 다시 말해서, 타다의 '교회중심주의' 방침으로는 이미 이 시대의 인간 '전체성'에 이르지 못하였고, 오노무라가 '사회성'으로 한 발자국 내딛고자 한다면 곧 권력에 저촉되었다. 1930년대는 '목회' 및 '목사상'을 심각한 난관으로 내몰고 있었다고 보인다.

---

338 『오노무라 린죠 전집』 1권, 352항.

얼마 후 1930년대 후기의 일본기독교회의 새로운 지도자로 등장하는 토미타 미쯔루는 '생래적(生來的) 목회자' 로 평가받은 인물이었다(『신보』 35, 1, 24). 토미타가 말하는 목회가 과연 어떻게 일본기독교회와 더 나아가 전 기독교를 인도하였는지 후술하겠지만, 교회를 교회답게 하는 기본적인 사역으로의 목회가 시대의 번회 속에 상당히 원만하였지만, 그러나 분명히 전환점에 이르렀다고 결론 내릴 수 있다.

5. 시대 인식

1930년대는 정치, 경제, 국민 생활의 전반적인 분야에 걸쳐 통제가 실시되었고 군사화가 진행되었다. 그러한 가운데 교회는 시대의 급변에 적응하는 의식 전환을 강요당하였고, 그와 함께 무비판적으로 상황의 흐름에 따를 수밖에 없는 회의를 가졌다. 기독교인에 대한 사상적 감시와 단속이 전쟁이 격심해질수록 더욱 심해졌다.

중일전쟁 당시의 『특고월보』(特高月報)가 많은 반전 언동을 취하였다는 사실을 보면, 기독교인들 대다수가 전쟁과 대외 침략을 무비판적으로 인정하였다고 보기는 어렵다. 그럼에도 불구하고, 교회는 아주 명확하게 전쟁과 그것에 수반되는 국책에 대하여 적극적인 협력자가 되었다. 이 이중적인 태도 사이에 떠다니는 것은 시대를 분간하는 확신의 결여 및 시대 인식에 관한 자신 상실이다.

이 시기의 전도는 '일본기독교회' 뿐 아니라, 기독교 전체적으로 아주 막다른 상황에 처해 있었다. 어디에서 교회의 활로를 찾아야 하는지 그 귀추에 방황하며, 시대의 암운이 어떠한 형태로 기독교를 엄습할지 불안한 마음으로 기다리는 기분이 1930년대 중반기 일본 교회가 가진 하나의 특징일 것이다. 1936년의 『신보』 논설에 다음과 같은 언사가 보인다.

일본의 교회 역시, 지금 마치 머리 위로 어떤 것이 떨어지는 듯한 불안에 엄습당하고 있다. 따라서 이러한 기독교인들이 모인 기독교회에는 희망이 없고, 위로 없는 음울한 상태에 갇혀버리게 될 것이다. 세월의 흐름 역시 교회 발전에 심히 도움이 안 되며, 모든 지방의 동료들은 지금보다 몇 배나 되는 난전고투를 계속해야 할 것이다.

이 인용문을 보면 '머리 위로 어떤 것이 떨어지는 듯한 불안'은 1930년대의 지식인들이 공유한 것이다. 그리고 일본 군국주의 이데올로기는 이러한 지식인들의 불안을 청산하기 위해 만들어졌다. 그것은 당시의 지식인들에게 근대주의적 사상으로부터 일본 정신으로의 '전향'을 의미했다. 기독교계의 지도자들도 시대 인식에 관한 자신감을 잃어버리고, 다른 지식인들과 동일하게 '불안'을 가짐으로써 전향을 준비하고 있었던 것이다.

이러한 일반적 평가와 함께 교회 독자의 신앙과 윤리에 비추어보자면, 이 시기의 교회 노선은 ① 복음의 순화, ② 종교보국(宗敎報國)이라는 두 개의 레일 위에 놓여 있었다고 표현할 수 있다.

복음의 순화는 복음의 논리성, 정합성(整合性) 및 경건이라는 통로를 통한 복음의 표현에 의해서 일어난다. 이러한 것을 종합적으로 표현하는 것이 '설교'가 지향해야 할 목표이다. 매호마다 『신보』에 게재되는 설교의 대부분이 교리적으로 신학적으로 골격을 갖춘 경건의 양질적 표현이었다. 대부분의 설교로부터, 전쟁의 그림자를 느끼기에는 곤란하다. 30년대의 복음 전도는 더욱이 냉정하며 충실히 복음의 내실을 다지는 것에 정력을 쏟고, 양들을 푸른 초장으로 인도하려는 목자의 열심히 가득하다.

한편, 교회 지도자가 주로 1937년을 경계로 '종교보국'(宗敎報國)에 확실히 가담한 것도 틀림없는 사실이다. 그들의 공통된 논리는 일본이 전승에 전승을 더하여 중국에 우위를 차지한다고 할지라도 일본의 우위를 참으로 확립시키는 것은 일본이 '도의입국'(道義立國)으로 일관할 때이다. 따라서 도의의 중요한 요소이어야 할 종교가 식민지의 동요된 민심을 안정시키는 참된 담당사가 되어야 하는데, 그러한 역할은 기독교 이외에 할 수 없다는 것이 그들의 주장이었다.

대만에서도, 중국대륙에서도, 특히 한반도에서 기독교는 인심의 안정과 융화를 위한 역할이 기대되었다. '내선융화'(內鮮融和) 또는, '대지문화협조'(對支文化協調, 당시 일본이 중국에 문화적 접근을 꾀하였다. 중국의 강력한 의견에 의하여, '동방문화사업' 으로 개칭하였다)라는 정책 노선과 함께, 기독교의 존재를 넓게 인식시키고자 하는 희망이 활동의 중요한 동기가 되었던 것이다.

그러나 교회가 적극적으로 종교보국(宗敎報國)에 가담할 때, 중국을 비롯한 그 외의 아시아 여러 나라에 군사침략이라는 사실을 어떤 형태나 의미로든지 변증해야 할 필요성이 생겨나는 것은 당연하였다. 전쟁으로 도배된 이 시대에 어떠한 의미를 부여하는가?

사실 1937년 11월 4일 『신보』의 논설은 중일전쟁을 '문화의 서점'(西漸)으로 이해하는 놀라운 주장을 펼친다. 미국 기독교계가 일본의 중국 침략에 대하여 비난의 목소리를 내자, '무엇이 침략인가' 라고 반발한 것이다. 일본은 문화를 '과잉 보존' 하고 있는 반면, 중국은 '문화의 은택이 아직도 발전되지 않았다.'

높은 수준의 문화가 질과 양적으로 이웃 나라를 압도할 때, 물이 낮은 곳으로 흘러가듯이 일본에서 지나(支那)로 문화가 흘러들어감으로써 '자연스러운 평균' 을 얻게 되는 것은 '자연의 도정'(道程)이라는 것이다. 어디까지나 과승문화의 유출이었지 '침략' 이 아니다. 따라서 외국의 평론에 흔들리어 이 전쟁에 의문을 가지는 것은 '신경쇠약의 소녀처럼 소심하고 도량이 없어 유연한 감정이나 사념에 사로잡혀서는 안 된다' 는 것이다.

여기서는 전쟁은 종교 문제도 아니며 윤리 문제도 아니다. 윤리적인 '감정' 또는 '사념' 을 '신경쇠약의 소녀' 라고 일소에 부치고, 오로지 문제를 문화로 파악하려고 한다. 이것은 메이지 이래로 크리스천들에게 일관되어온 '의전' (義戰) 이론의 재현에 불과하다. 문명에 의한 야만 정복이라는 도식이다. 이것은 힘에 의한 난폭낭자(亂暴狼藉)이다.

메이지의 기독교인은 소박한 국민주의와 대범한 문명사관을 서로 합쳐서 대외전쟁을 변증했다. 그렇지만 일본의 국민주의는 반세기가 지나면서 더욱 변질되었다. 쇼와의 대외전쟁은 제국주의에 의한 침략전쟁이었다. 그럼에도 불구하고 기독교인은 의연하게 종래의 국민주의(nationalism)를 보존하고, 소박하면서도 대범하게 전쟁을 수용하고자 한 것이다.

이러한 소박과 대범은 단순한 무지가 아니라 윤리성의 결여라고 말하지 않을 수 없다. 복음 전도가 세련미를 가지면 가질수록, 종교보국(宗教報國)에 매진하는 기독교의 윤리감각의 마비 상태는 너무나도 현저했다.

6. 바르트 신학을 둘러싸고

1930년대에 '일본기독교회' 는 신학적으로 새로운 세대가 대두하였다. 무라타 시로(村田四郎), 쿠와타 히데노부(桑田秀延), 쿠마노 요시타카(熊野義孝) 등을 중심으로 하는 일본 신학교의 교수진 및 소장파 목사들에 의한 신학적 노력이 개화하는 시대를 맞이하였다. 번역서는 물론이거니와, 일본인에 의한 독자적인 연구가 연이어 세간에 출판되었다.

이 시대의 신학적 사유에 기본적인 방향을 제공한 것은 바르트 신학의 번역과 소개이다. 바르트를 중심으로 하는 변증법적 신학은 타이쇼 말기 (1926년 이전)에서부터 일본에 소개되기 시작하여 1930년대 중반기에는 하나의 정점을 형성하였다. 초기에 바르트 저작이 번역되고 소개되면서 많은 논평이 나타남으로써 질적으로도 바르트 신학을 아주 정확하게 이해하는 수준에 도달하였다.

'일본기독교회'의 주류라 칭하는 많은 신학자들에게 바르트가 가져다 준 영향은 복음 신앙의 이해로부터 신학 방법론에 이르기까지 신학의 전면에 이른다. 예를 들면 쿠와타는 바르트와 부룬너 등을 중심으로 하는 변증법적 신학과의 만남을 다음과 같이 말한다.

> 나는 이것을 진심으로 그렇다, 그러하다고 나 자신의 신학적 삶과 입장과의 관계가운데서 절실히 느꼈다. 나의 신학사상가운데 여전히 여러 형태로 남아 있는 자유주의적인 기독교를 불식시키고, 복음적인 기독교로 신생(新生)하지 않으면 안 되겠다고 느낀 것이다. 나 역시 변증법적 신학자들을 따라서 성서적 그리스도 신앙으로 돌아가고자 결의했다. 이러한 결의가 나의 마음으로부터 일어나면서, 종래의 나의 생각과 신앙의 불철저함에 강한 찔림을 받았다.
>
> 나는 쇼와 8년, 어느 날 일본 신학교의 예배 시간에 학생들과 동료들 앞에서 최근 나의 마음의 변화를 있는 그대로 진술하여, 하나님 앞에 하나님에 대한 불신의 죄를 회개하고, 그리스도의 십자가 은혜에 의해서만이 사람이 구원을 얻게 되며, 내가 구원받았음을 믿는다고 모든 사람들 앞에서 눈물로 말하며 고백했다. 이것은 그리스도의 의미에 대한 이해(그리스도론과 속죄론) 문제이며, 또한 신앙사상(신학적 입장)의 전향이라고 말할 수 있다.
>
> 그러나 나의 경우 이것은 앞으로 나의 신학적 입장을 바꾸고자 하는 것을 의미할 뿐만 아니라, 하나님 앞에서의 나의 신앙고백이며, 사람은 그리스도에 의해서만이 참으로 하나님을 알고, 그리스도의 은혜로만이 죄로부터 구원받게 되는 개신교적 복음으로의 '회심'이라고 생각한다.339

바르트(변증법적 신학)는 신학의 사표(師表)로서 뿐만 아니라 복음의 증인으로서도 일본의 기독교인들에게 알려졌다. 쿠와타뿐 아니라, 이노우에(井上良雄)처럼 삶의 불안에 대한 철저한 회답으로써 바르트가 말하는 복음을 청

---

339 『쿠와타 히데노부 전집』 5권, 102-103.

취하려는 자, 또는 스즈키(鈴木正久)처럼 기독교 이해의 근본적인 방향을 바르트로부터 배운 자 등 너무 많아 일일이 나열할 수 없다. 바르트를 빼고는 쇼와 시기의 기독교 신학의 깊이와 전개를 도무지 생각조차 할 수 없다.

변증법적 신학이 쇼와 초기의 교회에 가져다 준 것은 과연 무엇인가? 쿠마노는 『변증법적 신학개론』(1932년)의 부록에서, 이 신학이 '제1차적으로는 교회와 성도의 자기 반성의 기회를 제공하고, 나아가서는 깊은 신학적 관심을 환기시켰다. 신학의 필연과 그 존귀가 교회와의 관계 속에서 깊게 자각되었다. 이 신학적 관심은 결코 단순한 지식적인 욕구나 외국으로부터의 문화적 영향이 아니라, 이 나라 교회의 심각한 수요로부터 생겨난 것'이라고 한다.[340]

다시 말해서 변증법적 신학의 수용과 학습은 ① 일본 교회의 성숙에 대응한 것이며, ② 교회에서의 신학의 위치와 역할에 관한 명료한 자각을 초래하였고, ③ 따라서 이 신학의 학습이 일본 교회의 주체성에 뿌리를 내리고 있다는 것이다.

어찌했든 변증법 신학이 일본기독교회의 중심적인 신학자들에게 하나님 말씀의 학문으로서 신학의 본질을 가르치고, 또한 복음과 문화, 종말론과 윤리 등 타이쇼 시기의 교회에는 아직 충분한 형태로 인식되지 않았던 주제에 관한 사색과 반성으로 인도하였다는 것은 중요한 사실이다.

더욱이 변증법적 신학(바르트 신학)의 수용이 사회적 기독교(또는 SCM 운동)에 대한 복음주의의 변증(반론) 역할을 수행하였다는 점도 지적되어야 한다. '사회적 기독교나 SCM 운동의 극단적인 주장에 막연함과 거부반응을 느낀 자들, 또는 "같이 할 수 없다"고 느낀 사람들에게, 바르트 신학은 하

---

340 『쿠마노 요시타카 전집』 11권, 126.

나의 구원을 가져다 준 것이라고 말할 수 있다.' [341]

바르트 신학이 일본 기독교에 신학적인 사유가 무엇인지를 가르치며, 또한 일관된 복음의 제시를 가져왔다고 할 수 있다. 그러나 바르트 신학에 대한 강한 비판도 일본기독교회 내외에 존재했다. 그 하나가 사회적 기독교를 주장하는 진영이다.[342] 또 하나는 보수적 개혁주의 진영이다.

1937년 3월 11일 『신보』에 코넬리우스 반틸의 소론 '성서에 대한 칼 바르트' 가 게재되었다(번역은 스기야마 토요타네〈杉山豊胤〉). 필자는 미국 웨스트민스터 신학교의 소장파 교수였다. 이 논문은 바르트의 계시 이해와 성서관을 근본주의적인 성서축오영감설의 입장에서 비판한 글이다. 반면에 반틸의 바르트 비판은 후년에 이르기까지 거의 거들떠보지도 않을 정도로 전면적으로 부정되었다. 어찌되었던 근본주의로부터의 바르트 비판이 이러한 형태로 일본기독교회에 소개된 것은 드문 일은 아니었다.

바르트의 계시에 관한 행동적 관념은 성서의 정통적 견해의 어떠한 것까지도 불가능하게 할 수 있는 것이다. … 개신교는 성서의 권위, 필연성, 명백성, 충족성에 대하여 말한다. … 바르트는 개신교적 의미의 용어 하나, 또는 모두를 주장하고 있을까? 우리는 이것을 믿지 않는다.

이와 같이 바르트 신학을 복음주의로도 정통주의로도 인정하지 않는 근본주의적 입장이 '일본기독교회' 에서 무시할 수 없는 입장과 세력을 가지기 시작한 것은 30년대 후반의 상황이었다.

바르트 신학을 둘러싼 또 하나의 문제는 변증법 신학의 진영내부에서

---

341 카이노우 아라오(戒能新生), '일본 교회와 바르트 신학-30년대, 그 수용의 문제' , 『복음과 세계』 1945년 5월.
342 카이노우 아라오, '일본 교회와 바르트 신학-30년대, 그 수용의 문제' .

일어난 논쟁이 일본의 신학 상황에도 반영되었다는 것이다. 바르트의 계시신학에 대한 자연신학의 견지를 주장하는 부룬너 그리고 바르트 신학의 무시간성, 초월성을 비판하고 독일적인 기독교 운동에 접근을 시도한 고가르텐 등 이러한 논쟁의 소개가 일본 교회가 처해있던 상황과 미묘하게 대응하였다는 것이다.

1937년 7월 15일-8월 5일까지 4회에 걸친 고가르텐에 의한 바르트 비판이 『신보』에 요약되어 소개되었다. 집필자 'K'가 바르트와 고가르텐에 대하여 탁월한 이해력을 소유하고 있었다는 것은 엄연한 사실이었다. 고가르텐은 바르트가 교회의 현실적이고 역사적인 존재를 극단적으로 추상화하여 결국에 교회를 국가로부터 분리시켜버렸다고 주장한다.

교회와 국가를 분리시키기보다, 교회의 본질에 상처를 입히지 않고 어떠하든지 양자가 서로 양보하는 것이 초미의 문제일 것이다. … 교회의 자립성은 현실의 사실이 아니라, 신앙의 사실이다. 보이지 않는 자립성이며, 보이는 그 어떤 것에 의해서도 방해받지 않은 자립성이다. … 구체적으로 보이는 현실에 교회의 자립성이 실현되는 때는 종말의 때이며, 하나님 나라가 도래하는 때이다.

이렇게 고가르텐은 교회의 '자립성'을 근거로 하여 현실 유리를 비난하면서, 동시에 교회가 국가의 현실을 무시하는 초월적 비판에 가담하는 것에도 반대한다. 그가 일시적이었지만 독일적 기독교인 운동에 몰두하였다는 것은 국가의 의사가 신앙의 요청에 우월하다는 것을 인정하는 것을 의미한다. 그러한 고가르텐의 태도 결정이 일본의 교인들에게 하나의 시사를 제공한 것임에 틀림이 없다.

연재의 마지막 결론부분에서 'K'는 바르트 신학을 둘러싼 일본의 실정을 언급하면서 '바르트의 명성이 최근 갑작스레 조용하게 된 것은 주지의 사실'이라고 말하면서 다음과 같이 지적하고 있다.

이것은 '유행으로서의 바르트 신학'의 쇠퇴로서 기뻐해야 할 현상이다. 본래부터 일본의 정치적, 사상적 풍토에 바르트 신학의 과제를 가져오는 것에 무리가 있었다. 바르트 신학은 본질적으로 투쟁의 신학으로 그 기능을 행사하여 왔지만 이 나라에는 투쟁해야 할 어떤 신학적, 신앙적 대상이 존재하지 않는다.

필자는 바르트 신학의 방향을 적정하게 파악한 나음, 그것이 일본기독교의 필요에 적합하지 않다고 단정한다. 신학의 기능이 투쟁이 아니라면 무엇인가? 우리들이 현실에 복종하는 것이 아니라 봉사하고, 이것에 타협하지 않고 이것을 포옹(抱擁)하며, 이렇게 함으로써 이것에 명령하고 지도해야 할 것이다.

이 익명의 필자가 세상의 '발티안'(Barthian)에게 경고하면서, '관복과 군복이라는 일종의 마하트(macht, 권위, 권력)에 복종하는 나라는 그 복종처럼 마음을 가져야 할 것이다'고 말할 때, 신학의 생명은 거의 다했다고 말해야 할 것이다. 신학을 권력에 '봉양하는' 학문으로 자기 규정하고, 교회적 자율성을 단념하는 것만이 '일본의 현실'과 관계를 가질 수 있다는 사실이다. 여기에 일본 신학, 더 나아가서는 바르트 신학의 수용의 근본적인 자기 모순이 존재한다고 말해야 할 것이다.

이외에 쿠와타에 의한 부룬너의 『생명과 제(諸) 질서』의 소개도 일본 정신이 득실거리는 상황 속에 교회의 신학사상이 짊어졌던 고뇌와 중압의 흔적을 남기는 것으로 주목해야 할 것이다.343

7. '신학'과 '반(反)신학'

이상으로 바르트를 둘러싼 신학의 상황이 일본 현실에 어떻게 투영되었는가를 살펴보았다. 바르트 신학이 일본 교회의 복음 이해에 새로운 단계

---

343 '부룬너에게 있어 『국가와 기독교인』 이해' 1939년 11월. 『쿠와타 히데노부 전집』 3권, 273-290.

를 초래하였다는 것은 의심 없는 사실이다. 그러나 바르트 신학은 1930년 대의 일본 신학계에 반드시 설득력 있는 위치를 확보했던 것은 아니었다. 신학이 교회의 선교와 신앙을 기반으로 형성되는 것이라고 한다면, 통제력을 상실한 일본기독교회가 신학 분야에서도 통일된 시야를 확보하지 못한 것은 당연한 일이다.

이 시기의 '일본기독교회' 신학이 가지고 있었던 문제는 신학의 제(諸) 조류 사이에서의 몸부림이었고, 동시에 '신학' 과 '반신학' 의 대립이기도 하였다. 일본기독교회는 모두가 인정하는 신학을 중시하는 교단이며 실제로 바르트, 부룬너 또는 포사이스, 틸리히, 알트하우스 더 나아가 핫지, 워필드, 메이첸 등의 보수적 신학으로부터 학습하여 일정한 수준에 도달하였다.

그러나 신학적인 교회가 되어가는 것에 대한 뿌리 깊은 반감도 일부 존재하였던 것으로 보인다. 그러한 반감은 크게 세 가지 방향에서 논할 수 있을 것이다. 첫째는 교회 합동운동 참가, 둘째는 일본적 기독교에 대한 경향, 셋째는 경건주의적 전도 융성으로 나눌 수 있다. 세 번째에 대한 것은 『신보』에서 명료한 자료를 얻을 수 없다. 그렇지만 예를 들자면 30년대를 통해서 장기간에 걸쳐 행하여졌던 '소토무라 전도' (外村義朗〈소토무라 요시로우〉에 의한 순회전도)에는 사업주의적인 성격이 보였고, 일본기독교회의 전도 형태와는 이질적인 것이었다.

또한 '하나님 나라 운동' 의 일환이었던 카가와(賀川) 전도에 대하여서도 일본기독교회의 여러 곳으로부터 염려의 목소리가 나왔다. 예를 들자면 토키와 타카오키(常葉隆興)에 의한 '하나님 나라 전도에 대한 의의(疑義)' 는 카가와 전도가 속죄자이시며 영광의 주이신 그리스도를 전하지 않는 이른바 교리적 골격이 없는 것이라고 비판했다.344

---

344 『신보』 31, 6, 5. 또한 동 11일호는 카나이 타메이치로에 의한 반론이 게재되었다.

　기독교연맹을 축으로 하는 교회 합동운동은 제 교파의 신학적, 교리적 주장을 간략하게 평가함으로써 대동단결의 합동을 모색하였다. 이러한 운동이 때로는 신학을 경시하고, 그러한 것에 대한 회의가 나타나는 것은 어찌할 수 없는 일이다. 또한 이러한 합동운동에는 일반 신도들의 열심으로 가득 찬 참여가 있었기 때문에 교직자들 사이에 신자들의 신학적 무관심을 한탄하는 목소리도 한두 번이 아니었다. 쿠마노는 합동운동의 반신학적인 경향에 대하여 비난하면서 다음과 같이 말한다.

　　이 나라의 많은 교회 합동운동 참가자들은 신학적 논의를 아주 혐오함으로써, 자신들의 운동을 시인하려고 노력한다. 신학적인 노력을 아끼면서 반대로 어떤 종류의 신학을 고집하는 것은 결코 참된 교회적 일치를 가져올 수 있는 길이 아니다. 목하 교회 합동운동이 여러 곳으로부터 좋지 않은 평판을 가지는 것은 결코 각 교회의 자기주의 때문이 아니라, 도리어 신학적 기초의 박약한 소이라고 생각된다.345

　위의 문장에서 쿠마노가 지적하고 싶었던 문제는 연맹이 준비하고 있었던 합동교회의 신조초안(영문)이었다. 이 영문 초안뿐 아니라, 연맹이 준비하고 있었던 신조초안은 사도신조를 보다 간략하게 한 것으로, 특히 제2항 '예수 그리스도' 는 '우리는 유일하신 아들 우리 주 예수 그리스도를 믿습니다' 로 간략화시킴으로써, 그리스도의 구원사역을 삭제해버린 놀라운 것이었다.

　'일본기독교회' 의 신학적 주장에서 볼 때, 명약관하하게 이러한 합동안은 수용될 수 없었다. 그럼에도 이 교회의 유력한 지도자들이 합동운동의 중추부에서 활동하고 있었다.

　일본적 기독교에 대하여는 이미 언급하였다. 사실 기독교의 일본화 운

345　'교회 합동과 신조' , 『신보』 38, 1, 6.

동은 30년대의 일본기독교회의 신학적 입장을 크게 확산시키는 데 일익을 담당하였다는 사실을 지적해두고 싶다. 『신보』는 일본적 기독교의 여러 가지 시도를 계속적으로 게재하고, 또한 동일한 저작물의 소개도 마다하지 않았다.

반면에 일본적 그리스도인에 대한 명확한 비판을 그 편집 방침으로부터 이해하기란 곤란하다. 바르트 신학도, 신학적 규범으로서의 힘을 그 방면에 충분히 발휘하였다고 할 수 없다. 기독교의 일본화라는 요청을 지상 과제로 수용하지 않을 수 없었던 교회도 어떤 '일본화'가 맞고, 어떤 '일본화'가 그릇된 것인지를 분간하기 어려웠다. 일본화에 대하여 '아니요'라고 공언하는 것은 시간이 지남에 따라 한층 곤란하게 되었다.

8. 시야의 확산

차츰 순화되면서 성숙해 가는 신학이 일본적 기독교를 중심으로 하는 '반신학'과 인접하여 있다는 사실이다. 그것은 쇼와의 파시즘이 사상과 신조에 이르기까지 그 지배욕을 넓혀갔다는 의미이며, 다른 한편으로는 일본 교회가 의연하게 시대와 사회가 제시하는 문제를 충분히 신학적으로 연구하며 해명해 나아갈 수 있는 실질을 소유하지 못했다는 것을 의미한다.

30년대의 '일본기독교회'는 몇 개의 신학적 입장을 병존하고 있었다. 이미 언급한 대로 바르트 및 변증법 신학을 주장하는 신진학자들이 수준 높은 연구를 발표하였다. 그들은 바르트 신학이 가지는 복음주의적 보편성과 공동성을 가능한 유지하면서, 일본에서의 교회 신학의 수립을 위하여 사색하여 나갔다. 『변증법적 신학개론』(1932년), 『종말론과 역사철학』(1933년), 『그리스도론의 근본문제』(1934년) 등 쿠마노 요시타카의 전쟁 전의 대표적 저작과 쿠와타의 『기독교 신학개론』(1941년) 등은 지금도 그 생명을 잃지 않고 있다.

쿠마노와 구와타와 같이 신학적 저술과 축직으로 이어지지는 않지만, 분명하고 확실한 신학적 입장을 가지면서 연찬하는 그룹도 존재했다. 그들은 보수적인 칼빈주의에 입각하여 기독교의 정통적인 입장의 탐구를 바라보는 자들이었다. 그 중심적 멤버의 대부분은 프린스톤 신학교에서 배우고, 나아가 메이첸이 창설한 웨스트민스터 신학교로 옮겨갔던 자들로, 대부분 미 남장로교회 선교가 경영하는 '중앙신학교'에서 수학하였으며, 신앙고백적으로는 일본기독교회의 간이신조에 만족하지 못하고, 웨스트민스터 신앙고백을 최선의 교리적 기준으로 생각했다.

엄밀한 개혁주의 신앙과 신학은 일본 교회사 가운데 메이지의 '일본기독일치교회'(1877년 10월 3일-1890년에 성립된 일본기독교회로 계승)이후, 일종의 잠재적인 세력으로 존속했다. 그러나 30년대가 되면서 유력한 소장파 목사가 배출되면서 '일본기독교회'에 중요한 위치를 차지하게 되었다. 그 활동은 주로 워필드나 메이첸 등 미국의 저명한 칼빈주의자들의 소개였다.

『신보』1931년 6월 18일, 25일에 워필드의 '칼빈주의의 입장'(오카다 미노루 번역)이 소개되었다. 또한 메이첸의 『기독교와 자유주의』가 『기독교란 무엇인가』(카쿠타 게이가쿠〈角田桂嶽〉 번역)의 표제로 출판되었다(1933년). 그들이 자신들의 신학을 몸집으로 형성하여 가는 것도 이 시기이다.

30년대 초두에 이마무라(今村好太郎)와 타나까(田中剛二)를 중심으로 '칼빈연구회'라는 소규모의 학습회가 일어났다. 1935년에는 코오베를 중심으로 중앙신학교 관계자들이 중심이 되어 '삼오회'(三五會)라는 신학연구회가 발족했다. 이 회에는 쿄토대학에서 교편을 잡은 후에 열하(熱河, 중국 하북성의 도시) 선교에 헌신하여 소식이 두절되었던 사와자키 켄죠(澤崎堅造)와 같은 참가자도 있었다(오카다 미노루, '개혁파교회 창립 때의 추억', 『리포마즈』 제5호).

그들은 신학적인 연찬만을 종시하는 것이 아니라 일본기독교회에 자극적인 신조논의를 던졌다. 나니와 노회 제60회 정기회 중에 열렸던 수양회에서 '엄격하기 그지없는 교회신조의 검토'가 토론에 부쳐서 '일본기독교 신앙의 명증(明證)'이 주장되었다고 한다(『신보』 37, 4, 22). 이 '신조'가 웨스트민스터 신앙고백을 말하고 있다는 사실은 의문의 여지가 없다.

또한 '삼오회' 발족의 중심 지도자중의 한 사람이었던 마쯔오 타케시(松尾武)는 『성서와 신앙』 제21호에서 '일본기독교회 신앙고백의 이해'를 발표하여, 신앙고백 해석의 새로운 관점을 제시하였다. 이 논문은 신앙고백에 대한 '교리적 검토의 진면목'으로 인정되어 쿠와타는 그것에 답변하여 '일본기독교회의 신앙고백과 성서'(1939, 40)를 집필하였다.

마쯔오의 논점은 웨스트민스터 신앙고백으로 대표되는 교리 체계에 의해서 현행신조의 불충분한 점을 보완해야 한다고 주장하는 것이다. 이에 대하여 쿠와타는 일본기독교회의 신앙고백은 웨스트민스터 신앙고백의 성서관을 포용하는 관대함을 가지고 있기 때문에 엄격한 근본주의적 성서관을 취하는 자도, 바르트적인 의미에서의 '성서는 하나님의 말씀이다'라는 명제를 믿는 복음주의자들도, 일본기독교회에서는 신학적으로 공존이 가능하다고 주장했다.

이렇게 하여 우리는 동일한 일본기독교회의 신앙고백을 가지지만 반드시 단일적이지 않은 성서관을 견지할 수 있으며, 종래에도 우리 교회 안에 여러 종류의 성서관이 존재하였지만 오늘날에도 여러 가지 성서관이 존재하는 현상가운데 있다.346

---

346 『쿠와타 히데노부 전집』 4권, 394.

쿠와타와 같은 온건한 신학적 지도자는 근본주의자의 문제 제기에 대하여도 일본기독교회가 가지는 다양성 속의 통일을 믿고자 하였다. 분명히 쿠와타의 논리는 주도하며, 간이신조 가운데 다양성과 일치가 실재하고 있다고 주장한다. 그러나 근본주의자들의 신학적 주장은 실질적으로는 일본기독교회의 신학적 시야를 풍부하게 하는 (다양성의) 방향이 아니라, 오히려 그 확산의 방향으로 작용한 것으로 보인다. 그것은 교파로서의 자기 동일성을 최종적으로 묻는 장소였던 교회 합동 논의 가운데서 근본주의를 주장하는 자들로부터 심각한 이의가 일어나게 되는 경위를 보더라도 분명하다(이에 대해서는 다음 장에서 언급하겠다).

교파로서의 자기 정체성에 심각한 문제를 제기한 또 하나의 신학적 입장이 오우사카 모토키치로(逢坂元吉郎)의 '수도적(修道的) 기독교' 이다. 오우사카는 신학이 단적으로 사유와 논리에 의해서 구성된 지성활동이라는 사실에 만족하지 않는다. 신앙은 신체를 가진 인간이 신체 그 자체인 그리스도를 '체(體)' 험하는 것으로 생각했다. 그것은 주지주의적인 신학사상에서 멀어지는 것은 물론이고, 슐라이엘마허와 같은 종교체험과도 명확히 구분된다.[347]

'사람의 깊은 요구는 체험된 그리스도이다' 는 기본 명제에 입각하여 오우사카는 교회가 서야 할 신앙, 이해하여야 할 전통, 통제되어야 할 직제에 대하여 재고를 촉구한다. 오우사카의 주저『성찬론』은 '사람의 깊은 요구' 로서의 그리스도 체험을 시좌(視座)로 하여 교회의 과거와 현재를 파악하고, 바람직한 교회의 미래를 논하는 종합적인 교회 비판으로서 읽을 수 있다(『오우사카 모토키치로 저작집』 중권).

오우사카의 성찬 이해는 종교개혁자들의 주장을 고려하지 않고, 실재의

---

[347] 아카기 젠코우(赤木善光), '오우사카 모토키치로 체험의 그리스도' , 이시구로 요시타네(石黑美種) 編,『受肉의 그리스도 - 오우사카 모토키치로의 人과 神學』 수록.

그리스도를 어떻게 ‘보는’ 가 어떻게 ‘만지는’ 가에 집중되어, 복음주의의 경계선을 넘어서는 것도 주저하지 않았다. 성찬에서의 그리스도의 임재는 칼빈이 말한 것처럼 영적인 현실이 아니다. 로마교회의 성찬 요소(빵과 포도주)의 실질적 변화설을 ‘난외주’ 로 간주하면서도, ‘성찬 가운데는 언제나 성육의 신인 그리스도의 임재를 필연으로 한다’ 고 논했다(『오우사카 모토키치로 저작집』 중권, 297).

따라서 오우사카의 성찬 이해가 가톨릭적인 화체설로 곧 바로 이어지지 않는다고 할지라도 주의를 요한다. 그는 그리스도의 신체의 공간적, 물질적 실재를 말하지 않는다. 성찬자는 성찬석에 참여하고, 제정어와 성찬 요소에 참여함으로써 실재의 그리스도를 경험적으로 공유한다는 것이다. 또는 실재의 그리스도를 경험시켜온 교회 자신의 경험을 더욱 갱신시키면서 경험한다는 것이다.

그러한 깊은 경험에 봉사하는 것으로, 오우사카는 교부(특히 크리소스톰)를 인용하면서 ‘제사(祭祀)의 길’ 에 주목하였다. 오우사카에게 있어 교회는 실재의 그리스도를 계승하는 그릇이며 그러한 의미에서 교회는 권위의 주체이다. 종교개혁이 ‘신앙’ 이라는 주체적인 존재 방식을 중시한 나머지 교회가 그 전통가운데 지금도 축적되고 있는 ‘권위’ 를 포기한 것에 오우사카는 의심을 가진다. 신앙과 권위의 참된 통합의 길을 성찬 이해의 고투 가운데 추구하였다고 보인다.

이러한 성찬 이해가 당시의 일본기독교회 가운데에 ‘심히 기이한 감정’ 을 가져다주고, 오우사카의 ‘가톨릭 전향’ 의 소문이 일어나는 것도 무리는 아니었다(쿠마노). 그러나 동정적으로 이해하는 자들의 눈에는 그 사색과 탐구가 ‘오로지 자기의 내적 경험을 더듬어가면서 교회사의 인식을 깊게 하고, 지상의 교회 노선을 영원한 나라로 연결하려는’ 노력으로 나

타난다.348

오우사카의 이러한 기획은 일본 교회가 당면한 과제로서 교회의 현실 존재에 대한 해명과 그 기초 작업을 바라본 것이다. 그러한 의도가 동시대에 정당하게 이해되었다고는 볼 수 없으며, 오히려 오해를 사고 고립되었던 같다.

30년대 교회는 신학의 유효성에 관한 문제를 진지하게 자각하였다고 본다. 위에 언급한 몇 개의 신학적 입장 외에도 여러 종류의 길이 모색되었을 것이다. 그러나 교회가 직면한 과제를 적절한 방법으로 다루고, 그것을 신학적으로 해명하여 교회의 나아감을 바르게 지도하는 신학이 그곳에 존재했는지 어떤지는 의심스럽다. 그와 같이 곤란한 시대의 교회가 자신들의 태도 결정의 기초를 얻기에는 그 신학적 시야가 너무도 확산되어서 확실한 초점을 얻지 못한 것으로 보인다.

9. 전도방책

이 시기의 '일본기독교회'는 현저한 전도 부진에 허덕이고 있었다. 기독교에 대한 사회 전체가 바라보는 눈은 점차 험악해져갔고, 구도자를 얻기란 힘들었다. 각 교회의 사정은 일률적이지는 않지만 청일전쟁(1894년 7월-1895년 4월)이 확대되어 가고 격변하여 감에 따라 각 교회의 근황 보고는 교세의 정체로 아우성이었다.349 이러한 전도 정체 현상을 타개하기 위하여 여러 전도 계획이 실시되었다. 예를 들자면 제46회 총회의 '전시 특별전도', 제52회 총회의 '비상시 특별전도' 등이다.350

---

348 쿠마노, 『일본 기독교신학사상사』, 524.
349 『신보』 '교세'의 란. 후에 '교세의 동향'의 란으로 바뀜.
350 도히 아키오 『일본 교회의 성립과 전개』, 166.

그러나 국가 비상사태의 목소리가 높아감에 따라서 교회가 전도 활동을 실시하는 자신의 주체성을 유지하기란 매우 곤란하였다. 다시 말해서 시대의 흐름을 무비판적으로 수용하는 것은 아니지만, 주위의 상황에 맞추어서 또는 그러한 상황에 의존하는 전도 목표가 설정되기 쉬웠던 것이다. 이러한 구체적인 형태는 '외지' 전도와 '농촌' 전도이다. 전도의 성과를 예측함에 있어서도 현 상황에 의존하는 경향이 있었다. 따라서 당연히 그 상황에 대한 예측 실수가 생겨날 수도 있었다. 실례를 들자면 다음과 같다.

에비자와료(海老澤亮)는 1937년에 세계 전체의 교세 동향을 낙관적으로 예측하였다(『신보』 37,5,6). '지금까지는 고통의 분위기가 시대를 압박하였다. 기독교 교회도 그 영향을 받아서, 자연적으로 수세의 상태에 몰리는 결과가 되었다' 고 말하면서 1936년 말부터 양호한 상태의 징조가 보이기 시작했다고 언급한다.

그 이유를 세 가지로 말한다. '극단적 국가주의 국민주의' 의 막다른 길에 이르렀다. '민심에 일종의 여유' 가 생겼다. '기독교의 본류' 만이 진실한 종교라는 이해가 각종의 사건을 통하여 정착되었다는 것이다. '확실히 민심은 종교를 원하고 있다. 전도의 절호의 기회가 왔다. 이러한 상황이 교세의 호전을 촉진시키는 원인이 될 것이다' 고 결론을 내리고 있다.

37년 2월 『신보』 논설은 '전도의 호기에 달하다' 라는 밝은 미래를 예측하였다. 전쟁의 소용돌이에 휩싸인 지금의 나라 정세는 결코 기독교에 불리하지 않다. 왜냐하면 '청일, 러일, 세계대전 전후에 전도 활동을 열심히 하여 그 결과가 높은 비율을 보여주고 있음을 일본기독교회의 통계가 제시하는 바' 이다. 불안한 민심이 종교를 갈망하는 시대야말로 기독교가 자신의 세력을 신장시킬 수 있는 절호의 찬스라는 논리이다. 이러한 논리는 경험과 사실에 입각한 것이라 할지라도, 교회의 자주적인 전도의 근거가 될 수는 없다.

물론 교회 지도자들의 입장에서 보자면 격변하는 시대 속에서 교회의 장래를 조금이라도 낙관적으로 바라보면서 교회의 활동을 진전시키려고 한 것은 이해할 수 없는 일은 아니다. 사실 이들은 단순히 사람들을 안심시키기 위한 것이 아니라, 그들 자신은 그것을 믿었다. 이처럼 30년대 중반의 교회는 절박한 고난을 의식하기보다는 전황의 호전과 함께 다가올 평화를 반신반의하면서, 그곳에 기독교의 장래를 위탁한 것으로 보인다.

10. 농촌전도

교세 부진을 국내적으로 타개하기 위한 시도로써 가장 힘을 쏟은 곳이 '농촌전도'이다. 1926년의 '하나님 나라 운동'은 전국 각지의 농촌에 '농민복음학교'를 개설하여 농촌 청년을 위한 생활 개선과 농업 기술을 지도하면서 복음을 제공하려고 하였다. 30년대의 농촌전도는 하나님 나라 운동의 연장선상에서 생각할 수 있지만, 일면 새로운 자각과 인식에 의한 전도 방법이라고 생각할 수 있다.

1937년 1월, 일본기독교회의 연합 상임위원 협의회가 '현대의 사회 정세와 우리 전도'라는 주제로 개최되었다. 전도에 관한 문제점이 전반적으로 검토되었지만, 특별히 농촌전도에 대한 관심이 높았다. '당 교회의 사회국이 일본 전국의 일본기독교회에 농촌과의 유무관계를 설문한 결과, 240교회로부터 회답을 받았는데, 약 90개 교회가 농촌과 관계를 가진다고 답하였고, 30은 목사관 및 교회가 농촌에 있다는 해답을 받았다.

일본 인구의 7할을 차지하는 농민에 어떠한 방법으로 복음을 전할 것인가. 광범위한 지역에 한 사람 한 사람씩 전도자를 파견하지 못하기 때문에 일반 신도 설교자의 양성이 문제가 된다. 농촌 교회를 유지하는 방법으로는 논과 밭을 소유하는 교회를 건설하고 농업과 전도를 겸할 수 있는 전도자를 파견' 하는 것이 필요하다(『신보』 37.2.4).

37년 2월 말에는 '제1회 농촌교화협의회' 를 개최하여 각 노회로부터 농촌전도 관계자들이 모였다. 주최자의 한 사람은 '종래, 무관심했던 우리 교회가 이제야 이러한 모임을 개최하게 된 것은 하나님의 특별하신 인도하심과 함께 반세기를 지나면서, 내적으로 일본기독교회 전도의 새로운 전환기에 이르렀기 때문' 이라고 인사하였다(『신보』 37.3.4).

이처럼 '농촌' 이 전도대상으로 선정된 것에는 몇 가지의 이유를 생각할 수 있다. 외적요인으로는 당시의 국책이 농촌 자력 갱신을 촉진시켰고, 그러한 경제적 기반을 강화함으로써 파시즘 체제에 농민을 동원하려 한 것을 들 수 있다. 농촌을 근대화의 발판으로 삼는 것은 일관된 국시였다. 그러한 국책에 따라서 '전도' 의 열매를 얻고자 한 사실을 부정할 수 없을 것이다.

물론 그러한 외적 체제면의 요구만이 교회의 농촌전도 동기가 되었던 것은 아니다. 내적인 요인이 존재했음에도 틀림이 없을 것이다. 그것은 기독교의 지지 기반이 협소화해 가는 상황 가운데 새로운 확대를 바라 본 것이다.

'일본기독교회' 를 비롯한 주요 교단이 처음부터 중간층을 기반으로 전도 활동을 해왔지만, 30년대는 그들에게 가혹한 시대였다. 예를 들자면 『신보』 38.2.17은 '현대 크리스천 홈에 대한 검토' 가 연재되기 시작하는데, '중산계층' 의 생활 불안으로 말미암아 크리스천 홈이 생활의 초점을 잃어버리고 있다는 상황이 분석되었다.

'거의 모든 중산계층이 생활에 곤란을 느끼면서, 가장의 수입만으로는 지금까지의 생활을 유지하기가 어렵게 되었고, 자녀들의 교육도 힘들어

가면서, 가족 한 사람 한 사람이 각각 직업을 가질 수밖에 없게 되었다. 이러한 가정 상황에서, 가족 전부가 동일한 장소에서 동일한 시간에 모여 예배드린다는 것은 매우 곤란하였다.'

이것은 크리스천 가정의 표면적인 종교 생활의 기술적 어려움을 말하는 것이지만 그러나 크리스천 홈의 형성이 어렵게 된 것은 교회의 기초 체력이 허약해져 간다는 것을 의미한다. 대부분의 성도들이 시대의 암운으로 말미암아 앞날의 불안을 실감하는 가운데, 교회의 안정적 성장을 바라보는 지도층이 농촌전도에 착목한 것은 자연스런 일이다.

그러나 보다 깊게 문제를 생각한다면 농촌전도에 대한 고조는 단순한 전도전략상의 선택이었다고 말할 수 없다. '지금까지 신자가 된 사람은 다 그 토지를 떠나버린다' 라는 어떤 교직자의 언급이 그 당시 교회의 상황을 잘 대변한다고 할 수 있다.

38년 2월에 열린 '제2차 농촌교화협의회' 에서 농촌전도를 둘러싼 교회의 사상적인 기반이 논의되었다. 강사로 나선 카가와(賀川豊彦)는 기독교가 지금처럼 도시화되어 이상화된 것을 비판하면서 농촌전도의 긴급성을 주장하였다.

'도시 교회는 동물원의 우리에 갇혀있는 동물처럼, 우리를 빠져나오려고 하는 것을 겨우 막고 있는 것과 같다. 언제나 이동하고 변동이 심하다. 농촌은 움직이지 않는 자들이 토착하고 있다. 식물성이다. … 동물은 빨리 죽지만, 식물은 천 년이고 이천 년이고 살아 있다. 일본의 기독교의 영구성은 농촌교화에 의해서 확실히 확보된다. 식물성은 기독교가 되지 않으면 안 된다. 특히 동물은 식물을 먹고 살아갈 수 있다. 농촌이 교화되어 도시가 구원받는다' (『신보』 38.4.7).

여기서 강조된 것을 통하여 카가와는 두 가지의 생각을 말한다. 첫째는 그리스도의 토착성을 높이고, 체질을 개선시켜 사상일변도의 풍조를 개선하고자 하는 것이다. 둘째는 일본 사회의 건전한 성장을 위해서 농촌교화를 통해 봉사하고자 하는 염원이다.

이러한 카가와의 생각은 당시의 '농본주의' 사상과의 공통성이 있다는 사실을 부정할 수 없다. '일본 농촌전도는 집안을 지키는 장자를 정화하는 것이며, 이것이 앞으로 농촌교화의 중심이 되어야 한다'는 카가와의 의도는 마치 농본주의의 발상과 그 맥락을 같이하는 것으로 보인다(『신보』 4, 14).

농본주의란 일본 사회의 근저는 고향을 떠날 수 없는 '집안을 지키는 자'에 의해 이루어져야 한다는 인식에서 출발하는 사상이다. 그 인식을 공유함으로써 기독교의 사회적 기반을 '집안을 지키는 자'에 두고자 하는 것이다. 이러한 의미에서 카가와의 발상은 기독교의 요구에 훌륭하게 부응하는 요약판이라 할 수 있다.

그러나 30년대 교회가 농촌을 지향한 것은 사회 정세로부터 유형적으로 또는 무형적으로 많은 유인을 받은 결과임은 분명하다. 이러한 것은 결국 교회 자신들의 주관적인 의도와는 관계없이 사회가 그 근저로부터 파시즘화 되어 가는 것에 어떠한 형태로든 순응하는 것이고, 그것을 보완하는 역할을 수행한 것도 틀림없는 사실이다.

11. 해외 선교

교세의 부진을 만회하기 위한 또 하나의 방책은 '해외' 전도이다. 조선 반도에서의 교회 활동은 한일병탄이후 오랜 역사를 가지며,351 만주 전도에도 '일본기독교회'는 정력적으로 힘을 쏟아 부었다.

---

351 상세한 것은 도히 아키오 『일본 개신 교회사』 제9장, 사와마사히코(澤正彦) 『남북조선 교회사론』 제1장 참조.

일본기독교회는 1912년 6월에 만주노회, 14년 10월에 조선노회를 설립하였다. 양 노회는 조선 및 만주에서 일본 지배가 확대되고 안정되면서 교회수를 증가시켰다. 30년대에는 교회 지도자와 유력한 강사들이 파견되었고, 『신보』(新報) 기관지는 그들의 현지 방문 기사로 가득하였다.

그러나 불행하게도 그리한 활동이나 보고서는 일본에 의한 통치에 전혀 의심을 가지지도 않았고, 거의 산 구경 여행기로 일관되는 것을 보면 슬픈 마음이 든다. 예를 들면 만주 전도에 대한 교회의 의욕은 다음의 문장에서 잘 나타난다.

이미 동아민족공존공영, 또는 일화친서(日華親善)라고 적힌 깃발들이 높이 세워져 있는 이상, 그러한 것들이 공허한 말로 끝나지 않기 위해서, 또한 실로 공명으로 끝나서는 안 되기에 앞장서서 그 땅의 토착인들까지도 복음의 선전(宣傳)에 접하도록 해야 한다. 다행하게도 해외 선교라는 비명이 교계의 일각에서 일어나기도 하기 때문에 이미 주어진 상기의 여러 세력에 참가하여 새로운 힘으로 만주전도의 개척에 큰 기세를 더하고자 하는 마음이다.

이와 같이 일본의 '신영토' 확장은 교회가 자신들의 무대를 확대시키는 것을 무조건 환영했다. 물론 만주사변에 대한 비판이나 회의(懷疑)가 교회 지도자들에게 전혀 없었던 것은 아니지만, 교세의 부진을 타개하기 위해서 비판의 목소리를 죽일 수밖에 없었다.

만주 전도가 유망하다는 사실이 알려지자, 만주에 거류하는 일본인뿐만 아니라 만주인들까지도 전도하고자 하였다. 이것을 위하여 설립된 것이 '만주 전도회'이다(33년 6월). 이 위원회는 후지미쵸 교회가 설립한 것으로 육군퇴역 회계 소장 히비끼 노부스케(日疋信亮)가 위원장을 맡았다. 이 위원회는 '만주어로 만주국 사람들에게 전도하는 것'을 주장했다. 자신들의 전도 방침을 기술하는 가운데 다음과 같이 말하기도 한다. '독립된 교회가

타 민족에게 전도하는 것은 하나의 본질적인 요소이다.'

그러나 일본의 국제연맹 탈퇴가 자신들의 국제적인 입장이 옹색해진 현실을 언급하면서 그것을 개선하는 것이 '폐하의 뜻'에 합당한 것이라고 말한다. 이와 같이 겉으로는 보편적인 대의명분으로 치장하면서 실제적으로는 일본 식민지 정책의 일환으로서 종교를 가지고 민심을 선무(宣撫)하여 '폐하의 뜻'에 따르겠다는 뜻을 표명하고 있는 것이다.352

정치권력의 종교 이용은 중일전쟁의 확대와 함께 점점 노골화되어 갔다. 1938년 8월 1일 날짜로 문부성 종교국은 일본기독교회 총회의장 앞으로 통지를 보내어, 중국에서의 포교 활동에 개입하겠다는 의사를 보이면서 '대(對) 중국 문화공작은 우리나라 목하의 가장 중요한 국책'이라고 명하면서, 다음과 같이 구체적인 항목을 제시한다.

목적
포교자들로 하여금 주민들의 선동에 앞장서게 하고, 대(對) 중국 문화공작에 기여하도록 함.

방법
1. 포교자들로 하여금 선량한 주민들을 신도로 뽑아서, 군의 협력아래 특별하게 보호하여 지방의 치안유지, 노역, 선동 등에 이러한 자들을 이용함. 〈2. 생략〉
3. 모든 기회를 통하여 일본의 실력, 일본의 중국에 대한 의도, 중국사변(1937)의 유래, 중국이 앞으로 나아가야 할 길, 서양 각국의 자유주의적 제국주의, 일본 문화, 동양 문화의 본질 등을 충분이 이해시킴. 〈4, 5 생략〉

절차
1. 포교자가 중국으로 갈 경우, 별도의 양식을 문부성에 제출하여, 종교국

---

352 『복음과 세계』 1972년 10월, 자료집 '일본 교회와 중국문제'(7)의 전문.

장의 추천서를 받아, 현지로 들어가 군특무부에 추천장을 제출하여 모
든 지시를 받을 것. 〈2. 생략〉

　3. 포교자는 언제나 군특무부 내의 문부성 파견원과 연락을 가질 것.
　　〈4. 생략〉

이 외에 '신청서'에는 의무적으로 전도사업의 계획안을 상세하게 기입
하도록 되어 있다. 이러한 제약 아래에서 자유로운 주체적인 전도가 될 수
있었는가? 국내전도에서 나타난 주체성 상실과 동일한 문제가 해외 선교
에서 한층 더 심각하게 나타난 것으로 보인다.

이러한 시대에 이색적인 활동을 펼친 것이 후쿠이 지로우(福井二郎)와
그 협력자들에 의한 '열하전도'(熱河傳道)였다. 후쿠이는 1935년 열하성
승덕(承德)시에 들어가 현지 중국인 사회에 성실하게 파고들어가 복음을
전했다.

1937년 여름, 카나이 타메이치로(金井爲一朗)가 만주 각지를 방문하였는
데, 2년 남짓의 전도가 이미 현저한 성적을 거두고 있는 사실을 목격하였
다. '일본인도 만주인도 주 안에서는 참으로 하나라는 사실을 보여주는 것
으로 다른 지역에서 찾아 볼 수 없는 일이다. … 주 예수 그리스도 안에서
서로 사랑하고, 서로 믿으며 진실로 하나가 되어가는 아름다운 광경을 보
여주고 있다.'[353]

후쿠이의 협력자 중 한 사람인 사와자키 켄죠(澤崎堅造)는 러허선교 신학
이라고 할 만한 특이한 사상을 형성하였다. '우리들은 대륙 교회 안에서
기도하면서 사라져 가는 사람들이다'라고 말한 그의 말은 일종의 종말론
적인 메아리를 가진다. 그는 앞서가시는 예수님의 모습을 따라서 북상하

---

[353] 『신보』 37, 8, 5; 9, 3. 후쿠이는 중국어를 중국인과 함께 자유롭게 구사할 수 있는 것을
　　목표로 하였다고 한다.

여 몽골까지 나아가고자 하였다.

> 나는 오로지 예수님을 따라가기를 원한다. 어디든지, 언제든지, 베드로의 후회가 있다고 할지라도, 뒤돌아보시는 예수님의 엄숙하시며 인자하심으로 가득하신 그 눈빛에 언제나 어디까지나 따라가고 싶다. 들과 산의 끝까지 선생을 버리고, 처자를 버리고, 중국어나 선교원이나 만주 사람들을 버리는 한이 있더라도.354

이것은 전도 사역 그 자체까지도 부정할 정도로 그리스도에 대한 추종을 나타낸다. 이러한 사와자키의 선교신학은 러허선교에 임하는 자들을 적어도 주관적으로는 한계에 이르기까지 순화한 것으로 보인다. 이 정도로까지 순화된 사상이 견고한 의지에 의해 실천으로 옮겨질 때 간단히 정치 목적 등을 위하여 '이용' 되기란 쉽지 않을 것이다.

분명히 '역사적 상황을 고려하지 않은 전도론' 으로 간주할 수도 있지만,355 그러나 일본 교회와 전도의 상황을 고려할 때에, 정치적 이용을 이토록 거부할 수 있었던 실제적 사실이 존재했다는 것이며, 더욱이 그들이 현지인 기독교인과 견고한 연대를 실현하였다는 것은 높이 평가해야 할 사실이다. 또 전도의 자율성과 주체성을 그러한 형태로 (비록 미약하지만) 견지할 수 있었다는 것은 30년대의 전도 상황이 가졌던 어려운 상황을 보여주고 있다.

---

354 네쯔카키(熱河會) 編『광야를 가다 - 러허/몽고 宣敎史』, 99.
355 도히 아키오, 『일본 개신교 교회의 성립과 전개』, 180.

제15장
'일본기독교단'의 성립

전시 하에 '일본기독교단'이 성립(1941년 6월)된 것은 일본 개신교 교회 역사상 특필할 만한 사건이다. 여기까지 이르게 된 여러 요인들의 형성과 복합적 관계는 일본 교회가 그 동안 소유했던 전통적인 체질의 몇 가지 요소를 명백하게 보여준다.

일본으로 건너온 개신교 기독교는 서구의 교파적인 배경이 그대로 이식된 것이다. 일본 전도에 헌신한 많은 선교사들은 자신들이 속해있던 각 교파 교회의 기도와 지원 아래에서 파견되었다. 이러한 사정으로 일본에 세워진 교회 역시 교파적 전통을 이어받아 신앙고백, 교회제도, 신학과 교인 교육 등의 여러 면에서 교파적 성격을 가지면서 형성되어 왔다.

그러나 그러한 교파적 전통에 의해서 양육된 일본 기독교인들이 교파적 존립의 의미와 그 타당성에 대하여 확실한 이해를 가지고 있었는가 하는 문제는 검토의 여지가 있다. 오히려 일본의 많은 기독교인들은 당초부터 여러 교파적인 분립에 대하여 일반적으로 회의적이었고, 교파적 노선을 추진하려는 선교사들에 저항하여 교파적 요소를 해소하고자 노력한 것은 드문 일이 아니었다.

교파적 입장이나, 그 전통이 가진 의미 등에 대하여 확실한 이해를 가지지 못한 원인에 대해 역사가들은 여러 가지로 설명한다. 예를 들자면, 일본 기독교인들은 교회에 대한 명확한 개념을 가지지 못하고 오히려 막연한 종교적 교설의 하나로 기독교를 이해하고 믿음으로써, 명확한 윤곽을 가지는 조직체로서의 교회가 신앙의 불가결한 기반이라는 주장을 경원시하였다는 것이다.

이러한 배경에는 일본인들 사이에 법적 정신이 전통적으로 결여되어 있다는 사실을 지적한다(이시하라 켄). 이런 법적 정신의 결여가 교회를 일종의 가족적 공동체로 이해하는 원인의 근거가 되고, 따라서 교회의 거취에 무원칙적인 포용의 논리가 지배적인 것이 되었다(도히 아키오).

이와 같은 전통적인 정신 위에 뿌리는 내렸던 일본의 기독교가 전쟁과 파시즘의 탄압에 직면하였을 때 어떻게 자신들의 곤란을 처리하였는가? 아니면, 어떻게 하여 그러한 환란을 극복하지 못하고 실패하였는가? 교회의 진로를 어떻게 개척하였고, 또한 그것이 어떻게 폐쇄되어졌는가? 특히 교파중심의 노선과 교회 합동이라는 '이상'을 어떻게 교착시켰는가, 또는 어떻게 왜곡시켰는가?

본장에서는 이러한 교회의 내면적 이념과 외적인 조건 등을 염두에 두고 '일본기독교단'의 성립에 이르게 되는 역사를 살펴보기로 한다.

1. 교단 성립의 두 가지 요인

'일본기독교단'(이하 '교단'이라고 약술함)의 성립은 크게 두 가지의 요인이 작용했다고 한다. 그 첫째는 쇼와 원년이라고 하는 1926년 이래, '일본기독교연맹'이 추진하여 온 각 교파의 합동 운동이며, 또 하나는 종교단체법의 성립에 의한 국가의 강력한 간섭이다.

첫째가 내적 요인이라면 둘째는 외적 요인이다. 혹 교단의 성립을 가능하게 한 중요한 요인이 첫째라고 한다면, 교단의 성립은 교회가 그 고유의 이념과 방침에 의해서 자발적으로 선택한 노선으로 귀결된다. 반대로 교단 성립을 종교단체법을 중심으로 한 국가 권력의 외적 강요에 의한 것으로 간주한다면, 그것은 국가에 대한 교회의 굴복이며 극히 비의도적인 사건이 될 것이다. 전자의 입장에서 교단 성립의 역사를 기술하는 것으로는 미야꼬다 쯔네타로(都田恒太郎) 『일본 기독교 합동 역사』(1967년)가 있고, 후자의 입장에서 기술한 것으로는 도히 아키오(土肥昭夫) 『일본 개신교 교회의 성립과 전개』와 『일본 개신교 기독교사』가 있다.

미야꼬다는 합동의 실현이 국가 권력의 개입에 의한 수동적인 것이라는 견해를 부정하면서 '백 년 전 개신교가 도래한 이래, 일본 교회에 주어진 중심적인 과제에 대한 해결이다' 고(245) 주장한다. 또한 이 합동이 개신교의 거의 모든 교파를 망라하는 것으로 '세계 기독교 역사상 유래를 찾아보기 힘든 위대한 예시' 라고 자찬한다(247).

이러한 주장에 대하여 도히 아키오는 '일본기독교연맹' 을 중심으로 추진되어온 합동 운동의 실태를 검토한 후에, '연맹을 모태로 하는 합동 운동은 혼미하여 파탄 직전의 상태였다' 고 주장한다(『일본 개신교 기독교사』, 348). 따라서 교회 고유의 내적 원리는 교단 성립의 요소가 되지 않는다. 자발적인 합동 운동과 교단 성립은 시기적으로 이념적으로도 거의 단절된 것이다. 그렇다면 교단이라는 것은 과연 무엇인가? 도히 아키오는 '국가의 통제와 동원을 위하여 설립된 것으로, 민간 가운데 국책에 협력하는 보완적 존재' 라고 정의내렸다(357).

상기의 두 극단적인 주장을 섭렵하여 타협적인 중간적인 주장이 존재한다. 이시하라 켄은 교단 성립에 작용되었던 국가 권력의 강제성을 중시하면서 동시에 연맹에 의해서 추구되어온 교회 합동의 기획이 '파기' 되고 완전히 새로운 형태의 교회 합동이 실현되었다고 말한다(『일본 기독교 史論』, 218-19). 계속해서 '교단' 은 종교적인 집단으로서의 내면성을 상실하였고, 이제야 단순히 법률상의 한 단체에 불과하게 되어버렸다(224). 이렇게 이시하라는 교단 성립의 유래와 조건에 대해 아주 엄격한 비판을 가하지만 탄생된 교단이 가지는 존재 그 자체를 부정하지 않는다.

교단을 성립시킨 직접적인 요인이 무엇이든지, 여기에 일본 개신교 역사상 처음으로 각 교회가 포괄적인 규모의 합동을 이루었다는 것이 의미 있다는 주장이다. 왜냐하면 '교단' 성립은 일본 기독교의 발전 과정에서 언젠가는 꼭 일어나야만 했던 사건이기 때문이다. 교파성이 극복되고 교회 전체가 하나의 모습을 가지는 것이 지상교회가 꿈꾸어야 할 이상이다. 인위적으로 불가능했던 각 교파간의 합동이 이루어지게 된 것은 '하나님의 준비하는 섭리' 라고 한다(335).

이시하라에 의한 '섭리' 사관은 교파와 교회에 관한 깊은 인식을 근거로 하면서, 교단 성립을 교회역사 위에 자리매김을 하는 시도였다. 이러한 역사 인식은 이시하라 '기독교 사학' 이라 불리는 중후한 역사 이해와 긴밀한 관계를 가지기에 그후의 역사 서술에 큰 영향을 가져다주게 된다.

또한 『기독교단사』(교단사편집위원회편, 야마타니 쇼우고 집필) 역시 '일본기독교 연맹' 에 의한 합동 운동에 대하여 어느 정도의 평가를 내리면서, 교단 성립의 직접적인 요인을 국가 권력에 의한 것으로 간주한다. 이 책은 '교단' 성립을 권력에 대한 굴복이나 패배로 이해하지 않는다. 오히려 각 교파들의 지도자는 이미 합동을 향한 의견조정을 좁혀 왔고, '종교단체법' 의 시행을 계기로 이러한 움직임이 더욱 진전되었다고 한다. 만약 이러한 기회에 합동을 실현하지 못하고 단순한 종교 단결체로 내무대신의 관할 하에 들어갔었다고 한다면 교회는 국가의 '정당한 보호' 를 받지도 못하였을 뿐 아니라, 큰 희생을 감수하여야 했다고 주장한다.

이러한 『기독교단사』의 이해는 이시하라의 섭리론과 부합될 뿐만 아니라 이시하라보다 적극적으로 교파 합동의 성립 의미를 강조하여, 당시의 정황으로는 이것이 '극히 사언스러운' 것이며 기의 '유일한 방법' 이며, '다른 길이 없었다' 고 단언한다. 상술의 여러 주장들 가운데 어느 것이 타당한가? 지금 그 결론을 성급하게 내릴 수는 없지만 연맹을 중심으로 하는 합동 운동의 경과를 살펴보고, 다음으로 종교단체법의 성립 전후의 사정을 검토하고자 한다.

2. 교회 합동의 이념과 현실

'일본기독교연맹' 은 칸토우(關東) 대지진 직후 1923년 11월에 발족하여 '일본의 기독교 여러 단체의 친목과 협동을 이루고, 전 세계의 기독교와 하나가 되는 것을' 목적으로 하였다. 국내적으로는 여러 교파의 연락과 협동하여 사업을 계획하고, 더 나아가 국제적으로는 구미 선교단체와의 협조에 중점을 두고자 하였다.

그렇지만 연맹은 어디까지나 제 교파의 신앙과 정체제도를 존중하며 상호 협동을 통해서 활동을 전개하는 단체였다. 여러 교회의 신조나 정치 등의 문제에 간섭하지 않으며, 또한 각 개교회를 구속하는 것이 아니었다(연맹헌법, 제3조 5항).

환언하자면 교파의 존립과 법제상의 문제에 관계되는 교회 합동은 '일본기독교연맹' 이 추구하는 성격이 아니었다. 그럼에도 불구하고 '연맹' 은 성립 후 얼마 되지 않아, 교파 합동 문제에 깊이 관여하게 되었다. 1925년 여름, 일본 주재 선교사들 연회가 개최되었고, 그 회에서 교회 합동을 조장하는 결의가 채택되었다.

오늘날 일본에서 교회가 여러 교파로 나뉘어져 있는 사실에 대하여 선교사로서 우리의 책임이 큰 것을 깊이 인식하고, 합동을 위해서 기도하는 우리 주님의 기도가 완전히 성취되기를 절실히 바라는 마음으로 기독교 선교사 동맹은 현존하는 우리들의 분파적 영향을 조사하여 교회 합동의 가능성을 연구하기 위해, 각 교파의 대표 위원을 설치하고, 이것으로 합동 촉진을 위한 일본의 제 교회와 접촉하는 것을 대표적 단체인 일본기독교연맹에 겸허히 요구한다.356

이 결의가 연맹에 제안됨으로써 연맹은 '교회 합동기운 촉진에 관한 조사 위원회'를 설치하고, 합동에 대하여 여러 방면에서 조사하기 시작하였다. 이 조사위원회는 여러 교회의 대표자들을 모아 간담회를 열어, 공동조사를 위한 22명의 합동 특별조사위원회를 만들었다. 더욱이 이 특별조사위원회 가운데 7명의 합동입안위원회(合同立案委員會)를 만들어 합동을 위한 기초안 작성을 위탁하였다. 이렇게 하여 1929년 9월 '일본기독교 제(諸) 교파 합동안'이 공포되었다.

여기까지 이르는 여정은 결코 순탄한 것만은 아니었다. 연맹은 많은 수고와 노력을 지불하였다. 사실 합동을 추진하고 주창한 자들을 움직이게 한 내적 동기가 있었다. 그 하나는 외국의 다른 나라에서 일고 있었던 교파 연합 운동의 바람이 일본의 교회를 자극한 것이다(예를 들면 캐나다, 인도 등의 합동 운동의 성립). 둘째로 1928년 봄에 예루살렘에서 개최된 제2회 세계선교회의가 선교지에서 여러 교회가 협력하고 일치할 것을 강조하면서 에큐메니칼 운동이 가지는 의미가 젊은 교회에 강조되었던 것이다. 셋째로 이러한 영향을 받아 실질적으로 전도 활동면에서 어느 정도 협력하는 실적을 거두었고, 따라서 여러 교회가 자신을 얻게 되었다는 것이다(예를 들면 '하나님 나라 운동'의 성공).

---

356 미야꼬다 쯔네타로 『일본 기독교 합동역사』, 80.

위의 '합동안' 의 내용을 보자면 전체를 3항으로 분류(통칭 '3대강령')된다. 명칭은 '일본합동기독교회' 라 칭하고, 신조는 '사도신조' 를 더욱 4개의 조항으로 간략화된 것을 택하고, 정치는 '자치' 를 원칙으로 하되 '입헌대의기관' 을 설치한다는 것이었다.357 신앙조항을 극도로 긴소화 한 곳에서 이 합동안의 고심 흔적을 엿볼 수 있지만, 그러나 개신교 교회의 신조 형식에서 멀어진 것이다. 특히 제2항 예수 그리스도에 대하여는 '성자' 와 '우리 주' 라는 두 단어만 남기고 사도신조의 근간부 골격을 완전히 해체하고 말았다.

원안의 작성자들이 어떠한 범위와 성격을 가진 합동을 생각하고 있었는지 그 진의를 파악하기란 쉽지 않다. 여하튼 여기에는 교회를 보다 진실한 그리스도의 교회로 인도하고자 하는 방향성이 완전히 상실되었고, 단지 포용할 수 없었던 자들을 무리하게 포용하려는 억지만이 눈에 띈다. 개신교 교회의 항시적 표시였던 신조, 성례, 교회 제도 등은 교파연합이라는 대의명분 아래에 단순히 편의상의 형태로 간주되었다. 교회 정치 역시 '자치' 를 주장하면서도 '입헌대의기관' 을 설치하여, 결국 어느 편의 입장에도 만족을 가지다 주지 못하는 것이 되었다.

'3대강령' 의 불완전을 보완하기 위하여 '일본기독교 제(諸) 교파 합동수정안' (5대강령)이 준비되었다(1930년). 이것은 연맹에 정식적으로 가입한 일본 성공회와의 협의를 통하여 성공회의 교파적 주장을 반영한 것이다. 교회의 명칭을 '일본기독공회' 로 칭하였다. 신조 본문은 동일하지만 '우리는 공회가 전하는 사도신조, 니케아 신조 등에 근거하여 다음의 대강을 정한다' 라는 설명문을 부가하였다. 이 외에 '성서' 와 '성례전' 에 관한 각항

---

357 미야꼬다 쯔네타로, 87-88.

을 부가하고, 정치에 대하여서는 '입헌체제에 기초하여 (역사적 관리자를 계승받아) 각 개 공회의 자치 발달을 도모하며 이러한 것을 통하여 공회 존립 목적을 성취하고자 한다' 고 정하였다(전문은 『일본기독교단사』, 77).

괄호안의 문장은 아직 결의되지 않고 공동조사위원회의 검토 중에 있는 것을 말한다. 결국 이러한 수정안은 성공회의 교파적 주장을 반영한 것이며, 연맹의 합동안이 성공회의 가입에 그 초점을 맞추고 있다는 사실을 나타내는 것이다. 그러나 성공회가 끝까지 주장했던 역사적 주교제(사도계승)는 5년의 긴 시간을 두고 협의를 진행하여 왔지만 결국 타협안을 얻지 못하고, 마침내 그들은 합동 운동으로부터 이탈하여 버렸다(1936년). 연맹의 합동 운동은 1930년대에 적극적으로 추진되었다. 그 경과를 간단히 살펴보면 다음과 같다.

1935년 11월 제13회 연맹 총회에서 합동 문제가 논의되었다. 참가자들의 약 75%가 연맹에 가입된 전교회가 합동하는 것에 찬동하였다고 한다(이시하라 켄 『일본 교회사론』, 217). 그럼에도 불구하고 현실적으로는 여러 교파의 특성과 주장을 조정하는 것이 그렇게 쉬운 일은 아니었고, 결국 합동 논의는 답보 상태에 머물렀다. 연맹은 이러한 사태를 타개하고자 하였고, 연맹 내에 '교회 합동위원회' 를 설치하여 네 개의 소위원회로 하여금 각각 입안, 신조, 제도, 재정의 개별 항목에 대하여 연구하게 하였다(36년 1월).

위의 연구 성과를 정리하여 '합동에 관한 예비적 합의' 를 발표하였다(36년 11월). 특히 그 제1항은 다음과 같다. '합동교회는 그 체제가 반드시 단일 조직으로 발전하는 것을 요구하지 않으며, 각 교단의 자치제를 중시하는 제도의 채용이 필요하다고 믿는다.' 즉, 정치상의 합동 일치의 곤란함을 보여준다(전문은 미야꼬다 쯔네타로, 전개서, 120-121).

1937년 제15회 연맹총회에는 그 합의에 근거한 시안이 보고되었다('일본 기독교공회규약(시안)'). 이 시안은 연맹이 입안한 합동계획의 최종적인 형태를 나타낸다.

〈총칙〉

제1조 본회는 일본기독공회라 칭한다.

제2조 본회는 그리스도의 지체된 교회를 통하여 조직되고, 그 정치는 자치를 원칙으로 한다.

제3조 본회는 그리스도의 복음을 선교하고, 하나님 나라 확장을 목적으로 한다.

제4조 본회는 공회가 전하는 사도신조를 신앙의 중요한 길을 제시하는 것으로 인정하고, 그것을 근거로 다음과 같이 대강(大綱)을 정한다.
하나. 우리는 천지 창조의 주가 되신 전능하신 아버지 하나님을 믿는다.
하나. 우리는 그 독생자 우리 주 예수 그리스도를 믿는다.
하나. 우리는 성령을 믿는다.
하나. 우리는 거룩한 공회, 죄 용서, 영원한 생명을 믿는다.
하나. 우리는 신앙 생활의 기준으로서 성서를 따른다(奉).
하나. 우리는 세례와 성찬이라는 두 예전을 따른다.

제5조 본회는 회의제에 의거하여 다음과 같은 정치기구를 설치한다.
하나. 교회 현주회원 30명 이상으로서 예배 장소를 가지며, 교직 및 교역자들을 상치하는 것으로 한다.
하나. 부회 20개 이상의 교회를 가지고 이것을 조직한다.
하나. 총회 2개 이상의 부회를 가지고 이것을 조직한다.
하나. 총회 각 부회로부터 선출된 정의원 및 총회에서 천거된 원외의원을 가지고 이것을 조직한다.

제6조 본회에 가입하고자 하는 교회는 본 규약을 승인하고 부회의 협찬을 요한다.

〈부칙〉 본회에 가입하고자 하는 교단은 그 사정상, 과도기의 편법으로 현행 기구를 계속할 수 있다. 단지 그 기간은 10년 이내로 한다.358

이 시안이 말하는 교회제도는 '자치' 와 '회의제' 라는 2대 원리를 주장하면서 앞의 3대 강령과 5대 강령의 노선을 계승하고 있다. 그러나 그러한 원리는 단순히 기술되어 있을 뿐, 그것들이 가지는 구속력에 대하여는 아주 불투명하다. 즉, 자치나 회의제에 대한 실질적인 규정이 없다. 따라서 현실적으로 여러 교파를 움직여서 합동으로 향하게 하는 유효성을 얼마나 가질 수 있는지 의문시된다.

교회 합동의 목적을 복음 전도와 하나님 나라 확장이라 간주하지만, 그것 역시 교회의 본질과 사명을 충분히 파악한 것이라고 보기는 어렵다. 이것은 사실상 전도에서 서로 협력하고 또는 교회 부속 선교기관의 활동 목표를 제시한 것에 불과하다.

신앙조항을 '대강' (大綱)이라 칭하는 것도 기이한 일이다. 그것은 여러 교파의 교리상의 합의를 어디에 두고자 하는가에 초점을 맞춘 것에 불과하며, 적극적인 의미에서 신앙고백이라 보기 어렵다. 신조 또는 고백이 하나님의 은혜에 대한 찬양의 의미를 상실하고, 그리고 하나님의 요구에 대한 순종의 계기를 상실한다면, 더 이상 교회의 표식으로써 그 의미를 잃어버리게 된다.

---

358 미야꼬다 쯔네타로, 121-122.

‘기독연맹’ 이 교회 합동이라는 진지한 일을 다루면서도, 교회와 신조와의 본질적인 관계에 대하여 이러한 무(無) 이해를 가졌다는 사실은 30년대 교회의 약함을 집약적으로 보여준다. 신조가 단순히 ‘신앙의 요도(要道)를 표시’ 하는 것으로 간주하는 것은 이미 메이지 초기(1868년 이후)의 공회주의가 가지고 있었던 신조를 경시하는 체질임을 여실이 보여주는 것이다. 그러한 의미에서 이것은 결코 새로운 사실이 아니다.

60년을 흘러오는 신학과 신앙의 축적된 능력을 살리지 못하고, 더군다나 몇 번이고 합동 운동의 좌절이 가져다 준 반성과 지혜의 흔적도 찾아 볼 수 없다. 오히려 국가가 사회 전반의 각 계층에 새로운 체제를 요구하는 군국주의의 거센 소용돌이에 오로지 현명하게 적응하려는 자세만이 눈에 띈다.

이 합동안이 가지는 편의주의적 성격을 가장 여실히 보여주는 것은 ‘부칙’ 이다. 스스로 분명하게 ‘과도기의 편법’ 이라고 공언하면서, 각 교파가 제한적으로 10년간 현행의 조직을 계속 취할 수 있다고 보증한다. 당사자의 이해로 말하자면 이것은 자치와 회의제를 조정하기 위한 고심책일 것이다.

그러나 여러 교회의 자치적 회의제라는 형태가 실제로 가능한 것인가? 각 교파의 전통적인 정치형태가 일관된다면 회의 권능이 유효하게 작용할 수 없다. 역으로 회의제가 충실히 실행되기 위해서는 각 교파의 자치는 제약받을 수밖에 없다. 이러한 딜레마를 초월하는 방책이 보이지 않는다는 것이다.

이 ‘부칙’ 은 훗날 성립되는 ‘교단’ 의 ‘부제’ (部制)를 선취한 것이라고 하지만 사실 ‘교단’ 은 회의제를 거의 유명무실화하였고, 대신에 ‘통리제’ (統理制)라는 권력적인 통제를 받아들이지 않으면 안 되었다. 그러한 형태만이 각 교파의 자치와 전통을 억압할 수 있었고, 따라서 교단의 성립은 연맹의 합동 계획이 파산된 것을 선고하는 결과가 된 것이다.

3. '일본기독교회' 의 입장

연맹을 중심으로 정력적으로 수행되어온 교회 합동운동에 대하여 '일본기독교회' 는 어떻게 대응하였는가? 이 교회는 비교적 견고한 정치 조직을 가지고, 또한 교회의 신앙이 신조에 의해서 견지되는 것을 주장한다. 따라서 교회가 각각의 전통을 가지고 '교파' 를 형성하는 것은 신앙상 의미가 있는 것으로 인정한다. 임브리(William Imbrie)는 일본기독교회의 헌법을 해설하는 가운데 다음과 같이 말한다.

여러 교파는 대동소이하여 전혀 분립할 이유가 없다. 그렇지만 역사 깊은 여러 교파는 큰 이유가 있기도 하다. 또는 이것 때문에 유익이 없는 것도 아니다. 즉 교회는 분리가 교의에서도 생활에서도 세척의 출발이 되는 예도 적지 않다. 여하튼 교회의 분립은 우리가 인정하든 안 하든 사실이다.359

교파의 존립에 신앙상의 의미가 있다고 한다면, 여러 교파의 합동에도 신앙상의 이유가 존재하여야 한다. 사실, '일본기독교회' 는 합동 운동에 대하여 끊임없이 신앙적인 기초 만들기를 요구하였고, 이러한 입장에서 편의적인 논의나 무원칙적인 흥정을 견제하여 왔다. 이 태도가 1930년대를 일관했다고 보아도 무리가 없을 것이다. 일본기독교회의 지도자들은 합동 논의의 행방을 냉정하게 분석하였고, 이러한 일을 진리 문제로 보고자 노력했다.

합동추진론자들이 캐나다 교회의 합동이 성공하였다는 사실을 왕왕 인

---

359 『헌법석의』『일본기독교회역사자료집』, 4, 136.

용하였지만 그럼에도 불구하고 쉽게 설득되지 않았다. 캐나다에서는 1925년에 장로교, 감리교, 회중교회가 합동에 성공하였다. 세 교단은 합동에 앞서 각 교파내의 소수파의 합동을 완료하고, 그 위에 연합교섭위원회를 설치하여 연구교섭을 서듭해 가는 가운데 성공에 이르게 되었다.

이 합동은 일본 교회에 큰 영향을 주었고, 연맹의 총간사였던 에비자와 료(海老澤亮)는 1929년 여름 미국으로 건너갔다가 돌아오는 길에 캐나다를 방문하고, 그 합동의 정황을 상세하게 조사하여 귀국 후 보고하였다.360 또한 캐나다 합동교회 총회의장이 일본을 방문하는 등 합동 주장자들은 기세를 올렸다.

이러한 움직임에 대하여『복음신보』(1935, 1, 17)의 논설은 적절한 반론을 전개하면서 캐나다 교회의 합동이 영적 각성과 훌륭한 신앙 사상에 의한 결과로 높이 평가해야 할 것이지만, 현실적으로 그것이 '교회 불황을 위한 궁여지책' 에 지나지 않으며 따라서 '세계의 모범이 되는 권위' 가 될 수는 없다고 비판한다. 여기에는 어디까지나 교회 합동이 영적인 사업이라는 건전한 인식이 작용하고 있다. '하나에 하나를 더하면 하나다. 합동은 결코 무에서 유를 생산하는 기술이 될 수 없다' (동, 35, 11, 14)라는 발언이 말해 주듯이 침착한 사색과 계산이 이 교회의 가치를 보여주고 있다.

같은 무렵『복음신보』는 '교회 합동 문제에 관한 칼 바르트의 견해' 를 4회에 걸쳐서 연재하였다(소개자, 마쯔오 아이〈松尾相〉). 그 가운데 바르트는 교회가 기독교적인 진리의 규범 아래 존재하는 것이며, 그러한 의미에서 교회는 '통일' 을 향한 의지와 방향을 간구해야 한다고 주장한다. 그러나 그 통일이란, 보이는 교회의 수적인 단일성이 아니라 어디까지나 주는 하나요, 믿음도 하나요, 세례도 하나라는 의미에서이다. '이처럼 전반적으로

---

360 미야꼬다 쯔네타로, 전개서, 90-92.

경계해야 할 것은 그리스도가 빠져버린 교회의 합동을 바라보게 하는 여러 가지 관심사를 문제화하는 것에 있다'(35, 10, 17).

바르트는 교회 합동의 기본적인 조건으로 '신앙고백'에 의한 일치를 말한다. 하나의 신앙고백이 다른 신앙고백과 일치되어 공동적 신앙고백이 되어 가는 과정에서 고백에 대한 무관심이나 냉담함이 나타나고, 결국 공동적 신앙고백 그 자체가 약화되는 결과가 되지 않도록 경고한다.

또한 세속적의 희망, 예를 들면 국민적 요망이나 국제적인 요구 역시 합동의 동기가 될 수 없다(10, 31). 그리고 이러한 조건을 종합한다면 참된 합동은 '도를 넘치는 난해한 과제'이자 '초인적인 위대한 과제'라고 결론지을 수밖에 없을 것이다.

이러한 전반적인 진단을 내린다면, 바르트는 교회적인 노작(勞作, 예를 들면 합동이라는 노작)은 각 교회가 기독교적 중심에서 수행되어질 때에만 그 의미를 가지며, 이를 떠난 곳에서 행해지는 노작은 노작이 될 수 없다. 따라서 제(諸) 교회는 그 '교설' 다시 말해서 '신학'에 철저하게 종사하는 것이 합동을 위한 노작에 유익할 수 있는 것이다.

교회 합동에 관한 여러 전제로서 제출되어져야 할 요청은 각 교회에서, 그리고 본래적인 의미에서 신학이 수행되어져야 한다는 것이다. 다시 말해서 그리스도에 귀를 기울이면서 엄밀하고 참된 신학을 수행하는 것이다. 신학적 노작이란 올바른 실천성과 무(無)요구성 안에서 교회 그 자체를 위하여, 각 교회에서 인간에 의해 영위될 수 있는 가장 구체적인 것이다(35,11,7).

이처럼 신학적인 의미에서 바르트로 대표되는 교회적인 사유의 방향이 일본기독교회의 지도적인 논조를 형성하였다.

합동 운동에 대한 일본기독교회의 탐탁하지 않은 모습에는 현실적인 문제도 섞어있었다. 합동 운동에 열심이었던 사람들이 자기 교파내의 교류에는 냉담하고, 때로는 교회의 질서와 통제를 혼란하게 하는 당사자들이었다는 비난이다(35,3,14). 이러한 사람들은 교회의 규칙에 복종하지 않고 협농의 수양노, 사업에 협력하는 것도 냉담하였고 '마음대로' 행할 뿐 아니라, 교회의 근본 사역인 전도와 목회의 수고를 짊어지지 않고, 동료들의 고통에도 힘을 보태지 않았다.

이처럼 전도와 목회를 옆으로 하는 합동 운동이란 과연 무엇인가? 결국 그것은 '겉치레의 사업' 에 지나지 않는 것이 아닌가? 이러한 겉치레 활동이 교회의 영적 사업을 지휘하게 된다면 '교회는 한 발자국씩 지옥으로 전락하여 갈 뿐일 것이다.'

또한 교회정치면에서도 일본기독교회는 성공회와 마찬가지로 그 곤란함을 자각하고 있었다. 타다 시로시(多田素)는『목회백화』제68화에서 교회 합동과 교회정치와의 관계에 대해 언급하면서, 교회가 교파에 의해 분리되면서 가지게 되는 의미를 논급한다. 타다는 합동이라는 이념 그 자체에 반대하지는 않지만, 자칫 잘못하면 정치적인 거래로 시종되어 '까마귀들의 모임과 비슷한 합동' 으로 전락될 수 있다고 경고한다(동상서, 35,4,25). 장로제의 성서적 근거를 주장하는 것도 가끔씩 나타난다. 예를 들자면 다음과 같다.

개혁교회의 헌법규정은 결코 편의를 위해서 만들어진 약속이나 정관이 아니다. 성서 본문과 그것의 확실한 주해에 근거를 둔 교회의 생명에 의해서 만들어진 것이다. 따라서 다른 방도에 의해 강구되어질 수 있다는 견해는 신앙적으로 믿기 어렵다.

이러한 문제는 신앙상의 결단에 속하는 것이기 때문에 신학, 신조, 전도, 목회, 교회정치 등 모든 분야에 걸친 합동 운동에 동조할 수 없다는 자세가 관철된다. 여기에 '일본기독교회' 의 교파적 특징이 의연하게 견지되고 있다는 사실을 확인할 수 있다.

합동 주창자들에 대하여 '인식이 부족하며, 남으로부터 호감을 사려는 사람들' 로 간주하는 차가운 방관적 자세가 지배적인 일본기독교회는 본래의 교회적 노선을 건강하게 유지할 수 있었다. 그러나 그러한 일본기독교회가 교단 성립의 지도적인 역할을 감당할 만큼 급격한 변신을 하게 된 것은 교회에 관한 '인식' 그 자체를 근저에서부터 변경시키는 정황의 변화가 있었다. 그것이 '종교단체법' 의 성립이다.

4. 종교단체법

이 법률의 시행이 교회에 미친 영향은 아주 심각하고 중대하다. 먼저 법안 성립에 이르기까지의 개략을 보고자 한다. 1898년(메이지 32년)의 '종교법안' 이 제출된 이래 '종교단체법' 으로 옷을 새롭게 갈아입고 성립이 되기까지 약 40년을 요했다. 일본의 교회는 국가에 대하여 일반적으로 종속적이었지만, 이 법안에 대하여는 의외로 아주 강하게 저항하였다. 이 법안이 수차례에 걸쳐 성립되지 못한 원인은 종교계의 전반적인 동향이나 일반 여론에 있다고 볼 수 있지만, 특히 교회의 반대 의식이 완고했다는 것을 무시할 수 없다.

제1차 '종교법안' 이 제출되었을 때, 기독교 교계는 거의 모두가 반대하였다. 이 법안은 종교를 감독하고 단속하려는 경향이 농후하고, 종교적인 모임에 대하여도 집회의 자유를 제한하고, 또한 종교상의 선교나 의식의 집행이 사회 안녕 및 질서를 문란하게 한다는 것을 상정하는 등, 종교의 내용 그 자체에도 국가 의식을 불어넣고자 한 것이다.

우에무라 마사히사는 즉시로 이 법안에 대한 비판을 공개하고, 종교의 자유를 옹호하는 것은 단순히 기독교도의 이익을 위한 것이 아니라, 국가의 진보와 심성의 발달을 위해서도 불가결한 것이라고 주장하였다.361 또한 이 법안이 종교 교역자의 학력 등을 규정하려는 것에 대하여도 종교상의 능력을 세속의 표준으로 메기고자 하는 것의 불가능성을 주징하였고, 교회는 학교 졸업의 유무를 묻지 않고 죤 번연, 무디와 같은 영적 능력을 존중하는 것이라고 단언하였다. 이것은 교회의 자율을 지성의 자립으로 결합한 탁월한 통찰력이다.

제2차 '종교법안'은 1927년에 제출되어 약 2개월 동안 귀족원에서 심의되었지만, 특별위원회의 간담을 가졌을 뿐 미완료로 폐안이 되어 버렸다. 제안 이유를 설명하면서 오카다(岡田) 문부상은 종래의 종교관계법령이 단편적으로 불비(不備)한 점이 많으며, 이번에 이것을 정리 통일시키고자 한다고 하였다. 또한 종교의 건전한 육성보호에 노력하는 것은 '국가와 사회를 위하여 필요'한 것이라는 취지와 함께 '사무상의 편익'과 '종교보호의 견지'를 역설하였다('의회회사속기록' 관련된 속기록은 『신사 문제와 기독교』, 59-162).

이러한 세 가지의 관점이 그후의 법안 취지 설명의 기본적인 골격이 되어간다. 그러나 분명한 것은 정부가 종교 법안에 의해서 종교의 통제와 이용을 원만하게 하려고 한 것이다.

'일본기독교회'는 제2차 법안에도 반대하였다. 법안이 상정되자 총회의장 명의로 '종교법안반대이유서'를 국회와 그 관계자들에게 보내고, 또한 각 교회에 전달하였다. 그 이유서는 법안이 가진 종교에 대한 무지를 날카롭게 지적하고, 더 나아가 국민 정신 생활의 발달에 심각한 저해 요소

---

361 『우에무라 마사히사 저작집』 2권, 173-176.

가 되어, 문명사(史) 위에 오점을 남기게 된다고 경고하였다. 이것은 구(舊)
천황제 아래서 기독교가 공적으로 국가에 대하여 행하였던 항의와 경고
문서가운데 가장 분명하고 철저하였던 격조 높은 것이었다(동상서, 179-182).
내용은 다음과 같다.

첫째, 이 법안의 주장은 메이지 헌법의 '종교의 자유' 라는 권리를 존중
하자는 것이다. 개인의 내면적인 신앙의 자유는 법의 보장조차도 불필요
한 권리로, 그것의 제도적 보장으로써 법령은 극히 엄격하고 신중하게 운
용되어야 할 것이다. 그런데 이 법안은 감독 관청에 행정권의 자유로운 행
사와 재량을 부여하고, 종교를 권력의 가혹한 심문에 맡기는 결과를 가져
다준다. 결과적으로 이것이 헌법의 종교자유를 공문화(空文化)하는 것임에
분명하다.

둘째, 이 법안은 종교의 본질에 반(反)한다. 종교의 가장 건전한 발달은
국가의 보호 아래가 아니라, 각 종교의 완전한 자치에 의한 것이다. 그런
데 이 법안에 의하면 문부성 장관이 최종적인 결정권을 가지는 종교계의
법왕으로 나타난다. 더욱이 이 법왕 자신은 어떤 신앙도 가지지 않고서 최
고권위를 가지려고 한다. 이처럼 종교의 본질에 대하여 우둔하고 알지 못
하는 법은 지금까지 존재하지 않았다.

셋째, 종교라는 사실에 반대하고 있다. 종교는 제각기 역사적 사정을 달
리한다. 그곳에는 또한 종교의 생명이 있다. 법률에 의해 여러 종교를 기
계적으로 평등하게 취급하려는 것은 실질적인 평등을 저해하는 것이 된
다. 그것은 단순히 행정상의 편의를 위하여 종교의 생명을 끊어버리는 것
이기도 하다. 여하튼 이 법안은 관료주의, 법률만능주의, 획일주의에서 나
온 '불완전하며 유해무익' 한 것이다.

'일본기독교회' 가 이상과 같이 철저하게 반대를 표명한 것과 더불어,

성결교회의 나까타 시게루(中田重治) 감독도 법안 반대를 주장했고, 이로 인한 전도 활동이 저해될 것을 걱정하면서도, 법안 반대에 궐기함으로써 전국민적인 부흥이 일어나길 기원했다(동상서, 283-285).

'일본기독연맹'에 가입한 교회 가운데 '감리교'만은 이 법인을 환영하는 입장을 표명했다. '반대론자의 통찰도 하나의 통찰일 것이며, 또한 기독교의 본질과 실질적인 힘은 이 법안이 공포되었다고 하더라도 미동도 하지 않을 것이라고 생각하는 것 역시 또 하나의 생각이다'고 감리교의 『세계시보』는 논한다(1927.2.11).

여기에는 '기독교의 본질과 실질적인 힘'이라는 과대 평가와, 또한 그러한 '본질'과 '실질적인 힘'이 국가 현실과 무관계 속에서 온존할 수 있을 것과 같은 관념적인 자기 과신이 보인다. '만약에 반대론자들이 말하는 것처럼 박해가 일어난다면, 그때에야말로, 개신교 20만 신도들의 실질적인 힘이 결단코 그대로 울면서 잠자는 일은 없을 것이다.' 그리고 '정말로 안티오쿠스 에피파네스(Antiokus Epiphanes) 시대와 같은 박해가 일본에 일어난다고 한다면(믿지 않지만), 우리는 가만히 있지 않을 것이다'고 과시하였다(동상).

그러나 일반론적인 순교 정신을 과시하지만, 현대 국가의 교묘한 종교 이용에 관한 자각은 없었다. 박해에 대하여 키리시탄 시대나 마카베아 시대를 연상하지만 그것은 역사 인식의 빈곤이기도 하였다. 물론, 법안에 반대하는 여러 교회도 거의 동일한 차원의 논의로 시종하였기 때문에 감리교만을 비난할 수는 없다. 단지 일본기독교회와 성결교는 교회적 질서 또는 신앙 표현의 전통의 견지를 통하여 종교법안의 비종교적 성격과 격렬한 충돌이 일어난 것이다.

1929년에 '종교법안'은 '종교단체법'으로 개칭되어 세 번째로 국회에 상정되었다. 종교의 의식이나 교의 내용에 개입한다는 인상을 피하고, 단순히 각 종교 교단의 보호와 육성에만 관심을 가지는 것으로 포장하려고 하였다. 그러나 정부의 의도가 여전히 종교 활동이나 신앙의 내용만을 심문하려는 것에 중점을 두고 있다는 사실이 당시의 카츠다(勝田) 문부상 장관의 답변에서 명확하게 나타난다.

신사참배를 자신들의 교단적 방침에 어긋나는 것으로 거부하는 종교단체를 어떻게 처벌할 것인가에 대한 질문에 대하여 '행정상으로 아주 엄격한 심문 취재를 실시할 것이다' 고 답변하였다. 또한 법안반대에 열심이었던 '예수교로 말하자면 극좌분자' 라고 규정하고 있는 것을 보더라도 정부의 자세를 이해할 수 있을 것이다(『신사참배와 기독교』, 98, 109).

그러나 이번에는 기독교 교계의 반대 운동이 앞 번처럼 보조를 맞추지 못하였다. 그 이유로는 '일본기독교연맹' 이 법안에 대하여 보류 태도를 보이면서, '직접 동 법안에 관여하지 않고 각 교파의 자유로운 조치에 위임' 하겠다는 중립적인 자세를 표명하였기 때문이다.

동 법안에 약간의 조건을 추가하여 찬성하겠다는 감리교회는 지난 2차 때 기독연맹이 반대하였다는 사실을 신랄하게 비난하면서 연맹 탈퇴의 움직임까지 표출하였다. 그 때문에 연맹은 여러 교파의 협조라는 미명 아래 조직 분열을 방지하고자 하였다.

'일본기독교회' 는 이번에도 '종교단체법안반대의견서' 를 공포하여 조문(條文)의 문제성을 구체적으로 예시하면서 그것을 철회하도록 요구하였다(동상서, 193-195). 또한 법안 반대를 위한 초교파적인 신도집회를 개최하여 야마모토(山本秀煌), 타카쿠라(高倉德太郎), 나까타(中田重治), 사나미(佐波亘) 등이 반대론을 주장했다(동상서, 195-202).

침례교 서부조합도 법안 반대를 결의하였다. 그 반대 이유가운데 주목할 만한 것은 동 법안이 '우리 침례교가 주장하여온 양심의 자유를 속박하는 것' 이라고 판단한 것이다. 이것은 이미 언급한 일본기독교회나 성결교의 경우와 동일하게 자기 교파적 특색과 전통에 충실하려는 의도의 필연적 결과로, 위정자의 입법 행위에 이의를 주장하는 사례이다.362 더욱이 침례교 서부 조합은 연맹이 법안에 대한 태도를 보류하였다는 사실에 강한 불만을 표시하였고, 연맹탈퇴를 제21회 연회에 상정하는 등 강경한 자세를 보였다.363

그러나 제1차 '종교단체법안' 도 국회 내외의 격심한 반대와 신중론에 부딪쳐 심의 미완료로 폐안되었음에도 1935년 오카다(岡田) 내각 아래서 이 법안이 계속적으로 검토되고, 마츠다(松田) 문부장관은 종교제도 조사회에 대하여 '종교단체법안요청' 및 '종교단체법초안' 을 심문하였지만 의회에 제출하지는 못하였다.

'일본기독교회' 의 기관지였던 『복음신보』는 일관적으로 이 법안의 동향에 비판적인 눈으로 보았고, 법안의 경향이나 정부의 작업 진척을 감시함에 소홀하지 않았다. 1935년 7월 11일자의 '잡보' 란은 검토 중의 법안을 입수 분석하여 다음과 같은 사실을 밝혔다.

문부장관의 감독 권한이 아주 명확하게 나타나 있다는 점, 교역자 자격에 대하여 종래의 법안이 가졌던 비종교적 성격이 개선된 점 등을 언급하면서, 인가주의인가? 신고제주의인가? 하는 최대의 쟁점에 대하여서는 문부성의 방침이 미정이라는 사실을 보도하였다. 이 이후 9월 5일, 11월 7일, 12월 5일, 12일, 36년 1월 16일, 23일에 법안 관련 뉴스와 논설이 보도되고, 2월 12일에는 정부가 법안 제출을 단념하였다는 사실을 보도하였다. 그럼에도 일본기독교회의 태도는 법안 반대에 여전히 후퇴하지 않았다.

그러나 변화가 조금씩 나타나기 시작하였다. 사나미는 종교 법안에 대

---

362 『일본침례교 연맹사』, 304.
363 『일본침례교 연맹사』, 306.

하여 강한 반대론을 주장함으로써 '일본기독교회'를 지도하였지만, 그 사나미의 논설에도 종래의 명석한 반대 의사에 그림자를 드러내고 있었다 (35.11.7). 일본기독교회의 공적 입장인 반대 취지를 유지하면서도 정부측의 진중한 대처와 양식에 기대한다는 언변으로 적극적인 반대론이라고 말할 수 없는 입장으로 선회하는 것을 보게 된다.

보다 중요한 변화의 조짐은 문부장관의 심문 기관인 '종교제도조사회'의 위원이었던 토미타 미쯔루(富田滿)가 이 단계에서 조건적 찬성의 의향을 표명하였다는 것이다. 토미타는 그 조건으로써 1. 예배 자유, 2. 선교 자유, 3. 교회설립 자유라는 3개조의 근본 원칙을 들었다. 토미타는 문부성 방침을 '심문'에서 '보호'로 이행시켜야 한다는 주장과 함께, 필요하고 충분한 교섭을 통해 법안 그 자체를 거부하지 않는 것이 현 단계에서 현명한 일이라고 판단한 것이다. 이 토미타의 판단이 결국 '일본기독교회'의 대세를 더 나아가 기독교 교계 전체를 종교단체법 찬성의 입장으로 선회하게 한 결과가 된다.

물론, 기독교 전체가 토미타의 의견 하나로 지금까지의 자세를 바꾸었다는 것은 무리가 있다. 보다 근본적인 원인을 찾아야 한다.

첫째, 이미 보아온 대로 당시의 교회는 전도에도 목회에도 막다른 상황에 봉착해 있었다. 새로운 신자를 얻기란 점차적으로 어려웠다. 기독교의 지지기반이 협소해지고, 교회가 점점 고립화되어 갔다. 또한 교회의 독자적인 전도노선이라는 점에서 보더라도 선교회와의 전도협력이 약화되었고, 선교의 활동영역이 좁아가면서 본국으로 돌아갈 자세였다. 이러한 경향은 일본기독교회, 조합교회, 감리교회 등의 주요 교파에 동일하게 나타났다. 즉 교회는 국내적인 고립뿐 아니라 국제적으로도 고립되어 가는 상황이었다. 그러한 상황을 조금이라도 완화하기 위한 수단으로써 '종교단체법' 에 의한 국가적인 인지를 얻으려는 마음이 교회 지도부에 있었던 것은 이상한 일이 아닐 것이다.

둘째, 민중늘의 송교 의식가운데 기독교를 사익힌 종교로 이헤하려는 종교관이 재현되려는 시대적 배경이 존재하였다. 대외전쟁이라는 국가적인 위기는 일본 사회 구석구석까지 국가의식을 침투시켜, 국가로서 또는 민족으로서 자연주의적인 동일성을 고취시켰다. 그러한 것은 필연적으로 국가와의 자연적인 동일화를 저해하는 요인을 철저하게 배제하는 생리적인 반동을 불러일으킨다. 그러한 배제 논리를 생리적인 반동이라고 느끼게 할 정도로, 장기간에 걸친 철저한 교육(신민교육)의 성과가 여기에 동원된 것이다.

'야소교' 는 사교(邪敎)라는 관념은 토쿠카와 시대의 키리스탄 탄압 이래로 사람들의 마음에 각인되어 왔지만, 그것이 국가적인 위기 가운데 새로운 형태로 동원되리라는 두려움을 기독교인들은 아마 느끼고 있었다는 것이다.

이것에 대하여 '종교단체법안' 은 처음부터 공공질서에 저해하는 '음사사교' (陰祠邪敎)와 같은 종교와, 신민으로서 의무를 다하는 '양성' 적인 종교와를 구별하고자 하는 의도를 포함하고 있었다. 실제적으로 기독교인들이 법의 힘을 빌어서 기독교를 사교로 바라보는 인식을 종식시키고자 하지는 않았지만, 종교법안의 근본적인 의도에 영합하여 기독교에 대한 세상의 오해를 해소시키고자 하는 의도가 존재했다는 사실은 부정할 수 없다.

셋째, 중요한 정황은 이미 좌익세력이나 노동운동의 탄압이 철저한 성과를 거두었고, 일반 여론으로로부터 지원도 거의 기대할 수 없는 상태가 되었다는 것이다. 앞서 언급한 사나미의 논설도 세상의 여론 관심의 현저한 무관심을 슬퍼하였다. 요컨대 타이쇼 시대의 민주화 기운이 조금이라도 잔존하고 있던 1929년 당시와는 시대적 정황이 많이 바뀐 것이다.

1936년도부터 내무성 경보국(警保局)의 『사회운동 상황』에 '종교 운동'이라는 항목이 신설되었다. 그 설치 이유는 '종교 활동에 대한 일반 사회의 관심이 갑작스럽게 민감하게 되었고, 음사사교에 대한 경찰심문의 강화가 긴요한 문제로 각 방면으로부터 요청' 되었기 때문이라는 것이다. 그 목적으로는 1. 종교 활동에 대한 감찰심문, 2. 각 종교의 교리서설을 사상 경찰적 관점에서 재검토하는 것이었다. (『전시 아래의 기독교 운동』 제1권, 9-10, 이하 『운동』으로 약칭).

이렇게 관헌이 신앙 내용까지 간섭의 손을 뻗치고자 하는 것에 대하여 고립적이었고 무방비에 처해 있던 기독교는 속수무책의 처지에 놓일 수밖에 없었다. 이러한 위험을 예방하려는 '목회적' 배려라는 관점에서 '종교 단체법'을 지지하려는 입장으로 교회를 몰아간 것으로 보인다.

1936년 1월 23일자의 『신보』 지면을 통해서 '일본기독교회'와 '연맹'은 법안의 수정을 요구하였다. '일본기독교회'는 15항에 걸쳐서 수정을 요구하였다. 그 기본이념은 앞서 언급한 토미타가 주장했던 3가지의 원칙을 고려한 것이었다. 구체적으로 첫째, 종교와 신앙의 본질적인 문제에 대한 법의 개입을 배제하는 것. 둘째 '인가' 또는 '허가' 주의를 '신고' 주의로 개정할 것. 셋째, 문부성의 감독은 수용하지만 '지방장관'에 대한 감독 권한의 분할과 위탁을 인정하지 않는 것 등이었다. 다시 말해서 법안 비판의 근본 원칙을 견지하면서, 법안 자체에는 강한 반대를 표명하지 않는 방침이었다.

5. 법안 성립과 그 파문

정부는 계속적으로 법안을 검토하여 1938년 7월에는 그 원안을 신문지상을 통해 발표하였다. 토미타는 이러한 가운데 법안의 심문주의가 여전히 개정되지 않았고, 또한 문부성으로부터 '교리의 인가' 를 받아야 한다는 항목에 강한 불만을 표시하였다.

이것은 종래의 법안이 교단을 인가함에서 있어 '교회규칙' 을 보고하도록 의무화한 규정을 하층 더 구체적으로 상세하게 규정하여 '교의의 대요' 를 포함하는 종교 활동의 내용과 형식의 일체에 관한 것까지도 기재하도록 요구한 것이다(제3조). 『복음신보』는 즉시로 토미타 미쯔루와 담화한 내용을 게재하였다(38.8.11).

그러나 토미타는 법을 확대해석함으로써 기독교에 대한 압박을 가하고자 하는 것이 아닌가라는 기자들의 질문에 대하여 '그러한 일은 없다. 그러한 것은 염려할 필요 없다' 고 부정하면서, '이 법안은 약간의 수정을 거친 후에 의회를 통과하는 것이 좋다' 고 결론내렸다.

또한 38년 말의 『신보』 논설도 법안 지지의 입장을 명확하게 나타내었다(38.11.24). 논자는 기독교가 사회로부터 종교로 인정받는 것은 전도 방책에 득이냐 실이냐? 하는 질문을 던지면서, 만약 사회적 인지를 득책으로 생각한다면 '사소한 문제' 에 의연할 필요가 없다고 주장하였다.

'사소한 문제' 란 법안이 '인가주의' 인가, '신고주의' 인가 라는 문제를 말하는 것으로, 이것은 지금까지의 일본기독교회가 법안의 시비를 둘러싸고 최대의 쟁점으로 취급해 왔던 문제이다. 그러나 지금은 '인가주의' 또는 '신고주의' 라는 구별은 무의미한 것이 되었다. 기독교가 '치안' 측면에서 이해되어지는 것이 좋은가? '종교' 라는 측면에서 이해되어지는 것이 좋은가? 하는 새로운 선택이 교회를 압박하고 있었던 것이다.

이것은 앞장에서 언급한 것처럼 30년대의 일반적인 지적 상황이 사상에서 정신으로 후퇴하는 것과 그 축을 같이 한다. 모든 사상을 치안의 대상으로 간주하는 이 정황 속에서 기독교 역시 그 사상적인 성격과 역할을 포

기하고, 오로지 '종교' 로서 인심(人心)의 내면적인 구제와 위안에 그 기능
을 제한하지 않으면 안 되는 사태가 된 것이다.

　제2차 종교단체법안은 점차적으로 강화되었고, 또한 '비상체제' 라는
시국 사태를 등에 업고, 지금까지의 여러 반대 세력을 침묵시키면서 성립
되었다. 1939년 3월 국회를 통과하여 4월 8일 공포된 이 법률은 전체 37개
조로 구성되어, 종래의 법안보다는 간소한 형태를 취하고 있다. 이것을 근
거로 기독교측에서는 정부에 대한 요망이나 교섭이 성과를 나타내었고,
자치의 범위를 확대할 수 있었다고 억지로 평가하려는 자들도 있었다. 그
러나 사실은 그것과 정반대였다.

　교단 인가를 받기 위해서는 교리, 선교방법, 의식의 집행, 단체의 인사,
조직, 재정 등을 상세하게 보고하지 않으면 안 되게 되었다. 또한 교단은
'통리자' 를 세워야 하는 의무가 있었고, 정치제도의 근간에 관한 사항까
지 관계당국의 감독을 받지 않으면 안 되게 되었다. 또한 통리자가 그 직
을 취임할 때 문부대신의 승인을 필요로 하기 때문에, 교단은 사실상 그 인
사권을 독자적으로 행사할 수 없게 되었다.

　그리고 그 법률의 주안점이라고 할 수 있는 제16조는 종교단체의 선교
와 의식, 행사가 신민의 안녕과 질서를 방해하고, 또는 신민으로서의 의무
를 거부할 경우 문부성은 이 종교 활동을 제한하든지 아니면 교역자의 사
역 정지를 명하고, 최종적인 경우 그 종교단체의 인가를 취소할 수 있었
다. 요컨대 살리고 죽이고 마음대로 할 수 있는 법이었다.

　이러한 사실에 직면한 기독교계의 반응은 어떠하였는가? 『복음신보』
(39.3.30)의 논설은 법안의 성립을 '경축하기에 합당한 것' 이라고 환영하였
다. 이것으로 기독교에 대한 종래의 불공평한 취급이 개선된다면 그것은

사회 그 자체에도 좋은 것이다.

그러나 이 논설은 법안 성립을 무조건 기뻐하는 것은 아니었다. 특히 기독교인들이 이 법안의 성립을 통하여 국가 보호를 손에 넣게 되었다고 안도한다든지, 또는 전도가 용이하게 되었다고 생가하는 것은 큰 유혹이라고 경고한다. 왜냐하면 기독교는 본래부터 국가의 보호에 의해서 발달되는 종류의 종교가 아니기 때문이다. 이러한 통찰력은 종교단체법의 본질의 일단을 바르게 이해하고 있는 것으로, 일본기독교회로서의 견식을 제시하는 것이었다고 볼 수 있다.

주요 교파의 대응을 보자면 종교단체법이 성립될 때, 교단 인가를 위해서 전 교파의 합동이 필요하다는 것을 어느 누구도 상상하지 못하고 있었다. 사실, 문부성 당국도 그것까지는 생각하지 못했다. 각 교파는 먼저 종교단체법에 준거하여 법인으로서의 독자의 인가를 목표로 준비를 개시하였다.

'일본기독교회' 는 39년 제53회 총회에서 법인으로서의 교단 설립이 제안되고 가결되었다. 그 다음해 초두에 '일본기독교회교단 규칙' 초안을 작성하여 문부성과 교섭에 들어갔다.364 조합교회도 39년 10월의 제55회 총회에서 '일본조합기독교단 헌장' 및 세칙을 결의하였다. 그 내용은 그때까지의 동 교회의 교회 규약을 단체법에 맞추어서 개정한 것이다(동, 219).

각 교파에 의한 독자적인 인가 신청과 교섭이 시작되는 한편, '일본기독연맹' 을 중심으로 하는 교파 합동의 움직임도 활발하게 되었다. 일본기독연맹은 39년에 들어서면서 새로운 제(諸) 교파에서 선출된 합동위원회 활

---

364 도히 아키오, 『일본 개신교 교회의 성립과 전개』, 218.

동을 개시하여, 제1회 모임을 동년 4월 11일에 실시하였다. 즉 종교단체법이 공포된 지 3일 후였다.

기독연맹상임위원장 아베(阿部義宗)는 '교회 합동은 이미 연구 기간을 지나서 지금은 실행기에 들어갔다' 고 인사하면서, 정세의 절박함을 호소했다(미야꼬다 쯔네타로『일본 기독교 합동사고(稿)』, 132). 이 위원회는 신앙직제연구, 교회동맹연구, 실행사업연구, 재정연구라는 4개의 소위원회를 설치하여 조사 연구에 착수하였다.

주목할 만한 것은 '교회동맹연구' 소위원회에서 일본의 기독교회 대표들이 합동을 위한 첫 발걸음으로 '교회 부제' (部制, BLOC)를 주장하면서 그 방향에 대한 연구가 진행되고 있었다는 것이다. 또한 실행사업연구 소위원회에서는 각 교파의 협조 창구로 세례의 상호승인, 공동성찬, 강단 교환 등 교회의 선교 및 예배에 관한 본질적인 사항이 논의되었다(미야꼬다 쯔네타로『일본 기독교 합동사고(稿)』, 136).

'일본기독연맹' 의 연구 활동이 문제점이 없는 것은 아니지만 합동의 가능성을 교회적 순서에 의거해서 탐구하려고 했던 것은 사실이다. 따라서 이러한 활동에 대하여 종교단체법에 준하여 성급하게 편의적인 성과만을 얻겠다는 취지였다는 지적도 틀린 것은 아니지만(도히 아키오, 전개서, 224), 종교단체법에 무조건적으로 굴복하고 영합하기 위한 동기로 이러한 연구가 실시되었다는 주장은 잘못된 것이다.

그러나 각 교파가 독자적으로 자신들의 교파 인가 신청 작업에 들어가고, 또한 기독연맹 역시 제(諸) 교파 합동 운동을 신중하게 진행시켰다. 이 것은 다르게 표현하자면 기독교측은 종교단체법이 요구하는 종교단체 인가 기준에 대하여 정확한 이미지를 파악하지 못하고 있는 상태였고, 결과적으로 각 교파는 자신들의 적당한 방침을 주체적으로 제시하지 못하는 상태가 지속되었던 것이다.

이처럼 교회측의 대응이 늦어지면서, 교파 합동의 분위기를 급변시키는 중대한 두 사건이 1940년 여름에 연속적으로 일어났다.

첫째는, 1940년 6월 문부 성이 교단의 인가 기준으로 교회수 50, 신도수 5천인 이상이라는 방침을 제시하였다는 것이다. 당시 이 기준을 만족시키는 것은 연맹에 가입된 23개 교파 가운데 단지 7개 교파에 불과하였다. 따라서 단독 인가를 얻지 못하는 소수파의 합동이 급속도로 진행되게 되었다.

만약 교단으로 인가를 얻지 못할 경우, 단체법(제23조)에 의거하여 '종교결사' 단체로 취급되어 지방장관 아니면 관헌의 직접 감독하에 놓이게 된다. 그러한 사태를 피하기 위해서 가까운 관계에 있는 여러 교파들끼리 서로 합동하여 문부성이 제시한 기준을 미치고자 하였다.

그 결과 일본미후(美普)교회와 일본감리교회의 합동이 결의되었다(40.9.18). 그리고 동, 서나사렛교회가 서로 합동함으로써 일본나사렛교회를 설립하기로 결정하였다(40.9.27). 또한 일본 나사렛, 일본자유감리교, 일본동맹기독, 세계선교단이 서로 합동을 결의(동일)하여 '일본성화기독교단' 을 결성하였다(40.11.7).

그밖에 일본조합기독교회, 일본동포교회, 일본복음교회, 기독교회의 합동 협정이 성립(40.10.3)되었고, 일본예수교회, 일본전도대, 일본협동교회, 부흥교회, 기독전도교회의 합동에 의한 '일본전도기독교단' 이 결성(40.11.22-23) 되는 등 40년에는 교회 합동운동이 급격하게 일어났다.365

둘째는, 동년 7월에 일어난 헌병대에 의한 구세군 취조 사건이다. 구세

---

365 도히 아키오, 『일본 개신교 교회의 성립과 전개』, 220.

군은 런던에 본부를 둔 국제적 조직이지만, 이전부터 군이나 경찰이 그들의 군대식의 호칭이나 조직에 반감을 가지고 있었다. 또한 구세군 내부에도 개혁을 요구하는 젊은 사관들의 비판적이 언동이 있어, 그것이 헌병대 등에 파악되면서 권력의 개입이 용이한 상황이었다.

직접적인 용의는 스파이 행위였지만 취조의 결과 증거를 얻지 못하였기 때문에 사건으로서 입건되지 않았다. 그러나 헌병대에서는 문부성을 통하여 구세군에 대한 강한 행정조치를 취하도록 하였고, 군대를 모방한 호칭을 폐지하여 스파이 용의를 야기할 수 있는 조직 형태를 개혁하도록 요구하였다.

이로 말미암아 구세군은 영국인의 재무서기관을 8월 중순에 귀국하도록 함과 동시에, 런던의 만국 본영을 이탈하는 절차를 가지게 하였다. 동시에 문부성 장관에 '상신서'를 제출하였는데, 그것은 구세군을 '구세단'으로 개칭하고 '국체의 본의'에 의거한 교의를 개정하는 것, 더욱이 포교의 방침을 '경건 충량한 신민으로서 국가 동포의 복지에 공헌하는 인물을 육성하는 것에 최선의 노력을 기하는 것'으로 정하고, 그것을 위하여 조직 재건에 당국의 지도를 받고자 한다는 내용이었다(사건의 전모와 상신서 등은 『운동』1권, 286-290).

이 사건이 기독교도들에게 미친 충격은 아주 심각했다. '단결하여 자신을 지키고, 국가의 정당한 보호를 받지 못한다면 어떠한 사건이 일어날지 모른다'는 것이 교회 지도자들의 솔직한 심정이었다(『일본기독교단사』, 92).

이러한 새로운 사태 발생은 교회 전체에 위기감을 가져다주었고, 모든 교파가 서로 합동함으로써 이러한 난국을 타개하지 않으면 안 되겠다는 견해가 지배적이 되면서 각파의 지도자들의 회동이 잇따랐다. 각 교파의 뜻 있는 사람들이 모인 비공식적인 회동이 잇달아 열리고, 또한 그것과 병행하여 연맹도 합동 촉진 무대 만들기에 분주하였다.

8월 26일과 29일에 연맹은 교회 안에 뜻 있는 자들과 기독교의 여러 교단의 대표자 약 50명을 초청하여 대책을 협의하여, 120명으로 구성되는 협의회를 열었다. 이 협의회가 '사실상 합동 위원회로서 본격적인 교회 합동의 주진력이 되었다' 고 알려져 있는 것처럼(동상서, 95), 기독연맹은 전 교파 합동의 무대 민들기에 일단 성공을 맛보게 된 셈이다.

그러나 이 급속한 정치적 공작 가운데서 기독연맹이 그토록 탐구하여온 교회적인 합동일치노선은 포기되었고, 그때의 상황에 적응하기 위한 무원칙적인 합동으로 이행하였다는 사실은 부정할 수 없다. 이것은 9월 2일 협의회가 확인한 '약정' 에 명확하게 나타난다.

하나. 우리 기독교회는 내외의 정세를 거울삼아 외국 선교회와의 재정적 관계를 단절하고 자급 독립을 결의할 것.

하나. 우리 기독교회는 오는 10월 17일 황기(皇紀) 2천 6백년 봉축 전국 기독교신도대회를 기하여 각파 합동의 결의를 성명하고, 곧 합동을 성취하기 위하여 맹세한 것에 대하여 모든 권한을 위임받은 준비위원회를 설치한다(이하 생략).366

'내외의 정세' 에 맞물려 합동을 지향하지 않을 수 없었다는 것은 각 교파 및 연맹에 불행한 것이라 말하지 않을 수 없다. 이러한 약정의 노선상에서 탄생한 합동교단은 그리스도의 교회로서 그 의미와 본질을 가지기 위해 장기간에 걸친 고투를 맛보지 않으면 안 되었다.

위의 약정 방침과 함께 각 교파는 각각 합동에 참가하기 위하여 내부의 몸만들기에 돌입했다. 역사적인 경위는 별도로 하더라도 교의, 신조, 조직, 직제, 경건 등 신앙생활의 전반 분야에 서로 이질적인 전통을 가진 각 교파가 아무리 내외정세 때문이라고 할지라도 한 교단으로 합동한다는 것

---

366 미야꼬다 쯔네타로, 『일본 기독교 합동사고』, 154-155.

은 거의 불가능에 가까운 어려운 일이다.

각 교파는 자신들이 가진 교파적 성격을 어떻게 완화하여 합동할 수 있는 체제로 순응하였는가? 조합, 감리, 일본기독교회에 관한 연구는 도히 아키오가 잘 정리하고 제시하였다(전개서, 228-238). 여기서는 일본 침례교기독교단과 일본기독교회의 경우에 대하여 잠깐 검토하고자 한다.

6. 침례교의 대응

침례교는 동서로 나뉘어서 전도 활동을 해왔지만, 1940년 1월에 합동하여 하나의 교단이 되었다. 이 합동은 물론 종교단체법의 인가 기준을 얻기 위한 조치였다. 동서 양 교회의 합동을 위하여 연회의 석상에서 치바(千葉勇五郎, 나중에 교단 제4부 대표)는 '동서로 나뉘어 있던 것이 합하여 한 몸이 되는 것은 외부의 강압에 의한 것이 아니라, 우리가 지금까지 바라고 기도하여 왔던 것이 새로운 정세를 계기로 이루어진 것이다' 고 말하면서, 서로 타인을 위하여 희생적인 고난으로 인내하는 것이 '단체적 생명' 을 발전시키는 조건이라고 강조하였다(『일본침례교연맹사』, 488).

이처럼 합동이라는 형태의 단체적 짐을 지게 된 것은 침례교 전통에 비추어 볼 때 고통이며 부자연스런 것이었다. 침례교의 교회론에 의하면 '보편 교회란 지상에서는 개별 교회 가운데에서만이 나타나는 것' 이며, 각 개교회의 자주성을 본질적인 것으로 주장한다('일본침례교 동맹신앙선언' 1954년, 『자료, 침례교의 신앙고백』, 354). 이 원리가 전후의 교단 이탈의 근거가 되었다는 것을 생각한다면(동, 440), 합동교회로 참가해야 하는 것이 얼마나 침례교로서 짊어지기 힘든 무거운 짐이었던 것인지 알 수 있다.

치바의 발언은 이러한 단체적인 짐을 인내하는 것이야말로 참된 기독교적인 자유라고 설득시키고, 동시에 합동에 의해서 침례교파의 전통이 후퇴하지 않을 수 없는 것에 대한 교회적인 각오를 요구한 것이었다. 또한 이 동서 교회의 합동에 의해서 선임된 교단 지도자(치바)는 '통리'로 칭하게 되어, 종교단체법의 규정에 따라서 교단 조직을 선취하였다.

40년 10월 침례교 기독교단의 제2회 총회가 동경에서 열렸다. 총회의 표어는 '나라를 위하여'였다. 이 표어를 설명하면서 치바 통리는 이것은 '전도보국(報國)'을 의미하는 것이라고 명언하였다(『일본침례교연맹사』, 500).

교단 소속 교회가 상호 원조함으로써 지금 추진 중에 있는 '신체제운동'을 제시하고 '공익우선 멸사봉공'의 정신을 실현할 수 있다는 것이다. 이와 같이 교회의 전도가 그리스도의 나라를 건설하는 본래의 목적을 잃어버리고, 국가에 충성과 봉사로 직결하는 전도 환상이 그려지게 된 것이다.

이 총회에서 지금까지 존재하였던 총회의장이 국가의 신체제에 따른다는 이유로 자발적으로 의장직을 사퇴하고, 의장의 권한을 교단 통리자에게 양보하는 절차가 일어났다. 이것 역시 교단의 통리적인 운영과 권한의 일원화라고 하는 종교단체법의 취지에 따른 조치였고, 침례교의 기본적인 이념을 상실하였다는 것을 의미하였다. 이렇게 총회는 교파 합동에 관한 선언을 채택하였다.

우리 일본 침례교기독교단에 속하는 모든 교인은 제2차 총회에서 우리들의 사명과 책임에 비추어 또한 성서의 가르침과 양심이 말하는 것에 따라서 황기 2천 6백년을 기하여 우리 교단의 자급 독립을 결행하고, 협력하고 육력(戮力: 힘을 합함)하여 점점 전도보국의 성실함을 이행할 것을 선언한다.

침례교 서부 조합교회는 종교단체법(종교법안)에 대한 강한 반대를 관철하여 온 것으로 잘 알려져 있지만, 상술한 바대로 그 반대의 근거를 '양심의 자유'에 두었다. 그러나 지금은 동일한 양심의 소리가 종교단체법 아래의 교회 합동으로 부르고 있다고 선언하는 것이다. 명확한 모순이라고 말할 수밖에 없다.

종교지도자의 주관적인 고뇌와 좌절감은 접어두고라도 양심의 소리라는 침례교 신앙의 전통적인 용어와 개념을 의도적으로 사용함으로써 동일한 전통적 신앙을 부정할 수밖에 없었던 종교단체법의 가혹하며 반종교적인 성격을 간접적으로 나타내고 있다.

침례교가 교파 합동의 장해요인으로 생각했던 또 하나는 세례집례 양식과 유아세례 문제이다. 동 교회로부터 합동준비위원으로 선출된 토모이(友井楨)는 합동의 걸림돌이 여기에 있다는 사실을 인정하면서, '그러나 오늘날의 경우, 과거의 입장에 구속되지 않고 대승적인 차원에서 국가적 입장에서 이 문제를 생각하게 되었다' 고 말한다.367 이처럼 자기 교파의 근본적인 주장이 '과거의 입장' 이라고 간주되어 버릴 때 교파가 존속하여 왔던 의미가 완전히 무시되고, 더 나아가 합동교회로부터 무엇을 얻을 것인가 조차 상실하게 된다.

토모이는 합동의 가부를 비관하지 않는 이유로 '비가 와서 땅이 굳어진다' 또는 '말하면 이해하게 될 것이다' 라는 통속적인 말로 '처음에 마음의 문을 열고 허심탄회하게 논의한다면, 시간이 갈수록 자연히 조용해진다' 는 것이다. 교회의 성립을 비가 온 후 땅이 굳어진다는 자연적 과정으로 이해하는 거의 자포자기적인 태도와, 주장하고 싶은 것을 마음대로 말하도록 내버려둔다면 나중에는 체념하고 순응하게 될 것이라는 일본적 논의와 교묘함이 그의 낙관론을 유지하게 하였다.

같은 합동준비위원인 쿠마노(熊野淸樹) 역시 합동에 이르기 위해서는 단

---

367 『일본침례교연맹사』, 505-506.

순히 체제만을 새롭게 하는 것이 아니라, 정신과 태도가 새로워져야 한다고 주장한다. 그러기 위해서는 '지금까지 그리스도의 몸 안에서 여러 당파를 만들게 하고, 대립하게 하여온 심리적 원인이 무엇인지를 성찰하고, 그리고 반성해야 할 것이 무엇인지 서로가 그것을 하나님 앞에 회개하는 것이 급선무' 라고 하였다.[368]

그는 교파를 성립시킨 역사적 원인을 '심리적인 원인' 으로 왜소화해버렸다. 교회의 특성이 역사적 객관적인 조건 가운데 음미되지 못하고, 단순히 심리적인 심득(心得)의 문제로 환원된 것이다. 따라서 교회 합동을 추진하는 근본적인 역량도 다름 아닌 심리적인 화합과 협조에 요청하지 않으면 안 되었다.

물론 침례교 교회 가운데서도 교회 합동에 끝까지 반대하였던 자들이 있었다. 그러나 그러한 소수의 목소리는 양심의 목소리로 받아들여지지 않았다. 치바 의장은 결의하기에 앞서 합동에 찬성하는가? 또는 반대하여 종교결사 단체로 남아 있을 것인가? 회의장에 물었다. 침례교처럼 개성적인 역사와 전통을 가진 교파도 본질적인 교회적 논의를 뒤로하였고, 양심의 소리에 자발적으로 귀를 기울이는 이 교파의 신앙은 침묵하였으며, 오로지 종교단체법을 '현명하게 이용하여' 위기를 넘기고자 하는 것으로 부패한 것이 현실이었다.

7. '일본기독교회' 제54회 총회

일본기독교회는 신앙고백이나 교회정치 문제를 등한시하는 합동 문제에 대하여 반대하여 왔다. 1939년에 합동 문제가 급변하는 가운데서도 그

---

368 『일본침례교연맹사』, 505-506.

주장을 견지하면서 완전한 합동일치가 불가능하다는 것을 설명하고, 따라서 여러 교파들이 연합하는 교회동맹 형식을 주장하였다.

1940년 9월 24-25일 각 노회장, 총회 상임위원, 각국 이사장, 교회 합동위원을 비롯해 각 노회 상임위원들이 배석한 가운데 합동 문제 협의회가 개최되었다(도히 아키오, 전개서, 236). 여기서 다음 총회에 제출할 의안이 작성되었다. 그것은 선교회로부터 재정적으로 독립하고, 협력 선교 규약을 폐안하는 것이었다. 더욱이 합동 문제에 대하여는 다음 다섯 항목이 협약되었다.

1. 오는 10월 17일 봉축 대회에 교파 합동의 결의 표명에 참가하는 것.
2. 교파 합동의 실제적 처리를 위해서 준비위원을 세울 것.
3. 준비위원은 다음과 같은 의향에 따라서 타 교파의 준비위원과 협력할 것.
(1) 교파 합동은 개신교 제 교파의 준비위원과 협력할 것.
(2) 기구는 종교단체법이 허용하는 범위에서 회의 제도를 채택할 것.
(3) 신앙고백은 사도신조에 개신교 입장을 명백히 나타내는 문장을 부가할 것.
4. 준비위원 외에 심문 기관을 설치할 것.
5. 준비위원의 성안은 임시총회 및 연합 상임위원회에 위탁하여 최종적으로 결정할 것.369

제54회 총회는 1940년 10월 11-16일 개최되어, 위의 총회상임위원 노회의장연합으로 작성된 건의안을 심의하였다. 논의 행방과 성격을 파악하기 위해서 총회기록의 해당부분을 보면 다음과 같다.

〈교파 합동에 관한 건의안 안건〉
토미타 의장, 오전 의사를 속행하여 건의안에 관한 질의 토의를 속행. 많

---

369 『일본기독교회 제54회 총회기록』, 104.

은 절의 응답, 토론이 있은 후, 오카다(岡田正夫)가 건의안을 조목조목 심의하자는 동의가 있어 대다수에 의해 가결 심의에 들어감.

제1항 츠카모토(塚元浩)군 동의하여 이것을 보류하고 최종적으로 심의하는 것에 대다수 가결.

제2항 야마모토(山本五郎) 군의 '교파 합동의 "현실에 대하여" 준비위원 수정안을 제출할 것' 을 대다수 가결.

제3항

1. '개신교' 를 '복음주의 개신교' 로 수정하는 것.

　오카다(岡田正夫)의 동의에 대다수 가결

2. 원안대로 가결.

3. 좌기처럼 타나가(田中剛二), 오카다(岡田稔) 제안, 아소(麻生)외 23명 의 찬성 수정안 제출.

〈'교파 합동에 관한 약정' 에 대한 수정안〉

총회상임위원 각 노회장 간담회에 의한 제50회 총회에 제출해야 할 교파 합동에 관한 합의안은 교파 합동안을 순수히 교회적 또는 신앙적으로 전개시켜서 불의한 화근을 장래에 남기지 않기 위해서는 원안 제3(1) 제3(3), 제4, 제5 각 조항에 대하여, 약간의 수정이 필요하다고 인정하여 다음과 같이 수정안을 제출한다.

제3(3) 복음주의 개신교주의의 진수인 성서의 규범성, 구원의 은혜성, 교회의 자율성을 골자로 하는 고백문과 사도신조를 통한 신앙고백을 할 것.

제4 준비위원의 배후에 심문 기관을 설치하는 것. 해당 기관은 일본기독교회내의 신학, 행정, 역사에 각각 통용되는 인사들로 조직할 것.

제5 준비위원회의 성안은 임시총회를 열어서, 출석의원 2/3 이상의 찬성을 가지고 최종적으로 결정할 것.

〈제안자〉

타나가(田中剛二), 오카다(岡田稔)

〈찬성자〉

아소(麻生隆義) 이시지마(石島三郎) 카시와기(柏井忠夫) 나가시마(長崎次郎) 이시지마(石島潔) 오카다(岡田正夫) 콘노(紺野瀧一朗) 도코하(常葉隆

興) 이시쿠로(石黑龜) 쿠로자와(黑澤久雄) 츠다(津田正則) 아키타(秋田實) 하루나(春名長章) 미요시(三好新藏) 미시마(三島專助) 니시지마(西島知幸) 사사키(佐々木義雄) 타마이(玉井義治) 마츠다(松田輝一) 아사쿠라(淺倉重雄) 시미즈(志水芳夫) 타카하시(高橋一男) 나카지마(中島房男) 츠지(辻德兵衛) (참고: 성만 한글로 표기하였음)

찬반양론이 많아, 오후 4시 15분 의장은 지금부터 15분간 간담회를 열 것을 물어 대다수의 찬성으로 간담회에 들어감.

오후 4시 반, 의장 본회 재개 선언.
(3)의 원안 개신교를 개신교 복음주의로 수정하고 타나카와 오카다 수정안을 기록하고 원안을 결의하자는 제의, 찬성을 물은 결과 대다수로 가결.
제4항 준비위원외에 30명의 심문 기관을 설치하는 원안 가결
제5항 '연합 상임위원회에 위탁하여'를 삭제하고 원안 가결.
또한 개회 기간 중, 장소 등은 총회상임위원회에 일임하기로 가결.
마지막으로 제1항에 대하여 심의. 야마모토(山本五郎) 원안의 제1항 전부를 삭제 '일본기독교회 총회에서 교파 합동을 결의하다'를 제1항으로 하고, 원안은 별도 의안으로 취급하는 것을 제안. 찬성, 절대다수로 가결.
토미타 의장은 건의안 전체의 찬반을 물은 결과 절대 다수로 가결(이때에 오지마 마사히로(尾嶋眞治)의 반대 의지를 표명).370

건의안에 대하여 여러 수정 방향은 (1) 개신교 교회의 본질을 가능한 한 정하고 명확하게 하고자 한 것, (2) 합동 조건을 정비하기 위하여 준비위원의 범위를 제한하는 것, (3) 일본기독교회로서 최대한의 신학적 역사적인 통찰을 기울이는 것이라고 정리할 수 있다.
이 가운데 (2)에 대하여는 타나카, 오카다의 수정안은 교단인가 범위 내에 들어있는 교파만으로 구성된 준비위원회를 조직하고자 한 것이다. 이

---

370 『제54회 총회기록』, 104-106.

것은 합동 조건을 위한 정비를 철저하게 하려는 조치이지만, 동시에 교파적 특색이 현저한 소수파의 참가를 경원시 하려는 의도로 이해될 수도 있다. 여하튼 큰 교파의 논리를 강행시키려는 무리한 수정안이라고 말하지 않을 수 없다.

그러나 수정안이 문제를 '순수하게 교회적이며 신앙적' 으로 취급하려는 의도는 (1) (3)의 점에서 충분하게 이해될 수 있다. 수정안 제출자와 찬성자들은 합동 그 자체에 대하여 반대한 것은 아니다. 왜냐하면 그 다음 심의에서 합동준비위원회의 선출 방식에 그들이 관여하였고, 또한 그것을 위해서 위원선출위원회의 증원을 제안하고 찬성한 자에 타나카와 오카다 두 사람의 이름이 올라 있는 것을 보더라도 알 수 있기 때문이다.

수정안의 근본적인 사상을 한마디로 말하자면 '일본기독교회' 의 전통적인 신앙과 노선을 유지 존속하는 것이라고 할 수 있다. 그들은 그 구체적인 표현으로서 '성서의 규범성, 구원의 은혜성, 교회의 자율성' 이라는 삼 원칙을 제시하였다. 복음주의의 3대 원칙을 이 세 가지로 요약하는 것은 일반적이지 않다. 오히려 이신칭의, 만인사제, 성서 권위 등을 주장하는 것이 일반적으로 간주되는 것이다.

제안자의 한 사람인 오카다는 이 3원칙은 총회전에 '삼오회' 석상에서 오카다 자신이 '작성' 한 것이다(일본그리스도개혁파 시코크〈四國〉노회 기관지『시코트 전도』, 249). 여기에 나타나는 성서와 구원에 관한 것은 일본기독교회신앙고백 '전문' 에 포함된 것을 요약한 것으로 지극히 일반적인 것이다. 세 번째의 '교회의 자율성' 역시 일본기독교회에서 기본적으로 고려되어온 개념이다.

총회에서 총회상임위원 무라타 시로(村田四郎)가 '교회의 자율성이란 무엇인가' 라고 질문하였다고 전해진다(오카다 미노루). 전해져 내려오는 자료에 의하면, 타무라 자신이 1939년 어떤 집회에서 '교회는 독자적인 입장으로 가야 한다' 고 발언하면서 그 근거를 '칼빈의 가르침' 에 두었다고 전해진다(『운동』 1권, 180). 그러나 오카다가 '교회와 국가 문제 정도는 잘 알고 있는데, 심술궂은 질문' 이라고 술회하는 것을 보면 '일본기독교회' 는 교회의 자율성에 대하여 어느 정도의 신학적 지식을 가지고 있었다고 보인다.

여기서 문제가 되는 것은 그들이 말하는 '자율성' 이 그 당시 교회적인 정황 속에서 어느 정도의 신학적 깊이와 현실적 결단을 포함하고 있는가 하는 문제이다. 교회의 자율성은 근대국가 속에서 교파의 자율성으로 발현되었다. 즉 교파가 그 신앙 내용을 자신들의 전통 안에서 충실히 결정하여, 각 교파가 가장 신앙적이고 교회적이라고 믿는 방법과 형태로 전도와 교회 형성에 실현하여 나아가는 자주적인 형성 능력을 말한다.

이 관점에서 수정안을 검토하여 보면 원안의 제3의 (2) '기구는 종교단체법이 허용하는 범위에서 회의 제도를 채택할 것' 에 어떠한 수정도 요구하고 있지 않음에 주목하게 된다. '일본기독교회' 는 간이 정치라고 할지라도 장로주의의 형태를 취하고 각 교회, 노회, 총회 각각의 회의 권능을 신뢰하며 회의가운데 역사하시는 성령 사역에 복종하는 것을 통하여 교회의 생명적 형성이 가능하다고 믿는 교회이다.

종교단체법은 그러한 교회의 생명을 근본적으로 인정하지 않는 체질을 가졌다. 그러한 법제 아래서 회의 제도를 유지하는 것은 사실상 불가능한 것으로 보인다. 따라서 종교단체법 아래에서는 교회의 자율성이라는 것이 이미 자기 모순이라고 밖에 말할 수 없다. 교회의 자율성이란, 개혁교회의 전통적인 확신을 이 곤란한 상황아래서 유효하게 또한 현실적인 사상으로서 수립하는 것은 그들의 힘을 훨씬 넘어서는 과제였다.

제54회 총회는 지금까지의 선교회 협력 관계 폐지를 결의하여 자급 독립의 구체화를 기획하였다. 또한 일본기독교회 독자의 교단 인가를 위한 규칙안이 상정되었지만, 총회상임위원에 일임하는 것으로 결정났다. 다시 말해서 이 총회는 일본기독교회의 단독 인정의 길을 보류하고 일단 9월 2일 '협약' 의 선으로 교파내의 논의를 수급하려고 하여 그것을 성공시킨 셋이나.

8. 황기 2600년 봉축 전국기독교신도대회[371]

1940년 9월에서 10월에 걸쳐 제 교파가 대회, 총회를 개최하여 교회 합동을 준비하였다. 1940년 10월 17일 '황기 2천 6백년' 을 축하하는 신도대회에 많은 기독교인들이 모였다. 이 봉축행사는 황국사관으로 물들여진 국가적 축제로 전국 방방곡곡의 모든 기관과 조직들이 문화재를 동원하여 일 년 동안 실시되었다.

야마나카(山中恒)는 이 '기원 2천 6백년' 의 제전을 '쇼와기 최대의 성황 제전' 이라 칭하고 '식전행사, 기념사업의 규모 및 그러한 것에 참가 운동원 숫자에 있어도 전무후무한 아마 금세기 최대의 것' 이라고 간주하면서, 다음 해의 태평양전쟁을 향한 '국민 정신총동원' 의 최종적인 점검이며, 총 '마무리 제전' 이라는 의미를 부여하였다(『우리는 소국민』, 119). 내각에 '축전사무국' 을 설치하고 지방관청, 학교 등을 중심으로 유례없는 규모로 일 년 동안 치러졌다(상세하게는 야마나카, 『우리는 소국민』, 117-247).

기독교 신도들의 '봉축대회' 는 아오야마 학교 교정에서 거행되었는데 준비된 2만 명분의 의자가 다 찼다고 전해진다. 토미타 미쯔루(富田滿)는 개회사를 통해서 국책의 근본 원리인 멸사봉공이야말로 '그리스도의 정신' 이기 때문에 기독교 신도는 세상 사람들보다 앞서서 멸사봉공의 행동으로

---

371 역자 설명: 일본인들이 神武天皇이 즉위한 그 해를 원년으로 계산한 햇수.

실천해야 한다고 말했다(미야꼬다 쯔네타로『일본 기독교합동사고』, 166. 이하 동서에
의함).

아베(阿部義宗)는 설교 가운데서 이 집회는 우리나라의 기독교 역사 가운
데 오순절의 날이라고 하면서 요한계시록 21장의 신천신지의 환상을 보는
것과 같다고 말하였다. '사랑하는 주 안의 형제자매, 교회 합동은 하나님
이 우리들에게 주신 신천신지의 계시입니다. … 우리들은 여기에 일본에
대한 신(神)의 은총을 보게 됩니다.'

오후에는 1500인의 성가대에 의한 '황기 2천6백년 봉축가' 의 합창이 있
었고, 더욱이 교회 합동을 위한 결의를 표명하는 '선언' 이 낭독되었다.

〈선언〉

진무텐노우(神武天皇; 일본 초대 왕)가 나라를 일으킨 이래로 이제야 2천
6백년 황통연면(皇統連綿: 왕의 통치가 유구히 흘러옴)으로, 이제야 광휘가
천하를 비추는 영광스런 역사를 생각하면 우리는 사뭇 감격을 억누르지 못
한다. 일본 전국에 있는 기독교가 서로 모여서 겸허하게 천황폐하의 만세를
봉축한다.

생각건대 세계정세는 극도로 파란만장하여 일각의 윤안(倫安)을 허락지
못하는 것이다. 서(西)로는 서구의 전화(戰禍)가 있고, 동(東)으로는 중국사
변이 여전히 종결을 보지 못하고 있는 이러한 화중(禍中)에서 우리나라는
다행히도 그 진로를 실패하지 않고 국운국력의 진전을 이루어왔다. 이러한
것 역시 천우의 당연한 것으로써 일군만민존엄무비(一君萬民尊嚴無比)한
우리의 국체(國體)에 의한 것으로 믿어 의심치 않는다.

지금이야 세계의 변화에 의하여 국가는 체제를 새롭게 하여 대동아 신질
서의 건설에 매진한다. 우리 기독교인 역시 이것에 즉각적으로 부응하여 교
회 교파 주장을 포기하고, 합동 일치를 통하여 국민 정신지도의 대업에 참가
하여 스스로 앞장서서 타이쇼(大政: 천하의 정치를 일본 국왕이 가짐)를 익
찬(翼贊)하여 섬기고, 진충보국에 정성을 바친다. 여기에 우리는 이 기념할
만한 날에 다음과 같이 선언하고자 한다.

하나. 우리는 기독 복음을 전하고 구령 사명을 결심한다.

하나. 우리는 전 기독교회 합동의 완성을 결심한다.

하나. 우리는 정신의 작흥, 도의의 향상, 생활 쇄신을 결심한다.

위의 것을 선언한다.

쇼와 15년 10월 17일.

야마나카는 이 선언을 '기독교인으로서 신도에 참패하여 보내는 항복 문서와 같은 것' 이라고 간주하지만 정말로 변명의 여지가 없다. 이미 침례교 교회의 예를 통하여 알 수 있지만 '황국' 과 '하나님 나라' 의 의식적인 바꿔치기나 무의식적인 혼동이 이 시기의 기독교 교도들 발언에서 일어나고 있었다. 이후에 교회의 공적 문서 가운데에 거의 일반화되어 갔다. 일본 국왕을 현인신(現人神)으로 믿는 신도(神道)적인 이데올로기가 기독교의 유신론에 커다란 왜곡을 가져다 준 것이다.

그 날 밤을 돌아보면서 미야코다는 '그 광경은 고대 이스라엘의 에스라, 느헤미야 때처럼, 예루살렘의 성벽이 완성된 것을 축하하는 회중이 몹시 감동되어 울었다는 그러한 감동이었다' 고 술회한다. 그러나 신화적인 기원을 주장하는 국가의 축전에 기독교 교도가 기도의 제단을 쌓고 이교도적인 비전을 생각하면서, 사람들이 '성령이여 강림하사' (현행 일본 찬송, 499장)를 불렀을 때 과연 어떤 '영' 이 강림하였다는 말인가?

기독교 교도에 의한 지방의 봉축행사는 이후에 오오사카(大阪), 센다이(仙台), 한신(阪神), 쿄토(京都), 후쿠오카(福岡), 오오무타(大牟田), 코쿠라(小倉) 등에서 실시되었다.

10. 합동의 성립

각 교파로부터 선출된 합동준비위원회는 봉축대회 다음날 제1회 모임을 열고 위원회를 발족시켰다. 참가 교파 22개, 위원인원 64명, 그 외에 7 교파가 한 명씩 옵저버를 보냈다. 준비위원회는 의장에 아베(阿部義宗, 일본 침례교), 부의장에 토미타를 선출하고 또한 전체를 신조, 기구, 재정, 교직이 라는 네 부문으로 나누었다.[372] 이 위원회는 40년 10월부터 41년 3월 말까지 8번 모임을 가지면서 구체적인 협의를 실시하였다. 그러나 제 교파의 역사와 전통의 차이점이 신조와 기구의 양면에서 구체적으로 표면화되어 위원회의 조정은 난항을 거듭하였다.

'일본기독교회'는 합동한다면 단일 조직으로 신조를 가지는 교회가 되기를 주장하였다. 따라서 신조위원회가 그 문안을 검토하고 성안을 얻어 제6회 총 위원회에 제출하였다. 그러나 신조 초안 전문에 '아버지와 아들과 함께 예배 받으시는 성령'라는 문언 및 사도신조의 '거룩한 공회 다시 말해서 성도의 교통'의 방점 부분에 격론이 있었다고 전해진다.

전자는 니케아 콘스탄티노플 신조로부터의 인용으로서 일본기독교회의 신앙고백의 한 절이며, 조합교회가 삭제를 요구한 것에 대하여 일본기독교회측은 성령의 신성을 강조하는 한 구절로서 그것을 견지할 것을 요구한 것이다. 후자는 보편적 교회관과 구별을 선명하게 하기 위한 것으로, 이것도 일본기독교회가 고집한 것이었다. 이러한 것에 대하여 타협안도 고려되었지만 실패로 끝나고, 결국 당분간 종교단체법이 요구하는 '교리의 대요'를 신조로 대체하는 것으로 결착되었다.

신앙고백 제정이 불가능하게 된 상황에서 또 다른 문제가 부상하였는데 그것은 '부제'(部制, BLOC)제이다. '일본기독교회'는 9월 2일 '약정' 이후 제54회 총회를 통하여 하나의 신조를 가진 단일 조직으로의 합동을 바라보아 왔다. 따라서 신조가 제정되지 않는 상황 가운데서 단일 조직(완전 합동)

---

372 『일본기독교단사』, 100.

에 강한 난색을 표명하였다.

제7회 합동준비위원회에서는 일본기독교회의 부제 합동론과 타교파의 완전 합동론이 격렬하게 대립되어, 겨우 안을 만들어 준비위원회에 제출된 '교단기구초안' 을 또 나시 새검도하지 않으면 안 되게 되었다. 이렇게 하여 '부제 합동' 을 고집하는 일본기독교회의 의향을 받아들이고, 1941년 3월 25일 26일 양일간에 걸쳐 개최된 제8회 준비위원회에서는 부제 합동이라는 형태로 '교단규칙요강초안' 을 만장일치로 가결하였다. 더욱이 '교리의 대요' 및 '교인의 생활요강' 도 가결되어 새롭게 시작되는 교단명도 '일본기독교단' 으로 결정하였다.

이렇게 일단 그 사명을 마친 위원회는 이제 교단 창설을 향하여 최종 준비를 위하여 '교단창립준비위원회' 를 별도로 설치, 창립에 관한 모든 권한을 가지게 하였다. 위원장 토미타미쯔루, 부위원장 마나베 요리이치(眞鍋賴一), 서기 토모이(友井楨)와 미야꼬다였다.

이 위원회에는 교단규칙의 정비, 부제에 의한 부국(部局)의 정비, 재정의 정비, 그리고 특히 문부성과의 절충이라는 곤란한 작업이 주어졌다. 위원회 활동은 '기초' (起草), '정부' (整部), '재정' 이라는 3부로 분리, 기초 위원회는 4월 4일에서 10일까지 교단규칙요강을 심의하고 전편에 걸쳐서 자구수정을 실시하여 인쇄하여 문부성에 제출하였다.

이 부(部)제도에 대하여, 각 교회 소속 부국을 결정하는 협의까지 이루어져 최종적으로는 11부가 되었다.

제1부 일본기독교회
제2부 일본감리교회, 일본미후(美普)교회, 일본세엔(聖園)교회
제3부 일본조합기독교회, 일본기독동포교회, 일본복음교회, 기독우회, 기독교회

제4부 일본침례교교회

제5부 일본복음루터교회

제6부 일본성공회

제7부 일본전도기독교단, 일본예수그리스도교단, 일본동맹기독교단, 일
본기독교전도교회, 기독전도대, 일본오순절교회, 일본성결교회

제8부 일본성화기독교단(이하 합병 명칭: 일본자유감리교교회, 일본나사
렛동부회, 일본나사렛서부회, 일본동맹기독교회, 세계선교단)

제9부 키요메교회, 일본자유기독교회

제10부 일본독립기독교동맹회, 웨슬레안감리교교회, 보급복음교회, 일치
기독교회, 동경기독교회, 일본성서교회, 성령교회

제11부 일본구세군

합계 34교파를 거느리며 전 신도수가 24만인으로 집계되었다(미야꼬다 쯔
네타로의 집계에 의함). 그러나 각 부를 보자면 서로 얼마나 신앙의 유사성이
있는지 의문시되는 경우도 없지 않다. 34개에 달하는 교파를 11부로 분류
하였지만 이것은 문부성의 규준에 따라서 신도수 7천 이상으로 분할한 것
이다. 숫자의 균등을 맞추기 위해서 편의상의 조치가 있었던 것이다.

이처럼 신앙도 역사도 서로 다른 교파가 단순히 모인 것에 불과하며, 여
기에 '거룩한 공회, 즉 성도의 교통' 이 실현된다는 것은 불가능에 가깝다.
다시 말해서 신앙고백의 제정은 제2, 3의 어구적(語句的) 논쟁에 의해서는
불가능하게 된 것이 아니다. 하나의 신앙고백으로 소집되는 그리스도의
교회는 적어도 합동의 초기 단계부터 존재하지 않았다. 정말로 이해할 수
없는 야합이라고 밖에 칭할 수 없는 형식(部制)으로 '일본기독교단' 의 창립
준비를 완료하여 간 것이다.

'종교단체법' 에 의거한 교단 '통리자' 는 아주 중요한 위치를 차지한다.
당초부터 아베(阿部義宗)를 통리자로 추천하려는 의향이 강하였다. 그러나

아베는 자신의 목사 경력이 짧다는 이유로 통리자로서 부적격하다고 추천을 고사했다. 따라서 통리자 인선의 협의는 교단 창립 전날, 장시간에 걸친 협의 속에 토미타 미쯔루를 추천하도록 결정하였다(6월 23일).

이것에 앞서 일본기독교회는 1941년 제55회 임시총회를 개최하여 준비위원회에서 검토되었던 신조를 소유하지 않는 부제 합동안에 대하여 협의하였다. 토미타 의장은 개회사에서 '각 교파가 자기들의 신조를 보유하면서 종교단체법이 허용하는 합동 단체를 결정하자'는 기본 방침을 언급하면서, 더 나아가 '당초 각 파가 자기 신조를 자유롭게 소유하고, 종래의 규칙에 준거하여 기구를 운용하고, 이상적인 단일 합동의 실현은 다음으로 미루고자 한다'고 말하였다(『제55회 임시총회 기록』, 9).

이 임시총회에는 이전 총회에서 '수정안'를 제출하였던 것과는 다르게 친제(鎭西)노회의 후지타 오사무(藤田治芽) 목사에 의한 강력한 합동 반대론이 부상하였다. 의장(토미타)이 '주의(注意) 말씀을 드리자면, 여기에는 많은 사복 헌병이 와있기 때문에 발언은 아주 신중하게 하여 주십시오'라고 주문하자, 회의장은 아주 긴장감이 맴돌았다(오카다 미노루의 이야기). 후지따 목사의 반대론은 총회 기록에는 아주 간결하게 취급되었지만, 반대론의 주요 메모 내용은 다음과 같다.

(1) 전54회 총회의 결의에 반대한다. 질질 끌려 다니는 위험이 있다.
(2) 경제적 부담이 증대한다(연맹 가맹-동아 전도회).
(3) 교단과 교회와의 이해의 차이.
(4) 부칙은 여지없이 변경될 위험이 많다.
(5) 본칙과 부칙과의 양립을 위한 끊임없는 본칙 적요론(適要論)에 반대. (교회에 대한 충성을 잃어버림. 일본기독교회의 소멸, 사무의 번잡, 회의제도, 부담 증대, 전도력 감소, 합동전도국: 우에무라(植村) 선생)
(6) 시행세칙, 본칙은 무수정. 교단으로 인정되지 않음. 성공회의 태도. 지금까지의 상태를 버림. 교단이 결사가 됨.

창립위원회를 조직하는 것은

(1) 본칙을 다시 만들어야 함. (2) 문부성의 난관.

부칙의 연한을 제한하는 문부성의 의도. 그러한 경우의 의견.373

이 초안으로부터 후지타의 반대론을 어느 정도 어렵지 않게 그려낼 수 있을 것이다. 합동 문제에 대한 본질적 문제와 순서상의 문제, 또는 창립된 교단의 형성에 관한 교회론적인 시점과 운영 기술론적인 양면을 갖춘 주도면밀한 논의였다. 또한 장래에 관한 예측도 적확하였다.

교회의 합동은 마치 교회적인 사항으로 일어나야 한다는 기본적인 인식을 가지고, 상황에 의해서 '질질 끌려서' 교회적 결단이 애매하게 되는 것을 경고하는 것이다. 동시에 그러한 비본질적인 상황에 좌우되어 성급히 창설되는 '교단'이 가지는 교회성이라는 심각한 문제에 대한 회의이다.

이러한 문제 제기의 배후에는 '종교단체법' 자체에 대한 근본적인 부정, 그리고 일본기독교회의 신앙에 대한 경의와 애착이 있었다고 생각된다. '교회에 대한 충성', '일본기독교회의 소멸', '우에무라 선생' 등의 단편적인 문자가 말하여 주는 것은 일본기독교회라는 동일성에 대한 충성 또는 뜻으로 이해될 수 있다. 그러나 '3원칙'을 기본으로 하는 수정안과 함께, 여기에 일본기독교회의 교회성의 가장 양질적인 면이 존재한다고 보아도 무방할 것이다.

그러나 총회에 제출된 '교단 규칙안'은 의원 113명중 찬성 85, 반대 28로 가결되었다. 이 결과에 오카다는 놀랐다. '지난 반년동안에 교회 합동의 기준 조건에 대한 우리 일본기독교회 수뇌부의 생각에 대변환이 있었지 않았는가? 라는 의미 있는 발언으로 의장에 항의했다. 신조를 가진 단일 조직 합동이라는 일본기독교회의 기본구상에 비추어 보자면, 신조 없

---

373 『일본기독교회 福岡城南敎會史』, 129.

이 부제(部制)로 합동하려는 변화는 '대변환' 이 일어나지 않고는 불가능하다는 것이다.

교단 규칙안에 반대한 28명은 앞의 총회에서 '수정안' 을 제안하였던 26명에 속한 자들이 많았다. 그들은 가능한 이 문세를 '교회직 또한 신앙적' 으로 처리하고자 하였고, 또한 일본기독교회의 신앙적 입장을 견지하고자 논쟁을 마다하지 않았다.

그렇다면 이렇게 교단 규칙안에 반대를 표명한 자들이 교단에 가입한 이유는 무엇인가? 그들의 이러한 행동은 '정당화' 될 수 없는 '이상한' 사태라는 비판이 있다(도히 아키오, 전개서, 243). 확실히 교단 규칙을 용인하지 못하는 자들이 교단에 가입한다는 것은 이해할 수 없는 일이다. 지금 그들의 심정을 헤아린다는 것은 불가능하다. 그러나 일본기독교회소속 시부야(澁谷) 교회의 오지마(尾島眞治) 목사가 1942년 4월 합동에 반대하여 교단을 탈퇴하고 종교결사로서 교회설립을 신청한 것에 대한 도히 아키오 교수의 평가에는 문제가 있는 것처럼 보인다.

오지마는 신도적 기독교의 제창자로서 그 이름이 알려진 목사인데, 1935년 2-3월에 걸쳐 『복음신보』에 '일본 신학이란 무엇인가? 를 5회에 걸쳐서 연제하였다. 구미신학에 의한 기독교를 청산하고, 일본적 또한 동양적인 '생명 중심의 기독교' 를 주장하여 '현재 성화' (聖化), '현재 천국' 을 주창하고, 사도신조의 전체를 개정하려고 시도하였다.

그러나 도히 아키오는 오지마의 '기독교 이해의 내용' 을 고려하지 않는다고 한다. 그렇다면 기독교 이해의 내실을 묻지 않고, 목사의 출소진퇴에 관한 의미를 논할 수 있는가? 물론 이 문제는 태평양전쟁 당시의 '등대사' (燈臺社)에 의한 저항을 논하는 차원과는 다르다. 다시 말해서 신앙 이해와 교회 소속과의 불가분의 관계가 전제되어질 때만이 당사자들의 결단을 평가하고, 또는 비판하는 것이 가능하다는 것이다.

교단 규칙안에 반대하였던 오카다(岡田稔)는 후년에 합동에 참가하면서 그 이유를 한탄하는 마음을 가지고 두 가지로 말한다(오카다, 『그리스도의 교회』, 64). 첫째로, 사회 정세의 황파(荒波)에 강요된 것, 또 하나는 부제(部制)에 의하여 일단 일본기독교회의 신앙이 살아남았고, 부제 해소 전에 통일 신앙고백을 반드시 작성한다는(부대적인 결의의) 약속에 '희미한 기대'가 있었다는 것이다. '그것은 분명히 신뢰할 수 없는 남자의 감언이설에 점차 몸을 내어 맡긴 여자의 심리와도 같은 것으로, 동정의 가치라기보다 결단력이 부족했던 불쌍한 것이었다'(오카다, 『그리스도의 교회』, 64). 주체적으로 희망적인 상황을 만들어내지 못하고, 기존의 상황에 따라갈 수밖에 없었던 타인 의존의 심리가 합동참가의 원리였다는 것이다. 당사자의 자책을 변명으로, 이처럼 솔직한 말로 진술한 것은 찾아보기 힘들다. 패전 후의 발언이지만, 인용하기로 한다.

> 교단창립 총회는 1941년 6월 24, 25일 양 일에 걸쳐 후지미쵸 교회에서 개최되었다. '국가'인 기미가요를 부르고, 궁성요배를 하고, 출전병사, 전몰자를 위한 묵도로 예배가 시작되었다. 의사는 교회 합동준비위원회, 창립 준비위원회의 보고를 받고 또한 교단규칙초안의 경과보고와 설명이 있었다. 질의 가운데 다소의 논의가 있었지만 전체회의 박수로 채결되었다.
>
> 그후에 교단 통리자가 선출되었지만, 그것은 '선출'이 아니라 '천거'라 칭하여 이미 내정된 자를 '추대'하는 형식이었다(미야꼬다 쯔네타로). 토미타가 추거된 '순간 회의장에 홀연히 박수가 일어나, 일동이 기립하여 감격하는 가운데 토미타씨를 통리로 받아들였다.'[374]

여기에는 논의도, 검토도 불필요하였다. 교회회의와는 이질적인 원리와 정신이 작용하고 있었던 것이다. 지금 이 시점에서는 종교단체법에 의한 인가를 받지 않은 상태이다. 그러나 기본적인 노선은 확인되었다. 그 가운

---

374 『일본침례교연맹사』, 508.

데 이 교단의 '교리대요'에 관한 부분을 인용하고자 한다.

제5조 본 교단의 교리대요는 다음과 같다.

예수 그리스도로 말미암아 계시되시고, 성서 안에서 증거되시는 아버지 아들 성령 되시는 삼위일체 하나님은 세상의 죄와 그 구원을 위하여 사람이 되시고 죽으시고 부활하신 성자의 구속으로 말미암아 믿는 자들의 죄를 용서하시고, 그를 의롭다 하시고, 그를 성결하게 하여 영원한 생명을 주신다. 교회는 그리스도의 몸이며 은혜로 말미암아 부름받은 자가 예배를 드리고 성례를 집행하고 복음을 선교하며 주님의 오심을 기다린다.

제6조 본 교단은 구신약성서를 교리 근거의 교전으로 하고, 사도신조와 그 외의 신앙의 고백에 준거한다.

이러한 '교리대요'는 신앙고백이라 할 수 없다. 이것은 어디까지나 문부성 당국에 이 교단의 신앙교의를 설명하고 승인을 얻기 위한 기입 사항에 불과하며, 하나님에 대한 응답도 아니며, 최소한의 신앙적 함의를 의미하는 것도 아니다. 신앙고백에 대한 관심을 약화시킬 뿐만 아니라 고백해야 할 신앙 내용까지도 확인하지 않는 가장 나쁜 합동이었다.

교단의 제도가 가지는 특징을 보자면 먼저 '부제'와 '통리자' 제도가 본질적으로 서로 대립하는 원리라는 사실을 놓쳐서는 안 된다. 통리자의 권한은 불교 종파의 '관장'에 필적할 정도로 막강한 권한을 가지며, 전 교단을 효과적으로 통제한다. 교단 규칙에 의하면 통리자는 교단을 통리하고, 대표하며, 교리에 관한 제(諸) 문제를 조정하고, 총회 및 상임위원회를 소집하여, 그 개회 폐회를 선언한다.

또한 총회의 의사를 통하여 문부대신의 인가를 얻어, 교단 규칙을 변경한다. 교회의 설립, 교회 규칙의 변경, 법인 자격, 합병 및 해산을 승인한다. 교회주관자 및 그 대표자 및 직원, 더욱이 목사의 임면, 또는 징계를 행사한다. 총회를 거쳐서 교단의 경비를 부과 징수하고, 재산을 관리한다(『일본기독교단사』, 108). 이처럼 통리자에게 신앙 내용, 제(諸) 활동, 회의 조직, 인사, 재산관리 등 교단의 운영 전반에 걸치는 절대적인 권한이 집중되어 있다.

그러나 이것과는 반대로 '부제'(블록제)는 각 교파의 전통을 현상 그대로 온존시키고자 하는 제도로서 통리자가 바라는 중앙집권적인 교단 관리와는 전혀 다른 원리이다. 이 양자가 언제까지나 병존한다는 것은 불가능하였다. 동일한 블록(部) 안에는 비교적 우호적인 교제와 친근감, 또는 신앙의 공유까지 생각할 수도 있을 것이다. 그러나 블록 상호간의 교류와 더 나아가 각 블록 상호간의 협조하는 길을 모색하였지만, 이러한 형식적인 교구제는 각 블록간의 거리감을 극복하는 힘이 되지 못하였다. 부제와 통리제의 긴장관계는 결국 부제 해소를 위하여 문부성에 강하게 어필하는 형태로 나타난다.

여기에서 이처럼 절대적인 권한을 가지고 교단 통리자를 배출한 '일본기독교회'의 문제를 언급하고자 한다.

창립된 '일본기독교단'에서 회의제란 유명무실화되었다. 총회의 의장직이 있었지만 그것은 선거 사무의 관리, 의사 정리들의 책임을 가질 뿐 회의에 대한 지도성은 현저하게 약화되었다. 통리자의 결정이 교단의 최고 의사로 간주되는 체제가 종교단체법이 바라는 대로 정비되어 갔다. 『일본기독교단사』가 '교단의 민주주의적 운영이 현저하게 제한되고 있다'고 인정할 정도이다.

'일본기독교회'는 장로주의에 의한 교회 형성을 추구하였다. 즉 복수의 장로(선교장로와 치리장로)에 의한 회의가 교회의 정치로 행하여졌고, 교직상호간 및 교직과 장로간에 회의에 의한 평등이 약속되고, 따라서 당회, 노회, 총회라는 단계적인 회의 구성을 통하여 교회로서의 일체성, 통일성을 명시하였다. 또 교회의 정치가 세속 권력에 대하여 자율적이어야 한다는 것을 원리로 믿고 있었다.

이러한 장로주의 원리에 비추어보아도 일본기독교단의 정치기구 특히 통리제는 물과 기름과 같은 성질을 가진 것이었다. 일본기독교회가 총회 의장을 교단 통리자로서 보낸 것은 이 장로교주의라고 하는 내실이 이미 붕괴되어 가는 과정을 여실히 나타내는 것이라는 추측을 가능하게 한다.

이 점에 대하여 이가라시 요시카즈(五十嵐喜和)는 '교단 성립에 관한 구 일본기독교회의 논리와 행동'(『제3회 일본개혁교회협의회 기록』 수록)에서 종래의 교단 성립론에서 누락되었던 시점으로부터 주목할 만한 논고를 펼친다.

그에 의하면 장로주의의 정치형태에 생명을 부여하는 것은 노회 형성의 실질이다. 다시 말해서 신앙고백으로의 일치 노력이 노회에서 열매를 맺는다면, 교파의 전통이나 신앙의 소실을 의미하는 무원칙적인 합동을 저지할 수 있었을 것이다. 총회 의장을 교단 통리자로 내보내는 것에 대하여 반대도 없었다는 것은 이미 일본기독교회에서 의장직의 기능이 1939년 당시로부터 차츰 정치적 수완 그것과 동일시되는 경향을 가졌던 당연한 귀결이었다.

11. 부제(部制) 해체를 향한 움직임

교단규칙 초안 제52조는 부제의 존속을 '당분간' 이라고 명시한다. 나중에 이것은 '얼마동안' 이라고 변경하지만 모두가 애매하다. '당분간' 을 2년 또는 3년으로 해석하는 자들이 있는가 하면, 20년 또는 30년 장기적으로 생각하는 자들도 있었다(『일본기독교단』, 109).

그러나 부제라는 편법에 고집함으로써 합동이라는 결과를 얻지 못하는 교단에 가장 엄격한 눈으로 바라본 것은 문부성이었다. '당분간' 이라는 애매한 표현으로 부제를 존속하는 것에 강한 난색을 표명하고 나온 것이다. 교단측에서는 종교단체법에 의한 교단의 인가가 급하였다. 그렇다고 부제를 조기에 해소하겠다는 책임 있는 약속도 할 수 없었다. 제1부(구⟨舊⟩ 일본기독교회)375 등의 저항을 받을 것이기 때문이다.

문부성과 교단측의 절충은 41년 9월에 문부성이 교단규칙 수정안을 교단측에 제시한 이후, 동년 11월 24일 교단설립인가를 받기까지 계속되었다. 이 절충 가운데 부제의 조기 해소를 강하게 요구하는 문부성에 대하여 통리자 토미타가 한편의 '상신서' 를 제시, 문부성의 승인을 받은 사실이 오늘날 알려져 있다('토미타 자료').

'금번 설립인가 신청을 한 본 교단규칙의 부칙 가운데, 부에 관한 규정은 단순히 합동에 참가하는 제(諸) 파에 관한 잔여 업무처리에 필요한 일시적인 조치로, 교단설립이 인가된 후에는 최선의 노력을 기함으로써, 가능한 빠른 기회에 부를 폐지하고, 그로 통하여 본 교단의 활동상 유감 없기를 바라면서 상서합니다' (『기독교의 전쟁 책임』, 84).

이처럼 토미타는 부제 존속의 의미를 '잔여 업무처리' 의 기술적 문제로 간주하고 설명함으로써 '당분간' 을 비교적 단기간을 의미하는 것으로 문부성에 전달한 것이다. 문부성측은 강한 압박적 수단으로써 토미타로 하여금 여지없이 정치적 공작에 임하게 한 것이다.

이상과 같이 정치적 공작을 만들어 내도록 하는 소지가 교회 지도부 안에 존재하고 있었다는 사실은 부정될 수 없다. 교단의 인가를 조기에 희망

---

375 역자 설명: 교단형성과 함께 장로교 형태를 가진 가장 큰 교파였던 '일본기독교회' 는 없어진다. 패전 후에 교단에 속하였던 각 교파가 교단 이전의 자신들의 교파로 되돌아가려는 움직임이 있었다. 1951년에 뜻있는 자들이 이전의 일본기독교회의 전통을 이어서 일본기독교회를 다시 출발하게 한다. 따라서 역사학자들은 교단 이전의 일본기독교회를 구(舊)일본기독교회, 패전 후에 다시 세워진 것을 신(新)일본기독교회라고 구분하였으며, 지금에 와서는 일본 교회라고 부르기도 한다.

하는 기운이 점차적으로 우세해져 갔기 때문이다.

구(舊) 조합교회나 감리교 교회 등에서는 무조건 합동론이 지배적이었고, 일본기독교회에서도 마찬가지였다. 제5회 총회에서 '수정안' 찬성자로서 이름을 올린 츠다(津田正則, 일본기독교회 요코하마교회)는 공립어자신학교에서 강연하는 가운데 '현재 기독교 전도의 장해가 되어 버린 것은 두 가지이다. 그 하나는 교단의 불인가이며, 두 번째는 일반 인민이 너무나도 지쳐 있다' 고 말하였다(『운동』 2권, 36).

부제를 해체하고 완전 합동에 이르기까지의 길은 평탄하지 못했다. 교단 제1부는 1941년 12월 3일과 4일 양 일간에, 제1회 총회를 개최하였지만 석상에서 토미타는 부제를 해체하는 것이 급무라고 주장하고, 문부성과 절충한 결과 교단이 주(主)가 되고, 부가 종(從)이 되었다는 것, 또한 부는 어디까지나 교단이 완전히 성립되기까지의 '잔여 업무처리' 를 위한 것이라고 발언하였다(도히 아키오, 전게서, 247).

즉 토미타는 상술한 상신서 자체를 교회측에 공표하지 않았지만, 부제 해체를 위한 일정이 시급하다고 주장함으로써 '잔여 업무처리' 라는 문부성을 위한 용어를 교회측에도 제시해야 한다고 판단한 것이다.

또한 이 총회에서 '부제 해체의 내적 필연성을 하루라도 빠른 시일 안에 약속하겠다' 는 발언이 나왔다. '내적필연' 을 신앙적 신학적 일치의 표시로서 '신조제정' 으로 생각한다면 제1부 사람들 가운데는 여전히 신앙고백을 전제로 하는 완전 합동의 선을 고수하고 있었던 것이다. 총회에서 설치된 '신조위원회' 는 그 다음해 3월 23일, 교단 신조위원회에 대하여 '부(部)를 해체하기에 앞서 가급적이면 빠르게 신조제정을 위하여 노력할 것' 이라는 의사 표시를 하기로 하였다(카시와이 츠쿠루〈柏井創〉 編, '일본기독교단 신앙고백의 성립(1)' , 『복음과 세계』 1972년 1월).

그런데 제1부 제2회 총회(42년 10월 20-21일)에서 위의 방침을 단념하였다는 보고가 있었다. 목하의 정세하에 신조 제정을 성급히 진행하는 것은 그 내용의 충분한 음미를 기대하기 어렵기 때문에, 부제가 먼저 해산된 다음에 만전을 기하여 신조를 제정하는 것이 합당하다고 판단한 것이다(동상). 총회도 이 보고를 승인하고, 신조를 가지지 않는 교단으로 완전 합동이라는 일본기독교회가 최후까지 회피하고자 하였던 최악의 사태를 받아들이기로 결정한 것이다.

이러한 교회측의 자세 변화(후퇴)에 대하여 특고(특고경찰, 즉 특별고검경찰) 자료가 실로 적절하게 분석하고 있다. 그것에 의하면 교회가 부제 해소로 변화된 움직임의 원인은, 1 부제 합동은 오합지졸에 지나지 않는다는 비난이 강하였기 때문이다. 2 교회 비용의 이중부담, 기관지의 통합 문제 등, 경제적 이유가 생겨났다. 3 대미영전쟁의 개시. 4 교단 제6부(일본성공회), 제9부 키요메 교회의 일제 검거. 5 문부성의 지도에 의한 교단간부 연성회(鍊成會) 결성 등이었다(『운동』제2권, 174).

특히 4에서 말하는 성결교 계통의 세 개의 교회(상기의 두 개 교회와, 단립 교회인 종교결사동양선교회 키요메 교회가 포함)의 검거 사건(42년 6월 26일)은 교단 수뇌부를 시작으로 전 교회에 큰 충격을 주었고, 반사적으로 방어 자세를 취하게 된 것이다.

12. 부제 해체와 완전 합동

성결교 계통의 세 교회가 검거되는 심각한 사태와 함께, 그 외 몇 가지의 조건이 함께하여 부제를 해체하는 것이야말로 당면한 최우선 과제라는 견해가 1942년 후반에 일반적으로 정착되게 되었다. 이것은 경찰 권력에 의한 탄압과 교단 내부에서의 정치적 공작이라는 교회의 비본질적인 요소에 의해서 조종된 결과였다.

1942년 11월 24일 25일 양 일간, 제1회 일본기독교단 총회가 열렸다. 토미타 통리가 인사말 가운데 교단이 짊어져야 하는 세 개의 과제를 말하였다.

첫째, '부제해체' 이다. 교단에 있어 가장 중요한 것은 '신앙상의 문제' 이며, 이것의 해결 없이는 교단의 '존재의의' 가 없다. 그러나 '그것은 먼저 전제조건이 되는 부제 해체를 어떠하든지 실행하지 않으면 안 된다.'
둘째, '일본기독교의 수립' 이다. 일본에서는 기독교가 '국체의 본의' 에 기초한다면 용인되고, 그렇지 않다면 전면적으로 거부된다. 그렇다면 어떻게 하여 일본기독교를 수립하는가? 형식적으로는 '완전 합동' 에 의해서, 실질적으로는 '일본 정신' 에 입각함으로써 가능하다.
셋째, 교단의 '전시체제 확립 강화' 이다. 다시 말하자면 '포교정신과 전시태세의 일원화' 이다.376

여기에 부제 해체와 완전 합동을 바라보는 교단의 이념이 선명하게 나타난다. 신조제정이 전제되는 부제 해체가 이제는 완전히 역전되어, 부제 해체가 신앙적 일치의 전제가 된다는 놀라운 발상을 보게 된다. 완전 합동은 '일군만민' 이라는 국체의 본의에 따르는 길이며, 그렇게 하여 일체가 된 그릇에 '일본 정신' 을 부어 넣음으로써 기독교의 일본화가 완성된다. 부제의 해체는 적어도 겉으로는 일본적 기독교 수립의 수단 이외의 그 어떤 것도 아니었다.

총회는 부제 해체라는 현안을 그 어떤 논쟁도 이의도 없이 처리하였다. 즉 '교단규칙 제3백조 및 제3백5조를 삭제한다' 는 어처구니없는 결의로 부제는 해체되었다. 부제는 기독교연맹에 의한 합동 운동에서부터 현안이 되어 왔던 것인데, 과거 10년간의 어려운 문제를 반나절의 시간도 요하지

---

376 『운동』 2권, 177-179항에 '인사' 의 취지.

않은 채 해결되어 버렸다는 것은 분명히 놀라운 일이다.377

그러나 이시하라가 말하는 것처럼 '처음부터 이상적(理想的)인 안(案)으로 밖에 보이지 않았던 '완전 합동'이 그 어떤 예비적인 공작도 없이 돌연 실현되었다'는 관찰은 타당하지 않다. 교단 각 부가 신조 작성을 뒤로 하고 완전 합동으로 기울어진 것이다. 또한 총회에 앞서 1942년 10월 19일과 20일에 교단의 국장이 참여하는 부제 해체특별위원회 등이 비밀 협의회를 가졌다. 그리고 단시일 내에 신조를 제정하는 것은 불가능하기 때문에, 부제 해체를 준비하는 작업으로서의 신조 작성을 연기하기로 가닥을 잡은 것이다(『운동』 제2권, 177).

이 총회에서 완전 합동에 수반되는 조치로 교단 직영의 교역자 양성기관(신학교)의 설립을 결정(의안 제8)하였다. 그것은 종래의 각 교파 신학교 또는 미션스쿨의 신학부에서 행해져 왔던 신학 교육을 통합하는 것으로, 교사 양성의 일원화를 이루어 교사의 신학적 수준 통일이나 신앙 이해의 균질화를 위해서 꼭 필요한 조치였다.

'일본동부신학교'와 '일본여자신학교'는 1943년 4월 1일 개교할 것을 약속하고 통합의 교섭에 들어갔다. 위의 두 학교 외에 서부신학교의 설립도 총회의 의제가 되었지만, 예비적 교섭이 불충분하여 총회에서 설립위원의 임명으로 그쳤다.

13. 부제(部制) 해체에 대한 저항

교단 성립으로부터 부제의 해체에 이르기까지 통리자 및 교단 당국의 움직임을 개관하였지만, 제1부 교회에는 신조제정을 뺀 상태에서의 부제 해체에 강한 불신과 항의를 가진 자들이 상당수 존재하였다. 그들도 현실

---

377 이시하라 켄, 『일본 교회사론』, 231.

적으로 교단에 참가하여 부제 해체 후에도 그곳에 머물렀다는 의미에서, 신앙고백을 가지지 않는 교회의 일익을 담당하였다는 비난으로부터 자유롭지 못하다. 그러나 이러한 자들이 전시 아래의 교회에 목사로서 교역자로 섬기면서, 교회의 본질과 그 존재 방식을 성실하게 물어가는 사색과 실천의 의미를 잃어버리지 않고 있다.

'일본기독교회' 의 친제이(鎭西) 노회는 노회원들이 거의 보조를 같이하면서 합동 반대 의사를 견고하게 하였다고 전해진다. 그것이 1941년 제55회 임시총회에서 후지따(藤田治芽)에 의한 반대론으로 나타난 것이다. 또한 이 총회 전후에 친제이 노회 내에 여러 교회가 합동 불참가, 종교결사 단체로 이행하려는 움직임을 보였고, 상당히 구체적인 것까지 논의가 진행되었다고 전해진다.[378]

이러한 여러 교회의 움직임은 종교결사에 의한 노회 설립의 가능성을 시야에 넣고 있었다고 평가되고 있다. 결과적으로 이 계획은 실현되지 못하고, 모든 교회가 교단에 가입하였다. 그러나 이후에도 친제이 노회의 교직자들 사이에는 일본기독교회의 신앙과 교회 형성의 노선을 견지하자는 노력이 지속되었다. 그리고 1941년 9월 2-4일 '살아있는 신앙고백과 교회' 라는 제목으로 교직자 수양회가 열렸다. 모인 숫자는 27명으로, 일본기독교회의 전통을 계승하는 것이 곤란한 가운데, 이러한 위급한 상황에 어떻게 대처하여야 하는가에 관한 논의가 진행되었다. 그 결과 마츠오(松尾喜代司)와 마츠키(松木治三郎) 두 목사가 기초하고 전원이 검토하여 '합의' 를 확인하였다.

'합의' 는 교단의 교회성이 가지는 문제성을 제기하며 '명확한 신앙원리에 지도되지 않았으므로 건전한 교회관이 없고, 신앙고백도 없고, 연맹

---

[378] 『일본기독교회 후쿠오카죠난(福岡城南)교회사』, 132.

적 존재'에 지나지 않는다고 신랄하게 그 실태를 비판하였다. 더욱이 일본기독교회 그 자체도 이 교단에 소속한 결과 '이미 종래와 같은 교회로서의 성격을 상실하고 있다'는 우려를 표명했다. 그러나 그 책임은 교회 수뇌부뿐만 아니라 '우리들 역시 태만과 무책임이라는 죄를 깊이 깨닫지 않을 수 없다.' 여기에 우리는 기도와 연찬의 결과 여기에 '회개와 희망을' 가지고 교단이 '기독교회'로서 건설되기 위하여, 다음과 같이 '합의' 한다.

1. 우리는 각자 책임을 가진 교회가 구(舊) 일본기독교회의 신앙고백에 기초하여 교회로서 훈련을 받기 위하여 전력을 다하고자 약속한다.
2. 우리는 교회에 위임된 선교의 사명을 다하기 위하여, 설교가 성서에 충실하도록 기하고, 성례전은 이것의 이해를 철저히 하여 한층 진실하게 집행하도록 노력할 것을 기한다.
3. 우리는 이 비상 시대에 선교의 소명을 받은 자로서 합당한 성서 연구, 신앙 생활을 연마할 것을 기한다.379

보아서 알 수 있듯이 여기에는 교회가 하나님으로부터 받은 사명을 자각하고, 교회가 가져야 할 불변의 표징이 확실한 신학적 뒷받침과 신앙적 일치아래서 표명되고 있다. 교회를 그리스도의 몸으로 건설하는 것에 주의 깊은 반성과 열심적인 뜻을 이처럼 정확하고 겸허하게 표명한 문장은 전시 아래의 교회에서 거의 유례를 찾기 힘들 것이다. 또한 이것을 노회라는 범위 안에서 고백적인 일치로 간주할 수 있다면(사실 그러하지만), 장로주의 교회의 교직자에 의한 상호훈련의 훌륭한 결과로서 평가되어야만 할 내용을 가지고 있다고 생각된다.

단순히 개인적인 또는 각 개교회적인 결단이 아니라, 친제이 노회는 노회를 형성해가는 노력가운데서 장로주의적인 교회 형성을 진솔한 과제로 생각한 것이다. 이러한 노력은 그들이 전쟁 후 교단을 이탈하여 새로운

---

379 『일본기독교회 후쿠오카죠난(福岡城南)교회사』, 134-136.

신(新) 일본기독교회의 형성에 참여해 가는 결단가운데 다시 한번 구현되었다.

또 하나의 사례는 '일본기독교회' 제54회 총회에서 '수정안'을 제출한 오가다(岡田稔) 목사와 그가 지도하는 나다교회(灘敎會)가 부제 해체에 항의하여 단립교회를 선언한 것이다. 부제는 1943년 3월에 폐지되지만, 그것에 앞서 43년 겨울 '쇼와신학연구소'가 동기 수양회를 개최하였다. 이 '연구소'는 코오베의 중앙신학교가 폐쇄된 후에 신학교 폐쇄에 직접 관여한 오카타에 의해서 설립된 것이다.380

수양회 때에, 특히 개혁파 신학에 관심을 가진 부제 폐지를 우려하는 동지들의 회합을 요구하였다. 오카다는 석상에서 부제폐지에 대한 대응책으로써, 교단이탈의 가능성에 대하여 동지들에게 의향을 물었다. 그러나 시기가 전시 아래이기 때문에 곤란하다, 또는 교단 안에 머물면서 신조작성에 노력할 필요가 있다는 의견이 많아, 오카다의 탈퇴론에 동조하는 자가 없었다.

그 때문에 오카다는 교단 탈퇴를 사실상 단념할 수밖에 없었지만, 부제가 43년 4월 1일에 폐지되자 그 다음날 교회 총회를 열어서, 오카다가 기초한 신앙고백과 그 해석규준으로서 『웨스트민스터 소요리문답』을 선택하여, 개인적으로 번역하여, 단일 교회로의 길을 제안하였다. 그리고 교회는 만장일치로 이 제안을 받아들이고, 다음과 같이 결의했다.

우리 나다교회(灘敎會)는 오카다 목사가 작성한 신앙고백문 및 그 사역(私譯) 웨스트민스터 소요리문답을 신조로 하며, 신앙적으로는 일 개 독립교회가 되고, 국가 법제와의 관계에서는 일본기독교단과 관계한다. 우리의 바람은 하루빨리 우리 교회와 같은 신앙고백을 가지는 교회가 나타날 때까

---

380 1942년 3월. 더욱이 중앙신학교 패쇄의 결말은 '중앙신학교의 회상', 142-143.

지, 명실공히 일 개 장로교회를 결성하고자 하는 것이다.381

교회 총회가 4월 2일에 소집되었다는 사실은 부제 존속에 대한 오카다의 절실함을 엿보게 한다. 그는 합동 후에 즉시로 탈퇴를 주장하였지만 '조금 더 몇 개의 교회가 행동을 같이할 것으로' 생각하여, 부제가 존속되는 기간 동안 탈퇴를 기다리고 있었다. 노회 설립의 가능성이 존재하지 않는 곳에는 본래적 의미에서 장로주의 교회의 형성은 기대하기 어렵기 때문이다.382

이와 같이 나다교회(灘敎會)가 보여준 '독립교회' 선언은 교회의 결의자체가 보여주듯이 변칙적인 것이었다. 이 결의는 '신앙적' ('신앙적 교회적' 으로 부가한 기록도 있음) 양심에 의거한 것으로 충분히 이해될 수 있을 것이다. 그러나 국가 법제와 관계에서는 교단과 관계하고, '신앙적(교회적)' 으로는 독립교회가 되고자 하는 것은 이해하기 힘든 사실이다.

이것은 신앙을 내면적, 제도를 외적으로 이분할 때에만이 가능한 교회관이며, 특히 장로주의 원리와 조화될 수 없는 것이다. 교단과의 관계를 명의상 그대로 둠으로써, 대 국가관계의 마찰을 완화하고자 하지만, 그렇게 해서 얻어지는 신앙의 자유는 '교회의 자율성' 으로써 표현되고 고백되는 것과는 실질적으로 무관계한 것이 된다.

한편으로, 이 독립결의는 국가에 의한 압박을 두려워하기에 교단과의 관계를 명의상 온존시켜 둔 것이 아니다. 노회설립의 조건을 충족시키기 위하여 '명실공히' 여러 교회가 서로 합하여 가는 교회 설립을 바라고 보았던 것이다. 다시 말해서, 종교단체법 아래서는 종교결사의 길을 걸어가

---

381 『일본기독개혁파나다교회 70년사』, 72.
382 역자 참조 주: 와타나베 노부오(渡辺信夫), 김산덕 번역, 『칼빈의 교회론』 서울: 도서출판 칼빈아카데미, 제16장 참조.

야 하지만, 그 가능성을 충분히 바라본 결단이었다는 사실이 전후에 곧 일어난 신교파(일본 그리스도개혁파교회) 창립운동의 사상과 행동 가운데 확인된다.

하지만 이 독립결의로부터 교회와 국가를 신학적으로 자리매김하기에 충분한 사상을 찾아보기란 힘들다. 국가가 교회를 법적으로 구속할 뿐만 아니라, 교회의 신앙 내용까지도 감시하고 강화하는 상황아래서, 교회 형성의 논리를 국가의 법제와는 다른 차원으로 간주하여 양자를 분리하는 것만으로는 교회의 자율성을 확립하기란 어렵다. 더욱이 교단과의 관계를 명확하게 하기 위해서는 실제적으로 교단을 이탈하여 단립교회가 되어야 한다.

만약 하나의 개교회가 단립 교회가 되었다고 하더라도 장로주의의 교회 형성으로 연결되지 않는다. 이 독립결의는 이러한 모순을 집약한 것으로 보인다. 그리고 이러한 모순을 감수하는 곳에서 그것이 교회 합동의 논리와 현실 그 자체에 깊은 항의가 될 수 있다고 평가할 수 있다.

제16장
15년 전쟁과 기독교

일본기독교단의 성립이 결과적으로 일본의 기독교인과 교회를 직접적인 관헌의 탄압으로부터 보호하게 되었다는 것은 사실일 것이다. 그렇다고 하지만 보다 현저한 사실은 교단의 성립으로 말미암아 기독교의 전쟁협력이 전면적으로 진행되었고, 교회는 거의 완벽하게 '비상시' 국가의 한 기관으로서 동원되었다는 사실이다.

교회와 교인은 국가의 '사탕과 회초리' (오히려 '눈물의 체벌, 사랑의 회초리' 마루야마 마사오〈丸山正男〉) 사이에서 교묘하게 국책협력의 담당자가 되어, 신앙과 행동의 양면에서 그 자율성과 일관성을 현저하게 잃어버린 것이다.

이 시기는 일본 개신교 역사상의 가장 암울한 골짜기였고, 메이지 이래로 교회가 추구하여온 선한 모습이 소멸되고 오히려 교회의 전통적인 체질의 약한 부분이 가장 추악한 모습으로 폭로를 당하는 결과가 되었다.

1. 일본 파시즘과 기독교

일본형 파시즘이라 불리는 것에는 몇 가지의 특색이 있다. 그 가운데 무엇보다 주목해야 할 것은 일본 국왕을 일본 국토와 국민의 통합 및 존속의 기초로 생각하는 신화적인 요소를 가지고 있다는 것이다. '천황제 파시즘' 이라고 불리는 이 체제는 경제, 법제, 관료기구로부터 학술, 문예 그리고 민중의 일상적 생활 감각에 이르기까지 그 뿌리를 내리고 있다. 그 중심에는 하나의 관념체계를 가진 '국체' (國體)라는 이데올로기가 존재한다. 이 이데올로기란 일본 왕을 현인신(現人神)으로 믿는 종교성을 띤 (즉, 유사종교적) 상징적 체계이다.

신기인(神祇院)이383 편집한 『신사본의』(1944년)에는 국체의 본의가 다음과 같이 설명된다. '대 일본제국은 경외하는 황조(皇祖)의 천조대신(天照大神)이 조시(肇始)한 나라로서, 그 신의 자손이 되는 만세일계의 천황이 황조의 신칙(神勅)대로 유원(悠遠)의 예로부터 무궁하게 다스리신다. 이것이 만방무비(萬邦無比)의 우리 국체이다.' 이 '만방무비' 를 실현하는 수단이 '대동아공영권' 이라고 한다면, 여기에는 '황조신 → 일왕 → 신민 → 대동아공영권' 이라는 일련의 상징이 보이게 된다. 한편, 기독교의 체계를 '하나님 → 그리스도 → 교회 → 하나님 나라' 로 간주한다면 이 두 가지가 서로 유사한 이미지의 연쇄성이 있는 것처럼 보인다.

물론 이러한 종교적인 표상체계의 유사성이 곧 바로 기독교 신앙에 영향을 줄 만한 영향력을 가진다고는 생각하지 않는다. 그러나 국가적 비상체제가 기독교인의 신앙에 긴박성을 가져다 줄 때 이 상이성이 신앙의 표상체계에 그 어떠한 혼란을 가져다주지 않는다고 보장할 수 없다.

그것을 일찍이 자발적으로 선취한 것이 '일본적 기독교' 의 사상이었지만 태평양전쟁 시대에는 교단 지도부의 여러 가지 선언이나 통달이 그 유사성을 교묘하게 이용하여, 천황적 이데올로기의 기독교적 표현에 숙달의 정도를 나타내었다(후술).

---

383 역자 설명: 神祇院은 일본 국가기관의 하나로 1940년(그들에 의하면 황기 2600년) 기념으로 설치, 전국의 신사를 통괄함. 46년 폐지. 진(神)은 천신을 말하고, 기(祇)는 땅의 신.

기독교인들은 메이지 이래로 좋은 신민이 되고자 의식적으로 노력해왔다. '일단 유사시에는 의용으로 공공연히 봉사' 하는 것이 일본인의 길이라고 믿고, 그점에서 미션스쿨에 의한 기독교 교육에도 예외가 없었다. 이런 의미에서 쇼와의 군국주의자가 휘두르는 국가지상주의의 환상을 수용할 수 있는 소지를 가지고 있었다.

일본 파시즘은 나치스 독일의 지도자와 같은 웅변적인 선동자가 아니지만, 반면에 각종 잡다한 슬로건을 불꽃처럼 내어 걸었다.

> '왕도락사' (王道樂土, 왕도에 의해 지배되어 평화로운 토지)
> '오족공화' (五族共和, 중국에서 신해 혁명당시, 청조를 폐하고 오족이 협력하여 공화국을 세우려고 하였던 표어)
> '내선일체' (內鮮一體, 그들이 내지〈內地〉로 불렀던 일본과 외지〈外地〉로 불렸던 조선반도가 일체라는 표어)
> '동아신질서' (동 아시아의 새로운 질서 확립)
> '진국보국' (盡國報國, 충성을 다하여 국가의 은혜에 보답하는 것)
> '일억일심' (一億一心)
> '통후봉공' (統後奉公, 전쟁에 나간 병사들의 뒤에 남아있는 국민들이 봉공하는 것)
> '일억옥쇄' (一億玉碎, 모든 국민이 군민일체가 되어 죽기까지 싸운다는 표어)

일본의 군국주의자들은 이처럼 현기증이 날 정도로 많은 표어를 배포하는 가운데 자기 스스로 그 배포하는 표어에 감염되고 빠져 들어가 현실을 인식하는 능력을 상실해버렸다(丸山眞男, 『현대정치의 사상과 행동』, 97). 그리고 '팔굉일우' 또는 '대동아공영권' 이 '성전' (聖戰)의 환상을 불러일으키고, 국민을 마구잡이로 전쟁으로 몰아부칠 때, 기독교 역시 그러한 상황에 냉정하게 대처하지 못했다.

또한, 일본 파시즘이 아주 효과적으로 작용한 것은 이처럼 '위로부터'의 인위적인 유도에 못지않게 국민들이 서로 감시하고 독려(督勵)하는 일상적 수준이라는 '밑으로부터'의 총동원이 있었기 때문이다. 국민 전체가 하나가 되어 총력 체제를 구사하는 상황에서 그것으로부터 이탈되는 사상이나 행동을 보인다면 '무라히치부'(村八分)384 취급을 받지 않을 수 없다.

좌익, 공산주의자('아카')의 탄압조사가 거의 완결된 1935년 이후에는 기독교인은 그러한 비국민적 호칭과 증오의 대상이 되었다. 당시의 영화나 통속적인 소설에는 선교사 또는 일본인 목사를 스파이 취급하는 예가 있었다고 할 정도이다(『공동연구 '전향'』 중권, 343).

또는 당시 어린이들을 위한 '간첩' 그림인형극이 제작되었는데 그 내용은 '목사나 선교사가 스파이 활동을 했기 때문에 히타치마루(常陸丸: 1904년 육군징용운송선 히타치마루호가 블라디보스토크 순양함대에 격침된 사건) 호가 침몰되었다. 기독교를 조심하라' 고 주의를 환기시키는 것도 있었다(『운동』 제2권, 155).

반상회나 마을회 등이 모체가 되어 민간인층에서도 무언의 압력을 가하는 것 역시, 관헌의 노골적인 박해와 금교 이상으로 기독교의 신앙을 주술적으로 포박하는 힘을 발휘하였다.

2. 기독교인의 전쟁관

전쟁에 대한 기독교인들의 인식은385 15년 동안 치러진 전쟁을 통하여 불변하였다고 볼 수 없다. 오히려 사태의 추이에 즉하여 불안정으로 흔들

---

384 역자 설명: 장례와 화제 이외의 모든 것에 대하여 마을 사람들이 관계하지 않고 도와주지도 않고 방치해 두는 것.
385 역자 설명: 일본 역사에서 15년 전쟁이란 1931년 만주사변에서 1945년 포츠담 선언에 의한 태평양전쟁의 종결까지를 말한다.

렸다고 보는 것이 타당하다. 그렇게 동요하는 기독교의 가슴에 가장 날카롭게 육박하여, 분석하고, 기록한 것이 '특고경찰'(특별고검경찰)이었다(그것의 기독교 관계 자료에 수록된 것이『전시 아래의 기독교 운동』제3권).

특고 자료가 보여주는 관심의 대상은 전쟁 확대 격화에 수반되는 시국의 절박함에 따라서 차츰 몇 가지의 '특이'한 그룹에 집중되는 경향을 보게 된다. 예컨대, 등대사, 야소기독의 신약교회, 성결교 계통의 3교파, 제칠일 안식일 교회 등 4파에 대하여 보자면 이러한 그룹을 직접 취조한 비중은 전 기독교 운동의 약 20%에 달한다.

특고경찰은 종교단체법에 의한 교회 합동에 참가하지 않았던 '종교결사'의 동향을 감시하는 것을 주목적으로 하였기 때문에 그러한 결과는 당연한 것이라고 말할 수 있다(단지, 성결교 계통의 2파는 합동에 참가하였다). 또한 특고 자료는 그룹 단위가 아니라 기독교인의 개인적 불온언동에도 신경을 날카롭게 세웠다. 이러한 일상적인 개인의 발언으로부터 기독교의 전쟁관을 민감하게 식별하고 있었던 것이다.

전시 아래의 기독교 가운데는 관념적인 체계로서의 반전 평화사상을 소유하고 있던 자들이 적지 않았다. 문서나 담화 등에서 상당히 강경한 대결 형태의 반전 발언을 한 사례는 많이 보인다. 그러나 그러한 반전사상이 어떤 집단의 사상적 신조로서 공표된 예는 찾아 볼 수 없다. 또한 개인적인 반전 사상이 행동으로 나타나는 예도 아주 희박하다.

후술하듯이 '등대사'(燈臺社)에 속한 사람들의 병역거부 또는 에스페란티스토(esperantisto)였던 이시가(石賀修)의 입영거부는 반전사상이 집단에 의해서 일어나고, 또한 구체적으로 직접 행동에 나타난 많지 않은 사례이며, 국가에 의한 전쟁 행위에 급진적인 '대결'의 자세로 볼 수도 있다.

특검자료에 의하면 '불온언동'이 전쟁에 대하여 비판적으로 언급하는 많은 경우를 보면 기본적으로 전쟁을 혐오하는 염전적인 감정이 펴져 있음을 전해준다. 1930년대 말에는 교회가 중일전쟁에 대하여 협력이라는 공식적인 태도를 보이면서도, 다른 한편에서는 전쟁에 대한 냉정한 관찰을 남겨놓고 있나.

'독소불가침조약 체결에 의하여 종래의 일독 관계가 급격한 변화에 이르게 되었다는 것은 우리 기독인들로 말하자면 기뻐해야 할 일이라고 생각한다. 실제로 일본, 독일, 이태리의 군사동맹이 결성되게 된다면, 그것은 한층 독일의 정책을 흉내내는 것이 되며, 파시즘화 되어가는 일본에 한층 박차를 가하는 것이 되지 않을까 생각한다(『운동』 제1권, 172). 이 일본기독교회 목사의 발언은 정확한 인식이라기보다 희망적인 관측에 가깝지만, 사태를 비판적으로 음미하려는 노력을 보인다.

15년 전쟁의 전 과정은 국내 정황의 다양한 변천까지도 포함되는 것이다. 그러한 시대의 흐름속에서 기독교인들의 전쟁관 역시 호전과 염전의 기분이 어느 정도 교차하였다. 1939년 2월 단기간 일본을 방문한 미국인 로스타린은 자기가 미국에 있을 때 상상하였던 '한편으로 군벌의 앞잡이들이 가진 호전적인 정치 지도자, 다른 한편으로는 전쟁의 고난에 고뇌하며 침묵당하고 억압당하는 인민' 이라는 도식이 아주 잘못된 오해였다는 사실을 깨달았다.

기독교인들 역시 "기독교를 이용하여 '일본 정신' 을 지지하고, 적극적인 정치를 지지하고 있으며, 특히 정치의 '대(對) 중국문화협조' 계획에 참가하고 있었다" 는 인식을 통하여 그들은 전쟁 협력이 강요되어진 것이 아니라, 자발적인 것이었다고 관찰하였던 것이다(『운동』 제1권, 163).

그러나 1937-39년 당시는 이미 언급한 것처럼 '기독교도의 반전 언동' 에 대한 기록된 많은 증언들이 남아있다는 사실이다. 특히 37년에 무교회주의 독립전도자 후지자와(藤澤武義)와 이또우(伊藤裕之)의 신문법 및 출판법에 대하여 말하면서 언급한 반전 평화 사상은 남다르다.

또한 39년의 기독교 운동에 대한 관헌측의 총괄적인 코멘트는 '만주사변 및 금차(今次)사변(대동아전쟁) 이래 기독인으로서 반전, 반군 그 외 비국민적인 언동을 하는 동파(미영계통의 개신교파) 소속의 많은 기독인들의 동향에 대하여 특히 주의 깊은 단속이 필요하다' 고 교파교회 교인들의 반전 언동에도 신경을 세웠다.

이러한 반전, 염전 운동의 배후에는 국민들이 '대동아공영권' 이라는 호화로운 겉치레의 내막을 어느 정도 알고 있었다는 것을 의미한다. 1937년 12월의 '남경사건' 의 실태는 전후에 이르기까지 국민에게 숨겨져 있었지만, 그것은 중국 침략전쟁에서 일본군의 규모와 퇴폐적 도의의 집약적인 발상이었고, 38년과 39년에는 제한된 정보이지만 대륙에서 일본군의 잔학 행위가 제대한 병사들의 입으로 전해지고 있었다.

부패한 '황군' 이 짊어진 '대동아공영권' 의 환상에 대하여 회의적이 되어가면서, 평화를 희구하는 윤리적 감각을 기독교인들의 일부가 가지고 있었던 것이다. 물론 그것이 충분한 지성으로 뒷받침되고 연구된 결과로서의 의미로 보기는 어렵다. 교단이 설립될 당시 남경침략의 사령관을 불러서 강연을 들은 적이 있었지만, 야나이하라 타다오(矢內原忠男)는 '문제의 심각성을 모르고 초청하였다면 그 우둔함을, 그것을 알고 초청하였다면 그 알랑거림의 정신을 경멸한다' 고 비판하였다(『근대 일본과 기독교』 大正/昭和 篇, 354).

요컨대 1930년대 말까지 기독교계 안에는 대(對) 중국 선무(宣撫)를 담당할 수 있는 자는 기독교밖에 없다고 주장하여 시국에 편승하여 교세를 확장하고자 하였던 시국 편승론과, 도의상 또는 현상유지를 요하는 소극적

평화론자들의 염전론이 반반씩이었다고 볼 수 있다.

그런데 태평양전쟁에 돌입하자마자 기다린 듯이 전쟁 혐오감이 살아져 버리고, 전쟁관이 돌변하여 대(對) 영미전쟁을 환영하는 분위기가 지배적 이었다. 이것은 1942년의 관헌 사료에 의하면 '빈진 언동' 이 없었다. 영미 에 내한 미련을 토로한 '패전주의 언동' 이 하나, 그리고 영미를 얕보지 말 아야 한다는 신중론이라는 세 가지만 보고되었을 뿐이다.

중국사변 발생 당시, 우리는 기독교도는 적어도 기이한 눈을 가지고 보고 있었습니다. 사변 당시 우리 기독교도의 모임이 하꼬네에서 개최된 적이 있 는데, 그 석상에서 젊은이들은 이구동성으로 '그러한 무의미한 전쟁에 누가 응소하는가? 로 분개하였습니다. 그러나 이번에 전쟁이 일어나 그 본질이 포악무도한 미영을 격퇴하여 대동아공영권 제(諸) 민족으로 하여금 자신들 의 땅을 갖게 하기 위하여 일본이 일어나 전쟁하여야 함을 인식한 이래로 위 문품을 보내는 등의 활동을 하고 있습니다. 〈중략〉 결코 그리스도는 서양의 여러 나라와 전쟁을 하여서는 안 된다고 주장해서는 안 됩니다.386

당국도 말하듯이 '대동아전쟁이 될 때 비로소 성전(聖戰)이 된다고 인식' 하였다. 이것은 일본을 '동아의 맹주' 로 규정하는 전통적인 아시아 인식 에 선 소박한 전쟁관이지만 문제의 뿌리는 아주 깊다. '대동아공영권' 의 환상을 믿었던 일반 국민들로서는 이웃나라 중국과 싸우는 것에 대하여 어떤 저항감이 있었다고 보인다. 청년들이 '그러한 무의미한 전쟁에 누가 응소하는가? 라고 말한 것에는 그러한 심리가 작용한 것이다.

중일전쟁의 대의명분은 서구식민지주의를 배제하고, 동양인에 의하여 아시아 신질서를 재편성하는 것에 있었다. 그러나 이 전쟁의 본질은 제국 주의에 의한 침략전쟁이며, 서구열강의 고착화된 아시아 지배를 타파하

---

386 『운동』 3권, 18, 9. 일본기독교회 부인신도 발신.

고, 아시아의 재분할을 목적으로 한 것은 말할 필요도 없는 사실이다. 그리고 그 본질은 '태평양전쟁' 의 발발로 말미암아 더욱 강화된 것이다.

1931년에서 45년에 걸친 15년 전쟁의 중심은 '어디까지나 중국침략에 있다는 사실은 반론의 여지가 없다' 는 것이다(이에나가 사부로우〈家永三郎〉, 『태평양전쟁』, 162). 대(對) 미영 전쟁에 대한 전략적 추이는 본질적으로 연속되는 전쟁행위의 점진적인 발전일 뿐이다.

따라서 대(對) 미영 전쟁을 '처음으로 성전으로 인식' 하는 심리는 전쟁 본질에 관한 무지와, 더욱이 아시아에 대한 인식의 왜곡이라는 두 개의 뿌리에 기인한다. 메이지 이래로 일본의 기독교 역시 '탈아입구' (脫亞入歐)라는 서양 지향을 일방적으로 가짐으로써 아시아에 대한 이해의 눈을 육성하지 않았고, 오히려 국민 정신으로서 아시아 멸시의 감정을 품고 있었다.

또한 '탈아입구' 라는 슬로건에 숨어있는 서양에 대한 열등감은 전쟁이나 또는 비상사태가 되면 '서양 대 동양' 이라는 대결구도로 변환된다. 이처럼 어떤 경우에도 일본은 아시아에 대한 정당한 인식이 결여되었고, 아시아 제국을 일본의 근대화와 팽창을 위한 수단으로만 생각한 것이다.

기독교인의 아시아 인식도 일반적으로는 국민 대다수의 그것과 크게 차이가 없었다. 이전에 우에무라(植村正久)는 청일전쟁을 문명에 의한 비문명의 교화로 간주하였고, 또한 일본에 의한 대만통치를 '친권자' (親權者)의 책임수행이라고 믿었다. 그러한 인식의 혼란은 쇼와기의 기독교인들도 거의 동일하게 받아들였다. 『복음신보』(1937.7.15)의 논설은 다음과 같이 언급한다.

중국은 본래부터 타국에 의존하지 않으면 바른 국가를 이룰 수 없는 국가이며, 이처럼 주권을 확립하지 못하는 국가를 이웃나라로 두고 있는 것은 일본의 불행이다. 따라서 이 전쟁은 일본이 그 불행으로부터 벗어나려고 하는

노력에 불과하다. 일본은 '중국국민'을 '불쌍하게' 생각하는 것이지 조금
도 미워하지 않는다. 그러나 일본으로부터 '이익'만을 챙기고 '권리'만을
주장하는 부당성을 '실물교육' 하는 것이 필요하다. 이 이상의 고통을 이 이
웃나라에 줄 수는 없다.

여기에서 일본은 무능한 이웃나라를 가신 불행한 나라이다. 따라서 이
전쟁은 이웃나라의 부당한 요구에 교육적 효과의 의미를 가진다는 것이
다. 이러한 전쟁관을 기독교의 공적 의사표시로 제출한 것이 '세계 각국에
있는 기독교 지도자들에 보내는 개서(開書)'(1937년)이다. 이 '개서'는 일본
기독교 연맹의 에비자와료(海老澤亮) 총간사장이 직접 기록한 것으로, 45명
의 기독교 지도자들이 서명하고 있다(『운동』제1권, 91-94). 이것은 중일전쟁
에 대한 각국의 비판이 쏟아지는 가운데 제 외국의 기독교 지도자들에게
일본의 국가적 입장을 변명하고, 더불어 시국에 대한 기독교도의 대응을
설명한 글이다.

'개서' 역시 일본을 피해자로 간주하는 점에서 앞의 '신보' 논설과 공
통적이다. '개서'에 의하면 일본이 '사변'을 확대하지 않을 것이라는 방
침을 가지고 있음에도 불구하고 그 '진의'가 중국측에 전해지지 않았고,
또한 중국이 '모일항일정책'(侮日抗日政策)을 계속적으로 실시하며 더군다나
공산주의 사상을 받아들임으로써 '일본의 국시'가 위협되고 있으며, 그리
고 아시아에서 일본의 '기득권익'이 상실되는 것은 국가적으로 치명적인
타격을 받기 때문이라는 것이다. 따라서 '자기방위상' 부득이하게 검을
들지 않을 수 없는 상황이라는 논리이다. 그리고 이러한 전쟁의 난은 '신
(神)이 인류 교육을 위해서 사용하시는 기회'라고 주장하여 교육효과를 주
장한다.
'개서'는 세계의 기독교 교계를 상정한 것이기에, '세계 인류의 평화 복

지'를 희구하는 기독교적 신념을 포함시키는 등, 기독교의 보편적인 가치를 강조하고 있다. 그를 위해 일본의 국가적 이익과 기독교의 국제적 성격을 조화시키려고 고심한 것이 현저하게 나타난다. 그러나 기독교가 본질적으로 소유하는 보편적인 가치로서는 절대로 설명되어질 수 없는 전쟁의 윤리가 일본 기독교의 공적 입장을 속박하고 있다는 사실이 '개서'의 각 행 속에 스며들어 있음을 보게 된다.

3. 그리스도와 일본 국왕

『어떤 기독교인의 전쟁체험』을 기록한 저자 안도(安藤肇)는 입영 직후에 신상조사를 받을 때 인사계 준위로부터 '네 놈은 기독교인이냐? 천황과 그리스도 어느 쪽이 더 위대하다고 생각하느냐'고 질문 받았다. '기독교인으로서 전쟁을 경험하며 살아온 사람이라면 누구든지 경험하였을'이 질문을 '후미에'(踏絵)387로 이해하면서도 '천황은 인간이라는 이 한 마디를 말하지 못하는 이상, 다른 말을 아무리해도 소용없다'고 생각하여, '한 때의 수치'를 각오하고 '나는 잠시 머뭇거린 후에 "천황이 위대하다고 생각합니다"고 대답했다. 그것은 내가 생각해도 놀라울 정도로 나의 입에서 거침없이 나왔다. "음, 그래, 좋아"라는 준위의 말 한마디는 곧 다른 질문으로 옮겼다.' 388 안도가 '한 때의 수치'라고 생각하였던 그 한마디는 전쟁이 끝난 후에도 오랫동안 마음의 짐이 되었다. 그것은 한 기독교인에게 '일생의 과제'가 되었던 것이다.

1938년 2월, 조합교회 총회의장 니시오 코타로(長西尾幸太郎)가 연설 도중

---

387 역자 설명: 에도막부가 기독교를 금지시키면서, 기독교인들을 발각하기 위하여 사용한 예수님 그림이나 마리아 그림.
388 안도(安藤肇), 『어떤 기독교인의 전쟁체험』, 15-17.

에 메이지 왕이 '만든' 노래를 잘못 낭송함으로써 발생한 일련의 관헌측의 공세는 중일전쟁이 전면전에 돌입한 시대에 교회에 처음으로 들이닥친 공격이었다고 말할 수 있다. 이 기회를 통하여 오사카 헌병대는 오사카에 있는 모든 교회 내표사와 기독교 정신 학교에 대하여 '천황과 기독교의 관계'를 중심으로 하는 '국체론' 전반에 관한 13개조의 질문서를 발송하였다(『운동』 제1권, 96-97). 이 질의에 대하여 일본 성공회 의장이었던 나이데(名出保太郎)는 제3항 '천황과 기독교 하나님과의 관계'에 대하여 다음과 같이 답변하였다.

> 지존(일본 국왕)의 문제에 대하여는 과거 50년의 전 생애를 통해서 문제시된 적도 없고, 따라서 공적으로든 사적으로든 입에 담지도 기술한 적도 없이 지금에 이르렀으며, 이것은 실로 세계의 어떤 나라 국민도 이해할 수 없는 절대적 신념(감정의 초월)이다.

칸 타카유키(管孝行)는 '종교인의 저항과 천황성'을 논하는 가운데 나이데의 회답을 언급한다(『제삼문명』, 1975). 그에 의하면, 생각하지도 않고 살아왔다는 것은 일본 국왕이 나이데에게는 '감정을 초월한 전제'로서, 자기의 '종교적 신념에 우월(優越)하는 현실'이었다는 것을 의미한다.

그리고 천황제 파시즘에 항거한 아카이시(明石順三)의 '생각해본 적도 없지만, 지금 질문을 받게 된다면 종교적 신념에 의거하여 이것을 부인하지 않을 수 없다'는 입장과의 이질성을 인정한다면, '여기에, 생각해보지 못했던 문제로서의 천황이나 국체를 탄압이라는 상황에서 처음으로 자각하게 되는 체험의 공유가 존재'한다는 것이다. 여기에서부터 천황제 문제의 근저(根柢)는 이 자각 이전에 이미 전제되고, 무시간화(無時間化)되어 생활 체계속으로 살며시 스며들어온 '집합적 무의식' 가운데 존재하는 것으로 결론내릴 수 있는 것이다.

물론 일본 국왕이나 국체에 대한 소박한 의심과 비판이 분산적으로 존재하기도 한다(인용은 『운동』으로부터). 예를 들면 다음과 같다.

천황론이라는 문제는 여러 가지로 어려운 점들이 있지만 기독교 신자이기에 국체 인식이 희박하다는 것이 아니라, 국체론을 시끄럽게 떠들어대는 자는 국민 가운데 극히 일부 소수자로서, 현재 시끄럽게 떠들고 있는 국체론도 절대 불변의 것이 아니라 일시적 반동이지 않는가 생각한다.

황송한 이야기이지만 우리나라에서 폐하를 영이신 신의 육체를 가지고 나타난 현인신(現人神)으로 이해하는 것은 우리들의 영에 잘 맞지 않는다. 여기에 사상상(思想上) 큰 막다름에 이르는 원인이 있다.

'교육칙령'에 '짐과 너 신민과 함께 명심하여, 그 덕을 하나로 하는 것을 바란다'는 것은 폐하가 신으로서 만민에게 내려왔다는 것이 아니라, 만민의 아버지로서 만민과 함께 그 덕을 하나로 하려는 정신으로 보인다. 세상의 지도자들은 폐하를 신으로서 신앙의 대상으로 하는 등 사상상(思想上)에 혼란을 야기하는 것은 엄하게 삼가야 할 것이다.

천주님과 일본 천황과의 상이는 천주님은 세계 만물의 창조주이지만, 일본의 천황은 천주님이 만드신 자이다. 천주님은 영원히 계시지만 천황폐하는 죽는다.

일반적으로 '생활 체계' 가운데에 내재화된 천황관(觀)에는 다양한 생각들이 함유되어 있다. 사상적인 의미에서 천황제 그 자체는 거의 내용이 없는 원통형과 같다. '만세일계'라고 하며 '천양무궁'(天壤無窮)이라 하여도, 그 자체를 위대한 어떤 것으로 이해하지는 않는다. 따라서 서민의 일상적인 생활 체계 속에 내재되어 중심으로 자리잡고 있는 천황제의 이러한 측면은 민중으로부터 다양한 생각이나 이미지가 투입됨으로써 유지되고 있다.

그러한 의미에서만 보자면 전시 아래에 일반 기독교인들이 자신들의 국왕에 어떤 이미지를 투입함으로써 천황제로 개종하거나, 또는 어떤 정신적 정화작용을 얻는 것이 의외로 적었다는 것을 지적해야 할 것이다. 왜냐하면 내년 관헌측이 보고하는 지료에 의하면 '기독교의 일본화' 라는 상황을 분석하는 가운데 계속해서 그것을 '시국영합 또는 표면 호도적'(糊塗的)이라 하여 합격점을 주지 않았다는 것에서 찾아 볼 수 있다.

그렇다면 이 문제는 일본 국왕에 대한 기독교인의 태도가 건전했다는 증거라는 뜻인가. 불행하게도 그렇지 않다. 타케다(武田淸子)는 '천황제와 기독교인의 의식' 이라는 앙케이트 조사에 근거하여, 극명한 분석과 유형화를 시도하였다(『인간관의 상극』 수록). 이것은 1956년에 행하여진 조사로서, 전시 아래의 기독교인의 의식과 완전히 동일하다고는 말하지 못하지만 기본적인 점에서 크게 다르지 않을 것이다.

그 가운데, 공통적인 타이프 A로서 '매개긍정형' 을 들고 있다. '기독교인의 의식가운데는 기독교와 천황제가 이중 구조적으로 공존' 한다는 유형을 상정하고 있다. 이것은 일본 왕을 현인신으로 보는 국가 신도의례 전체를 정치제도의 영역과 분리하여, 그러한 것에 국민의 한 사람으로서 의무감으로 복종하면서도, '내면적으로는 항거' 하는 태도이다.

타케다는 이러한 '매개긍정형' 을 '패각적(貝殼的; 조개껍질) 인간상' 이라 불렀다. '다시 말해서 지배 권력의 압력 때문에 언제나 자기 존재의 위험을 느끼면서 살아온 일본인은 외부로부터 다가오는 지배 권력이 그 어떠한 성질의 종류이든, 몸의 안전을 위하여 유순히 그 권력의 요구에 따르는 생각을 가지고 의견을 말하고, 생활한다.

그러나 이처럼 외부에 대한 순종적 순응은 실제로 그 인간을 둘러싼 껍

데기일 뿐이며, 필요에 따라서 빠르고 교묘하게 새기며, 또한 새롭게 다시 새겨가는 '의식' 또는 '생활형태'로서, 조개껍질의 알맹이는 외계와는 무관하게 자기가 원하는 그대로의 모습을 가지고 삶을 살아가고 있다. 그리고 카멜레온처럼 변형하고 변모하는 패각과 그 알맹이라는 2중적 구조로서 무관계적인 평행선을 긋고 있다.' (『인간관의 상극』, 341).

이 지적은 어느 교직자의 다음과 같은 발언의 진의와 일치한다. '우리에게 있어 폐하는 아버지이며 천주는 어머니이다. 이런 소이로 야마토다마시(大和魂; 일본 혼을 말함)와 기독교 정신과는 병행하는 두 선의 레일과 같이 절대 무변으로 서로 교차함이 없다고 단언해도 거리낌이 없다(『운동』 제1권, 281).

물론 이러한 천황제와 '절대무변으로 서로 교차함이 없다'는 서민감정은 그 입장을 바꾸어보면 천황제의 정신구조를 극복할 수 있는 계기가 민중의 정신구조의 많은 삶속에 내장되어 있다는 가능성에 눈을 뜨게 하는 것이다. 이로카와(色川大吉)는 다음과 같이 말한다.

서민의 입장에서 보자면, 상당히 깊은 곳까지 '국체'라는 의제(擬制: 가설 제도)가 수용되어 있지만, 그러나 마지막 부분에 가서는 천황제에 자신의 혼을 내어주지 않았다. 가장 깊은 부분에 천황제는 일본인의 마음을 사로잡지 못하고 있다. 국체는 참된 의미에서, 민중의 정신적 기축이 되지 못하였다고 나는 생각한다.389

그러나 다시 언급하지만 위에서 지적한 것의 정당성은 '국체' 이데올로기를 그의 무비판적으로 수용하였던 전쟁 말기의 많은 교회들에 대한 변호가 아니다. 왜냐하면 신앙이란 '정신구조'의 문제라기보다 오히려 본질

---

389 『明治의 문화』, 293.

적으로 '신앙고백' 의 문제이기 때문이다. 정신의 깊은 곳에서 어떻게 이중적 구조를 가지고 있었다고 할지라도, 그것은 신앙고백의 표명 그 자체가 될 수 없다.

신앙은 어디까지나 예수 그리스도에 대한 '고백' 이며, 그 고백에는 하나님께 듣는 것과 하나님으로부터 촉발되어지는 것이 반드시 수반된다. 일본 왕과 그리스도에 관한 문제에 대하여 전시 아래의 기독교인들과 교회가 고백적인 상황에 이르게 된 것은 의심의 여지가 없다. 물론 그것이 '표면 호도적' 이라고 할지라도 그 고백적 상황을 그냥 지나치는 것은 신앙의 자멸이외 아무 것도 아닐 것이다.

> 그렇기 때문에 그가 그러한 대립과 문제에 뒤따르는 것에 대하여 무턱대고 지나치지 않고, 이탈하지 않고, [그 곳에는] 그에 대하여 고백을 명하고 있지 않다고 무리하게 해석하여 왜곡한다든지, 알맹이를 빼버리지 않고, 따라서 실제로 일어난 신앙고백의 상황을 부정하지 않고, 그 결과를 다음 날, 또는 그 다음날까지 연기하지 않고, 보다 신중한 상황 - 그때는 분명히 신앙고백하지 않으면 안 되며, 또한 실제로 신앙고백을 해야 할 것이라는(그러나 지금은 그것에 대하여 때가 이르지 않았지만) 보다 신중한 상황 - 이 일어날 때까지 연기하지 않는 것이 포함되어 있다. 분명히 때가 이르지 않은 신앙고백이라는 것이 있다. 그러나 사람은 그러한 (때가 차지 않은) 신앙고백을 하려고 하는 것이 아니라는 걱정이 결국 신앙고백을 하지 않고 끝내버리려는 구실이 되어버리지 않도록 주의해야 할 것이다.[390]

4. 신사 문제

천황제가 국민의 마음가운데 '집합적 무의식' 으로 자연스럽게 안착되기 위하여서는 어떤 의미에서 '자연성' 이 매개되어야 한다. 근대 천황제

---

[390] 『칼 바르트 교회교의학』 제3권 제4책 제1부, 146.

의 입안자가 메이지 이래로 사용하여 왔던 자연성이란 역시 야나기타(柳田國男)가 주장하는 '조상숭배' 와 '우지가미신앙' (氏神信仰: 신으로 모시는 씨족의 선조)일 것이다. 이러한 토착 자연 종교가 점차적으로 '만세일계' 의 황통이나 천황계의 신통 또는 계보에 흡수되어가는 과정은 말할 필요도 없이 강제적이며 작위적인 것으로, 대게 '자연' 과는 거리가 있다.391

천조대신을 황실의 선조 신(神)이라 하고, 그 자손인 일본 왕을 가족 국가의 우두머리로 하는 천황제 종교적 체계가 토착적 자연 종교를 흡수하여 가면서, 점차적으로 그 위화감을 극복하면서 오히려 민중 속에서 친화감을 만들어가는 과정은 근대 일본의 국가적 기축이 국토와 국민 정신의 깊숙한 곳까지 뿌리를 내려가는 과정과 동일하다. 여기에 '국가 신도' 라는 새로운 종교가 형성된 것이다.

전시 아래의 기독교인들에게 있어, 신사 문제는 구체적으로 '신사참배' 의 시비라는 과제로 집약된다.

메이지 정부는 많은 우여곡절 끝에 신도의 제사와 종교를 분리하여 신사는 '종교' 에 관여하지 않고 오로지 '제사' 만을 취급하게 함으로써 신사를 국가 제사 시설로 만들기에 성공하였다. 종교와 정치를 분리하는 근대 국가의 명목을 확보하면서 동시에 국가가 제사하는 제사를 관리하는 제사 국가의 길을 확보한 것이다. 이처럼 신사를 종교의 범주 밖에다 두는 '신사 비종교론' 은 1877년-82년경에 제도상의 기초를 다시 정비하고, 나아가 신사국(神社局)과 종교국(宗敎局)을 분리(1900년)하여, 신사국를 내무성에 종교국을 문부성에 분리 배치시켰다(1913년).

정부의 이러한 신사 비종교론에 대하여 기독교측으로부터 수 차례 의문

---

391 여기에 대하여는 야스마루(安丸良夫)의 『신들의 메이지 유신』, 무라카미(村上重良)의 『국가 신도』 및 후지야(藤谷俊雄)의 『오카게마이리토에에쟈나이까』(약 60년마다 찾아 오는 영검이 많다는 해에, 서민이 대규모로 신사를 참배하는 것) 등을 참조.

과 비판이 제출되었다. 신사 비종교론에 교회는 쉽게 넘어가지 않았던 것이다. 예를 들자면 일본기독교회는 메이지 말년에 개최된 총회에서 이 문제를 논하고, 1917년의 제31회 총회에서 '오늘날 신사의 제사는 순연히 일종의 종교적 정신과 의식(儀式)을 가지고 있다. 당언히 당국이 신사 예배를 장려하고, 또한 그렇게 한다면 학생들에게 신사참배를 강요하게 되는 것은 자명한 사실이다. 이것은 명확히 일본제국 헌법에 저촉되고, 종교의 자유를 방해하는 것으로 인정된다' 고 결의하였다(『일본기독교회사』, 397).

1930년, 기독교연맹은 주요 교파, 기독교 제(諸) 단체, 외국 선교 등의 연명으로 '신사 문제에 관한 진언' 을 정부의 심문 기관인 신사제도 조사회에 제출하였다. 이 '진언' 은 기독교 교계로부터의 대대적인 의사 표명으로서, 신사 비종교론의 문제성을 지적하고 바르게 하고자 하는 의도였다. 그런데 '진언' 은 신사가 종교인가 아닌가를 조사 연구하여 명확하게 해 줄 것만을 요구하고, 이 문제에 관한 기독교측의 견해가 전혀 표명되지 않았다.

그러면서 신사가 종교가 아니라면 숭고한 뜻이나 대상을 분명하게 하고, 종교적 색채를 일절 제거해 줄 것을 요구하였다. 반대로 신사를 종교적 범주에서 이해한다면, 직접적이든 간접적이든 신사의 종교행위를 강요하지 않도록 요구한 것이다. 여하튼 '국민 각자의 양심의 자유' 를 중요시하도록 요구하였다.[392]

'진언' 의 기조는 당국의 종교 정책에 대한 명확성을 요구하였다는 점에서 기독교측의 입장을 주장했다고 말할 수 있지만, 실질적인 판단이나 소신을 펼치지 못하였다는 점에서는 당국의 의향에 모든 판단을 맡긴다는 것이며 이것은 스스로 종교적 양심의 목소리를 침묵시킨 것이라고 말할 수밖에 없다.

---

[392] 『신사 문제와 기독교』, 230-231.

일본 성결교회 역시 이 '진언'에 이름을 올렸지만, 이 교파의 신앙은 '진언'보다도 적극적으로 신사참배 거부로 나아갔다. 동년 4월 제12회 연회는 '신사를 하나의 종교로 간주'한다는 건의안을 채택하였다.[393] 또한 '진언'이 제출된 같은 달 『키요메의 친구』의 지면을 통하여, 타나까(田中重治)는 신사 문제에 대하여 소신을 솔직하게 표명하였다.

> 어떤 사람이 무엇이라 말하여도 신사는 종교임에 명백하다. 독수리를 새라고 구슬릴 수 있지만, 신사는 종교가 아니라고 구슬릴 수 없다. 이것을 논하는 것 자체가 언어도단이다. 그렇다면 우리 교회로서는 신사를 하나의 종교로 간주하기 때문에 우리 교회원은 결코 신사참배를 해서는 안 된다. 이것을 여기에 언명해둔다.[394]

타나카의 이러한 강경한 신사참배 반대론의 배후에는 1940년 4월에 중국동북부(滿洲)의 안동(安東)에서 발생한 같은 교회원의 신사 불참배 사건이 있었다.[395] 카시와기의 보도에 의하면, 4월 5일 안동고등여학교의 교직 생도는 안동 신사에 참배하고, 타마쿠지(玉串, 역자 설명: 신사참배 할 때에 신전에 바치는 비쭈기 나무의 가지)를 올렸다. 그러나 네 학생(성결교 신자)은 학교에 남아 참배하러 가지 않았다. 담당 선생에게는 '두 신을 섬길 수 없다'면서 자신의 신앙을 표명하였던 것이다.

학교측은 여섯 명의 학생에게 권유하였지만, 동의하지 않았던 네 명의 학생은 출교정지 처분을 받았다. 이것에 대하여, 안동 성결교 교회 전도사 요시모치(吉持久雄)가 항의하면서 문제화 되었다. 이 학교 교장은 안동 일본 기독교회 회원이었고, 또 다른 교원들 가운데는 자유 감리교의 목사였던

---

393 『신사 문제와 기독교』, 239.
394 『신사 문제와 기독교』, 289-290.
395 카시와기 기엔, '만주 안동현의 신사 문제', 『신사 문제와 기독교』, 272-273. 또한 『복음신보』에 개제된 이시지마(石島三郎)의 기사는 『신사 문제와 기독교』, 232-234.

사람도 있었다고 한다.

이와 관련해 안동의 우지코소우다이(氏子總代, 역자 설명: 씨족신을 받는 후손들의 대표)회는 교회 건물의 주인에게 교회를 철거하도록 명하고, 안동에서 이 교파를 퇴출하도록 압박을 가하면서 요시모치 전도사의 퇴거 등을 요청했다.

요시모치 전도사는 『안동신보』에 공개장을 게재하여 신사는 지금으로 보아서 명확하게 종교이며, 기독교의 입장에서 보자면 어떠한 신사에도 참배하지 않으며, 또한 경의를 표할 수도 없음을 언명하였다. 난처해진 광동청은 동경의 성결교 감독 나카타에게 요시모치 전도사의 전임(轉任)을 요구하였다. 그러나 나카타는 이 일이 헌법 28조에 관한 중대한 문제이기 때문에 경솔하게 처리하여서는 곤란하다고 답하였다.396

당시 성결교회는 부흥 성장기였는데 이것이 신사참배거부의 강경한 자세를 관철하게 한 중요한 요인이었는지도 모른다. 나카타는 안동신사참배 사건에 대하여, 안동의 회당을 건축할 필요성을 성도들에게 호소하여 '이것은 만주의 입구에 해당하는 안동현의 문제만이 아니다. 종교자유의 투쟁을 위해서 끝까지 사수하지 않으면 안 될 곳이다. 그 어떤 일이 있더라도 철수하여서는 안 된다' 는 강력한 의지를 표명하였다(동, 292).397

그러나 신사 문제를 둘러싼 기독교 교계 전체의 대응은 점차적으로 퇴색되어 갔다. 신사참배는 국민 정신 통합의 중요한 일익을 담당하는 것으로, 기독교도 가운데도 신사참배를 종교적 의미가 없는 의례라고 생각하는 자들이 다수 나타나게 되었다. 성결교회에서는 나카타 감독이 신사참배를 한 교인들을 탈퇴시키고자 하였다. 그러나 이처럼 교회 전체가 단호

---

396 각각의 전문(電文)은 『신사 문제와 기독교』, 234.
397 『신사 문제와 기독교』, 292.

하게 신사참배를 거부하는 자세는 점차적으로 그 모습을 감추어 갔다.

『복음신보』(1936,3,19)에 게재된 설교('기독교와 국가')는 신사참배에 대하여 '신사는 영웅, 국가적 은인을 기념하는 곳으로 누구든지 충심으로 경의를 표하는 곳이다. 특히 황실과 관계가 깊은 신사에 대하여는 국민으로서 적자(赤子, 백성)의 지성을 가지고 숭경(崇敬)의 성의를 다하여야 한다. 이 의미에서 신사참배는 기독인이라 할지라도 남에게 뒤지지 않는다'고 하여 충군애국의 정신에 의한 신사참배를 적극적으로 긍정하고 있다.

여기에서도 논자는 신사에 대한 숭경이라는 관점에서 종교적 의미를 탈색시키려는 것을 전제로 하고 있다. 다시 말해서 '경신'(敬神)과 '애국'과의 분리이다. 기독교인들도 한 사람의 국민이기에 충실한 애국자로서, 황조신이나 일본 왕에 대한 충성을 신사참배를 통해서 나타내어야 한다는 것이다. 이것이 대부분의 기독교인들을 신사참배에 물들게 한 기본적인 논리였던 것이다.

이러한 상황속에서 그들의 머리에 존재했던 것은 '가이사의 것은 가이사에게, 하나님의 것은 하나님께'라는 예수님의 말씀이었다. 그들은 가이사의 것을 가이사에게 돌려주는 행위로서 애국봉공과, 하나님의 것을 하나님께 바치는 행위로서 종교적 하나님 예배와는 분명하게 분리될 수 있다고 생각하였다. 또한 이러한 논리로 스스로를 설득시키지 않는다면 많은 기독교인들은 그 약한 신앙의 내면적 영역을 지켜나갈 수 없었던 것이다.

5. 오노무라 린죠(小野村林藏)의 사상과 행동

신사 문제에 휘감긴 전시 아래의 기독교인들의 고뇌와 투쟁을 오노무라의 자취를 통하여 조금 구체적으로 생각하고자 한다.

오노무라는 1944년 4월, 이세 진구우(伊勢神宮)에 대한 불경(不敬)과 시국에 관한 유언비어 혐의로 검거되어, 1심에서 징역 8개월의 실형 판결을 받았지만 공소심에서 무죄가 선고되었다. 이 사건은 신사 문제에 관한 당국의 감시, 단속의 실태를 보여주는 한편, 오노무라라고 하는 그 당시 사상적으로도 실천적으로도 유능한 목시기 검거, 투옥되었다는 점에서 또한 당시 교회의 대표적 인물이 어떻게 신사 문제를 이해하였고 그 대응이 어떠하였는지를 연구하는 점에서도 무시할 수 없다.

물론 이 문제에 관한 오노무라의 입장이 그 당시의 일반적인 기독교인들의 모습이라고 할 수는 없다. 그러나 전시 아래에 교회의 목사로서 교회원들의 안전을 우선적으로 고려하였을 때, 그는 무엇을 버리고 무엇을 취하였는가? 그 마음의 행적은 당시 교회 지도자들과 다소의 공통성을 소유한 것으로 보인다.398

사건 발생은 오노무라가 이사와 강사로 있었던 삿포로 호쿠세이(札幌北星) 여학교에서 행한 발언이다. '이 세상은 자연적으로 만들어진 것입니까, 아니면 누군가 창조자에 의하여 만들어진 것입니까?' 라는 질문에 대하여 어떤 학생이 '천조대신이 만들었다' 고 대답하였다. 이 답변에 대하여 오노무라는 '천조대신은 일본의 선조신이기 때문에, 세계를 창조하신 하나님과는 다르다' 고 가르쳤다. 이것이 삿포로 시내 초등학교장회의에서 문제가 되었던 것이다. 또한 취조 받을 때에 반전적인 언동과 더욱이 오노무라가 1925년에 기술한『신사에 대한 의문』역시 문제시 되었다.

『신사에 대한 의문』은 신사/신도에 관한 오노무라의 비판이 대담하고 주도면밀하게 전개된 것으로 구(舊) 천황제도하의 신사 문제에 대한 비판

---

398 사건의 추이는, 자전『豊平物語』에 상세하게 기술되어 있다.『오노무라 린죠 전집』3권 수록. 검거와 취조상황에 대하여는『운동』3권, 228-230.

서로 기념비적인 위치를 가진다. 오노무라는 이 팜플렛을 발행함으로써 사직 당국의 손이 자기에게 뻗쳐 올 것을 각오하였다. 그럼에도 감히 발행한 것은 '사상적인 문제에 관한 생각이 부족한 정부가 관료적인 즉흥적 착상에 의하여 국민들에게 신사참배를 강요하였기 때문에, 종교 문제에 정확한 양심적 훈련을 받아온 기독교인들에게는 미혹의 여지가 없지 않기 때문이다' 고 하였다.399 기독교인의 양심이 겪어야 했던 '미혹' 을 대변한 것이다.

이 논문은 신사가 종교가 아니라고 하는 정부의 판단은 종교학적으로도, 신앙인의 양심에 비추어 보아도 그 어떤 근거도 없는 억지 주장이라고 비판한다. 따라서 헌법에 보장된 국민의 권리를 침해하고 신사참배를 강요하는 것은 허용될 수 없다. 또한 신사 숭경과 선조 숭경과는 구별되어야 한다. 각자는 각각의 사상이나 신념에 따라서 조상 숭경을 표명하면 된다.

일반적으로 일본에는 일본의 국체와 신사가 아주 밀접하며 불가분의 관계에 있다는 상식이 존재하며, 또한 그 상식에 근거하여 국체에 충실한 일본국민 모두는 신사에 참배하라고 강요받고 있다. 이 상식적인 논법을 정밀하게 검토하자면 이치에 맞지 않는 것이 많다. 예를 들자면 신사/신도와 국체가 절대적으로 불가분이라고 한다면, 신사의 흥폐는 곧 국체의 동요로 이어진다. 그렇다면 정말로 신사는 국체견지의 전제가 될 수 있을 정도로 높은 종교성과 품위를 가지고 있는가?

이 점에서 오노무라는 1) 신사/신도가 기독교처럼 언제나 발전하여 갈 수밖에 없는 '신학' 을 소유하지 못하고, 종교로서 정체되어 있으며, 2) 신도의 종교성이 원시종교에서 일반적으로 보이는 위령 숭배에 불과하다는 것, 3) 신사가 '청결' 을 귀하게 말하면서도 제사에는 매춘, 음주, 도박이

---

399 『오노무라 린죠 전집』 3권, 584.

뒤따르고 있어 도덕적으로도 가치가 없다는 것을 지적하였다.

이러한 것들을 이유로 하여 만약 신사/신도가 일본의 국체에 불가분의 전제를 가지게 된다면 이것은 '아주 악인연'으로서 '국가의 재난'이 된다고 판단한 것이다. 이와 같이 신사/신도를 지성, 영성, 도덕성의 세 가지 관점에서 철저하게 비판한 후에, 그는 '교육칙어'를 인용한다. '칙어'가 '우리 국체의 정화(精華)'라고 열거한 것 가운데에는 신사의 존재가 조금도 언급되지 않았다. 그곳에는 황조신에 의한 조국(肇國), 일계의 천황, 만민일심, 충성, 효순(孝順)의 제(諸) 덕이 기술되었을 뿐이다. 따라서 '여기에 더하는 것, 또한 감하는 것은 국체를 그르치는 것'이기 때문에, 신사의 숭경이 국체에 대한 존숭과 일치한다는 상식은 근거가 없는 것이다.

이러한 집필로부터 19년이 지났음에도 불구하고, 이 통렬한 신사에 대한 비판이 이제 와서 관헌에게 새로운 혐의의 근거가 된 것이다. 검거 당시의 심경을 그는 다음과 같이 말하였다.

단지 걱정이 되는 것은, 패전의 기색이 마침내 농후한 오늘날이라는 것이다. 국가 지도자가 문제의 결과에 의해서 가당치도 않은 당혹감으로, 일본의 전 교회를 우둔한 반동에 연루시켜 얼토당토않은 괴로움을 가하는 경우가 발생하지 않는다고는 말할 수 없다. 단지 이것을 염려할 뿐이다.

항상 오노무라가 염두에 두고 있었던 것은 전 교회에 대한 '괴로움'이었다.

지금 만약 기독교의 목사로서 이세 진구우(伊勢神宮)에 대하여 불경한 언동을 하였다는 풍문이 세간에 떠돌아다닌다면, 국민정서를 격발하여 그 어떤 터무니없는 박해의 폭풍이 일본 전국 교회에 엄습할지 모르겠다. 때는 전시, 비상시이다. 치안유지라는 이유로 정부가 특별법까지 만들어 놓은 오늘 날이다. 이러한 생각이 일순, 토요히라(豊平)의 머리를 스쳐지나갔다. 그는 전신이 책임감으로 마비될 것같은 느낌이었다.[400]

취조는 당초 이세 진구우(伊勢神宮)에 대한 불경을 중심으로 진행되었다. 특히 『신사에 대한 의문』 가운데에 '부적은 종교학적으로 볼 때 주술숭배 일종의 형식' 으로 기술하였는데, 이것이 취조관의 심증을 상하게 한 것이다. 변명에 궁한 오노무라는 자신의 개인잡지 '샘' (1943,9)에 기술한 '대마봉재의 심득' (大麻奉齋, 대마는 부적, 봉제는 경건하게 제사하는 것)이라는 것을 검사에게 제시하여 궁지를 모면했다고 한다. 이 문장이 기록된 이유도 교회에서 신사 문제에 대한 대응에 고심을 보여주는 흔적이다.

1943년 여름, 어떤 교인의 자녀가 초등학교 교사로부터 '일본국민이면서도 집에 가미다나(神棚, 역자 설: 집이나 사무실 등에 설치한 신도의 신을 제사하는 선반)가 없는 놈은 비국민이다' 라고 심하게 비난받는 일이 생겨났다. 상담을 받은 오노무라는 교사의 무분별하고 사료가 없음에 분개하였지만, 당면한 교회원의 고난을 위하여 응급조치로서 '가미다나' 를 집에 둘 것을 권고했다. '종교가 무엇인지를 이해하지 못하는 무지, 저열한 관료나 군부의 우매한 책략의 희생이 된 모든 학교의 직원이나 생도 앞에서 저 불쌍한 소년 K군을 희생양으로 몰아붙여서는 안 된다' 는 것이 그의 결단을 지지한 생각이었다.

그리고 오노무라는 '기독교인의 가정에 가미다나를 설치함으로써 생겨날 신앙상의 모순과 폐해를 어떻게 방어해야 하는가' 라는 목회상의 심각한 문제에 직면하였다. 교회원의 예배생활의 혼란을 최소한으로 방지하기 위한 필요성이 생겨났다. 여기서 '고심' 끝에 기술한 것이 『대마봉재의 심

---

400 『오노무라 린죠 전집』 3권, 598, 604, 606.

득』이었다. '대마' 란 이세 진구우(伊勢神宮)와 그 외의 신사가 발행하는 '부적' 을 가리킨다.

오노무라는 카미다나(神棚)가 본래 대마봉안(大麻奉安)을 위한 시설이었지만, 후대에 각종의 종교적 제사로 변질된 것은 가미디니의 외미에 대한 혼탁이라고 한다. 따라서 기독교인의 가정에 카미다나는 고래의 순수한 의미를 견지하고 다른 미신적 혼입을 막아야 한다. 그리고 봉안의 형식도 순수하게 '경조' 의 의미를 가질 뿐, 길흉화복을 '기도' 하는 종교성을 가져서는 안 된다. 공양도 해서는 안 되며, 합장을 해서도 안 되며, 단지 엄숙한 합장 또는 머리를 숙이는 것으로 하여 '카미다나' 로 부르기보다는 '대마봉안소' 라 불러야 적합하다고 하였다.

한편으로 교인 가정이 사회적 고립이나 마찰을 방지하고, 다른 한편으로는 기독교 신앙의 순수함을 견지하고자 하는 '궁여일책' 의 논리가 여기에 보인다. 그것은 담당 검사로 하여금 '이것은 잘 써졌다' 라고 말하게 하기 위한 교묘함을 함축하고 있었고, 결과적으로 오노무라는 '진구' (神宮)에 대한 불경에 대하여 불기소가 되었다.

태평양전쟁 때의 신사와 천황제에 대한 오노무라의 이해는 『동포에게 보내는 기독교인의 글』(1942년 간행, 전집 2권에 수록)을 통해서 볼 수 있다. 1. '일본국과 기독교', 2. '교육칙어와 기독교', 3. '국체의 본령', 4. '비교를 삼가라', 5. '국체와 국풍', 6. '국민적 신념과 인간적 신앙', 7. '존왕의 마음', 8. '키리스탄의 일본전도' 이다. 각 주제에 대하여 독립된 문장을 수록하고 있다.

　1. 기독교의 일본화는 교단 성립에 의한 국민적 교회, 신앙에 입각한 '황도정신' 이라는 두 가지 점에서 달성되고 있다.
　2. '칙어' 에 의한 국체 정의에 입각하여 기독교의 최고 덕목인 '사랑' 으

로 살아가는 것, 그곳에 '칙어'와 '기독교'의 완전한 일치가 있다.

3.4는 국체에 근거한 천황의 지위를 기독교의 하나님과 비교하는 것의 불가능성을 논한다. 천황은 비교를 초월한 존재이며, 다른 것과 비교하는 것 자체 '지존의 존엄을 모독'하는 일이라는 것이다.

5. 신사는 국체 그 자체가 아니다. 그러나 기독교와 신도에는 '영혼불멸'에 관한 공통성이 있고 양자는 '선한 친구'이다. 또한 정부가 말하는 대로 신사는 종교가 아니라 '보은'과 '숭경'의 표현으로부터 기독교인은 오늘날에 신사참배에 어떤 이의도 모순도 느끼지 않는다.

6. 천황에 대한 '국민적 신념'은 '마치 종교적으로 보이는 신뢰'이지만 그것은 사랑하는 자식을 품은 어머니를 위로하는 '인간적 신앙'과는 다른 것이다. 천황은 국민적 숭경의 대상으로 종교적 기원의 대상이 아니다.

7. 기독교 신앙은 존왕의 마음을 강화하여 고결하게 하는 원동력이다.

8. 기독교 전도는 키리시탄 이래 영토적 야심이 아니라, 또한 기독교가 국가적 관념을 상실시킨다는 편견에는 근거가 없다.

이것은 1925년에 『신사에 대한 의문』과 대조하며 읽어야 하지만, 일독하여 보면 현저한 후퇴와 변화된 인상을 피할 수 없다. 또한 여러 모순이나, 천황제 사상에 대한 의식적 영합을 지적하기가 어렵지 않다. 이것을 가지고 오노무라의 '전향'을 논하기도 한다. 그러나 문제는 한 인간으로서 오노무라가 전시 아래에 점차적으로 억지의 도를 넘어가는 국가의 중압 가운데서 무엇을 버리고 무엇을 취하고자 결단하였는가 하는 문제이다. 여기에 오노무라라고 하는 목사가 성실하며 유능하기에 깊은 고뇌에 빠지지 않으면 안 되었던 전시 아래의 교회의 고통과 함정이 있었다.

1925년의 문장을 보면, 타이쇼 민주화의 자유로운 공기가 아직도 교회를 둘러싸고 있었던 시대에 한 시민으로서 일개 기독교인이 쓴 공격적인 계몽의 책이다. 이것과는 반대로, 1942년의 문장은 이미 천황제 사상과 군국주의에 의하여 자유의 공간을 잃어버린 교회 때문에 기독교의 생존권을 변증하기 위하여, 목회자 오노무라가 쓴 변명의 책이라고 말할 수 있다. 그 사이에 오노무라는 신사와의 대결을 버리고 이미 공존의 가능성을 선택하였다.

기독교의 사회성을 단념하고 개인의 내면적인 위자(慰藉)의 길을 걸었던 것이다. 윤리와 사색의 일관성을 버리고 교인들과 함께 살아가고자 하는 심정의 일관성을 취사하였다. 요컨대 시민적 양식의 자유로운 표현을 버리고 목회자로서의 주의 깊은 배려를 취한 것이다.

6. 조선에서의 신사 문제

일본군국주의는 식민지 지배 아래 있는 곳에서도 천황제와 신사/신도를 강압하고, 각지에 신사/신궁을 건설하였다. 그 가운데서도 조선에서의 신사참배 강요는 조선 기독교인의 신앙을 현저하게 침해하고, 그 결과 많은 저항자와 수난자가 나왔다.

한일 병합과 통치 이래로 일본의 교회는 스스로 식민지에 기독교 전도의 역할을 담당하여 왔다.[401] 일본의 조선지배는 철저한 탄압과 회유 정책에 의하여 식민지의 민족의식을 봉쇄하였다. 특히 1930년대에는 일본의 중국침략의 발판으로서 조선의 위치는 중요하였고, '내선일체'라는 슬로건 아래 천황제 사상에 의한 조선민족의 '황민화' 정책이 강요되었다. 그것의 주요한 기둥이 되는 것이 '신사참배' 였다.

1932년 9월 평양의 서기산(瑞氣山)에서 있었던 '만주출정전몰자위령제'

---

401 그 역사에 대하여는 사와마사히코의 『南北朝鮮基督教史論』, 도히 아키오의 『일본 개신교회사』, 민경배의 『한국교회사』 제6, 7, 11장 등을 참조.

에 기독교 학생이 출석하는 것을 교회가 저지하였는데, 평안남도지사 야스타케(安武直夫)는 이것은 종교상의 예배가 아니라 국민으로서 충성을 나타내는 의례라고 통고하여 각 교회에 참배를 강요하였다. 1935년에는 평양의 미션스쿨에 대하여 정기적으로 참배할 것을 강요하였다. 이에 대하여 선교측이 거부를 나타냄으로써 신사 문제가 심각한 양상을 띠게 되었다.

신사참배 강요에 대한 교회측의 자세는 일률적이지는 않았다. 가톨릭교나 감리교회는 처음부터 신사참배의 국민의례적 성격을 이해하였기 때문에 충돌이 일어나지 않았다. 구세군, 침례교, 성결교, 제7일 안식교 등은 그들의 재림사상으로 말미암아 일제히 해산시켰다.[402]

신사참배에 완고한 저항을 나타낸 것은 조선 장로교회였다. 1931년 9월 장로교의 경남노회는 신사참배 반대결의안을 가결하고, 또한 장로교 선교회는 1936년에 미션스쿨의 폐쇄를 결정했다. 이러한 장로교의 강한 자세에 곤혹을 감추지 못한 것은 조선내의 일본기독교회와 일본국내의 교회 지도자들이었다.

1936년 봄에 '일본기독교회' 총회의장 카와죠에(川添万壽得)가 조선을 방문하였다. 『복음신보』는 '카와죠에 의장의 조선 방문은 조선반도 토착의 민중을 내지인 교회로 간주하는 진실로 유익한 공작으로서 깊이 기뻐하지 않을 수 없다. 이리하여 신부(新附, 역자 설명: 새롭게 호적에 이름을 올림) 국민이 종교를 통하여 내지국민과 완전히 융합된다면 진실로 환영하지 않을 수 없는 인연을 맺었다고 말하지 않을 수 없다'라고 그 성과를 상찬하였다 (36,5,14).

더욱이 그 다음 해에는 현지의 아키즈키(秋月) 목사로부터 조선인과 일본

---

402 민경배, '조선인 기독교인과 신사참배거부', 『복음과 세계』 1978, 2.

인이 상호 신앙에 의해서 '융합근접' 의 결실을 거두고 있다는 보고가 있었다(동상, 37, 12, 2). 또한 1938년 5월에는 조선인과 일본인 양 교회의 연합 조직인 '조선기독교연합회' 가 발족하였다. 물론 이것이 조선총독부의 '황민화' 정책에 따른 조직이었던 것은 밀힐 필요가 없다. 발죽식 석상에서 채택된 '선언' 에는 '현하 우리나라 시국의 중대성에 비추어, 국시를 몸으로 하고 국민정신의 홍작(興作)을 도모하는 것이 가장 긴급한 것으로 인식하여 여기 조선의 기독인들이 단결 협력하여 동포의 정신을 작흥하는 것에 투자하여 한층 전도에 증진하여 황국신민으로서 보국(報國)에 성의를 다하는 것을 기대한다' 고 하였다(『신보』38, 5,19). '전도' 가 즉 '보국' 이라는 일본 교회의 기본노선을 그대로 조선 교회에 요구한 것이다.

1938년 6월말, '일본기독교회' 총회의장 토미타 미쯔루가 조선을 방문하여 신사참배 거부에 대하여 장로교회를 설득하였다. 그것은 위처럼 조선 교회에 손을 써보자는 일환의 하나이다. 이 일의 성패가 국내의 기독교에 대한 평가에도 크게 반영하고, 일본 사회에 대한 기독교의 공헌도가 시험되는 기회로서 주목되었다. 토미타는 평양 교회에서 120명의 장로교회 대표자와 간담하였다(『신보』38, 7, 21). 석상에서 토미타는 신사는 종교가 아니라는 것을 '법령을 인용하여' 설득하였다. 그러나 장로교 교회의 목사들은 양보하지 않았고, 격렬한 토론의 응수가 있었다.

토미타는 '제군의 순교적 정신은 훌륭하지만, 언제 일본정부는 기독교를 버리고 신도로 개종하라고 압박하였는가? 그 사실을 보여주길 바란다' 고 하여, 어디까지나 의례로서의 참배와 종교적 예배를 구별하도록 설득하였다. 또한 '기독교가 금압될 때에 만이 우리는 순교해야 할 것이다. 메이지 왕이 만대에 미치는 아량으로 세계에 유례없는 종교의 자유를 부여하신 것을 함부로 가로막는 것은 모독과 같다' 고 공갈협박에 가까운 언어를 사용하면서 다른 한편으로는 '신앙을 위해서 우리는 언제나 생명을 던진다. 제군에게 뒤떨어지지 않는다' 고 자신의 신앙을 과시하였다.

1938년 9월에 열린 조선예수교 장로교회 제27회 총회(평양 서문밖 교회. 총회의장 홍택기)는 다수의 경관들의 감시와 신사참배 반대자를 사전에 구금하는 비상사태 아래에 개최되었고, 신사참배가 기독교 신앙에 반대되지 않는다는 결의를 채택하였다.

우리는 신사가 종교가 아니며, 기독교의 교의에 위반하지 않는 본의를 이해하고, 신사참배가 애국적 국가의식이라는 것을 자각하여, 이로써 신사참배를 솔선수행하고, 또한 국민 정신의 총동원에 참가하여 비상시국하에서 후방의 황국신민으로서 마음으로부터 정성을 다할 것을 기하는 바이다.403

조선의 제(諸) 교회는 공적으로는 탄압에 의해 굴복하였지만, 신사참배의 투쟁은 깊숙이 지속적으로 확대되어 갔다. 그 결과로 폐지된 교회가 2백여 개, 투옥된 사람(교인)이 2천여 명, 순교자가 50명에 이른다(민경배, 한국교회사, 401).

민경배 교수는 이 문제로 박해받은 사람의 신앙을 다음과 같이 분석한다.

그들의 행동 반경이 순전히 교회적이었다는 것을 알 수 있다는 점이다. 즉 성서에 절대 권위가 있고, 그것으로부터 조금이라도 벗어날 수 없었다는 점, 신사참배 교회에 대한 불신과 그 성례전의 무효성의 지적, 순수한 교회 재건을 위한 소망과 교권 교회를 떠난 가정 예배, 고난후에 찾아오는 내세에 대한 소박한 종말, 그리고 신사를 단호히 우상으로 단정하는 것 등이다.404

조선의 기독교인은 기존의 교회를 단지 지키려고만 한 것이 아니었다.

403　민경배, 『한국교회사』, 399.
404　『복음과 세계』 1978, 2.

신사참배 거부의 철저화를 위하여 교회를 사임하고 운동을 조직한 목사, 예배 출석을 그만두고 가정 예배로 바꾼 가족, 신사참배를 장려하는 학교에 입학을 거부하며, 또한 신사참배를 결의한 노회에 부담금을 지출하지 않고, 신사참배 찬성 목사로부터 세례를 받지 않는 등 아주 다양하고 조직적인 전술을 구사하였다. 또한 제74회 제국의회에서 안이숙, 박관준이 신사참배 반대의 진정서를 석상을 향해 던지는 대담한 직접적 행동을 시도한 것도 합법과 비합법의 경계에 위치하는 저항으로 평가된다.[405]

그러나 '일본기독교회'를 비롯한 일본의 모든 교회는 점차적으로 일본 정부의 조선 지배를 전면적으로 수용하였고, 또한 황민화 정책의 적극적인 담당자로 변신하여 조선교회를 권위주의적인 통제하에 두었다. 이것은 동기가 그 무엇이든간에 신앙의 동일성을 다른 민족 지배의 수단으로 이용한 것으로 보아야 한다.

모리(森平太)가 지적하듯이, 그러한 것을 움직인 것은 국가 권력을 배경으로 하는 '강자 윤리'였다.[406] 이처럼 외부를 향하여 '교회'로서의 신앙과 윤리를 상실하였던 교회가 대내적으로도 교회의 실질을 잃어버리고, 권력에 영합하여 서로 흥정에 의한 교회 합동으로 몰려간 것은 당연한 귀결이었다.

7. 교회의 전쟁 협력

1937년 발발한 중일전쟁은 기독교인들에게도 본격적인 '비상시'의 도래로 비춰졌고, 교회의 전쟁 협력은 본격화되어 갔다. 7월 22일 일본기독교연맹은 '비상시에 관한 선언'을 발표하고, 전도에 대한 열심과 '황군'

---

[405] 다음을 보라. 안이숙, 『죽으면 죽으리라』.
[406] 森平太, '일본기독교회 조선노회의 운명', 『복음과 세계』 1978. 7.

에 대한 위문사업 개시를 표명하였다. 동시에 기독연맹 내에 '위문 사업부'를 설치하여, 제 교파의 위문 활동을 협동하여 운영하도록 결의하였다 (『신보』 37, 7, 29).

일본기독교회 역시 이것에 호응하여 '황군위문사업실시안'을 만들고, 위문봉지 또는 위문사 파견을 위한 구체적인 안을 기입하여, 각 교회에 헌금을 의뢰하였다. 1937년 9월 12일 예배헌금은 '황군위문'을 위하여 바치도록 하였다(『신보』 8, 19). 동년 제51회 총회에는 '전시특별전도건의안'이 제안되었고, 동년 각지의 추계 특별전도는 '국민정신총동원전도'라는 것이 전체를 차지한 것으로 보인다(『신보』 10, 14).

교회 단위의 구체적인 움직임으로는 후지미쵸 교회의 경우를 보면 다음과 같다. 국민정신총동원의 취지를 철저하게 하기 위하여, 교회는 다음과 같은 활동방침을 결의하였다.

1. 종래로 행하여왔던 기원절(紀元節, 일본의 신무왕의 즉위날을 기념하는 날) 및 니이나메사이(新嘗祭, 11월 23일, 일본 왕이 신 오곡을 천신 지신에게 권하고 자기도 먹는 날) 외에, 메이지절 및 텐쵸세츠(天長節, 일본 왕의 생일) 당일에 특별 예배를 행하는 것.
2. 신앙 생활의 향상을 기하기 위하여 사회풍조의 일신을 기하고 위하여,
(1) 예배, 기도회 그 외의 집회에 출석을 장려할 것.
(2) 설교, 강연, 기도에 의한 일본국민으로서의 본분을 삼가 지켜가는 것을 깊이 인식하고, 희생봉공의 정신을 함양할 것.
(3) 기도회에서는 적어도 월 1회 주제를 황실, 제국, 일반 국민을 위하여 기도할 것.
3. 후방 후원의 지속적인 강화를 위하여 출정 가족 방문위원의 활동을 기대할 것.
4. 우애회(友愛會) 부인회, 그리고 남녀청년회의 합의 아래 보신쇼우쇼(戊申詔書, 1908 무신년에 발표된 신서. 러일전쟁 후 국민도덕을 강화하기 위하여 근검절약 및 국부증강을 강조하였다)의 취지를 받아 마음에 새

거서 충실근검을 장려하고, 신의를 중시하고, 태만을 징계하고, 일상 생활을 소박하게 하고, 헛된 비용을 절약하고, 결혼 피로를 위한 연회 같은 것은 폐지하고, 이렇게 하여 비상시 경제 정책에 협력하고 자원을 사랑하도록 노력할 것.

전쟁이 교회의 예배생활, 기도 내용, 가정 집회, 그룹의 교제, 가정생활, 관혼상례까지 여러 가지로 영향을 미쳤다는 것을 알 수 있다. 더욱이 전쟁으로 말미암아 긴박함이 더해가는 국민 생활이 오히려 예배생활 향상에 유리한 것으로 간주하여 적극적으로 교회 활동에 반영시키려는 의향도 분명하였다.

교회의 전쟁 협력은 일본기독교단의 성립에 의해서 새로운 단계를 맞았다. '일본기독교단'은 통리자의 의사가 일방적으로 제(諸) 교회에 전달되는 통제적 조직이었다. 그것은 관헌들조차도 '대정익찬회(1940년 10월, 신체제운동추진을 위하여 창설된 조직) 및 내각정보국의 기구를 닮아가는 모양'이라고 인정할 정도로 중앙집권화의 체제를 보였다(『운동』 1권, 303).

태평양전쟁이 시작된 그 다음날(1941년 12월 9일), 통리자로부터 '중대 시국에 즈음하여 각 교회에 고(告)함'이 전달되었다. 그것은 금후의 전쟁이 '동양의 영원한 평화'를 확립하기 위한 것으로, 따라서 기독교인들은 '국토방위'에 정신(挺身: 앞장서서 몸을 던져 일함)함과 동시에 '후방봉공'에 만전을 기하여 줄 것을 요청한다. '기도 있는 곳에 반드시 승리 있다. 이때에 기독교인은 조국을 위하여 결속하여 기도에 힘써야 한다.' 407

교단에 의한 일방적인 전달만이 아니라, 문부성의 의도로 교회 지도자에 대한 교육도 행하여졌다(1942년). 이것은 기독교에 국한되지 않고 여타 종교 지도자들을 대상으로 시행되었는데, '시국'에 대한 인식과 협력을

---

407 『신사 문제와 기독교』, 341-343.

원만하게 하기 위한 것이 목적이었다. 교단은 이것에 앞장서서 협력하였다. 그것은 교사들 가운데, 국책에 반대하는 언동이 없도록 하기 위하여 교단이 세심한 주의를 기울인 결과라고 한다.408

'연성회'(鍊成會)에서는 시국, 국책, 일본 정신, 신도, 불교, 일본 문화 등의 강의가 있었다. 아침 5시 기상, 청소, 아침 의식(국기계양, 궁성요배, 아침 인사), 아침 기도회, 선전의 대소근사(大詔謹寫, 역자 설명: 일본 왕이 국민에 고하는 말을 뜻한다. 따라서 왕이 한 말을 직접 쓴다는 뜻이다), 오전/오후 강연, 밤은 협의회, 정좌, 메이지 왕이 제작한 노래, 기도회로 끝난다(『日本기독교단사』, 138).

교단이 국가 전쟁의 목적과 완전히 일체화되어, 정신적으로도 '일본적 그리스도교'로 체질을 변화시켜 가는 수행과정에서 꼭 주목해야 할 것은 교단 통리자의 이세 진구우(伊勢神宮) 참배이다. 1942년 1월 11일 토미타 통리는 이세 진구우(伊勢神宮)에 참배하고 '우리나라에서 일어난 새로운 교단의 발족을 보고하고, 그후에 교단의 발전을 희원(希願)하였다'.409

교회의 발전을 이세 진구우(伊勢神宮)에 '희원'하였다는 사태는 무엇을 의미하는가? 교단의 그후의 '발전'은 이세 진구우(伊勢神宮)가 받는 신, 천조대신의 덕택으로 돌려야하지 않는가?

동년 10월, 교단은 '전시포교지침'을 발표하였다. 이것은 본디 문부성이 제출을 요구하였던 것이었지만, 뜻밖에도 교단의 전쟁 협력을 가장 포괄적으로 표명한 문서가 되었다.410 '지침'은 일반 정세를 요약하여 대동아건설이 진척되고 있음을 기뻐하면서, 그 완성이 아직도 전도요원하며, 또한 교단이 이러한 비상시에 탄생되었다는 것은 '천부의 소명'을 받았다

---

408 『日本기독교단사』, 136.
409 교단시보, 213호. 『신사 문제와 기독교』, 344.
410 전문은 교단시보, 213호, 『신사 문제와 기독교』, 345-346.

는 의미이기에, '성전(聖戰) 목적'의 완수를 위하여 힘을 다하지 않으면 안 된다. 그 다음에 '강령'을 말하는데, 그것은 교단이 어떤 목적을 향한 교단인지를 선명하게 기술한다.

> 1. 교단의 본외에 철저하게 비추어 대동아전쟁의 목적 완수에 매진할 것.
> 2. 본 교단의 총력을 결집하여 솔선수범 종교보국의 간원을 성공하게 할 것.
> 3. 일본기독교의 확립을 바라며 본교단의 사명 달성에 노력할 것.

더욱이 '실천요목'에서는 전쟁 협력에 대한 정신적 각오를 역설하는데, 위압적인 언어들을 나열하면서 교회로서의 본질을 완전히 상실한 '포교' 지침은 이미 '무엇'을 말해야 하는지를 잃어버린 공허한 언어의 나열에 불과하였다. 이른바 '충군애국의 정신' '경신숭조의 국풍' '보본반시(報本反始, 근본으로 돌아가서 그 은혜를 다시 한 번 되새기는 것)의 성실' '사상국방(思想國防)의 완벽' '필승신념' '견인지구' '대국민으로서의 긍지' '이웃 사랑의 실천' '일본교학의 연찬' 등이다.

교단은 국내뿐만 아니라, 아시아의 제(諸) 교회에도 일본의 전쟁 목적을 미화하고 설득하기 위하여 여러 가지로 활동하였다. 하나의 예로 1943년 말에 방송된 '대동아공동선언'의 기독교적 해석이다.

'나는 일본기독교단 통리자이다'라는 거만한 인사로 시작하는 이 방송은 '대동아공동선언'에 나타난 정신이 기독교의 정신과 동일하다는 것을 변증하고, 미영의 반일 선전이 비기독교적 위선이라고 주장했다. 그것은 일본의 아시아 지배가 미영 식민지 지배에 대한 '동양인의 의분'에서 나온 행위이며, 궁극적으로는 '대동아' 제(諸) 국의 협동에 의한 안정, 도의에 기초한 공존공생, 자주독립, 인종차별의 철폐 등의 이상을 향한 것이라고 하였다. 그리고 그러한 '대동아공동선언'이 찬양하는 여러 가지 덕목에 대하여 미영이 부정하는 것은 그들의 기독교가 가진 위선성을 표명하는 것에 불과하며, 그들에게는 '회개하고 기독교의 신앙으로 돌아오는' 길밖에 남아 있지 않다는 것이다.411

또 한가지는 1943년 교단이 전국 교회의 교직자와 교인들에게 공모하여 태어난 '일본기독교단이 대동아공영권에 있는 기독교인에게 보내는 서한'이다.412

교단은 동년 6월에 모집을 개시하여, 75편의 응모원고를 모았다(10월). 일등에 해당하는 자는 없었고, 2등은 사메지마 시게타카(鮫島盛隆, 관서학원종교주임), 야마모토 와(山本 和, 일본여자신학교강사), 3등은 무라마츠 카츠미(松村克己, 室町教會長老, 경도대학교수), 미우라 세이이치(三浦淸一, 松澤教會) 외 한 명이다. 가작으로는 케가 시게미(氣賀重躬, 아오야마학원교수), 코우지(鄕司銷爾, 白金教會 담임), 히다카 젠이치(日高善一, 豊島駒込 교회 담임) 외 2명이다.

입상된 자들 가운데는 전쟁 전후의 교회와 신학계에 중요한 위치를 차지하였던 자들이 많이 포함되어 있었다. 또한 현상금이 1등 1천 엔, 2등 5백 엔, 3등 2백 엔이라는 것을 보면 교단이 여기에 큰 힘을 쏟았다는 것을 볼 수 있다.

응모를 호소하면서 동시에 『일본기독교신보』에 실린 논설('현대의 사도서한')은 서한 형식을 택하게 된 이유를 두 가지로 들었다. 첫째는 서한은 진심이 담긴 친밀한 교류의 매개라는 것, 둘째는 서한이란 사도 바울이 애용하였던 형식으로 바울적인 전통을 상기시킬 수 있기 때문이라는 것이다.

---

411 전문은 교단시보, 213호. 『신사 문제와 기독교』, 350-352.
412 전문은 『복음과 세계』 1967. 5; 역자 설명: 다음 참조하라. 김산덕, '일본기독교단이 대동아공영권의 기독교인에게 보내는 서한 역사적 비판', 『개신논집』, 제11호, 개신대학원대학교, 2011.

더욱이 이 서한은 사도적이면서도 '종교 개혁적 의의' 를 가진다고 한다. 왜냐하면 미영의 기독교가 성서적으로 잘못된 '거짓 기독교' 의 복음을 전하고 있다는 사실을 '일본적 기독교' 를 전파함으로써 깨닫게 하는 '종교 개혁적 사명' 을 가졌기 때문이라는 것이다. 이러한 논리로 논설자는 전 교회가 이 서한을 만들기 위해 진정을 토로해야 하며, 이 서한으로 결집되어야 한다고 말한다.

서한 본문은 먼저 일본의 기독교인과 아시아 여러 국가의 기독교인들에게 1. 공동의 적에 대한 공동의 투쟁, 2. 그리스도를 믿고 영적으로 그에게 소속된 것이라는 두 가지의 유대관계가 존재한다고 말한다(1장). 더욱이 동일하게 기독교인이 된 사람은 '무엇에든지 참된 것, 무엇에든지 경건한 것, 무엇에든지 옳은 것' (빌 4:8)을 희구해야 하지만, 일본민족의 역사와 전통이야말로 '무엇에든지 참된 것' 을 함축하고 있기 때문에, 지금 적어도 '기탄 없이 자랑하는' (고후 11:17) 것을 용서해 달라고 말하고 난 다음, 일본 '국체' 의 미와 문화적 섭취의 박식함, 겸허함, 현명함을 열거한다. 그리고 그러한 '대정신(大精神)' 이야말로 동아의 온 세상에 고루 미쳐야 하며, 모든 동아의 기독교인은 '상호간에 깊은 결의를 가지고 서로 도우며, 서로 존경하고, 서로 사랑하고, 정의와 공영과의 아름다운 국토를 동아 천지에 건설함으로써 하나님 나라를 마치 이 지상에 출현하게 하는' 것을 간구하지 않으면 안 된다고 주장하고 있다(제2장).

계속해서 일본에서의 기독교 선교의 역사를 더듬으면서 일본 정신과 기독교의 융합이 지속될 수 있다는 것을 우찌무라, 사와야마, 우에무라, 에비나 등의 이름을 들면서 주장한다. 그들은 '국체의 본의와 일본 정신의 아름답고 엄격함' 을 발휘하였다. 이제야 일본 전 교회가 하나가 되어 '세계 교회사상 선례와 유례를 찾아 볼 수 없는 경이적인 사실' 이 출현하였다(교단 성립을 말함). 이것은 오랫동안 염원해오던 기도의 응답임과 동시에 '국체'의 기초에 입각한 '황도윤리'를 구현한 일본인 기독교인이기에 처음으로 가능했던 역사였다. 이것이야말로 '주의 날의 예조가 되는 위대한 표식'이다고 말한다(3장).

마지막의 제4장에서는 격조 높고 훌륭한 그리스도 고백과 '대동아공영권'의 완성을 이것 역시 능란한 솜씨로 결합하여, 장중한 축도로 마친다.

이 서한의 문제는 크게 나누어 두 가지로 볼 수 있다.

첫째, 자신의 격조 높은 미사여구에 스스로 도취되면서, 다른 한편으로 냉정하게 계산된 설득적 논리를 구사하는 집필자의 '윤리성'의 문제이다. 더군다나 편지의 수신인으로 상정되는 아시아의 교회와 기독교인을 실제적으로 상기하는 상상력의 결여이다.

'대동아공영권'이라는 환상속에서 기독교인의 화합을 환상적으로 묘사한 것에 불과한 것으로, 현실적으로는 일본의 침략을 받아 군화에 유린되고 있는 아시아의 민중에 대한 그 어떠한 이해의 단서도 여기서 나타나지 않고 있다. 아시아의 여러 나라에 호소하는 공개서한이라는 겉치레는 완전히 폐쇄된 독백적인 자기만족의 논리를 강요한 것에 지나지 않는다.

이 서한이 실제로 어떤 형태로 아시아 여러 나라에 발송되었는지 그 문제를 다루기 이전에, 일본의 교회를 대표하는 지성에 의해서 기록되고, 교단 통리자의 이름이 인쇄되어진 것 자체에 전시 아래의 교회가 범하였던 벗어던질 수도 없는 죄가 존재한다.

둘째, 이 서한이 위에서 기술한 것처럼 폐쇄성을 가질 수밖에 없었던 '신학적' 원인의 문제이다. '서한'에 노출된 유신론의 혼란, 기독교 역사의 보편성에 대한 편향, 그리스도론의 왜곡, 종말론의 신화화 등에 대하여 지금 여기서 논할 수는 없다. 그러나 그러한 신학상의 문제의 근저에는

'대동아공영권' 이라는 거짓된 보편성이 그 자리를 대신하고 있다는 것에 주목해야 한다.

기독교는 본질적으로 보편성을 지향하는 종교이다. 전시 아래의 교회가 '일본적 기독교' 를 제창하고, 기독교의 일본적 표출에 혼신의 힘을 쏟았을 때 - 그 노력의 최고 달성이 이 '서한' 이다 - 보편성에 대한 욕구 자체를 포기할 수 없었던 것이다. 그러면서 미영의 기독교는 '허위' 이고, 따라서 서양의 기독교 세계를 포함한 보편성은 단념하지 않을 수 없었다. 그곳에 일본적 기독교에 의한 보편성을 '대동아공영권' 가운데 찾고자 한 것이다. 그렇게 함으로써, 일본적 기독교가 '일본적' 이면서도 또한 '보편적' 이기도 하다는 가능성을 손에 넣게 된 것이다.

그것은 '서한' 이 '대동아공영권' 건설을 통한 지상의 '하나님 나라' 와 동일시한 것에 그 단서가 제시되고 있기 때문이다. 그리고 이것은 전시 아래의 교회가 스스로 참된 기독교적 보편성을 차단하고, 살아계신 그리스도의 교회임을 공적으로 포기하는 것을 표명한 것이 아닌가.

1944년 8월 『교단신보』(2500호)는 '교단의 결전태세' 라는 논설을 게재하였다. 그것은 그리스도의 성육신과 기독교인들을 이 난국으로 '몰입' 시키는 것을 동일시하는 논리의 주장이었다. '교회는 중요하다. 그러나 국가는 그 이상으로 중요하다. 국가는 교회가 성육해야 할 지반이기 때문이다.' 다시 말해서 그리스도의 성육을 모범으로 하는 기독교는 국가의 대사에 대하여 교회 이상으로 국가를 위해서 헌신하고, 그곳에 '몰입' 해야 한다는 것이다.[413]

동년 9월의 논설 '순국은 곧 순교' 역시 동일한 논조였다. '순교' 란 생명을 걸고 복음을 '입증' 하는 것인데, '영구한 대의' 에 살고 국난에 순국하는 기독교인은 곧 복음을 '입증' 하여가는 순교자이다. 따라서 '전선에

---

[413] 『신사 문제와 기독교』, 354.

소집된 자는 전선에서 떳떳하게 (일본)왕의 방패가 되어 국난에 순국해야 한다. 이것은 다시 말해서 순교이다. 후방에 있는 자는 후방에서 모든 곤란에 인내하면서 전력의 증강에 봉헌해야 한다. 이것이 바로 순교가 아니고 무엇인가'.414

1945년 1월의 논설인 '쟁기를 검으로'는 '선교 즉 보국(報國)'이라는 종래의 슬로건을 '보국 즉 선교' '생산증강 즉 전도'로 바꾸어서 '성전'의 완수를 위해 기독교인들을 고무하였다.415

이러한 것들은 완전히 광기의 논리이다. 이러한 언어가 더군다나 대다수의 기독교인들을 문자 그대로 '성전' 완수의 결의로 실질적으로 몰아갔다고 한다면 심히 의심스럽다. 당시의 집필자 자신, 신앙의 성육(成肉)을 국가(국난)로의 몰입과 동일시하여 자신의 왕을 위해서 죽는 것을 신앙의 고백이나 복음의 입증, 더 나아가 순교와 동일시하였을까?

이러한 문제에 대하여는 다음으로 미루지만, '교단' 당국에 의한 이러한 공문서가 전시 아래의 일본의 기독교회가 하나님과 이웃(나라)에 대하여 범했던 죄를 명확하게 고발하고 있다는 사실이다. 하나님 말씀의 올바른 선교가 공적인 목소리로 들려오지 않고, 교회가 예언자적 파수꾼의 사명을 포기하고, 국가의 파멸 입구에 설 뿐만 아니라, 오히려 국가의 죄를 기독교적 미사여구를 가지고 치장까지 하였다.

8. 전시 아래 교회의 신학적 문제

여기서, 전시 아래의 기독교회가 이러한 죄와 연약함을 노출하게 된 신학적 원인을 몇 가지로 찾아보고자 한다.

---

414 『신사 문제와 기독교』, 355.
415 『신사 문제와 기독교』, 356.

첫째, 교회와 국가의 관계를 어떻게 파악하였는가?

전쟁에 의한 국가 권력의 위압적인 압력 앞에 교회의 생존권이 위협되고, 교회의 현실 존재를 신학적 및 실천적으로 확립하기 위한 길이 닫히고 말았다. 실천적으로는 '교회 합동' 이라는 형태로 교회의 자율성이 저해빠게 되었고, 신학적으로는 국가를 대상화하는 신학적 사색이 불가능하게 되었다. 이것은 독일 복음주의교회가 그 신학적 투쟁의 집약으로써 '바르멘 선언' (Barmern Theologische Erklarung, 1934.5)을 고백하고, 또한 자율의 실천적 투쟁의 출발점으로서의 '달레머 선언' (Dahlemer Erklarung, 1934.10)을 고백하였다는 것과 아주 대조적이다.

바르멘의 고백 회의는 교회 선교의 주인은 누구인가, 그 원천과 형태가 어디에서 규정되는가를 신학적으로 명료하게 밝히면서 국가가 하나님으로부터 위탁받은 범위를 밟고 넘어서서 교회를 복종시키고자 하는 시도에 대하여 명확하게 '아니오' 를 선언하였다.

그리고 달레머 회의는 '바르멘 선언' 의 신학적 선상에서 교회의 자율을 저해하는 전통적인 교회 통치를 벗어나, 교회정치의 원천을 그리스도의 음성에 복종하는 것과 살아서 역사하는 각 개교회에 요구하였다. 그것은 어디까지나 '긴급조직' 이며, 비상시의 특수한 교회 통치형태였지만, 그러나 교회를 국가의 앞잡이나 기관화 하려는 탄압으로부터 교회를 자유하게 한 것이다(Karl Kupisch, Zwischen Idealismus and Massendemokratie, 아마미야 에이이치 〈雨宮榮一〉, 『바르멘 선언연구』 등을 참조).

둘째, 그러한 국가를 대상화하는 신학적 사색의 결여는 어디에서 유래하는가?

'기독교의 본질은 이 세상의 모든 사상과 형체와 조직 등을 초월한 것이다. 이 세상에 속한 어떤 것과는 서로 용인되고 어떤 것과는 용인되지 못하는 그러한 것이 아니다. 그것은 정신적인 것, 영적인 것이다'(『복음신보』 1938. 3. 24).

이러한 종류의 발언은 기독교를 '정신적 영적' 인 것으로 '순화' 시킨 일본기독교회 등에 전형적으로 나타난다고 말할 수 있다. 이렇게 하여 이 세상의 모든 사상, 형체, 조직을 초월하는 종교는 구체적으로 어떠한 사상(일본 정신), 형체(전제거인 교회통치), 조직(군국주의 일본)과도 마음대로 연결되게 된다는 것이다. 마치 안이한 초월은 초월이 아니라, 오히려 내재이며 매몰(埋沒)에 지나지 않았다.

1930년대의 신학은 기독교에서 초월의 뜻을 깊이 해명하여 고도한 성과를 얻었다(예를 들자면 쿠마노 요시타카의『종말론적 제(諸) 문제』). 그곳에는 기독교가 국가 가운데에 국가와 함께 존재하며, 더군다나 초민족적인 교회의 이상을 세워서 국가에 대하여 존재하는 독립 기구로 나타난다. '교회와 국가와의 관계는 변증법적으로 파악되지 않으면 안 된다' .416

또한 신앙의 이상(초월)을 특수한 지상적 기관과 결합하여(내재), 천년왕국적인, 또는 세계관적인 요구를 성급히 추구하는 것을 경계하고 있다. '종말론적인 입장에서 우리는 지상에 특수한 종교적 정치의 건설을 꿈꾸는 것이 슬픈 공상에 지나지 않는다는 것을 잘 알고 있다' .417

그러나 현실적으로 전시 아래의 교회는 '대동아공영권' 이라는 천년왕국적인 꿈을 믿었고, '영광의 신학' 으로 장식된 '대동아공영권에 있는 기독교인에게 보내는 서한' 을 보냈지 않았는가. 그리고 '팔굉일우' 라는 신화적인 세계관에 자기 선교의 사명을 바치지 않았는가? 다시 말해서, 세련된 종말론적 사색이 신화적 세계관이나, 이교적 천년왕국사상의 거짓됨을

---

416 『쿠마노 요시타카 전집』 5권, 188.
417 『쿠마노 요시타카 전집』 5권, 187.

신학적으로 간파하지 못하였다는 것이 문제이다. 그러나 이러한 이교도적이 아닌 천년왕국사상은 관헌의 엄격한 탄압에 직면되어야만 했다(성결교회 등). 다시 말해서 전시 아래의 기독교인 자신들의 수난과 굴복(전향)에는 종말론을 둘러싼 신학적 취약함이 깊이 관계되었다고 말해야 할 것이다.

셋째, 그렇다면 종말론의 무엇이 문제였는가?

그것은 1) 종말론과 윤리의 문제이며, 2) 종말론과 전도의 문제로 정리할 수 있을 것이다. 종말론은 윤리적인 삶에 대한 부름, 또는 격려이기도 하며, 긴박한 하나님의 실재가 사람으로 하여금 말씀 아래서 희망을 가지고 나아가게 하며, 따라서 그것은 필연적으로 기독교 윤리의 근거를 형상화한다. 그러나 그것은 어디까지나 종말론이 윤리적 삶의 원천이 된다는 것을 제시할 뿐이다. 현실적으로 종말론적 희망으로 살아가는 기독교인이 무엇을 가지고 윤리적인 상황이라 생각하는가는 그때마다 생각하는 진실한 과제이다.

예를 들자면 쿠마노는 '승리자 그리스도'의 종말론적 이해를 언급하는 가운데 종말론을 특정한 정치적 상황이나 정치적 프로그램에 연결하는 것을 경계하고 있다. '주 그리스도의 승리를 교회의 정치적 위치 확립처럼 생각하는 것은 자명한 오류이지만, 인도주의적인 견지에서 이것을 가시적인 지상적 질서로 바꾸어놓으려고 시도하는 자들이 적지 않다.' 이렇게 말하면서, 사회적 기독교의 위치가 종말관과 사회갱신을 등치하는 경향은 '명확하게 성서적이지 않다'고 거부한다. 또한 틸리히 등이 어떤 종류의 경제적 사정이나 정치적 동향을 '악마적인 것의 출현'으로 생각하여, 그것과의 투쟁을 기독교 윤리의 근간이라고 주장하는 것도 '잘못된' 것이며 '미망'(迷妄)이라고 한다(『신보』1938,2,24).

이렇게 하여, 종말론을 윤리적 삶의 원천으로 간주하면서도, 현실적 역사 과정에 대한 윤리적 참여의 길을 닫아버리는 결과를 가져다주었다. 역사 가운데 악마적인 것의 출현을 간파하는 움직임을 종말론적인 윤리가 단념하게 된다면, 어떠한 역사 참가나 저항도 일어날 가능성이 없을 것이다. 쿠마노에게 보이는 종말론과 윤리의 추상화는 적든 많든 종말론이 퇴폐되어 가는 뿌리로 보인다.

『복음신보』(1937.8.19)의 '평론' (무기명)은 전쟁이나 무사의 행동 배후에는 어떤 '윤리' 가 요청되는데, 그 전형적인 것을 '무사도' 로 보았다. '무' 와 '도' 가 멋지게 결합되었다는 것이다. 그렇게 말한 다음, 윤리는 인간의 악을 문제시하기 때문에 '종말론' 을 포함하여야 한다고 논하면서, '아주 날카로운 종말론을 가질 때 처음으로 윤리는 현실에 안착한 참된 윤리가 된다' 고 하였다. 즉 여기에는 전쟁이 '반도덕적' 인 행위로 간주되지 않기 때문에(전쟁의 도덕성을 높이기 때문에) 종말론적 윤리가 주장되고, 전쟁 그 자체를 비판하는 윤리는 생겨나지 않는다는 것이다.

이 평론은 인간의 죄성을 무시한 '미담적' 인 윤리를 '현실을 유리하는' '센티멘털리즘' 으로 비판하면서, 결국은 악한 전쟁을 선한 전쟁으로 변화시키는 윤리만을 추구하고, 전쟁 그 자체를 '악' 으로 간주하는 윤리에는 그 생각이 미치지 못하였다. 오히려 현실적으로 일어나는 전쟁 그 자체를 온전히 '인정' 하는 것이 현실에 '안착' 하는 것이라고 생각하는 것이다. 이러한 형태로 신학을 동원하는 것이 '퇴폐' 가 아니고 무엇인가?

종말론이 '전도' 신학을 만들어내지 못한 것은 전시 아래의 교회가 가졌던 신학적 퇴폐의 또 하나의 뿌리였다. 환언하자면, 종말론이 교회 선교에 '무엇' 을 요구하는가라는 시점이 결여되었던 것이다. 쿠마노가 말하였듯이, 종말론은 사람으로 하여금 하나님의 계명 아래에 희망을 가지고 서게 하는 것이다. 그 '계명' 을 듣고, 복종할 때에 종말론은 윤리적인 선교를 만들어낸다.

더욱이 그것은 '종말론' 의 문맥에 국한되는 것이 아니다. 모든 신학의 어떤 주제 가운데서도 하나님의 계명이 능력으로 그 백성들에게 임하는 것이 선교되어져야 하고 되어야만 한다. 따라서 전반적으로 하나님의 계명과 올바르게 결합된 '전도신학' 이 전시 아래의 교회에 결여되었다고 말할 수 있을 것이다.

윤리적인 선교(율법이 하나님의 요구로서 바르게 선포되어지는 것)를 대신하여, '충' '효' '절약' 등의 유교적인 덕목을 말하고, 신학의 세련미가 높아갈수록 구체적인 상황(천황, 신사참배, 전쟁 등) 가운데서의 윤리적 요구도 구체성을 잃고 추상화되었다.

이러한 '선교' 의 실정에 대하여 각 교회의 목사나 성도의 반성이 없었다고는 말할 수 없다. 감리교회의 스즈키(鈴木正久) 목사는 '황기 2600년' 의 축제에 머리를 갸우뚱거리며 '누가복음 3장 1-3절' 을 다음과 같이 바꾸었다.

'1940년, 서구전란의 제2년, 중일사변의 제4년, 히틀러는 독일을 다스리고, 스탈린은 러시아를 지배하고, 일본은 황기 2600년에 해당하는 해, 아베(阿部正宗)씨가 일본 감리교회의 감독, 이마이(今井三郎)씨가 기념운동위원장일 때, 하나님의 말씀이 광야에서 사가랴의 아들 요한에게 임하였다. 그는 요단 강 부근의 전 지방에 다니며, 죄의 용서를 얻게 하는 회개의 세례를 전파하였다.' 그리고 현실적으로 선교해야 할 하나님의 말씀을 가지지 못하는 것에 대한 '깊은 암울함과 초조함' 을 느꼈다고 하였다.

지금 우리 교회가 다시 한번 선교의 순수성을 되찾지 못한다면, 참으로 강력하게 죄 용서를 얻게 하는 회개의 세례가 전파되지 않는다면, 그리고 그리스도를 위하여 죽기까지 내어놓은 요한의 광야 외침이 없다면 총동원 출석

도, 배가도, 신축도 일어날 수 없을 것이다.418

'총동원 출석' 운운하는 것은 동 교회의 '황기 2600년 기념운동' 의 실시 요령에 들어있는 목표였다. 이러한 허식에 가득한 전도 목표에 대한 실망과 '우리는 왜 자기가 지금 살고 있는 세상과 국가와 교회에 대하여 보다 성실하지 못하는가? 기독교인이라고 한다면, 목사라고 한다면 자기가 지금 살고 있고 선교 명령을 받은 이 세상과 국가와 교회에 대하여 보다 성실해야 할 것이다' 고 반성하면서, 참된 '선교' 라는 과제를 자각하였던 것이다.

9. 전시 아래의 저항 - 등대사의 경우

'등대사' 라는 '이단' 적 교파를 취급하는 이유에 대하여는 후술한다. 이 교파는 아카시 쥰죠(明石順三)가 미국에 체재할 때 접하였던 '워치 타워' (Watch Tower)의 설교에 근거하여 1926년 아카시의 귀국과 함께 설립된 것으로 기본교리는 유일신 여호와를 믿고, 삼위일체라는 공동적 신앙을 거부하였다. 또한 지상의 국가를 악마의 앞잡이로 간주하는 것으로부터 군비나 전쟁행위 등 일절을 철저하게 부인하였다. 이것 때문에 아카시가 문서전도로 간행한 기관지 '황금시대' 는 출판법에 저촉되어 몇 번이고 출판금지, 압수 등의 탄압을 받았다. 그리고 결국에는 1939년 6월, 총간사 아카시 이하 19명이 일제히 검거되는 '등대사 사건' 이 일어났다.

일제히 검거된 동기는 등대사 사원 아카시(明石眞人)와 무라모토(村本一生)의 징병거부였다. 특검자료에 의하면 다음과 같다.

총간사 아카시의 장남 마꼬토 당시 22세는 올해 1월 초년병으로서 포병

제1연대 수비대에 입대했어야 하지만, 동년 19일 소속 중대 사무실에서 상관에 대하여 '여호와 외의 피조물에 예배하는 것은 하나님 여호와의 엄명이 금하는 것이며, 앞으로 궁성요배, 왕의 사진 등의 우상예배는 절대로 하지 않는다' 라는 뜻을, 또한 21일에는 '천황은 원래 우주의 창조주 여호와에 의해 만들어진 피조물로서, 현재는 악마의 사도(邪導)하에 있는 지상의 하나의 기관에 불과하기에 천황을 손숭하여, 천황에 충성을 맹세하는 등의 마음은 털끝만큼도 없다' 라는 뜻을 말하였고, 더욱이 승마술 훈련은 하나님의 뜻에 반하는 유혈 행위에 익숙하게 하는 것으로 그 출장명령을 거부하는 등의 이유가 있으며, 그 다음으로 이것과 전후하여 매년 4월 임시소집에 의거하여 입대하여 할 무라모토 카즈오 당시 26세, 그리고 초년병으로서 본년 1월에 입영해야 할 미우라 당시 22세 등은 각각 궁성요배, 왕의 사진 예배 등을 거부하고, 또한 병영생활이 하나님 여호와의 뜻에 위배되는 이유로 부대를 탈영하고, 또한 자기의 지급 병기를 하나님의 뜻에 반하는 살인무기가 된다고 반납을 요구하며, 그 외에 불경불손의 언사로 우롱하고, 및 군사훈련에 불응하는 등의 거동을 거듭하여 각각의 관할 헌병대에서 불경죄 및 군형법 위반으로 검거하게 되었다.[419]

아카시, 무라모토 등의 군 징집거부는 당혹과 경이로 이해되었다. 아카시는 '자신은 기독교인으로 성서의 "살인하지 말라"는 가르침을 지켜 행하고 싶기에 총기를 반납합니다' 고 간청하였을 때, 내무반장 중사는 얼굴빛이 변하면서 낭패를 보고 대답도 못하였다고 한다. 무라모토도 동일하였다.[420]

아카시 쥰죠는 동경지법의 제1심에서 징역 12년(구형무기)을 받았다. 공소원의 2심에서 10년의 판결을 받아, 43년 9월 상고기각에 의해서 복역하였다. 제1심의 공판기록으로부터 재판장과의 일문일답을 보면 다음과 같다(공판기록은 운동, 2권, 213-223).

---

[419] 『운동』1권, 206.
[420] 稻垣眞美, 『兵役을 거부한 일본인』, 81, 89.

재판관: 일본국가에 대하여 어떻게 보고 있는가?

피고: 일본은 기독교 국가는 아니지만, 교리상으로 이방국의 하나이다. 따라서 전 세계는 악마의 세상이기 때문에, 또한 일본은 여호와를 하나님으로 믿지 않기 때문에 악마의 국가이다.

재판관: 피고는 등대사 운동을 진행하는 가운데 천황폐하 및 황족의 존엄성을 인정하였는가?

피고: 존엄신성 등의 것은 전혀 인정하지 않는다.

재판관: 천황폐하의 지위에 대하여는 어떤가?

피고: 천황의 지위 등은 인정하지 않는다.

재판관: 그렇다면 등대사는 하나님 나라 건설을 희망하는 단체인가?

피고: 그렇다. 하나님 나라 건설이라는 희망에 희망을 가지고 활동하여 왔다.

제3회 공판의 최종진술

내가 여기서 특히 말하고 싶은 것은, 나는 지금까지 법률에 저촉되는 행위를 행하였다고 생각하지 않는다. 다시 말해서 성서는 공간서이며, 이 성서에 근거하여 내가 발행한 출판물은 전부 당국의 검문을 받았다. 내가 지금까지 행하여 온 것은 모두가 합법적인 방법 수단을 가지고 행한 것이다. 따라서 그 수단 방법이 나쁘다고 하여 지금에 와서 법률에 저촉시키는 것은 나로서는 이해할 수 없다. 그러나 내가 지금까지 말씀드린 진리는 하나님의 말씀이다. 절대로 틀림이 없다. 현재, 나의 뒤로 함께 나온 자들(네 사람, 明石靜榮, 최용원(崔容原, 일본명 佐原要三), 옥응련(玉應連, 일본명 玉井良介), 隅田良枝) 밖에 남지 않았다. 우리는 다섯 사람이다. 일억 대 다섯 사람이다. 일억이 이기느냐, 다섯 사람이 말하는 하나님의 말씀이 이기느냐, 그것은 가까운 장래에 입증될 것이다. 그것을 나는 확신한다. 이 평안이 우리에게 존재하는 이상, 더 이상 말할 것이 없다.

전향의 거부를 관철하는 다섯 사람 가운데 두 사람은 여성이며, 두 사람은 조선인이었다. 전쟁 전에, 아니면 전쟁 아래에서 누구보다도 절실히 해방을 원하였고, 그 때문에 역으로 큰 고통과 비참을 경험하였던 것이 어떠한 사람이었는지 웅변적으로 말하고 있다.

아카시의 공판진술은 전시하의 암흑재판에도 불구하고 국가악, 전쟁악에 대한 과감한 저항과 부인의 의지를 관철한 깃이었디. 그 당시의 중언집들 가운데서 '천황의 지위 등은 인정하지 않는다'는 발언을 발견한다면 그 사람은 자신의 눈을 의심하지 않을 수 없을 것이다. 암흑가운데 빛나는 별을 보는 듯하다. 천황제 파시즘의 무법과 폭력에 대항하여 도수공권(徒手空拳)으로 오로지 신념만을 가지고 굴절 없이 대항한 '다섯 사람'의 저항에 경의를 표할 뿐이다.

패전 후, 국회도서관의 조사에 회답하여 '등대사 사건의 탄압과 학대전말 보고서'에서 아카시는 자신이나 무라모토에 대하여 수많은 학대 사실을 남겼다. '상대의 말에 한마디라도 이의를 달면 곧 바로 폭력을 행사하여 때리고, 차고, 던졌다. 이른바 조서는 그들 자신이 원하는 대로 마음대로 작성된 것으로, 지부장(아카시)의 의견은 일절 채용되지 않았고, 주임이었던 요시시로(吉城)의 마음대로였다. 자기가 말하고, 자기가 필기하고, 서명 날인을 강제로 하게 하였고, 거부하면 바로 폭행하여, 지부장의 손을 잡아서 억지로 서명날인하였기 때문에, 지부장도 나중에는 포기하고, 일절 귀와 눈을 감고 거침없이 무턱대고 도장을 찍었다'(『운동』 2권, 317).

수난 받은 자는 아카시 한 사람이 아니었다. 부인 시즈에는 폐결핵과 신경통과 옥중의 불결과 가혹한 취조가 겹쳐지면서 1944년 6월 거의 의료 도움도 받아보지 못하고 그 어느 누구도 돌보지 않은 상태로 옥사하였다. 지방에 투옥된 자들 가운데는 감옥에서 죽어가는 자들이 속출하였다. 아카시와 함께 비전향을 관철하였던 조선인 옥응련은 4년의 판결을 받았지만 공소도 하지 않고 복역하였다. 그러나 장기간에 걸친 심한 고문의 원인으로 발광하여, 비참하게 옥사하였다(『운동』 2권, 320).

이러한 불굴의 저항정신 아래서 쥰죠의 장남이었던 아카시 마키토는 종래의 강직한 자세를 반성하고 '전향' 하였다. 마키토의 '전향수기'(『운동』 2권, 115-120)에 의하면, 지금까지 하나님 여호와께 충신과 희망을 유일한 피난처로 믿고, 인간적인 명예나 세속적인 생활의 충족을 끝까지 배척하며 '순열한 종교 감정' 에 몰두한 것은 일견 아름다운 모습으로 보이지만, 실은 자신만의 정신적 만족을 얻으려고 하는 '자기주의이며 독선주의' 였다. 또한 인간의 의지와 행동은 그것이 '현실의 인간사회를 위한 의미를 가질 때에 비로소 올바르게 운용' 됨에도 불구하고, 신앙의 껍데기에 틀어박혀있던 자신은 그와 같이 '만인에게 타당한 것을 인정' 하지 못했다고 하였다.

이렇게 하여 마키토의 전향은 '만인에게 타당한 것' 으로의 변신이지만, 그 전향의 본질은 '일본' 에로의 전향이다. '등대사로부터 떠난 내가 깨달은 것은 실은 일본인으로서의 자각이었다.' 이 자각은 '가장 바르게 살아가기 위한' 전제였다. '우리는 영구한 2600년간 연면(連綿)히 이어지며 끊어지지 않는 황통을 중심으로 형성된 국체의 일개 성원이며, 또한 이 국체를 수호하여 오늘날의 일본을 있게 한 선조의 피를 이어가며 자라는 것을, 견실하게 의식하지 않으면 안 된다. … 더군다나 일본인으로 부활하게 된 것으로 말미암아 내가 살고 있는 일본은 나의 집이며, 그리고 내 주위의 모든 것은 나와 동일한 신념을 가지고 살아가고자 노력하고 있기 때문에, 조금이라도 그것과 충돌하지 않고, 따라서 나의 정신적인 부담도 거의 살아졌다고 말할 수 있다.'

여기에는 '만인이 타당하다고 인정' 하는 것을 받아들인 안도감으로 넘쳐난다. 사실 '일억 대 다섯 명' 의 고립을 참고 인내한 곳에 비전향의 정신적 기반이 있었다. 일본 사회가 총체적으로 '만인에게 타당한 것을 인정' 하는 것을 진리로 간주하고, 그것을 통하여 '정통성' 의 기준을 바라보았을 때 그것에 참여하는 것을 거부하는 사상이나 신념은 좋든 싫든 '이단' 으로 간주되어 버린다.

일본의 정통성이란 그 중심에 '천황제' 가 서있다. 그런데 기독교의 '정통' 을 자인하는 교회(교단)가 천황제를 추종하고 그것에 야합하였다는 것, 그리고 오히려 '이단' 또는 '분파' 로 분류된 소수파('등대사' 를 비롯한 '제칠일 안식교' , '신약예수기독교회' 등)가 수난과 저항의 형태로 천황제와 대결하였다는 역사적 사실은 일본의 교회에 크나 큰 과제를 던져주었다고 말해야 할 것이다.

10. 전시 아래의 수난 - 성결교회(홀리네스)

1942년 6월 26일 미명, '일본기독교단' 제6부(일본성결교회), 제7부(키요메 교회), 그리고 독립결사였던 '동양선교회 키요메 교회' 의 이른바 성결교 계통 세 교파가 경찰의 급습조사를 받아, 동경을 비롯하여 전국에서 많은 교직자가 일제히 검거되었다. 제1차로 검거된 자의 숫자가 96명이지만, 그후 1943년 2월에 또다시 추가 검거되었다. 두 번째 이후로 검거된 자는 대만이나 중국 대륙의 각지, 또한 사할린에 거하는 교직자까지 포함되었다.

성결교 계통의 세 교파 가운데 동양선교회 키요메 교회를 제외한 2파는 교단의 제6부, 제7부에 가담하여 교회 합동에 참가하고 있었다. 따라서 문부성의 지도 아래에 교단내의 한 블록으로 교회 활동에 참가하였다. 그러나 내무성 당국에서는 1933년 성결교회가 재림운동을 둘러싸고 분열한 이후(타나까파와 쿠루마다(車田秋次)파와의 대립에 대하여는, 오이데 시노부 편, 성결교회 群略史, 참조)에도 그 교리 내용과 실천 활동에 감시의 눈을 소홀히 하지 않았다.

1942년의 일제 검거 사건은 수년 동안의 감시와 조사연구를 근거로 하여, 내무성 및 사법성의 면밀한 연대 결과로 말미암은 것이다. 검거된 자들에 대한 조사는 당국도 자찬할 정도로 '아주 순조로운 진척'이 되어, 동년 말까지 33명이 당국으로 호송되었다. 교단은 제6부 문제 해결을 위하여 '잔무정리위원회'를 설치하여 사후처리에 임하였지만, 결국 43년 4월 7일 성결교 계통의 전 교회에 '종교결사금지령'이 포고되어, 교회는 해산의 위기에 처하게 되었다.

검거 이유는 당초 여러 가지 억측이 난무하였지만 스파이 용의, 국체변혁, 신궁에 대한 불경죄, 재림운동, 국제비밀결사 용의 등, 검거 당시의 형사의 언동이나 압수된 서류의 종류 등으로부터 추측할 뿐이었다.[421] 그러나 당국의 방침은 제1차 검거 당시 이미 결정되었던 것으로 '조직적인 사상운동을 취조의 대상으로 하는 이상 검거의 대상자를 결정함에 있어, 공연히 개인적인 언동에 사로잡히기보다, 조직상의 지위에 근본적인 목표를 두고, 적어도 각 지방에서 조직이 파괴될 수 있을 정도로 망라'하는 것에 있었다(『운동』 3권, 128). 이러한 당초부터의 조직의 근원적 박멸을 목표로 하는 검거였다면 이것은 전시 아래 교회의 최대의 수난 사건이 되었다는 것도 무리가 아닐 것이다(제1차 검거직후의 상황은 『운동』 2권, 234-248).

당국은 성결교회 계통의 교회 교리나 전도 활동이 교단의 다른 부(部)와는 '근본적으로 상이하는' 것으로 간주하였다. '소위 성서 해석과 같은 것은 매우 독선적이며 다른 일반 기독교회와 완전히 다른 현실적 해석'으로 단정되고(『운동』 2권, 238), '그 사상 신앙 및 실천 활동은 후술하는 것처럼 유대 민족이 지배 통치하는 세계 일원국가 건설을 궁극적 목적으로 하는, 따라서 우리 국체를 부정하고, 신궁의 존엄을 모독하는 내용의 교리를 신봉 포고하여온 불온결사'로 단정되었다(『운동』 2권, 234).

이미 1941년 3월 치안유지법이 '개악'되어 '국체를 변혁하려는 목적을

---

421 요네다 유타카(米田豊), 타카야마 요시노부(高山慶喜), 『昭和의 宗敎彈壓』, 71-72.

가진 결사'라는 종래의 규정이 국체의 '부정'으로 확대되어 신궁, 황실의 존엄을 모독하는 사항을 유포하는 것을 목적으로 하는 모든 결사에 적용되었다. 종교단체법에 의해서 인가된 단체라고 할지라도 이것에 위반하는 경우 내무 사법관계 당국이 개입되는 것이다.

종교단체법의 심의(귀속원) 가운데에, 이 법안의 벌칙규정이 명료하지 않다는 질문에 대하여 당국 장관은 '가장 중한 형벌이라고 한다면 국체로서의 치안유지법 등도 있기에, 그 범위 안에서 그렇게 말하는 것과 병행하여 해산시키는 것이 있다. 이와 함께 일반 법률이 말하는 것이 또한 그곳에 있다. 국법을 어기며, 국체를 인정하지 않고, 또는 국체에 반대한다면 상당한 법적 제제가 있을 것으로 생각된다. 병행하여 가는 것이 좋지 않겠는가'라고 답변하였다(『신사 문제와 기독교』, 133).

성결교에 대한 일제 검거 및 결사금지에 대하여 교단 당국이 보여준 그들의 일반적인 태도는 이하에 나타나는 토미타의 담화 내용으로 그 분위기를 잘 알 수 있다.

우리들이 보기에도 관계 교역자들보다 신자들 가운데에 무뢰한 교의에 대하여 망집(妄執)이 강하고, 그것을 청산하지 못하는 자들이 많고, 이후에 그들이 신자동지 비밀집회를 개최하지는 않을까 우려되기 때문에, 이즈음에 소홀함이 없이 지도하고자 생각한다. 이번 사건은 비교적 학적 수준이 낮고 성서 신학적 소양이 불충분하기 때문에 일어난 신앙과 정치와 국가에 대한 지식의 혼동의 결과라고 말할 수 있지만, 그러나 교단 입장에서 볼 때 진실로 마음 아픈 사건이며, 통리자로서도 충분히 그 책임을 느끼고 있지만 일면 기독교인에 대한 앞으로의 방향을 명확하게 제시하지 않으면 안 되겠다는 반성도 있기 때문에 오히려 좋은 기회가 될 수도 있다고 생각한다.[422]

---

422 『운동』 3권, 144.

이것은 같은 교단에 속한 자들의 목소리라고는 전혀 생각할 수 없다. 오히려 취조 당국의 입장에서 사건을 이해하고 보고 말하는 것에 지나지 않는다.

또한 교단재무국장 마쯔야마(松山常次郎)는 '결사금지는 당연한 조치라고 생각한다. 일본에서 기독교인이 재림문제를 다룬다는 것 자체가 애당초 문제이다. 이 사건의 영향으로 일본기독교단이 완전히 합동하게 되어, 일본적 기독교가 확립되어가는 기운으로 향하게 된 것은 일본 기독교를 위해서는 행복한 사건이었다고 생각한다' 고 말했다(『운동』 3권, 144). 다른 부의 목사들도 거의 동일한 판단으로 '당연한 조치' '바른 반성의 기회' 등으로 이해하고, 당국의 조치는 '실로 위대한 영단으로, 더욱이 피와 눈물이 있는 실로 부모의 마음이 담긴 조치' 로서 기뻐하는 자들조차 있었다.

이처럼 거물급 지도자들의 의향을 받아 교단 당국의 제6부와 제9부에 대한 대응은 아주 냉담하면서도 원만했다. 제6부의 잔무처리위원회의 사무를 담당했던 타카야마는 '당시는 "비상식적인 단체요, 교단전체를 먹칠하는" 것으로 보인 것이 당연한 것처럼 느껴졌다' 고 회상한다.[423]

교단재무국은 구속된 교직자들의 구제비용 조달에 진지하게 임하지 않았다. 제6부 그 자체만이 재산처분 등의 방법으로 노력했지만 힘들었고, 입금을 약속했던 교단본부도 단 한 번으로 그쳤다. 타까야마는 '교단본부는 이 단체 때문에 난처하게 되었다. 그러나 구제를 위하여 진심으로 노력하지 못하였다는 것은 여지가 없는 일이다' 라고 말하면서, '이 부당한 탄압에 대하여 일본기독교단이 변호와 구제의 따뜻한 손길을 뻗치길 원했다는 것은 일반적 요망사항이었다' 고 하면서, '암흑가운데 불만에 가까운 것을 느꼈다' 고 기술한다.

---

[423] 『昭和의 宗敎彈壓』, 80.

교단의 이러한 자세는 공판 가운데도 나타나, 증인으로서 소환된 저명한 신학자들 대부분은 시종 제6부의 신앙교리가 교단의 정통적 입장에 부적절한 것으로 비판하였다고 한다. '일본기독교단에서 볼 때, 곤혹지극의 존재였음에 틀림이 없다. 소수의 동정자를 제외하고는 호의적이지 않았다는 것은 사실이며 또한 당연한 것이었다. 당시의 어떤 간부 한 사람이, 개인적으로 교제한 적도 없고, 또한 성결교회를 직접적으로 알지 못하는 주제에, 나의 증인이 되어 오해와 편견으로 성결교회의 교회관을 언급한 것을 판사로부터 듣게 되어 아연질색하였다.424

와타나베(渡辺善太)는 증인으로 성결교에 대한 이해를 제시하여 '동정적인 유익한 증언, 더군다나 진리에 충실한 증언'을 하였다. 그러나 '그 외 제2, 3의 신학계에 권위 있는 교사들의 증언이 있었는데, 동일 교단 내에 일어난 사건, 군국주의의 희생에 박해를 받고 있는 동교역자들에 대한 증언으로써 동정적인 증언이라고 생각할 수 없었다. 어떤 교사는 성결교회를 비 상식단체로 단정하였고, 어떤 교사는 탈선 교사라고 부르기도 하였다. 이러한 것이 성서의 진리 '하나님 나라' 문제에 대하여 충실하였는가? 어떠했는가, 의문이 남지 않을 수 없는 것이었다.' (『요네다 유타카의 수기』, 105-106).

와타나베와 함께 증인석에 선 신학자 중 한 사람 쿠와타(桑田秀延)는 당시의 사정을 다음과 같이 회상한다. "재판장은 나의 '기독교신학개설'을 준비하였고, 그것을 이미 상당히 주의 깊게 읽고 와서는 여기에 이렇게 기록되어 있는데, 그것은 어떤 의미인가? 라고 물었다. 예를 들면 '종말론적 현재'라는 용어를 사용하는데, 그것은 어떤 의미인가? 라는 식으로 질문을 하였다. … 이러한 문답이 진행되는 동안 나는 내 뒤에 있는 성결교회 목사님들을 의식하지 않을 수 없었지만, 그들 선생들을 변호하는 것 없이(물론 나쁘게 말하는 것도 없이), 나는 교단이 종말의 신앙에 대하여 어떻게 생각하

---

424 『요네다 유타카의 수기』, 46.

고 있는지를 말하였을 뿐이었다고 생각한다. 성결교 교직자에게 대하여 정말 미안한 생각이 들었지만, 사실 아무것도 모르는 자가 무책임한 것을 말할 수 없지만, 와타나베씨가 충분히 증언해 줄 것이라고 기대하고 돌아 왔다"(신학과 함께 50년, 『쿠와타 히데노부 전집』 5권, 115).

이러한 현상은 동일한 신앙고백을 가지지 않는 교역자로서의 실질을 소유하지 못하는 교단에서 일어날 수 있는 일이라고 보인다.

교단 당국자는 한편으로 성결교 검거사건에 심각한 위기감을 가졌지만, 다른 한편으로는 성결교 계통의 교회를 '이단자' 로 분리시킴으로써 보다 '건전' 한 기독교 교단을 결성할 수 있다는 안도감을 품었다. 교단이 부제 시스템을 폐지하기로 결단한 것은 이 사건의 영향이 크다. 실제로 부제폐 지가 1943년 4월 1일이었고, 성결교 계통의 여러 교회에 대한 결사 금지처 분이 동년 4월 7일이었다고 본다면 정부가 의도한 것과 교단 당국자의 의 향이 서로 보조를 맞추었다는 것을 엿보게 된다.

동년 6월 27일 코오베에서 열렸던 '완전 합동감사대회' 석상에서 카가 와 토요히꼬(賀川豊彦)는 '지금까지는 여러 가지의 탄압과 박해가 있었지만 오늘에야 우리 기독교는 천황이 인정하였기 때문에 그 어떤 걱정도 없다. 그 만큼 시대가 변하였다' 라고 발언하였다(『운동』 3권, 22).

피의자에 대한 조사는 동경 검찰본부로부터 보내온 등사판의 내용 그대 로 실시되었다. '동경의 간부 누구누구의 자백이 이렇기 때문에 네 놈도 그렇지' 라는 형태로, 모든 피의자를 일률적인 공술로 몰아붙여서 기소하 려고 하였다. 또한 검찰본부의 방침은 '국체변혁 용의, 스파이 용의로 조 사를 받았고, 더욱이 신사 문제, 재림문제로 조사를 받은 다음, 아무것도 나오지 않았을 때는 재림문제로 기소하는 것으로 끝맺는 것이었다'.425

---

425 『昭和의 宗教彈壓』, 93.

이러한 사정을 반영하여 당국은 세 교파를 동일한 사상적 신조를 가진 일파로 규정하여, 1943년 1월에는 대심원검사국이 세 결사에 대한 '공통적 정의'를 내렸다.

> 하나님은 가까운 장래에 '그리스도'를 공중에 임하게 하셔서 의로운 심판을 시작하여 전쟁과 그 외 재난이 가득한 소위 환란 시대를 출현시키신 후에 '그리스도'를 지상에 재림하게 하셔서 우리나라를 포함한 세계 각국의 통치자를 섭취하여 '그리스도'가 통치자가 되시고 그리고 휴거 받은 성도를 통치에 참여하게 하시는 왕, 하나님의 선민이라는 이스라엘 사람들을 지배계급으로 하는 천년왕국인 지상적 하나님 나라를 건설한 후, 신천신지로 불리는 하나님의 이상사회를 현현시키는 자가 되어, 천황 통치가 위의 천년왕국 건설로 말미암아 폐지됨으로써 국체를 부정하는 내용이 된다.(『운동』 3권, 125).

이 '공통적 정의'는 모든 기소장에 이용되었던 것으로, 각 개인의 신앙이 아니라 어디까지나 단체로서의 교의를 일괄하여 치안유지법 위반으로 묻겠다는 당초의 방침 그대로 시행되었다는 것을 알 수 있다('기소장'의 다른 예는 『운동』 3권, 135-140).

제6부(쿠루마다파)에 대한 조사와 공판 과정에서 가장 문제가 된 것은 '재림신앙'의 내용이었다. 검찰측은 제6부의 신앙을 타나까(田中重治)의 '현세적 정치적 재림신앙'과 동일하다고 보고, 이것이 국체를 부정하는 교리에 해당한다고 간주하였다. 이에 대하여 제6부 사람들은 이미 그들이 타나까의 재림설로부터 이탈하였다는 사실을 설명하였지만 받아들여지지 않았다.

이즈미다(泉田精一)의 '상신서'(1944.11)는 "은사 타나까는 신앙의 탈선으로 '천년왕국 실현을 위하여 우리 단체는 유대인의 회복과 그 건국에 대하여 기도하는 것이 사명이다' 고 공공연히 말하고, 신약성서에 관계되는 교리의 정당성을 승인해야 할 근거가 될 증거가 없음에도 불구하고, 전도보다도 유대인의 회복을 위한 간구, 교회의 성화보다도 천년 왕국을 위한 간구라는 형태로, 교회의 중요한 사명을 망각하여, 중요 교리로부터 이탈한 종교 운동이 정치운동과 같은 동향을 나타냄에 따라서 성서해석에 오류가 보이고, 또한 그 잘못된 신앙이 행위에서도 나타났다"고 설명한다(『운동』 2권, 409-414).

타나카 시게하루는 잃어버린 이스라엘의 12부족의 하나가 일본인이라고 생각하여 그리스도 재림은 유대민족을 중심으로 하는 하나님 나라를 실현하지만, 일본민족도 또한 그 복에 참여한다고 추론하였다. 그 결과, 이제야 기독교인의 사명은 그리스도 재림과 유대 민족의 회복을 위한 열렬한 기도를 드리는 것이라고 논하였다. 이러한 타나까의 재림론은 성서의 문자를 문자적, 구체적으로 해석한 것이며, 또한 일본의 침략전쟁을 '아마겟돈의 서곡' 으로 간주하여 왜곡된 성전관으로 나갈 오류를 범하였다.

제6부 사람들은 타나까의 이러한 성서해석으로부터 이탈하였다는 사실을 검찰과 판사에 호소하였다. 상술한 이즈미다의 '상신서' 는 그들의 재림신앙이 현실 세계나 정치에 조금도 관여하지 않는다는 것을 변명하고 있다. '어디까지나 종교적 이야기로, 신앙적 이야기로 믿었다. 어떤 사람이 어떠한 방법으로 이것이 극구 정신상의 문제가 아니며 신앙상의 문제도 아니라고 말할지라도 그것은 기독교라는 종교상의 이야기, 신앙상의 이야기로서, 그것으로부터 한 발자국도 이탈한 것이 아닌 것으로' , '그리스도가 세계를 통치할 때에 일본국이 이렇게 된다, 저렇게 된다라는 등의 이야기는 꿈에도 생각해보지 못한 것이다.'

이러한 다양한 변명에도 불구하고, 제6부의 재림신앙은 치안유지법 위반으로 기소되었다. 동경지방법원에서 검찰측의 논고에는 전시 아래의 사상이나 신조에 대한 법의 폭력이 어떻게 발휘되는지 여실히 볼 수 있다(『운동』 2권, 376-402). 논고문은 1. 서론, 2. 검거 단서, 3. 본건 사안의 성립, 4. 일본성결교회의 교리, 5. 종교사범과 기독교, 6. 정상(情狀), 7. 구형으로 구성되어 있는데, 제4항에 전체 8할을 차지한다.

'본건 사안의 성립' 은 검거 때 사용된 법의 논리가 잘 나타나 있다. 그 요점은 1. 종교단체란 독자의 교리를 선포하여 인류를 구원하는 것을 목적으로 한다. 2. 일본성결교회(제6부)는 독자교리를 선포하는 것을 목적으로 하는 결사이다. 3. 이 교회의 교리가 일본 국체를 부정하는 것을 포함한다면, 그것은 국체 부정을 유포하는 것을 목적으로 하는 결사이다. 4. 따라서 본건의 성립은 본 교회 교리에 국체를 부정하는 것이 포함되었는가 어떤가에 있다.

이처럼 '목적으로 하는' 이라는 말로 여러 가지 사상이나 사항들을 서로 결합시켜서 검찰관이 '인간의 영혼, 생명에 관한 것' 이라고 규정하였던 종교단체가 국체 반대를 선전하는 것을 주 '목적' 으로 하는 반역 단체로 바꾸어 버린 것이다. 마치 자유자재적인 논법이다.

제6부의 교리에 대하여서도 성결교 분열이 교리적 원인에 의한 것이 아니라는 것을 강조하여 재림신앙의 실질이 분명하게 '현실적 정치적' 인 것이라는 것을 논증하려고 하였다. 일본성결교회는 성결교회시대의 회칙 중 '천년왕국' 이라는 문자를 '하나님 나라' 로 변경하였다. 그러나 논고서는 이렇게 변경한 성결교회 제1회 총회(1937.11)의 의사록을 들고 나와, 이 자구 수정이 재림신앙의 근간에 관계되는 것이라고 한다면 총회에서의 질의가 이렇게 간단하게 끝나지는 않을 것이라고 하여 '정신적 영적 재림신앙' 이라는 변명을 기각하였다.

또한 제6부의 신앙이 '유대교' 적이라는 것도 주장되었다. 기독교 관계의 치안 유지법 위반 사건이 한결같이 유대교적 성격을 띠며 현세적, 민족적, 율법적이라는 것이다. 이에 반하여 성결교 신앙은 '신생' '성화' 등의 점에서는 '정신적' '인격적' 이지만, '재림' 에 대하여는 어디까지나 현세적이고, 다른 피의사건 경우와 같이 '천년왕국전(前)재림설' 이라고 단정하였다.

재판의 결과는 징역 4년을 포함한 가혹한 것으로 옥사 4명, 복역 완료자 3명, 그 외는 집행유예 3-5년으로 1-2년의 징역 판결을 받았다. 실형 판결을 받으면서 상고하지 않았던 것은 재판 비용 조달이 원만하지 못했다는 것이 원인이었고, 그점에서도 교단 당국의 냉담한 처지를 한탄하는 목소리가 있었다는 것은 당연한 결과이다.

성결교 계통의 3 교회에 대한 탄압은 검찰의 파쇼적 논리와 경찰관의 폭력이 만들어낸 사건이다. 교회는 전쟁에 반대하는 의사도, 국가에 반항하는 의도도 전혀 가지고 있지 않았다. 오히려 주관적으로는 전쟁에 협력할 의도로 전도를 하고 있었다.[426]

우리는 정치운동을 한 적이 없으며, 단지 성서의 말씀을 그대로 믿고, 주 그리스도 예수의 재림을 준비하면서, 크리스천의 본래의 사역인 전도에 열심이었다. 성서가 가르치는 종말이 어떻게 실현하는가는 우리들의 설명을 초월한 사건이다.[427]

이즈미다의 '상신서' 의 내용은 그들의 각오를 담은 글로, '용어를 충분히 음미하여 사용함으로써 종교와 현실과의 혼란과 착오가 없도록 주의하고 신중을 기하겠다' 는 것이다. 전도에 전념하면서 정치에는 관심을 보이

---

426 코이케 켄지(小池健治), 니시카와 시게노리(西川重則), 무라카미 시게요시(村上重良) 編, 『종교탄압을 말한다』, 166.
427 『종교탄압을 말한다』, 186.

지 않았던 성결교였지만 '종교와 현실과의 혼란과 착오' 는 권력이 가장 두려워했던 것이었다.

종교와 현실을 일원적으로 이해한 타나까는 대규모 전쟁을 계시록적인 상황의 줄현으로 환영하였지만, 그러니 쿠루마다파의 이원적인 이해는 현실사회 또는 국가와의 관계가 상실되어 주관적으로는 전쟁에 협력하면서도 결국 본의 아니게 탄압까지 받게 된 것이다.

그리고 그들은 이러한 억지적인 억압가운데서도, 이것을 증인과 순교의 기회로 삼아 자신들의 신앙을 고집하는 강인함을 보였지만, 국가의 본질을 같은 신앙의 차원에서 간파할 수 있는 통찰력을 소유하지 못하였다. 즉 '혼란착오' 인가, 아니면 이원론적 분리인가? 하는 불행한 양자택일이 지속되었던 것이다. 이것이 전시 아래의 교회가 직면해야 했던 '신앙' 과 '현실' 을 둘러싼 정황이었다.

따라서 기독교 신앙을 '관념적' 으로 이해하여 현실로부터 그것을 이간시킨 많은 교회는 신앙으로 말미암은 탄압을 받지도 않았고, 전쟁 협력에 관한 큰 모순을 가지지 않았고, 결과적으로 전시 아래의 신앙 생활의 '순수' 함을 유지할 수 있었다는 감사의 기분까지 생겨났던 것이다.

패전 후, 교단의 총회의장이 된 오자키(小崎通雄)는 '전쟁 때를 반성하며, 감사한 것은 그 격렬한 공습과 폭격가운데서도 아침저녁 예배, 일요학교, 기도회를 한 번도 쉬지 않고 실현할 수 있었다는 것이다. 어떤 상황이 닥쳐오더라도, 교회의 사명인 복음 전도를 제일로 하지 않으면 안 된다' 고 회고하였다('기독교인 평화의 회' 의 앙케트 회답).

또한 『일본기독교단사』는 '전쟁중 각 교회는 언제나처럼 예배를 드렸고, 언제나처럼 전도 활동을 계속했다. 교회는 이것을 가지고 자기 입장을 충실히 지킨 신앙의 간증을 했다. 등하관제 아래에서도 각 교회는 가능한 기도회를 가졌다. … 일반적으로 신앙 생활은 긴장감이 맴돌고, 몹시 진지하였다. 우리는 지금도 그때의 것을 감사함으로 기억한다. 물질이 극단적으로 궁핍한 가운데 빵의 대용품과 물로 성찬식을 집행한 것이 얼마나 축복에 충만한 것이었는가. 세례자의 숫자가 감소한 것은 어찌할 수 없었지만, 진정한 구도자를 얻을 수 있었고, 교회의 활력은 결코 떨어지지 않았다' (133).

이처럼 예배나 제 집회를 지키려는 노력을 위한 진정한 투쟁이 있었다고 보아진다. 그것은 신앙의 평상심과 진실함은 전쟁의 어두운 골짜기에서도 자신들의 교회와 신앙을 지킨 사람들의 자부심일 것이다. 세례나 성찬이 그 얼마나 신중함을 가졌는지 체험자 외에는 상상조차 할 수 없다. 그러한 의미에서, 전시 아래의 기독교인들의 신앙생활속에 나타나는 은총의 진실함을 의심할 사람은 없을 것이다.

그럼에도 불구하고, 이것은 교회가 현실의 압도적 우세 아래서 자기보존의 본능에 몸을 던진 결과 생겨난 것이며, 또한 현실 도피이기도 하였다는 사실을 간과해서는 안 된다. 정치권력 그 자체가 종교적인 표상과 신화로 자신을 장식하고, 악마적으로 자기를 신격화해 나가는 일본 정치풍토의 정황가운데서 신앙과 정치의 이원적 분리만으로는 유효한 비판이나 투쟁의 논리를 가질 수가 없다.

‘하나님의 것을 하나님께’ 바치는 종교적 생활만을 아무리 순화하여도 (그 자체가 이미 범죄하고 있었지만), 가이사의 것을 가이사에 돌려줄 수는 없었다. 왜냐하면 천황제 국가의 정치사상은 ‘가이사의 것을 현인신(現人神)’에게로 돌려주기를 강요하기 때문이다. 일본의 교회는 양자를 혼동하였기 때문에 고난을 받았을 때도, 또한 그것을 절연하고 분리한 경우에도 현실적 국가 권력의 구조나 악마성을 파악하는 사상과 행동에 도달할 수 없었다.

제17장
교회의 재건

1945년 8월 15일 일본은 연합국이 제시한 '포츠담 선언'을 수락하고 무조건적으로 항복했다. 전쟁은 여기서 마침내 종결되었지만, 그 결과 정신적으로든 물질적으로든 격심한 황폐함의 손상을 입었고, 기독교 역시 예외가 아니었다.

전후 일본의 진로를 결정한 것은 포츠담 선언으로써, 그것은 일본을 군국주의로 몰아넣은 권력과 세력을 소탕하고, 일본을 민주주의 방향으로 재건하는 것을 골자로 한 것이다. 따라서 기본적 인권의 존중, 평화주의 등을 정치 운영의 원칙으로 할 것이 요구되었다. 이러한 민주화는 정치적 측면에만 그치지 않고, 경제 교육 학술 문화 등 다양한 방면에서 요구되었다. 이것은 점령군의 강력한 군사력을 배경으로 처음으로 달성된 조야한 변혁이며, 천황제 지배 권력의 실질적인 해체까지 미치는 철저성을 가지고 있었다.

그 가운데 기독교를 둘러싼 정치적 사상적 환경도 급격하게 개선되었다. 45년 9월에는 언론 통제가 해제되고, 또한 10월에는 언론 출판 집회 결사 등 임시단속법이 폐지되었다. 그리고 교회의 신앙을 '국체' 부정의 이름으로 위협하였던 '치안유지법' 도 동월에 폐지되었다.

특히 점령군에 의한 종교 정책의 기본적 방침을 선명하게 나타내 보인 것은 연합군 최고사령부의 '국가 신도, 신사 신도에 대한 정부의 보장, 지원, 보전, 감독 및 홍보의 폐지에 관한 건' (이른바 '신도지령')이었다(45.12). 이것은 일본에서 국가 신도의 해체를 목표로 하는 것으로 '종교단체법'의 폐지와 함께, 교회를 전쟁 협력으로 몰아붙인 깊은 질곡이 제거된 것을 의미하였다.

'신도지령'은 공무원이 공적 자격으로 신도의 각종 활동에 참가하는 것을 즉시 정지시키고, 또한 공적 자원에서 신사에 지출되는 것을 금하였다. 또한 종교로서의 신도의 존속이나 교리의 포교활동 등은 인정하지만, 신도의 교리에 의한 군국주의 이데올로기를 선전하는 것은 금하였다.

더욱이 정치제도상에서 내무성의 신기인(神祇院)을 폐지하고, 교육의 현장으로부터 신도 교리를 일소하도록 하였다. 이러한 조치는 일본의 군국주의와 신도가 결합되어서 야기된 문제에 대하여 특히 미국의 일본연구가 아주 정확하고 포괄적으로 파악하고 있다는 사실을 말해준다.

여하튼 이 '신도지령'은 국가와 신도의 연결고리를 적어도 이 시점에서 생각할 수 있는 최대 범위와 깊이에서 절단하고자 하는 것에 성공한 것이다. 또한 이것이 교회에 가져다 준 영향 역시 심히 막대하다. 이것으로 말미암아 교회는 이제 신사 문제에 관한 오랜 신앙적 고투로부터 해방되게 되었다. 신사는 종교가 아니라 국가적 제사라고 하는 신사 비종교론은 기독교도의 양심을 완전히 설득하지는 못하였다. 기독교는 그것을 권력에 의한 강변이라 생각했고, 양심적으로 석연치 못함을 남겨두면서도, 교회의 안전과 유지를 위해서 그 부조리를 용납하여 왔다.

'종교단체법'이나 '치안유지법'에 의한 감시가 교회 신앙과 생활의 내면까지 철저하게 뻗치고 있는 상태에서 교회는 공적인 입장으로 신사참배 거부를 선언하지 못하였다. 개인적으로 신사참배 거부의 저항은 상당한 범위에서 일어났다고 추측될 수 있겠지만, 그것도 저항의 일선은 구속받음이 없이 각자의 양심의 내면 깊숙한 곳으로 사리잡고 있있을 뿐, 어떠한 합의나 회의직 결딘으로써 신사참배 거부의 사상이나 행동이 일어난 예는 극히 드물다.

물론 그러한 집단적 합의나 동의가 곧 탄압의 대상이 된다는 두려움이 있었기 때문이다. 그리고 현실적으로 대다수의 교회와 기독교도는 국민의례나 신사참배를 부득이한 사항으로 수용하였고, 또한 '카미타나'(神棚)를 설치하고 '타이마'(大麻)를 걸어두는 가정도 적지 않았다.

그러한 것들이 어떠한 신앙상의 혼란과 오류를 가져다 주었는가. 기독교 유신론이 그곳에서 어떠한 암초에 부딪쳤는가? 그러한 것을 정확하고 겸허하게 반성한 사례가 너무나도 적고, 오히려 지나간 악몽으로 간주하여 매장해버리는 것이 일반적인 상태이다. '신도지령'은 교회가 신앙의 양심에 의해서 극복하지 못했던 문제를 권력에 의해서 해소하였다고 할 수 있다.428

1. 기독교의 전쟁 책임

광신적인 군국주의에서 민주화로의 급격한 전환에 대하여 교회는 어떻게 바라보았는가? 단적으로 말하자면, 이러한 군사력에 의한 과격한 변혁에 대하여 주체적인 참가를 교회에 요구하는 것은 불가능하다. 그렇지만 교회가 전시하에서 무엇을 말하고 무엇을 기도하여 왔는가에 대하여, 또

---

428 '신도지령' 전문은 동경변호사회 편집, 『야스쿠니 법안의 문제점』 부록자료, 131-136. 그 검토는 니시카와 시게노리, 신사지령의 현대적 의의, 『복음과 세계』 1972. 5 참조.

한 '교단' 에 의한 전쟁 협력에 관한 총괄적인 반성이 시행할 수 있었고, 했어야만 했다.

그러나 실제는 교단 지도부가 주위의 정세에 뒤쳐지지 않으려고 하는 것에만 시종일관했고, 또한 점령군에 의한 기독교 우대책에 예민하게 반응하는 것에만 정력을 쏟았던 것이다. 교단에 의하여 세워진 신앙이 무엇이며, 하나님 앞에 교회가 나아가야 할 길이 어디에 있는지를 근원적으로 물어보는 겸허한 자기반성은 일어나지 않았다.

협력의 대상은 바뀌었지만 교단의 신앙은 동일하였다. '전쟁' 의 메시지는 일찍이도 '평화' 의 복음에 대체되었지만, '종교보국' (宗敎報國)에 살아온 교단의 각오와 기본자세는 변하지 않았다. 요컨대 '베옷을 입고 재에 앉아 회개하는' (눅 10:13) 모습은 전혀 보이지 않았던 것이다.

패전 직후 8월 28일 교단 제13회 상임이사회가 개최되었다. 석상에서 토미타 교단 통리자의 인사는 이 최고 지도부가 혼미한 가운데 일어나고 있는 사태와, 앞으로 닥쳐올 시대의 특징을 비교적 냉정하게 이해하고 있다고 보인다.

'우리는 금후 어떠한 고난이 있더라도 참기 어려운 것을 참고, 인내하기 어려운 것을 인내하면서 새로운 일본의 건설에 매진할 것이다' 라고 각오를 비치면서, '이러한 때에 우리들이 삼가해야 할 것은 금번의 급변에 의하여 기독교의 때가 도래하였다고 경솔하게 생각하는 것이다' 라고 경계하였다.

그러나 이 발언은 피상적인 시대에 적합하려는 것을 경계한 것이라기보다는 점령 정책의 행방을 충분히 인식하지 못한 상태에서 내놓은 주의 깊은 발언이라고 이해해야 할 것이다. 또한 선교사의 재입국을 예측하여 선교 관계의 수복을 일찍이 생각하여 '교단 이외에 선교사 교단이 생겨날 염려가 충분히 있다' 라고 생각하여, '교단의 성격을 명확하게' 할 필요성을 주장하였다. 또한 일본의 교회가 종래보다 '유리한 입장'에 서게 될지는 불투명하기 때문에 교회의 복원을 위한 체제 만들기를 서둘러야 한다고 말했다(『일본기독교단사』, 178). 이 이사회는 다음과 같은 '통지'를 채택하여 전국 교회에 발송하였다.

> 천황이 결정을 한 번 내리면 그 경이로운 조서(詔書)를 널리 반포한다. 여기에 우리 국민의 나아가야 할 길이 정해진다. 본 교단의 목사 및 신도는 이때를 기하여 거룩한 뜻을 황송하게 받아들이고, 국체 유지의 일념에 철저를 기하고, 더욱더 신앙에 증진하여 장래의 국력재흥에 힘을 기울이며, 따라서 천황의 뜻에 보답하지 않으면 안 된다. 우리는 먼저 일이 이렇게 되었기에 필경 우리 자신을 위하기보다 주군(主君)을 위하여 진실함이 부족하지 않도록 하며, 보국의 힘이 빈약함을 심히 반성 참회하고, 앞으로 걸어가야 할 곤란의 길을 인고정신으로 나아가며, 신(新) 일본의 정신적 기초 건설에 공헌하는 것을 엄숙하게 맹세해야 한다.[429]

위의 서문에 이어서 '종교보국'(宗敎報國)의 임무를 가진 기독교가 '황국재건'의 활로를 개척할 것, 또한 '교단의 조직 체제는 미동'도 하지 않기 때문에 일본인 자신들의 손에 의한 전도를 행하고 '일본기독교'의 진가를 발휘해야 함을 요구하였다. 이것을 보면 알 수 있듯이 교단 지도부의 '참회'는 전쟁의 참패 그 자체에 대한 것으로, 전쟁에 협력한 것에 대한 것이 아니었다.

'국체호지(護持)의 일념'과 '신앙'과를 동일한 선상(더군다나 동일한 순서)에 두는 구조에도 전혀 변화가 없었다. 교단의 조직과 제도를 온존하고, 그 어떤 것도 변화시키지 않고 전도하여 '황국재건'에 힘쓰고자 한 것이다. 이것이 교회의 공적 목소리로 발표된 전부였다. 참된 복음에 의하여 자발적으로 깨달은 '자유'에 대한 갈망도, '평화'에 대한 주장도 이 '일본기독

---

429 『신사 문제와 기독교』, 356.

교단' 의 체제로부터 결국은 들을 수 없었다.

교단의 이러한 신앙적 주체성의 결여는 교단이 전쟁 책임 문제를 취급하는 것에서도 현저하게 나타난다. 1946년 1월 20일 '일본기독교단 교단 신보' 에 '전쟁시의 교단의 입법 행정 실상 - 전쟁 책임자는 누구인가' 라는 제목으로 글이 게재되었다. 이것은 교단의 전쟁 책임 소재에 관한 물음에 답하여 교단의 지도성과 구조 자체가 전쟁 책임을 추구하는 것에 탐탁지 않음을 변명한 것이다.

그것에 의하면 교회는 교단의 내외를 불문하고 능동적으로 전쟁을 지도하지 않았다. 물론 전쟁이기 때문에 '필승을 희원' 하는 것은 국민의 의무였지만, 전쟁을 계획하고 실시한 적개심을 부채질한 적은 없다. 이처럼 직접적인 전쟁 책임과는 무관하다고 한 다음, 교단의 내부 지도에 대하여 다음과 같이 말한다.

교단은 정부, 군부가 강요하는 전쟁 목적을 그대로 부내(部內)에 전달하도록 명령받았고, 그렇게 주어진 자료에 의해서 판단하여 그것을 정의로운 것이라고 인정한 근거를 요구하는 대로 부내에 전달하였다. 말할 필요도 없지만 허위라는 것을 알면서 행한 것이 아니다. 군부, 정부를 신뢰하여 안심하고 그것을 수행한 것뿐이다.[430]

요컨대 교단은 어리석게도 군부, 정부의 요구를 믿고 그대로 수행하였지만 교단 자체가 독단전행으로 어떤 것을 실행하지 않았다는 것이다. 교단은 속았던 피해자에 불과하다. 이런 논리에서라도 교단 지도부의 책임을 묻는다고 한다면 '각 개교회의 책임자도 동등하게 책임을 물어야 한다' 는 것이다. 왜냐하면 교단은 모든 것을 중론에 따랐고, 또한 적당한 합

---

430 『신사 문제와 기독교』, 357.

의를 통하여 사항을 처리했기 때문이다.

이런 논리로 간다면 책임은 무한적으로 확대되고, 그 소재도 애매하게 되고, 구체적으로 누구 한 사람 책임을 지는 자가 없을 것이다. 마치 이것은 정치학자 마루야마(丸山眞男)가 전시중의 군국주의, 정치 지도사의 정신 형태(및 그러한 정신형태를 수반하게 된 정치구조)를 분석하여, 그것을 '방대한 무책임의 체계' 라고 규정한 것과 같은 사태가 아닌가.431

전쟁 지도자가 동경재판 과정에서 한결같이 자신의 권한의 협소한 것을 주장하여 책임을 회피하려고 한 것과 같이(마루야마에 의하면 '일본파시즘의 왜소성'), 교단 지도자 역시 규칙에 의한 권한의 제약만을 설명하여, 교단 지도부의 책임 문제를 하부 기관에 위양(委讓)하였다.

교회는 전쟁 책임에 대하여 서로 문제화 하지 않는다. 점령군의 정책에 의해서 종교계의 전쟁 책임을 불문시한 것도 그 체질을 조장한 요인이었다. 어디까지나 스스로를 불우한 시대의 불행한 피해자로 생각함으로써 암흑의 과거와 절연하고자 한 것이다. 따라서 그곳에는 전시 아래의 교회 신앙과 행위(불신앙과 불순종)에 관한 스스로 옷깃을 바르게 고치는 모습은 거의 나타나지 않았다.

문제를 국가와의 관계로 국한시켜 본다면, 교회가 철저하게 스스로를 피해자의 위치에 두는 것이 불가능할지도 모른다. 그러나 교회는 '일곱 금 촛대 사이를 거니시는 분' (계 2:1) 앞에 그 행위를 물어서 밝혀야 한다. 전쟁에 협력하고, 또는 본의가 아닐지라도 상황에 굴복한 것 자체는 돌이킬 수 없는 죄이다. 그러나 일본 교회의 참된 빈곤이란 자기들의 죄를 자각하고 그것에 합당한 신학적, 신앙적인 깊이를 가지고 문제로 삼지 못하였다는 것이다.

---

431 마루야마, 『현대정치의 사상과 행동』, 129.

독일 복음주의 교회가 전후에 출발한 시발점은 이것과 완전히 다르다. '고백교회' 에 속한 신앙의 싸움을 해온 사람들은 전쟁의 재난가운데서 일어나, 1945년 10월에 슈투트가르트(stuttgart)에 모여서 이 전쟁에 대하여 교회의 죄를 고백하였다.

우리는 너무나 큰 아픔을 가지고 다음과 같이 말한다. 우리들은 끊임 없는 고통을 많은 국민, 국토에 가져다 주었다. 우리가 때때로 각 교회를 향하여 증언한 것이지만, 그것을 우리는 지금 전교회의 이름으로 말한다. 정말로 우리는 국가사회주의의 폭력적 지배가운데, 그 무시무시한 모습을 나타낸 영에 대항하여 긴 세월동안 예수 그리스도의 이름 안에서 투쟁하여 왔다. 그러나 우리는 우리가 더욱 용감하게 고백하지 못하였던 것, 더욱이 충실하게 기도하지 못하였던 것, 더욱이 기쁨을 가지고 믿지 못하였던 것, 그리고 더욱이 열렬히 사랑하지 못하였던 것에 대하여 스스로를 비난하며 꾸짖는다.432

2. 혼미와 붐(boom)

전쟁 후의 교회의 추이는 '혼미기' (1945.8-1946), '그리스도 붐' (1946-1948), '퇴조기' 로 구분이 가능하다(사지 타카쯔네〈佐治孝典〉, '점열하의 기독교' , 『복음과 세계』 1982,2,3).

제1기의 혼미기에는 패전의 아픔을 정신적, 물질적으로 인내하는 것에 목숨을 걸었다. 점령군이 차례차례 내세우는 민주화 정책이 교회의 진로에 호의적인 것으로 이해되지만, 그것에 어떻게 대처해야 하는지 방황하는 혼미의 시기였다. '이른바 그늘에서 양지로 나온 자가 갑자기 눈부신 햇빛 때문에 어느 것부터 손에 잡아야 하는지, 어떤 방향으로 걸어가야 좋은지, 눈을 감고 그 자리에 서있지 않을 수 없는 실정' 이었다(佐治, 동상).

---

432 슈투트가르트 죄책선언(Stuttgarter Schuldbekenntinis), 전문은 『복음과 세계』 1967. 6.

그러나 그러한 혼미는 행운인지 불행인지 그렇게 길지는 않았다. 점령
군이 종교계의 전쟁 책임에 대하여 손을 댈 의도가 없음을 알아차리면서
기독교계(교단)의 구 지도층은 종래의 체제를 조금 정돈하는 것으로 그 상
황을 끝내고, 자신들의 위치에 머물러 전후의 활동을 재개하려고 하였다.
그러한 지도자들에게 더욱 힘을 실은 준 것이 히가시쿠니(東久邇) 수상이 교
단 통리자에게 건네준 '문서' (영지, 諭旨)이다.

종전과 함께 동시에 성립된 히가시쿠니 내각은 항복과 점령군에 권한을
양도하는 것을 주 임무로 하였지만, 그러나 전후의 혼란을 '황족' 의 위광
으로 진정시키려는 의도를 포함하고 있었다. 9월 2일, 토미타 통리자는 일
본 가톨릭교단 통리자와 함께 수상의 부름을 받아 '문서' 를 전달받았다.
그것은 패전이라는 중대한 사태에 즈음하여, 국민도의의 앙양과 평화 신
일본 건설을 위하여 양 교단이 특별한 노력을 해달라는 요청이었다.
이것에 대하여, 토미타 통리자는 참석자를 대표하여 "심히 미약하지만
'믿음이 겨자씨 한 알만큼만 있어도 이 산을 명하여 여기서 저기로 옮겨지
라 하면 옮겨질 것이요' 라는 성서 말씀을 확신하고, 신일본의 건설에 가장
중요한 국민도의의 앙양과 국제친선 세계평화를 위하여 기독교계의 온 힘
을 다하겠다"는 결의에 찬 말을 했다고 전해진다(『일본기독교단사』, 181).

이것은 분명하게 '전쟁 전, 또는 전쟁 중에는 도저히 일어날 수 없는, 생
각조차 할 수 없는 것' 이다(『일본기독교단사』, 181). 타이쇼 시기의 '삼교동맹'
은 기독교에 종교적 시민권을 인정한 것으로 당시의 교계로부터 환영받았
지만, 정부가 그 이상의 '우대' 를 해주었다는 것이다.
이렇게 하여 위정자가 신앙과 양심의 억압이라는 전시하의 부당한 지배
에 대하여 그 어떤 시말도 없이 과거의 모든 것을 물에 떠내려 보내고 협력
하라고 요구하였을 때 기독교측도 그 어떤 의심도 품지 않고, 새로운 권력

자와 협정을 맺어버린 것이다. 교회가 새로운 시대에 어떠한 신앙을 가지고 선교해야 할 것인가에 대한 반성에 의한 것이 아니라, 신앙과는 전혀 관계없는 이질적인 힘에 의존하여 자기 확장을 시도하려고 한 것이다.

이처럼 '기독교 붐'이 도래한 것이다. 이 붐의 총아로서 다방면에 활동한 것이 카가와(賀川豊彦)였다. 그는 히가시쿠니 내각에 참여하였고, 정, 재계에 그 이름이 널리 알려지게 되었다. 또한 일본 YMCA동맹의 사이또우 총간사는 해외 재류자을 위한 인양구호원(引揚救護院) 초대장관으로 초빙되어, 그 사업의 확충을 위해 YMCA의 국제적 조직까지 동원하여 힘을 다했다고 전해진다(『일본 YMCA역사』, 354).

기독교 붐은 일본 전국에 침투하여 학교, 관청, 회사 그 외에 다양한 문화시설이나 운동단체에도 영향을 미쳤다. 어느 곳이든지 성서 연구회가 열렸고, 교회의 구도자층은 급증하였다. 불교나 신도의 지도자들까지 자식들을 미션스쿨에 보내고, 크리스마스를 축하하고, 스스로 기독교적 감화를 받고자 하였다. 그 가운데에는 한 마을 전체가 불교에서 기독교(가톨릭)로 회심한 예도 보고되었다. 이러한 기이한 현상은 기독교 붐이 마치 붐 이상의 것이었음을 여실히 보여준다.

다시 말해서 전후의 새로운 지배적 가치가 미국의 군사력과 문화의 압도적인 우위로 결정되어지는 가운데 기독교는 그 지배적 가치를 대표하는 것으로, 즉 '오카미'(御上, 역자 설명: 일본에서는 예로부터 최상위의 권력자를 오가미라고 불렀다)의 종교로 사람들의 눈에 비춰진 것이다. 확실히 말하자면 노골적인 형태는 아니지만 기독교가 '현세이익'의 상징적 가치로서 사람들의 마음을 사로잡았다는 것이다.

이처럼 기독교를 세속적 가치와 동일시하는 떠다니는 구름 같은 붐에 표면적인 생기를 가져다 준 것이 연합군 사령관 맥아더였다. 그는 강한 기독교적 사명감을 가지고 점령정책을 진행시켰다. 로마법왕을 영적 세계의 법왕, 자신을 세속의 법왕이라고 간주할 정도로 강렬한 '신의 대리인'의 식을 가진 자였다고 일컬어진다(佐治, 전게서). 맥아더에 의하면 일본 점령은 '기본적으로는 신학상의 문제'였다. 이러한 그의 기독교적 사명관의 배후에는 미국적인 민주주의만이 당연한(올바른 기독교적인) 정치체제라고 믿는 강렬한 미국 중심적 세계관이 있었다. 기독교는 그 민주주의의 불가결한 근저로 간주되어 '민주화'와 '기독교화'는 하나로 융합될 수 있는 것으로 생각했다.

그것은 마치 메이지 유신으로부터 '서구화주의'의 시대에 걸쳐서 기독교만이 새로운 '문명'의 참된 담당자라고 선전되어, 많은 계몽주의자가 기독교로 개종한 상황과 흡사하다. 그리고 서구화주의 시대의 기독교도가 전 일본의 교화까지도 꿈꾸었던 것처럼, 전후의 교회 대부분도 교세의 비약적인 급진을 의심 없는 것으로 생각한 것이다.

오노무라 린죠(小野村林藏)는 '기독교계의 정세는 건전하고 정상적인 것인가? 아니면 불건전한 일시적인 변태 현상인가?'라고 자문하여, '교회에 구도자로서 열심히 모이는 사람은 여하튼 진정한 종교적 동기 및 요구를 가지고 있다. 결코 호기심이나 유행심리에 이끌린 것이 아니다'고 진단하였다. 그리고 이 붐이 어느 정도 감퇴할지는 모르지만, 그것은 평소의 위치로 되돌아가는 것에 지나지 않는 것이며, 그후에는 '일정량의 물의 흐름처럼 사람의 흐름이 교회의 문으로 흘러들어 올 것이라고 확실히 예언할 수 있다'고 말한다.[433]

개신교가 개교된 이래로 기독교가 일찍이 없었던 자유로운 공간을 확대하였다는 의미에서, 오노무라의 시대 인식 그 자체에 문제는 없었다. 그러나 당시 다수의 지식인은 전후의 변혁이 일본 사회에 가져다 준 영향의 정

---

[433] 『오노무라 린죠 전집』 3권, 390, 391.

도를 올바르게 예측할 수 없었던 것과 같이 오노무라와 같은 명민한 지도
자도 예외는 아니었다. 기독교 붐은 교회의 주체적 신앙과 행위의 변혁에
수반된 것이 아니라, 다양한 외적 요인의 뒤얽힘에 의해서 생겨난 우발성
과 위로부터의 작위에 의한 움직임이 가져다준 일시적 현상이며, 문자 그
대로 붐으로 끝나버렸다.

교회가 이 전쟁 협력에 관한 책임을 자기 스스로의 손으로 도려내어, 새
로운 시대의 고난가운데 선포되어져야 할 하나님의 말씀에 진실하게 경청
하고, 선교의 말씀을 음미하였다고 한다면 이러한 붐도 단순한 수꽃으로
끝나지는 않았을 것이다. 그러나 당시의 교회는 무엇을 복음으로 선포해
야 하는가에 대한 충분한 신학적 반성이 없이 오로지 어떻게 교회를 재건
하여 밀어닥치는 사람들의 필요에 부응할 것인가에 전력을 쏟았다는 것이
다. 붐의 배후에 감추어진 문제를 파악하고, 교회에 본질적으로 유익한 것
을 가져다주는 것을 취사선택하기란 곤란했다.

그 원인에는 기독교인 학생들의 많은 숫자가 전장에서 목숨을 잃었다는
것 등, 신학적 사유의 전체적인 역량이 저하되어 있었다는 뼈아픈 사실을
간과해서는 안 된다. 여기서 일부의 학자나 목사들이 당면한 문제에 대하
여 응급조치적인 해답을 준비할 뿐이었다. 붐이 문자 그대로 붐 이상의 것
을 남겨놓지 않고 퇴조하여간 것은 필연적 결과였다고 말하지 않으면 안
된다.

3. 부흥기의 교단

'일본기독교단'은 종교단체법에 의해서 만들어진 조직체였기 때문에
이 법규가 폐지된 후에도 여전히 교단이 그 조직을 유지하는 것이 가능한
가? 라는 것이 당연히 문제가 되었다. 일본기독교단은 교회 고유의 운동과

윤리 아래서 형성된 것이라고 말하기 곤란하며, 국가 권력의 강압이 교회 고유성을 침묵시킨 가운데 형성된 것이었다.

따라서 패전에 의해서 주어진 자유가 교단을 구성하고 있던 모든 제(諸) 교파에게 새로운 기로의 선택을 하게 하는 요인이 되었다는 것은 당연한 것이라 말힐 수 있다. 그러니 이 새로운 상황에 대한 대응은 일률적이지 않았고, 교단의 존재에 관한 의식과 이해의 폭과 동일한 또 다른 판단이 생겨났다. 먼저 『일본기독교단사』를 중심으로 교단 그들의 재건에 대한 태동을 요약해보자(181-222).

1945년 10월에 교단은 미국 교회로부터 사절단을 받는다. 이것은 일본 교회의 궁핍한 정황에 대한 '위문친선사절'의 의미를 가지지만, 이것이 동기가 되어 그 다음해부터 구체적으로 일본 제(諸) 교회에 대한 구원 활동이 개시되어 성서, 찬송가 등의 필요품도 기증되었다. 이것은 궁핍의 구렁 텅이에 있었던 교회에 힘을 북돋아 주었을 뿐만 아니라, 교회당의 재건이나 교회에 의한 복지 교육 사업 등 전후의 기독교 활동에 유력한 소지와 기반을 제공한 것이었다.

한편 교단의 독자적인 활동으로는 '교단규칙'의 개정작업이 1945년 말에 시작되었다. '종교단체법'에 의한 '규칙'은 교단의 회의제를 거의 형해화(形骸化)하였다. 그 개선에 앞서 첫째가 교단규칙의 전거가 되어야할 '교단헌법'을 제정하는 것, 둘째는 교단이 한 개의 공동교회임을 명확히 하는 것, 셋째는 규칙을 간단하고 민주화할 것이라는 기본 방침을 정하였다.

이것들은 전시 아래의 교단이 교회로서의 참된 성격을 가지기보다는, 국가의 어용기관으로서 그 역할을 여지없이 수행하였다는 것에 대한 당연한 개혁 노선을 제시한 것이다.

교단이 종래의 지도부를 중심으로 느긋한 변혁의 길로 접어들어 가는 것에 대하여 참지 못하는 많은 사람들의 비판적 행동도 표면화되었다. 예를 들자면 '복음동지회'의 결성이다(1946년 1월). 그들은 교단의 전쟁 협력이나 중앙집권적인 체제에 불만을 가지고 비판하여, 교단 지도부의 교체와 기구의 개혁 등을 요구하였다. '복음동지회'는 전국에 2백 명에 가까운 동조자를 얻어 교단 당국에 새로운 의원의 선출과 교단 총회의 개최 등을 요구하였다.

교단은 이러한 '동지회'의 요구를 받아들여 제3회 임시교단총회를 1946년 6월에 개최하였다. 이 총회에서 통리제의 폐지를 결정하고 총회의 장이 교단의 최고 책임자가 되었다. 총회에 제출되었던 교단의 헌법규칙의 개정안은 사항이 중요한 만큼 조급하게 취급하는 것을 피하고, 다음 총회에 검토하기로 하여 그동안 '헌법규칙개정특별위원회'에 초안을 부탁하여 연구하게 하였다.

그러나 이 총회는 자신들의 '일본기독교단'이 종교단체법에 의해서 존립하게 되었다는 사실에 아주 명확한 선을 그음이 없이, 교단 사역자의 경질이라는 형태로 교단의 실질적인 존속을 결국은 인정하는 결과가 되었다.

교단의 신조 문제는 제4회 총회(1947년 10월)에서 본격적으로 취급하였다. 신조 제정이야말로 교회 존립의 기초라고 생각하였던 자들로부터는 조급한 검토가 요구되었고, 다른 한편에서는 신조보다도 현실적으로 존재하는 교단의 유지와 안정을 중시해야 한다는 입장이 있어 논의가 복잡하였다. 그러나 어찌했든 이 총회는 '신조위원회'를 설치하여 교단신앙고백의 제정을 향해 움직이기 시작하였다. '교리의 대요'라는 신앙고백적 형태를 취하지 않았지만, 교단이라는 교회가 형성되어온 현상에 대하여 그나마 교회적 검토가 실시되게 된 것이다.

한편 교단의 선교 협력은 미국 및 캐나다 교회와의 적극적인 관계 회복의 노력에 의해서 비교적으로 빠른 시기에 회복되었다고 볼 수 있다. 1947년 4월에 미국의 8개 교파의 선교 협의회가 교단과의 전도협력을 위해서 '연합위원회'(IBC)를 조직했다. 이로 인하여 일본측에서도 '일본기독교단' 과 '기독교육동맹' 등의 단체가 내표를 파견하여 'IBC' 와 합동하여 '내외협력회' 를 조직하게 되었다. '내외협력회' 는 일본의 교회부흥에 큰 역할을 담당하였고, 또한 전도지역의 확대, 학교 교육의 진흥 등 많은 분야에서 중요한 공헌을 하였다.

4. 제 교파의 이탈

'종교단체법' 의 폐지에 수반되는 교단의 존재방식에 대하여 크게 세 가지의 이해가 존재하였다.

첫째, 교단의 성립 자체에 교회로서의 신앙이 반영되었다고 볼 수 없지만, 이미 하나의 교회로 형성된 이상 여기에 머물러 교단 재건에 노력하는 것이 성실한 기독교적 태도라고 주장하는 입장이다.

이러한 입장을 취한 자들 가운데는 교단 성립에 대하여 엄격한 눈으로 보고, 전시 아래의 교단의 자태에 대하여 비판적이었던 자들도 포함되어 있다. 그들은 교단이 교회로서의 실질을 가지지 못하는 현상을 깊이 우려하면서도 동시에 교단 내부에서 이것을 교회의 이름에 합당하게 개혁하고, 그것을 통하여 일본에서의 공동적 교회를 형성하고자 원했던 것이다.

둘째, 교단을 교회로서 존중하면서도 현상으로서는 단일 조직으로 동일한 신앙을 가진 교회로서 기능하기 어렵다는 사실을 인정하면서, 구 교파의 신앙과 생활을 상호 용인하는 '부제' 적 조직으로 재편하는 것을 요구하는 입장이다. 이 입장이 후술하듯이 교단 내부에서 '회파' 문제를 일으키는 원인이 된 것이다.

셋째, 교단 성립 자체가 비교회적인 사건이었고, 따라서 지금은 종교단체법의 구속이 제거된 상태이기 때문에 곧 바로 교단을 해체해야 한다는 주장이다. 또한 만약 교단이 존속한다 하더라도 교단으로부터의 이탈은 자유로운 것이라는 주장이다. 이 입장도 개개의 입장을 보자면 일률적이지 못하였지만, 먼저 이탈한 여러 교파를 개대하여 보자.

교단의 합동으로 교파로서 가담하지 않았던 일본성공회는 전후 교파재건운동에도 가장 신속하게 행동하였다. 전쟁중에는 교회로서 법적 기능을 스스로 정지하여 교파로서는 해산하였지만, 교파 합동의 논의가운데 교파의 특색을 고집하여 양보하지 않고, 또한 전시의 어려움에 대처하는 것에도 출중한 지혜와 유연성을 보였다.

1945년 10월에는 '슈(主) 교회'가 교파의 재출발을 성명하여, 종래의 헌법규칙으로 복귀하는 것을 고시하고, 교단에 가입하여 있던 각 개교회에게도 복귀의 길이 열렸다. 동년 12월에는 임시총회를 열어, 교파 재건에 대한 구체적인 작업을 개시하였다.

이전의 교파로 '복귀'하는 형태를 취한 교파는 침례교연맹, 루터교회, 구세군, 성결교(동양선교회계통), 이케루미즈기독(活水基督), 나사렛, 어셈블리, 동맹교단 등이 49년경까지 각각 이전의 교파의 신앙과 제도로 복귀하였고, 많은 선교회와의 관계회복도 연동되어 전후의 활동을 개시하였다.

이전의 '일본기독교회' 계통의 제 교회들 가운데 보수적인 개혁주의 신학적 훈련을 받은 사람들이 45년 말까지 이탈운동을 일으켜, 1946년 4월 '일본기독개혁파교회'를 창립하였다. 이것은 구 교파 재건도 아니며, 또한 전후에 새롭게 들어온 선교가 설립한 교파도 아닌 점에서 이 새로운 교파 설립이 가진 행동과 윤리는 특색을 가지고 있었다. 더군다나 1951년 '(신) 일본기독교회'의 창립은 교단에 아주 심각한 타격을 가져다준 사건이었다. 이것은 교단의 교회성에 대한 근본적인 비판에서 생겨난 것이기에 일본에서 사도적이고 보편적인 교회의 실질이 추궁되어졌다는 의미를 가진다.

5. 이탈의 논리

일본 침례교 연맹의 재건은 미국 남부침례교 외국전도국으로부터 날아온 한 통의 문서에서 시작한다(『일본 침례교연맹史』, 542). 그것은 불행한 전쟁에도 불구하고 그리스도 안에서 교제의 고리가 지속되었다는 사실을 강력히 어필한 것이다.

1946년 10월, 남부 침례교 사절단이 일본을 방문하는 것을 계기로 관계자들이 모여서 침례교 연맹 설립의 준비가 개시되었다. 1947년 4월에는, 후쿠오카 세이난(西南) 학원에서 연맹 창설 총회를 열고, 교단으로부터 이탈하여 각 개교회의 설립, 침례교 전도단의 설립이라는 순서로 진행되어 갔다(『일본 침례교연맹史』, 459-550).

그 다음해 제2회 연회에서는 '연맹규약'을 제정하였는데 이것으로 연맹은 '기독교 복음의 증인과 선교를 위한 가맹 단체와 상호 연락과 협력을 도모하고 그 영적 생명을 굳게 한다'고 그 목적을 확인했다. 이 전제에 입각하여 전도, 교육, 사회사업 등을 협력하여 추진해 가는 곳에 연맹의 의의가 있다.

따라서 침례교 교회로서는 교단과 같은 중앙집권적 기구에 복종하는 것은 신앙적 양심에 배치되는 것이었다. 또한 교리적으로도 '침례'만을 세례의 참된 형태라고 하기 때문에 교회간의 교류가 반드시 원만하다고 할 수 없었다. 이 점에서도 처음부터 교단이 목표로 하는 교회 형성의 이념(합동일치에 의한 전체교회)과 서로 융합될 수 없는 요구들을 가지고 있었다. 따라서 패전에 의한 교회 형성의 자유로움이 즉시로 연맹설립으로 이어진 것은 당연한 결과라고 볼 수 있다.

일본 복음 루터교회의 경우 1946년 봄경에서 교파 재건의 준비가 시행되어 그 다음 해 1월에는 '재건준비총회'를 열었다. '재건준비위원회' 위원장 키시 치도세(岸千年)에 의하면, 교단내에서 루터교회가 가진 신앙적 입장의 곤란은 먼저 부제 해제에 의해서 치명적인 것이 되었다. 그러나 그후의 교단은 '한 교회 한 신조'라는 방향으로 나아갔고, 그러한 상황에서 교단에 머문다는 것은 루터교회의 신앙 유지를 심히 불가능하게 만든다.

'교단이 바라는 것이 한 신조를 가진 단일 교회이기 때문에 복음주의에 입각한 교회로부터 유니테리언까지를 만족시키는 신조를 만들어야 한다는 것은 결국 혼합주의(syncretism)에 빠지지 않을 수 없다'.434

이러한 인식은 신조에 관한 루터파 교회의 견실한 확신으로부터 보자면 당연한 것이었다. 루터교회는 교회의 합동 과정에서도 신조에 대하여 엄격한 주장을 가지고 쉽게 양보하지 않았다는 역사를 가지고 있다. 그렇기 때문에 만약 교단이 부제의 형태를 도입하려는 의도가 있었다고 할지라도, 이러한 신조주의적 확신을 가지고 교단에 그대로 머문다는 것은 아마도 불가능했을 것으로 추측된다.

1947년 11월, 쿠마모토의 큐슈학원에서 개최된 일본 복음 루터교회 임시총회에서, 동(同) 교회 재건에 관한 '성명'이 발표되었다.

참된 교회의 존립은 거룩한 말씀의 거짓 없는 선포와 성례전의 올바른 집행에 있다는 것은 종교개혁이후 우리 교회의 신조적 전통이다. 따라서 참된 교회의 합동은 이러한 점에서 일치를 찾아야 하는 것이며 신앙의 일치 없이 참된 교회 합동은 있을 수 없다. … 이제 우리는 종교개혁자들의 진지한 복음적 신앙에 격려되어, 복음 루터교회의 역사적 신앙에 견고히 서서 자주적

---

434 '일본기독교단 신앙고백의 성립 - 자료에 의한 그 제정 과정과 문제' (1), 『복음과 세계』 1972.1.

으로 견고한 단결을 견지하며, 왕성한 복음 전도와 주님의 교회의 확대를 위해서 매진하고자 한다.435

인용문의 서두 부분은 아우구스부르그 신앙고백 제7조를 기리키고 있다. 이 조항은 동시에 교회 일치를 위해서 교회의 질서(형태)의 동일성은 반드시 필요하지 않다는 유난한 이해를 제시한다. 따라서 사태를 어디까지 각 교파가 가지는 신조의 특성이라는 측면에 한정시켜서 교단과의 관계를 처리한 것으로 볼 수 있다.

한편으로 교단은 전시의 어려움 속에서 겨우 '교리의 대요' 를 정리하였을 뿐 신앙고백에 의한 일치를 실현하기 위한 신학과 교제조차 존재하지 않았다. 따라서 루터파 교회의 신조주의적인 요구를 올바르게 자리매김하는 포괄적인 신앙고백 형성은 도저히 불가능하였던 것이다.

그러나 루터파의 이탈은 일본의 교회로서 신조가 가진 의미와 위치를 다시 한번 묻게 되는 계기가 되었음에 분명하다. 왜냐하면 일본의 교회에서는 신앙고백의 필연성에 대한 초보적인 논의가 있었다고 할지라도, 개신교 정통주의의 신조에 입각한 본격적인 교회 형성의 의미가 자각되는 것은 거의 희박했다. 하나님 말씀의 선교와 성례전의 집행을 신학적 그리고 신앙적으로 견실하게 한다는 견지에서 신앙고백이 가지는 의미를 배우고자 한다면 정통주의 교회에서 신조가 차지하였던 역할을 무시할 수는 없는 것으로 보인다.

'일본기독개혁파교회' 의 창립(1946년 4월)은 교단의 신앙적 제도적 현상에 대한 비판과 1930년대에 시작하는 개혁파 신학운동이 결합되어 일어난 것이다. 이 그룹에 속한 사람은 전쟁중에도 독자적인 신학운동을 계속함

---

435 '일본기독교단 신앙고백의 성립 - 자료에 의한 그 제정 과정과 문제' (1),『복음과 세계』 1972.1

으로써 교단 제1부(일본기독교회)의 주류를 형성한 신학적 경향에도 비판적이었다. 또한 구(舊) 일본기독교회의 교회 합동론에 대하여서도 복음주의의 원칙에 입각하여 합동을 강력하게 주장하였다.

이 그룹이 전개한 신학운동은 아메리카의 보수적 칼빈주의 계보에 입각한 것을 의식하여 성서를 무류한 하나님의 말씀으로 믿고, 교회 정치상으로는 장로주의를 최상의 성서적인 교회제도라고 생각하였다.

교단이 부제를 해체하고, 구 일본기독교회의 신앙과 생활이 그 근거를 잃어버림으로써, 새로운 교파의 설립을 촉진시켰는지도 모를 것이다. 만약에 부제가 존속했다고 하더라도 구 일본기독교회의 내부에서는 신학운동이 지속되었을 가능성도 배제할 수 없다. 1945년 11월 7명의 목사가 코오베에서 모임을 갖고 개혁파 교회의 설립에 대하여 논의했다. 이 모임의 참석을 요구하는 초대장에 이 교파 설립의 취지와 방침이 잘 나타나 있다.

교단을 이탈하여 우리나라에 순수한 개혁파 신앙에 입각한 순수한 장로제도의 교회를 형성하고자 한다. … 모임의 주제는 이상의 것을 구현하고자 하는 목적아래서 각자가 온전히 영혼의 자유 안에서 발언하고, 자기 의지를 표시하고 결정하는 자유를 소유하면서 전진하고, 또한 동시에 세계의 역사선상에서 장로개혁파 교회의 발족을 위한 역사적 연구 및 개혁파 신학의 불변한 원칙적인 여러 문제의 특색을 파악하며, 우리 목하의 고백에서 유의해야 할 초점의 선명화 등을 조금이라도 사전에 준비하는 가운데 모이고자 한다.436

역사적으로는 개혁파 교회의 '발족'의 원류를 되찾고, 신학적으로는 불변의 '원칙'을 학습하며, 여기에 살아있는 교회의 '목하의 고백'에도 주의를 기울이고자 하는 것이다. 상기의 모임은 새로운 교회의 명칭을 정하고 신앙고백으로써 『웨스트민스터 신조』문서(신앙고백 및 대소요리문답)를 채

---

436 『일본그리스도개혁파 교회 20년사 자료』, 51.

용하는 것으로 하고, 먼저 관동과 관서에 두 개의 노회를 설립한 후에 총회 설립으로 나아가기로 하였다.

다음해 46년 4월 동경에 창립총회를 열어, 웨스트민스터 신조에 '전문'을 부가하여 그것을 신앙적 기준으로 삼았다. '전문'은 교회의 신앙고백의 역사를 개관하고, 특히 개혁파 제 교회가 정통적 및 체계적인 제(諸)신조를 생산하고 고백하는 교회로 영위되어온 것을 자리매김하고 있다. 따라서 고백하는 교회의 일원으로서 일본의 개혁파교회도 자신들의 입과 말로 신앙을 고백할 책임과 과제를 앞으로 짊어지고 있음을 나타낸다. 그러나 현시점에서 『웨스트민스터 신조』를 성서적 교리가 가장 잘 완비되고 표현된 것으로 인정하여 이것을 채용한다는 것이다.

이처럼 개혁파교회의 출발은 10년이 넘는 순수한 신학운동의 축적이 교파 창설을 직접적으로 촉진시켰다는 의미에서 주목할 만한 사례이다. 또한 『웨스트민스터 신조』는 이미 '일본기독일치교회'가 채용하면서 '소(小)교리문답'이 교회적으로 수용되었던 것이지만, 불행하게도 '신앙고백'은 일본 교회에 안착되지 못하는 결과를 가져왔다. 일단 정착의 찬스를 잃어버린 신조는 반세기를 지나서야 또 다시 일본 교회에서 그 유효성을 시험받게 된 것이다.

무엇보다도 신조가 교회 형성가운데 차지하는 위치를 개혁파 정통주의의 성서관과의 밀접한 관계속에서 이해하려는 방향은 구 일본기독교회의 전통을 더욱 철저히 하려는 것이었다. 다시 말해서 교파성의 철저를 신학과 신조 면에서 밀고 나아가는 노선이었다. 그러한 경우, 신앙고백은 성서와 교회와의 관계를 체계적으로 조정하는 것에서 그 의미를 가진다.

이러한 방침이 '목하의 고백'으로써 그 성격을 약화시키는 것은 아닌가 하는 위구가 처음부터 자각되었다고는 볼 수 없다. 오히려 그들은 현재 교단이 가지는 신앙적 상황을 거울삼아 『웨스트민스터 신앙고백』이 표현하는 신앙의 힘을 비추는 것만이 지금 교회가 행하지 않으면 안 될 '목하의 고백'이라고 믿었던 것이다.

이러한 주장은 구 일본기독교회조차도 수용하지 못하는 특이한 것이었지만, 전쟁 당시까지 거슬러 올라가는 신학운동의 집중력과 지속성에서 보자면 조금도 무리 없는 결단이었다고 말할 수 있다(상세한 내용은 '이탈의 논리' 『제13회 개혁교회협의회기록』 수록).

그러나 패전이라는 혼란 가운데서 제(諸) 교파의 이탈은 교단지도자나 교단을 존속시키는 것이 일본의 교회 사명이라고 믿었던 사람들에게 있어 '극도의 유감'으로 이해되었다(『일본기독교단사』, 199). 분명하게 교단은 이탈해 가는 자들을 그냥 그대로 둘 수밖에 없는 무력한 단체였다.

이러한 의미에서 이탈은 '개교회의 존속에 중점을 두고 생각한다면 아마도 만전을 기할 수 있는 방책일 것이지만, 교단과의 관계에 그 어떤 책임도 자각하지 않는 태도가 정말 올바른 것인가? 옛 동료들과의 관계에 특별한 기독교적 교제를 한정시키고, 교단 성립을 위하여 서로 맺어지고, 함께 수고하고, 서로 함께 정을 나누었다는 사실을 잊어버릴 수가 있을까? 이러한 인간관계의 경시를 참고 견딜 수 있다면 문제는 간단하지만, 어떤가? 라는 물음이 나오는 것도 아마 당연할 것이다(이시하라 켄 『일본 교회사론』, 238).

무력한 교단에 책임을 방치하고, 하나의 교회로서 정분을 통했던 것을 경시하는 것에 대한 비난을 이해하지 못하는 것은 아니다. 그러나 그 사항은 교회의 본질에 관계되는 것이다. 무엇에 대하여 책임을 지는 것이며, 무엇을 중시해야 하는가? 그것이 바르게 인식된다면 교파 이탈이 일본 기독교 역사가운데 가지는 의미는 스스로 분명하게 될 것임에 틀림이 없다.

첫째, 제 교파가 자신들의 교파적 성격에 의해서 형성되어온 이유를 다시 한번 인식할 수 있다는 것이다. 물론 이것은 이탈의 결과에 의한 것이 아니라 원인이지만, 결과적으로도 이탈에 의해서 교파의 존재방식을 불가피한 현실로 인식시키는 것이 되었다. 이러한 경우 교파적 자각의 회복이 선교회와의 관계회복이라는 계기에 의한 것인가 아닌가 하는 문제는 일차적인 것이 될 수 없다.

교파라는 존재 형태는 본질적으로 국제적인 것으로, 국민적 주체성의 유무가 교파 자체의 우열을 생산하는 것은 아니다. 선교에 의존하지 않는 자주독립이란 자신들의 교파를 관철시킴으로써 '정통성'을 추구하는 영역의 의미가 아니다. 그것은 기독교 '토착'이라는 과제로서 취급되어져야 할 것이다. 이 양자를 혼동할 때 일본 사회에 대한 '토착'이 진행되면 될수록 교회의 '보편성, 공동성'이 저해되는 아픈 경험을 반복하게 될 것이다.

둘째, 위의 사실은 필연적으로 '일본기독교단' 자체의 교파성을 명확하게 규명하는 작업이 되어버렸다는 것이다. 교단은 사실 전교회를 포함하는 합동교회가 아니라 다른 제 교파와 병존할 수 있는 한 교파이다. 수적으로 교단은 일본에서 최대라고 할 수 있지만 그 입장은 일본의 전교회를 대표하는 것이 아니다. 일본의 제(諸) 교회를 대표하는 기관이 교단과는 별도로 필요하게 되었다. 교단 자신은 그 보편적 교제가운데 진리의 대변자가 아니라, 부차적인 증언자가 되었다.

그것은 교단의 발언을 상대적인 위치에 두는 것이었지만, 지상에 존재하는 교회와 그 신학이 보편적 교회에 대한 이차적인 증인으로서 자기를 인식하는 것은 교회와 신학을 성숙시키는 것이다.

그리고 교단을 한 교파로 인식하는 것은 교단이 자신의 교파적 윤곽을 스스로 명확하게 하는 것이 된다. 즉 교단의 '교회성'이 신앙고백, 선교, 교회제도, 훈련 등의 모든 분야에 걸쳐서 새롭게 거듭나야 한다는 것을 요구하는 것이다. 사실, 교단은 그러한 작업으로 자신을 내어놓고, 고난의 시행착오를 수용하는 것이 되어야 한다.

셋째, 전후의 교파 이탈은 교회가 국가에 대하여 자율적인 기관이라는 것을 명시한 것이다. 이탈 행위 그 자체는 국가에 대하여 자율성의 적극적인 주장과 요구에서 생겨난 것이라고 말할 수 없다. 오히려 패전에 의한 국가의 무기력이 교파가운데 본질적으로 내재된 국제적 성격을 표출하게 한 것이라고 할 수 있다. 그러나 결과적으로는 제 교파의 이탈이 전후의 국가에 대한 교회의 자율성을 강화하게 했다는 것은 의심의 여지가 없다.

여기서 상기의 첫째 경우와는 반대로, 국가에 대하여 자율성을 소유함으로써 자신들의 교파성을 철저하게 하려는 정통성의 문제는 일본이라는 국가 안에서 '토착' 의 문제를 무시하는 것이 아니라는 사실에 주의해야 할 것이다. 일본의 교회사에서 '교파' 의 문제가 정통성과 토착을 둘러싼 오해와 혼란은 오늘날까지도 때때로 그 생각을 잘못하고, 또는 불행한 대립에 휩싸이며, 악한 분극화 현상을 나타내고 있다는 사실은 주지하는 바이다.

국가에 대한 교회의 자율성을 '정통성' 의 문제로 보자면 같은 국가에 대한 하나님의 말씀을 위탁받은 교회의 책임을 다하는 것은 '토착' 이라는 과제로서 신중히 생각하지 않으면 안 될 것이다. 그럼에도 여러 교파의 '난립' 이라는 느낌을 가져다 줄 만큼의 분위기는 교회를 처음으로 국가와의 자유로운 관계에 두었다고 말할 수 있다. 이것은 일본 교회사에서 처음으로 경험하는 사태였고, 근대적인 '교회' 와 '국가' 의 도식가운데 교회의 자율적인 결단의 조건이 구비되었던 것이다.

6. 회파(會派) 문제와 '(신) 일본기독교회' 의 창립

전후 기독교의 교파 문제로서 특필해야 할 사건은 이른바 '회파' 문제이다. 전후 교단의 활동이 조금씩 일상성으로 안착되어가는 가운데, 교단의 교회 형성이란 무엇인가? 라는 문제가 일어나기 시작하였을 때 당연히 대두되었던 것이 '회파' 문제였다고 말할 수 있다.

이 문제는 결과적으로 교단으로부터의 이탈이라는 결과를 만들어낸 셋임에 틀림이 없지만, 전후에 즉시로 일어난 제 교파의 이탈과는 근본적으로 이질적인 것이다. 다시 말해서 '회파'는 본래적으로 교단 내부의 노선 문제였다. 이것은 교단의 교회 형성이 과연 어떤 방침과 방향으로 이루어졌는가? 라는 것이 교단 내부로부터 제기된 문제였고, 또한 '합동교회'라는 교단의 본질이 아주 날카롭게 제시된 것이다.

교단이 기구개혁과 신앙고백제정을 위하여 노력을 기울이는 가운데, 역사적 전통을 다르게 하는 여러 교파들의 요구를 충분히 흡수하기에는 한계가 있다. 또한 강인한 전도 태세를 정비하여, 교회 형성을 명확한 사역의 목적으로 하고자 하는 소원은 타협적이고 표면적인 일치에 의해서 이루어지지 않았다. 따라서 교회 내부에서 구(舊) 교파의 교류와 결속을 유지하려는 '회파'의 요구가 생겨난 것은 당연한 일이라고 할 수 있다.

구 '일본기독교회'에 속했던 교회는 '협력전도회'를 조직하여 회파 논의의 중심적 위치를 차지했다. 그 외에도 침례교, 감리교, 성결교 등의 구 교파가 교단 내에서 독자적인 전도와 교회 형성을 바라보며 '회파'를 공인해 줄 것을 요구하였다. 여기서 먼저 '협력전도회'의 움직임을 이시하라(『일본 교회사론』), 미야우치('일본기독교단의 교회 형성과 그 문제점', 『복음과 세계』 1962.8), 야마타니(『일본기독교단사』) 등을 빌려서 요약하고자 한다.

'구(舊) 일본기독교회' 계통의 교회가 요구한 것은 1947-48년경에 생겨난 교단에서의 교회 형성을 자기 교파의 전통에 의거하여 집행할 수 있는 권리였다. 교단 조직과는 별도로 각 지구에서 뜻을 같이 하는 동지들의 교제를 통해서 전국 규모의 총회를 조직한 것은 '회파'에 독립적인 교파의 의미와 효력을 가져다주는 것으로 생각할 수 있다.

'본회는 일본기독교단 안에서 사도신조 및 니케아 신조를 고백하는 신앙적 기초 위에 보편교회의 형성을 기대하며 전도협력을 이루어 나간다'는 강령에도 교파로서의 독립적인 기능을 요구하는 의도가 명확하게 나타난다.

'전도협력회'는 시종 신앙고백에 의한 교회 형성의 노선을 주장하였다. 그것은 현실적으로 여러 가지 '정치적 공작'(야마타니)을 수반하지만, 회파 형성의 동기는 신학적인 확신으로 연결된다. 그렇지만 교단 내부에서 독자적인 총회를 가지고 상임위원, 전도, 재무 등의 각 위원회를 설치하며 신앙고백, 정치활동, 생활훈련 등의 전면에 걸친 자주적 운영을 시행하는 것은 '상식 이상의 것'이다(이시하라).

교단은 1948년 10월에 제5회 총회에서 회파 문제를 처리하기 위하여 '교단기구개혁위원회'에 위탁하였다. 위원회는 사항의 중요성을 인식하고 여러 번의 간담회를 열어 본질적인 논의를 통하여 상이한 주장을 조정하고자 시도하였다.

그러나 근본적으로 교단을 하나의 합동교회로 간주하여 교회로서의 형성을 추구하는 교단 자신의 노선에 교파적 성격을 가진 회파를 인정하기란 불가능하다. 교회가운데 제 교파를 포용하는 것은 실제상 교단의 조직적인 자멸을 의미하는 것이며, 이념상에서도 교단의 교회성을 뒤엎는 것이 되기 때문이다. 결국 위원회는 '회파'의 존재는 사실상 어찌할 수 없는 것이지만, 그렇다고 교단의 '교칙' 가운데 그것의 '공인'을 명기할 수는 없다는 입장을 취하였다.

위원회는 '회파 문제에 관한 보고'를 교단 제6회 총회(1950년 10월)에 제출하였다(‘보고’ 전문은, ‘일본기독교단 신앙고백의 성립(2)’, 복음과 세계, 1972.2). 그 취지는 교단 내에 교회성을 가지는 ‘회파’는 공인될 수 없다는 것이다. 이 것을 공인하는 것은 교단에 대한 정신적 성실이 회파로 흡수되어, 교단은 명목적인 존재가 되지 않을 수 없기 때문이나.

또한 교회헌법 제2조가 ‘사도신조를 고백하는’ 것에 대하어도, 신조는 율법적 구속력을 가지는 것이 아니라 은총에 대한 ‘찬양고백’ 이라는 복음 적 의미로 이해되어져야 한다. 더욱이 신조 해석에 대하여 교단 내에 만일 해석의 차이가 생겨날 경우 ‘해석에는 어느 정도의 자유가 인정되어져야 하지만, 도외시된 해석은 인정될 수 없다’ 는 입장이었다.

이상과 같은 견해를 통하여 ‘회파’ 에 대하여서도 ‘일정 한도 내에서 전 도상의 협력, 인사의 알선, 교제는 인정하지만 회파가 교회성을 가지는 것 은 용인될 수 없다. 교회성이란 교파와 비슷한 성격으로, 즉 폐쇄성, 완결 성, 배타성’ 으로 설명된다.

제6회 총회는 비교적 원만한 상태에서 이 보고를 승인하였다. 그러나 ‘회파’ 를 요구하는 측에서 볼 때 이것은 분명히 불만의 씨앗을 여전히 남 겨둔 것이며, 교단측의 입장에서도 ‘회파’ 문제를 어디까지 용인해야 하 는가 라는 문제에 명확한 답을 제시하지 못한 상태로 문제를 진정시키고 자 하였다.

키타모리(北森嘉藏, 당시의 기구개혁위원)는 보고서의 기본적인 의도를 설명 하면서도 회파가 독자적인 신앙고백을 소유하는 것에 대하여 양보의 여지 를 남겨두는 발언을 하였다. ‘그러나 무엇을 피하고자 하느냐면, 회파가 정치적으로 나간다면 그것을 ‘정치적 완결성’ 이라고 일단 부른다. 그러나 정치적으로 완전히 하나의 구성을 이루게 된다면, 이것은 회파가 아니라 교파가 되기 때문에, 교단가운데 또 하나의 교파가 생겨나게 됨으로써, 결 국 교단은 이른바 기독교 연맹이 된다’ (좌담회, ‘복음주의교회의 본연의 모습’, 『복음과 시대』 1951.9).

이것은 교회의 고백적 성격보다도 그 정치적 측면을 중시하는 입장이다. 이처럼 고백적 일치와 정치적 일치를 분리하여, 전자를 '찬양고백'이라는 불명확한 개념으로 고백교회에 익숙하지 않는 다른 입장을 흡수하고자 했고, 후자는 회파의 요구를 정치적 타협으로 인도하고자 한 것으로 볼수 있다. 그러나 양측의 입장 모두가 성공으로 끝나지 못하였다. 후자는 회파주의자들의 이탈로 곧 바로 나타났고, 전자(고백적 일치에 대한 고투)는 오랫동안 교단의 교회 형성의 무거운 짐으로 내재되게 되었다.

이탈은 1950년 말에서 그 다음해에 걸쳐 계속적으로 일어났다. 그들 대부분이 교단총회에 의석을 가지지 못했다는 것 역시 논의의 전개를 방해하고, 회복 불가능한 불신을 조장하게 된 것으로 알려졌다(예를 들자면 위의 좌담회에서, 타케모리(竹森満佐)의 이탈자에 대한 동정적 발언).

『일본기독교단사』에 의하면 회파 요구에 관한 논의가 '총회가운데서 명확하게 제시되지 않고, 오히려 총회가 종료된 후 갑자기 '행동'으로 제기된 것은 이탈행위의 배후에 무엇인가 '비신학적'인 요소가 잠복하고 있음을 추측하게 한다'(249)고 한다. 즉, 의석을 가지지 않는 사람들에게는 불가능한 것이었다고 밖에 말할 수 없다. 현재로 카나가와켄(神奈川縣)의 다섯 교회가 발표한 이탈성명서에는 '우리들은 교단 총회에 의석을 가지지 않기 때문에, 의견을 발표할 기회가 주어지지 않았다'고 기록한다(『일본기독교회사역사자료집』 1. '신일본기독교회 창립관계', 13).

이탈에 이르게 된 또 하나의 외적요인으로서 '협력전도회' 내부에 일어난 불일치를 들지 않을 수 없다. 1950년 4월에 협력전도회는 카나가와의 '카나자와분꼬'(金澤文庫)에서 수양회를 개최하였다. 석상에서 회파 문제가 논의되었는데, 출석자 모두는 '복식'(회파를 공인하여 부제적인 기구를 취하는 것)

에 찬성하였다고 한다. 오노무라 린죠는 약 80명의 출석자 가운데 한 사람
도 반대하지 않았다고 전한다(『오노무라 린죠 전집』 3권, 32항). 종래에 '단식'
(회파를 공인하지 않고 완전 합동의 교단을 바라는 노선)을 지지했던 유력자도 복식
이야말로 교단을 구원하는 길이라고 주장하였다고 한다. 오노무라는 대세
가 회파를 인정하는 사태로 이어질 것이라고 낙관했다.

이 수양회는 '교단은 회파를 공인한다' 라는 '합의' 를 출석자 전원의 서
명을 첨부하여 발표하였다. 그런데 그 바로 직후 이시하라(石原謙), 코시오
(小塩力), 후쿠다(福田正俊) 3명이 상기 합의에 서명한 사실이 없다는 항의가
나왔다(복음과 시대, 1950.5. 51-52). '교회내의 행동으로서는 진실로 신중함이
결여되고, 또한 불성실한' 것이라고 엄중하게 경계하였다.

이처럼 동지적 결합인 '협력전도회' 내부에서조차 상호의 의사 확인이
조화롭지 못하고 오해나 불신이 나타났다. 여기에 '비신학적' 인 요소가
혼입되었다고 하더라도 그 책임은 한편이 일방적으로 짊어져야 할 것은
아닐 것이다.

새로운 일본기독교회는 각지의 구 일본기독교회 계통의 교회가 연대 또
는 단독으로 교단을 이탈함으로써 노회가 설립되고(홋카이도, 토쿄, 킨키, 큐슈
(조금 늦게)), 1951년 5월, 창립총회를 열고, 새로운 교파로서 발족하였다.

새로운 일본기독교회의 창립은 교회를 그리스도의 위탁가운데 올바르
게 자리매김하는 것을 중심으로 출발하였다. 그곳에는 전도와 교회 형성
에 순연히 신앙의 논리가 현저하였다. 새로운 교파 창립의 의의는 '구(舊)
일본기독교회' 의 재흥에 국한되는 것이 아니었다.

오오모리(大森) 교회(佐波亘 목사)의 교단 이탈 취지서에 '구교파의 신앙과
생활에 연연하여' 라고 기술된 것이 마치 이전의 자기 교파를 재흥하려는
정서적인 지향을 의미하는 것처럼 보이기도 한다. 그러나 사바 목사의 진

의는 '이전의 구 일본기독교회가운데서 활발했던 청렴결백과 묵묵히 한 결같은 전도방법에 대하여 사모함의 열렬한 마음이 그칠 줄 모르고, 새로운 일본기독교회를 창설하였다. 이것은 그리스도를 위해, 사심 없는 충성에 의한 것'으로 설명하였다(우에무라 마사히사와 그 시대, 증보판, 278). 그리고 이 '사심 없는 충성'은 신 일본기독교회 창립을 향한 종합적인 신학적 영위가운데 유감없이 논리화되어 갔다.

첫째, 교회의 고백적 일치가 교회를 그리스도에 위탁하도록 정비하는데 불가결한 전제가 되었다.

교단은 사도신조를 '찬양고백'으로 간주함으로써 실질적인 신앙고백에 의한 교회의 일치와 결속을 불가능하게 하였다. 신앙고백을 소유하지 않는 교단은 교회가 아닌 까닭에, 교단에 머무는 한 '고백적 안주의 땅'을 가질 수 없다는 것이다. 이러한 신앙고백에 대한 요청은 구 일본기독교회의 노선을 단순히 계승한 것이 아니다.

신학과 역사를 그리스도에 대한 신앙고백으로 집중시켜가는 것이 (신)일본기독교회의 현저한 특징이다. 그리고 그리스도 고백에 대한 집중이 신앙고백의 복음주의적 정비를 촉진시키는 것도 필연적인 것이 된다. (신)일본기독교회가 신앙고백의 엄중한 구속을 피하고 '간이신조'를 채용한 것은 (구)일본기독교회, 또는 이후의 교단의 신앙고백 제정과 큰 차이가 없다.

그러나 그 신앙고백은 넓게는 복음주의, 특히 개혁파 제(諸) 신조에 대한 신학적 회로를 가지고 열려져 있다. 그것은 소극적인 측면에서 보더라도 (구)일본기독교회 및 우에무라 마사히사(植村正久)의 노선을 답습하는 것이라고 말할 수 없는 국면을 나타내고 있다.

둘째, 장로주의의 이념에 의한 교회의 제도적 확립을 요구한 것이다.

신앙고백과 교회제도가 불가분의 관계에 있다는 사실이 처음부터 명료하게 자각되었다. 신앙고백이 제도와 직제에 의해서 교회 훈련가운데 구체화되어갈 때, 개혁파교회는 하나님의 말씀에 의해서 끊임없이 개혁되어감으로써 교회적 기반을 가질 수 있다.

메이시 이래로, 간이신조가 교회의 신학과 전도에 활력을 가져다주는 것으로 믿어왔고, 어느 정도 그 실효를 나타내었던 것도 사실이다. 그러나 다른 한편에서 보자면, 지시성이 애매한 간이신조는 법적 구속력의 취약한 간이정치에 의해서 그 고도한 순응성 - 신학과 전도의 광범위한 이념과 방법으로의 결합을 허용하는 순응성 - 이 증폭되면서, 역사적인 여러 정황과 거의 무제한적으로 다양하게 유착을 가능하게 한다. 그곳에 간이신조의 한계가 있다는 것도 부정할 수 없다.

이것에 대하여, 신 일본기독교회는 처음부터 장로주의에 의한 '노회'(프레스비테리) 형성을 가지면서 하나님 말씀의 선교와 신앙고백의 심화를 자각적으로 바라보았다. 교단 이탈의 주요한 동기가운데 하나가 노회적 훈련에 대한 희망으로 표명되었던 예가 많은 것도 위의 사실을 뒷받침하는 것이다.

노회 형성 그 자체를 신앙고백적 일치 문제로 파악하고, 다른 동지적 교회의 결단을 기다리며 '너무 늦어 시기를 놓치지 말고, 너무 빠르지도 말라'(福岡城南敎會)는 무르익은 결단을 행할 수 있었던 것에, (신)일본기독교회 창립의 본질적인 의의가 인정되어야 할 것이다.

셋째, 선교에 의존하지 않는 자급자족의 교회 형성을 목표로 하였다. 구 일본기독교회는 독립자급의 원칙 아래 선교 협력에 대하여서는 각종의 협력규정을 정하고, 일본의 교회독립이 저해되지 않도록 방법을 강구하여왔다. 그런데 '교단의 현상으로는 이 협력규정이 부적당하며, 막대한 해외자금이 교단의 각종 사업에 투입되어 있어 교단은 이 외자에 의존하여 운영되는 느낌을 강하게 받는다.

이렇게 된다면 교회는 점차적으로 식민지적 교회로 변화되어 메이지 이후의 선배들이 심혈을 기울여 몇 십 년에 걸쳐서 싸워온 노고가 물거품이 되어버리는 우려를 금하지 못하여, 지금 이것이 시정의 길을 걷지 않는다면 백년의 한을 후세들에게 남겨두는 것은 필연적인 것이 될 것이다.' [437]

구 일본기독교회의 독립노선이 특히 우에무라 마사히사에서 뚜렷하게 나타났듯이 일본국이 '소작인' 적 입장으로부터 탈피하는 것과 불가분의 동기를 공유하고 있었다. 그 내셔널리즘이 이윽고 아시아 제 교회의 독립과 자유를 빼앗은 침략전쟁 아래서 태연하게 해외 선교를 속행할 수 있었던 불명의 원인을 만들었다는 것은 부정할 수 없다.

(신)일본기독교회의 독립 자급론은 내셔널리즘의 요구와 완전히 무연한 것은 아니지만, 오히려 신학적, 신앙적 양심의 요구에 비중을 더 둔 것이라고 볼 수 있다. 덧붙이자면 그후의 역사적 반성의 작업가운데, 독립 자급론을 '그리스도 고백' 과 연결시키기 위하여 정력적인 노력을 기울이고 있다. [438] 이러한 작업은 구 일본기독교회와 우에무라 노선의 재해석으로 끝날 것이 아니라, 오히려 일본의 교회에서 독립 자급론에 새로운 신학적 틀을 부여하는 것으로 주목되어야 할 것이다.

넷째, 종교단체법 아래서 교단 성립에 가담하였던 사실에 대한 회개 표현으로써 (신)일본기독교회 창립이 자리를 차지하고 있다는 점이다.

'다시 말해서, 모든 것이 주님의 것이며, 역사의 주님이시며, 교회의 머리가 되신 예수 그리스도에 속하는 자로 합당하지 않는 자세를 가졌다는

---

437 住吉敎會, 일본基督敎団을 離脫하여 新敎會 結成에 參加하는 理由書,『일본基督敎會 資料集』1 , 新日基 創立 關係, 41.
438 후지타 오사무,『우에무라 마사히사 福音理解』, 104-107. 이가라시 요시카즈, '일본基督敎會の獨立自給一考察 ,『개혁교회의 전통 계승』수록.

것, 즉 고백적 자세를 결여했다는 것'에 대한 '자기비판, 자기 반성'으로써, (신)일본기독교회에 대한 참가가 결의되었다.[439]

여기에도 전쟁 책임에 대한 교회적 회개가 '정치주의'적인 전쟁 책임 주구와는 명확하게 한 선을 그으면서 표명되어 있다. (신)일본기독교회의 제3회 총회에서 제정된 '일본기독교회 신앙고백'은 다음과 같다(1953).

우리가 주로 경배하는 하나님의 독생자 예수 그리스도는 참 하나님으로서 참 인간이 되시며, 영원한 하나님의 경륜에 따라 사람이 되셔서 인류의 죄를 위해 십자가에 달리시고, 온전한 희생을 드림으로써 구속을 완성하시고, 부활하셔서 영원한 생명의 보증을 주시고, 구원의 완성되는 날까지 우리들을 위하여 중보하여 주신다. 이처럼 하나님의 택하심을 받고, 이 구원의 역사를 믿는 자는 그리스도 안에서 의롭다 함을 받고, 공로 없이 죄 용서함을 받아 하나님의 자녀가 된다. 또한 아버지와 아들과 함께 경배와 예배 받으시는 성령은 믿는 자를 성화시키시고, 그 뜻을 행하게 하신다. 이 삼위일체되신 하나님의 은혜로 말미암지 않고는 죄로 죽는 자, 하나님 나라에 들어가는 것을 얻지 못한다.

신구약 성서는 하나님의 말씀으로서 그 안에 말씀하시는 성령은 주 예수 그리스도를 현시하시고, 신앙과 생활의 오류 없으신 심판자가 되시고, 교회는 그리스도의 몸, 대대로 하나님의 부르심을 입은 의로운 성도의 교제로서, 주님의 위탁에 의해서 올바르게 말씀을 선교하고, 성례전을 집행하고, 성도를 훈련시키고, 마지막 날을 준비하면서 주님의 오심을 기다린다. 이전의 교회는 성서에 근거하여 다음과 같은 고백문을 만들었다. 우리들도 또한 사도적 신앙의 전통에 따라 찬미와 감사를 가지고 이것을 함께 고백한다.

---

439 후지타 오사무 목사의 경우, 『일본基督教會福岡城南教會史』, 167.

제18장
전후 기독교의 전개

1. 교단 신앙고백의 제정

제 교파의 이탈과 회파 문제 등으로 말미암아 교단은 부득이 하나의 교파적 교회로서의 길을 걸어갈 수밖에 없었다. 합동교회로서 교단의 실질이 이와 같이 상실됨으로써 교단 내부로부터 강한 불만과 위기감이 대두된 것은 당연한 결과일 것이다.

교회는 에큐메니칼적인 본질을 가져야만 하며, 전도의 사명도 하나의 교파에 대한 위탁이 아니라 전체 교회의 행위로서만이 그 의의가 존재한다고 주장하여 왔다(후쿠다, '교회의 통일에 대하여', 『복음과 시대』 1947.2). 따라서 교파 분리는 '인간성의 고난을 함께 담당하여 현실적으로 진지하게 고통과 희망이 하나가 되도록 원하지 않는 우리들의 일상적인 죄' 바로 그것이다(『복음과 시대』). 따라서 교단을 합동교회로서 세워감에 있어 필요한 것은 '스스로 죽는' 것이며 '고난을 하나' 로 하는 것이다.

키타모리는 이러한 고난속에서의 교단 형성을 신학적으로 '하나님의 아픔' 으로 표현하였다. 그것은 신학과 교회 전체를 '공리' (公理)로 주장하러는 좋지 않은 경향을 가졌다. 키타모리에 의하면 교단 형성에는 두 가지의 오류가 있다. 하나는 합동교회를 '공상적 이상주의적'으로 추구하여 자기 교파의 전제(前提)에 불충실한 태도. 또 하나는 자신의 교파의 진리성을 고집하여 '교파 안에 안주하는' 태도이다. 그러나 이 모두가 '주상적 태도'이며, 어느 곳에도 '아픔'은 존재하지 않는다('발부르ㄱ 회담', 『복음과 시대』).

'아픔'이란 그리스도 예수의 마음을 자신의 마음으로 하는 것이기 때문에 '아픔'이 없는 곳에는 진리도 없다. 따라서 교단에 머무는 자는 한편으로는 교파분립의 현실을 성의껏 수용함과 동시에, 자신이 가지고 있는 진리를 타인에게 '나누어 줌'으로써 '아픔'을 짊어져야 할 것이다. 그렇다면 교단은 그 신앙고백제정의 과정에서 어떻게 그 아픔을 담당하였는가? 진정으로 교파분립의 아픔을 내포하는 교회로서의 자기 모순은 '구체적'으로 극복되었는가?

1946년 10월 제4회 교단총회에서 '교리의 대요'가 잠정적으로 신앙고백을 대체하는 것으로 채택되었다. 이것에는 타나카 목사(田中剛二, 神港敎會)의 반대도 있었지만 전후교단이 '교리의 대요' 노선을 완전히 불식하지 못함을 나타내는 아주 중요한 결의였다고 말하지 않으면 안 된다. 즉 신앙고백제정의 기본선이 '교리의 대요'가 가지는 신학적 틀에 따라서 그어지는 결과가 된 것이다.

제5회 총회를 48년 10월에 개최하여, '교헌'(敎憲) 제2조를 수정하였다. 다시 말해서 '본 교단은 구신약 성서가 하나님의 말씀이며, 구원의 요도(要道)를 모두 기록한 것으로 믿는 사도신조를 고백하고, 그 기본신조 및 복음적 신앙고백에 준거한다'고 정하였다. 이 결의는 교단에 명문화된 신앙고백을 확실히 보여주었다.

회의에서 '교헌 제2조의 수정은 본 교단이 신조를 가지게 되었다는 의미로 이해하여도 좋은가? 라는 질문(마츠모토 지사부로우〈松本治三郎〉)에 대하여, 신조위원회 위원장 무라타(村田四郎)는 '예' 라고 대답하였다.[440] 또한 신조의 구속성에 관한 질의에서는 '도를 넘어선 신학적 해석은 허용될 수 없다' 는 답변으로 사도신조의 구속성을 승인하는 방향을 나타내었다.

그러나 사도신조를 고백하면서, 또한 교헌 제3조 '교리의 대요' 가 설치된 것은 무엇을 의미하는 것일까? 그것은 일반적인 의미에서 믿을 수 있는 최소한의 사항을 고백하면 능사라는 전통적인 신앙고백을 경시하는 것에 기인하는 것이며, 특수한 의미에서는 교단이라는 합동교회가 가지는 교회적 성격의 취약함을 의미한다.

신앙의 전통이 전적으로 상이한 제 교파가 '하나' 라고 하는 사실에 전면적으로 의존한 결과, 신앙고백이 본래적으로 추구하려는 신학적 깊이와 논리성은 불문에 부쳐진 것이다. 교단의 교회성은 이때 '교리의 대요' 그 자체로서 그 이하도 그 이상도 아니었다.

회파 문제의 고민은 교단으로 하여금 신앙고백의 진정한 검토를 하지 않을 수 없게 하였다. 여기에 교단은 1951년에 '신앙고백제정특별위원회' 를 설치하였다. 그것은 '일본기독교단은 이제야 복음적 교회로서의 열매를 맺고자, 교헌 제2조 및 제3조를 고려하면서 복음적 신앙고백의 제정을 향하여, 상호 신뢰함으로써 적극적으로 노력' 이라는 의향에 의한 것이었다(성립(2), 『복음과 시대』 1972.3).

이 위원회는 먼저 신앙고백을 둘러싼 교단의 현상을 조사하였다. 그 결과는 예측한 결과이지만, 신앙고백에 대한 이해의 차이가 아주 광범위한 것으로 드러났다. 신조를 중요시하고 구속력의 강화를 요구하는 입장에

---

440 카시와이 츠쿠루 編, '일본그리스도 교단의 신앙고백의 성립 - 자료에 의한 그 제정 과정과 문제(2)', 『복음과 시대』 1972. 2, 이하 '성립(2)' 로 표기.

서, 성문화된 신조를 가지는 것 자체를 문제시하는 입장에 이르기까지 다양하였다. 그리고 이 양극 사이에 뉘앙스를 서로 달리하는 많은 견해가 산재하였다. 이 조사 결과로부터 신앙고백의 정비 방침과 일정을 산출하는 것은 불가능에 가깝다고 생각되었다.

그림에도 불구하고 위원회는 이 결과를 '교단의 대체적인 방향으로써, 본위원회 설치의 본 취지에 따르는 것'이라 판단하고, 작업 일정을 세웠다(『복음과 시대』). 여기에는 회파 문제 처리를 단순히 정치적 결착으로 종결해서는 안 된다는 교단의 양식과 열의가 작용한 것으로 인정해야 될 것이다. 따라서 신앙고백 제정에 대한 노력을 정치적인 차원의 교단 유지존속이라는 동기로서 설명을 다할 수는 없다. 믿기 때문에 고백한다는 신실한 노력이 인정되어야 할 것이다.

위원회는 1952년 2월(제4회 위원회)로부터 초안 작성 작업에 들어갔다. 처음부터 교헌 1-3조를 신앙고백의 소재로 하려는 방침이 확인되었다.[441] 제1조로부터 '공동교회'의 이념을, 그리고 제2조로부터 성서의 권위를, 그리고 제3조로부터 그리스도의 속죄, 이신칭의, 성화, 교회, 생활 강령의 문제를 취급하는 것이었다. 이러한 '교헌'의 내용을 소재로 하려는 방침을 처음부터 일관시킨 것은 '어디까지나 교단의 신앙적 발걸음에 합당하도록' 하기 위한 것으로 설명된다.[442]

고백문의 형식에 대하여는 1. 사도신조에 전문(또는 후문)을 부가하는 안, 2. 동일한 내용을 '현대에 알맞게 고친 형태'로 표현하는 안이 있었지만, 1로 결착되었다. 문제는 구어체라는 의향이 강하였고, 경우에 따라 위원회는 구어문의 용의를 언명하였지만 공적으로는 문어체만이 제시되어, 최종안 역시 그러한 것이 되었다.

---

441 '성립'(4), 『복음과 시대』 1972. 4.
442 제8회 교단 총회에서의 위원회 보고, '성립(5)', 『복음과 시대』 1972. 5.

초안의 문체를 검토하는 것과 함께, 신앙고백을 교회적으로 수용하려는 배려가 실시되었다.443 또한 고백의 자발성을 존중하는 모양세로 각 교회가 종래로 사용하여 왔던 신앙고백도, 교단신앙고백에 모순되지 않는 한, 사용을 계속할 수 있다는 방침이 또 다시 확인되었다. 그 의미에서 신앙고백의 '구속력' 은 처음부터 상대화를 피할 수 없었던 것이다.

제8회 교단총회(1954년 10월)는 신앙고백의 최종안을 심의하였다. 결의함에 있어, 쿠와타(桑田秀延), 무라타(村田四郎)로부터 '만장일치' 의 채결을 요망하는 발언이 나왔고 여기에 대하여 아사노(淺野順一)는 문제가 '양심' 의 문제라는 이유로 만장일치를 요구하는 것에 반대를 주장했다. 결과는 '대다수' 의 찬성으로 끝났다. 교단 당국으로서는 어느 정도의 희생을 감수하고 이 안을 강행한 것이다.

우리는 믿고 고백한다. 구신약성서는 하나님의 영감에 의하여 되고, 그리스도를 증언하고, 복음의 진리를 제시하며, 교회가 근거해야 할 유일한 정전이다. 또한 성서는 성령에 의하여, 하나님께 대하여, 구원에 대하여 온전한 지식을 우리들에게 주시는 하나님의 말씀으로서, 믿음과 생활의 오류 없는 규범이다.

주 예수 그리스도에 의해서 계시되시고, 성서에서 증언되는 유일하신 하나님은 성부 성자 성령 되신 삼위일체 하나님으로 계신다. 성자 하나님은 우리 죄인들의 구원을 위하여 사람이 되셔서 십자가에 달리시고, 단 번에 자기를 온전히 희생하여 하나님께 드림으로써, 우리의 구속이 되어주셨다. 하나님은 은혜를 가지고 우리를 택하시며, 오로지 그리스도를 믿는 믿음으로 우리들의 죄를 용서하시고 의롭다 선언하신다.

이 변하지 않는 은혜가운데에 성령은 우리를 깨끗하게 하시고 의의 열매를 맺도록 하시고, 그것을 성취하게 하신다. 교회는 공적인 예배를 엄수

---

443 성립(5), 『일본기독교단사』, 236.

하고, 복음을 바르게 선교하고, 세례와 주의 만찬이라는 성례전을 집행하며, 사랑의 사역에 힘을 쏟고, 주님의 다시 오심을 대망한다. 우리는 이렇게 믿으며, 세세의 성도들과 함께, 사도신조를 고백한다. (이하 사도신조가 이어짐)

신학적인 고심과 배려가 여러 곳에 보이는 문언이다. 신앙고백의 자발성과 구속성의 일치, 고백전문의 '우리' 형식과 '사도신조'의 '나' 형식의 통일성에 특수한 의미가 있는 것으로 이해가 되기도 한다.[444] 또한 신앙고백이 간결한 것이기 때문에, 예배의 장소에서 실천적으로 사용할 수 있는 것이며, 결과적으로 신앙고백을 본래의 장소인 예배로 자리매김을 할 수 있게 되었다는 것도 '장점'이라 할 수 있다.[445]

그러나 한편으로는 신앙고백 제정에 책임을 가지고 참여한 입장에서 자기 비판적인 의견이 나와 있다. 그것은 '현대 일본이라는 이교적 세계 안에 있는 우리 개신교 교인의 신앙적 실존, 태도, 주장, 비판이 남김없이 이 문언가운데 표명되어 있는가? 어떤가 하는 문제에 있다. 우리는 confession 또는 Articles로서 이대로 좋겠지만, 적극적으로 우리가 이 시대를 향하여 외치고, 동시대의 동포들에게 설득하기 위한 선언 Declaration 또는 Statement로서도 이것이 충분한가? 여기에 나는 자신이 있다고 말하기가 어렵다'는 것이다.[446]

문장가운데 나타나는 용어의 차이는 반드시 명료하다고는 할 수 없지만, 지적된 문제들은 교단의 신앙고백이 이교적인 지반에서 신앙적 실존의 충분한 표현이 되고 있지 않다는 점이다. 그 원인에 대하여는 다양한 대답이 가능할 것이다.

---

444 키타모리, 『일본기독교단 신앙고백해설』, 12-13.
445 아마미야 에이이치, 『일본기독교단 교회론』, 93-95.
446 이시하라 켄, 『일본 교회사론』, 307.

교단의 신앙고백은 모든 교회의 신앙적 일치의 결과도 아니며, 어찌할 수 없는 고백적 정황에 대한 응답도 아니며, 단순히 제(諸) 교파 합동의 신앙적 타협점을 찾고자 하는 시도의 결과였다는 비판이 있다.447 또한 교단의 신앙고백이 '교리의 대요' 라는 연속성 가운데에 나타났다는 점을 중시하여 '교리의 대요' 가 가진 구조상의 취약점을 전후의 신앙고백 역시 불식하지 못하였다는 지적과 비판이 있다.448

신앙고백이 가지는 고유성에 관한 문제 이해 역시 제정의 과정에서 어떤 종류의 오해가 시종 논의의 진전을 혼탁하게 한 것으로 보인다.

첫째, '사도신조' 를 고백하는 것이 곧 신조적 교회로서 길을 걸어가는 것이라고 믿는 오해이다. 사도신조의 고백은 이교도와 기독교와의 기본적인 경계선을 긋기 위한 것이며, 그곳에 성립하는 '정통성' 은 근대의 정통주의 교회의 그것과는 별개의 것이다. 사도신조는 그 자체로서 개신교 교회에 고유한 노선을 가져다주지 않는다. 그럼에도 불구하고 사도신조를 신앙고백으로 채용하는 것에 큰 염려가 표명된 사실은 교단의 교회적 특징의 취약함을 여지없이 보여주는 것이라고 말해야 할 것이다.

둘째, 신앙고백의 구속력에 관한 오해이다. 고백의 구속력을 '찬양고백' 이라고 간주한 것은 신앙고백의 교회적 기능에 대하여 일치점을 나타내기 위한 고심의 논리이다. 그러나 고백이 본래 '찬양' 으로의 성격을 가졌다는 것은 모두가 아는 사실이지만, 그것은 신앙고백의 본질에 속하는 것이다. 한편, 고백이 교회에 대한 구속력을 가지는 것은 고백이 교회 가운데 주장할 수 있는 당연한 자격이다.

고백의 구속적 기능은 교회가 그것을 고백하였을 때부터, 주님 되신 그리스도에 대한 복종을 다시 깨우쳐 일어나게 함으로써 행사된다. 그러한

447 호리 미츠오, 『일본의 교회와 신앙고백』, 7-8장.
448 아마미야 에이이치, 『일본기독교단 교회론』, 3-4장.

그리스도에 대한 복종을 이루어 나가는 것은 신앙고백과 교회와의 필연적인 관계로서, '율법적 구속'('찬양고백'에 대조로서 사용되는 용어) 등과 어떠한 관계도 없다.

이러한 일련의 논의와 답변의 과정에서 '복음과 율법'에 관한 루터의 이원론이 중요한 신학적 역할을 담당하게 됨은 부정할 수 없다. 이 이원론에 의해서 교회가 신앙고백으로 살아가는 무리라고 하는 엄숙한 사실이 완화된다고 한다면, 그것이 교단의 교회 형성에서 행복한 것이었는가를 생각하게 된다.

교단의 신앙고백이 어떠한 신앙 내용에 대응하여 고백된 것이며, 또한 그 고백이 신학과 교회 형성에 무엇을 가져다 주었는가? 라는 문제는 패전 후에 교단이 수행하였던 교회 형성의 질과 문제성을 검토함으로써 처음으로 명확하게 될 수 있을 것이다. 이 신앙고백의 불운한 출발을 알고 있는 자가 일찍이 '제2의 고백'을 제정하여야 한다는 희망을 가지고 있었다는 사실을 잊을 수 없다.[449]

그렇지만 여기에 교단 성립 후 13년이 지난 후에 겨우 자타가 공인하는 신앙고백이 표명된 의의는 큰 것이다. 신앙고백을 둘러싼 교단의 상황은 전후 기독교 역사가 어지럽게 돌아가는 변천을 경험하게 되지만, 그때마다 신앙고백에 실질적인 측면을 주고자하는 희망과 노력이 표현되었다는 것은 교단이 신앙고백을 가진 교회라는 사실을 보여주는 하나의 표시로 생각된다.

2. 헌법 문제와 기독교 토착

전후의 교회는 점령군이 가져다준 자유와 민주주의를 기독교가 육성될

---

449 이시하라 켄, 『일본 교회사론』, 307-308.

호적한 환경으로 수용하고 그것을 향수하였을 뿐 아니라, 민주주의를 기독교적인 가치 체계가운데 적극적으로 자리매김을 하고자 하였다.

1946년 7월의 『기독교문화』는 '민주주의와 기독교'를 특집으로 하고, 기독교 사상계가 이 논제에 대하여 이미 깊은 준비를 가지고 있음을 현시하였다. '민주주의의 근본이해'(무라마츠 카츠미), '구약성서에서 바라본 민주주의'(淺野順一), '신약성서에서 바라본 민주주의'(鶴田雅二), '칼빈주의와 민주주의'(쿠와타 히데노부), '퓨리탄 주의와 민주주의'(鈴木俊朗), '기독교적 민주주의의 특징'(小林珍男) 등을 예로 들 수 있다.

거의 공통적으로 주장하는 논조는 민주주의의 사상적 원류를 양분하여 프랑스 혁명으로 상징되는 '무신, 무왕'의 민주주의에 대하여 기독교 신앙에 입각한 민주주의야말로 올바른 것이라는 주장이다. 동시에 기독교 가운데에도 가톨릭적인 교권주의 또는 재세례파적인 무정부주의를 제외한 칼빈주의 및 퓨리턴적 기독교와 민주화 사상의 관계를 거슬러 설명하였다. 이렇게 기독교가 민주주의 특히 전후 헌법체제와 가치를 광범위하게 공유할 수 있다는 것이 명확하였다.

그것이 의미하는 것은 아주 중요하다. 일본 사회에 대한 기독교의 토착화가 개신교 선교 역사상 처음으로 본격적인 주제가 될 수 있는 현실적 환경이 마련된 것이다. 사실 기독교 토착의 문제는 민주주의적 여러 가치를 기독교 사상에 의해서 추인하는 작업과 병행하여 논하였다고 말할 수 있다.

전쟁 후에 헌법에 대한 이러한 교회의 연대 의사 표시가 단적으로 나타난 것이 교단에 의한 '헌법 옹호에 관한 성명'(1962년 12월)이다. 미일안보조약의 개정에 의해서 일본의 국제적 정황은 즉시로 군사적 색채를 강화하고, 그것으로 말미암아 개헌 세력의 움직임도 활발하게 되었다. 이러한 동향에 대한 깊은 위구(危懼 : 염려하고 두려워함)가 이 '성명'의 배경이 되었다.

현행 헌법은 많은 생명과 재산을 희생으로 하여 만들어진 것으로 국민주권, 기본적 인권의 보장, 평화주의를 기본 원칙으로 하고 있다. 이것은 '인류 보편의 원리' 이다. 우리 기독교인은 역사상의 많은 선배들이 그 신앙의 소이로 인간 자유와 권리와 평화를 위해서 죽음을 걸고 싸웠던 발자국을 상기한다.

우리의 현행 헌법은 민족의 전통과 세계정신을 고려한 것으로 일본의 현 시점에서 특히 그 민주주의적 조항을 존중하고, 그 성장을 기대해야 할 단계에 있다. 그 때문에 현재 진행하고 있는 어떤 헌법 운동 가운데 있는 반민주적 징후에 대하여 중대한 경고를 내림과 동시에, 더욱이 이 헌법 정신의 공동화(空洞化)를 목적으로 하는 그 어떠한 법률의 제정이나 실책에도 단호히 반대한다.[450]

교단이 헌법 옹호의 성명을 내면서 안보 문제에 대하여 명확한 의지 표명을 회피한 것에 대한 비판이 있다.[451] 분명하게 안보 문제와 헌법 '개정' 의 움직임은 본질적으로 연동하고 있음은 사실이다. 그러나 헌법 옹호에 관한 교회의 관심과 참여는 일반적인 정치 참여와는 조금 그 의미가 다르다. 그 상이는 전후의 교회에 있어서 사회윤리적인 사상 형성의 성숙에 의한 교회적인 합의 사항에 유래하는 것이다.

다시 말해서 전쟁 후 헌법이 내포하는 여러 가치가 기독교인의 사회 생활에 본질적으로 적합한 윤리적인 틀을 형성하고 있었다는 것이다. 그점에 대하여 교회는 상당히 폭넓은 합의를 배양하여 왔다고 말할 수 있다. 그 축척이 위의 성명에 결부된 것이라고 생각한다면 이것은 마치 일본 사회에 대한 기독교 토착 성명이며, 이것이 지나친 표현이라고 한다면 기독교 토착의 사회적 구조를 전후의 헌법 가운데에 요구하는 교회의 강한 소망의 표현으로 생각할 수 있다.

---

450 『일본기독교단사』, 320.
451 도히 아키오, 『일본 개신교 교회의 성립과 전개』, 285-287.

예를 들자면 헌법 문제를 '일본 교회와 신학의 과제' 로 자리를 매긴 오오키(大木英夫)의 논설에 선명하게 나타난다.452 논자가 주장하는 네 개의 명제가운데 두 가지는 다음과 같다. 첫째, 교회의 사회 실천은 오늘날의 교회와 신학에 주어진 중대한 문제이며, 헌법 옹호는 교회의 사회 실천의 근본 문제이다. 넷째, 교회가 처음으로 돌아가는 것은 헌법 옹호라는 근본적 사회 실천을 통하여 교회의 토착화를 지향한다.

환언하자면 교회가 '복음에 합당한' 생활을 함에 있어서 일본 사회와 굳게 맺는(계약) 조항으로써, 전후(戰後) 헌법의 기본적인 조항을 참조하게 되었다는 것이다. 이것이 의미하는 것이 바로 본문의 '중대' 가 말하는 이유이다. 일본 사회가 전통적으로 외래사상에 강한 것은 '고립이라는 형태의 자기 보존' 인가, 그렇지 않으면 '매몰이라는 형태의 자기 상실' 인가, 둘 중에 하나였기 때문이다.

그러나 헌법의 여러 원칙이 기독교적인 인간관, 사회관과 공존할 뿐만 아니라 고도한 친근성까지도 가지고 있다는 사실이 확인될 때, 토착과 정통성을 둘러싼 사정은 일변하였다. 특히 '선교 백년' (1959년)이라는 시기를 계기로 교회에 일종의 '종합된 자각' 이라 할 수 있는 역사 의식의 심화가 나타난 것은 복음과 교회의 토착론에 역사적 시좌(視座)를 제공하는 결과가 되었다.

이렇게 하여 전후의 기독교는 한편으로는 헌법 옹호를 매개로 하는 일본 사회에 대한 토착을 시도하면서, 다른 한편으로는 신앙고백의 정비로 나타나는 교회의 내적 충실을 매개로하는 정통성의 분야에서 새로운 단계에 들어가게 된 것이다.

---

452 『복음과 시대』 1962. 9.

3. 교회와 사회

이상에서 보아온 것처럼 기독교는 전후(戰後)의 일본 사회나 정치적 정황에 대하여 헌법을 매개로 하는 다양한 접점을 가지게 되었다. 신앙은 그 본질에서부터 사회에 내하여 열려진 관여와 참여라는 이해가 교회로 히여금 사회 의식을 자각하도록 하였다. 이러한 이해의 근저에는 구미 신학자에 의하여 전개되어온 기독교적 사회학설의 영향이 존재한다. 특히 R. 니버의 사상이 전후 일본의 교회에 미친 영향과 감화는 현저하다.

전쟁 전의 바르트 수용은 이미 보아 온 대로 정치사회적 시점을 결여한 '일본화'가 되어 버렸다. 그곳에는 신앙의 초월성이 사회로부터 후퇴와 현실 용인을 만들어내어 신학에 의한 정치 비판의 능력이 상실되어 버렸다. 그러한 일본의 신학적 상황에 대하여 니버의 사상은 강력한 '도전'이 되었다.

'니버는 죄에 빠진 인간의 한계를 강조하고, 또한 절대 은총아래서 더욱 윤리적인 책임을 수행하고, 교만과 자기 기만에 빠지는 경향을 끊임없이 소유하는 인간이지만 그러나 보다 좋은 상대적인 선을 추구해야 하는 것을 주장하였다. 단적으로 말하자면 전후 일본의 교회가 사회의 구체적인 문제로부터 눈을 돌리지 않고, 굳건하게 그것들을 짊어져야 한다는 니버의 주장을 무시하지 않았다.' 453

그러나 다른 한편으로는 기독교인의 사회 참여를 신앙과는 별도의 원리에 의해서 생각하고자 하는 경향도 전후의 기독교의 특징으로 나타났다. 그 대표적인 사건이 아카이와(赤岩榮) 목사의 공산당 입당 문제이다.

아카이와는 전쟁 전부터 구(舊) 일본기독교회 목사로서, 복음주의에 입

453　Charles H. Germany, 『근대 일본의 개신교 신학』, 299-300.

각한 신학자로서도 활약하였다. 그러나 전쟁 가운데의 신앙 모습에 대한 반성으로부터 예수를 참으로 따르는 길은 사회적 실천에 의한 길이 되지 않으면 안 되는 것으로 생각하였다. '나는 매일 이러한 실업자나 룸펜(Lumpen)이 없는 사회가 도래하도록 실천하지 않으면 안 된다. 그러한 실천을 매일 실행하는 한, 나는 예수께 응답할 수가 있다.' 454 이처럼 아주 실천적인 동기에 의해서 입당을 결의한 것이다.

그에 의하면 신앙이란 '예수'로부터 배워야 하지만, 예수는 경제학자도 정치학자도 아니다. 따라서 예수를 '구원주'로서 숭배하는 한편 정치는 정치가에게, 경제는 경제학자에게 물으면 된다. 이러한 의미에서 '나는 마르크스는 승리한 교사라고 생각한다.' 455

여기에 전후 기독교의 사회적 실천에 언제나 수반되어왔던 몇 가지의 폐해가 나타난다.

첫째, 신앙과 사회적 실천과의 이원론이다.

예수 그리스도를 주로 믿는 믿음은 '하나님에 대한 인간의 현실적 진리'에 관계할 뿐 '현실의 사회적 발전의 진리'는 공산주의의 영역이라고 하였다(아카이와). 일본의 기독교에서 이원론은 주로 신앙의 사회적 도피로서 작용하여 왔지만, 여기서는 동일한 이원론에 의해서 신앙은 어떠한 사회 사상과도 접합될 수 있는 것으로 나타난다. 사회적 문제는 일괄적으로 사회 과학적 인식에 일임되어야 한다는 '사회과학주의'가 이 이원론을 가지고 대두한 것도 전후의 사회 문제와 기독교의 관계 방식에 결정적인 성격을 제시하였다고 말할 수 있다.

둘째, 신앙의 실재감을 사회적 실천에 요구하는 방식이 이미 싹을 보였

---

454 '나와 공산당', 『기독교문화』 1949. 5.
455 '나와 공산당', 『기독교문화』 1949. 5.

다는 것이다.

믿는 것과 그 자체의 리얼리티를 추구하는 것을 일찍부터 단념하고 오히려 사회가 가진 많은 무거운 과제가운데 자신의 몸을 둠으로써 신앙의 리얼리티를 보완하려는 경향이다. 그것은 또한 복음의 유효성을 사회적 유효성에 의해서 산정하는 것이기도 하다. 정확한 견해로 보자면 이깃은 전쟁중의 신앙의 존재 방식에 대한 심각한 자기 반성을 통한 양심적인 기독교인이 사회에 대한 콤플렉스를 뒤집은 결과, 신앙의 리얼리티를 사회 참여의 리얼리티에 종속시킨 것이다.

셋째, 복음과 율법의 관계에 있어서의 '율법'의 위치 문제이다.

기독교인의 사회 참여를 성급하게 요구하는 입장은 복음이 곧 이웃 사랑(율법의 제2부분)으로 이행되어야 한다고 주장한다. 그러나 이러한 주장이 때로는 복음과 율법의 혼동 또는 역전을 가져오는 결과가 되었다.

율법이 율법되게 하기 위해서는 율법의 제1부분(하나님에 대한 사랑)을 하나님의 말씀으로 청종하는 것이 선행되지 않으면 안 된다. 일본의 기독교와 신학은 그 과제를 쇼와(昭和) 전기(前期)의 사회적 기독교에서도, 또한 바르트 신학의 '일본적 수용'에 의해서도 충분히 해명하지 못하였다. 결국 이웃 사랑을 본래의 의미에서 하나님의 율법아래에 두지 못하고, 그것을 인간적 가능성의 하나로 간주하는 오류에 빠지게 되었다. 전후의 기독교 역시 이론과 실천의 양면에서 이 오류로부터 해방되지 못하였다.

이처럼 기독교와 전후의 사회와의 만남은 처음부터 많은 곤란을 가지고 있었다. 그럼에도 불구하고 사회 참여에 관한 이해와 실천가운데에는 분명한 희망의 징조를 볼 수 있다. 한국전쟁의 발발(1950년 6월)을 계기로 전쟁의 위험이 다시 현실의 문제로 대두되었을 때, 일본의 교회에는 '평화'를 위한 구체적인 활동을 일으키는 자가 나타났다.

'기독교인 평화의 모임' 은 1951년 2월에 결성되었다. 모임의 발족에 즈음하여 제출된 '평화에 관한 호소' 에 의하면 '평화' 란 일차적으로는 '하나님에 의한 은사' 이지만, 동시에 현실의 평화를 위하여 기도하며 노력하는 것이 기독교인에 위탁된 임무이다. 동서 양 세력의 중간에 위치한 일본이 연합국 전체와의 강화를 통하여, 동서긴장의 완화를 향해 나아가고자 '호소' 한 희망이다. 그리고 이런 노력으로 기독교인의 행동 규범은 '하나님의 은사' 로서의 일본 헌법이 되었던 것이다.456

결성 당시 '평화의 모임' 은 절대평화주의를 취하는 무교회주의 사람들을 포함하였지만, 모임의 기본적인 이념이 반드시 절대평화주의라고 할 수 없는 이른바 '기독교적 현실주의' (니버)의 노선을 따르고 있다는 사실이 명료하게 나타나기 시작하면서 그들은 탈퇴하여 갔다.

평화를 간구하는 운동가운데서 상술한 아카이와 문제와 비슷한 이론적인 갈등이 존재하였다.457 그것은 근본적으로는 기독교인이란 과연 어떤 존재인가라는 이해까지 거슬러 올라가는 문제였다. 도식적으로 말하자면 전후에 새롭게 재해석되는 바르트 신학에 의한 그리스도 중심적인 교회론, 국가론(일원론)과, 상술한 '사회과학주의' (이원론)와의 갈등이다. 그러나 1950년대에는 이 논쟁이 표면화되지 않고, 동서의 냉전 구조가운데서 반복적으로 재연되는 위기에 대하여 착실하게 운동이 전개되었다.

교회 역시 이러한 운동으로부터 자극을 받아 평화에 대한 노력을 조용하게 제시할 수 있다. 특히 일본기독교단은 '평화 문제에 관한 성명' (1952년 12월)을 내고, 궁극적인 평화는 하나님의 능력에 의해서만 도래하지만, 대립되는 동서 세계에 화해를 가져다주는 사역은 교회 사명에 깊이 관계하는 것이기 때문에 세계 교회의 한 지체로서 이것에 협력하고자 결의하

---

456 『일본 문화사』 1951. 3.
457 이노우에, '기독교인의 평화운동 과거, 현재, 미래 ,『복음과 시대』 1963. 5.

였다. 또한 사항을 신학적으로 검토하기 위하여 교단 내에 '평화특별위원회'를 설치하고자 하였다('성명' 전문은 『기독교의 전쟁 책임』 부록 자료집).

이후에 교단이 계속적으로 사회적 행동을 성명이나 서명 운동 등의 형태도 구체화하여 간 것은 교회로서 교단의 자기 이해의 질적인 면이 서서히 변화되이가고 있음을 의미하였다.

4. 선교의 이론과 방책

교단의 교회 이해에 대한 변화는 1961년 10월의 '일본기독교단선교기본방책' 가운데에 '체질개선' 론으로 공론화된 노선과 관계한다. 그것은 '그리스도를 섬기기 때문에 이 세상에 봉사하고, 일상 생활도 선교의 장으로 간주하여, 대중 생활에 대한 공동 책임을 짊어지는 결의' 였다.[458] 환언하자면 교회가 그 선교에서 자기 중심, 자기 목적이었던 체질을 개선하여 세상에 봉사하는 교회로서의 자기 이해를 실천의 장으로 검증하고자 한 것이다.

이러한 교단의 체질개선론은 크게 세 가지의 동기를 가진다.

첫째, 선교 백년을 지내오면서 일본 교회의 전도와 교회 형성의 역사 속에 몇 가지의 현저한 문제점이 나타난다는 사실이 역사가들에 의해서 명확하게 제시되었다는 점이다.

스미다니(隅谷三喜男)등이 중심이 되는 일본 기독교 역사에 대한 사회적인 검토는 개신교 교회의 전도가 메이지 후기 이후에 특정한 사회 계층에 편중됨으로써 교회가 복음의 순화를 자기 내부에서 폐쇄적으로 차단하게 되어 사회적 활력을 상실해 왔다고 주장한다. 그러한 것을 개선함으로써 사회를 향하여 열린 공동체로서의 교회를 재건해야 한다는 문제 의식이 체

₄₅₈ '기본방책' 전문은 『일본기독교단사』, 301-303.

질개선론의 발상에 하나의 근거를 제시하였다고 볼 수 있다. '선교기본방책' 의 형식에는 스미다니의 참가가 큰 역할을 수행하였다.

둘째, 보다 넓은 시야에서 보자면 세계 교회의 신학적 운동에 의한 영향이다.

전후에 본격적으로 읽혀지지 시작된 본회퍼의 사상을 시작으로, 1960년에 일본을 방문한 크래머(H. Cramer) 등의 신학이 세계 교회운동의 이념과 실천에 큰 영향을 주었지만, 일본의 교회(주로 교단)도 그곳으로부터 교회의 자기 이해에 관한 명확한 시사를 얻었다. 그 수용은 반드시 충분한 전개와 착실한 주체성을 가진 것이라고 말할 수는 없지만, 여하튼 세계 교회의 지도적 이념을 일본의 교회 현실에 적용하는 작업은 정력적으로 수행되었다고 말할 수 있다. 본회퍼의 '성인이 된 세계' 에서 기독교 선교, 크래머에 의한 '성도론' 의 교회적 자리매김 등이 위의 '기본방책' 에 반영되고 있음은 당연한 사실이다.

셋째, 전후의 일본 사회가 '대중화' 로 급속히 발전해 가는 현실에 대하여 교회의 전도시책에 분명한 막다름이 나타났다는 것이다.

개신교 교인층이 '중간층' 에 편중되어 왔다는 사실이 지금까지 몇 번이고 지적되었지만, 전후의 개신교 전도가 의연히 그 한계를 벗어나지 못하고 있음이 1960년경에는 교회 지도자들의 공통 인식이었다. 대중 사회에 대한 전도의 한 방법으로써, 전후의 신흥 종교는 '평신도 지도자' 들에 의한 포교 활동으로 현저한 성과를 내고 있었다. 이 방식은 대중화된 사회에서 선교 이론으로써 그 원리적 타당성을 가진다고 말할 수 있다.459 이것에 대하여 교회의 전도는 목사 중심의 활동으로 시종한다. 대중사회의 접점을 상실하고 있다는 반성이 일어나는 것은 어떤 의미에서 당연한 일일

---

459 이몬 후지오, 『세속 사회의 종교』, 353-354.

것이다. 그렇다면 대중화되어 가는 사회에 어떻게 복음을 전하면 좋은가?

이 문제를 일본의 모든 교회를 향해 물었던 것이 1961년 5월에 일어난 '동경 크루세이드'였다. 이것은 미국에 본부를 둔 전도 단체 '월드 비젼'이 주최한 대규모의 전도 집회로서 전 기간의 참가사가 22만여 명, 결심 카드를 작성한 사람이 약 9천 명이라는 결과를 가져왔다.

막대한 자금을 투자하여 매스컴을 동원한 전도는 일본 교회가 지금까지 경험하지 못하였던 것이었다. 그렇기에 찬반의 논의가 격렬하였고, 교단은 전체적인 입장을 보류하면서 각 개교회의 자유 참가로 결정하였다.

반대자의 한 사람인 타카사키(高崎毅)에 의하면 반대의 논점은 다섯 가지였다.

① 전도 협력에 이르는 과정이 불분명하다.

② 일본 전도의 주체성을 빼앗기고, 일본 교회의 새로운 방향성을 잃어버렸다.

③ 크루세이드 방식의 대중 전도는 단적으로 매스 미디어에 의하여 조작된 대중을 만들어내는 것으로 방법상 문제가 있다.

④ 안보 조약에 의한 일본 사회의 동요에 시기를 맞춘 기획으로서, 미국 측의 동기가 명확하지 못하다.

⑤ 여기서 선교되는 '복음'의 내용에 '경건한 사기'가 포함되어 있다는 것을 경계해야 한다.460

그러나 교단 내에도 크루세이드에 다수의 참가자가 있었다. 그렇다면 체질개선론 자체 가운데에 크루세이드 방식의 대중 전도에 대한 길을 모

---

460 타카사키,『일본 교회의 행방』, 289-292. 그외에 스즈키에 의한 동일한 비판이,『스즈키 저작집』3권, 18-26. 총괄적인 비판은 도히 아키오,『일본 개신교 교회의 성립과 전개』, 288-294.

색하고자 하는 동기가 전혀 없었던 것은 아닐 것이다. 적어도 그러한 전도를 바람직한 것으로 믿게 하는 것과 같은 대중화된 사회에 대한 곤란과 초조가 교단의 지도자들 가운데에 나타나고 있었다는 사실을 인정하지 않으면 안 된다.

크루세이드 전도는 분명히 양적으로 대중화된 사회에 필요한 것일지 모른다. 그러나 그것이 참된 의미에서 '교회'와 '사회'의 만남을 가능하게 하는 것이라고 생각하기 어렵다. 대중화되어 가는 사회 가운데 소외된 개인은 이러한 전도에 의해서 '영혼'의 위안을 얻을 수 있겠지만, 신앙의 사회적, 문화적 자리매김은 등한시되는 결과가 된다.

일상 생활의 맥락으로부터 떠나서 특수한 장(상황)에서 회심 체험을 하기 때문에, 신앙은 현실에서 아주 유리하는 것이 될 수밖에 없다. 그 결과 회심이 사회로부터 유리하게 할 뿐, 본질적인 의미에서의 사회에 대한 참여를 촉진시키는 것은 곤란하였다.

이러한 크루세이드 전도 문제는 교단뿐 아니라 모든 교파가 자신들이 가진 각각의 신앙과 신학적 시좌(視座)에서 사회를 어떻게 이해하여 왔는지를 명확하게 제시하는 시금석이 된 것이다.

5. 복음주의의 대두

전후 기독교의 새로운 전개와 발전가운데 특필하여야 할 사실은 이른바 '복음주의'로 일컬어지는 여러 교파의 활동이다. 복음주의로 총칭되는 교회의 신앙 이해는 일률적이지는 않지만 개괄적으로 말하자면 보수적인 성서관을 기초로 하고, 근본적인 교리 조항을 엄수하고, 개인적인 구령에 중점을 두는 전도 열심인 교회이다. 일반적으로 신조나 교회 제도의 전통으로부터 자유로운 기능주의적 교회 형성과 운영을 취하는 경향이 많고, 제

외국의 선교 단체와 밀접한 협력 관계를 가지는 한편, 국내적으로는 보수적 신앙에 입각한 제 교파간의 협력 전도를 왕성하게 행한다.

전후, 교단으로부터 이탈한 구(舊) 키요메 교파 계통의 교회가 1951년 7월에 '일본복음연맹' 을 창립하였다. 연맹은 동경 크루세이드 개최를 함에 있어 일본 기독교협의회의 시도사와 공동으로 '월드미전' 에 협력을 의뢰하는 등, 대규모 대중 전도에 처음부터 의욕적으로 참가하였다. 대규모 전도에 의한 구도자 획득과 그곳에 참가한 제 교회에 대한 분배라는 형태가 '복음주의' 전도의 하나의 패턴이 되어왔다는 사실은 부정할 수 없다. 일본인에 의한 초교파적 전도 조직이 크루세이드 형태의 대규모 전도를 전개하여 갔지만, 지역 교회의 주체성에 관한 의문이나 비판도 있었다.461

'일본복음연맹' 을 중심으로 하는 제 교파의 협력이 진행되는 한편, 복음주의의 논리적 기초로서 성서에 대한 보수적 신앙을 구명하고, 제 교회를 계몽하고, 관계자의 교류를 목적으로 하는 '일본 개신교 성서신앙연맹' 이 결성되었다(1959년). 이것은 개신교 일본 선교 백년에 즈음하여 복음주의 교회의 사업으로써 '선교백주년기념 성서신앙운동' 의 계속적인 전개를 위해서 만들어진 조직이며 신학적으로도, 교회의 전통으로도 다양한 사람들이 '성서 신앙' 의 깃발 아래 결집하였다.

이 성서신앙운동의 '총회 선언' 은 첫째로 '우상숭배' 를 생활의 터에서 완전히 제거할 것을 결의하고, 둘째로 현행 헌법이 정교 분리 원칙과 신앙 자유를 보장하기 때문에 '성서적' 으로 인정하며, 셋째로 국가 신도의 부활을 그 시작부터 체크하는 책임을 스스로 가진다. 이것을 '다음 세대의 선교 제2세기를 위해서 세운 우리 기독교인의 간증' 이라고 하며, 이 세 항목은 복음주의의 사회적 증언이 무엇을 목표로 하고 있는지를 제시하는

---

461 이즈타 아키라(泉田昭), '일본 복음주의 교회 30년의 발걸음' , 『비상하는 일본의 복음주의』.

이 시점에서 최량의 모델이라 생각하였다.

복음주의의 전도와 교회 형성은 기존의 큰 교파(예를 들자면 교단, 성공회 등)와는 다르게 전통에 구속됨 없이 적극적인 전도, 지도층의 젊음, 성도들의 자주적 활동, 각종 전도 단체와 협력, 해외 선교에 대한 착실한 사역 등등 교회를 활력 있는 기능적 조직체로 만드는 것에 성공하였다.462 더욱이 이러한 복음주의의 기본적 전도 노선이 도시화가 발전됨에 따른 대 중소도시에 전도권을 설정하고, 대중화하는 사회정세를 지혜롭게 전도방책에 반영시키는 것도 착실한 성장의 요인이다. 그러나 복음주의의 전도에 잠재하는 몇 가지의 문제점도 간과해서는 안 될 것이다.

첫째, 교회와 성도가 그 놓인 정치 사회적 상황가운데서 복음에 합당하다는 사실의 간증을 어떻게 열매맺게 할 수 있는가? 복음과 문화를 신학적으로 종합하는 시야가 어쩌면 탈락되어져 왔다는 것은 그 내부에서 지적되는 그대로이다. 그러나 이 문제는 한편의 선언이나 성명으로 개선될 성질의 것이 아니며, 그 신앙과 생활의 기본적인 것에까지 이르는 것이다.

둘째, 복음주의의 전도가 주장하는 복음의 내용이 한편으로는 사회로부터 도피하게 하여 영혼의 위안에 치우치게 하며, 그 반대로 '하나님은 믿는 자를 행복하게 하신다' 는 현세적인 성공을 주장하는 경향이 적지 않다는 것이다. 이런 양면은 서로 모순되지 않는다. 공통적 뿌리는 '사회' 와 그것이 가지는 고유한 문화적 가치에 대한 제거하기 어려운 불신이다. 따라서 그것에 본래의 사회적 비판에 관한 의미는 일어나지 못하고, 부와 권력이 만들어내는 사회적 구조가 근본적인 비판의 대상이 되지 못한 체로

---

462 이즈타 아키라(泉田昭), '일본 복음주의 교회 30년의 발걸음' , 『비상하는 일본의 복음주의』.

풍부함과 성공을 향수하는 장으로써만 긍정된다. 많은 신앙 간증의 예가 '성공담'이며, 결국 이 세상에 성공하지 못하는 요인은 신앙이 없다는 것으로 맺어진다.

미국에 있는 복음주의의 신앙 이해는 이러한 현저한 특색이 있고, 상업주의적 사회에서의 '성공' 신학으로서 다수의 신봉자를 얻고 있다.[463] 일본에서는 이러한 특색은 반드시 복음주의의 선교의 전면에 나오지는 않지만, 공통의 심리적인 구조가 존재하며, 따라서 부분적인 현상으로서도 동일한 경향이 보이는 것은 부정할 수 없다.

셋째, 교회의 보편적 존재를 제시하는 증거가 복음주의의 선교 분야에서 어떻게 열매를 맺고 있는가 하는 문제이다. 성서에 관한 보수적인 입장만을 '건전'한 교회로 간주함으로써 교회의 공동성을 존중하고, 하나님 나라의 전체적인 발전을 제 교회의 존재와 사역 가운데 이해하는 시좌(視座)가 약해진다는 것이다. 이러한 경우 신학적 탐구나 공헌도 교회의 보편성을 바라보는 것이 되기는 어렵고, 오히려 자기의 보수적인 입장(진영)의 변증, 또는 상이한 입장에 대한 논란이라는 의미만이 주어질 것이다.

'거룩한 공회를 믿사오며'는 '거룩한 공회를 믿사오며'이기도 하다는 것이 선교와 신학의 목표로서 설정되지 않는다면 그 선교는 복음적이라고 할 수 없을 것이다. 그리고 그렇게 되어질 때 신학도 또한 스스로 '공회'에 대한 봉사로써 자기의 자리를 찾게 되며, 전 교회가 열매 맺고자 하는 증언에 대하여, 부차적 증언으로서의 겸손한 학문이 될 수 있을 것이다. 복음주의 교회의 선교와 신학의 성숙에서 이것은 피할 수 없는 통로라고 생각되어진다.

---

463 이몬 후지오, 『세속 사회의 종교』, 334-335.

〈결 어〉

일본 기독교 역사의 전망

1.교파성의 철저

역사 이해와 서술은 연구자 자신의 입장을 반영하고, 스스로 일정한 시야와 방법을 가진다. 일본이라는 사회 속에서 형성된 기독교가 어떻게 믿어지고 무엇을 이 사회에 가져다주었는지, 지금부터 어디로 가고자 하는지 등을 검토함으로써 오늘날 기독교의 과제를 간파하는 것은 역사 연구의 피할 수 없는 책임이다. 그 의미에서 기독교의 자기 이해는 다양한 시야와 방법을 가져야 한다는 것은 두말할 필요가 없을 것이다.

본서에서 처음에 언급한 대로 '교회' 형성에 초점을 맞추고, 또한 그 신앙과 신학 더 나아가서는 신앙고백과 교회정치라는 교회 고유의 형성 원리를 내적으로 탐구하는 것에 최대의 힘을 쏟았다고 할 수 있다.

지금까지 여러 종류의 '일본 교회사' 의 통사가 출간되었고, 또한 그러한 책들이 연구자의 개성적인 주장을 통한 유익한 저술이었음에 틀림이 없다. 예를 들자면 오오우치(大內三郎)의 『일본교회사』(1970년, 에비사와 아리미치 공저)는 기독교 역사의 중심이 교회 형성에 있다고 주장하는 점에서 기독교 역사 연구의 본질을 언급하는 저작이었다. 그러나 구체적인 방법론에서 교회의 내적 생명을 묘사하는 것에 성공하였는지는 의문이다.

저자는 스스로 '구원사적으로가 아니라 평이하게 일본의 근대화와 그 좌절과의 교착 과정에서 기독교가 일본 사회와의 관련속에 어떻게 역사적으로 전개되어 왔는지를 이해하는 정도일 뿐이다'(『일본교회사』, 130)라고 말한다. 그 의도를 적극적으로 이해하자면 일본의 근대화 과정 속에서 기독교가 어떻게 그 주체성을 관철하여 왔는가를 측정하는 것이 주안점이 되었다. 그리고 그 의도의 타당성은 지금 전후 40년을 시나오면서 일본의 근대화 그 자체가 심각한 문제에 직면되어 있는 실제에서 한층 크게 부각되어 있다. 일본의 근대화 행방을 파악하면서 교회사를 전개하는 방법이 더욱 추진되어야 할 것이다.

도히 아키오(土肥昭夫)의 『일본 개신교 교회의 성립과 전개』(1975년)는 기독교 역사 연구에 '신학적 연구' 와 '사회적 연구' 라는 이중의 빛을 도입하여, 그것을 유기적으로 관련시키고자 하는 시도였다. 주장하는 점들이 아주 명료한 이 저작은 기독교 역사의 '과거' 보다는 '현재' 와 '미래' 에 가져야 할 교회상을 둘러싼 진지한 토론을 깨닫게 하는 힘을 가지고 있다.

여기에서 제시된 것은 일본 교회가 가진 법적 정신의 빈곤, 가족주의적 결합 원리, 타자 의존적 체질 등의 문제이며 총괄적으로 말하자면 자발적인 교파 의식의 불명확함이다. 따라서 일본의 교회가 가진 과제는 위에 2, 3의 약점을 극복하고 교파적인 교회를 확립하는 것에 있다(『일본교회사』, 334). 이 구체적인 제안은 아주 유익한 시사를 교회에 가져다주는 것이다.

그러나 '교파적 교회' 의 내실이 무엇인지에 대하여는 불행하게도 만족할 만한 대답을 얻을 수 없다. '오늘날의 교회는 교파적 성격을 가지고 있기 때문에, 그 존재 근거를 물어보고, 이것을 명확하게 하는 것이 오히려 이것을 지향하는 방법이다. 따라서 교파적 교회의 확립이 당면 관제이다'(『복음과 시대』 1977.3). 여기에는 명확한 교회관에 입각한 교파 지향은 적어도 의도되지 않고 있다.

또한 도히 아키오에게 있어 교파적 교회의 확립이란 '일본기독교단' 의 교회적 성격의 강화를 말할 뿐이다. 그러나 그 방법으로 '교단에는 여러 가지 요소가 잡거(雜居)하고 있기 때문에 잡초와 같은 강한 뿌리를 가지고 무엇인가를 생산해낼 수 있는 가능성이 있다' 라든가, 또는 '철저한 논의와 상호 비판을 통하여 새로운 교회론을 창출하는 것이 가능하지 않는가' 등의 생각은 조금은 낙관적이 아닐까. 교회의 잡거성과 잡초의 강한 뿌리를 비교하는 착상은 무모한 자연주의가 아닌가? 하는 의문을 씻어주지는 못한다.

이 연구가 교파적 교회 형성의 방향에 제 교파에 힘을 북돋아 준 공헌은 인정하지만, 장래의 희망에 대한 준비의 부족함이 아쉽게 보인다.

일본 기독교 역사에 신학적인 전망을 열어준 근본적인 성과는 이시하라의 『일본기독교사론』(1967년)일 것이다. 이것은 기독교 발전의 내적 원리에 주목하여 교회의 성립과 전개를 시야의 중심에 두고, 구원사적 전망가운데 교회의 현재를 이해하려는 신학적 교회사이다.

구체적으로 보자면, 교파와 교회를 구원사적 구조 가운데 설정하면서 일본기독교단이 가진 보편적 성격에 구원사적 전망을 부여하고자 하였다. '즉, 교회는 통상 하나님 나라로 이어지며, 참된 교회로의 형성 도상에 있다는 것(die Kirche im Werden)을 의미한다. 다시 말해 교회는 현실적으로 역사에서, 필연적으로 진리의 의미에서 교파 노선을 가지게 되며, 교파는 교회로서 그 발걸음을 행함으로써 그 사명을 다하는 것이다' (『일본기독교사론』 서언 VI).

여기에 처음으로 일본의 기독교 역사는 교회의 생명의 내측으로부터 흘러나오는 시좌(視座)를 손에 넣었을 뿐 아니라 유럽의 기독교 역사와의 본질적 인과관계, 더 나아가서는 구원사를 제시하는 교회사로서 그 위치가 주어졌다고 할 수 있다. 그러나 여기에도 구체적으로 '일본기독교단'이 짊어진 역사적 역할이 충분히 설득력 있게 나타난다고 볼 수 없다.

일본기독교단이 교회의 보편성에 대한 희망을 가시적인 형태로 표명한 것이라고 말할 수 없다. 교단을 축으로 하는 제 교파의 협조와 연합 형식을 저자가 몽상했던 것으로 보인다(357). 또한 그것이 어떤 과정의 NCC(일본 기독교 협의회) 등의 무대에 부분적인 성과를 나타내었다는 것도 부정할 수 없다. 무엇보다도 교단의 교회적 성격이 애매하고 그 존립의 신앙적 기반은 여전히 취약하다.

　교단의 교회성이 약체화되어 가는 우려는 만년에 이시하라에게 '교파'에 대한 재해석을 요구하는 것으로 나타났다고 생각된다. 구 일본기독교회 계통의 교류 단체인 '일본개혁교회협의회'에 나음과 같은 관심이 표명된 것으로부터 알 수 있다.

　'사람들은 교파라는 문세를 어떻게 생각하는가? 한 교회에 대하여 가지는 동경과 같은 것을 가지지만, 그것이 어떻게 되어가는가에 주의를 기울인다.' 또는 다른 문맥에서 '교파적 정신이 사라졌다는 것은 자칫하면 기독교적 성격을 잃어버리는 것이 아닌가. 결과를 말하기 어렵지만 잃어버린 것에 아주 가까운 관계에 있다고 생각된다'(『기독교와 일본』, 171, 128).

2. 복음 이해의 성숙과 자율적 교회 형성

　일본이라는 이교적 사회에서 교회 형성이란 원리적으로든 실천적으로든 종래의 공동 사회로부터 단절된 곳에서 수행되는 것이다. 다시 말해서 '교파'로서 교회 형성에 적합한 조건을 가지고 있다고도 말할 수 있다. 그러나 현실적으로는 일본의 교회가 자발적이며 주체적인 교파 형성을 수행한 예가 드물고 그 성과 역시 빈곤한 것이었다.

　교파 형성의 내적인 제 조건을 충족시키고자 한다면 일본인의 정신 구조나 일본적 공동체의 문제에까지 언급하지 않으면 해결될 수 없다. 여기에는 많은 문제가 담겨 있다. 특히 '계약'에 의한 공동체 형성이 쉽지 않은데 이것은 일본인들의 심성과 관계속에서 종종 지적되어 왔었다. 이 사실은 앞으로 교회 형성의 과제 가운데 하나가 바로 여기에 있다는 것을 인정하지 않으면 안 된다는 점을 지적하고 있다. 그러한 노력의 선상에서만 교회가 국가나 전통적 사회에 대하여 참으로 자율적인 무리로 형성되어 갈 수 있다는 가능성을 타진할 수 있다.

더욱이 교회의 자율성을 추구해 가는 과제가 복음 이해의 성숙과 상관적인 관계에 있다는 것도 덧붙여 두고자 한다. 다시 말해서 신학과 신앙고백으로 성숙되어 가는 것이 자율적인 교회 형성에 불가결한 조건이며 기독교 유신론 및 기독교 고백의 광범위한 신학적, 실천적인 적용을 구비함으로써 전도나 교세 확장의 노력도 열매를 맺게 될 것이다.

스미다니는 일본 기독교 역사를 다음과 같이 시대 구분한다. 메이지 타이쇼 시대에 성부되신 하나님을 받아들이고, 쇼와 전반기에서 오늘에 이르기까지 그리스도의 성육과 십자가가 고백되어 왔다고 기술한다. 그리고 제3단계가 아직까지 도래하지 않은 시대로서 그곳에 '현실의 신앙' 이라고 하는 과제가 남아 있다고 한다. 즉 '결여된 것은 신학이 아니라, 삼위일체의 하나님에 대한 고백이 아닌가?' (복음과 세계, 1977.8). 그렇지만 정말 결여된 것은 "삼위일체의 하나님을 고백하게 하는 신학의 부재가 아닌가?" 라고 고쳐서 말하고 싶다.

마지막으로 이러한 신앙고백은 교회가 '매몰이라는 형태의 자기 상실' 과 '고립이라는 자기 보존' 어느 것을 선택하게 하는 위험성에 대한 경고이기도 하다. 일본 사회에서 토착과 정통성이라는 두 개의 과제를 함께 짊어지는 것이 얼마나 곤란한 것인가를 역사는 무수한 실례를 통하여 예시한다. 그럼에도 불구하고 두 개의 지표에 대하여 어느 하나를 포기하는 것으로 넘어지고 만다.

복음 이해의 성숙이 정통적인 교회를 수립하는 것과 함께 자율적인 교회 형성에 의해서 소금의 맛을 유지하며, 하나님 나라의 증인들을 세상에 파견하는 모체로 토착하는 것이 오늘날 우리에게 요구되는 교회상이라 할 것이다.464

---

464 교회사 서술의 방법론에 대하여는 '일본 교회사의 시야와 방법' , 『개혁파 신학』 15. 참조.

〈보론 1〉

전후 기독교와 신사 문제

들어가기

교회와 국가 관계라는 관점에서 보자면 80년대는 하나의 큰 전기가 된 것임에 분명하다. 나카소네(中曾根) 정권은 '전후 정치의 총결산'이라는 캐치프레이즈로 등장하였다. 또한 이것이 단순히 위협적인 문구가 아니라는 사실을 여러 사례를 통하여 제시하였다. 물론 이러한 보수화, 우경화 그 자체가 이제 시작된 것은 아니며, 전후 역사를 통하여 변함 없이 흘러온 경향이었다. 전후 역사를 거시적으로 보자면 사회 전체의 의식이 본질적으로 혁신과 민주화 방향으로 자발적으로 움직였던 일은 없었다고 말해도 과언이 아닐 것이다. 오히려 서서히 착실하면서도 그러나 빠르게 보수적인 방향으로 흘러갔다고 생각하는 것이다.

그러나 다른 한편으로는 일본 헌법이 명시하는 자유, 인권, 평화 등의 가치가 빼앗을 수 없는 국민적 재산이라는 인식 역시 상당히 깊이 있게 정착된 것으로 본다. 이러한 흐름 가운데 80년대라는 시대는 다음과 같은 두 가지의 가능성이 아주 위태롭게 밸런스를 유지하고 있었던 형편이라고 말할 수 있다. 즉 ① 보수화와 함께 하여온 사회 전체의 정치의식이 정말로 헌법이 보장하는 기본적 인권까지도 포기하면서 반동적인 구 일본으로 회

귀를 요구하는가? ② 아니면 이렇게 배양된 정치 감각이 반동화에 대한 브레이크 역할을 수행하여 전후 민주주의의 기본적인 구조를 사수해 나가는가? 하는 두 가지의 가능성이다.

1. 신사문제와 개혁파교회

개혁파교회 창립총회에 참석하였던 교직자들은 전시하의 신사문제에 관한 이론적이며 실천적인 투쟁을 경험하였다. 그 투쟁이 전후 새롭게 교파를 창립하는 것에 큰 하나의 원동력이 되었다는 것은 의심의 여지가 없다. 창립선언에는 분명히 '교회의 자립'과 '정교분리'라는 두 가지 관점이 교회의 국가에 대한 원칙으로 언명되고 있다.

이처럼 발족 당초부터의 자세를 계승받은 개혁파교회는 특히 신사문제에 관한 한 국가의 움직임에 대하여 그때마다 기민한 반응을 보여왔다고 생각된다. 예를 들자면 전후의 '역 코스'라 불렸던 현상이 현저하게 나타나자, 제6회 총회에서는 '신사문제에 관한 건의안'이 제안되어 가결되었다. 초기의 투쟁 모습을 명확하게 하기 위하여 조금 구체적으로 상술한다.

1) 우리는 신사가 우상이라는 사실을 명확하게 하고, 그 참배를 거부할 것.

2) 카미타나(神棚), 부처단(佛壇)에 절하지 않을 것.

3) 공무원이 그 공적인 자격으로 신사참배, 위령제 그 외의 종교행사에 참여하는 것은 신앙의 자유를 해하는 것으로 언제나 반대할 것.

4) 교회원이 민간 단체의 임원이 되어 전술의 행위에 참가하지 않을 것.

위의 건의안은 3)안을 제외하고는 기본적으로 우상숭배 거부라는 신앙상의 확신에 관하여 언급하는 것으로, 교회와 국가에 관한 당시의 상황을 충분히 반영하고 있다고 말하기가 어렵지 않은가라는 의문을 가질 수도 있을 것이다. 그러나 그렇지 않다. 왜냐하면,

첫째, 총회의 이러한 태도 결정이 단순히 하나의 결의문으로 공포된 것이 아니라, 지방의 각 교회가 가졌던 정교분리를 위한 진지한 투쟁과 결부되어 있다는 것이다. 기후현(岐阜縣) 세키(關)교회 츠보사카(壺坂國三) 목사는 반상회의 중앙에 자리잡고 있었던 종교단체에 대한 기부금 할당이 헌법 제120소, 제89조에 위반하는 것으로 신앙의 자유를 침범하는 것이라는 항의 성명을 발표하였다(「쯔노부에」 25호, 1952년 4월).

또한 카가와현에서는 선통사의 호국신사에서 현 당국이 실질적인 주최자가 되어 전몰자 합동위령제를 거행한 것에 대하여 항의 성명서가 발표되었지만, 그것을 추진한 것은 이시마루, 노다 두 목사였다. 총회 결의가 실질적인 힘이 된 것은 지방에서의 조그마한 투쟁의 축적이었다. 개혁파 교회는 처음부터 연동되는 두 가지의 패턴을 가지게 되었다.

둘째, 이 건의안에 대하여 몇 명의 교역자들이 코멘트하고 있지만, 그것을 읽는 한 '우상숭배' 거부라는 종교적 확신이라고 편협하게 이해하고 있지 않았다는 것을 알게 된다. 「쯔노부에」 제21호(1951년 12월)에 게재된 논설에서는 당시의 천황제 사상의 부활에 얽힌 수많은 현상을 파악하여 '신사의 국가신도화'를 재현하는 전조라고 경종을 울리고 있다. 종교자들의 이해라고 하는 좁은 시야로 한정하는 것이 아니라, 나라의 현 상황을 전체적으로 분석 비판하는 확실한 정신이 이러한 총회결정의 근거에 존재하고 있다는 것을 알게 되는 것이다.

셋째, 건의안이 '우상숭배' 반대와 그것에 관련된 것들을 교회원들을 교육시키고 훈련시키고자 하는 자세 그 자체가 하나의 견식을 보여주는 것이다. 일반적인 의미에서 보자면 우상 숭배를 하는 국민이라 할지라도 정교분리나 신앙의 자유를 위해서 공헌한다고 할 수 있다. 그점에서 우상 숭배 부정은 기독교인의 신앙조항이며, 어디까지나 교회의 내적 확신일 뿐이지 교회와 국가의 관계 문제는 아니다.

그럼에도 그것은 어디까지나 일반적이며 형식상의 논의일 뿐 구체적으로 생각하자면 우상문제에 확실하지 못한 기독교인은 정교분리나 신앙의 자유에 관하여 마음을 다해 기도하며 투쟁하는 것을 생각할 수 없다. 신사 문제에 관한 전술상, 우상문제는 일단 제외시키는 것이 당연할지 모른다. 그러나 투쟁의 주체가 누구인가라는 점에서는 우상을 단호히 거부하는 기독교인이야말로 신사문제에 관한 교회적 투쟁을 짊어지는 자가 될 것이다.

이런 측면에서 보자면 개혁파교회의 투쟁 모습은 ① 총회결의와 지방교회와의 구체적 활동의 연동, ② 종합적인 현상 인식과 그때그때에 대한 반대로 조항의 상호보완, ③ 신앙인들의 내적, 실존적인 주체성과 객관적인 전술과의 상호의존이라는 밸런스를 스스로 강구하여 왔다는 것이다.

이것에 의해서 교회의 전투가 ① 추상적인 공리공론이 되지 않고, 그렇다고 현장지상주의에 의한 견식을 상실하는 오류를 범하지 않으며, ② 또한 총화적으로 웅성거리는 정치주의도 아니며, 종교자들의 에고주의적으로 편향됨이 없으며, ③ 신앙의 실질을 잃어버린 정치적 전문성으로 치닫지 않고, 그렇다고 유효한 전술을 가지지 않은 독선적 운동으로 혼미한 양상을 보이지 않는 견실함을 가진 것이었다고 생각된다.

그러나 헌법이 그토록 명확하게 국가와 특정 종교와의 결합을 금하고 있음에도 불구하고 왜 신도는 거듭 국가와의 유착과 제도상의 특권을 요구해 오는 것인가? 그곳에 우리는 신도라는 종교가 일본이라는 나라에서 가지는 특이한 성질을 생각하지 않을 수 없다. 신사가 국가권력 가운데 기생하기를 원하는 몇 가지의 요인이 있다.

첫째, 메이지 이래의 근대 일본이 명목상으로 어떠하든지 실질적으로는 제사국가로서 신도를 우대하는 정책을 취해 왔고, 국가에 의존하는 정치 종교적 체질을 완전히 습득해 버린 것이다. 본래 일본의 종교는 신도뿐 아니라 시대의 지배 권력의 어용 종교화하는 체질을 가지고 있었고 근대 천황제 국가는 그것을 최대한 밀어붙인 것이다.

둘째, 신도라는 종교 그 자체가 국가나 민족과의 자연적인 일체성을 요구하는 체질을 가졌다는 것이다. 다시 말해서 신도는 처음부터 또는 교조가 나타나 교의와 신앙을 선전하는 형태의 '주창종교'가 아니라, 토지나 자연물을 숭배하는 아미니즘(모든 것에 영혼이 머문다는 사상) 또는 자연에 거주한다는 영력 등을 관념적으로 신격화한 자연신에 대한 신앙을 그 출발점으로 하며, 본질적인 교의를 지금도 가지지 않고 있다. 따라서 국토나 혈족이나 지역 공동체와 자연적인 일체감에 전면적으로 의지하는 것 외에 종교로서의 존립 기반이 없다. 이러한 의미에서 근대적 정교분리 사회에서 신도가 고유의 종교성을 보유하는 것은 곤란하다고 말할 수밖에 없다. 신도 사람들이 전후 헌법을 환영하지 못한 것은 따라서 당연한 것이었다.

셋째, 이것은 첫 번째의 이상적 측면이지만 신도가 근대 천황제에 의해서 크게 사상적으로 보강 조치되어 천황가의 존재나 그 지위의 흥왕과 끊을래야 끊을 수 없는 관계가 되었다는 점이다. 메이지유신과 천황제 국가 출현이 신들의 세계에도 '메이지유신'이 찾아왔던 것이다. 대략적으로 말하자면 신도의 사상적 활력은 천황을 현인신(現人神)으로 하는 국가주의, 민족주의 외에는 없다고 말해도 과언이 아니다. 따라서 전후의 신사문제도 신사단독으로 특권의 회복을 요구하는 것이 아니라, 천황가 또는 천황을 정점으로 하는 정치체제 그 자체의 복고 요구와 서로 겹쳐지는 것이었다.

2. 야스쿠니(靖國) 국영화와 천황제 사상

1) 야스쿠니 사상과 현대

이상과 같은 신도제도의 반동 공세의 정점이 된 것이 야스쿠니 국영화 요구이다. 이미 야스쿠니 법안 자체는 다섯 번이나 폐안이 되었지만, 현재는 법안으로서 정치 표면상 그 모습이 사라졌다. 그러나 그것은 야스쿠니 신사 국가보유에 대한 요구가 진정화되었다는 것을 의미하지 않는다. 오히려 그 반대로 '영령을 생각하는 회' 등을 중심으로 넓게 국민 운동으로서 그러한 요구를 정착시켜가려는 움직임이 점점 활발해지고 있다.

복고주의자들이 원하는 대로 원호가 법제화되고, 역대 수상들의 야스쿠니 신사참배는 관례화 되었다. 나카소네 수상 역시 공인으로서인가, 사인으로서인가에 대한 문제에 답하지도 않고 "내각총리대신 나카소네 야스히로"가 참배한다고 공언하였다. 천황의 공식참배는 이제 한 발자국 정도 남았다. 더욱이 지금까지 헌법 당국에서는 공식참배가 어디까지나 헌법에 위헌의 의심이 있다는 견해를 유지하여 왔지만 나카소네는 그것의 재검토를 지시하였다. 천황의 공식참배를 요구하는 자치제 숫자도 상당히 불어났다. 야스쿠니를 둘러싼 이러한 집요한 보수파의 사상과 행동은 무엇을 목적으로 하는가?

첫째, 가장 일반적으로 말하듯이 국가를 위하여 순열한 사람들을 국가의 손으로 위로하는 것은 당연하다는 것이다. 국가를 위해서 죽은 자를 국가가 제사하는 것이 국가로서의 도의라는 것이다. 이 논리는 확실히 일본인의 정서를 설득하기에 충분한 힘을 가진다. 실제로 전쟁에 의해서 혈육을 잃어버린 사람들로부터 이러한 질문을 받았을 때 그 문제의 요구에 답할 수 있는 준비가 되어 있어야 한다.

그러나 야스쿠니 국가호지가 나라의 도의라고 부르짖는 사람들에게는 또 다른 동기가 숨겨져 있다. 그것은 야스쿠니 영령이야말로 국민의 도덕적 규범이며, 나라를 사랑하는 천황을 위하여 순열하는 것이 일본 국민으로서 도덕적 의무라는 사상이다. 그곳에는 '교육칙어'가 요구한 것처럼 "국헌을 중시하고 국법에 따르고 일단 유사시에는 의용군으로 섬기는" 것이 국민성, 다시 말해서 에로부터의 "충량의 신민"을 만들고자 하는 욕구가 숨겨져 있는 것이다. '교육칙령' 그 자체의 부활은 아니라 할지라도, 그것에 대체되는 인간상을 제시하려는 태도가 분명한 것이다. 그러한 인간상의 극단적 사상형태가 야스쿠니의 "영령"이라는 것을 이해해야 할 것이다.

둘째, 야스쿠니의 국영화는 오늘날 군비확장노선을 사상적으로 땅고르기 작업의 역할을 담당한다는 것이다.

이것은 야스쿠니 국영화 반대운동에 새로운 의미를 부여하는 것이 된다. 다시 말해서 지금까지도 야스쿠니 신사법안이나 그것에 얽힌 종교적인 반동화에 대하여 종교계로부터의 반대가 지속되어 왔다. 그러나 잘못하면 그러한 반대운동이 특정 종파간의 내분으로 간주되고, 종교인의 에고이즘만을 동기로 하는 듯한 왜소화로 이해되어 왔다는 사실도 부정할 수 없다.

그러나 최근 일본의 군사적 역할 분담론, 재계로부터 거듭되는 무기 수출의 완화요구나 징병제도를 요구하는 목소리 등등 군국주의 부활의 전조가 많은 사람들의 눈에 선명하게 나타나고 있다. 이런 가운데 야스쿠니 문제의 하나는 태평양전쟁을 죄악시하는 역사관을 불식시키기 위하여, 또 하나는 새로운 전사자의 출현을 준비하기 위하여 등장한 것이다.

태평양전쟁을 일본이 의를 위해서, 국가방위를 위해서 부득이하게 일으켰던 전쟁이라고 말을 만드는 자들이 증가하고 있다. 교과서 문제에서도, 중국이나 한국으로부터 신랄한 비판을 받았다는 것을 새삼스럽게 여기는

지 문부성을 비롯하여 정부, 재계, 일부 학자들, 문화인들의 기본 자세가 전혀 변하지 않았다. 그리고 야스쿠니 신사에 전쟁 지도의 최고 책임자였던 도죠히데키를 비롯한 A급 전범이 슬쩍 합사되어 있었다는(1978년) 것이 야스쿠니 국영화가 꿈꾸는 것을 명확하게 제시한다.

이 사실을 알았던 인간어뢰 카이텐(역주 : 구 일본 해군의 특공병기)에 탑승한 자는 "우리의 (죽은) 동료들이 야스쿠니 신사에 있을 수가 없다"고 하며, "나는 두 번 다시 야스쿠니 신사에 참배하지 않는다"고 단언하였다. 도죠와 같은 A급 전범의 합사라는 사실은 이전의 전쟁을 정당화하고, 자위와 평화라는 이름 아래 타국을 침략하여도 된다는 사상이며, 그러한 신사를 국가가 호지하는 것은 침략전쟁을 국가가 인정하는 것으로 연결되는 것이다.

2) 신앙의 입장에서 본 야스쿠니

개혁파교회는 제33회 총회(1978년)에서 "야스쿠니 신사 문제에 관하여 우리 교회의 입장을 밝힌다"는 문서를 통해서 교회적 동의를 문서화하였다. 그 요점은 세 가지이다. 첫째로 야스쿠니 법안이 "종교단체를 국가의 종교적 기관으로 생각하는" 사상에 근거한 것으로, 헌법 정신에도 반하는 것, 둘째로는 야스쿠니 국가호지는 평화국가를 수립하여 국제사회에 명예로운 지위를 확보하려는 헌법전문의 정신에 위배할 뿐만 아니라, 이전의 군국주의사상에 의한 아시아의 이웃 국가와 그 민중이 경험한 고난에 관해서도 그 책임을 망각하는 것으로 이어지는 것, 셋째로는 야스쿠니 국영화 사상에는 종교와 연결됨으로써 국가의 전체주의화라는 위험이 내포되어 있고, "하나님만이 몸과 양심의 주이시다"라는 종교적 확신으로부터 용인할 수 없는 것이다.

첫 번째 주장은 '정교분리' 론과 거의 중복되며, 두 번째 주장은 전쟁 책임을 근거로 하는 평화국가의 구상으로 이해된다. 그리스도의 교회로서 특히 고유의 시점을 제시하는 것이 세 번째 요점이다. 그것을 여기서 조금 구체적으로 상술한다.

야스쿠니 신사를 현재의 헌법체재 안에서 국영화 하려고 한다면 야스쿠니 신사 그 사체가 종교적 시설이 아니라는 사실을 증명해야 한다. 따라시 추진파는 신사의 각종 행사로부터 종교성을 제거하려고 시도하였고, 전몰자의 위령은 특정 교리 또는 신앙 조항과 관계없는 것이기에 종교가 아니라고 주장하여 왔지만 결국은 성공하지 못하였다.

무엇보다도 죽은 자의 영혼을 위로한다는 그 자체가 씻어낼 수 없는 종교적 성질을 가진다. 죽은 자의 영혼이 존재하는가? 하지 않는가? 하는 종교적 신념에 의하지 않고는 확인할 방도가 없다. 또한 죽은 자의 영이 살아있는 사람의 손에 의해서 위로받는다는 생각 자체도 종교적 신념 이외에 아무것도 아니다.

신도에서는 전사나 재해 등에 의해서 변사자의 영혼이 영계를 방황하고 있으며, 그것이 원한의 영이 되어 숭배된다고 생각한다. 그러한 영들을 불러서 그들이 안도할 수 있도록 종교적 영적 질서를 세우고자 하는 것이 야스쿠니의 사상이다. 그리고 야스쿠니 국영화의 추진자들이 천황의 공식 참배를 그토록 원하는 것도 신도의 최고제사장인 천황이 야스쿠니의 신들을 배례하는 것으로써, 방황하는 신령이 최종적으로 평화를 얻는다고 믿기 때문이다.

이처럼 명확하게 종교성을 가진 신사를 비종교적인 것으로 인정하는 국가가 그것을 또한 호지하는 것은 국가로서 넘어선 안 될 영역에 발을 내딛는 중대한 월권행위이다.

더욱이 또한 야스쿠니 신사가 가지는 종교성이 그의 고유 가치를 국가나 천황에 의해서 좌우하려고 하는 점에서 중대한 실수를 범하고 있다. 환언하자면, 인간의 죽음의 의미부여를 국가가 하려는 과오이다. 야스쿠니 신사는 전쟁에 연관된 죽은 자들 가운데, "영령"으로서 합사된 자들만 선별한다. 동일하게 전쟁에서 희생을 당하고서도 원폭이나 전쟁 재해에 의하여 죽은 자들은 포함되지 않는다. 문자 그대로 천황의 군대에 속하여 명예로운 죽음을 완수한 자들만이 선택받는 것이다.

그러나 본래 인간의 죽음은 그 인생 전체의 의미를 규정하고 고유한 인격적이며 실존적인 것이 아닌가? 그 의미 부여는 어떠한 다른 사람에게도 양도되어서는 안 되는 가장 엄숙한 행위이다. 야스쿠니 신사법안에 의하면 지금까지 합사된 '사이진' (祭神: 신사에 합사된 신)과는 별도로 '내각총리대신이 결정하는' 새로운 '영령'이 예상되는 것이다.

다시 말해서 일개 나라의 공무원이 누구를 신으로, 누구를 신이 아닌 것으로 '결정'하는 것이다. 이것이 "절대적 권능 특히 양심과 사상을 마음대로 통제할 수 있는 권능"(『개혁파 30주년 기념선언』3/3)이 아니고 무엇인가? 야스쿠니 신사의 국영화는 이러한 의미에서 국가가 종교적 권위자가 되어 신의 주권성에 도전하는 것이며, 동시에 국민의 기본적 인권에 대한 도전이기도 하다.

기본적 인권이라는 것은 결코 추상적인 이념이 아니다. 그것은 자신의 인생에 관한 가치와 의미 부여를 각 개인이 원하는 방식에 따라서 획득하여갈 수 있는 권리이다. 인간으로서 살아가는 것을 나라나 그 외 어떤 지상적 권위로부터 방해받지 않고 스스로 결정하며 선택하는 권리이다. 야스쿠니 사상은 우리들이 존중해야 할 유신론적 인생관의 자유롭고 순수한 전개를 저지하는 것이다.

3) 상징적 천황제가 가지는 문제

'천황제'라는 말은 본래 마르크스주의자들이 메이지 헌법하의 정치, 경제, 군사의 전체를 포함하는 국가 구조를 지칭하여 사용한 것이 그 시작이다. 그러한 본래적인 의미가운데는 오늘날 '천황제'로 불릴 수 있는 제도는 존재하지 않는다. 현행 헌법에서 천황은 '일본국의 상징'이며, 동시에 '일본국민통합의 상징'으로 규정되고 있다. 전쟁전의 구 헌법이 "천황은 신성하며 침범하여서는 안 되는" 신성불가침의 최고 권력자로 규정한 깃과 비교한다면 현저한 변화이다.

그렇다면 전후의 상징적 천황제는 이제 아무런 문제가 없는 무해한 존재가 되었는가 라고 말한다면 결코 그렇지 않다. 1975년 9월에 천황은 처음으로 외국인 기자 단독 인터뷰에 응하여서, 그 가운데 "나의 전전과 전후의 역할에 관하여, 나는 정신적으로는 그 어떤 변화도 없다고 생각한다. 나는 언제나 헌법을 엄격히 지키고자 행동하여 왔다"고 말한다. 즉, 천황으로 자기 의식에 일절 변경이 없었다는 것이다. 그후에 천황의 인간선언조차도, 천황 자신가운데는 그렇게 중요한 것이 아니었다는 뜻의 발언도 하였다.

패전을 경계로 천황의 역할이 변하지 않는 것이 아니라, 그의 정치적 위치와 역할은 격변하였다. 변화하지 않는 것이 하나 있다. 그것은 천황의 종교적 역할이다. 1975년 궁중의 우따카이이하지메(歌會始)에서 천황은 "우리 정원의 궁거에서 섬기는 신들에게 세상의 평화를 기원하는 매일 아침"이라고 시가를 지었다. 세계의 평화를 기원하는 국가의 사제로서, 극히 종교적인 자각된 표현이다.

천황이 황위로 즉위하는 "다이죠우사이"(大嘗祭)라는 큰 제사를 행한다. 그것은 새로운 천황이 역대 천황의 영을 받아 소유한 존재로서 신격화되는 의식으로, 여기에 천황의 종교적 권위의 원천이 있다. 이렇게 하여 현재의 천황도, 아마테라스(천조대신) 이후 황조신이나 천황들의 영을 몸에 지닌 종교적 위력을 가진 존재인 것이다. 그리고 매년 거듭되는 새로운 다이

죠우사이에서, 천황은 매년마다 그 종교적 위력, 즉 신적 영을 가지는 '현인신'으로서 활력을 갱신하고 회복하여 간다고 믿는 것이다.

또한 궁안에는 지금도 헤아릴 수 없는 많은 제사를 행하지만 그 경우 천황이 그것을 사사로이 생각하지 않는다는 것이다. 오히려 이 나라의 제사적 왕으로서 종교적 권위를 자각하면서 제사를 집행하는 것임에 틀림이 없는 사실이다. 이러한 "제사하는" 사람, "제사를 받는" 신으로서의 양 측면이 전후에도 천황에 온존되어 있다는 것, 이것이 지금 천황제를 둘러싼 가장 곤란하고 깊은 문제점이라고 말해야 할 것이다.

여기서 우리는 그리스도인으로서 천황의 종교적 권위에 대하여 어떤 이해와 태도를 가져야 하는가가 문제된다.

첫째로 생각하고자 하는 것은 일본인들이 가지는 종교적 신앙의 자세로서 '믿는 척하는' 모습이다. 외국인이 일본인을 평할 때 일본인들은 전체적으로 종교적 감수성이 풍부하고, 그 생활에서 구석구석까지 종교적 영향이 스며있다고 말한다. 이러한 평가에 대하여 일본인 본인들은 종교로부터 어떤 중대한 정신적 영향을 받고 있다는 자각이 극히 빈곤한 것으로 느낀다.

수상이나 재판관이나 공무원들이 어떤 종교적 신념을 가지고 있는가를 진지하게 문제시하는 자들은 거의 없다. 예를 들면, 인도네시아에서는 정부가 각료를 선출할 때에 회교도와 기독교도의 인구 비율을 고려한다고 한다. 좋든 싫든, 그것은 종교가 사람들의 생활속에 구체적으로 직접적인 영향력을 가진다는 증거이다.

일본인의 종교적 신앙은 믿는 것도 아니고, 믿지 않는 것도 아닌 '믿는 척하는' 것일 뿐이다. 그리고 믿는 척하는 이러한 종교성이 천황의 종교적 권위를 온존하게 하는 하나의 기반이 되어 있다고 생각한다. 패전 후, 천황이 인간선언을 하였을 때 마음으로 충격을 받은 일본인은 얼마나 될까? "보쿠라와 쇼코쿠민"(우리는 小國民: 역자 주- 전시하 어린이들의 동요)은 그렇다고 하더라도, 어른들은 천황이 현인신이라는 교육과 선전에 '믿는 척' 하고 있었던 것에 불과하였던 것이다. 따라서 천황의 인간선언에 놀라지 않았던 것이다. 그러나 그것과 함께 인간선언을 한 천황을 어떻게 생가할 것인가라는 문제도 그냥 지나가 버린 것이다.

지금 또 다시 천황의 종교적 권위를 내세우고자 하는 이때에, 많은 국민은 또한 그것을 '믿는 척' 할 것이 아닌가가 두려운 것이다. '믿는 척' 하는 자체는 누구에게도 누를 끼치지 않지만, 그것이 위정자에게 이용될 때, 나라의 내외에 중대한 희생을 요구하게 되는 결과가 된 것이다.

우리의 신앙고백은 믿는 척하는 것이 아니다. 주 예수 그리스도 한 분만이 하나님이시며, 우리 예배와 봉사를 받아주시는 분이시다. 우리는 먼저 각자가 신앙고백의 진지함을 스스로 분명하게 밝힘으로써 '믿는 척하는' 종교성을 극복하고자 한다. 그러한 의미에서 천황제의 문제는 그리스도인의 신앙 고백적 투쟁이다.

둘째로, 천황의 종교적 권위가 아마도 "오모이 이레"(마음 깊게 담아 놓는 것)의 종교성에 근거한다는 점이다.

궁내청의 어떤 신문기자가 "천황은 국민이 공통적으로 알고 있는 지인(知人)"이라고 표현하였다. 어느 국민도 그들의 마음 한 구석에 의식하는 '지인'이라는 의미일 것이다. 여기에 "오모이 이레"의 종교성이라는 국민적 기반이 있다.

일본의 종교가 가지는 본질 중의 하나는 사람이 사람을 만남으로써 구원과 깨달음이 온다는 세계이다. 불교철학자 스스키다이세츠(鈴木大拙)의 『일본적 영성』이라는 책이 있다. 그것에 의하면 일본의 불교, 예를 들자면 정토종(淨土宗)은 그 중요한 본질에서 순수타력의 철저에 존재한다고 한다.

그러나 그 타력의 진의는 스즈키에 의하면 "자기가 자기의 주인공이 되는 것"이다. 정토에 왕생(往生)한다는 객관적인 구원이 있느냐 없느냐는 문제가 아니라, 어디까지나 '깨달음'이 목적이며, 정토왕생(淨土往生)은 그 수단에 지나지 않는다.

이 "일본적 영성"의 특징은 첫째로 구원의 내면화와 주관화, 둘째로 구원자는 진정한 의미에서 초월적인 타자가 아니라 사람 그 자체에 있다는 것, 셋째로 종교의 현세적 성격이다. 여기에 일본 종교의 공통분모, 또는 최대공약수가 나타난다.

천황을 보자면 의지할 수 없는 노인이라는 사실도 이 종교성을 방해하는 문제가 되지 못한다. 오히려 이러한 인간 천황에 대하여 민중들은 여러 "오모이 이레"의 생각을 가지는 것이다. 코다마 타까야(兒玉隆也)라는 저널리스트가 많은 사람들에게 "당신은 천황을 보았는가"라고 물은 기록이 있다(『당신은 천황을 보았는가』). 천황제의 일상적 측면, 특히 "오모이 이레"의 구조를 이렇게 분명하게 묘사한 기록은 없을 것이다.

> 인간으로서의 천황을 만나고, 아주 따뜻한 사람이라는 것을 알았을 때 "나는 이 사람을 위해서 싸운다. 이것으로 만족한다"고 마음깊이 절실히 느꼈습니다(『당신은 천황을 보았는가』, 28).

> 살아 있는 몸으로서의 천황과의 만남은 충격이었습니다. 차창 깊숙한 곳의 천황은 아주 분명한 인간이었습니다. 나는 그때까지 가지고 있었던 천황에 대한 강한 의욕이 풍선이 오그라드는 것처럼 급속하게 수축되어 가는 것을 알았습니다. 마음가운데 답답하고 개운하지 않았던 것이 사라져 가는 것을 몸으로 느끼지 못하는 복잡한 마음으로 바라보았습니다. "저 사람도 힘들겠구나"하고 느꼈습니다(『당신은 천황을 보았는가』, 29).

천황이 두 계단 정도의 차이가 있는 단상에 올라가자 걸음새가 위험하다는 것을 느꼈습니다. 각하도 나이를 드셨다고 절실히 느꼈습니다. 지나온 과거를 돌아보면 동시대를 살았던 인간으로서 각하는 그렇게 건강하지 못한 몸으로 여기까지 건강을 유지하셨습니다. 이것으로 "정말 일본이 살았구나" 솔직히 느꼈습니다(『당신은 천황을 보았는가』, 57).

여기에 인용한 것은 천황에 대한 "상위"의 "오모이 이레"이다. 그러나 다음과 같이 말하기도 하였다.

각하가 한참 청춘이었던 때, 당신의 이름을 위하여 죽었던 인간에 대하여, 당신은 마음으로부터 인간의 말을 들려주었던 적이 있었습니다. … 각하 부탁하옵는데, 당신의 마음 깊은 곳을 들려주십시오. 그것을 듣는다면 모든 것을 잊어버릴 수 있겠습니다(『당신은 천황을 보았는가』, 217).

이것은 사랑하는 부모를 원폭으로 잃어버린 부인의 말이다. 여기서는 천황에 대한 원한을 털어놓는 '마음의 짐'의 '오모이 이레'가 보인다.

한편 '과거를 돌아보면' 또는 '함께 고생하여 온 사람', '이 사람의 은덕으로 살았다', '이 사람도 힘들겠구나' 라는 공감대가 보이기도 하며, 다른 한편으로는 마음 구석에 천황에 대한 악한 모습의 우치(고통스러울 정도의 부끄러움, 매우 어리석고 못남)를 보이는, 즉 인생의 '모든 것'에 결말을 짓고자 하는 심정이 있다. 이 '상위'와 '짐'의 '오모이 이레' 둘 중에 어느 것이든 포괄적인 의미에서 천황에 대한 상징적인 지위를 부동의 것으로 만들고 있는 것이다.

여하튼 인간 천황은 사람들로부터 여러 다양한 '오모이 이레'를 흡수함으로써, 인간을 넘어선 존재를 획득한다. 이것을 '오모이 이레' 종교성이라고 부르고 싶다. 신년에 행하는 황궁의 일반참하(一般參賀)는 이러한 오모이 이레 종교성의 대대적인 세레모니의 하나로 간주될 수 있다.

이 종교성은 유사적이며, 동시에 터무니없는 작위적이다. 이러한 것에 대하여 우리는 무엇보다도 먼저 기독교 유일신론의 확립이라는 개혁파 교회 본래의 과제에 전념해야 할 것이다. 천황이 인간이면서 인간을 넘어선 존재로 거대화하여 갈 때에 그 거짓 종교성을 바르게 간파하고, 이것을 비신화화하는 작업이 요구된다. 이 작업은 무엇보다도 신학적이 되어야 한다.

이것을 위해서 필요한 것은 천황이라는 존재에 관하여, 어떠한 오모이 이레도 가지지 않는, 행하지 않는 영적 종교적 자율성을 스스로 가지는 것이다. 그것은 신중하게 믿어 고백하고 열심히 배워서 봉사하는 신앙생활에 의해서만이 가능하다. 작가 모리사키 카즈에(森崎和江)는 천황제를 '민중의 일상생활 위에 놓인 질서감각' 이라고(비판적 문맥가운데서) 말한다. 심리적인 평균 감각이라는 측면에서 천황제가 필요한 이상, 상징 천황은 더욱더 일본인의 정신생활에 힘을 휘두르게 될 것이다.

구속주 그리스도를 영혼의 깊은 곳에서 바라보자면, 질서감각의 지주로서 천황이 필요한지 어떤지 그 해답은 명확해진다. 헌법상, 제도상의 문제로서의 천황제를 어떻게 생각해야 하는가는 국민적이며 정치적인 과제이지만, 신앙인의 내면생활의 통치자로서 천황이라는 상징적인 존재에 조금의 여유라도 주느냐 어떠냐 하는 것은 다름 아닌 신앙 그 자체의 과제이다. 그것은 예수 그리스도를 고백하는 신앙의 철저함과 기독교 유신론을 모든 생활 영역에서 표명하기 위하여, 특히 교회적인 성격을 가진 투쟁이라고 말하지 않을 수 없다.

〈보론 2〉

일본기독개혁파 교회창립의 의미와 위치

기독교 역사 연구의 대가였던 이시하라 켄(石原謙) 박사는 『일본기독교사론』이라는 귀중한 논고를 남겼다. 이 책에서 그는 전후에 일어난 일본기독교단으로부터 각 교파가 이탈하여 가는 것에 관하여 다음과 같이 말하였다. "(교단으로부터의) 이탈은 어떤 이유에서도 슬퍼해야 할 패퇴라고 말하지 않으면 안 될 것이다." 왜냐하면 "교단에 가담함으로써 타 교파를 알게 되고, 그들과 교제하며 협력하여, 상호의 이해와 사랑에 의한 보다 높은 일치에 도달한다. 그 가운데서 각 교파의 대립은 극복되고, 기독교회의 기독교적 결합이 달성" 되기 때문이다(『저작집』 제10권, 347-349).

'기독교회의 기독교적 연합' 을 다르게 표현하자면 기독교의 '공동성' (보편성)이라고 말해도 좋을 것이다. 그러나 1960년대 말부터 70년대에 걸쳐서 '일본기독교단' 은 그 교회성을 심하게 왜곡하였다. 이시하라가 예측하고 기대하였던 "상호의 이해와 사랑에 의한 보다 높은 일치에 도달" 한다는 목표로부터 아주 거리가 먼 현실로 전락되고 말았던 것이다. 그리고 이시하라 본인도 만년에는 '일본기독교단' 에 대하여 실망을 감출 수가 없었다.

이처럼 '일본기독교단' 이라는 합동교단을 수호하는 것이 교회의 공동성에 근접하는 정도(正道)라고 생각하는 것이 현실적으로 파정되었고, 또한 그것이 이론적인 비전이라 할지라도 우리는 그것을 취하지 않는다. 그러나 우리에게 교회의 공동성이라는 문제는 여전히 남는다. 다시 말해서 일본의 그리스도 교회는 교단을 만들었고 또한 그것을 지켜왔다는 점에서 보자면 교회 공동성을 견실하게 하는 것에 실패하였다.

그렇다면 이 교단에서 이탈하여 다른 교파나 교회를 만드는 것이 정말 "거룩한 공교회를 믿사오며"라는 신앙고백인가, 또한 그것과 어떠한 관계에 서 있는가 라는 문제는 그럼에도 불구하고 여전히 남는 것이다. 개혁파 교회의 창립이 이 고백에 대하여 어떠한 자리매김을 가지며, 어떠한 거리가 놓여있는지를 명확하게 해두어야 할 책임이 남아있는 것이다.

따라서 '개혁파 창립의 의미와 위치' 라는 표제로 일본에서의 기독교 역사가운데서의 의미와 위치를 묻고자 하지만, 그것은 "거룩한 공교회"의 현실에 대하여 어떤 한 의미와 위치를 가지는가 라는 또 하나의 문제와 무관한 것이 아니다. 이 보편적인 신앙고백으로부터 다가오는 문제제기를 염두에 두면서, 우리의 개별적인 교회역사 문맥을 더듬어 보아야 할 것이다.

일본에서 '개혁파교회' 의 창립에는 전쟁 전부터 시작된 오랜 시간에 걸친 신학운동이라는 전(前) 역사가 있다. 물론 그 신학운동 그 자체는 어디까지나 구 닛키(전쟁 전에 존재하였던 일본기독교회를 말함) 내부에서 일어난 하나의 운동으로, 새로운 교파 형성이라는 성격을 가지지 않았다. 개혁파교회 창립자들이 전쟁 후에 거듭 주장하여 온 것은 만약 교회합동이라는 사건에 의해서 '일본기독교회' 가 그 전통을 상실하는 일이 없었다고 한다면 개혁파교회를 창립하지 않았다는 것이다. 즉, 신학운동 그 자체로서 신교파 창립의 충분조건이 될 수 없었다는 것이다.

그럼에도 불구하고, 신학운동으로부터 새교파 창립이라는 상황적 흐름을 이해하지 못하고서는 개혁파교회의 성립을 이해할 수 없다는 것도 의문의 여지가 없는 것이다. 여기서 우리가 생각하지 않을 수 없는 것은 당초 순수한 신학운동으로 일어난 운동이 결국은 개혁파 창립이라는 준비운동의 의의를 가지게 된 역사적 상황이 존재하였다는 것이다.

여기서 첫째로 그러한 기본적 상황과 조건, 다시 말해서 신학운동을 신교파 창립의 준비운동으로 내몰고 가게된 역사적 조건으로서 1930년대의 닛키의 신학상황을 고찰하는 것이다. 두 번째로 전후 교단이탈이라는 것이 실제적으로 어떠한 측면을 가지고 있었는가, 또한 이 이탈을 촉진시킨 주요한 요인들을 보는 것이다. 그리고 마지막으로 개혁파교회 창립이 일본 기독교회사의 문맥가운데서 어떠한 의의를 담당하였는가 하는 것을 묻는 것이다.

1. 1930년대의 일본기독교회
(개혁파 신학운동의 상황)

일본기독교회(이하 닛키, 또는 필요에 따라서 '구(旧) 닛키')는 메이지 말기부터 타이쇼우(大正)에 걸쳐서 순조롭게 교세를 확대하여 교회중심주의라는 기본적인 노선을 궤도에 올릴 수 있었다. 그러한 교회의 안정과 성장을 배경으로 타이쇼우 말기부터 쇼와 초년에 걸쳐서 타카쿠라 토쿠타로(高倉德太郎) 신학이 일단 닛키의 신학적 주류를 형성하였다. 우에무라 마사히사가 없는 닛키는 그때까지 유지하였던 골격을 상실하였지만, 교회중심주의라는 외면상의 모습을 지켰다는 의미에서 그 교회적 구조에 동요함이 없었다고 할 수 있다.

그러나 1930년대에 들어서면서, 첫 세대의 지도자들이 차례로 세상을 떠나면서 다음 세대의 강력한 지도자를 바랬지만 나타나지 않았다. 타카쿠라 신학도 이른바 "미정형 교회론"이라는 비판을 받은 것처럼(쿠마노, 熊

野義孝), 닛키의 교회적 현실을 형평성 있게 이해하고 비판하여 교회형성의 지도력을 발휘하는 형태로서 영위되었다고 볼 수 없다. 오히려 타카쿠라의 제자들은 닛키의 안정성을 날카롭게 흔드는 사건을 일으켰고, 타카쿠라 자신은 신학적으로 미성숙한 채로 불운한 최후를 맞이하였다.

그후에 나타난 것은 닛키라는 교파가 지금까지 한 번도 경험하지 못하였던 새로운 신학적 세대의 대두이다. 주류로서 쿠와타, 쿠마노 등의 일본 신학교의 소장파 교수들과 타카쿠라의 유력한 제자들을 들 수 있다. 개혁파 신학운동에는 이러한 세대가 포함되는 것이다. 이러한 젊은 세대 전체를 통솔하는 이념은 이 교회 안에 존재하지 않았다. 다시 말하자면 닛키의 간이신조는 각 개인, 각 교파의 신학적 영위에 고삐를 부과하지 않는다는 모습으로 나타난 것이었다. 이러한 전제는 1930년대에 교회의 활력을 가져다주는 작용을 상실하게 하고, 오히려 교회적 일치 그 자체를 위협하는 요인이 되게 된다.

닛키의 교회중심주의를 가장 잘 대표할 수 있는 한 사람으로서, 코우치(高知)교회의 타다히로시(多田素) 목사를 들 수 있을 것이다. 훌륭한 교회 정치가 타다 목사의 눈에도 닛키의 교회적 불일치, 환언하자면 장로주의의 공동화는 현저한 현상으로서 나타난 것이다. 타다의 「목회백화」가 1930년대 중반에 「복음신보」에 게재되는데 그곳에서 그는 계속적으로 닛키가 이제 교회로서 공동적 비전을 가질 수 없게 되었다고 한탄하였다.

같은 교회 안에 존재하고, 동일한 신조를 가졌지만, 그럼에도 불구하고 신앙의 색채가 극히 보수적이기도 하고, 또는 진보적 자유주의이기도 한, 이른바 현대주의, 근본주의, 그러한 경향이 착종되어 자칫 잘못하면 비기독교적이고 보기 흉한 종교근성에 의한 당파가 생겨나 남을 배척하고, 또는 통제의 무질서가 생겨나며, 또한 관용의 아량이 퇴색되며, 보기 흉한 논쟁만이 생겨난다고 말하지 아니 할 수 없다(「복음신보」, 1935년 5월 2일).

닛키는 무엇보다도 신학을 중시하는 기풍을 계승하는 교회이다. 따라서 신학적인 불일치는 곧 바로 교회정치나 전도방책, 신앙생활이라는 구체적인 영역에도 영향을 미치는 것이다. 신학적 입장의 분산이 닛키의 노선을 불안정하게 하였다는 것은 닛키의 본질을 잘 보여주는 현상이기도 하다. 그러나 1930년대, 이 교회가 가졌던 문제는 신학직 파빌의 난립에 그치지 않았다.

또 하나의 문제는 신학적인 숙련과 집중이라는 방향이 강하여지는 것에 대한 반발, 즉 닛키가 신학적인 교회가 되어가는 것에 대한 불만과 회의도 일어났던 것이다. 이른바 '신학' 과 '반신학' 이 날카롭게 대립한 것도 이 시대의 신학적 상황이 가졌던 진정한 심각성이었다고 볼 수 있다.

신학적으로 집중된 방향은 변증법 신학이었다. 특히 바르트 신학의 소개와 비판은 이 시기에 상당한 수준에 달하였다. 닛키의 신학적 주류를 형성한 학자들에게 미친 영향은 결정적이었다. 예를 들자면 쿠와타 히데노부(桑田秀延)는 변증법 신학과의 만남을 다음과 같이 말한다.

나는 이 점이 참으로 맞으며 그렇다고, 자신의 신학적 영위와 입장과의 관계속에서 절실히 느꼈다. 나의 신학적 사상가운데 여전히 여러 형태로 잔존하는 자유주의적인 기독교를 불식시키고 복음적 기독교로 새롭게 거듭나지 않으면 안 된다고 느꼈다. 나도 변증법 신학자들을 따라서 성경의 그리스도 신앙으로 돌아가고자 결의하였다. 이러한 결의가 나의 마음에서 일어나고, 종래의 나의 생각과 신앙의 불철저를 강하게 짚고 넘어가고자 한다. 나는 쇼와 8년 어느 날 일본신학교에서 예배 시간에 학생과 동료들 앞에서 최근 나의 마음에 일어난 변화를 있는 그대로 말하였고, 하나님 앞에 하나님께 불신의 죄를 회개하고, 그리스도의 십자가 은혜에 의해서만이 사람이 구원받고, 내가 구원을 받을 수 있다는 것을 믿는다고 모든 사람들 앞에서 고백하였다 (『신학과 함께 50년』 전권, 5권에 수록).

이처럼 바르트로 대표되는 변증법 신학은 닛키의 대표적 신학자들에게 학적인 입장의 전환을 요구하는 것으로 다가왔을 뿐만 아니라 개인적인 '회심'을 가져다주기까지 하였다. 쿠마노 박사는 이러한 것을 통하여 일본의 교회가 변증법 신학을 수용하게 된 것을 일본 교회가 성숙한 현상이며, 따라서 일본 교회의 주체성에 뿌리를 둔 것으로 평가한다(『변증법적 신학 개론』 전권 11권에 수록).

이 평가에 약간의 의문이 남지만 변증법 신학이 ① 신학을 하나님의 말씀 신학으로 가르쳤다는 것, ② 교회와 신앙고백의 관계를 제시한 것, ③ 복음과 문화, 종말론과 윤리, 교회와 국가 라는 문제를 처음으로 본격적으로 일본 교회가 생각할 수 있도록 실마리를 제공했다는 것에서 그 공헌은 아주 큰 것이라고 말해야 할 것이다.

그러나 바르트 신학 또는 변증법 신학이 닛키의 신학적 영위 전체를 지도하는 지위를 안정적으로 확립하였는가라고 물어본다면, 그렇지 못하다. 예를 들자면 바르트 신학에 대하여 강한 비판으로서 반틸의 바르트 비판이 1937년 「복음신보」(3월 11일)에 게재되었다. 번역자는 스기야마(杉山豊胤) 목사이다.

> 바르트의 계시에 관한 행동적 관념은 성경의 정통적 견해를 불가능한 것으로 만든다. 프로테스탄트는 성경의 권위, 필연성, 명백성, 충족성에 관하여 말한다. 바르트는 프로테스탄트적 의미의 용어 하나를 주장하는가? 우리는 이것을 인정하지 않는다.

이처럼 바르트 신학을 복음주의로도, 또한 정통주의로도 인정하지 않는 신랄한 부정도 이 시대에 있었다. 또한 변증법 신학이 일본 교회에서 안정한 지도력을 발휘할 수 없었던 또 하나의 원인은 유럽에서 변증법 신학의 내부 논쟁이 거의 시간적 거리감도 없이 바로 수입되었다는 것이다. 특히 독일에서의 고가르텐에 의한 바르트 비판이 일본 교회의 역사적 상황과 겹치면서 상당히 정확하게 전달되었다. 그것이 일본 변증법 신학진영에도, 미묘하게 무시하기 어려울 정도의 균열을 발생시켰다.

다른 한편으로 일본에서의 '반신학' 운동의 경향은 크게 세 가지로 구분된다.
① 교회합동 운동에 대한 열심
② 사실주의적 전도
③ 일본적 기독교
이러한 것을 상술할 만한 여유는 없지만 세 번째의 '일본적 기독교'에 관하여 약간 언급하지 않을 수 없다. 왜냐하면 그러한 노선으로 일본의 여러 교파가 급격하게 해체되고 재통합되어, 교단 성립을 가능하게 하는 신학적 견인력이 되었기 때문이다.

사토우 토시오(佐藤敏夫)는 일본적 기독교를 세 가지 유형으로 나눈다. 첫째는 일본고래의 종교사상과 기독교 신론의 절충으로 이 경우에는 유신론 그 자체의 왜곡이 생겨난다. 둘째는 기독교의 기본적 교리를 그대로 유지하자면 국민주의와 그 군사적 요청에 굴복하는 형태이다. 세 번째는 기독교는 본래부터 여러 각양 형태로 나타났다고 주장하면서, 예를 들어 헬라형, 라틴형, 앵글로색슨형 등이 존재하는 것처럼, 일본형도 존재한다고 주장하는 것이다. 다시 말해서 테오로기아 게르마니아가 있는 것처럼 테오로기아 쟈포니아를 조형하고자 하는 것이며, 종교로서의 기독교의 다양화, 상대화를 바라보는 시도로 이해하는 것이다.

세 가지의 유형가운데 첫째와 셋째는 닛키 내부에 그렇게 유포되지 않았다. 그러나 제2의 유형은 닛키 신앙 그 자체를 상당히 설득한 것으로 보인다. 이 설득이 성공하지 못했다면 신앙고백을 소유하지 않은 교회합동이 생겨날 수 없었던 것이다. 비야네야스(比屋根安), 후지하라후지오(藤原藤男) 등을 비롯하여, 유력한 사람들이 이 둘째 그룹 유형의 일본적 기독교의 선도자가 되었다. 이러한 자들의 신학에서는 본래적 의미에서의 신학이 그 명맥을 사실상 잃어버렸다고 해도 과언이 아니다.

사실 이러한 교회는 1930년대 국가와 사회가 만들어낸 많은 문제를 신학적으로 접근하여 그 사항에 깊이 있는 합당한 신학적 해명을 산출하는 것에 실패하였다. 그 결과 일본사회의 행방에 관한 식견을 잃어버리고, 시대인식의 확신도 상실해 버리고 말았다. 다시 말해서 대외적으로는 사회적, 역사적 환경에 대한 그 오리엔테이션을 잃어버리고, 내부적으로는 장로주의적 교회운영의 건전함을 소실한 '당중당' 의 현상을 노출하게 된 것이다. 그것은 교회의 자기동일성을 구성하는 두 가지의 요소를 모두 잃어버린 것을 의미하였다. 이것이 1930년대 닛키의 신학적 색깔이었다.

지금까지 아주 간단하게 닛키의 신학적 상황을 살펴보았다. 정리하자면 ① 구 닛키 내부에 신학적인 제 교파가 이미 나타나고 있었다. ② 더욱이 신학과 반신학이라는 이질적인 방법으로 교회를 분열시키려는 세력이 강하게 대두되었다. ③ 그것은 시대인식에 관한 신학적 시야의 혼란을 의미하였다. ④ 이러한 신학적 자기 동일성에 대한 상실은 닛키가 하나의 교회로서 자신들의 공동적 목표와 비전을 소유하기에 불가능하게 되었다는 것을 의미한다.

물론 이것만으로 개혁파 창립의 조건이라고 하기에는 너무 묘연하다. 그러나 신학운동이 새로운 교파창립으로 다가가지 않을 수 없었던 먼 원인 또는 상황이라는 것은 이러한 정황속에서 이미 제시되었다고 보아도 무방할 것이다. 신학운동가들이 교회정치상의 의도를 가지지 않았다고 하더라도 오히려 그러하였기에 닛키의 문제성을 심도 있게 다루게 되었다고 말할 수 있다.

2. 개혁파 창립의 제 요인

개혁파교회의 창립은 일본기독교단으로부터의 이탈에 의해서 일어났다. 여기에 먼저 개혁파 창립교회가 교단으로부터 이탈하는 실정이 어떠하였는가를 대략적으로 분석할 필요가 있다. 일반적으로 교단으로부터 이탈을 세 가지의 형태로 식별할 수 있다. 다르게 말하자면 교단으로부터 이탈한 교파가 전시하에 교단에 어떠한 형태로 소속하여 있었던가? 크게 세 가지의 타입으로 나타난다.

첫째는 '긴급피난' 형태이다. 다시 말해서 교단에 소속하는 것이 일종의 비를 피하려는 움막적 성격을 띤다고 생각한 것이다. 이러한 교파들에게는, 교단에 들어오는 것 자체가 불합리한 것이었고, 뜻에 맞지 않는 것이었다. 이런 유형의 교회들은 전쟁 전부터 외국 미션과 강한 관계를 가지고, 전후에도 미션과의 관계를 회복을 통하여, 곧바로 이탈의 길로 나간 것이다. 즉, 합동 이전의 교파로 원상 복귀한 것이다.

두 번째 형태는 교단성립 이래로 그 중추적 역할을 담당하여 교단 운영이나 노선의 결정에 영향을 미쳤던 위치에 있으면서도 교회형성의 기본적인 인식에서는 교단과 함께하지 못하는 자들로, 곧 이탈을 감행하였던 교회이다. 전후의 신(新) 닛키가 그 대표적인 예라고 할 수 있다. 침례계의 '신생회'가 신 닛키에 이어서 회파를 요구하면서, 결국에는 회 내부에서 분열을 경험하면서까지 밥테스트 동맹을 결성하게 되는 것도, 이 유형에 포함될 수 있다.

이 두 가지의 타입 사이에 개혁파교회의 자리매김을 하는 것이 타당하다고 생각한다. 종래 역사가들은 개혁파교회도 제1타입인 긴급피난 유형으로 생각하였다. 그러나 개혁파는 전쟁 전의 구 교파를 재건하는 것이 아니었고, 또한 미션과의 관계가 신 교파 창립의 결정적인 요인이 된 것도 아니었다는 의미에서 제1유형과는 구별된다.

또한 개혁파 창립 구성원들의 대부분이 전후에 교단 안에 머물면서 그 것을 개혁하고자 한 것도 아니며, 또한 교단과 교단 제1부(구 닛키 블록) 가운 데, 노선문제에 직접적인 영향을 가져다주는 위치에 있었던 것도 아니었 다. 그러한 의미에서 제2유형도 아니다. 그러나 개혁파의 이탈을 면밀하 게 검토하면 제1, 제2유형에 겹쳐지는 부분도 있다. 공평을 기하기 위하여 그것을 잠시 논하고자 한다.

제1유형과 중복되는 부분은 나다(灘) 교회의 단립 결정에 있다고 보인 다. 교단은 성립 후 1년도 되지 않아 이른바 부제를 해체하도록 결정한다. 즉 합동이전의 구 교파의 신앙과 전통을 가진 제도적인 보증이 없어진 것 이다. 더군다나 교단자체는 여전히 지금도 신앙고백을 가지지 못하는 집 단이 되었다.

이러한 사태가 되었을 때에 오카다 미노루(岡田稔) 목사는 즉시로 교단을 이탈하여 신교파의 결성을 단행하기 위한 동지들을 모았다. 그러나 동조 자들을 얻지 못하였다. 오카다 목사는 부제폐지가 실시된 그 다음날 (1943 년 4월 2일) 나다 교회 총회를 열어서, 교단으로부터 신앙상의 이탈을 결의 하였다. 그것은,

신앙적으로는 하나의 독립교회가 되고, 오로지 국가법제와의 관계면에서 일본기독교단과 관계함.

이라는 것으로 극히 변칙적인 것이었다. 신앙과 교회정치를 분리하려 고 했다는 점에서, 또한 단립교회의 길을 선택하려고 했다는 점에서 장로 주의 교회이념으로부터 상당히 멀어진 것이라고 말하지 않을 수 없다. 그 러한 의미에서 이 단립결의는 전시하 교회의 모습을 집약한 것이라 할 수

있다. 또한 이러한 모순을 짊어진 것에 그 결의가 교회합동, 특히 부제해소에 대한 깊은 항의라는 이유가 있었다고 보인다. 그리고 이 결의는,

> 우리의 바람은 하루라도 빨리, 우리 교회와 동일한 신앙을 고백하는 교회가 나타날 때 그것과 명실공히 하나의 장로교회를 결성하고자 한다.

라고 결론짓는다. 노회설립이 가능한 복수 교회가 나타나기를 기다리는 대기 단계에 들어간 것이다. 따라서 이때부터, 나다 교회를 포함한 개혁파 창립에 관계하는 교단소속의 제 교회는 어떤 의미에서 긴급피난이라는 성격을 가지게 된 것이다.

1945년 11월, 개혁파 대회창립 약 5개월 전에 코오베에서 개혁파교회의 발족을 협의하는 모임이 있었다. 실질적으로는 이 모임이 개혁파교회의 시작이라고 할 수 있을 것이다. 이때에, 오카다 목사는 그 기쁨을 다음과 같이 말한다.

> 나다 교회가 이미 교회로서 개혁파임을 표명하면서, 뜻을 같이하는 교회가 나타나기를 대망하였고, 교단과의 결연의 때를 기도하여 왔는데, 이번에 많은 목사와 교회가 동시에 동의하였을 뿐만 아니라, 종교단체법이 폐지됨으로써 교단과의 분리도 쉽게 되었기 때문에, 꿈만 같으며 기쁘고 감사가 넘쳐납니다(『일본기독개혁파 나다 교회 70년사』, 78).

여기서는 교단으로부터 '이탈'이 아니라 '절연', '분리'로 표현되었다. 종교단체법의 폐지가 마치 자동적으로 개혁파 창립으로 이어졌다고 말할 수 있다. 이처럼 국가와의 법제상의 관계가 신 교파 창립의 유력한 요인이 되었다는 사실은 견해에 따라서는 신앙적 결단의 요소가 결핍된 것으로 이해될 수도 있을 것이다. 그러나 예를 들자면, 오카다 목사만을 보자면 신앙상의 결단적 요소는 이미 전시하의 준비단계에 충분히 나타났다. 그

러한 의미에서 부제폐지 이후의 오카다 목사의 의식에는 특히 긴급피난의 색채가 강하였다고 보아도 될 것이다.

두 번째 유형과 겹쳐지는 예는, 타나까고우지(田中剛二) 목사와 신코우(神港) 교회에 찾아 볼 수 있다. 교단은 신앙고백을 가지지 않은 채로 패전을 맞았다. 1946년 11월 제4회 총회에서 전시하의 이른바 "교의대요"를 잠정적인 신앙고백으로서 채용하였다. 이 총회에서 타나까 목사는 이러한 결의에 아주 강하게 반대하였다.

사실 타나까 목사는 이전에 교단이 신앙고백을 제정하여, 교회로서의 실질을 준비하여 나갈 것이라고 생각하였다. 그 때문에 오카다 목사가 조기 이탈론을 주장하였을 때에 동조하지 않았던 것이다. 다르게 말하자면 교단이 "교의대요"를 편의적으로 채용하려고 하였다는 사실에 그 만큼 실망도 한 것이다. 이 이후 타나까 목사와 신코우 교회는 창립당시의 개혁파 교회보다도 보다 넓은 기반을 가지고 구 닛키 재현을 희망하였다.

신코우 교회는 1948년 4월부터 11월까지 약 반년동안 단립교회가 되었다. 이러한 조치를 그들이 취한 이유에 관하여 다음과 같이 말한다.

만약 조만간에 교단이 개조 또는 개체, 또는 그 어떤 이유에 의해서, 일본기독교회가 재건되는 일이 벌어진다면, 신코우 교회는 이 일본기독교회와 개혁파교회와의 합동이 실현되도록 노력할 것이다. … 신코우 교회와 교단 이탈은 일본에서 하나의 건전한 일본기독교회를 건설하려는 소망 때문에 내딛은 한 발자국이었다(「신코우 교회 80년 사료」).

이러한 신코우 교회의 교단이탈은 사실적으로도, 또한 사상적으로도 구 닛키 재건에 아주 가까운 것으로 일어난 것이다. 교단 가운데 이른바 회파(會派)문제가 표면화되는 것은 1949년경이다. 이것은 교단창립 당시의 '부제' 에 가까운 형태로 돌아가 구 교파의 전통을 각 '부' 로 지켜나갈 수 있도록 하는 것이었다. 그것이 성공하지 못하고, 신 닛키가 창립되는 것이 1951년이다. 회파문제 발생이 1-2년 빠르게 일어났다면, 적어도 관서 지방에서는 여러 정세가 상당히 달랐을 것으로 보인다.

이제 개혁파 창립을 촉진시킨 주요한 요인을 세 가지로 생각하여 보고자 한다.

1) 첫째, 교단이 예상외로 빠르게 부제를 해체하고, 신앙고백을 가지지 않는 완전합동 체제로 이동하였다는 사실이다. 교회합동이라는 그 자체가 닛키 안에 흘러 내려왔던 신앙과 전통의 견지에서 볼 때에 너무나도 무거운 질곡이었고, 결과적으로는 합동에 의해서 닛키는 마치 사분오열 상태가 되었으며 교회합동으로부터 가장 심한 고통을 받은 것이 구 닛키였다고 해도 과언이 아닐 것이다. 그리고 닛키의 신앙이 아주 미약하지마는 그래도 보유되었다고 볼 수 있었던 부제도 닛키자신이 만들어낸 토니타 미쓰루 통리자의 손에 의해서 허무하게 무너지고 만 것이다.

'부제' 가 닛키의 양심적인 사람들에게 얼마나 중요한 것이었는가는 말할 필요가 없을 것이다. 예를 들자면 닛키 제54회 총회에서 교파합동이 건의되었을 때 오카다 목사와 타나까 목사는 수정안을 제출하였다. 그것에 의하면 "교파 합동 의제는 순수하게 교회적 또는 신앙적으로 전진하게 하여, 뜻밖의 재난을 장래에 남기지 않도록 하기 위하여"라는 소망이 일관되고 있다.

이 수정안 자체는 닛키의 다수파를 형성하기에 실패하여 매장되어 버렸지만, 그러한 사태를 통하여 닛키의 양식이 소원하고 있었던 것이 무엇이었는가를 읽기에 충분하다. 다시 말해서 무원칙적인 교회합동에 의해서 신학과 신앙고백에 대한 무관심이 지배적이 되어 가는 현실에 대한 강한 위구와, 또한 상당히 광범위하게 공유되고 있었던 것이 무엇인지 알 수 있다.

또 하나의 사례는 친제이(鎭西) 노회의 후지타오사무 목사가 제55회 임시총회석상에서 행한 교회합동에 대한 비판 논의이다(이때 주장되었던 초고는 일본기독교회『福岡城南教會史』, 129). 그 비판에는 '교회에 대한 충성', '닛키의 소멸', '우에무라 목사', '질질 끌려가는 위험성' 등의 단편적인 문자가 남아있을 뿐이지만, 그것을 통하여 말하고자 하였던 것은 닛키의 교회적 동일성이었다는 것은 분명한 사실이다. 그러한 바람에 입각하여 교회합동은 진실로 교회적 사항으로 생각되어야 한다는 기본적인 인식을 제시하면서, 교단의 교회성에 대한 심각한 회의와 닛키 신앙에 대한 경의와 애착이 서로 겹쳐지면서 언급되고 있는 것처럼 보였다.

이러한 사람들에게 있어 '부제'는 구 닛키 전통을 수호할 수 있는 마지막 최후의 보루였던 것은 당연하였다. 그렇다면 만약 부제가 존속하였다고 한다면 구 닛키의 교회성이 온존되었을까? 오카다 목사나 후지타 목사와 같은 명석한 지도자가 '부제'라는 시스템에 용이하게 안착하였다고 생각하기란 쉽지 않다. 교단에는 '통리자'라는 아주 강력한 중앙집권체제가 존재하였다. 그리고 통리자제(統理者制)와 부제(部制)는 사실 처음부터 모순된 것이었고, 교단에 대한 충성을 분열시키는 것이었다고 말할 수 있다.

이렇게 모순된 체제가운데서 조금 왜곡된 장로주의라고 할지라도 그 이념을 고수하려고 하였다면 그 판단의 잘못됨에 고개를 흔들지 않을 수 없다. 여기에서 생겨나는 문제는 만약 '부제'가 존속하였다면 전쟁 후에 신교파 창립이 일어나지 않았을까 하는 문제이다. 나의 견해에 의하면 개혁파는 아마도 교단으로부터 이탈하지 않을 수 없었을 것이라고 생각한다. 신 닛키의 경우에는 소규모의 이탈과 구 닛키 재건이라는 움직임으로 나타났을 것으로 보인다.

그렇다면 부제가 해체된 후에는 어떠하였는가? 구 닛키의 제 교회는 부제가 해체되어 이제야 제도로서 닛키가 더 이상 존재하지 않게 된 후에도 구 닛키의 신앙고백을 견지하여 그 신앙 안에 남아 있었다. 다르게 표현하자면 신앙고백이 교회적 제도와 연관이 없게 되고 더 이상 구속력이 없는 것이 되어 버렸다.

신앙고백은 개인이나 각 개교회의 신앙 기준일 뿐만 아니라, 동일한 교제와 기구 안에서 존재하는 모든 교회의 결합의 표식이 되어야 한다는 것이 구 닛키의 이념이었다. 신앙고백과 이러한 위치를 상실한다는 것은 구 닛키가 반세기동안 추구하여왔던 확신을 포기하는 것을 의미하였다. 이상과 같이 부제와 부제의 해체는 개혁파나 신 닛키의 창립자가 목표로 하였던 교회형성 이념이 배반당하는 결과였다. 다시 말해서, 어느 경우든, 구 닛키의 교회적 자기 동일성이 유지되지 못하였던 것이다.

2) 두 번째 요인은, 닛키의 복음주의가 가지는 애매함에 대하여 개혁파 교회의 창립자들은 이미 일찍이 불만을 가지고 있었다는 사실이다. 오카다 목사는 신 교파 창립으로 나아갈 수밖에 없었던 기본적인 원인을 "구 닛키 내부의 불일치에 대한 불만"이라는 말로서 표현한 적이 있다(「마지와리」, 7권 6호).

또한 토키와 타카오키(常葉隆興) 목사는 당시의 글에서 "우리 교회 교직자들 사이에 정말 신학적 일치가 존재하는가? 어떤 자가 세우고 있는 신앙을 어떤 자는 부수고 있지는 않는가"라고 한탄하였다(「칼빈주의 소논총서」 6호). 이 신학적 불일치는 우에무라 마사히사 이래로 일본 교회가 소유하여왔던 '복음주의'의 무력화, 또한 그 애매함에 기인한다.

교회합동이 논의될 당시 구 닛키 내부에 시종 주고받은 단어는 '복음주의'였다. 결과적으로 보자면 교회합동은 복음주의란 무엇인가를 새롭게 또한 심각하게 재고찰하는 사건이기도 하였다. 여기에 역사의 아이러니가 있다고 보는데 우에무라가 자신의 '복음주의'를 신학적으로 확립한 시기는 복음동맹회에 의한 '20세기 대거전도'가 그 계기였다. 이 복음동맹회가 후일에 일본기독교연맹으로 그 형태를 바꾸어 합동운동의 안내 역할을 감당하게 된다. 이 합동운동가운데 닛키의 복음주의 공동화가 급속도로 진행된 것이다.

우에무라의 복음주의는 타이쇼우 시대의 닛키에 안정과 성장을 가져다 준 하나의 요인이다. 그러나 1930년대에는 신학적인 전문화와 세분화 및 제 교파의 분열이 급속하게 일어나고, 간이신조만을 골격으로 하는 복음주의는 교회의 신학적인 내실을 묘사할 수 있는 효력을 잃어버렸다. 앞에서 말한 대로, 제54회 총회가운데서, 대회상치위원회가 제출한 원안에 있었던 '프로테스탄트'라는 용어를 '프로테스탄트 복음주의'로 수정하여 통과시켰다. 이것은 사실 신학적으로 거의 의미 없는 수정이었다. 말하자면 자유주의를 몰아낼 정도의 효과는 있었는지 모르지만, 당시 닛키의 신학문제 초점은 이미 자유주의가 아니었다. 그러한 의미 없는 수정을 의미 있는 것으로 착각할 정도로 '복음주의'는 거의 유일한 신학적 통화였다.

1903년대 닛키가 가졌던 '복음주의'라는 큰그릇에 대한 그들 각 사람들이 가지고 있었던 내용은 극히 잡다한 것이었다. 또한 그것이 마치 교회의 일치나 신학논의에서 하나의 기준과 같이 취급되었지만, 그러나 '복음주의'의 신학개념으로서 그 유효성을 이제야 가장 믿지 않게 되어버린 자들도 다름 아닌 닛키 본인들이었다고 생각된다. 다시 말해서, 교회합동을 바르게, 즉 신앙고백과 신학에 대한 보다 깊은 관심가운데서 다루기 위한 신앙적 기반이 애매하였던 것이다.

3) 이 두 번째 요인을 적극적으로 환언하자면, 개혁파 신학운동의 평가라는 사항이 관계한다. 이것을 제3 요인으로 보고자 한다.

대략적으로 말하자면 개혁파 신학운동을 담당한 사람들이 지향했던 것은 닛키의 교회성을 신조교회의 방향으로 철저하게 하는 것이었다. 마쯔오 다케시(松尾武) 목사가 「성경과 신앙」 21호(1939년)에 '일본신앙고백의 이해' 라는 논설을 기고하였다. 이 논문의 의의는 첫째로, 닛키 신앙고백의 해석을 웨스트민스터 신앙고백의 교리체게에 의해시 성숙시키고자 하였던 점이다. 두 번째로는 그러한 신앙고백의 해설을 성숙시키는 것이 종교개혁 이해 신조발전의 원칙에 비추어 볼 때에 타당한 방향이라는 점을 분명하게 하였다는 점이다. 이것에 대한 쿠와타 목사의 응답이『전집』4권에 실려있다.

그 다음해(1940년)에는 토키와 목사가 '일본기독교회의 신앙고백에 관하여' 를 기록하였다(「소론총서」 제6호). 그 논지는 마츠오 선생과 거의 동일하다.

우리 일본기독교회가 우여곡절 끝에 오늘날과 같이 신앙고백을 가지게 된 경로를 돌아보면, 그 동안의 선배들이 고심하였던 것에 대하여 감사하며, 하나님께 찬양을 돌려드리는 것입니다. 실제 일본기독교회는 그 초기에서 다윗이 사울 왕의 갑옷을 입는 것처럼 불편하였을 것입니다. 그러나 오늘날의 닛키는 여하튼 이 신조를 가지고 만족할 수 있을 것입니다.

이러한 논설은 신앙고백의 개정을 요구한 것이 아니다. 이 표현은 신중하며 현시점에서 개혁주의 신조의 교리체계에 의해서 닛키의 고백 해석을 충실하게 하려는 제안 그 이상의 것이 아니다. 그러나 신학운동이 단순히 그룹내부의 공부회에 일관하지 않고, 신앙고백의 검토로 그 사정을 늘려가는 것은 아주 건전한 모습이다. 신학이 교회에서 행하여져야 하는 가장 기본적인 봉사의 터로서의 역할을 감당하였다는 점에서 교회형성에 대한 올바른 식견을 가졌다고 말할 수 있다.

개혁파 신학운동의 특색은 조정형, 종합형 신학으로 진행된 것이 아니라 논쟁적이고 변증적이며 더 나아가 교파 형성적인 성격을 띠고 있었다. 다시 말해서 신학 사상적이 아니라 아주 교리적인 경향이었다. 이러한 경향은 전쟁 전후를 통하여 일관성을 가졌다. 예를 들자면 오카다 목사가 「칼빈주의 신학총서」 제1호에 기고한 '무엇인 칼빈주의인가' 라는 소론과 마츠오 목사가 전후에 「개혁파 세계」의 창간호를 집필하면서 '개혁파교회의 신학적 투쟁' 이라는 소론을 비교하여보자면 그 일관성은 명확하다.

신학운동으로부터 신교파 창립이라는 방식은 일본교회사 가운데서 그 예를 찾아 볼 수 없다. 그러나 이 결단이 전후의 혼란기를 배경으로 일어난 생색내기가 아니었다는 것은 지금까지 보아온 신학운동의 집중성과 지속력에 비추어 보아도 의심의 여지가 없다. 그러나 그러한 사건을 일으킴에 있어 주도면밀한 사상적 배려와 신학운동의 축적 없이는 불가능한 것이 있었다. 1945년 11월에 개최된 개혁파교회 발족을 결의하는 코오베 회담을 위해서 오카다 목사가 동료들에게 초대장을 보냈다.

> 모임의 화제는 이상의 것을 구현하려는 목적 아래 각자가 영혼의 참된 자유 안에서 발언하고, 자신의 의사표시와 결정을 행사하는 자유를 보류하면서, 동시에 세계 역사상에서 장로교회, 개혁파교회의 발족에 관한 역사적 연구 및 개혁파 신학의 불변한 원칙의 제 사항에 관한 특색 파악과 우리 목하의 고백에 유의하여야 할 초점의 선명화 등을 조금이라도 미리 준비하여서 모이고자 한다(「일본기독개혁파교회 20년사 자료」, 51페이지).

방점이 붙은 곳이 명확하게 말하듯이 창립자의 시야가 ① 개혁파의 '발족' (원점)을 이해하고, ② '불변한 원칙' 을 참조하여, ③ '우리 목하의 고백' 에 주의를 기울이고자 하는 주도한 전개가 보인다.

일반적으로 '운동' 이라는 용어가 붙는 곳에는 ① 원점복귀, ② 정통주의, ③ 수정주의라는 세 가지의 방향적 분화가 존재한다고 볼 수 있다. 일본의 기독교회사에서도 원점(원전) 복귀형의 무교회주의, 정통주의를 대표하는 닛키, 수정주의형이라 할 수 있는 조합기독교라는 세 가지 유형이 나타난다. 특히 무교회주의와 에비나형의 이탈은 원점으로의 과격한 복귀와 현실에 대한 과격한 적응이라는 양극단에 의해서 생겨났다고 할 수 있다.

이러한 일반적인 사례를 참조하자면 개혁파 창립이 운동으로서 논리를 잘 파악한 안정된 형태속에서 실현된 것이라는 점에 놀라지 않을 수 없다. 원점, 원칙, 현실이라는 세 가지를 수렴하는 논리는 '창립선언' 가운데 견실하게 보게 되지만, 개혁파교회가 밸런스를 가진 형성을 지속하기 위하여서는 오늘날에도 이 세 가지를 음미할 것이 요구되어지는 것은 당연한 것이다.

창립선언에 관하여 부언하자면 이 선언은 개혁파 신학운동의 강령적인 성격을 가진다. 창립선언의 '제1항', '제2항' 이라는 형태로 사항을 구체화시키는 방식을 가졌고, 전후 40년 동안 이 운동 강령으로부터 새로운 과제를 그때그때 발견하여 그것을 보다 구체화하려고 시도해 왔다. 이러한 방식에는 때로는 강력하게, 때로는 어떤 한계가 나타났다. 신학운동으로부터 교회형성이라는 방향을 취하는 것은 피할 수 없는 필연성과 은혜도 있었다고 보이지만, 그곳으로부터 발생하는 문제점을 정확하게 인식하는 것 또한 우리의 과제라고 생각한다.

3. 개혁파 창립의 의의

여기서는 제한된 범위안에서, 개혁파교회의 창립을 일본의 교회사라는 문맥 속에서 자리매김을 하고 그 의미를 생각하고자 한다. 하나의 문제제기 방식으로, 개혁파교회의 창립을 구 닛키의 재현으로 이해해야 하는가 어떤가 하는 것이다. 이 문제에 대하여 '예' 와 '아니요' 라는 두 가지의 답변을 준비할 수 있다.

1) 개혁파 창립선언에 대하여 교단의 타케모리 마사이치(竹森滿佐一) 목사로부터 아주 호된 비판과 주문이 있었다(「복음과 시대」 1949년 5월). 그 주장의 요점은 개혁파는 웨스트민스터 신조를 취함으로써 아주 경직된 신조주의로 빠져버렸다는 것이다. 환언하자면 개혁파교회가 본래적으로 가진 포괄적인 기반에 의한 세계적인 신앙과 신학의 존재방식을 편협하게 잘라버림으로써, 아직도 미숙한 일본의 기독교 환경가운데 이식하려는 것이 정말 적절한 방법인가 라는 문제 제기였다.

이 문제에 대하여 마츠오 목사가 즉시로 「개혁파 세계」에서 날카로운 응답을 발표하였다. 타케모리 목사가 "개혁파 사람들은 개혁파 진영의 내부에서 본가 투쟁을 할 작정인가" 에 대한 문제 제기에 대하여, 마츠오 선생은 "사항은 물론 본가 투쟁이다" 라고 응수하였다.

확실히 개혁파신학운동은 '개혁파' 진영 내부에서 본가 투쟁도 불사하겠다는 자세를 전쟁 전부터 가지고 있었다. 하나의 예를 들자면, 구 닛키 내부에서 칼빈 이해를 둘러싼 주장의 충돌이다. 구 닛키에는 칼빈 이해에 관하여 이미 몇 가지의 조류가 존재하였다. 대략적으로 정리하자면, 타카쿠라로 대표되는 잉글랜드형, 니젤의 번역과 소개로 대표되는 독일형, 그리고 메이첸을 배운 자들로 대표되는 프린스톤의 아메리카형이다.

니젤의 『칼빈신학』은 일찍이 1940년 초에 번역되었다. 이것에 대하여 타나까 목사의 서평을 통하여 특히 번역자의 칼빈 이해를 아주 날카롭게 문제삼았다. 그리고 전후 개혁파가 창립된 후에 번역자의 한 사람이었던 야마나가 타케오(山永武雄)는 개혁파교회를 "교단 외부에 있으면서 개혁교회 이름을 가지는 자는 분파적인 소수자들이다"라고 일방적으로 단정하였다. 이처럼 아주 긴박한 논쟁이 진행되는 가운데 개혁파의 노선과 신학적인 방향의 지시성은 아주 편협하게 내향적으로 치닫게 되었다는 사실을 또한 부정할 수 없다.

여하튼 '사항은 물론 본가 투쟁'이라는 생각은 아주 개혁파적이기는 하지만, 구 닛키적인 것은 아니다. 신학상의 치밀한 본가 투쟁을 교회의 노선결정의 원리로 간주하는 것은 구 닛키의 전통방식에는 없던 것이다. 누구보나도 우에무라 마사히사는 그러한 방식을 싫어하였다. 우에무라에 의하면, 교회의 신앙적 입장은 넓은 것이 좋다는 것이었다.

> 기독교의 요목(要目)에 머물면서 그 세절에 이르지 않고, 교리의 안목(眼目)에 머물면서, 철학적 신학에 출입하는 자에게 잘못은 없다.

이것이 이상적인 것이었다. 우에무라의 언변가운데 "넓게 생각하라, 개요로부터 국부를 관찰하라"가 있다. 이것이 그의 원근법이며 그의 체질 그 자체이다. 구 닛키는 좋든 싫든 이 체질을 수용하였고, 그것을 넘어서지 못하였다. 개혁파 창립 맴버들이 구 닛키의 우에무라적 체질을 어디서 벗어버렸는가 라는 문제는 아주 흥미로운 주제이지만 여기서는 생략하기로 한다. 이상과 같은 의미에서 신학의 방법론으로부터 교회운영의 순서에 이르기까지 모든 레벨에서 개혁파 창립은 구 닛키 전통가운데서는 보이지 않는 새로운 원리와 방침을 가지고 실시되었다. 즉, 개혁파창립은 구 닛키 재건이 아닌 것이다.

2) 그러나 이와 반대의 관찰도 가능하다. 닛키가 그 창설이후에 걸어온 역사를 각도를 조금 다르게 하여 보자면 닛키의 교회성이 철저하게 성숙하게 되어가는 연장선상에 개혁파 창립의 자리를 매김할 수 있다고 보인다.

개혁파 창립은 웨스트민스터 신조를 고백함으로써 성경적인 교회를 가장 순수한 형태로 형성하고자 하는 바람을 실행으로 옮긴 것이다. 이 결단

이 결단코 일본 기독교 역사가운데서 아주 당돌하며, 그 어떤 문맥도 없는 역사상의 변종으로 보아야 하는가? 그렇지 않고, 오히려 이것은 일본기독공회 이래로, 일본의 교회에 제시되어온 과제와 약속에 대한 하나의 성숙으로 이해할 것인가? 우리는 후자의 가능성을 취하고자 한다.

일본기독공회가 채용한 9개조 신앙고백은 신조라고 말하기 어려운 간략한 것으로, 사실 만국복음동맹회는 이것을 신조로서 세우지도 않았다. 그러나 그 항목의 선택과 구조는 분명하게 개혁파형의 신앙고백을 답습하고 있다. 나 자신은 웨스트민스터 신앙고백이 참조된 가능성을 주장하지만, 그것이 확인되지 못한다고 할지라도 제1스위스 신조, 프랑스 신조 등의 구조로 연결되는 전형적인 개혁파형이라고 할 수 있는 신조구성이라고 보인다.

그후 일본기독일치교회가 웨스트민스터 신앙고백과 소요리문답, 하이델베르크 신앙문답, 도르트 신조서를 채용하지만 이러한 것이 냉담한 취급을 받은 이유에 관하여는 우에무라를 인용할 필요조차 없다. 그러나 네 가지의 신조문서가 동일하게 거절된 것은 아니다. 임브리 박사(W. M. Imbrie)는 다음과 같이 말한다.

> 앞의 두 신앙고백은 많이 배우고, 그 가운데 하나의 주해서는 많이 사용되었다. 그러나 웨스트민스터 신앙고백은 지지를 받지 못하였고, 도르트 대회 신앙기준은 거의 이름조차 알지 못하였다(『일본전도사 시초』, 95).

신앙고백은 정착에 실패하였다. 그러나 이 네 신조서는 닛키의 그후의 역사에 큰 영향을 남겼다. 다시 말해서 일치교회시대에 사울왕의 갑옷과 같다고 생각하면서도 정통주의적 복음이해의 기본선을 그럭저럭 학습하였다. 그것이 그후에 간이신조를 채용하였을 때 신앙고백의 해석이 그렇게 자의적이며 불안정한 것이 되지 않도록 바탕을 만든 것이다.

구 닛키의 50년사에 걸쳐서 복음주의를 어쨌거나 안정된 교리의 틀 안에 안착시키는 근원적인 힘은 다름이 아니라 이러한 개혁파 제 신조의 교리체계였다. 더욱이 그후 1890년의 신조개정 때에는 잉글랜드 장로교회의 24개조가 최초로 후보로 거론되있다. 이것은 웨스트민스터 신앙고백에 대한 신뢰할 수 있는 요약으로서, 상당히 넓게 수용되었던 고백문서였다(샤프, 『신조집』 제3권).

이상과 같이 웨스트민스터 신앙고백은 일본 기독교 역사에서 몇 차례 직접 또는 간접으로 그 의미와 역할이 문제가 되어왔다. 공회, 일치교회, 닛키로 이어져 내려오는 역사의 각각의 중요한 국면에서 교회형성의 감추어진 지표로서의 역할을 담당하여 온 것이다.

본래부터 그것은 직접적이며 표면적인 것이 아니었다. 그러나 이것을 일본 교회사로부터 제외시키는 것은 일본교회가 크지는 않을지 몰라도 아주 심각한 손실을 얻게 될 것이다. 일본기독교회의 역사를 보자면 보이면서도 숨겨져 있었던, 결국에야 잠재화되어 있었던 웨스트민스터 신앙고백, 이것을 정면으로 짊어지고자 하였던 결단이 개혁파 창립을 촉진시킨 결정적인 요인이다. 환언하자면 구 닛키의 복음주의를 전향적으로 극복하고, 그 철저화를 시도하는 기획이었다. 그러한 특수하면서도 한정된 의미에서 이것은 마치 하나의 구 닛키 재건이라고 말할 수 있을 것이다.

그러나 또한, 그 의미는 구 닛키 재건인가? 아닌가? 하는 판단으로 끝나는 것이 아닐 것이다. 공평하게 보자면 기독교 역사에서 가장 완비된 신조라고 평가되는 신앙고백을 채용하는 것, 그 공동적 의미야말로 재확인되고 보다 심도 있게 다루어야 할 것이다. "거룩한 공교회와, 성도의 교제를 믿습니다." 이 신앙이 말하고자 하는 것 가운데, 개혁파 창립이 실행되었다는 것을 감사함으로 기억하고자 한다.

〈보론 3〉

개혁파 신학운동이란 무엇인가?

들어가기

일본개혁파교회가 창립된 이래로 40년이 흘렀다. 교회의 전통이나 체질이 배양되기에 충분한 시간이었고, 따라서 이 교회의 역사를 음미하려는 작업을 위한 기본적인 조건도 구비되었다고 보아야 할 것이다. 개혁파교회의 역사적 검토에 관한 연구는 이미 많은 선배들의 귀중한 증언과 함께, 많은 평가가 있어왔다. 그러나 역사적 음미는 각 세대가 자신의 책임과 스스로의 눈을 통하여 행하는 것에 의미가 있다.

개혁파교회의 역사를 음미함에 있어, 이 교회의 체질을 어떻게 파악해야 하는가에 관한 기본적인 관점에서 볼 때 포괄적인 범위 안에서의 합의가 있다고 말해도 과언이 아니다. 이 교회의 형성의 중요한 부분에 대하여, 교회가운데 어떤 심각한 인식적 차이가 있다고는 보지 않는다. 본래 인간의 생각은 일정한 것이 아니기 때문에 세부적으로 서로 상호적으로 구속하기도 하며, 또한 부자유한 것을 핑계로 하는 상태에서는 하나의 교회를 건설하기 위한 공동체적 작업은 불가능하다. 교회가 하나된 목소리를 내는 경우에도, 세부적인 불협화음은 여전히 남기 마련이다.

따라서 역사를 음미함에 있어 그러한 여러 이질적인 것의 존재와 의미를 구분하여 나타내는 것은 소홀히 할 수 없는 작업이다. "거룩한 공회를 믿사오며"라는 신앙고백은 "죄의 용서를 믿사오며"라는 신앙에 의해서 언제나 보강되지 않으면 안 된다. 개혁파교회의 역사기술은 여러 목소리 가운데 통합된 영위를 기술하고, 성숙한 역사이해로서 열매를 맺게 하는 것을 바라보고자 한다.

그러한 희망을 가지면서 본고에서는 1930년대 개혁파 신학운동을 개관하고, 그것이 전시하의 상황가운데서 어떠한 역할을 감당하였고, 전후 신교파 형성에 대한 도움닫기로서 어떠한 의의를 가지는가를 생각하여 보고자 한다.

1. 신학적 환경

1) 1930년의 일본기독교회는 많은 점에서 통합된 하나의 교파로서 인식되기에 곤란함을 느끼고 있었다. 닛키는 일본의 가장 유력한 기독교회이며 신학, 신앙, 세력 그 어느 점에서도 안정된 교회였다. 특히 타이쇼우키, 교회중심주의적 전도와 교회형석의 노선이 결실되면서, 교회로서의 원숙한 시기를 맞이한 것은 창립 50년(1872-1922) 기념 모임의 모습이나, 당사자들의 발언가운데 현저하게 나타난다.

그러나 쇼와에 이르면서 닛키의 제1세대의 지도자들이 서서히 살아지면서, 교파로서의 결집도 또한 노선결정의 곤란 등이 나타났다. 교회정치 분야에서 이 사실은 아주 강하게 나타났고, 제2세대의 초조와 한탄을 전하는 증언들을 일일이 열거할 필요가 없을 정도이다. 이처럼 큰 문제를 적절하게 처리하여 교회로서의 일치를 회복하려는 방책과 제언이 우후죽순 나타나지만 그 어느 것도 교회를 지도하는 역량을 실증하지 못하였다.

2) 그러나 여기서는 문제를 신학적인 것만으로 한정하고자 한다.

1930년대는 닛키로서 "신학적 세대"가 대두된 시대였다. 쿠와다히데노부(桑田秀延1854-1975), 쿠마노요시타카(熊野義孝1899-1981), 그 위로는 타카쿠라 토쿠타로우(高倉德太郎1887-1934), 무라타시로우(村田四郎1887-1972)

개혁파교회 창립에 관계한 사람들로 보자면 토키와 타카오키(常葉隆興, 1871-1977), 쿠와타, 쿠마노와 동 세대이며 조금 늦지만 오카다 미노루(岡田稔, 1902-), 5-6년 늦은 하루나 히사아키(春名壽章, 1907-1960), 마츠오 타케시(松尾武, 1908-1967)이다.

일본의 신학과 신학교육계를 전쟁중과 전후에 걸쳐서 리드한 쿠와타와 쿠마노를 비롯하여 타카쿠라 토쿠타로우 문하의 소장 목사들(아사노, 코시오, 아카이와), 바르트 신학의 선구적인 이해자로서의 하시모토 카가미(橋本鑑), 마쯔오 타스케(松尾相), 칼빈 연구의 야마나카 타케오 등, 이들 모두는 거의 동시대에 활동한 자들이다.

3) 이 세대의 신학자들과 목사들에게 큰 영향을 미친 사람은 칼 바르트와 변증법 신학일 것이다. 쿠와타가 바르트 신학으로 극적인 회심을 표명하여 종래의 근대주의를 불식시킨 것이 바로 1932년이다. 쿠마노요시타카와 바르트 신학과의 관계는 미묘한 문제이지만(오오키 히데오〈大木英夫〉, '바르트 신학과 쿠마노 신학', 『기념논문집 쿠마노요시타카의 신학』 수록), 바르트 신학의 자극 없이는 '쿠마노 신학'은 성립되기 어려웠다고 말할 수 있을 것이다. 그보다 조금 앞선 무라타에게조차도 바르트의 영향이 현저하게 나타난다.

바르트 신학의 역할은 큰 것이었지만 현재의 과제에 국한하여 말하자면 첫째로 닛키의 새로운 세대를 짊어지는 신학자들에게 타카쿠라와 같은 선배 신학자의 업적을 넘어서 보다 발전하게 하는 원동력이 되었다는 것이다. 둘째로 닛키 가운데 칼빈에 대한 관심과 이해를 불러일으켰다는 것이다. 세 번째로는 바르트 신학의 영향을 받음으로써, 닛키의 지도적 신학이 일단은 건전하게 영위되는 소질을 가지게 되었다는 것이다.

그럼에도 불구하고 바르트 신학이 닛키 전체를 지도할 수 있는 안정된 신학적 세력을 생산하였나고 보기는 어렵다고 말해야 할 것이다. 일종의 유행사상으로서 토착의 신학적 사색을 창출하지는 못하였으며, 이 신학은 또한 신학의 본래적 임무의 장(場) 다시 말해서, '교회'의 과제와 진정으로 함께 하는 것으로 수용되지 못하였던 것이다.

유럽에서 변증법 신학의 내부적 논쟁이 절반정도는 저널리즘적인 흥미로 소개되었다는 것으로도 알 수 있듯이 교회로 하여금 다음 세대의 결단을 위하여 준비될 정도의 성숙한 이해로까지 인도하지 못하였다. 쿠마노 요시타카 등도 그러한 가운데서 일찍이 바르트 신학과 한 획을 긋는 방향을 선택하였고, 조금 엄격하게 말하자면 그것이 전시하에서 신학본래의 과제를 상실하여 신학적 사색으로서는 전체로서 해체의 방향으로 나아가지 않을 수 없었던 원인을 제공하였다고 생각된다.

2. 교회적 환경

1) 쇼와 초기에 일본기독교회(닛키)에는 교회관의 불일치가 현저하였다. 특히 교회합동운동이 일본기독교연맹을 무대로 하여 활발하게 진행되고, 닛키 역시 그것의 원외에 서있을 수는 없었다. 이 합동운동은 타시쇼 말기에 다시 재연되어, 1930년대에 들어서면서 합동교회의 강령안이 제출될 정도로 그 세력을 제시하였다.

닛키의 대세는 이러한 합동논의에 관하여 냉담하였고, 신조나 교회관의 검토 없이 진행되는 합동론에 대하여 아주 비판적이었다. 1937년의 제15회 연맹총회에 제출된 교회합동안('일본기독공회규약')은 교회정치를 '자치'와 '회의제'라는 두 가지로 이해하고, 신앙조항을 '대강'으로 칭하여 사도신조에 준하는 문장을 들고 있지만 예수 그리스도를 고백하는 제2항은 동정녀탄생, 성육신, 십자가, 부활, 승천, 재림, 심판의 전 항목을 삭제하는 믿기 어려울 정도로 간략한 것이었다.

닛키의 대부분은 이러한 조잡하고 간략한 교회관, 신조관으로부터 이해되어지는 합동논의에 설득되지 않았다. 이러한 문제는 1930년대를 일관한 것이라고 해도 과언이 아니다. 그럼에도 불구하고, 내부로부터 발생한 이러한 안이한 합동론이 닛키의 신앙, 신학, 전통에 대하여 동요를 가져다주었고, 교회관의 불안정을 만들어내는 원인이 된 것도 사실이다.

2) 카가와 토요히코(賀川豊彦)가 지도하는 '하나님 나라 운동' 도 일본기독교연맹을 모체로 일어난 것으로, 닛키와의 관계 역시 얕은 것은 아니었다. 영혼의 구원과 함께 생활의 해방을 바라보고 종교적 가치와 경제적 가치의 종합운동으로서 전개되었다. 그러한 의미에서 협의적 전도가 아니라 사회운동이라는 전개를 가지고, 교회라는 장소를 넘어서는 성격을 가졌다.

'하나님 나라 운동 선언' 은 다음과 같이 말한다. "이처럼 형제자매가 서로 연합하여 개인적인 구령운동에 힘을 다하며, 또한 현대교회로 하여금 대중사이에 그리스도의 성애를 전파하기 위하여, 우리 기독교인이 선택받은 그릇으로서, 은혜를 입어야만 할 동포들에게 사회적 봉사를 위한 방침으로서, 우리들은 앞서 제정된 일본기독교연맹 사회신조에 준거하여, 또한 그것을 통하여 복음 사회화를 추구한다."

연맹의 사회신조(1928년)는 "하나님을 아버지로 섬기고, 인류를 형제로서 서로 친애하는 기독교적 사회생활" 의 이념을 들고, 좌익적 혁명사상을 배제하는 한편, 반동적인 탄압에도 반대의 의사를 제시한다. "사회조직체 가운데 그리스도의 생명을 살리기" 위하여, 사회적 정의를 요구하는 목소리를 높이지 않으면 안 되는 것으로, 14개 조항의 항목을 주장한다.

하나님 나라 운동과 사회신조는 상호보완적 관계에 있다. 그리고 하나님 나라를 사회적 문맥가운데 자리매김을 하려고 할 때, 당연한 것이지만, 하나님 나라와 교회의 본질적인 관계는 희박하게 된다. 일본 프로테스탄트 사상에서 하나님 나라 이해기 시종 불인정하며 많은 오해를 수반한 상태로 폭로된 것이 메이지, 타이쇼, 쇼와 각 시대의 복음이해를 더욱 혼란으로 가져간 하나의 원인으로 보인다. 쇼와 원년(1926)의 하나님 나라 운동에 관하여도 동일한 것을 보게 된다.

하나님 나라 운동이나 사회신조에 의한 교회관의 확대는 한편으로 복음의 사회적 적용이라는 당시의 교회 내부로부터의 필요에 기인한 것이기는 하지만, 그러나 1930년대에 국가적 압력의 증대와 함께 질식되어 버려졌고 결국에는 외압에 대한 교회의 허약함이 폭로되는 결과로 이어졌다.

3) 만주사변으로부터 중일전쟁으로 전쟁이 확대되어감으로써, 교회는 전도의 곤란에 직면하게 되었다. 젊은 교직자 전도자들 가운데, 교회의 현상타개 방법을 모색하는 기운이 나타나기 시작한 것은 당연하였다.

닛키가 교회합동으로 최종적인 결단을 내린 제54회 정기총회(1940년 10월)는 교회 이해를 둘러싼 논의가 있었다는 것은 유명한 이야기이다. 총회 종료 후, 회의장의 모습을 돌아본 논평이 「복음신보」(福音新報)에 보고되었다.

> 회의장에서 비교적 신진들 가운데, 신조에 대한 주장이 심히 강경하게 주장된 것은 오늘날 교회의 경향을 확증하는 것이 되지 않으면 안 된다. 그것은 교회가 신중하지 않으면 전도가 될 수 없다는 증거이다(「신보」 1940.10.17).

이 논평은 대회 논의의 진상을 설명하지는 않지만 젊은 전도자에게 공유된 시대인식의 험난함이 이 총회논의의 저류를 형성하고 있다는 지적 자체는 틀리지 않은 것으로 보인다.

위의 '비교적 신진들'이라는 합동조건에 대하여 3대원칙의 '수정안'을 담당한 타나카고우지(田中剛二), 오카타미노루 등과 같은 사람들을 지칭한다. 개혁파 신학운동을 짊어진 자들은 결코 날카로운 사회의식을 가진 것은 아니었지만, 시대와 사회가 제시하는 과제에 대하여, 무지하거나 무관심한 것은 아니었다. 오카타 미노루의 말을 인용한다.

> 기독교도란, 기독의 주의주장에 근거하여 세상을 바라보는 자들이다. 다시 말해서 우리 기독교도는 언제 어떠한 시대에도 기독을 가지고 세상을 비판한다. … 일본이여 어디로 가든지, 현대를 걱정하는 사람들의 탁견이 신문잡지를 장식하듯이 실로 사상곤란은 공연한 소란이 아니다.

이 서언에 기초하여 필자는 당시의 세상, 정계, 사회사조에 관하여 언급하면서 "영혼이 없고 하나님 없는 마르크스주의에 사랑하는 일본을 넘겨줄 수는 없다. 우리 기독교도는 제군들의 손에 천하에 이르기까지 너희들에게 하나님과 영혼의 신앙을 심지 않으면 안 된다"고 결의한다. 후년에 필자는 이 문장에 관하여 언급하면서 "참으로 얼굴이 빨개진다"고 술회하지만, 신학 운동하는 사람이 사회현상에 둔감하지는 않았다는 것의 증거가 될 수 있을 것이다(일본그리스도개혁파 동부노회 기관지 「마지와리」(교제), 1971년 4월호 '우리의 신학적 자서전 4').

3. 창립자들

1) 개혁파 신학운동에 가담한 사람들 가운데 전후 개혁파교회 창립에 관계한 사람들은 소수파이다. 닛키의 현상에 대한 비판적 인식과 교회의 행방에 관한 위기감을 공유하면서도 전후의 결단에서 분기된 이유는 무엇인가? 이 문제에 만족할 만한 해답을 얻기에는 불가능하다. 신학적 지향의

미묘한 차이, 소속교회의 대소, 인맥, 전시하의 자신의 처신, 시기(타이밍) 등등의 요인들을 나열할 수는 있지만 그러나 충분하지 못하다.

오카다는 이러한 분기를 만들어낸 요인을 '신조관'에 있다고 보고 '이것은 이것, 저것은 저것. 어느 것이 좋으며 올바른가 이상으로 사람들은 모두 이것을 하나님의 뜻으로 믿고 그 길을 선택할 것이다'라고 말했다(「人會時報」 96호). 인도하심의 개별주의와 지상에서의 결단이라는 상대성이다.

신학운동으로부터 새로운 교파창립이라는 경과에 이러한 상대적인 분기와 갈라짐이 있다는 것을 보게 될 때, 신학운동으로부터 교파창립으로의 과정을 단순화하는 것은 옳지 못한 것으로 보인다. 그 절도를 가지는 것은 전후에서의 신교파 창립의 신학적 기반을 과도하게 단순화하는 것을 피하기 위하여서도 중요하다.

2) 이상과 같은 단서를 가지고 신학운동에서 창립자들의 역할에 관해 생각하고자 한다. 창립자들의 눈에 비친 닛키의 현상은 어떠하였는가? 토키와 타카오키의 증언을 빌려보기로 한다.

> 우리 교직자들 사이에 진정한 신학적 일치가 있을까? 어떤 자들이 세워가는 신앙을 어떤 자들이 파괴하는 것은 아닌가. 우리들 사이에 발표된 사상으로서 삼위일체에 반대하는 사상은 없지는 안는가. … 오늘날 우리들 사이에 통일된 성경관이 있는가? 신학교는 어떠한 입장에 서 있는가? 프로테스탄트에서 성경관은 근본적인 것이라고 생각한다. 이 사상에 대하여 통일된 것이 없다면, 다른 교리에 심각한 영향을 끼치게 될 것으로 보인다(「칼빈주의소론총서」 제6호, 통권 116-117).

오카다 역시 닛키로부터 이탈을 생각하면서 신 교파형성으로 나아갈 수밖에 없는 요인을 들면서, "그 중요한 이유는 우리들 사이에 존재하는 구 닛키 내부의 불일치에 대한 불만이었다고 생각한다"고 말하였다(『우리 신학적 자서전』, 6).

　이러한 증언은 일본기독교회에서 '복음주의' 라는 틀 또는 그 깃발이 무력화되어 갔음을 의미한다. 이 교회는 우에무라 마사히사로 대표되는 아주 온건하며 밸런스를 가진 '복음주의' 에 의해서 안정된 교회형성에 기초를 두었다. 우에무라의 복음주의신학은 정통주의적 그리스도론을 확립한 후에, 그외의 세부적인 신학적 논의로는 들어가지 않고 넓은 신학적 입장 속에서 공존의 가능성을 제시하였다. 그리고 타이쇼기에는 타카쿠라의 '복음적 기독교' 의 확립으로 이르게 된다. 타카쿠라 신학도 '교파신학' 과는 이질적인 것이었다.

　이것에 이어서 1930년대는 신학의 전문화, 세분화가 시작되는 시대로서 양식과 방법이 서로 다른 사람들 사이에 점차적으로 의사의 소통이 곤란하게 되어갔다. 간이신조에 의한 교회적 일치가 실질을 잃어버리고 공동화되어 가는 힘을 피하지 못하였다. 바르트 신학도 복음주의, 하나님 나라 운동도 복음주의, 칼빈신학도 합동운동도 복음주의라고 칭하였다. '복음주의' 라는 것은 이제 그 어떤 의미도 없었다. 이것이 제54회 총회 논의를 그렇게 혼란하게 한 근본적인 원인이었다고 생각한다. 다시 한번 토키와의 말을 인용한다.

　　우에무라 선생은 "서로 사이좋게 지옥으로 가기보다는 싸움질하면서 천국으로 가는 것이 좋다"고 아이러니한 이야기를 했던 사람으로 모든 면에서 훌륭한 사람이었지만, 그러나 개혁파적인 엄격한 신학은 그렇게 좋아하지 않았다(좌담, '일본그리스도개혁파교회 창립전후의 일들' 「마지와리」 1988년 4월호).

　'엄격한 신학' 을 피하고, 헐렁한 틀 속에서 운영되어 가는 교회가 전문적인 신학자들을 옹호하였을 때에 일어날 수밖에 없었던 문제가 1930년대 집중되었던 것으로 보인다.

3) 개혁파교회의 창립자들 몇몇이 웨스트민스터 신학교에서 배운 것은 닛키 가운데 그들의 신학적 위치를 생각할 경우에 결정적인 것이 된다. 그들은 일본국내에서 받은 신학적 훈련의 상이함에도 불구하고 유학지에서 공동적 신학신생을 발건한 것이다. 웨스트민스터 신학교에서 네이첸의 영향은 비교할 수 없는 것이었다.

오카다의 경우 중앙신학교 재학 중, 이미 풀톤(S. P. Fulton) 교장으로부터 감화를 받아 남장로교회의 정통주의신학을 학습하고, 중앙신학교의 신학적 재산을 가장 정통적으로 계승 발전시킨 자로서 두각을 나타내었다. 유학을 통해서 암스트롱, 보스 등의 성경 신학의 지도자들을 만나고, 더욱이 책으로는 워필드를 만났다. 마쯔오는 카이퍼로 거슬러 올라갔고, 타나카는 칼빈으로까지 거슬러 올라갔다.

4. 신학운동의 궤도

엄정한 칼빈주의에 입각한 목사 신학자 그룹은 1930년대 중반에 닛키 가운데 하나의 신학적 조류를 형성하였다. 그들 가운데는 이미 독립적으로 저작을 발표한 자들도 있지만, 그렇지 않는 자들도, 모두가 정력적으로 문서 활동을 전개하였다. 오카다미노루가 편집 발행한 '칼빈주의소론총서'는 이 그룹의 대표적인 신학적 주장의 터였다.

1) 총서는 논문, 번역, 소개, 서평 등을 포함하지만 제목과 집필자를 기술하면 다음과 같다.

제1호(1939년 12월)
무엇인 칼빈주의인가? …… 오카다 미노루
로마서의 구조와 그 중심교의 …… 마츠오 다케시
서평(카시와이 코우죠우(柏井光藏) 사도행전강해) …… 하루나 히사아키

제2호(1940년 2월)

삼위일체론 ······ 하루나 히사아키

성경의 인간관 ······ 오카다 미노루

서평(아브라함 카이퍼 "공적고백의 의의") ······ 마츠다 코우이치(松田輝一)

제3호(1940년 3월)

제4복음서의 저자 문제 ······ 오카다 미노루

메이첸의 신앙과 신학 ······ 카와지마 센스케(川島專助)

제4호(1940년 4월)

속죄론에 관한 개혁적 교의의 과정 ······ 이마무라 코우타로우(今村好太郎)

로마서8장 1절 ······ 마츠오 타케시

신학과 교회생활 ······ L. 머레이, 번역 코오리 히로유키(郡博之)

제5호(1940년 6월)

기독교교리의 개전 ······ 메이첸, 번역 하라 료우죠우(原良三)

일반은총론의 현대적 의의 ······ R. B. 카이퍼, 번역 히사타케(久武喩)

서평(니젤 칼빈의 신학) ······ 타나카 코우지

제6호(1940년 8월)

일본기독교회의 신앙고백 ······ 토키와 타카오키

칼빈의 섭리관 ······ 도 피에, 번역 코오리 히로유키

서평(종교철학 서론) ······ 오카다 미노루

제7호(1940년 9월)

제신조와 교의적 진보 ······ 메이첸, 번역 하라 료우죠우

신약성경의 통일성 ······ 오카다 미노루

제8호(1940년 11월)

성경의 계시와 영감 ······ 카와지마 센스케

창조사역 ······ 마츠오 다케시

제9호(발행년월일 불명)
원시선교담에서의 성경의 의의 …… 오카다 미노루

제10호(발행년월일 불명)
기독의 인격과 사역과의 관련 …… 니시야마 토모유키(西山知幸)
제4복음서의 사신과 그 의의 …… 오카다 미노루
(호워드 저작 소개)

제11호(1941년 4월)
신학과학의 성립 …… 마츠오 타케시
성경의 인스피레이션 …… 카이퍼 오카다 미노루 역

제12호(1941년 5월)
성경의 영감 …… 머레이, 번역 카와지마 센스케

제2권 1호 (발행년월일 불명)
칼빈의 성경의 권위 …… 하루나 히사아키
성경에서의 죽음과 영원한 세상 …… 타나카 코우지

2) 『총서』만으로 신학운동 전체의 경향을 엄밀하게 규정할 수 없지만 대략적인 추측은 아마도 가능할 것이다.

주제별로 볼 때 가장 집중적으로 나타나는 것은 성경론이다. 신조와 교리에서의 성경의 규범적인 권위야말로 이 신학운동의 학적인 기초를 형성하였다. 서구의 개혁자들의 번역과 소개라는 벽을 넘지 못하였다고 말할 수 있지만 칼빈, 카이퍼, 머레이 등 각 시대의 대표적인 개혁파 신학을 충실하게 수용한 성경론의 전개는 바르트의 계시이해가 큰 영향을 주고 있던 시대가운데, 그것에 대한 근본적인 비판의 시점을 노출한 것이다.

이러한 논문이 보여주는 현저한 경향은 이 신학운동이 이른바 '사상적 신학'으로 흐르지 않고 오로지 교리적 특색을 추구하는 것이다. 일본의 신학이 일반적으로 사상적 신학으로 종시하고 신학사상사는 기술할 수 있다고 하더라도, 신학사 또는 교리사를 기술할 수 없다는 것을 쿠마노 요시타카가 실증한 것은 주지의 사실이다.

개혁파 신학운동의 사람들이 사상적 신학의 유행적 테마에 관여하지 않고, 불변한 신학적 과제에 전념한 것은 설령 그것의 성과가 여전히 그들의 혈육에 수육되었다고 단정할 수 없는 일종의 번역 신학이었다고 할지라도 크나큰 의의를 가졌다고 할 수 있다. 그들은 성경의 규범성에 기초하여 성경적 교리의 개혁파적인 이해를 바라보았다. 그리고 성경의 규범성이라는 형식원리를 일종의 신학적 요청으로(즉, 율법적으로) 강조함으로써 신학은 신조 그 자체와 식별할 수 없을 정도로 엄정한 것이 되었다. 즉 '교파신학'으로의 이행이다.

3) 『총서』의 간행은 닛키가 교파합동이라는 길을 걸어가게 되는 최후의 단계에 시작되어 교단성립으로 이르게 된다. 이 간행기간의 중반기에 제54회 정기총회가 열렸고, 최후의 시기에 제55회 임시총회가 열렸던 것은 『총서』가 이루어 놓은 역할을 알기 위하여 무시할 수 없다. 문서 가운데 교회합동에 관한 소식을 느끼게 하는 것은 전무에 가깝다(유일한 예외로, 제6호 토키와 논문집을 제외하고는). 그렇다면 『총서』와 합동논의와의 관계는 어디에 있는가?

첫째, 『총서』에 대표되는 신학운동의 전개가 제54회 총회의 '삼원칙' 수정안의 사상적 배경을 제공하였다는 것이다. 삼원칙(성경의 규범성, 구원의 은혜성, 교회의 자율성)은 오카다 미노루의 발안에 의한 것이라고 전해지지만, 즉흥적인 생각에 의한 항목의 나열이 아니다. 이 삼원칙은 '기독교를 성경, 하나님, 교회라는 삼각형'으로 간주하는 것에 유래한다(오카다, '영감과 사상', 「성경과 신앙」 1942년 6월). 오카다는 이 삼원칙의 주장을 스스로 설명하여 다음과 같이 말한다.

> 복음적 성경수의의 뒷면을 보면, 율법적 은혜론이다. 그것에 대하여 내가 믿고 주장하는 것은 율법적 성경주의로서 그 뒷면은 복음적 은혜론이다. 전자에서는 교회의 자율성은 신앙내용의 하나의 조항이 되지 못하지만, 후자에 의하면 이것은 앞의 두 항목의 필연적인 총괄적 결론으로서 치명적으로 중요한 항목이다(「성경과 신앙」 제60호, 1942년 6월).

복음적 성경론이란 바르트적인 계시이해를 지칭하는 것이다. 그것에 대하여 성경론은 본래 '규범성'의 문제이며 형식원리이기 때문에 율법적 성경론이지 않으면 안 된다고 주장한다. 만약 성경론이 '복음적'으로 주장된다면 은혜론이 '율법적'인 것으로 되어버리며 은혜로서의 성격을 잃어버리게 된다. 이 사이의 관계가 충분하게 설명되지 않고 있지만 삼원칙의 각 항목이 상호적으로 아주 밀접한 구조를 가지고 신학적으로 결합되어 있다는 주장자체는 설득력이 있다.

그리고 중요한 것은 삼원칙의 원리적 파악이 그 자체로서 정합성을 가졌다는 것만이 아니라 신학운동의 실제적 노력도 성경의 규범적 원리에 그 기초를 두고 구원론에서는 하나님의 주권성, 은혜성을 중시하고 교회론에서는 현실적으로 흘러가지 쉬운 정치주의를 가능한 극복하면서 자율적인 교회이해를 현실에 적용하려고 의도하였다는 것이다.

둘째, 『총서』에 나타나는 신학논의가 일본의 신학계에서 그 이전에 볼 수 없었던 정통적 개혁파신학을 조술(祖述)하고, 교리학으로서의 신학의 작법을 실례를 가지고 제시하였다. 당시, 신학운동이 생산한 작품은 아직도 설익은 논술이 많았다는 것은 부정할 수 없는 사실이다.

‘복음신보’ 의 주필이었던 히다카 젠이치(日高善一)는 오카다의 문장에 대하여 여러 번에 걸쳐서 “입장은 그렇다고 하더라도, 논술은 치졸” 이라는 냉평을 보였다(“나의 신학적 자서전” 3, 오카다의 반론이 「신보」 1940년 4월 11일호에 기제). “논술은 치졸” 함에도 불구하고 닛키 가운데 신학운동이 무시되지 않았던 것은 북미의 장로파와 개혁파의 교파적 신학이 프로테스탄트 신학의 틀림이 없는 적류(嫡流)였다는 것이다. 오카다 역시 다음과 같이 설명한다.

> 이러한 실상가운데, 어찌하든 한편으로 우리 진영 가운데 실질적인 견실성을, 다른 한편으로는 대외적으로도 일단 신용을 얻게 된 사정을 고려하여 보면, 다른 여러 가지 감사해야 할 자료가 나타나겠지만, 워필드의 여러 논문이 큰 역할을 수행했다는 것은 부정할 수 없다(『나의 신학적 자서전』, 3).

4) 닛키는 일단 넓은 의미에서 칼빈주의적 전통을 가진 교회이다. 스코틀랜드의 칼빈주의를 계승하였다고 말하기도 하지만 칼빈 신학을 계통적으로 명확하게 하려는 노력은 이제 시작한 것에 불과하였다. 그러나 1934년에서부터 39년에 걸쳐 나카야마 마사키(中山昌樹)의 번역에 의한 칼빈의 기독교강요가 출판되었다는 것에 의해서 일본에서의 칼빈연구는 본격적인 단계를 맞이했다고 할 수 있다. 동시에 칼빈 이해를 둘러싼 여러 입장의 상이가 나타나기 시작하였다. 우리들이 말하는 칼빈주의 신학운동의 영위도 칼빈해석에 하나의 목소리를 형성하였다.

오카다 미노루는 일본기독교회 나다(灘) 교회 청년부 기관지 「성등」(聖燈)에 ‘칼빈의 근본사상과 토레루치의 속설 칼빈이즘’ 이라는 문장을 기술하였다(1932년). 토레루치 등에 의한 칼빈 사상의 사회과학적 해석에 관하여 오카다는 이 당시, 지속적인 관심을 가졌던 것으로 나타난다. 후일에 워필드의 ‘기독교의 본질’ 을 번역하여 출판하였을 때 어떤 사회과학자가 그것에 주목하였다는 사실을 술회하였다.

「성등」의 문장 가운데 "오늘날의 칼빈 연구에 대한 열기도, 이 세상류의 칼빈해석에 대한 정통 칼빈주의의 변증을 중심으로 불타오른 것이다"고 말한다. 이 "오늘날의 칼빈 연구에 대한 열기" 가운데 바르트의 영향이 있는지, 또는 스코틀랜드의 포사이스와 같은 입장이 포함되어 있는지? 오카다는 일찍부디 속류의 칼빈해석과 정통파의 칼빈이해를 구별하였지만 문제는 1930년대에 속류가 아닌 그러나 신학운동가들로부터 도저히 정통적이라고 할 수 없는 칼빈해석이 일본에 수입되었다는 것이다.

1940년에 W. 니젤의 『칼빈 신학』이 번역되어 출판되었다. 번역자의 한 사람인 야마나가 다케오는 1941년 마스다 켄지(増田健次)와 공역으로 두메르그의 『쟌 칼빈』을 출판한다. 니젤의 책은 바르트 신학의 입장에서 쓰인 획기적인 칼빈연구이지만, 즉시로 타나카 코우지에 의한 서평이 『총서』 제5호(1940년 6월)에 나왔다. 칼빈을 그리스도 중심적으로 이해하는 것의 타당성을 묻고, 더 나아가 번역자들이 니젤의 칼빈 이해를 어떻게 평가하는가를 묻는 가혹한 것이었다. 타나카와 오카다는 워필드를 통하여 칼빈에 대한 신학적 시야를 선명하게 한 사람들로, 북미의 개혁파 신학이 수용한 칼빈이해야말로 정통적인 것이라고 확신하고 견실하게 보유하였던 것이다.

5) 1930년대는 칼빈신학의 해석과 수용이 새로운 단계에 이르렀다. 그것은 마치 일본복음주의 교회에 대한 날카로운 문제제기이기도 하다. 칼빈신학과 그 실천이 개혁파교회에 남겨준 전통을 교회의 현실적 과제 가운데 어떻게 살려가느냐 하는 것이다. 그러한 교회적 실험의 터가 1930년대에 즉시로 현실감각을 가지고 등장한 것이다.

이 문제는 바르트 신학에 대하여도 동일하게 적용되었다. 칼빈과 바르트, 여하튼 프로테스탄트 신학의 거대한 신학적 고봉이 일본교회에 수용되어 각각에 대한 해석을 둘러싸고 중요하고 또한 열렬한 논쟁이 있었지만, 그러나 1930년대 및 전시하의 교회로 하여금 교회적인 결단을 내릴 수 있게 지도하는 신학적 지표로서의 기능을 수행하지 못하였던 것이다.

칼빈에게 보이는 하나님의 절대적 주권성의 원칙이, 또한 바르트에게 보이는 하나님의 말씀이 가지는 지배적 독점성이 일본 교회의 신학과 선교가 위기적인 문제에 봉착하였을 때에 왜 효력을 발휘하지 못하였는가? 왜 하나의 "오늘날의 신학적 실존"이 생산되지 못하였는가? 칼빈의 신학도, 바르트의 신학도 투쟁의 신학이면서도 동시에 형성의 신학으로서의 계기를 본질적으로 가진다. 그러나 결과적으로 교회는 이 두 신학체계가 가지는 투쟁과 형성이라는 계기를 증명하지 못하고, 전시하의 교회합동과 기독교가 합하여 전쟁협력으로 굴러가고 말았다.

개혁파 신학운동이 위와 같은 큰 신학적 맥락가운데 신학적으로 또한 운동체로서 근본적인 좌절을 경험하였다는 것은 부정할 수 없다. 이 신학운동이 전시하의 좌절가운데서 도움으로 일어나 전후의 신교파의 창립이라는 소명으로 이어갈 때에 그 출발점이 '회개의 신학'이기를 요청받은 것은 당연한 일이다. 회개를 통해서만이 신학운동의 좋은 전통인 투쟁과 형성이라는 두 가지의 계기를 회복할 수 있었던 것이다.

5. 신앙고백을 둘러싸고

1930년대를 통하여 개혁파 신학운동이 희망하였던 것의 집약점은 일본 기독교회의 개혁파전통을 보다 엄밀하게 구현하는 것으로, 구체적으로 말하자면 신앙고백을 보다 정비된 정통적인 교리의 체계적 표현으로 성숙시키는 것이었다. 창립자들에 의해서 기술된 관련된 세 가지 문서에 대한 논평을 통하여 그러한 내용을 보고자 한다. 첫째는, 마츠오 타케시 '닛키신앙고백의 이해'(「성경과 신앙」 제21호, 1939년 3월). 둘째는 토기와 '일본기독교회의 신앙고백에 관하여'(『총서』제6호, 1940년 8월). 셋째는 마츠오 타케시의 '단일 신조의 과제를 위하여'(「복음신보」1941년 10월 16일, 23일).

1) 마츠오 타케시의 첫째 논문은 일본기독교회의 신앙고백에 대한 해석을 웨스트민스터 신앙고백의 교리체계에 의해서 성숙시키고자 시도하였던 것으로 읽을 수 있다. 그리고 신앙고백의 해석을 성숙시키는 것이 종교개혁 이래의 신조발전 원칙에 비추어 타당한 방향이라는 것을 명확하게 한 것이다. 이러한 의미에서 이 논문은 당시의 신학운동가들이 가졌던 신조이해의 공통적 견해를 제시한 것으로 이해될 수도 있다. 그러나 이 논문에 관하여 이러한 일반적인 관찰에 더하여, 다음의 두 가지 점을 추가하고자 한다.

첫째, 마츠오는 여기서 교회의 단체적 신앙고백과 개인으로서의 신앙고백과의 구별과 관련에 대하여 대단히 문제시한다. 그것은 논자가 이 시기에 이미 닛키의 신앙고백에 안주하기를 원하고 있지 않다는 것을 말해 준다. 환언하자면 단체로서의 신앙과 개인으로서의 신앙을 용도에 따라서 구별하는 것이 이제야 불가능한 것이 아닌가? 닛키 교직자로서의 정체성을 신중하게 문제삼지 않을 수 없는 상태까지, 논자의 신조관이 심오하여졌다는 것을 의미할 것이다.

둘째, 논자가 자신의 입장을 웨스트민스터 신조에 있다고 공언하지만 웨스트민스터 신조를 그대로 이식하여 고백하는 방식에 관하여는 상당히 신중하지 않으면 안 된다는 자세를 보유한다. 오히려 교파로서의 신앙이나 신학이 성장함으로서, 신조의 자발적인 성숙이 진전되기를 기대하였던 것이다. 신조발전의 원칙을 존중한다면, 외국 신조의 이식보다도, 자발적인 고백의 성장을 중시하는 것이 본연의 모습일 것이다.

이 마츠오 논문에 대하여 쿠와타의 응답이 있었다('일본기독교회의 신앙고백과 성경'『쿠와타 전집』제4권 수록). 마츠오의 문제제기에 대하여 신중하고 주도면밀한 응수였다. 즉 마츠오가 닛키의 교직자로서 신앙고백적 레벨에서 자기동일성에 위구를 가지고 있다는 것을 통찰한 것이다. 더욱이 문제의 본질이 '성경관'에 있다고 간파한 점이다. 쿠와타는 여기서 닛키의 신앙고백은 웨스트민스터 신앙고백의 성경관과 바르트적 성경관을 포용할 수 있는 넓이를 가지며, 양자는 닛키 신앙고백 가운데서 신학적으로 공존할 수 있다고 주장한 것이다. 다시 말해서 다양성 속의 일치라는 닛키의 간이 신조 노선을 재확인하려고 노력한 것이다.

2) 토키와 논문은 신앙고백이 기독교회에서 차지하는 중요한 위치를 논하고, 닛키 신앙고백의 유래를 약술하고, 마츠오처럼 그 신앙고백의 해석을 위하여 웨스트민스터 신앙고백의 교리체계를 원용(援用)하고자 하였다.

우리는 일본기독교회가 우여곡절 끝에 오늘과 같은 신앙고백을 가지게 되었던 경로를 돌아보면서, 그동안 선배들의 고심에 감사하고 또한 하나님께 찬양을 드리는 것이다. 실제, 일본기독교회는 그 초기에 다윗이 사울왕의 갑옷을 입었던 것처럼 불편을 느꼈는지도 모른다. 그러나 오늘날 닛키는 진정으로 이 신조에 만족할 수 있는가?

'다윗이 사울왕의 갑옷'은 우에무라 마사히사의 유명한 신조론이다. 토키와는 그 은사가 만년까지 기본적으로 견지하였던 신조관에 대하여 정면으로 문제를 제기하고, 우에무라의 제자라는 것으로부터 이제 신학적 탈피를 고한 것이다.

개혁파신조는 성립과정이나 그 전통의 상이에도 불구하고 교리체계로서는 본질적으로 동일하다. 따라서 닛키의 신학적 입장의 상이에도 불구하고 교리체계로서의 교회적 일치를 바라지 않으면 안 된다고 말하는 것이다. 이것은 상기의 쿠와타에 의한 '다양성 속의 일치'라는 논의와는 다르다. 교회는 헐렁한 신앙상의 합의로 만족할 것이 아니라, 그 본질에서 동일한 체계를 가지고 신학을 공유해야 할 것이라 주장한다.

> 우리의 요망으로서는 시금까시의 신앙고백을 그대로 둔다고 하디라도, 부다 정확한 성경적인 이론적인 시안이 제출되어 다양하게 검토하는 것이 필요하다고 생각한다. 이렇게 하여 속히 현재의 상태에 부합하는 지도 원리를 확립하고, 내적으로는 교직자들의 신학적 통일을 꾀하고, 외적으로는 다양한 문제에 관하여 통일된 해결을 볼 수 있기를 바라는 것이다.

이 문장이 쓰인 당시(1940년 8월)의 상황을 보자면 이미 전년도에 종교단체법이 성립되었던 시기이다. 닛키는 단독으로 인가를 받으려는 방침으로 문부성과 절충하였지만 40년 6월 문부성은 교단으로 인가받을 수 있는 조건으로서 교회수 50, 신도수 5천 이상이라는 선을 공지하였다. 다시 말해서 소수파는 대동단결하라는 것이다. 그럼에도 닛키는 여전히 단독인가를 포기하지 않았다.

그런데 7월에 구세군 스파이 사건이 발생하면서 결국 구세군은 조직상 대규모의 개조를 하지 않을 수 없게 되었다. 이 사건은 다른 모든 교파에게 심각한 충격을 가져다주었고 전 교파 합동에 의한 난국타개라는 비장한 결의를 가지게 하였다. 이 직후에 닛키는 제54회 총회를 개최하게 되는데 그 전후로 10월 17일 '황기 2천6백년'을 축하하는 '전국기독교신도대회'가 2만 명을 넘어서는 참가자로 열리면서 전 교파 합동을 기하면서, 국가의 신체제에 전면적으로 협조를 결의한 것이다. 토키와 논문의 "외적으로는 다양한 문제에 관하여 통일된 해결"이 무엇을 의미하는지를 쉽게 알 수 있을 것이다.

3) 「복음신보」에 두 번에 걸쳐서 기술된 마츠오 논문은 일본기독교단이

이미 성립되었음도 불구하고 여전히 '부제' 가 해체되지 못하고 있는 교단의 과도기 시대에 기록된 것이다.

이제야, 신조문제가 우리나라에서 기독교회의 생명적 문제라는 사실을 통절히 실감하지 않을 수 없다. 신조 없이는 교회 없다는 진리는 금번의 교회합동 기획에 있어 우리의 잊기 어려운 경험이 되었다.

논자는 단일신조를 제정하고 교단이 부제를 해체하여 완전한 합동에 이르도록 요구한다. 그러한 경우에 새로운 신조를 요구하는 최소한의 신학적 전제(또는 합의 사항)로 '성경의 규범성' 을 들고 있다.

성경의 규범성에 관한 일치된 고백을 가지고 교단의 단일신조를 성립시킨다. 이 점에 일치하여 출발한다면, 성경은 필히 우리들을 인도하고, 앞길이 실로 광명할 것임을 나는 믿는다. 또한 성경의 규범성 이외의 여러 점에 관하여 상당한 신앙적 일치가 있을 수 있다고 나는 믿는다.

방점부분을 문자대로 이해한다면 마츠오는 성경의 규범적 권위의 한 항만을 고백하는 신앙고백, 말하자면 '단일신조' 로 간주하고자 한 것으로 보이기도 한다. 그렇다고 한다면 이는 정말로 예를 찾아 볼 수 없는 신앙고백적 구상이라고 말하지 않을 수 없다. 물론 논의 전체를 보자면 정통적 신조의 각 항목에 관하여서도 강한 의욕을 보였다는 것은 명확하다.

성경의 규범성이 단독적으로 주장된 것은 교회와 시대의 무거운 제약이 있었기에 그렇다. 성경의 규범성이 독립된 신학적 주제로서 의미를 가질 수 있는 것은 성경이 그 자체의 고유한 교리체계를 가질 수 있다는 전제적 이해가 존재하기 때문에 그렇다. 정통적인 교리체계가 존재하는 것을 상호적으로 승인할 수 있기까지는 성경의 규범성이 고백되었다고 할지라도 신앙고백상의 의미는 거의 존재하지 않는 것에 가깝다.

그 발상은 이른바 '성경신앙' 으로 통한다. 그곳에 실현되는 것은 참된 교회적 일치가 아니라, 오히려 일종의 기독교 연맹이지 않는가. 부제합동이라는 변칙적인 교회 안에서 단일신조를 모색할 경우 마츠오의 논의 가운데도 당연하게 논지의 후퇴가 발생하고, 개인적으로도 동지적으로 염원하였던 닛키 신앙고백의 참된 성숙으로부터 멀어진 곳에서 신조론을 재건하지 않으면 안 될 것이다.

마츠오는 신조의 문구에 관하여 사도신조조차도 고집하지 않는 자유함을 가진다. 제 신조와의 신학적 관계를 가지는 것은 당연한 것이지만 문언으로서는 완전히 새로운 신조를 작성하는 것이 적절한 것이다. "역사적 기성형태를 그대로 채용한다면, 설명적 사항에 손이 많이 들어가게 되는 번잡"이라는 이유이다. 적극적인 의미에서의 신앙고백에 대한 주체적인 관계를 희망하는 것이다. "자신의 책임아래서 신앙고백이 되는 단일신조가 성경이라는 객관적 신앙규준에 적합하기 위하여 전 교회가 열심을 내어야만 한다."

이것에 대하여 쿠마노요시타카의 응답이 있는데, 신조제정의 기본방침에 대한 동의를 표하면서도, 마츠오의 신학상의 기본이념가운데 하나인 '초자연'의 문제에는 의심을 표명하였다(「신보」 1941년 11월 6일). 마츠오의 재론이 이어진다(「동지」, 11월 27일).

결론

1) 개혁파 신학운동은 일본기독교회의 교파로서의 자기 동일성에 위기의식을 가졌던 사람들에 의해서 담당되었다. 그것은 닛키의 신앙고백이나 장로제가 본래적 실질을 상실한 것에 대한 위기감에서 시작되었고, 닛키를 보다 정통주의적 개혁교회로 성숙시키고자 하는 방향으로 나아갔다. 그러나 이 운동자체는 전체를 총괄하는 규약이나 강령을 만들지 않았다.

운동의 귀추를 바라보면서 강력한 지도성을 가진 연장자도 없었다. 개혁파교회의 창립자가 된 사람들도 이 운동가운데서 신학적인 연수기간을 보냈지만, 걸출한 지도자는 없었다는 것이 손실이 아니라 각자의 개성이나 은사의 경향을 자연적으로 결정하는 작용으로 이어졌다고 생각한다.

2) 운동체가 가지는 원심성과 구심성이 신학운동을 통하여 나타난 것이다. 일종의 구분력이다. 신학운동에 관계한 사람들이 서로 가졌던 은사소통의 실상에 관하여는 오늘날 추측할 수조차 없지만, 개혁파 창립에 관계한 사람들이 더욱 친밀의 정도를 더해가면서 신학운동 안에서 책임 있는 위치에 있었다는 것을 생각한다면, 이 운동과 전후 교파형성 사이에는 실질적인 연결이 있었다는 사실을 부정할 수 없다.

3) 신학운동은 닛키 내부에서 신학적 개혁운동 그 이상의 것을 원하지는 않았지만 그럼에도 내적인 요인으로서는 이 신학운동이 '교파신학' 의 특색을 강하게 띠었다는 것과, 외적요인으로서는 교회합동이라는 심각한 과제에 직면함으로써 닛키(및 교단)의 교회성에 대한 의심과 위기감이 증가되어 전후의 교단이탈에 대한 조력적인 의미를 가지게 되었다는 것이다. 이러한 의미에서 신학운동의 축적은 이념상에서도 실질상에서도 신 교파 창립을 준비한다는 희유한 사례가 되었던 것이다.

한편, 신학운동으로부터 교파창립으로의 발전을 너무 배타적으로 의미부여하려는 것에 대하여 신중하고자 한다. 전시하에 신앙의 양심을 들고, 신학적 교회적인 훈련에 열심을 내었던 자들은 그들만이 아니었다는 것이다. 닛키의 친제이노회는 노회의 거의 전체가 교회합동에 반대 의사를 확고하게 하였다. 그것이 제55회 임시총회에서 후지타 오사무(藤田治芽)가 반대론을 내걸었던 소지가 되었다. 또한 임시총회를 전후로 하여 노회 내의 여러 교회가 합동불참가하고, 종교결사설립을 표명하였다. 결과적으로는 이 결사가 실현되지 못하였지만 합동 후에도 친제이노회의 교직자 사이에는 닛키의 신앙과 교회형성 노선을 견지하려는 노력을 계속하였다. 1941년 9월 "살아있는 신앙고백과 교회"라는 주제로 교직자수양회를 열어, 하나의 '합의'를 확인하였던 것이다.

'합의'는 교단의 교회성에 의문을 가지고, "명확한 신앙원리에 지도되지 않기 때문에, 건전한 교회관이 없고, 신앙고백도 없고, 연맹적 존재"에 불과하다고, 냉혹하게 실태를 비판하였다. '합의'는 다음과 같다.

1. 우리는 각자가 책임을 가진 교회가 구 일본기독교회의 신앙고백에 기초하여 교회로서 훈련하지 못하기 때문에, 전력을 다하지 않으면 안 된다.

2. 우리는 교회에 위임된 선교사명을 다하기 위해 설교는 성경에 충실할 것을 기하고, 성례전은 그 이해를 철저하게 하고, 한층 성실하게 집행하도록 기한다.

3. 우리는 이 비상시내에 선교소명을 받은 사에 합낭한 성경 연찬, 신앙생활의 연마를 기한다.

여기에는 교회가 하나님께로부터 받은 사명에 대한 자각과 교회가 가져야만 할 불변의 표징이 확실한 신학적 뒷받침과 신앙적 일치 아래에서 표명되고 있다. 교회를 그리스도의 몸으로서 건설하려는 주의 깊은 반성과 열심의 뜻을 이처럼 정확하고 겸허하게 표명한 문장은 전시하의 교회에 거의 유례를 찾아보기 힘들 것이다. 노회적 시야에서부터, 신학과 교회형성의 과제를 향한 실천적인 것이다.

1942년에는 친제이노회 안에 "친제이신학연구소"를 조직하려는 입안이 있었다. 실제적 활동상황에 관하여는 상세히 알 수 없지만, 이 노회가 구 닛키의 전통에 견실히 서있기 위해서 착실히 투쟁하고 있었다는 것을 엿보게 하는 것이다(『日本基督教會福岡城南教會』, 136-137).

신학운동이 견실한 동지적 결합을 만들어낸다고 하지만 일개 교파의 창립은 단순한 신학운동의 연장선에서 일어난 사건은 아니다. 운동이 과도한 원심성을 가지고 분해하는 것으로 나아가지도 않았고, 또한 구심성에 의해서 신교파 창립에 필요한 최소한의 인재를 준비한 것은 인위적인 것이 아니라 은총 그 자체이다.

4) 이 운동의 신학적 성과에 관하여는 보다 전문적인 견지에서 평가받을 필요가 있다. 그러한 평가와 비판적인 음미를 통하여 개혁파교회가 서야 할 신학적 전통의 소재를 확인할 수 있을 것이다. 또한 신학운동이 교파형성에 기여한 것을 발견함과 동시에, 개혁파 선봉에 입각한 신학적 영위로서의 불완전함을 궤도수정하기에 도움이 될 것이다. 이러한 것은 금후의 세대가 수용하고 취급해야 할 과제라고 말해야 할 것이다.

전쟁 중, 전후의 신학운동을 비교 검토하는 작업도 중요하다. 그곳에는 현저한 연속성과 함께 변화된 것도 당연히 존재할 것이다. 거세된 것도, 나중에 부가된 것도, 빈약하게 되어버린 부분과 그 반대의 부분, 이러한 양자를 식별함으로써 금후의 노선을 숙고하고 개혁파 신학의 전체적인 방향설정을 탐구하기 위한 지침을 얻을 수 있을지도 모른다.

개혁파교회의 창립과 그후의 진전에 있어 신학운동의 존재는 충분조건이 아닐지 모르지만, 필수조건이었다는 것은 의심의 여지가 없다. 각 시대가 신학운동적인 활력을 내포한 교회형성을 수행하기 위하여 창립전후의 신학운동으로부터 배워야 할 것이 여전히 많이 남아 있다.

〈제2부 맺음말〉

일본기독교회사에 관한 필자의 관심은 무엇보다도 자신이 일본기독개혁파교회에 소속되어 있다는 사실에 대한 '변증'이라는 이른바 실존적인 동기에서 시작되었다. 이러한 관심이 역사연구의 동기로서 타당한지는 잘 모르겠다. 그러나 그러한 동기 없이는 이러한 분야에 관하여 조용하게 생각하여보고자 하는 결심에 이르지 못하였을 것이라는 점도 사실이다.

구체적으로는 일본 그리스도 역사 속에 존재하는 각 주제를 탐구하기 시작한 것은 일본 개혁파교회가 창립 30주년 기념으로서 "교회와 국가에 관한 신앙 선언"을 발표하고, 또한 그 '서문'에 전시하의 기독교에 관한 회개와 반성을 수록하는 것이 공개되면서부터이다. 전시하의 기독교회가 범한 죄와 좌절은 일본의 교회가 체질적으로 가지고 있는 허약함이 집약적으로 표현된 것이다. 그러한 통로로부터 전체적인 교회역사의 검토로 이어진 것이 아마도 본서의 경향을 상당히 좌우한 것임에 부정할 수 없다.

필자가 본서에 의해서 의도한 것은 머리말에서 또한 결론에서 언급한 그대로이다. 그러한 의도가 구체적으로 서술상에서 표현되었는지 어떤지는 독자들의 판단에 맡기기로 한다. 역량부족은 물론이거니와 자료와 문헌의 부족, 또는 오해와 부당한 판단 등이 있다는 것에 두려워하고 있다. 이러한 점에 관하여는 필히 교시를 부탁드리는 바이다.

마지막으로 몇몇 분들에게 감사를 표하고자 한다.

오카다 미노루 목사님은 후의에 넘치는 추천의 글을 보내어 주셨다. 필자는 현역의 신학교 교장과 교수로서 목사님께 배우는 기회를 얻지 못한 세대에 속한다. 그러나 여기 십 수년간 시코쿠(四國) 노회의 교직자회 학습장을 통하여 목사님으로부터 유익한 조언과 격려라는 학은(學恩)을 입었다. 본서의 몇 부분들은 그러한 교직자 회의 때에 발표된 것을 토대로 그때마다 목사님께서 지도해 주시고 관심을 보여주신 것을 잊지 못한다.

또한 일본 기독교회사의 통사를 기록하도록 필자에게 권고해 주신 일본 기독교 개혁파 마츠야마(松山) 교회의 카미카와하라 타츠오(上河原立雄) 목사님 및 본서의 출판을 수락한 聖惠授産所 출판부 및 동 출판소 소장 이하라(井原牧生)께 마음의 감사를 드린다.

카미가와하라 목사님의 권고가 없었다면 일본 개신교회사 전시대에 걸친 통사를 집필하려는 모험을 시도하지 않았을 것이며, 이하라 목사님의 결단력 있는 재량이 없었다면 이 원고가 빛을 보지도 못했을 것이다.